国家文化安全学

（第2版）

胡惠林◎著

National Cultural Security

清华大学出版社
北京

内 容 简 介

本书是一部系统阐述国家文化安全理论的著作，分析了当前世界文化的格局，以及在全球化背景下，中国国家文化安全的环境与形势以及所面临的问题，并提出了应对策略及决策机制。

本书共分为十二章，按照"什么是国家文化安全——国家文化安全是怎样产生、形成与演变的——当代国家文化安全有哪些表现形态——怎样维护国家文化安全"这样一个逻辑顺序展开和建构。

本书可作为普通高等院校文化产业管理专业和其他相关专业的教材，也可用作政府文化管理部门、文化企事业单位的从业人员的继续教育和培训用书。

图书在版编目（CIP）数据

国家文化安全学 / 胡惠林著. —2版. —北京：清华大学出版社，2024.7

ISBN 978-7-302-66297-6

Ⅰ. ①国… Ⅱ. ①胡… Ⅲ. ①文化—国家安全—中国 Ⅳ. ①G12

中国国家版本馆 CIP 数据核字（2024）第 098144 号

责任编辑：杜春杰
封面设计：刘　超
版式设计：文森时代
责任校对：马军令
责任印制：丛怀宇

出版发行：清华大学出版社

　　网　　　址：https://www.tup.com.cn，https://www.wqxuetang.com
　　地　　　址：北京清华大学学研大厦A座　　　　邮　　编：100084
　　社　总　机：010-83470000　　　　　　　　　　邮　　购：010-62786544
　　投稿与读者服务：010-62776969，c-service@tup.tsinghua.edu.cn
　　质量反馈：010-62772015，zhiliang@tup.tsinghua.edu.cn

印 装 者：三河市东方印刷有限公司

经　　销：全国新华书店

开　　本：185mm×260mm　　　印　　张：22.25　　　字　　数：555千字

版　　次：2016年11月第1版　2024年7月第2版　印　　次：2024年7月第1次印刷

定　　价：79.80元

产品编号：096934-01

前　言

自本教材第 1 版于 2016 年由清华大学出版社出版以来,中国国内外的国家文化安全形势发生了许多不可逆转的重大变化,中华民族伟大复兴战略全局和世界百年未有之大变局以及突发性新冠疫情全球大流行在改变了全球政治、经济、科技安全格局的同时,也改变了全球文化安全格局。为了应对世界百年未有之大变局提出来的一系列前所未有的国家安全重大挑战,以习近平同志为核心的党中央提出了一系列具有原创性的重大理论和学术命题,深刻影响了当今世界安全和文化安全的发展走向。与此同时,"国家安全学"一级学科的设置,开辟了中国国家安全学科建设与人才培养发展的新道路。中国国家安全和国家文化安全事业的发展与建设进入新时代。

国家文化安全形势的快速变化与发展,知识与理论的更新,国家文化安全建设与人民文化安全权益维护提出的新需求,这些都要求在理论与学术研究和学科建设上得到反映。正是在这一背景下,根据出版社的要求,我在第 1 版的基础上,对本教材的内容做了较大幅度的增删修改,第 2 版仍由清华大学出版社出版。

此次修订重点反映以总体国家安全观为指导,党和国家在国家安全和国家文化安全领域取得的一系列重大理论成果;为更好地反映我国国家文化安全发展的实际情况和教材建设的需要,将原来的"文化政治安全与意识形态安全"调整为两个独立的主题,分为"文化政治安全"和"意识形态安全"两章,以突出文化政治安全和意识形态安全在国家文化安全中的重要性;重写了关于"国家文化安全环境"的大部分内容,一方面加强了对国家文化安全环境基本原理的探讨,另一方面突出了中华民族伟大复兴战略全局和世界百年未有之大变局对新时代我国国家文化安全环境变动的影响;同时,对第 1 版教材中的个别章节内容、材料做了适当的增删更新,对一些表述做了进一步修正完善。

国家文化安全正处在深刻复杂的演进期,新矛盾、新问题层出不穷,国家文化安全理论研究、学科建设与教材建设也将随之而不断发展变化,以适应发展变化了的国家文化安全形势。

值此教材再版之际,对付出辛勤劳动的清华大学出版社杜春杰责任编辑以及其他审校人员表示衷心感谢!

胡惠林

2023 年 1 月 30 日于上海

目 录

绪　论

创建科学的国家文化安全学

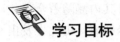 **学习目标**

通过学习本章，应了解和掌握以下内容：
1. 国家文化安全学的学科建设与研究对象；
2. 国家文化安全学的任务；
3. 国家文化安全学的研究方法；
4. 创建国家文化安全学的意义。

 导言

国家文化安全问题并不是今天才有的。早在人类文明的轴心时代，孔子和柏拉图就已经分别在不同的环境和条件下提出了这类性质的问题并对此加以研究，提出了各自的"国家文化安全理论"。孔子的以"仁"治天下和柏拉图的"理想国"理论都包含着深刻的国家文化安全思想。此后的哲学家和思想家的关于国家、社会和人的问题的诸多研究，以及形成的不同的理论学派，凡是涉及国家、社会和人的主题的，没有和国家文化安全问题无关的，彼此之间存在"主义"的差异和阶级的差异。一个时代有一个时代的国家文化安全命题，不同时代的国家文化安全命题是不一样的。但是，并非一个时代里所有的国家文化问题都能构成这个时代的国家文化安全命题。只有那些能够造成国家间利益格局的变动和国家间力量对比的转移、能够造成国际形势较量和秩序重组的文化安全问题，才能成为一个时代的国家文化安全命题。

第一节　国家文化安全学的学科建设与研究对象

确立对象和对象的确立是一切科学研究的前提。没有对象和没有关于对象的确定就没有一切研究的科学。自然科学如此，人文社会科学也是如此。这是学术研究和学科建设的规律，规定着学术研究的规范，也规定着学术研究的行为。

一、国家文化安全研究的由来：一个重要的学术基础

国家文化安全是从国家安全发展而来的。1943 年，美国专栏作家李普曼编写《美国外交政策》一书，第一次在学术史上提出了"国家安全"这一概念。此后，这一概念便逐渐随着国际政治和国际关系问题研究的深入与拓展而成为一个重要的学术研究领域与研究对象。在某种程度上，"国家安全"的提出构建了第二次世界大战以后的国际关系和国际秩序，也奠定了国际关系科学的基础。因为这一概念清晰而准确地描绘了第二次世界大战之后人类社会所面临的普遍性问题。"安全困境"作为对这一普遍性竞争问题的反映就是在这个基础上提出来的。第二次世界大战结束后，国家安全的重要性日益突出且其内涵随着全球化进程的发展而不断丰富，由政治、军事领域扩展至经济、外交、文化等领域，由此生发出一系列相关研究，形成和产生了国家安全战略与政策，国家文化安全问题以及国家文化安全政策与战略研究也因此受到了人们的关注，被纳入国家政策与战略研究的正式议程。1951 年，加拿大政府颁布了《皇家科学、艺术、教育委员会报告》（该委员会的主席叫文森特·梅西，曾是加拿大驻联合国的专员，故此报告也称《梅西报告》），明确指出："我们的军事防卫能力必须确保国家安全，我们的文化防卫能力也要引起高度重视。文化安全与军事安全同等重要，二者不可分割。"这也许是第一份直接把"文化安全"写入政府报告的文件，并且把文化安全与军事安全相提并论。①

冷战是推动国家文化安全研究的重要催化剂和动力机制。通过和运用文化开展国家安全战略竞争是冷战的重要战略，"意识形态""文化冷战"等直接与文化安全和国家文化安全有着很高契合度的概念被提了出来，成为重要的分析工具和研究对象。《文化冷战与中央情报局》（国际文化出版公司 2002 年版）、《战后欧洲史》（新星出版社 2010 年版）、《帝国权威的档案——帝国、文化与冷战》（商务印书馆 2014 年版）、《当图书成为武器——"日瓦戈"事件始末》（北京大学出版社 2015 年版）等非虚构类作品的出版不仅提供和展现了冷战时期文化冷战惊心动魄的场景、还原了那一段鲜为人知的历史、解密了封存半个世纪的档案，而且使人们对"国家文化安全"的存在有了比较具体的感性认识。文化对于国家的重要性、对于国家安全和国家文化安全的重要性逐渐引起国际学术界的高度重视。国外对国家文化安全的研究论述甚多，积极地从不同学科、不同研究层次开展了多方面的研究。各国的国家安全观纷纷引入"文化安全"或"意识形态安全"概念，这一命题成为国家安全战略的重要内容。早在 26 年前，美国学者 M. J. 麦哲就指出："文化，是当前研究有关国际关系、国际安全和世界经济等问题的著作中最时髦的概念。最近发表的大量论文、著作都指出，文化是驱使民族国家、其他机构团体乃至个人，采取行动和自主运行的基本动力。许多著作还强调，文化的重要性正日益突出。"②

国外学者如迈克尔·H. 亨特于 1987 年在专著《意识形态与美国外交政策》中以历史学的眼光与方法探讨了美国国家意识形态对其建国以来外交政策制定的影响："追溯美国外交政策中意识形态的根源，说明它如何在 18 世纪与 19 世纪逐步获得连贯性和号召力，意

---

① 张玉国. 国家利益与文化政策[M]. 广州：广东人民出版社，2005：97-98.
② 麦哲. 文化与国际关系：基本理论评述（上）[J]. 谭晓梅，潘忠岐，译. 现代外国哲学社会科学文摘，1997（4）：13-17.

识形态的诸因素又是如何在 20 世纪初结合成一个相互增援、威力强大的思想主体，支配着那些与外交政策有关的人物的思想"[1]，从"何为意识形态"入手，阐释了美国的国家使命感、美国精英关于种族的认知及对激进革命的恐惧这三种价值观对美国外交的影响，启发读者从注重意识形态等文化因素的角度研究国际关系问题。

亨廷顿最早提出冷战后国家间的冲突根源在于文化上的差异，不同文明间的矛盾和冲突将左右国际政治。1996 年，他在《文明的冲突与世界秩序的重建》[2]一书中将冷战后世界格局的决定因素归结为七大或八大文明，系统地阐述了冷战后世界冲突的基本根源不再是意识形态，而是文化方面的差异，主宰全球的将是"文明的冲突"并由此缔造全新的世界秩序。亨廷顿以对文明的分析代替已经过去的冷战期间对意识形态的分析，将文化引入国家关系的分析框架，提出了轰动一时的"文明冲突论"。

约瑟夫·奈在《软力量：世界政坛成功之道》[3]一书中以伊拉克战争为引子，以软力量为线，抨击以军事、武力、暴力等硬力量建构世界新格局，主张只有通过文明、文化、价值观念、生活方式等软力量的桥梁，才能在国际政治舞台上不断取得成功。他在《硬权力与软权力》[4]中提出，尽管美国在本世纪继续处于主导地位，但世界政治中的权力之源很可能会发生重大变化，美国面临的问题在于能够在多大程度上控制其他国家按照美国的意愿行事。在软权力方面，国家凝聚力、普世性文化、国际制度等显得越来越重要，所以美国应该建立富有吸引力的思想、民主的政治议程和讨论框架等无形的权力资源。美国除了巩固军事和经济实力，更重要的是树立典范，为全球生产出更多的公共物品，如国际秩序。时隔八年，这位全球"软实力之父"在《权力大未来》[5]中重新分析了从军事、经济资源角度出发的传统意义上的权力内涵，这种硬力量的竞争导致目前国际格局和国家版图在很大程度上是国与国军事实力角力的结果；再次深刻地阐述了以文化为载体形成的软实力主要包括文化吸引力、政治价值观吸引力及塑造国际规则和决定政治议题的能力。在此基础上，他提出了一个全新的概念——"巧实力"，开出了如何构建美国"巧实力"战略的"药方"，对中国未来的发展也有着很大的启示和参考价值。福山在《历史的终结及最后之人》中指出，冷战的结束表明西方的政治制度、意识形态及经济体制赢得了彻底的胜利，从哲学意义上讲，资本主义与社会主义长期的意识形态不再有冲突，自由市场和民主政治成为全人类的基本愿望，预言"这个过程为所有社会的日益一体化提供了保障，而不论其历史渊源和文化传统如何"[6]。

被学术界公认为国际安全研究中"哥本哈根学派"重要开创者之一的巴瑞·布赞则在《新安全论》[7]中展示了"哥本哈根学派"对安全问题的独到思考。该书的核心概念之一是颇具争议的"安全化"及"非安全化"，它可能仅适用于所谓"成熟的无政府状态"和"成熟的国家"，具有一定的超前性。但"哥本哈根学派"的安全理论对于拓宽安全研究的思路

① 亨特. 意识形态与美国外交政策[M]. 褚律元，译. 北京：世界知识出版社，1998：3.
② 亨廷顿. 文明的冲突与世界秩序的重建[M]. 周琪，刘绯，张立平，等译. 北京：新华出版社，2010.
③ 奈. 软力量：世界政坛成功之道[M]. 吴晓辉，钱程，译. 北京：东方出版社，2005.
④ 奈. 硬权力与软权力[M]. 门洪华，译. 北京：北京大学出版社，2005.
⑤ 奈. 权力大未来[M]. 王吉美，译. 北京：中信出版社，2005.
⑥ 福山. 历史的终结及最后之人[M]. 黄胜强，许铭原，译. 北京：中国社会科学出版社，2003.
⑦ 布赞，维夫，怀尔德. 新安全论[M]. 朱宁，译. 杭州：浙江人民出版社，2003.

仍然有很大的启发作用，布赞不再突显军事、政治领域的特殊地位，而是将二者与经济、社会、环境视为五个等同领域，由此强调安全归根结底是人的安全。社会是关于认同、共同体的自我观念、个体确定他们自己作为某共同体意愿的一个概念。从定义上来说，"社会安全"就是关于巨大的、自我持续"认同"的群体安全。布赞的另一力作《国际安全研究的演化》[①]被认为是自国际安全研究产生以来填补其处于"失语状态"的思想史著作，从国际安全研究的核心问题和安全研究的扩展与深化两方面推进了安全研究领域的发展，不仅全面而有说服力地描述了国际安全研究历史本身，提供了一部"通透的思想史"，还以丰富的素材从社会学的视角分析了国际安全研究的内容和运行机制，对国际安全研究的变革性模塑和前景进行了总结与展望。国际安全研究极具复杂性与多样性，但无论是前进式发展，还是迂回式曲折，安全研究都不能回避对于"谁的安全""什么威胁安全""谁保障安全"以及"怎样保障安全"等核心问题的解答。巴瑞·布赞的研究不仅拓宽了国际安全研究的视角，而且开创了国际安全研究一系列新的研究议程。

乔治·华盛顿大学政治与国际事务学院教授、2011年当选美国人文与科学院院士的玛莎·芬尼莫尔于1996年在《国际社会中的国家利益》中以独特的视角、鲜明的观点、实证的考察和理论的反思，脉络分明地展示了剖析国家利益的轨迹，提供了一个分析国家利益的社会学新视角。该书第一章"重新"定义了国家利益，提出有关国际规范与国家利益的互动、国际社会对国家利益的规范，而不仅仅是权力政治的斗争形成了当下的国际社会。芬尼莫尔从结构的角度分析国家的利益，突破了以往国际政治研究中国内利益偏好分析的传统方式，指出在国家的物质权力结构之外，更有意义和价值的结构，将研究视角转向了文化和理念等构成的软层面。"结构取向的方法把社会结构看成因果变量，然后从中推导出行为体和利益。结构不是行动者而是分析的起点，在本体论上是原初的。""结构不是生成的，没有创立和组成行为体和利益，相反，它是由行为体和利益所组成的。"[②]结合建构主义的早期作品，如彼得·卡赞斯坦的《国家安全的文化：世界政治中的规范与认同》[③]，尽管有较强的理性主义影响的痕迹，却有助于从中寻找理性主义和建构主义的融合点。这类研究视角和角度的转换为研究国家文化安全开阔了视野，可以在更为广阔的领域内予以挖掘和深化。

阿米塔夫·阿查亚在《人的安全：概念及应用》[④]中试图向中国介绍并推广"人的安全"这一概念。作为世界上人口最多、经济发展最为迅速的国家之一，中国是人类在安全方面面临各种威胁的一个缩影，同时是世界解决这些问题的希望所在。当然，中国的一些分析人士和决策者起初对"人的安全"概念有所怀疑，部分原因在于这一概念起源于西方。但是，尤其是就"免于匮乏的自由"层面而言，"人的安全"这一概念与中国在消除贫困、发展经济、保障人民的粮食和健康安全、普及教育和提高教育质量等方面的努力是一致的，这一点毋庸置疑。中国在这些方面取得的成就举世瞩目，成为亚洲和世界其他国家学习的榜样。

① 布赞，汉森. 国际安全研究的演化[M]. 余潇枫，译. 杭州：浙江大学出版社，2010.
② 芬尼莫尔. 国际社会中的国家利益[M]. 袁正清，译. 上海：上海人民出版社，2012：18.
③ 卡赞斯坦. 国家安全的文化：世界政治中的规范与认同[M]. 宋伟，刘铁娃，译. 北京：北京大学出版社，2009.
④ 阿查亚. 人的安全：概念及应用[M]. 李佳，译. 杭州：浙江大学出版社，2010.

在学界研究之外，西方各国在政治实践之国家安全政策制定与执行的研究方面也可谓成果颇丰。被称为"美国治国之道"的《国家安全战略报告》（以下简称《报告》）是每任美国总统都要发布的重申现任政府立场的重要文件，因而受到国际社会的密切关注。1990年3月，老布什政府的《报告》不仅确定了维护美国安全、推进美国利益的总目标，而且明确要求通过减少并消除军事威胁、降低并避免政治风险、缓和并解决经济矛盾以及谋求并确保技术安全四个方面维护和加强美国的领导地位。1994年7月，克林顿政府首次发布《报告》——《国家参与和扩展的国家安全战略》，其核心内容为明确提出美国对外政策以安全、经济和民主为三大支柱，以军事力量为后盾，用积极手段参与国际事务，并在全球扩展其价值观和市场经济模式，最终达成维护美国在世界上的霸主地位的目标。该报告指出："安全的国家更容易支持自由贸易、维护民主制度；经济增长迅速和与外界贸易关系密切的国家更有安全感并趋向民主自由；民主国家更少威胁我们的利益，更愿意与我们合作处理安全威胁，促进自由贸易和持久的发展。"到了1998年，克林顿政府再次发布《报告》，重申美国基本且具有持久性的需求在于保护美国人民的生命与安全、确保美国的主权与价值观、确保美国制度与领土的完整以及促进美国的繁荣与其人民的幸福。2002年9月20日，小布什政府发布新的《报告》，正式把"先发制人战略"确定为美国在21世纪的国家安全战略。该《报告》重申实现美国国家富强的唯一模式是自由、民主和自由企业，即以反映美国价值观与国家利益一致性的独特的国际主义为基础，其宗旨不仅是使世界变得更安全，还要使世界变得更美好。2006年3月16日，小布什政府再次发布《报告》，明确声明美国选择的发展道路与其外交政策的伟大传统相一致。美国将其国家安全战略建立在推进有效的民主制度和领导民主国家两个支柱之上，这正是其通过历史、文化、社会、商业与战略重要性等深入各国的战略和战术所在。2010年5月27日，继任总统奥巴马上台16个月后，首次发布了《国家安全战略报告》，其重要变化在于改变单边主义做法，强调与外界合作对话，提出利用外交、经济革新、发展援助、军事力量以及教育达到提升美国影响力的目的，主张从更宽泛的领域、更深入的层次、更全面的角度发出声音，影响世界。作为美国对外政策风向标的《国家安全战略报告》，其表达方式尽管发生了很大的变化，但关注点则显示了从强调政治——军事到强调价值观，从单边主义到多方合作的路径演变，从硬实力到软实力的转变和转型。

中国对国家文化安全的研究是随着中国加入WTO遭遇的一系列文化安全问题而展开的。2000年第2期《学术月刊》发表了胡惠林的论文——《国家文化安全：经济全球化背景下中国文化产业发展策论》，首次在中国提出了"国家文化安全"这一概念，引起了广泛的学术关注，并引发了一股研究"国家文化安全"的学术思潮；随着"非传统安全"概念的提出，"文化安全"被纳入"非传统安全"范畴，从而作为一个安全研究的对象而在学术界形成共识；在2005年出版的《中国国家文化安全论》中，胡惠林以"开放条件下的中国国家文化安全问题"为研究对象，通过对"中国国家文化安全史论""中国国家文化安全危机论""中国国家文化安全战略对策论"三大问题的研究，第一次比较系统地研究了国家文化安全的性质，国家文化安全与国家安全的关系，国家文化安全的形成、演变及其问题生成、运动发展的基本规律，提出了一系列命题、概念和范畴，标志着中国系统研究国家文化安全的开始。"国家文化安全"成为一个重要的学术研究对象，产生了许多研究成果，如张志君的《全球化与中国国家电视文化安全》（2006）、潘一禾的《文化安全》（2007）、于炳贵等的《中国国家文化安全研究》（2007）、沈洪波的《全球化与国家文化安全》（2009）、艺衡的《文化主权与国家文化软实力》（2009）、涂成林等的《国家软实力与文化安全研究——以广州为例》（2009）、张骥的《中国文化安全与意识形态战略》（2010）、张建英的《文化安全战略研究》（2011）、胡惠林等的《国家文化安全研究导论》（2013）等论著。除此之外，刘跃进的《国家安全学》（2004）、陆忠伟的《非传统安全论》（2003）和余潇枫等的《非传统安全概论》（2006）等论著，也有关于文化安全的专章论述；戴晓东的《加拿大：全球化背景下的文化安全》（2007）、沈逸的《美国国家网络安全战略》（2013）以及程工等的《世界主要国家文化安全政策研究》（2014）关于国别文化安全的研究，不仅开启了国家文化安全研究的新领域，而且进一步丰富了关于国家文化安全的理论研究的对象。与此同时，一大批关于国家文化安全研究的学术论文纷纷发表，从各个不同的领域提出了关于国家文化安全研究的许多问题和命题。这些论著不仅在理论上分析了全球化对于中国国家文化安全的挑战和影响，更从市场化、信息安全等领域做出了充分的论述，并对建构中国国家文化安全战略提出了不同的应对策略和模式，对国家文化安全理论展开了深入的分析和探讨，其讨论问题之广，几乎涉及国家文化安全所有方面的问题，尽管这些研究都有待继续深入，但基本形成了比较完整的关于国家文化安全理论研究的对象领域、概念范畴和基本问题，为开展科学的国家文化安全学研究提供了重要的学术准备和大量的理论素材，奠定了重要的学术基础。

二、国家文化安全学学科建设

2018 年 4 月，教育部印发《关于加强大中小学国家安全教育的实施意见》，正式提出"推动国家安全学学科建设，设立'国家安全学'一级学科"的国家安全学学科建设目标。2020 年 12 月，国务院学位委员会、教育部下发了《关于设置"交叉学科"门类、"集成电路科学与工程"和"国家安全学"一级学科的通知》。国家安全学学科建设被正式提上我国学科建设的日程。

长期以来，学科范畴和意义上的国家安全理论一直被西方以现实主义和自由主义为代表的国际政治理论体系和话语所统治。马克思主义国家安全理论一直未能作为一种国家安全思想理论和学说得到应有的重视，并且由此和中国共产党的国家安全理论与知识体系存在着不容回避的矛盾与冲突。这种矛盾与冲突在 20 世纪 80 年代后的整个重建国际政治与关系学科过程中始终存在，成为当代中国国家安全学说理论建构中最为突出的现象。直至20 世纪末，冷战结束、苏联解体，美国哈佛大学教授亨廷顿提出"文明冲突论"，中国国际政治与关系学者才集体性参与争鸣，在参与"文明冲突论"的全球争鸣论辩和对经济全球化引发的经济安全研究的同时，开始了对国家安全、国际安全、中国国家经济安全和金融安全的研究。中国加入世界贸易组织又激发了对中国国家文化安全的思考和理论建构。国家安全研究从传统领域走向非传统领域，从小国关（国际关系或曰传统国际关系）走向大安全的研究。政治、经济、社会、文化、生态等各个领域、各个方面的安全研究，推动了对中国国家安全研究，出现了一大批以战略研究、政策研究为主要对象的研究成果，为建设中国的国家安全学科提供了学术资源、准备了知识素材。用马克思主义国家安全理论指导中国国家安全知识体系建构，建立中国自主的国家安全知识体系，被提上国家安全学科建设的日程。

毛泽东在《唯心历史观的破产》中指出："自从中国人学会了马克思列宁主义以后，中国人在精神上就由被动转为主动。"①精神上的主动，必然导致实践上由被动到主动的转变。这是一种根本性转变。这种转变在从根本上转变了中国人观察世界、认识世界和改造世界的世界观与方法论后，也从实践上重建了中国国家安全实践路线。这就是实现全民族彻底解放的中国革命新路线，马克思主义中国化、实践化的路线。这就是从新民主主义革命走向社会主义革命，实现中国人民从此站起来了的伟大革命。"从这时起，近代世界历史上那种看不起中国人，看不起中国文化的时代应当完结了。"②因此，这条马克思主义中国化的革命路线，也是一条马克思主义文化理论与实践的中国化时代化的文化路线、中国新民主主义革命文化路线。要化被动为主动，彻底改变中国、中国人、中华民族被动挨打的不安全局面，需要中华民族、中华文明、中国人的一次前所未有的伟大的觉醒，而导致和促使这一伟大觉醒实现的，是十月革命一声炮响给我们送来了马克思列宁主义，从此以后，先进的中国人开始懂得运用马克思主义重新考察民族和国家命运，找到了中国革命正确的道路和国家安全的出路，中国革命的面貌从此焕然一新。当代中国国家安全和国家文化安全研究与知识体系建构，因习近平提出"总体国家安全观"而开始了学科建设的新时代。

习近平关于国家文化安全的重要论述不是书本里从概念到概念堆砌起来的抽象理论，而是在中国国家文化安全实践中诞生的，是从中国国家文化安全的基本国情和实际需求出发建立起来的，因而是用以解决国家文化安全实践中提出来的问题、指导中国国家文化安全实践的。它不属于西方学术界关于国家安全理论的现实主义、自由主义和建构主义任何一种理论范畴，而是立足于当代中国国家文化安全实践和世界百年未有之大变局被提出来的建立在人类文明安全实践基础上的、具有中国自主知识体系特征的马克思主义国家安全学理论体系。这是认识和把握中国国家文化安全学科建设的世界观和方法论。

以总体国家安全观为核心，以统筹中华民族伟大复兴的战略全局和世界百年未有之大变局为基础，以系统开阔的文明视野和高瞻远瞩的天下情怀为己任，以人民安全为宗旨，以政治安全为根本，以经济安全为基础，以文化安全为保障，以国际安全关系为依托，建构了一个由核心概念与基本范畴为框架的中国特色社会主义国家文化安全学科知识体系。这在当代国际文化安全知识体系建构中是开创性的，填补了中国国家文化安全学科建设缺乏完整的知识体系的空白，从而不仅为彻底解决中国在全球文化文明安全事务中的"失语""失声"问题开辟了路径，更重要的是为解决中国国家文化安全知识体系的"精神独立性"问题，为中国国家文化安全学科建设与发展开辟了一条康庄大道。

2022年4月25日，习近平在中国人民大学考察时指出："加快构建中国特色哲学社会科学，归根结底是建构中国自主的知识体系。要以中国为观照、以时代为观照，立足中国实际，解决中国问题，不断推动中华优秀传统文化创造性转化、创新性发展，不断推进知

---

① 唯心历史观的破产[M]//毛泽东选集（一卷本）. 北京：人民出版社，1964：1405.

② 同①。

识创新、理论创新、方法创新，使中国特色哲学社会科学真正屹立于世界学术之林。"①这就从根本上，为中国国家文化安全学科建设指明了方向。

"当前国际格局和国际体系正在发生深刻调整，全球治理体系正在发生深刻变革，国际力量对比正在发生近代以来最具革命性的变化。国内外很多人都认为，这是世界自威斯特伐利亚和约以来的大变局。""特别是经过第二次世界大战结束以后的发展，发展中国家整体崛起，新兴市场国家实力不断壮大，世界经济版图发生深刻变化，引起国际格局和国际体系发生了前所未有的变化。"②已有的知识体系和知识结构，已经不足以解释和应对世界百年未有之大变局的三维之变："近代以来"的观念之变——知识的世界观、方法论；"威斯特伐利亚和约以来"的体系之变——知识体系；"第二次世界大战结束以后"的格局之变——知识范式，以及由此而带来的对新的知识体系的需求。

恩格斯指出："一门科学提出的每一种新见解都包含这门科学的术语的革命。"③术语的革命是决定一门科学的知识体系能否成立的关键。没有术语的革命，就没有现代科学知识体系的建立。习近平关于国家文化安全的重要论述对于术语的应用，既不同于日常生活中人们关于国家安全认知的含义，也不同于传统的以西方国家安全理论所定义的国家安全的含义。诚如恩格斯论述《资本论》"术语的革命"时所指出的那样："把现代资本主义生产只看作是人类经济史上一个暂时阶段的理论所使用的术语，和把这种生产形式看作是永恒的、最终的阶段的那些作者所惯用的术语，必然是不同的。"④习近平的国家文化安全思想在国家文化安全的术语使用、术语表达上开展了一场"术语的革命"。在这场关于国家文化安全思想和自主知识体系的创造性建构中，习近平不仅积极主动地消化吸收采纳了诸如"传统安全"与"非传统安全"这样的国际安全知识界通用的术语，而且把"文化自信""文化认同""文化软实力"等引入国家文化安全知识体系，特别是他提出的"创造性转化、创新性发展""网络空间主权""网络文化安全""一带一路""文明互鉴""人类命运共同体""全球发展""全球安全""全球文明"等一系列新术语、新概念、新范畴，不仅观照正在发生的国家文化安全现实，而且与中华传统文化安全智慧和展现时代新特征的人类安全发展新智慧相结合，指向中国国家文化安全和世界文化安全发展的未来。这是"人类命运共同体"和"全球发展倡议"等之所以能够得到以联合国为标志的国际社会采纳的根本原因，从而使得习近平对国家文化安全的重要论述不仅是面对中国的，而且是面向世界的，对于回答世界之问具有解释力。而这正是一门科学的知识体系得以确立的依据。

三、国家文化安全学的研究对象

国家文化安全当然是国家文化安全学的研究对象，而且是核心研究对象。没有国家文化安全这个对象，国家文化安全学研究也就没有存在的必要。任何一门学科的建立都是由

---

① 习近平在中国人民大学考察时强调　坚持党的领导传承红色基因扎根中国大地　走出一条建设中国特色世界一流大学新路[N]. 人民日报，2022-04-26.
② 转引自：曲青山. 从未来维度认识把握"两个确立"[N]. 中国纪检监察报，2022-07-07.
③ 马克思. 资本论（第1卷）[M]. 北京：人民出版社，2004：32.
④ 同③：33.

它的研究对象决定的，国家文化安全学也不例外。

国家文化安全是一个有机的社会生命系统，有着非常复杂的结构。就像一个人作为一个生命主体的"这一个"一样，我们要对"这一个"有完全、科学的认识与了解，必须借助科学才能实现。恰如医学对人的科学知识体系的建构，如果不能把人分成若干互相联系的有机科学，医生是无法为病人诊断和治疗的。因此，要建立对一个对象系统的完整和科学的认识，首先必须建立系统整体的观念，在这里是指把国家文化安全作为一个有机整体来研究。国家文化安全是在国家诞生以后才出现的，那么它为什么会出现呢？这就需要研究国家文化安全的发生和形成，研究它的演变和发展。国家文化安全问题不是突然爆发性生成的，而是逐渐演化的，是随着国家的发展而发展，随着社会的发展而发展，随着社会生产力、文化生产力的发展而发展的，因此要对国家文化安全形成比较符合实际情况的科学认识，就必须对国家文化安全的发生、发展和演变的历史展开深入且科学的研究，没有这种研究，就没有科学的国家文化安全学研究，就不可能形成关于国家文化安全的科学认识。人们之所以对国家文化安全存在的合理性有不同的认识，甚至是有否定性认识，其中一个重要原因就是对国家文化安全的发生、发展和演化的历史缺乏了解。因此，对国家文化安全发生、发展和演化的研究就自然地成为国家文化安全学研究对象的有机组成部分。

任何整体都是关于部分的整体，没有部分也就无所谓整体。国家文化安全作为一个系统整体，也是由若干不同的部分组成的。这些不同的部分是国家文化安全作为一个整体运行系统的网络构成。国家文化安全问题有系统性整体安全风险，也有非系统性局部安全风险，有的时候，系统性整体安全风险是通过和借助非系统性局部安全风险呈现出来的。而"攻其一点，不及其余"往往也是国家文化安全战略竞争中的主要战略手段之一。因此，研究国家文化安全不仅要研究它的系统整体性，还要研究它的局部性，如文化经济安全、文化政治安全、文化资源安全、文化网络安全、价值观安全、意识形态安全等。国家文化安全的系统整体性最终都是由这些有机构成的局部性组成的。美国之所以在国家安全战略领域特别关注和突出"美国人的生活方式"和"美国的价值观"，就是因为这看起来仿佛与传统的以国防安全为认知对象的国家安全不相关，实际上恰恰是构成国家安全战略核心的重要战略组成部分。同理，美国不断地运用"人权理论"干涉他国内政、用"民主"制造"颜色革命"而不用武力更迭他国政权，也是因为看到了"软实力"往往可以起到硬实力所起不到的作用、达到硬实力所达不到的目标。

不同的国家由于历史、民族和文化的差异性，关于国家文化安全的认知和界定是不一样的，这就形成了不同的国家文化安全观。所有国家的国家文化安全观都是为维护本国的国家文化安全利益服务的。不同的国家文化安全观以及由此而制定的政策与战略、建构的不同的国家文化安全制度常常是不同国家间产生国家文化安全矛盾和冲突的重要原因。因此，要在国家文化安全领域里克服"安全困境"带来的不可避免的国家文化安全问题与冲突，就需要认识、了解和研究不同国家的国家文化安全观，国家文化安全政策、理论、战略，国家文化安全机制，最大限度地消除由于"文明误会"而引发的"文明冲突"，从而实现国家文化安全层面上的"文明互鉴"，共享国家文化安全，实现国家文化安全的可持续发展。因此，既要有关于国家文化安全的普遍性研究，也要有对不同的关于国家文化安全理论、政策与战略的研究。只有这样，国家文化安全学的研究才是比较科学和完整的。

第二节　国家文化安全学的任务

学科任务既是学科建设的基础和前提，也是一门学科区别于另一门学科的重要依据。它所要回答的问题是：为什么要建立这门学科？这门学科需要研究和解决的问题是不是其他学科所无法代替的？它的目的是什么？有没有支撑它作为一门学科的建立所必不可少的基本范畴？这些问题以及对这些问题的回答构成了一门学科存在的合理性与前提。它规定了所有学科建设的任务，当然也规定了国家文化安全学的任务，那就是揭示对象本身的规律性。

一、揭示国家文化安全运动的本质与基本规律

科学研究和学科建设的一项重要且最基本的任务，就是揭示研究对象的本质属性与基本规律。揭示对象的本质属性和基本规律是为了帮助人们了解社会发展的运动，从而更好地推进社会治理的善治化，促进社会的繁荣发展、和平与安宁，揭示对象存在规律的客观性及其自觉利用。

什么是国家文化安全的基本规律？就是国家文化安全在发生、发展过程中内在的、本质的、必然的联系，是这种联系规定了国家文化安全的性质，影响了国家文化安全的发展，造就了国家文化安全运动变化的形式，并最终对一个国家和这个国家的文化发展道路和前途产生深刻的影响，进而影响整个人类社会的安全形态与安全进程。

国家是当今人类社会的基本组织形式和存在方式。因此，当今的国家危机都是人类和人类社会的危机，国家安全也都属于人类和人类社会安全。国家间前所未有的网络化联系，以及国际社会的无政府状态，使得任一国家的国家安全问题都不仅仅是这个国家的国家安全问题，而是国际安全或地区安全问题。国家安全间的高度关联性使得全球任何一个地方发生和出现的国家安全危机都可能演变成大规模的国际安全危机乃至全球安全危机，引发一场全球性人类安全风暴。之所以会形成这样一种连锁反应和"蝴蝶效应"，就是因为国家安全的构成和运动有其相关性和内在联系的必然性，而这种相关性和内在联系的必然性并不因空间距离的远近而呈现出差异性。这就是国家安全运动发展的规律性。

同时，国家是由文化定义的，是由不同的人们以共同的生活方式和价值观为基础而组成的生命共同体。人们以共同的生活方式和以这种生活方式为基础而建立起来的价值观为身份认同，并且以此区分自己与他者，从而形成自己的以可识别的文化独特性为标志的国家，自立于世界民族之林和现代世界体系。这种文化独特性和身份的可识别性是不同国家存在的合法性依据。一个国家的一切生活方式和价值形式都是这种合法性赖以建立的基础，并且深刻地反映这种合法性。因此，这种合法性具有神圣不可侵犯性，一个国家以此构筑自己文化安全的全部合法性基础，任何对这一合法性基础的威胁或危险，都会生成和构成一个国家的国家文化安全问题。这是由文化安全和国家安全之间的内在联系规定的，而不是由哪一种外在的力量任意建构的。相反，任一外在力量对这种内在联系的挑战，都会造

成国家文化安全危机，并且引发地区安全危机乃至国际安全危机。2015 年八九月间爆发的欧洲难民潮就是一个由国家文化安全危机引发大规模国家安全危机，进而造成危机外溢形成地区和国际安全危机的典型事件。因此，国家文化安全学的根本目的和任务不在于记叙和描绘国家文化安全运动中那些外部的、非本质的、偶然的联系，尽管这些联系对于科学地认识国家文化安全运动同样有着重要价值，而是透过纷繁复杂的现象，甚至假象，深入国家文化安全运动的内部，找出影响这种运动形态与特质的内在的本质联系，揭示国家文化安全运动的客观规律，从而为人们科学地认识国家文化安全，正确地处理国家文化安全危机，维护国家安全、人类安全提供理论依据。

国家文化安全的基本规律是在国家文化安全运动过程中形成的，它不以人的主观意志为转移而存在和起作用。国家文化安全的基本规律是在一定的国家和国家文化安全条件下产生的，并且随着国家和国家文化安全形态的变化而变化。国家文化安全关系支配着国家文化安全的运动发展，有什么样的国家文化安全关系，就会有什么样的国家文化安全形态。国家文化安全的内部性是由国家文化安全的内部关系决定的；国家文化安全的外部性是由国家文化安全的外部关系决定的。不同的原因导致不同性质的国家文化安全问题。外部的文化侵略导致国家文化主权安全问题，而文化内乱导致属于一个国家文化主权范围内的国家文化安全问题。内部安全和外部安全构成了两种不同性质的国家文化安全问题，正确区分和科学认识不同性质的国家文化安全问题，揭示各种不同性质的国家文化安全关系，是国家文化安全基本规律研究的另一重要内容。

客观性是所有规律的本质属性，但这并不代表人们在规律面前无能为力。人具有认识规律、掌握规律、自觉利用规律的主观能动性。国家文化安全规律的客观性为人们认识它、掌握它和科学地利用它提供和创造了条件。所谓"按客观规律办事"本身就揭示了规律是能够为人所认识、掌握和利用的，这就需要对规律的本质和矛盾运动及其内部联系展开深入研究，只有这样，人们才能掌握规律，才能"按客观规律办事"。正是这种规律的客观性要求决定了国家文化安全学研究的根本任务：发展国家文化安全事业，维护国家文化安全，最大程度地把可能发生的国家文化安全危机消灭在萌芽状态，而这一切都取决于科学认识和掌握国家文化安全规律的程度。

二、阐述国家文化安全对于当代人类安全的价值和意义

国家文化安全是人类社会发展的基本内容和基本规律之一。自有国家以来，国家文化安全就存在于国家的演变与发展之中，只不过在不同的时空条件下，国家文化安全重要性的体现方式和程度是不一样的。今天的人类社会是历史上人类社会的一个发展阶段，今天的国家也是历史上国家的一个发展阶段。社会生产力的极大发展、社会制度形态与意识形态的多样性、价值和价值观形态的丰富复杂性，不仅使人类社会发展越来越互相依存，而且使互相之间的竞争越来越激烈。现代社会的快速发展在使人类社会财富获得极大丰富的同时，也使不同国家之间的贫富差距日益拉大，资源的稀缺性越来越成为国家间冲突的重要根源。文化是人类社会创造的资源，既极为丰富，又非常稀缺。争夺文化资源并通过垄断文化资源来实现国家战略利益越来越成为现代国家和现代人类战略竞争的焦点。正是在

这个意义上，各种关于文化和文化安全的理论在 20 世纪向 21 世纪演进的过程中前所未有地被集中提了出来。"文明冲突论""软实力论""文化例外论""文化可持续发展论"等成为人类社会进入 21 世纪以来最有影响力的理论。纵观这些理论的提出背景及其对所阐述理论的必要性，几乎不约而同地指向了同一个价值关怀的区域：安全—文化安全—国家文化安全—人类文化多样性可持续发展安全。国家文化安全前所未有地成为当代人类安全的领域。

整个人类文明社会面临着深刻的转型与发展的挑战，这种由深刻的转型与发展的挑战而带来的危机在国家转型与发展中深刻地表现出来。转型与发展都会带来和造成危机、危险与威胁，都会产生和生成以往所不曾有过的安全风险和安全问题。政治、经济、社会发展是如此，文化作为对政治、经济的反映和对社会精神的表现，所面临的安全风险和安全问题更多。在政治、经济、社会中任何一个领域里发生和爆发出来的安全危机和安全问题，都会在文化领域里深刻而集中地反映出来。文化安全在某种程度上已经成为一个国家整体安全状况的晴雨表和风向标。发生在中东地区由极端恐怖主义引发的战争冲突，根源就在文化上。针对在 2015 年八九月间出现的欧洲难民潮，俄罗斯总统普京指出，欧洲难民危机其实是欧洲中东政策的结果。"这种政策就是把他们的标准强加于人，而不考虑这些地区的历史、宗教民族和文化特点。"[①]欧洲难民潮是欧美推动"颜色革命"后所引发的大规模地区武装冲突所导致的由数十万民众组成的逃离叙利亚等中东战乱地区，前往欧洲寻求避难的大规模人潮。中东地区是历史上爆发战争最多的地区之一，而文化与文明冲突是其最主要的根源。文化安全是国家和地区最大的安全因素。普京所指，正是基于对中东地区文化安全历史的考量。21 世纪前十年，美国和欧洲制造了一系列以"阿拉伯之春"命名的"颜色革命"，通过在这一地区推行西方的民主价值观运动，更迭了突尼斯、埃及和利比亚等的政权，而中东难民潮正是在这一过程中形成的。"伊斯兰国"[②]极端主义的出现从根本上激化和加剧了难民潮的形成，最终酿成了超出欧洲预期的地区安全危机。这一危机是由难民危机构成的，而造成难民危机的原因是欧美在中东地区强行推行其民主价值观，因而触发了后者本已脆弱的文化安全局面，文化安全危机终于引发了地区安全危机。

研究国家文化安全不是要制造国家间的文化安全危机和不同国家文化间的紧张与冲突，而是要通过研究文化与国家的关系、文化安全与国家安全的关系，进而研究地区文化安全与地区乃至跨地区文化安全的关系，阐明文化安全与国家安全、国家安全与人类安全合理的相互关系，从而最大限度地把不同国家间的国家文化安全问题控制在一个合理的安全张力范围之内。在推进不同国家和地区文化合作交流的过程中，既要尊重不同国家和地区的文化多样性，又要避免由于文化多样性而必然产生的文化竞争发展成为文化冲突、文明冲突和国家文化安全冲突，共同推进人类文明事业的和平发展，推动和促进世界文化多样性的可持续发展。从这个意义上说，习近平总书记提出的"以军事、文化、社会安全为保障"的重要论点，深刻地揭示了文化安全与国家安全之间的历史性建构起来的客观规律和国家文化安全研究的价值与意义。

---

① 法国新闻社. 普京称欧洲难民危机"意料之中"[N]. 参考消息，2015-09-05.
② 全称为"伊拉克和大叙利亚伊斯兰国"，亦称"伊拉克和黎凡特伊斯兰国"，前称"伊拉克和沙姆伊斯兰国"，英文全称"Islamic State of Iraq and al-Sham"，简称 ISIS。

三、研究国家文化安全学的基本范畴

范畴是一门学科研究的基本要素和科学研究的前提。它是对研究对象运动中所产生和形成的各种关系的理论概括，并且通过一系列概念加以表述，是科学研究所必不可少的理论工具。没有范畴，就无法展开科学的研究；没有范畴体系，就无法建立科学的学科体系和学术研究体系，也就无法展开基于共同话题的研究。

国家文化安全范畴是人们在考察研究国家文化安全的演化和矛盾运动关系的过程中，对影响国家文化安全运动各种关系的发现和理论概括，是对国家文化安全关系认识的理论表现，并且通过一系列有着内在逻辑关系的相关概念予以表达。国家文化安全学的学科体系就是建立在对这一系列范畴的阐释和研究的基础之上的。

正如任何一门科学的学术研究与学科建设的基本范畴的形成都是一个从无到有的过程，都是从不规范到规范、从不成体系到逐渐形成概念体系一样，国家文化安全学的研究范畴也是在对国家文化安全问题的研究中逐步形成和完善，进而科学化的。由于国家文化安全是国家安全领域的深化，这就使得国家文化安全学的基本范畴与国家安全研究的基本范畴有着高度的关联性，如国家文化主权、国家文化利益等，但这并不代表国家文化安全学的基本范畴就是对国家安全研究基本范畴的简单复述，而是基于文化的全新建构，否则就无法区分这两个不同学科之间的科学差异。学科存在的合理性与合法性就在于不同学科研究对象间的差异性，以及由这种差异性而建立的科学性。因此，研究国家文化安全学的基本范畴就成为国家文化安全学的重要任务。

国家文化安全范畴具有历史性。任何一个范畴被提出并被普遍地应用于国家文化安全的研究之中，都包含着大量历史和时代的信息与内容。就"国家文化安全"这一概念本身来说，它就是在人类社会进入全球化时代、国际社会进入后冷战时代后被提上国家安全议程的。亨廷顿的"文明冲突论"就是一个划时代的标志，标志着"国家文化安全"正式被提上了国家安全的战略议程。尽管自有国家以来，人类社会国家文化安全就已经存在，第二次世界大战以后爆发的冷战，就本质来说就是国家文化安全之战，"文化冷战"这一概念就已经揭示了冷战的国家文化安全实质，但是，作为一个正式的范畴和国家安全战略政策与概念，它却是在冷战结束之后才进入研究和战略决策领域的，反映和揭示了冷战结束之后新的国家安全关系和新的国家文化安全关系——文明冲突。再如，"和平演变"与"反和平演变"曾经是冷战时期关于国家文化安全的重要概念和范畴，虽然在今天的研究中仍会被提到，但是"颜色革命"作为一个新的概念被普遍地应用于国家安全和国家文化安全的研究之中，就是因为不同的概念范畴所反映的不同的国家文化安全关系以及这种关系与以往的国家文化安全关系的区别。而从"非传统安全"和"网络安全"到"非传统文化安全"和"网络文化安全"等，一系列全新的范畴，正是在这样的形势下进入人们的国家文化安全视野。当某种国家文化安全关系已经不存在，那么用来反映这种关系的概念范畴也就不再使用了。因此，国家文化安全学研究的基本范畴是一个运动和变化的对象领域，它会随着国家文化安全的演化而不断进化。正是从这个意义上说，坚持对国家文化安全演化的发展规律和前沿动态的研究，就必须在实践中发现新问题、形成新领域，进而提出新概念、新范畴，也就成为国家文化安全学研究重要的生命之源。

国家文化安全学在不同的国家会呈现出不同的表现形态，因而国家文化安全学既有普遍性、一般性，反映不同国家共同的国家文化安全关系的范畴，也有反映不同国家文化安全关系的不同范畴，甚至是同一领域里的关系性现象，在表述的概念上也会有很大差别。有时，使用的是同一概念范畴，但是内涵又存在很大差别。因此，注意研究不同和相同概念与范畴的内容和意义，对于准确地揭示国家文化安全范畴的科学内涵极为重要，否则就无法科学地把握国家文化安全运动的本质与规律。

国家文化安全范畴是国家文化安全研究的全新领域，迄今为止，学界尚未有公认的由一系列概念构成的范畴体系，因此深入探索和研究国家文化安全的范畴体系，建构能够揭示国家文化安全运动本质特征和相互关系的科学的理论体系也就自然地成为国家文化安全学的重要任务。

四、服务国家文化安全发展需求

国家文化安全是不断发展的，国家作为一个有机的生命主体是不断发展的，文化安全作为这一生命主体的存在方式也是不断发展的，因而形成了"国家文化安全发展"这种国家文化安全运动的客观形态。可持续发展已经成为人类社会的共识和普遍的价值取向，安全的可持续发展，以及文化和国家文化安全的可持续发展，也就自然地成为国家文化安全的题中应有之义。怎样才能实现国家文化安全发展的可持续性？所谓国家文化安全发展的可持续性，就是使国家文化安全长期地处在没有危险和不受威胁的状态，从而为国家、地区、世界和全人类塑造一个长期的和平环境。这就需要对这一问题展开深入的科学研究，研究国家文化安全发展的环境要素和各种机制，以及如何才能获得安全发展的环境要素和各种机制。这是国家文化安全学研究的重要任务。倘若国家文化安全学不能为实现这一人类发展目标而提供知识支持，那么国家文化安全学就不能完成它的任务、实现它的目标。

国家文化安全发展需求是人的社会最高需求，也是最基础的需求形态。在现代社会，人的安全需求没有国家提供的公共安全产品是无法实现的。文化安全需求是人实现之所以为人的内在精神的需求的客观规律。而在现代社会中，人的这种需求不能由人自身来实现，而只有在社会中才能实现。在社会中，只有国家才能提供这种公共安全产品。如果一个国家不能为本国的国民提供这种公共安全产品，必然导致这个国家的国民因失去必要的身份安全保障而流离失所。从这个意义上说，"祖国"就是关乎人的文化安全的精神家园和保障。

国家文化安全需求是发展的，在不同的历史阶段，国家面对的国内外安全环境和形势是不一样的，这就形成了不同历史发展阶段国家文化安全需求的发展性和差异性。这种国家文化安全需求的发展性和差异性是国家文化安全政策运动最重要的动力之一，同时，正是这种发展性和差异性导致了国家文化安全战略的运动与发展。这就需要研究国家文化安全环境和形势运动与国家文化安全需求之间的矛盾关系，从理论上回答是哪些原因或因素影响了国家文化安全需求的转变与发展，这种国家文化安全需求的转变与发展是长期的还是短期的，究竟能在多大的时间长度上从根本上改变国家文化安全需求的价值取向，从而影响国家文化安全政策的制定和国家文化安全战略的制定。国家文化安全需求是随着国家整体安全需求的发展而发展的，是一个从简单安全需求不断转向复杂安全需求的过程，其中科学技术发展成果不断被应用于文化的发展之中是一个重要的动因性机制，如果没有互联网就没有网络和网络文化安全。深入研究国家文化安全需求从简单安全需求到复杂安全需求的走向，揭示其中的规律性，对于确保国家文化安全需求的合理、健康与可持续发展，具有特别重要的理论价值。

生命是一种竞争性存在，没有竞争就没有生命，所谓"弱肉强食"所反映的"丛林原则"实际上揭示的就是这种竞争性。这是有机体进化的机制。正是因为有了这种竞争性所形成的有机体之间的进化，才有了"适者生存"的发展规则，这是不以人的主观意志为转移的。国家和国家文化作为这种竞争性生命体的存在方式，安全发展也就自然地成为其自我发展的内在规定和需求。国家文化安全学研究就是要在科学理论上深刻地阐明这种合理的竞争性关系，从而为国家文化安全发展提供全部的合理性依据。

第三节　国家文化安全学的研究方法

国家文化安全学是一个全新的研究领域，其作为学科的建设刚刚起步，从这个意义上说，国家文化安全学还没有自己的研究方法，或者说，还没有形成自己独特的研究方法。这就为国家文化安全学研究方法的创新创造了条件：一切有助于科学地研究国家文化安全的方法都可以是国家文化安全学的研究方法。国家文化安全学的研究方法应当在国家文化安全学的研究中逐步产生、形成、成熟，进而成为一种具有自身学科特色并为学界所认可和采纳的规范。

一、规范性与非规范性研究方法

研究方法可分为规范性研究方法和非规范性研究方法。规范性研究方法具有很强的程序性和工具性，恰如经济学研究中的数学模型一样，凡是不运用或不采用某种数学或数理模型，最终的研究成果不能形成某种数学模型，便不是规范性研究，这类研究成果往往为某一时期的主流经济学所采纳，被视作研究方法不规范。其实，不仅不同的学科有不同的研究方法，即便属于同一学科，也完全可以有不同的研究方法。在学术领域里，不同学派的形成在很大程度上是由不同的研究方法形成的不同研究成果来奠定基础的。某一学术研究成果一旦被普遍应用，这一成果也就成为方法。所以，从这个意义上说，研究方法的规范性与非规范性是相对的，不是绝对的。绝对地采用一种研究方法而否定另一种研究方法，并不利于科学研究的创造性发展。所谓"条条大路通罗马"，讲的就是科学研究方法的多样性。尤其是像国家文化安全学这样尚在培育中的新生命对象，如果要强调它的规范性，则无疑会将其扼杀在摇篮之中。所以，规范性研究与非规范性研究都是科学研究。人类历史上的许多奠基性科学成果，大都是在这两个方法的基础上诞生的。

二、历史的和逻辑的研究方法

历史的研究方法和逻辑的研究方法几乎被认为是所有社会科学研究最基本的方法。这两种方法之所以被认为是社会科学研究最基本的方法，是因为任何一种社会科学研究只有在占有大量材料的基础上，才有可能得出比较科学的结论；只有对这些材料加以严密分析和推理论证，才能得出比较科学的结论。缺乏对大量材料（无论是物质材料还是精神材料，无论是现时材料还是理论文献材料）的占有，就不可能形成和展开科学的研究，因此，详尽地占有各种材料是所有学科展开科学研究的根本基础和方法论要求。同样，缺乏对材料的去粗取精、去伪存真、由此及彼、由表及里的分析论证，也很难透过纷繁复杂的现象揭示和把握事物的本质，发现真理。这就是为什么同样是研究一个问题，有的人取得了学科奠基性成果，而有的人则一无所获。国家文化安全学研究概莫能外。要研究国家文化安全，就必须观察和掌握国家文化安全的现象运动，洞察它的过去和今天的生命运动样式和表现；必须了解和掌握前人在这一领域已经取得和贡献的成果，方能获得进一步前行的起点与历史方位。只有具有建立在这两个基础之上的创造性想象和联想，才能展开创造性研究，才有可能取得超越前人且能回答现时国家文化安全问题的理论成果。

三、基础性与前瞻性研究方法

国家文化安全学是新兴的综合性社会科学。它既属于国际政治和国际关系范畴，又不完全属于国际政治和国际关系范畴。传统的国际政治和国际关系学科研究领域里没有国家文化安全研究，直到发展到国际政治和国际关系研究的"建构主义"时代，"文化"在国际关系中的地位和价值才引起国际政治学界的注意，国家文化安全研究才被纳入国际政治和国际关系研究范畴。亚历山大·温特的《国际政治的社会理论》、巴瑞·布赞的《新安全论》和理查德·内德·勒博的《国际关系的文化理论》等被认为是"建构主义"学派的代表作，它们虽不是专门研究"国家文化安全"的，但是对国家文化安全学研究来说是不可或缺的学科基础。"安全"是国际政治和国际关系研究中的一个核心概念和重要范畴，没有对"安全"本质的把握和认识，很难展开科学的国家文化安全学研究，从这个意义上来说，国家文化安全研究是一般的国家安全研究在文化领域里的延伸，不了解、不掌握关于国家安全的一般性理论和知识，则难以展开国家文化安全研究。因此，掌握国际政治和国际关系的基础理论就成为研究国家文化安全学所必需的。

然而，国家文化安全学研究的终究是属于文化领域的国家安全问题，如果没有对文化理论的基础性掌握，要展开国家文化安全研究同样是一件很困难的事。安全就其终极意义而言是文化的结果。离开文化，离开对文化的分析研究，涉及国家和国际关系问题的解决往往很难获得理想的预期效果。这就是在传统的国际政治和国际关系研究领域里会产生和出现"建构主义"学派的重要原因，也是亨廷顿"文明冲突论"的重要来源。这里既涉及文化人类学等传统文化理论，也涉及文化研究等现代文化研究理论，还包括社会学研究理论，对于这些理论的掌握是研究国家文化安全重要的基础性准备。这种准备是方法论的。与此同时，现时的国家文化安全问题、发展中的国家文化安全问题、人类社会和文明转型中的国家文化安全问题，以及由突发性自然灾害带来的国家文化安全问题，使得国家文化安全学研究始终是一种具有前瞻性、预警性的社会科学研究。既要研究当下问题，又要研究国家文化安全的发展趋势问题，构成了国家文化安全学研究的前瞻性性质。

基础性和前瞻性既是方法论，又是价值观。几乎没有一门学科不是以这两个方面作为价值取向的。但是，对于国家文化安全学来说，无论是基础性研究，还是前瞻性研究，都有着其他传统学科所没有的紧迫性。没有基础性研究，就不足以建立科学和规范的学科体系；没有前瞻性研究，就失去了国家文化安全预警的价值。因此，这两种方法对国家文化安全学研究，尤其对中国的国家文化安全学研究来说尤为重要。

第四节　创建国家文化安全学的意义

创建国家文化安全学是在全球化进程中国家文化遭遇到前所未有的危机这一情势下提出来的，是在人类安全遭遇整体性威胁、人类安全可持续发展充满不确定性文化风险的形势下提出来的。国家安全一直是人类文明发展的主题，由此产生了以研究国家安全为核心的"国际政治学研究"和"国际关系研究"。现代化发展和全球化进程带来的新的国际格局和世界秩序的变动不仅持续需要更为深刻的创造性国际政治学研究和国际关系研究，而且需要突破传统的国际政治和国际关系研究对象范围的局限，把关于国家安全的研究推向更为广阔的领域。"非传统安全"概念的提出，开辟了传统安全研究所疏于研究甚至忽视但是对今天人类社会的国家安全来说极为重要的新领域，包括文化安全、生态安全、气候安全、粮食安全、环境安全等。源自这些领域的一系列重大理论和实践问题是在国家演化和发展中提出来的，提出问题的同时，出现解决问题的需求。这种需求是全人类的，是具有普遍性的，是每个国家都面临且必须设法解决的，尽管在不同的国家和地区，问题的严重程度各不相同。创建"国家安全学"正是在这样的背景下提出来的，其目的是从理论上寻求解决问题的途径，推进人类文化安全的可持续发展。

对于国家文化安全的关注，自国家诞生以来业已发生。从古到今，不同的国家、不同的民族站在不同的角度、基于不同的文化背景，都有关于国家文化安全的理解和关于其维护与保障的理论、法律和政策。四大文明古国都有关于文化的管制制度设定。在人类社会的早期，由于艺术常常是人们把握世界最简单的方式，因此文化管制制度的设定比较多地表现为对文学和艺术的要求与约束。后来的所谓文艺审查和书报刊审查，进而到整个文化审查制度的形成，就是起源于这种对于安全需求的发展与变形。它们的区别仅仅体现在表述上。如果暂时撇开意识形态的约束，只是为讨论问题的便利起见，那么任何政权和国家关于文化的政策与法律，以及为了这些政策与法律的制定而形成的理论，都是出于国家文化安全的考虑（在封建社会更多地表现为对王朝统治安全的维护），尽管有些政策与法律非常专制，甚至扼杀了文化的繁荣发展，但是，仅从统治者的角度而言，目的仍然是维护国家的安全和统治，虽然我们完全可以对这种行为提出历史性审判。

问题并不在于国家文化安全作为一种历史现象长期客观存在着，而是它一直没有成为一门科学进入学术界视野，成为科学的政治学、国际关系学或文化学研究的重要范畴，并由此而建立关于国家文化安全的系统理论与学科。这一状况，一直到"国家安全学"一级学科的设置，才得到了根本性改变。这固然与对象的复杂性和学科边界的模糊性有关①，但也与学术界长期以来所形成的关于国家文化安全的狭隘学术思维定式有关。尤其是在中国

---

① 一般认为，"安全"含义本身是不明确的，一些国际知名学者，如布赞、弗雷、杰维斯、沃尔弗斯等甚至认为很难弄清楚其确切含义。

的文艺学理论系统中，关于文艺与政治、文艺批评的内容，有相当一部分涉及国家文化安全问题，只是中国的文艺学理论和美学理论研究与建设领域从来没有建立一个国家和国际文化安全的概念，这使得国家文化安全问题研究成为学术界盲点。然而，中国文化战略地位的重要性和全球化背景下国际安全形势的复杂性，决定了中国文化在国际文化关系格局重组这一矛盾中的重要地位。中国的任何对内对外文化政策的选择，都会深刻地反映出中国对这一矛盾的深刻思考，以及它对由此而构成的国家文化安全的关注程度。20世纪60年代的反修防修、八九十年代的反对资产阶级自由化、邓小平关于既反"左"又反右的告诫，曾经深刻地影响了中国的文艺理论建设与文艺思想的发展，成为研究中国20世纪文艺思潮无法回避的重要组成部分，可以说都是围绕战略上的反"和平演变"这一国家文化安全的核心问题展开的。但迄今为止，我们在关于文艺学的讨论中始终未能建立这样的学术范畴和概念。而影响和决定反"和平演变"的内容，则是随中国战略地位和整体安全形势的变动而变动的。因此，离开了在整个世界力量格局变动中的中国战略地位和安全形势，泛泛地讨论中国的国家文化安全，就会在国家大战略的终极层面上失去一个具有战略意义的坐标。因为，当我们说"国家要独立，不仅政治上、经济上要独立，思想文化上也要独立"[①]的时候，实际上我们要强调的就是国家文化主权，隐含着对于国家文化安全的思考和关切。中国的最高领导人在中国作家代表大会上专门提出这样的问题，凸显了长期以来在这个问题上的文艺学缺席。主权问题是威胁国家文化安全的最根本、最核心的问题。中苏20世纪60年代在意识形态领域分裂的重要原因，就是中国对于国家主权维护的文化反映。主权问题是不容讨论的。文化问题在当代国际战略格局中，有时就成为维护国家主权安全的重要形态和表现方式，正因为如此，国家文化安全也才具有了文化科学研究范式的意义。

 **绪论小结**

　　国家文化安全是国家安全的重要组成部分。国家文化安全问题古已有之——随着国家的诞生而出现。忧患意识和忧患理论是国家文化安全思想的源头。国家文化安全作为科学概念和研究议程的提出是在冷战结束后，学术界关于全球化背景下国际文化关系的新思考。它首先是由中国学者提出来的，但是与美国学者亨廷顿提出的"文明冲突论"有着内在的关联性，二者都是关于冷战结束后对世界文化发展态势的描述。

　　国家文化安全是国家文化安全学研究的核心研究对象。没有国家文化安全这个对象，国家文化安全学研究也就没有存在的必要。任何一门学科的建立都是由它的研究对象规定的，国家文化安全学也不例外。

　　国家文化安全学的任务包括：揭示国家文化安全运动的本质与基本规律；阐述国家文化安全对于当代人类安全的价值和意义；研究国家文化安全学的基本范畴；服务国家文化安全发展需求。

　　国家文化安全学的研究方法包括：规范性与非规范性研究方法；历史的和逻辑的研究

---

① 江泽民在中国文联第六次全国代表大会、中国作协第五次全国代表大会上的讲话[N]. 人民日报，1996-12-17.

方法；基础性与前瞻性研究方法。

 思考题

1．什么是国家文化安全学？国家文化安全提出的历史背景是什么？
2．国家文化安全学的研究对象是什么？
3．国家文化安全学研究的理论和实践意义是什么？
4．怎样认识国家文化安全学研究的任务？

 **参考书目**

1．中共中央党史和文献研究院编．习近平关于总体国家安全观论述摘编[M]．北京：中央文献出版社，2018.
2．胡惠林．中国国家文化安全论[M]．2版．上海：上海人民出版社，2011.
3．刘跃进．国家安全学[M]．北京：中国政法大学出版社，2004.
4．布赞，汉森．国际安全研究的演化[M]．余潇枫，译．杭州：浙江大学出版社，2011.

第一章

国家文化安全及其相关概念

 学习目标

通过学习本章，应了解和掌握以下内容：
1. 国家文化安全的基本概念及其相互关系；
2. 国家文化安全的意义及国家、文化、安全三者之间的关系；
3. 国家特性、国家属性、国家文化与国家文化安全性质的关系；
4. 国家文化主权在国家文化安全构成中的地位与作用；
5. 国家文化利益的内涵与外延及其在国家文化安全构成中的重要性。

 导言

  一门完整的科学意义上的学科是由一系列具有内在逻辑关系的概念构成的。这些概念是在研究过程中提出来的，是用来揭示和阐释一定对象领域的本质特征和发展规律的。没有这样的基本概念，没有由这些基本概念建构起来的概念系统，就不存在这门学科。从这个意义上说，学科是由影响和决定这门学科之所以存在的一系列概念建构的。研究并阐释这些概念也就自然地成为学科建设的首要任务。哪些基本概念构成了国家文化安全学的基本概念和范畴？这是国家文化安全学研究的学理基础。

第一节　国家文化安全

  国家文化安全是国家文化安全学的核心概念。正是这个概念的全部矛盾运动缔造了国家文化安全这一有机生命体的存在与发展。没有"国家文化安全"，也就无所谓"国家文化安全学"。然而，国家文化安全是什么？它的指涉对象是什么？国家文化安全与国家安全的关系如何？国家文化安全与文化的关系如何？这些都是我们必须首先要阐明的问题。

一、国家、文化与安全

  国家文化安全是由国家、文化和安全这三个不同领域里的概念组成的一个集合概念，

正是这三个概念构成的不同要素相互影响和演化，最终形成一个专有名词、一个特殊的概念。它们之间的演化与互动史是人类社会发展演化史的重要组成部分，研究它们之间的相互关系是国家文化安全学研究的重要内容。

1. 国家

国家是一个社会的组织形态，是社会发展到一定阶段的产物。它起源于私有制，诞生于氏族社会，既是对氏族社会的超越，也是人类社会经由家庭、村落、都邑和氏族社会之后发展起来的人类社会最高组织形式。①它是一定社会的人们依据最大多数人的共同利益而组织起来的权力机构，用以协调和配置社会资源，实现有效的公共管理。它是每个人依据共同的利益需求而让渡自己的一部分权力和利益以更好地维护和实现自己的权力和利益而建构起来的社会方式。当不让渡自己的某一部分权力和利益以形成集体力量便不能有效地维护个体的生存与安全需求时，让渡自己的一部分权力和利益建构的超越于个体之上的同时能对每一个个体实现有效约束的国家形态便出现了。这就是恩格斯所揭示的："这个社会不可解决的自我矛盾，分裂为不可调和的对立面而又无力摆脱这些对立面。而为了使这些对立面，这些经济利益相互冲突的阶级，不至于在无谓的斗争中把自己和社会消灭，就需要有一种表面上凌驾于社会之上的力量，这种力量应当缓和冲突，把冲突保持在'秩序'的范围以内；这种从社会中产生但又自居于社会之上并且日益同社会相异化的力量，就是国家。"②因此，国家不是从外部强加于社会的一种力量，而是社会发展到一定阶段的产物，是社会演化和进步的一个结果。这就是"公共权力的设立"。从这个意义上说，国家是因人们的集体安全需求而出现的，是人类社会集体安全需求的产物。诚如《2011年世界发展报告：冲突、安全与发展》所指出的："维护集体安全的努力一直是人类历史的核心：从最久远的年代开始，人类安全靠的是合作这种认知就始终是村落社会、城市和民族国家形成的促成因素。"③

在不同的社会条件下，国家作为社会的组织形态是不一样的，其国家性质也是不一样的。生产力发展水平以及由此而构成的社会生产关系是影响不同社会条件下国家性质的决定性因素，由此而形成的国家形态的文明程度也是不一样的。奴隶社会与封建社会是农耕文明时代最重要的两种社会形态。这两种在不同的社会条件下形成的国家形态是不一样的，由此而形成的国家安全和国家文化安全需求也是不一样的。一般来说，当一种新兴的代表新的生产力的社会力量出现，并且要以这种新型生产力重构国家制度和国家形态的时候，必然会对代表旧的社会生产力和社会生产关系的社会力量及其国家构成威胁，从而形成对前者来说的国家安全。但是，对于新兴的社会力量而言，这种重建是历史发展的需求与必然，是一种新国家安全力量的形成与建构。当不以新的国家安全力量形态取代旧的国家安全力量形态，国家就不能发展进步的时候，这种国家和国家安全形态与力量的重建就是符合国家安全发展历史规律的。奴隶社会取代原始社会，封建社会又取代奴隶社会，而封建社会又被资本主义社会所取代，期间所形成的国家形态和国家性质是不一样的，它们所代

---

① 恩格斯. 家庭、私有制和国家的起源[M]. 北京：人民出版社，1999.

② 同①：176-177.

③ 世界银行. 2011年世界发展报告：冲突、安全与发展[M]. 胡光宇，赵冰，译. 北京：清华大学出版社，2012：1.

表的社会生产力是不一样的，由此而形成的国家安全性质是不一样的，国家文化安全的性质也是不一样的。

因此，在国家文化安全的历史演化过程中，既有国家文化安全的一般属性和一般范畴，也有特殊属性和特殊范畴。这是由国家属性的一般性和特殊性决定的。在一个国家被认为是国家文化安全问题，在另一个国家很可能不被认为是国家文化安全问题，会出现国家文化安全分歧。但是，只要国家是人类社会安全形式的最高体现，那么国家核心利益和主体价值就是国家安全的核心与根本，且不论具体的国家核心利益和主体价值存在多大的差异。这是决定其他人类社会安全形态的基本规律。在当今世界上，国家仍然是一个具体而固定的社会存在的代表，国家安全和国家文化安全就是由国家来定义的。离开了国家这个迄今为止人类社会存在的最高级形态，其他的安全问题和安全属性就无法得到合理的解释与解决。离开了国家这个行为主体，现今人类社会的一切安全问题都无法获得合理的解决，虽然非国家行为主体在解决当今人类社会面临的安全问题中正发挥着日益重要的作用，但只要人类社会依然是由国家组成的，那么国家就是解决一切人类安全的决定性主体。因此，国家在建构和解构文化安全的过程中具有其他一切非国家力量不可取代的作用。

2. 文化

文化是一个难以定义的对象，又是一个不可不定义的对象。只要讨论文化和文化问题，就必须先回答：什么是文化？在关于文化的定义中，被引用最多、影响最广泛的是英国文化人类学家泰勒在《原始文化》一书中做出的定义："文化是人们作为社会成员习得的复杂整体，它包括知识、信仰、道德、法律、习俗和其他能力与习性。"[1]而中国《大辞海·文化 新闻出版卷》给出的定义是："广义是指人类社会的生存方式，是人类社会在社会历史发展过程中所创造的物质财富和精神财富的总和。狭义指人类的精神生产能力和精神创造的成果。"[2]文化定义的差异性源自文化本身的复杂性和多样性。诚如盲人摸象，所有关于文化的定义只是反映和揭示了文化本质本身的这种复杂性和多样性。无论就泰勒的定义而言，还是就中国《大辞海》的定义而言，一旦涉及其中定义内容的具体分析，如信仰、道德、法律、习俗等，其差异性更大。然而，正是这些差异性把一种文化与另一种文化区别开了，把一个民族和另一个民族区别开了。文化的差异性成为区别和识别不同人群、不同民族和不同种族的标志。尽管如此，文化还是具有一些基本特征，这些基本特征存在于任何一种文化中。那就是"习得""象征""共享"。"习得"建构了人与文化的代际传递；"象征"建构了人们的精神纽带；而"共享"则建构了同一文化屋檐下生存和生活方式的整体性。三者是一个整体，任何一个方面的缺失都会导致和造成作为文化的整体性的毁灭。人类是由文化定义的，没有文化就没有人类和人类社会。依据不同的文化建构属于自己的生活方式是人类的自然历史生成。这种关于文化的自然历史生成是文化的一种演化和进化过程。人类要适应自然历史进化的需要，并保持自己在这个过程中的生命力，优胜劣汰便成为一种自然历史选择和人的社会历史选择。今天的文化就是这种选择的结果，成为今天的人类社会之所以存在的依据，成为对地球上不同人类的不同生活方式和生存方式的全部合

[1] 科塔克. 文化人类学: 欣赏文化差异[M]. 14版. 周云水, 译. 北京: 中国人民大学出版社, 2012: 28.
[2] 夏征农, 陈至立, 胡惠林, 等. 大辞海·文化 新闻出版卷[M]. 上海: 上海辞书出版社, 2013: 1.

理性与合法性解释。因而，对任何一个社会来说，文化具有神圣不可侵犯性。这是文化演化和发展的自然安全规律。

3. 安全

安全是一种需求，更是一种主观价值。什么是安全？什么是不安全？不同的主体，界定和判断的标准是不一样的。甲认为是安全的，并不等于乙也认为是安全的。同理，乙认为是安全的，甲并不一定也认为是安全的。甲和乙之间存在着完全不同的安全认知与判断标准。在这里，安全需求本身就包含着价值观的巨大差异。但是，这并不等于人类和国际社会之间没有或者不存在共同的安全需求和相同的安全价值观。在对于未成年人安全的关怀上，几乎全世界的所有法治国家都有保护未成年人免受伤害的法律和保护机制。联合国人道主义援助机制就是由不同社会制度和不同价值信仰的国家基于人类共同的价值观而组建起来的。

安全、民主、自由、人权、尊严是人类社会共同的价值观，只是基于不同的历史和文化传统，人们在理解、认知和行为方式上存在差异。因此，既有普遍性安全，也有个别性安全，这就是安全的差异性。正是由于针对不同的主体，安全的需求与价值不一样，才会产生和形成不同的安全观，进而产生不同的群体和社会安全观、不同的国家安全观，以及不同的国家文化安全观。由于安全在本质上是一种价值、价值需求和价值判断，并因此而形成安全差异性和不同的安全观，从这个意义上说，一切国家安全都是文化安全，或者说是基于价值判断而建构的国家安全；一切国家安全观都是文化安全观，是基于不同的文化传统和价值观取向而形成的关于国家安全的价值判断体系。物质安全与精神安全在这里就具有等同性。正是由于人们具有对自然资源无节制的索取将导致和造成人类社会的生存安全危机这样一种价值判断，才使得国际社会基于维护共同的安全需求提出了"可持续发展"这一人类社会的 21 世纪议程——人类安全。因此，"可持续发展"不仅仅是一种科学发展观，也是一种基于可持续安全需求的安全价值观，因而具有普遍性——物质安全是如此，精神安全也是如此；不仅人与自然之间要建立可持续发展的安全系统，人与人之间、人与社会之间、人与国家之间，以及国家与国家之间也要建立可持续发展的安全系统。只有这样，人类安全和人类社会的可持续发展才是有可能实现的。在这里，国家、文化和安全有机融合成一个整体性生态系统。

安全是人类文明的存在形式与运动方式。文明发展成什么样子，就会产生和形成什么样子的文明安全形态。现代的网络安全是最典型的因现代科技文明而诞生的文明安全形态。文化安全是文明安全最广泛意义的安全呈现形态和呈现方式。安全思想和文化安全思想，既是现实的安全问题在人们观念形态领域里的反映，又是人们基于对现实安全问题的关注而产生关于生死存亡忧患意识的价值观念形态。这种忧患意识的形成促使人们下意识地对现实和未来可能发生的各种性质、各种形态的安全问题产生一种未雨绸缪式的前瞻性思考（"担心"是它最世俗化的精神生活形态）。这是国家安全和国家文化安全忧患理论的起源。这种忧患理论和忧患意识来自于一种久远的人类集体生存经验总结。这种经验总结以某种方式通过代际传承被一代一代传递下来，形成了一种物种基因而赋予人类以独特的生物种性，同其他物种相区别。在这里，记忆——特别是集体安全记忆发挥了决定性作用。当记忆不能解决全部记忆的问题的时候，文字便应运而生了，从而使得人类创造的文化成果和文化经验得以通过文字符号——一种观念形态和意识形态载体而被永久地传承下来，传播开来。"古人结绳而治，后人易之以书契。"文字就是因国家安全治理的需要而诞生的国家文化安全工具，因此具有普遍的文明安全属性和特性。于是，安全经验便凝结为文字系统，成为经验的一种系统化、体系化、思想化、常理化的精神呈现形态。把人们日用而不觉的认识、认知知识转化为人人遵守的行为准则和文化认同，这就是中华文明中的安全意识。把这种安全意识价值观念化、知识体系化、概念系统化、知行统一化，这就构成了今天被人们称为"国家文化安全思想"的中华优秀传统文化，成为中华优秀传统文化的重要组成部分和重要精神标识。

二、文化安全、国家安全与国家文化安全

1. 文化安全

文化安全是指一种文化相对处于没有危险和不受内外威胁的状态并具有推动自身持续发展的能力。文化安全是国家安全的重要组成部分，关系国家稳定、民族团结、生活方式、核心价值观和文化传承，是国家安全的重要保障。文化安全是国家文化安全最基本的概念和范畴，是构成国家文化安全的核心要素。

文化安全之于国家安全的意义，在于文化安全在本质上是国家大战略的根本价值系统。任何国家战略的制定都基于对国家目前形势和未来发展目标的分析、判断和定位。对目前形势的分析、判断所采取的技术路线可能完全不一样，这是由不同的主体所采取的不同的评价事物的指标体系决定的。文化最能从根本上区别不同国家和民族的价值差异，因此，在不同的文化背景下，对于同一个问题完全有可能得出截然相反的结论。而正是这种结论左右了国家的决策者对于整个世界形势的分析和判断，包括对国家安全形势的判断。任何这种判断的尖锐对立，都可能直接导致国际冲突。由于不同的文化背景直接决定了人们观察问题的方法论和世界观，因此，维护国家文化安全也就成为维护国家安全的重要组成部分。没有国家文化安全的国家安全是不存在的。因为文化是判断国家安全与否的最终标准。没有文化安全，也就从根本上失去了判断国家安全与否的价值体系。国际社会之所以长期处于不断的冲突之中，甚至不断出现大规模的局部战争，就在于各国都以自己的安全为安全，以自己的安全观来判断国家的安全形势。美国所关注的国家安全是以美国的价值尺度为标准的安全，是建立在美国文化中的"天赋使命"的价值观念之上的，一切与之不一致的安全都不是美国所认定的国家安全，都不能成为美国的国家安全，都可以被认为是危害美国国家安全的。正如美国学者约翰·P. 洛弗尔所说："人是在文化氛围中长大的，受到其中基本价值、风俗习惯和信仰的熏陶。那些在每个社会中握有政治权力的人易受社会文化的影响；他们的行为与态度将有许多文化根源。此外，在每个民族国家，统治本身和外交政策的制定都是在一种文化背景下发生的。"①美国文化人类学家莱斯利·怀特进一步提出，决定民族国家特征的不是其内部种族的外部结构，而是固存于他们身上的特殊文化心

---

① John P.Lovell. The United States as Ally and Adversary in East Asia: Reflections on Culture and Foreign Policy[M]. New York: Culture and Internations, 1990: 89.

理或意识。①美国学者厄尔·H. 弗赖伊则更明确地指出："政治领袖必须在符合国家价值观的前提下才能形成政策，国家价值观只是个人价值观的集合。关于美国国家利益的问题只有研究国家价值观才能找到回答。正是这些价值观才规定了国家利益和国家的安全。"② 因此，只要美国认为危及美国在全球的利益，美国就可以国家安全的理由进行干涉。美国的国家安全理论不仅是一种一般意义上的所谓安全理论，还是一种意识形态，是美国的一种国际战略。如果把这样一种战略放到文化的层面上来理解，那么，这样的战略也是一种国家文化战略和国家文化安全战略。这也就可以找到美国要别人开放市场，奉行文化贸易自由化的原因。国家大战略是关于国家根本利益的战略。文化安全作为国家大战略的全部价值，不仅在于它是构成国家安全战略的重要方面，更重要的是它为整个国家大战略提供安全保障所必不可少的价值观念和由此而形成的国家价值体系。

2. 国家安全

国家文化安全是国家安全的文化形态。因此，国家文化安全的定义系统和内涵与国家安全的定义系统和内涵在逻辑关系上应当存在本质上的一致性。"安全"就其内涵而言，指的是事物生存免于威胁或危险的状态。《中华人民共和国国家安全法》（以下简称《国家安全法》）第二条规定："国家安全是指国家政权、主权、统一和领土完整、人民福祉、经济社会可持续发展和国家其他重大利益相对处于没有危险和不受内外威胁的状态，以及保障持续安全状态的能力。"③ "没有危险和不受内外威胁的状态，以及保障持续安全状态的能力"既界定了"国家安全"的内涵，也规定了国家安全的标准。没有危险和不受威胁是一种目标状况，也就是说，有了危险和受到威胁就是不安全的；而要确保没有危险和不受威胁，就需要拥有一种能力——保障持续安全状态的能力。从某种意义上说，安全是相对的，不安全是绝对的，安全与否在很大程度上由能力来决定；然而，只要存在，就可能面临危险或遭遇威胁。要确保没有危险和不受威胁，就必须具有能够消除危险和抵御威胁的能力。人、社会、国家的这种能力是在自然进化的过程中实现、建立和塑造完成的。在这里，"状态"和"能力"是界定国家安全的两个关键指标。"状态"是以前国家安全能力构成的一个结果，而"能力"则是维护现在安全状况的一种资源。这是一个问题的两个方面，核心是"能力"，即保障安全的能力。今天的能力塑造未来的国家安全状况，所以国家安全能力是决定国家安全的关键。

3. 国家文化安全

从《国家安全法》关于"国家安全"的定义出发，国家文化安全是指一个国家文化主权、人民文化福祉和国家其他重大文化利益相对处于没有危险和不受内外威胁的状态，以及具备保障、维护和塑造国家安全，推动文化持续发展的能力。当我们把发展看作为了实现一种更高意义上的生存安全需要，不发展就不能继续生存时，任何对发展的威胁或危险，也应当是国家文化安全的题中应有之义。也就是说，我们所指称的国家文化安全，是指国

---

① 怀特. 文化的科学：人类与文明研究[M]. 济南：山东人民出版社，1988：145.

② Earl H Fry, Stan A Taylor, Robert S Wood. America the Vincible: U.S.Foreign Policy for the Twenty-First Century[M]. New Jersey, 1994:113.

③ 《中华人民共和国国家安全法》于 2015 年 7 月 1 日第十二届全国人民代表大会常务委员会第十五次会议通过。

家文化生存与发展免于威胁或危险的状态，以及保障国家文化持续安全状态的能力的有机统一。对这一状态的任何破坏，都构成国家文化安全问题。国家的生命基础是文化。文化是国家的灵魂，没有了文化，就无所谓国家。国家因文化而建构，没有文化，有了国家也会灭亡；有了文化，即使没有国家，也可以重建和创建。而文化能力的大小与强弱，又直接影响和决定了国家文化安全的安危程度。文化安全事关国家生命全部基因的活性程度和可再生程度。

三、国家文化安全与其他国家安全形态的关系

生存与发展是国家文化安全的核心，也是国家文化安全的主体构架。但是，核心是相对于非核心而言、相对于一个系统结构而言的，不能单独存在。生存要有基础，发展要有条件。离开一定的基础和条件，生存与发展的选择道路是完全不同的。这种基础和条件规定着国家文化安全的指涉对象和动力结构，正是这两个方面的结合构成了国家文化安全的意义系统。这就构成了国家文化安全定义系统的一种关系，正是这种关系的互动，才推动了国家文化安全的运动，决定了它在运动过程中的内容结构和发展走向。因此，要给出国家文化安全的定义系统，就有必要首先对与此相关的安全关系给出一种简略的表述，从政治、经济、社会等不同的方面，分析国家文化安全与国家政治安全、经济安全和社会安全的关系，以及这种关系所反映出来的国际关系与内政关系、国家与社会关系、国家整体利益与个人需求关系，从系统整体的观念对国家文化安全进行界定。

1. 与军事安全的关系

一般来说，军事安全关系到国家的武力性进攻和防御能力这两个层次的相互影响、互动，以及国家对彼此意图的洞察力，是关于武力性胁迫的关系。文化安全在表面上看来似乎与军事安全没有关系，但是任何意义上的武力性胁迫关系的背后或者前台，都包括文化安全的能力，"不战而屈人之兵"不仅是中国古代关于文化与军事关系的经典原理，而且是不断被现代战争反复证明的公理。近年来，美国深刻反思其在朝鲜战争、越南战争中重"硬"轻"软"的教训，高度重视塑造和运用军事软实力。在这一过程中，大众传媒因其所具有的强大辐射力、渗透力、影响力，成为美军塑造和运用其软实力的重要工具。一方面，美军借助大众传媒，大力培养以爱国主义为核心的军人价值观；另一方面，美军积极发掘媒体优势，通过舆论宣传渠道增强其软实力的进攻性。美军《联合作战纲要》强调："媒体的大量报道能迅速地改变公众和政界的舆论导向，并给战略决策带来重大影响。"为此，美军自上而下地建立完善的新闻媒体机构，通过这些机构牢牢掌控新闻舆论。伊拉克战争前，美军广播电台每天从早上6点到晚上11点，在5个波段用阿拉伯语进行广播，并通过向伊军高级军官发送电子邮件和打电话的方式进行策反；战争中，美军通过新闻发布会的形式，主动将筛选过的信息提供给媒体，从而主导传媒的报道。①总之，在伊拉克战争中，美国对以现代媒体为主要手段的文化能力和心理战的运用，以及在最后决定战争胜负中所起的作用，又一次彰显了文化安全与军事安全之间的关系。也就是说，具有较强文化安全能力的

---

① 濮端华. 文化霸权与美军软实力之痛[N]. 光明日报，2007-11-21.

国家在军事行为过程中是可以通过加强国家军事能力实现国家安全的。文化安全与军事安全客观上存在着一种安全的相互依赖需求。不仅如此，军事领域的进攻与防御和文化领域里的扩张与抵御极为相似，其区别在于所作用的领域不同和形式有所差异，结果有时也并不完全以力量的对比来决定胜负。

2. 与政治安全的关系

就国家主权意义而言，国家文化安全是指一个国家的文化主权神圣不可侵犯，一个国家的文化传统和文化发展选择必须得到尊重，包括国家的文化立法权、文化管理权、文化制度和意识形态选择权、文化传播和文化交流的独立自主权等，这是国家文化安全最核心的内容。维护国家文化安全，就是保障国家文化主权，捍卫国家文化主权的独立性和自主性。对内是指文化在国家稳定、民族认同中所起的凝聚作用的不可替代性。国家文化安全在国家政治安全中的特殊作用在于，文化是维系一个国家、民族团结和稳定的重要基础，是一个国家综合国力的重要组成部分。文化的强盛、安全不仅可以形成巨大的民族凝聚力和文化认同感，而且由这种认同感和凝聚力所形成的安全屏障可以极大地提高国家整体安全度，由此而营造的良好的国际安全环境，将成为国家稳定发展的重要力量。不仅如此，由于一个国家的政治安全常常同这个国家的执政者的治国理念密切相关，不仅不同的执政理念会造成不同的国家安全问题，相同的理念也会造成不同的国家安全问题。因此，从文化经典中获得治国的理念和经验，维护和实现国家文化安全，成为许多卓越的政治家在维护和实现国家政治安全的重要选择之一。美国耶鲁大学教授查尔斯·希尔在《文学经典与治国理念》一文中历数了从亚历山大大帝带着《伊利亚特》东征到毛泽东读《红楼梦》这些历史事实后发现："为什么文学洞见对治国艺术至关重要，是因为这两件大事都涉及一些单靠理性思维解决不了的最大课题，诸如一个人怎样使自己与一个国家产生归属认同，政治活动家之间或者政府与他的人民之间的信任的本质含义，以及一个国家怎样致力于一种更加人性化的治理路径。凡此种种，倘若不对这些问题所承载的'难以把握的情感和道德厚重'有所把握，是不可能理解的。单纯靠理性和技术，很可能使人误入歧途"，因此，在回答"国家的绝对统治者、将军们和战略家们在他们身边的书架或旅次的书袋中，想要寻找的是什么"这一疑问时，查尔斯·希尔的研究发现，"在几乎所有的经典名著中，都可以找到令人叹为观止、深藏其中的治国艺术原则。文学作品揭示出治国理政艺术的许多错综复杂的方式，而掌权人正是借此来行善或作恶的"。为此，他特别指出："假如乔治·W.布什读过修昔底德的《伯罗奔尼撒战争史》，他就有可能获益匪浅"，因为该书展示的正是许多的分离因素，以及在一场战争中，怎样能够成就和惩戒政治家们。由于文学作品"致力于向有心的读者传递的是国家内部事务和国家之间事务那些萌动鲜活的层面"，"可用精致的情节展示出宏大的主题，使它几近于'世界如此这般的'现实，战略家们所必须具备的，正是文学的这种虚构的层面。战略家们无论是否准备充分，但在必须做出决断的情境中，倾其所能，都不可能知悉所有事实、所有考虑、所有潜在的后果。而文学正是应宏大战略领域的诉求而生，超越理性的算计，以想象得其事功"。[①]正是在这个意义上，文学乃至文化具有建构国家安全的功能，因此，文化乃至国家文化安全对于一个国家的安全来说，就具有

---

① 希尔. 文学经典与治国理念[N]. 李晓兵，译. 中华读书报，2010-10-27.

国家安全的意义。而法国作家都德的小说《最后一课》之所以获得不朽的文学地位，其价值也正在于此。

3. 与其他安全形态的关系

正如人类生态环境的恶化常常是由人类自身造成的，一个国家的文化安全问题并不都是由外部文化力量的威胁造成的，国家自身文化战略的重大位移也会导致文化危机的产生，有的是由国内政治危机所造成的，有的则是由经济与社会发展政策的重大失误而造成的，还有直接由于文化政策本身的重大决策失误造成的，因此，国家文化安全还包括非主权内容的意义项，如国家的政治经济环境、文化生态质量、文化资源保护、文化技术的自主知识产权的拥有能力以及文化市场的占有率等，这些方面都会产生文化安全问题，影响国家文化安全。国家文化安全是一个有着丰富内容的意义系统，主权与非主权交叉，由此构成了意义结构。在国家经济发展和政治稳定的情况下，国家文化安全的核心是国家文化主权和国家文化生态平衡，二者是规定一个国家合法性与合理化存在的全部文化基础和依据，其中任何一个产生危机，都会构成国家文化安全问题。由于不同的时代有着不同的文化安全主题，造成一个国家文化安全的原因和构成一个时期国家文化安全的内容并不是一成不变的，而是在发展中不断演化的，因此，国家文化安全不是一个静止的概念，而是一个动态的内容世界。

文化安全和政治安全、经济安全、社会安全、信息安全、军事安全在本质上是一致的，同属于国家安全。由于当代国家文化发展和国家文化运动与国家的政治、经济、社会、环境和信息有着广泛和深刻的联系，或者说如果忽略了文化与政治、经济、社会、环境、信息的广泛联系，就无法准确地认识和把握当代文化存在和文化发展的特点，文化安全也就和政治、经济、社会、环境和信息安全之间存在力的同构关系。正是这种力的同构关系，形成了国家文化安全的不同类型——文化政治安全、文化经济安全、文化社会安全、文化环境安全和文化信息安全，这些类型构成了国家文化安全不同于其他国家安全形态的结构性特征。

文化政治安全规定着文化的国家主权和制度保障，关乎国家尊严和独立；文化经济安全决定着文化产业的整体实力和竞争力，涉及文化市场安全问题；文化社会安全反映文化的凝聚力程度，其中最重要的是关乎意识形态安全和文化价值安全；文化环境安全关系文化生态的优化发展和文化遗产保护的水平；文化信息安全涉及文化核心技术的掌握和文化内容传播的提供与控制能力。任何关于对象的分类都是相对的，都只是为了适应研究的需要。因为在实际的国家生活中，国家文化安全的各个方面往往是联系在一起的，只是在不同的情况下，它所表现和反映的侧重点不一样，存在形态和表现的方式不一样，在不同的历史阶段和不同的形势下，所体现的重要性不一样。不能因为有文化交流，要实行"拿来主义"，就否认文化安全问题的存在；同样，不能因为发展就将必须克服的障碍视为安全问题。这里面涉及共同的判断安全的标准。

国家文化安全还可以有硬安全与软安全、外生安全与内生安全之分。所谓硬安全，表现为涉及国家文化主权安全和国家文化经济安全，对国家文化安全构成直接威胁的国家战略性重大文化基础设施安全，如对于直接的网络攻击，可以采取制度性措施予以应对；所谓软安全，主要表现为对一个国家精神世界的价值观和意识形态渗透，表面上不构成直接的文化威胁，难以采取有形的制度性措施加以抵制；硬安全具有显著性特征，相对容易识别，也较容易采取应变和预警措施；软安全具有隐蔽性特征，识别和预警的难度大。所谓外生安全，是指来自外部威胁的文化安全；内生安全则是指一个国家内生的威胁到国家文化生存与发展的文化安全。一个国家文化安全危机的爆发往往是在内外两种因素和力量的共同作用下产生"共振"的结果。

四、国家文化安全的界限

任何事物都有自己的存在方式和生存系统，这是一种事物区别于另一种事物的依据，是事物构成的边界。国家文化安全也有自己的边界系统。并非任何文化安全问题都是国家文化安全问题，这就是国家文化安全的界限。核心安全、基本安全和相关安全构成了国家文化安全的基本界限，同时规定了三种不同的国家文化安全性质。

一般来说，处于核心的国家文化安全是稳定的、不变的。例如，国家文化主权安全属于国家最根本的国家文化安全，丧失了国家文化主权，国家文化安全也就不复存在。所谓"国家主权神圣不可侵犯"，是一个包括文化在内的国家安全原则和国际公理。基本国家文化安全是指那些体现国家文化主权原则，维护国家文化主权利益，促进和发展国家文化安全事业，提升国家文化安全能力的基础国家文化安全。关于基本国家文化安全，不同的国家，其构成是不一样的，但在涉及文化认同、文化多样性以及价值观维护等文化安全议题时，在文化安全形式和性质上具有一致性，区别在具体的内涵上。正因为这样，联合国教科文组织才制定了《保护和促进文化表现形式多样性公约》，建立"世界文化遗产"和"人类口头和非物质遗产代表作"等国际及全球文化安全保护机制。相关安全是指那些可能给国家文化安全带来不确定性的，来自其他方面、其他领域的国家安全问题给国家文化安全造成的危机和危害，如国际金融危机、极端或恐怖主义，前者会导致文化资本市场的混乱，进而威胁国家文化主权，后者则直接造成文化安全事件，阿富汗塔利班组织以及"伊斯兰国"对人类世界文化遗产的摧毁是最典型的国家和人类文化安全事件。

互联网安全是一种新生的国家安全和国家文化安全形态。在某种程度上，互联网安全兼具上述三种安全的特征，因而是一种全新的国家文化安全形态，其界限的模糊性和不确定性同时构成了对国家文化安全风险最大的模糊性和不确定性，增加了国家文化安全治理的难度。这意味着互联网增大了国家文化"安全性"降低的风险，全球文化安全建设未来或将进入充满不确定性的新状态。如果不能及时遏制文化安全环境持续恶化，以及极端网络安全事件、自然灾害、文化资源积累所造成的不可持续性的增长，将导致全球大量文化失去生存空间，因文化与文明冲突而导致战乱频发。

适者生存是一条自然法则，也是一条国家安全公理、原理。适者，至少包含四层意义：适应、适合、适度、适当。适应是第一意义。所谓适应，是指物与环境的关系，也可以指主体与客体的关系，即任何有机物都要与它生存的环境相协调、相对应。若与他者的关系不协调、不适应，则要么斗争以改变环境，要么死亡，没有第三条道路可走。这是作为自然选择基于进化的需求，而进化是为了生存。怎样才属于"适合"？就是必须和主体需求相契合。符合和满足主体自身生存需要，与自身的各种尺度相吻合。不符合、不满足就不是"适合"，但是，任何需求都不应过度，而应该"适度"，就是恰当，即在满足自己生存需求的同时，不妨碍他者生存。所谓"适可而止"，就是适度。相互依存，互为关系，恰当、恰到好处，这就是"当""适当"，否则就是"不当""不适当"。所谓"防卫过当"，是指超过了维护正当安全需求和满足自身安全需求的界限，因而导致相应的处罚。因此，"适"是极端重要的国家安全范畴和文化安全范畴，规定了国家安全和国家文化安全的界限。

适者生存既是一种选择性生存，又是一种竞争性生存。选择本身构成了竞争性关系，在一定意义上，人与自然的关系也是一种竞争性关系。竞争性是由生存选择的方向导致的，决定了选择的非安全性。这就是丛林法则。这是一种在进化过程中建立的自然安全序列。所谓"一物降一物"，指的就是这样一种安全序列，是在反抗和抵御不安全的过程中形成的，彼此构成了相互依存关系，生态和谐，彼此以对方为存在和安全关系。

国家文化安全是运动的，不是一成不变的。在不同的时间条件下，一个国家的文化生存环境（空间与空间关系）是不一样的，即国家文化安全的状况是不一样的。在一个时间条件下被认为是国家文化安全问题，在另一个时间条件下可能演化成非国家文化安全问题，或者作为文化安全问题的风险系数降低了，已经不构成威胁了，从而被移出国家安全战略；不同时间条件下的不同国家文化安全构成了一个国家文化安全运动的纵坐标，反映了一个国家在不同历史条件下的国家文化安全状况与情势。

空间国家文化安全既包括一个国家内部文化安全的构成系统和内部安全关系，也包括一个国家外部文化安全的构成系统和外部安全关系，这两个方面共同构成了一个国家文化安全的"内部安全"和"外部安全"空间结构。所谓"内部文化安全"，包括两个方面：一方面是相对于国际而言的一个国家内部的文化安全；另一方面是指由各个文化领域构成关系而形成的国家文化安全，如网络文化安全、文化遗产安全、文化生态安全、文化传播安全等。所谓"外部文化安全"，包括两个方面：一方面是指一个主权国家所处的国际文化安全环境，主要是这个国家与国际社会的国家文化安全关系，以及由这种文化安全关系所形成的国家文化安全外部条件，核心是国家文化主权安全；另一方面是指文化安全与政治、经济、社会、生态等其他领域安全的关系。

时间和空间是区分和建立国家文化安全体系的两个重要的界限。国家文化安全是一个有机生命体，具体地存在于时间与空间之中。无论是国家文化安全存在状态，还是对国家文化安全的需求和价值判断，都是一个运动和变化的过程。"文化冷战"就是一个关于国家文化安全特定的时间概念和时代的属性划分。许多导致和造成国家文化安全问题的内外部因素是在一定时间内、由一定的条件和因素导致和造成的。当这种条件和因素随着时间消失了，由此而形成的国家文化安全的内外部危险和威胁也就消失了，从而由不安全状况转变成安全或比较安全的状况。客观安全情势的变化会导致主观安全判断的变化，而所有这些都是随着时间的变化而变化的。因此，当总体情势已经发生变化，如果继续用前一个时间段的价值判断和安全举措对待已经发生变化的新情况，就是一种"旧思维"——一种旧安全观。国际舆论批评美国处理国际关系问题仍然抱着"冷战思维"不放，主张"摒弃冷战思维"，就是一种基于时间的国家安全政策与战略的安全价值考量。在一段时间里被认为是国家文化安全问题，在另一段时间里并不一定也被认为是国家文化安全问题，或者作为国家文化安全问题的风险降低了，甚至可能转为非国家文化安全问题。2015年，中美两国关于网络安全问题的战略博弈就经历了这样一个从高度紧张的国家安全问题转变为不那么高度紧张——具有对抗性的国家安全问题的过程。安全问题没有消失,但是受到了有效管控,从而得到了国际主流社会的高度评价。所以,时间是可以塑造安全性的。

第二节　国家特性、国家属性与国家文化安全性质

任何一个国家的国家性质都包含两个方面,或者说都由两个方面构成。一个方面是这个国家的特性,另一个方面是这个国家的属性。国家文化是国家特性与国家属性的有机结合与统一。这种统一是一个国家的历史与现实的统一,决定了一个国家的国家文化安全的性质。每个国家都有两种文化:历史文化与现实文化。历史文化构成了这个国家的文化传统和文化特性,养成了国家特性;现实文化构成了这个国家的文化现实和文化属性,塑造了国家属性。国家文化是这两种文化有机融合的整体,但是这两种不同性质的文化构成了两种既互相联系又互相区别的文化安全特质和国家文化安全性质。每个国家都有自己的文化,不同国家的文化是不一样的。国家各有各的文化,也就各有各的国家文化安全。

一、国家特性

国家特性,即国家文化和文明的特征性、特殊性。它是由这个国家的历史性形成和决定的,而历史性主要是由构成这个国家的主体民族特性决定的。从这个意义上来说,一个国家的国家特性就是这个国家的民族特性。它是一种文明特性。在现代世界体系中,有两种由不同民族特性组成的国家:一种是单一民族国家,如日本;另一种是多民族国家,如中国、俄罗斯等。多民族国家的国家特性是由这个国家在历史演变和发展过程中通过民族融合而形成的民族共同体塑造的。

中华民族是一个由56个民族组成的民族共同体和文化共同体,因而也是一个安全共同体。这是一个在五千年中华文明融合发展的历史进程中形成的民族命运共同体,深深地镌刻了中华民族与中华大地的时空关系,是对这种时空关系认知的生命体验与塑造而凝结成的生命共同体,即所谓的"天人合一"。正是这一民族命运共同体形成了中国的国家特性,塑造了以五千年中华文明为标志性特征而形成的中华优秀传统文化。它是中华民族区别于世界上任何其他民族的文化标志、文化特征和文化个性。习近平总书记在论述中国特色的构成性来源时深刻指出:"如果没有中华五千年文明,哪里有什么中国特色?如果不是中国特色,哪有我们今天这么成功的中国特色社会主义道路?"[1]也就是说,是中华五千年文明塑造了中国特色和国家特性,这就揭示了中国作为一个文明型国家的文明史特性,正是这种国家特性,决定和规定了当代中国的历史性,以及它与五千年中华优秀传统文化的文明承续关系。这一历史性文明承续关系不仅建构了当代中国与历史的一般传承与联系,而且建构了当代中国与中华民族和五千年中华优秀传统文化之间的文化安全关系。这是五千年中华文明在历史进步与历史发展过程中建构起来的精神安全纽带,深刻地蕴藏于中国特色

---

[1] 把弘扬优秀传统文化同马克思主义立场观点方法结合起来[M]//习近平谈治国理政(第四卷).北京:外文出版社,2022:315.

社会主义文化体系之中，构成了中国特色社会主义文化的重要组成部分。没有这一重要组成部分，就没有"中国特色"。没有这样的文化安全关系，割断了这样的精神安全和文明承续纽带，无论是中华民族还是作为其形态的民族共同体形式，都将陷入亡国灭种的不安全境地。这是鸦片战争后中华民族经历过的历史惨境。正是在这样的民族和国家安全意义上，习近平总书记反复强调"文化是一个国家、一个民族的灵魂"。这里的文化就是中华优秀传统文化。正是这一文化而不是别的文化决定了当代中国国家特性——中华，从而使得文化传统和民族文化具有国家安全意义，构成国家文化安全的重要组成部分。一个国家的特性是在历史中形成的，是随着历史的发展进程而积淀起来的，历史越悠久，文化积淀就越深厚，国家特性就越鲜明。从五千年中华文明史积淀下来的中华优秀传统文化是中华民族赖以安身立命和自立于世界民族之林的全部自信的根源。中华民族历经磨难而生生不息，就在于五千年中华文明史铸就的这个民族灵魂深处的历史自信、民族自信。历史给文化以底蕴和积淀，文化给历史以特性和自信。国家特性是历史自信和文化自信的根基和支撑，同时是树立和塑造国家文化安全自信的根基和支撑。它赋予了国家文化安全的文明本质和属性。这就是习近平于2023年6月2日在文化传承发展座谈会上所总结的："中华优秀传统文化有很多重要元素，共同塑造出中华文明的突出特性。中华文明具有突出的连续性，从根本上决定了中华民族必然走自己的路。如果不从源远流长的历史连续性来认识中国，就不可能理解古代中国，也不可能理解现代中国，更不可能理解未来中国。中华文明具有突出的创新性，从根本上决定了中华民族守正不守旧、尊古不复古的进取精神，决定了中华民族不惧新挑战、勇于接受新事物的无畏品格。中华文明具有突出的统一性。中华文明的统一性，从根本上决定了中华民族各民族文化融为一体、即使遭遇重大挫折也牢固凝聚，决定了国土不可分、国家不可乱、民族不可散、文明不可断的共同信念，决定了国家统一永远是中国核心利益的核心，决定了一个坚强统一的国家是各族人民的命运所系。中华文明具有突出的包容性。中华文明的包容性，从根本上决定了中华民族交往交流交融的历史取向，决定了中国各宗教信仰多元并存的和谐格局，决定了中华文化对世界文明兼收并蓄的开放胸怀。中华文明具有突出的和平性。中华文明的和平性，从根本上决定了中国始终是世界和平的建设者、全球发展的贡献者、国际秩序的维护者，决定了中国不断追求文明交流互鉴而不搞文化霸权，决定了中国不会把自己的价值观念与政治体制强加于人，决定了中国坚持合作、不搞对抗，决不搞'党同伐异'的小圈子。"①中华文明的突出特性是中国国家安全和国家文化安全的核心，其他方面的安全都是围绕着这个核心运动的。就像太阳系里所有的行星都是围绕太阳这个核心运行一样。没有太阳这个核心，就没有太阳系，没有中华民族的统一性，就没有中国各民族的统一性，就没有中国的国家统一性。中华文明的统一性是造就和规定中华民族和中国国家统一性的根本基因，影响和决定了中华文明统一性和中国国家统一性的全部内容与形式，也因此同其他文明和国家相区别。它是在长期的文明演化进程中逐渐进化形成的，有着中华文明特有的不可抗性。这也是中华文明能够成为人类有史以来唯一没有中断的文明的重要原因。其中蕴藏着人类文明演化发展最重要的基因信息。破解这些信息中的密码，不仅对于中华文明安全和中国国家安全具有特别

---

① 习近平在文化传承发展座谈会上强调 担负起新的文化使命 努力建设中华民族现代文明[N]. 人民日报，2023-06-03.

重要的安全意义，而且对于人类文明安全的可持续发展、人类文明安全进化具有重要的考古学和基因学意义。也正是在这个意义上，构建人类命运共同体就具有把中华文明统一性造就的中国国家统一性的个别性文明成果和文明经验转化为全人类文明安全的崇高性，同时为中国为此而提出来的一系列全球发展、全球安全和全球文明主张与政策，提供了文明性思想理论基础。包容性、和平性都是源自于统一性。不包容则不能求同存异，无法统一；不包容则必然导致和爆发冲突，乃至发生战争，就没有和平。这是一个完整的人类文明和国家安全的价值链和逻辑关系链。在一个国家和一个文明体制内谓之统一，在世界范围、在全人类，则谓之构建人类命运共同体。

二、国家属性

国家属性，即国家的本质属性。它是由一个国家的现实性决定的，即由一个国家国体的政治性决定的。马克思主义国家理论告诉我们，国家是一个阶级压迫另一个阶级的工具。阶级性是国家的根本属性。在现代国家类型体系中，国家属性虽然更多的是由一个国家所选择的政治制度、经济制度、社会制度、文化制度和意识形态等一系列具体的要素构成的，但不同性质的国家依然能够根据各种多边形式和双边形式发展不同性质国家之间的国家关系，建立现代世界体系。但是，这并没有从根本上改变阶级性是国家的根本属性这一本质特征。阶级性决定了一个政党的政治属性，这个政党的政治属性决定了它所代表的阶级利益。无论它是以怎样一种方式和途径获得了国家的执政权力和执政地位，它都必然以它所代表的阶级的利益来制定它的政策，选择它的发展道路。

社会主义和资本主义作为两种不同性质的社会制度和社会发展道路，既是两种不同性质的意识形态信仰体系，也是两种以不同信仰为基础建构起来的生活方式和价值观体系，这两种具有根本不同性质的社会政治力量——政治组织和政党集团建构起来的两种不同社会制度选择，从根本上规定了两种不同性质国家的国家属性，即社会主义国家和资本主义国家。这是当今世界文明体系中两种最主要的国家形态。正是这两种具有不同属性的国家，从根本上定义了这两种不同属性国家之间的矛盾和冲突的国家安全性质。国与国之间虽然可以超越社会制度和意识形态发展国家安全关系，开展国家间国际安全合作，但是，这并没有改变不同国家之间的国家属性，没有消除不同国家之间的社会制度和意识形态对国家属性的规定。不同属性国家之间的冲突依然定义了国家安全的本质属性。这种属性一般地规定了国家文化安全的本质属性。

中国是一个社会主义国家。社会主义定义了当代中国的国家属性，也定义了当代中国的国家文化安全属性。这是由中国共产党作为马克思主义的政党属性选择的政治信仰、价值观，以及所代表的无产阶级的阶级利益和社会主义制度决定的。因此，在突出强调"中国特色"的同时，习近平总书记特别强调："我们要特别重视挖掘中华五千年文明中的精华，把弘扬优秀传统文化同马克思主义立场观点方法结合起来，坚定不移走中国特色社会主义道路。"① "中国特色社会主义"，这就是当代中国的国家本质属性。把马克思主义同中华优秀传统文化结合起来，就是要把中国国家特性与国家属性有机结合、统一起来。只有将两

---

① 把弘扬优秀传统文化同马克思主义立场观点方法结合起来[M]//习近平谈治国理政（第四卷）. 北京：外文出版社，2022：315.

个方面统一了，才是中国特色社会主义。"中国特色"是当代中国的国家特性，"社会主义"是当代中国的国家属性。在国家安全学意义上，对这两个方面中任何一个方面予以否定，都会导致和造成国家文化安全危机。

三、国家文化及其与国家特性和国家属性的关系

国家文化是国家特性与国家属性在文化上的集中体现和反映。国家特性是由一个国家的历史文化传统定义的，核心是民族认同；国家属性是由一个国家选择的政治社会制度和意识形态定义的，核心是国家认同。国家文化就是由这两个方面共同融合组成的，这就建构了国家安全在文化安全方向上的两个价值指标：民族文化安全和国家文化安全。民族文化安全以传统文化形态表现出来，对文化遗产安全的维护就是对民族优秀传统文化安全的维护，具有普遍的人类文化安全意义；国家文化安全以政治安全表现出来，即主要由对国家属性安全的维护表现出来。对包括文化在内的国家主权、国家利益和国家意识形态的维护，构成了国家文化安全维护的全部正义性。国家特性和国家属性共同定义了国家安全和国家文化安全的本质特征和属性。对于中国而言，这就是习近平总书记指出的："发展中国特色社会主义文化，就是以马克思主义为指导，坚守中华文化立场，立足当代中国现实，结合当今时代条件，发展面向现代化、面向世界、面向未来的，民族的科学的大众的社会主义文化，推动社会主义精神文明和物质文明协调发展。"① "我们要立足中国，面向现代化、面向世界、面向未来，巩固马克思主义在意识形态领域的指导地位，发展社会主义先进文化，加强社会主义精神文明建设，把社会主义核心价值观融入社会发展各方面，推动中华优秀传统文化创造性转化、创新性发展，不断提高人民思想觉悟、道德水平、文明素养，不断铸就中华文化新辉煌。"② 这是由当代中国全部的国家属性决定的。不仅中国如此，世界上其他国家也是如此。而美国之所以不断地在世界各地制造"颜色革命"，就是妄图通过颠覆一个国家的国家政权，改变一个国家的属性，从而实现其全球霸权主义。

国家特性是由一个国家的历史文化传统定义的，核心是民族认同和以民族共同体为基础的文化认同，物质文化遗产与非物质文化遗产是集中体现一个国家特性的系统性载体；国家属性是由一个国家选择的社会制度、核心价值观和意识形态定义的，核心是这个国家政权主体选择的政治信仰与价值观和以此为基础选择建构的国家社会政治制度和社会文明形态。国家特性具有历史稳定性特征，一般不会随着国家社会政治制度的变迁而改变；国家属性具有历史易变性特征，一般随着国家社会政治制度的变迁而改变。这是国家特性与国家属性最一般的关系，影响并决定了国家文化运动的方式和构成的内容形态。

国家文化是国家特性和国家属性的有机融合与统一，这一融合与统一过程存在矛盾与冲突。这种矛盾与冲突在一个国家从一种国家属性转变为另一种国家属性的过程中表现得尤为激烈。即便在一个国家的国家属性已经转型成功之后，这种文化上的矛盾与冲突还会长时间地影响这个国家的进步与发展，有的时候，甚至会引发一个国家的历史性倒退——出

---

① 习近平. 决胜全面建成小康社会　夺取新时代中国特色社会主义伟大胜利：在中国共产党第十九次全国代表大会上的报告[N]. 人民日报, 2017-10-28.

② 习近平在纪念马克思诞辰 200 周年大会上的讲话[N]. 人民日报, 2018-05-05.

现国家特性改变国家属性的情况。从苏联转变为俄罗斯，就是一个典型案例。这种矛盾与冲突推动一个国家文化的运动发展与国家文化安全性质与属性的演化与变迁。

国家文化特性解决的是"我是谁"的民族与种族认同问题；国家文化属性解决的是"我属于谁"的问题。在当今现代世界体系中，国家是国际法公认的最高主权形式，国家利益代表了全民族的根本合法利益，因此，"我是谁"和"我属于谁"这两个问题高度统一在国家认同上。文化认同与国家认同合为国家文化认同。在现代国家体系构成中，民族与宗教在国家形成中始终是一种重要的建构性力量，始终是影响和定义国家属性的重要内容，因此，在国家属性构成中，除了关于社会制度选择的政治信仰，还有由民族和宗教信仰选择的国家制度体系和社会发展道路。正是基于这一国家属性的现代世界体系构成的文明多样性和复杂性，构成了当今世界国家文化运动的全部矛盾性，美国哈佛大学教授亨廷顿也正是据此才发表了关于冷战结束后重建美国国家安全防御体系的"文明冲突论"。[①]文明冲突论在很大程度上就是根据宗教文明这一国家文化特性提出来的。

四、国家文化安全性质

国家安全性质是由国家属性决定的。不同属性的国家不仅一般地定义了不同国家的安全意义，而且定义了不同属性国家文化安全的性质。然而，由于国家文化特性在国家文化安全中具有影响和决定一个国家和民族的全部合法性与合理性，决定了一个国家文化安全的民族特性，因此，在国家文化安全性质的构成中不仅国家属性决定国家文化安全的性质，国家文化特性也在构成国家文化安全本质方面具有不可或缺的重要作用，是国家属性和国家特性共同作用和共同组成的。在现代国家类型体系中，国家属性虽然更多地是由一个国家所选择的政治制度、经济制度、社会制度、文化制度和意识形态等一系列具体的要素构成的，不同性质的国家依然能够根据各种形式的多边和双边形式发展不同性质之间的国家关系，建立起现代世界体系。但是，阶级性依然是国家的根本属性。从这个意义上说，国家文化安全性质主要的还是由国家属性决定的。这是国家文化安全性质构成的辩证法。社会主义和资本主义作为两种不同性质的社会制度和社会发展道路，还是从根本上定义了这两种不同属性国家之间的矛盾和冲突。国与国之间虽然可以超越社会制度和意识形态发展国家关系，但是，这并没有消除不同国家之间的社会制度和意识形态对国家属性的规定。不同属性国家之间的冲突依然定义了国家安全的本质属性。

一个国家的安全属性是由这个国家的属性决定的，而这个国家的属性又是由这个国家的政权主体属性决定的。不同国家因其政权主体属性不同而具有不同的国家属性。中华人民共和国的国家性质（即国体）是：工人阶级领导的、以工农联盟为基础的人民民主专政的社会主义国家。人民民主专政就是中国的国家性质，即国体，其含义是中国共产党和中华人民共和国始终代表最广大人民的根本利益，实行的是社会主义制度。中国共产党领导、社会主义制度、人民民主专政和以马克思列宁主义为指导的意识形态，构成了当代中国最本质的国家属性。正是这一具有本质特征的国家属性，规定了中国国家安全的本质属性和国家文化安全性质，决定了当代中国国家安全属性和当代中国国家文化安全性质。

---

① 亨廷顿. 文明的冲突与世界秩序的重建[M]. 北京：新华出版社，1998.

　　一个国家的国家属性会随着国家政权主体的变化而变化，而一个国家的国家特性不会随着国家政权属性的改变而改变。中国是一个多民族国家。中华民族是在数千年历史发展过程中，由56个民族在民族交往交流交融中逐渐形成的一个"你中有我、我中有你"的民族共同体。中华文明和中华传统文化就是在这个历史融合进程中，由中国各民族共同创造的一种民族文化心理、认同形式、社会形态，全面地体现在中华民族全部的生存方式和价值观体系上，包括天人合一、忠孝节义、勤俭持家、家国情怀、修齐治平等，尤其是"大一统"观念。无论中华民族在历史的发展过程中如何分分合合，最终都走向分久必合的"大一统"国家。无论是蒙古族建立元朝，还是满族建立清朝，追求中华民族的"大一统"，是历朝历代国家政权主体追求的共同目标，也是中华民族、中华文明延续五千年而始终没有中断的核心价值观。这是中华优秀传统文化标识于中华民族及其国家形态的特性。这一特性不因王朝更迭和兴亡而改变，相反地，它是中华民族每一次遭遇劫难后再一次崛起的根本动因。而也正是这样一种由内在基因组成的特性，使得中华民族在一次又一次的历史的文明进步中，把中华文明不断地推向前进，在人类文明发展史上不断地塑造了一座又一座文化高峰。国家统一成为自统一的大中华形成以来的中华民族安全和中国国家安全的永恒主题。

　　国家的属性是由一个国家的政权主体，即执政主体塑造的。几千年封建专制社会的中国王朝发展史和更迭史之所以始终没有走出"其兴也勃焉，其亡也忽焉"这一"历史周期律"，其根本原因就在于：虽然王朝不断更迭，却始终没有改变王朝国家的政权性质，即没有改变国家属性。数千年的国家安全呈现出一种随着王朝更迭而循环轮回的周期性，并不具备现代意义上的国家安全性，更多的时候是兄弟之间为了争权夺利而同室操戈，改朝换代。但是，在各个历史朝代更迭和关于国家治理的历史过程中形成的一系列关于国家——天下兴废存亡的天下——国家安全理论具有普遍的现代价值。"华夷之辨"长期以来一直是中华文明关于国家安全和国家文化安全的主题，建构了国家安全与国家文化安全制度。发展到了近代，面对西方列强和西方文明的国家安全挑战，魏源提出的"师夷长技以制夷"①依然因循了这样的国家安全思路。这一国家安全的循环轮回的周期性因1840年鸦片战争的爆发而被彻底改写和打破，中国国家安全因遭遇西方帝国主义列强的入侵和签订一系列不平等条约而进入现代国家安全危机冲突世界史阶段，具有了现代国家安全的特征，中国国家文化安全也随着国家安全陷入主权沦丧而进入国家文化安全危亡冲突时期。不仅魏源提出了"师以长技以制夷"这一具有现代意义的新国家安全关系观，龚自珍更提出了"欲要亡其国，必先亡其史"②，在中国国家安全思想发展史上首次提出了历史与国家安全关系的重要理论，发现了历史对于国家安全的全部重要性。这一发现具有重大的国家安全学理论价值，是在一个重大的历史转变时期被发现和提出的国家安全运动规律，可称之为"龚自珍定理"。1919年的"巴黎和约"危机第一次把中华民族和中国推到了"亡国灭种"的民族和国家灾难的边缘，同时成为近代以来中华民族第一次现代国家安全意识觉醒的标志。"五四"爱国运动的爆发和中国共产党的诞生是中华民族全民族国家安全意识觉醒的产物，从

---

① 魏源：《海国图志》。

② 龚自珍："欲知大道，必先为史。欲要亡其国，必先亡其史，欲灭其族，必先灭其文、去其俗。"《定庵续集·卷二·古史钩沉论二》

此改写了中华民族国家安全史、国家安全思想史和国家文化安全史，标志着中国进入了一个由新兴的用马克思主义武装起来的政治集团领导的新民主主义国家安全革命和塑造阶段，并且以 1949 年取得新民主主义革命的胜利、成立中华人民共和国而告成。由此，中国的国家属性得到了根本性、历史性改变。中国的国家安全性质和国家文化安全性质也在这一伟大的历史过程中完成了现代历史的转换而被重塑。

资本主义和社会主义是现代世界体系和国家体系构成中最主要的两种社会形态和国家形态。虽然世界上还存在着其他社会形态和国家形态，但是，只要世界上还存在资本主义和社会主义这两种不同的社会制度，资产阶级和无产阶级这两种不同专政属性的阶级，存在着资本主义和社会主义（共产主义），自由主义（新自由主义）和马克思主义这两种不同的价值观体系和意识形态，那么世界上就一定存在着由这两种不同形态的体系所形成、产生的两种不同性质的国家文化、文化制度和关于文化安全和国家文化安全的界定。中国同以美国为首的西方国家集团体系之间的文化矛盾和意识形态冲突，即西方国家所谓"价值观之间的冲突"，本质上就是两种不同性质的国家文化之间的冲突。这是不以人的意志为转移的客观安全规律和客观的国家文化安全运动的规律。世界上没有一个国家不是从本国的国家特性和国家属性出发定义本国国家文化安全、制定本国国家文化安全政策与战略、定义国家文化安全内涵的。正是在这个意义上，人民民主专政的社会主义国家制度和以马克思列宁主义为指导的国家意识形态体系及其制度，构成了当代中国国家文化安全的根本性质。任何试图从根本上否定、动摇和挑战、威胁乃至颠覆中国国家文化安全这一根本性质的，都构成中国国家文化安全问题，都是为中国国家文化安全所不允许的，对它们的维护和塑造也就自然地成为中国国家文化安全建设的核心内容。

第三节　国家文化主权

就国家主权意义而言，国家文化安全主要是指一个国家的文化主权神圣不可侵犯，一个国家的文化传统和文化发展选择必须得到尊重，包括国家的文化立法权、文化管理权、文化制度和意识形态选择权、文化传播和文化交流的独立自主权等，这是国家文化安全最核心的内容。维护国家文化安全，就是保障国家文化主权，捍卫国家文化主权的独立性和自主性。

一、国家文化主权的定义范围

文化主权是国家主权在文化领域的延伸，是国家主权不可分割的重要组成部分。1965年，联合国大会通过的《关于各国内政不容干涉及其独立与主权之保护宣言》明确指出："各国均有不受任何国家任何方式之干涉，自择其政治、经济、社会及文化制度之不可剥夺权利。"[①]1970 年，联合国大会通过的《关于各国依联合国宪章建立友好关系及合作之国际法原则之宣言》又进一步规定："武装干涉及对国家人格或其政治、经济及文化之要素之

---

① 王列，杨雪冬. 全球化与世界[M]. 北京：中央编译出版社，1998：1002.

一切其他形式之干预或试图威胁，均系违反国际法。"①这就表明，国家文化主权与国家的其他主权一样，具有对内最高性、对外独立性和平等性。一个国家有权根据国际法选择国家文化制度、意识形态、民族文化。

但是，文化具有超国界特质。它的内在机制与国家主权存在着不相容性。冷战后，西方文化借助苏联和东欧社会主义国家解体后出现的意识形态真空这一态势，迅速成为影响国际文化关系的重要因素，国家社会制度和意识形态的弱化在很大程度上模糊了人们的主权意识。早在20世纪70年代末，美国卡特政府就提出"人权外交"的文化战略，并向当时的苏联和东欧国家推广，苏联和东欧阵营的解体在很大程度上是西方推行这一文化战略的结果。在今天，西方国家以人权为武器对中国政治、文化价值和国家制度与政策横加干预的倾向有增无减，并以此不断冲击中国国家文化主权的底线，威胁中国国家文化主权安全。以美国为首的西方国家集团一再在联合国人权会议上提出中国人权状况报告，不断指责中国人权状况，并屡次以人权问题对中国最惠国待遇进行要挟。这种冲突不仅没有随着中国人权状况的不断改善而有所缓和，相反，在某种程度上，由于西方国家集团为谋取在华的更大利益而不断提升人权领域的条件，使中国在这一领域里与西方国家集团在维护国家文化主权安全方面的冲突进一步激化。与此同时，基于文化共性而促成的国家之间的合作将弱化国家主权意识，进而挑战国家文化主权安全。美国哈佛大学教授亨廷顿关于"文明冲突"的理论虽然引起了全世界的争论，但是，关于文化与国家主权关系的运动与变迁，以及由此而涉及的国家文化主权安全的命题，却具有公认的深刻性，那就是与其他类型的合作相比，一个国家往往会为了文明内部的合作而付出更大的主权代价。在这个过程中，国家原本建立的国际文化关系，以及在这种关系的基础上形成的国家文化利益格局和国家文化主权安全的保障系统和机制，会面临极大的挑战和威胁。

在目前和今后相当长的一段时期内，这种挑战和威胁将随着中国和平崛起所必需的国家文化发展空间的要求而进一步升级。全球体系中存在众多全球性问题，一个国家不可能不和其他国家合作而单独地治理和解决这些问题。因此，当一国谋求国际合作以解决这些问题的时候，它就必须加入国际组织，开放某些领域作为换取国际合作的条件。对文化市场准入的要求，往往是一些拥有强势文化产业的国家集团提出的合作条件。由于文化市场准入可获得双重效益，即能够以经济的方式获得文化的占有、以文化的方式获得经济的占有，因而成为一些西方大国手中用以谋求世界霸权的一张牌。这里不仅涉及一个国家是否开放文化市场或者开放程度如何的问题，更涉及一个主权国家自主决定文化制度、制定文化法律、依法行使文化管理权力的国家文化主权问题。西方国家集团妄图通过进入中国主流文化市场，输出文化产品，借助在文化产业方面的领先优势霸占中国文化市场，进而通过影响消费者的文化消费行为，形成消费者对西方文化产品的消费依赖，从而实现传播西方文化价值观并最终实现以西方的民主价值系统改变中国的社会制度和国家体制，这就不可避免地与中国关于国家文化主权的价值观念、制度设计和安全政策形成了激烈的冲突。这种冲突将随着不同国家文化利益的较量而呈现出进一步加剧的趋势。因此，如何把握文化市场准入程度，既和开放有关，也和国家文化安全有关；既要实现开放，扩大国际合作，又不能损害国家文化主权和文化安全，这就使得处理这一问题本身成为当前维护中国国家

---

① 王列，杨雪冬. 全球化与世界[M]. 北京：中央编译出版社，1998：950.

文化安全的重要命题。市场准入是普遍性原则，它所体现的双向和公平的伦理原则，就其本身而言，无所谓安全与否，但是，如果合作的双方不能保持力量的对称而是形成巨大的强弱位差，那么，显而易见，强势构成了对弱势的威胁，这种威胁将导致弱势一方的国家文化安全问题。

互联网是 20 世纪人类社会最伟大的发明之一，它改变了文化的生产与传播方式，建构了一种新的生活方式和文化形态。由于这一超越时空的技术的出现，国家对信息的控制和管理能力面临全新的挑战。由于在信息网络化的进程中，技术和信息存在不对称性，网络正成为强势国家推行文化霸权的政治工具。以美国为首的西方国家集团不仅控制着与网络技术有关的绝大多数核心技术，控制着软件和硬件的生产与开发，而且 90% 以上的互联网信息资源也以英语为语言载体，互联网成为以美国为首的西方国家集团对其他国家和地区开展文化扩张和渗透的重要手段。由于关于网络的技术标准在控制网络传播过程中具有关键作用，因此，控制网络技术标准，并且强制推行自己的网络技术标准就成为美国弱化其他国家文化主权，进而控制其他国家信息安全标准的战略。2003 年 5 月 12 日，中国信息产业部宽带无线 IP 标准工作组正式公布了无线局域网国家标准（WLAN Authentication and Privacy Infrastructure，WAPI 标准）。2003 年年底，中国国家标准化管理委员会、国家认证认可监督管理委员会先后发布公告，宣布 2004 年 6 月 1 日是强制执行上述新国标的最后期限，没有实施这一标准的无线局域网产品不得出厂、进口、销售或者在其他经营活动中使用。为保护国家信息安全与国家无线局域网产业的根本利益，制定符合国际标准的新的国家信息技术标准是一个主权国家的文化、信息主权之一，其他国家无权干涉。然而，国际 Wi-Fi 联盟主管却公开表态，如果中国制定的 WAPI 国家标准在 2004 年 6 月生效前没有折中方案，Wi-Fi 芯片制造商将考虑抵制向中国销售芯片，而不会执行中国标准。[①]因此，在包括网络技术标准在内的技术标准的制定日益成为国家文化与信息主权的衍生和体现，甚至成为一个国家的安全命脉的时候，开放条件下的中国国家文化主权安全的冲突将随着国际竞争的日益激烈而不断加剧。

二、文化全球化与国家文化主权

文化全球化是伴随着经济全球化给予文化形态变化巨大的影响而被提出来的。虽然关于什么是文化全球化，或者说是否存在文化全球化，至今还存在激烈的争论，但是，不可否认，无论从文化的生产、传播来看，还是从文化的消费来看，全球化的影响正日益加深，而且这种加深又反过来给予世界政治和经济的全球化进程深刻的影响，所以一直以来都有人提出这样的观点："经济与政治领域中物质与权利的转移日益被某些象征物所取代，它们基于价值观念、偏好与审美等关系而非物质上的不平等与限制。根据这些观点，全球化应当被看作社会生活'文化化'不断加深的一种形式。"[②]因此，伴随着客观上存在的全球化对于国家主权的弱化，文化全球化与国家文化主权安全也就呈现出因果同构关系。

国家主权原则历史产生于国家的特征及其合法性的法的表现形态。它表达的最根本的

---

① 赵亚辉. 一项新国标　因何惹纷争[N]. 人民日报，2004-02-06.

② Waters M. Globalization[M]. London：Routledge, 1995：124.

内容是在划定的领土边界内行使合法权力界定。①文化主权是伴随着国家主权产生的权力，是主权国家处理和决定自身文化领域一切事务的最高权力，它在一国上层建筑的运用中对外具有突出的排他性。一个在世界上被认可的具有生存权和发展权的国际政治实体，不仅享有政治上的完整主权和经济上的完整主权，而且应该享有包括社会意识形态、物质生活方式、特定的价值观念等完整的文化主权。②全球化作为一种具有相当的破坏性的无序过程，使得在国际社会中处于弱势地位的发展中国家未能获得全球化带来的发展机会，而不得不以部分国家文化主权的丧失作为进入主流社会的代价。西方国家经历了几个世纪的发展过程，积累了经济、资本、技术、人才和管理等多方面的优势，不仅在世界经济发展中占据着主导地位，在现代传媒领域也占据绝对优势地位，因此，无论是在文化产品的生产还是在产品的传播方面，它们都在世界文化发展中占有主导地位。全球化在迅速打开全球文化市场的同时，并没有带给世界各国相同和相等的发展条件和发展机遇。由于绝大多数发展中国家还承担着完成工业化进程的历史重任，其有限的经济力量难以满足发展现代文化产业所需要的庞大的资本需求，难以全面投入文化产业，资源优势无法转换成产业优势，而当其国内的经济发展持续需要国际资本的支持时，以牺牲文化市场换取国际资本支持就成为许多发展中国家的无奈之举。在这里，如果把世界贸易组织看作全球化的一种具体的制度性存在，并且这种存在在文化的制度和规制方面有着强大的约束力，而一个国家只有加入世界贸易组织后才能享有世界贸易组织所提供的贸易便利化时，那么接受世界贸易组织的约束和条件也就成为一个成员国必须付出的代价。对于一个国家的文化主权来说，国家的文化主权安全正是在这个过程中形成的。这也就是中国在市场准入的资格问题上始终坚持以发展中国家的身份加入世界贸易组织的原因。以不同的身份加入世界贸易组织，所承担的义务是不一样的。中国只能以发展中国家的身份加入世界贸易组织，以中国所能承受的代价换取中国发展所需要的最大的安全空间和时间。经济上如此，文化上也是如此。市场准入与反准入，实际上就是对于国家安全，进而是对于国家文化安全的考量。因此，如何把握文化上的对外开放尺度，建立应对全球化挑战的适应机制，做到既能利用全球化所提供的机遇带动自身经济和文化的发展，又能防止文化全球化对本国文化主权的侵蚀，以较小的文化主权让渡换取最大的国家文化发展空间和时间，通过最大限度地赢得本国发展所需要的时间和空间、资本和技术，在提高国家经济实力的同时提高国家的文化综合实力，从而在一个新的历史层面上重新建构国家文化主权，成为处在全球化非主导地位上的发展中国家在文化发展和经济发展方面亟待解决的两难问题。

第四节　国家文化利益

维护国家安全是任何一个主权国家的重要职责，其动因就是国家利益。在现代世界体系下，国家利益是国家所有行为与价值的归宿，舍弃了国家利益，无论对于一个国家来说，

---

① R B J Walker. State Sovereignty and the Articulation of Political Space/Time[J]. Millennium: Jounal of International Studies, 1991, 20(3).
② 王沪宁. 文化扩张与文化主权：对主权观念的挑战[J]. 复旦学报（社会科学版），1994（3）：7.

还是对于一个国家的人民来说，它的存在与发展不仅缺乏应有的前提和条件，而且缺乏应有的动力与合法性。因此，从根本上来说，国家利益是对国家生存和发展需要的满足与行为合法性的支撑。只有当这种需要得到满足的时候，国家利益才是合法且合理的。任何对国家利益合法性与合理性的威胁与挑战，都将对它的存在构成安全问题。同时，国家的存在和发展对于一个国家的人民来说具有规定所有个体存在的全部合法性与合理性，因此，国家的安全与利益和个人的安全与利益之间存在着力的同构关系。也正是在这样的意义上，国家利益不仅是国家战略的核心，也是国家文化安全战略的核心。

一、国家利益与国家文化利益

国家利益是国家生存和发展的前提与基础，是国家最高形态的价值实现和追求，是主权国家在国际社会中生存需求与发展需求的总和。国家利益是国家活动的基础，是制定国家安全战略和政策的依据。利益是一切社会政治文化行为的动因，是构成社会组织体系的基础。国家战略利益是主权国家生存与发展的需要，是制定和实施国家战略的根本依据。

1. 国家利益是指一切满足民族国家全体人民物质与精神需要的对象系统

国家利益是根据国际上公认的规范和理解来定义的。它不仅是物质结构和权力结构，而且是意义和社会价值结构。国家利益是通过国际社会互动建构的，是相比较而存在的。没有国与国之间的存在与交往，就没有国家利益。国家利益是在国家的存在与发展过程中形成的，并且随着国家的不断发展而发展，具有时代性。因此，国家利益是国家历史性与时代性的统一。正是这种统一，规定了国家利益的内涵、内容与范畴。

国际社会的核心内容是规则、制度和价值。国际社会结构不仅约束国家作为国际行为体的行为，而且改变行为体的偏好，把新的价值传授给行为体，从而改变行为体的利益。只有认识了国际社会结构，才能理解国家的需要。因此，国家利益不是一个自变量，而是一个因变量。国家利益随国际社会结构的变化而变化。在不同的历史发展阶段，由于国际社会结构的不同，以及作为其内在构成的规则、制度和价值的不同，在此过程中形成的国家利益也是不同的。国家利益并不是一个简单的客观存在，它包含一个国家作为国际社会行为体对一个时期国际形势的判断，正是基于这种判断来认识和定义这一时期的国家利益。因此，国家利益是国家作为行为体主观判断和客观实践相结合的结果。在某种程度上，主观判断更容易导致行为体的价值判断，主体关于国家利益的价值判断是否与国际社会结构的变化相符合将直接影响和决定国家行为，因此，任何对于国家利益主观判断的失误都将造成国家行为决策的重大失误，并最终给国家利益造成损害。

国家利益分为核心利益、重大利益、一般利益三个层次。国家核心利益是主权国家神圣不能侵犯的安全红线、底线，关系国家存亡、政权巩固和民族兴衰。它既是国家安全事业的职责，更是国家安全的最高目标，对国家安全行为起决定性作用。坚持国家利益至上，对内就是要坚持国家利益高于地方利益，坚持整体利益高于局部利益。对外，坚持国家利益至上，就是要坚决维护国家主权、安全、发展利益。对于中国而言，"中国不觊觎他国利益，不嫉妒他国发展，但决不放弃我们的正当权益"。"任何外国不要指望我们会拿自己的核心利益做交易，不要指望我们会吞下损害我国主权、安全、发展利益的苦果。"①这就是中国国家安全利益的原则底线。

发展利益与安全利益是国家利益构成中的两大根本利益。发展是安全的基础，没有发展，安全就没有实现的资源条件和实现手段；安全是发展的条件，没有安全，发展就没有实现的环境和保障。一个战乱频发的国家是难以实现发展的。

国家文化利益的重要内容和组成部分，是国家利益的文化存在形态和运动方式。从国家利益最一般的存在性构成来看，国家利益的存在和运动只有两种方式：一种是物质方式，另一种是精神方式，其他所有的利益存在形态和运动方式都是这两种方式作为生命运动形态的展开和具体化。就经济（物质）基础和上层建筑的关系而言，政治和文化（作为精神形态）同属于上层建筑。但是当我们把文化这种人的精神方式的感性显现理解为人的生存方式时，它应当是包含政治的。因为政治是人的社会性和有意识存在的一种生活方式。从这个意义上说，国家文化利益和国家物质利益同样是具有终极意义的根本利益。这种根本利益直接关系人们的生存方式，是国家利益根深蒂固的体现，因此，任何对这种根本利益的侵犯都被看作对一个国家或民族根本利益的侵犯。维护国家的文化利益就像维护国家的物质利益一样，都是对国家生命的维护。国家生命的完整形态作为一个有机体，是由"灵魂"和"肉体"构成的，缺少了其中任何一个方面，国家利益都不能被称为生命对象。一个民族，在一定的历史时期可能失去它作为政治性存在的国家形态，但是，只要维系它的生命整体的文化之根还在，那么它就有可能恢复在国际社会上的政治性存在，若文化之根丧失了，那么它绝无复国的可能。因此，文化之于国家安全的重要性是直接的，而不是间接的。"文化对现代化的作用是间接的，不产生直接的效益"这一观点是狭隘的，把文化利益和安全利益割裂开来理解，得出的"与安全利益相比，文化利益的重要性也不那么直接，所以重要性较低"②的观点更是片面的。国家文化利益不仅一般地反作用于国家物质利益的运动，而且对于利益的判断往往体现和反映了利益主体对国家利益的认知价值取向，改变国家利益的性质，因此作为一种精神性存在的文化具有与物质相对应的独立性。正是在这个意义上，国家文化利益与国家物质利益具有同等的重要性，都是国家利益的组成部分、存在方式和延伸。

2. 国家利益是全体人民根本利益之所在

在现代世界体系条件下，国家是最主要的行为体，是一个国家的民族和人民根本利益的代表者和执行者。尽管在现代世界体系下，非政府组织在处理国际事务中发挥着越来越重要的作用，但是，国家依然代表一个国家的人民行使法律权力。除了国家，在现代世界体系条件下，没有任何其他国际组织能够依法行使国家主权和国家主权赋予的各项权力。维护国家利益是一切国家的自然历史责任。国家利益至上正是在这个意义上成为国家文化的最高准则。

18世纪法国启蒙运动思想家卢梭在《社会契约论》中提出了"人民主权"理论，认为国家是人们根据社会契约组成的整体，结合者的集体是人民，因此国家主权所有者是人民。因此，国家利益并不是由国家组成人员所构成的国家政权机构的利益，对国家利益的维护

① 不忘初心 继续前进[M]//习近平谈治国理政（第2卷）. 北京：外文出版社，2017：42.
② 阎学通. 中国国家利益分析[M]. 天津：天津人民出版社，1996：108.

并不是对由国家组成人员所构成的国家政权机构利益的维护。国家组成人员作为人民的公仆，只是人民利益的代表，是人民利益的被授权人，其职责是维护人民的利益，在这当中并不存在私利。因此，从这个意义上来说，任何对人民利益的侵犯，都构成了对国家利益的侵犯。在政治、经济利益上是如此，在文化利益上也是如此。对国家利益的维护并不取决于外在于人民的某种力量，而是由人民自身的切身利益所决定的。对国家利益的维护，实际上就是对人民自身利益的维护。当然，历史并不否认"窃国大盗"的存在。但正是由于"窃国大盗"在本质上既不代表国家利益，也不代表人民利益，所以人民才要将其推翻，建立起真正由人民当家做主的国家，使国家的利益和人民的利益统一起来。在今天，中国的国家利益和中国人民的利益存在本质上的高度一致性，人民利益以国家利益的形态集中地表现出来，因此，人民对国家利益的维护，实际上就是对自己全部合法利益的维护。侵权盗版之所以构成对国家文化安全的威胁，就在于它损害了国家和人民的利益。就国家的整体而言，它对外损害了国家的国际形象，成为某些国家挑战中国文化主权，在国际交易过程中讨价还价的借口；对内则直接侵犯了公民的个人知识产权，打击了国家文化繁荣所必不可少的公民个人的创造性，从国家文化发展的根部腐蚀国家文化发展所必不可少的文化原创精神。因此，要在最大程度上维护国家利益，进而实现国家文化安全战略的预期，就必须确立国家利益是人民根本利益之所在的观念，树立国家利益和公民个人利益相统一的观念，把全民的利益观念统一为以国家利益为最高利益这一新型国家利益观。只有在国家利益观的问题上实现上下一致，侵权盗版行为、公民文化权利实现不足等才能得到有效的治理，国家文化安全战略不仅成为国家行为，而且成为普遍的公民社会行为。

实际上，我国的国体和政体决定了国家利益必然是人民利益的集中体现，国家利益构成人民利益的"最大公约数"，国家利益至上和人民利益高于一切是高度一致的，而维护国家利益作为一种高度集体化行为，必然需要依靠广大人民群众共同努力。

3. 国家文化利益是国家身份权利益

人们的社会存在在哲学的意义上集中表现为物质的存在和精神的存在。当物质的存在表现为人的有意识的存在并且以此与动物世界相区别时，人的物质性存在也就是文化性的了。因此，文化作为人们的一种生存方式的表现物，成为物质和精神的集中体现。当这种集中体现作为一种生存方式成为某一人群的一种特征并且与其他人群的存在方式相区别、获得其他人群的承认时，这种生存方式就成为他们的一种身份标志和权利象征，具有了它的全部合法性。由于这种合法性集中地体现代表了他们所有的物质和精神的最根本的需求，因此，这种身份权的不可侵犯性就构成了一种神圣的利益，对这种利益的维护也就成为文化安全的重要内容之一。当这种身份权在现代世界体系还是以民族国家形态表现出来时，这种身份权利益就表现为国家的文化利益，或者说国家文化利益是国家身份权利益的集中体现。

意识形态是国家利益中的一部分精神内容。意识形态不仅是社会主义国家的国家利益，而且是资本主义国家的国家利益。美国在全世界推行美国式民主，就是因为它把体现美国的自由、平等、竞争的意识形态看作美国作为一种独特的身份存在的国家利益的一部分。一个国家的文化利益是多方面的，意识形态仅仅是国家文化利益的一部分，并不是决定一个国家文化利益的关键。不同的国家完全可能具有相同的意识形态，真正决定一个国家根本的国家文化利益的是一个国家的文化身份权利益。因为一个国家区别于另一个国家的最根本的文化利益，是它区别于其他国家的民族特性，而最能区别和代表国家民族特性的是文化差异性，而不是意识形态。意识形态的选择在某种程度上与一个国家和民族在一定历史时期的信仰有关，而一个国家和民族的文化特性则与其赖以存在的作为人类族群的生存方式相联系，也就是说，与他们之所以存在的全部文化的合法性有关，这是国家文化利益的核心所在。否定了这种合法性，也就否定了一个国家和民族存在的依据和基础。因此，当一个国家和民族面临生死存亡的历史关头，它所要维护的并不是一般意义上的意识形态，而是它作为一个民族生存的文化之根。在抗日战争时期，国共两党在国家和民族存亡之际搁置意识形态分歧而实现第二次国共合作就是一个典型。因为对同是中华儿女的中国人来说，已经没有比"不当亡国奴"更高、更一致的民族和国家的共同利益了。在这里，"不当亡国奴"就是作为维护和捍卫中华民族唯一的身份权，在终极安全意义上，把全中国人民民族精神力量调动起来、团结起来，并最终取得了抗日战争的全面胜利。

国家文化利益最为具体的体现就是民族语言的纯洁性。语言最能表现和反映一个民族和另一个民族之间的文化身份区别。它是思维的物质外壳，是人的生存方式历史性发展选择与运动积淀的产物。它不仅一般地成为人们的交际工具，更重要的是，它的所有的词汇的创造和语法结构集中地反映了对人与自然、人与社会一切关系的看法，是世界观和价值观的思维系统，体现了一定人群对世界系统认识的一致性，是这种一致性构成了他们之间的关系的识别和认同，并且正是这种认同使他们之间结成一个社会，发展成为一个国家。正是由于语言有着这样一种识别和认同的纽带作用，而且这种作用往往是一种巨大的民族和国家力量，因此，为从根本上占领一个国家和征服一个民族，必须首先从语言上，即从文化的根本上摧毁它，而这也正是一切殖民主义者在一个国家和地区实行殖民统治时所采取的第一个殖民政策就是禁止使用本土语言而改用殖民国语言的一个重要原因。法国作家都德的《最后一课》的全部历史深刻性就在于他美学地揭示了这种文化的身份性存在和遭遇被剥夺的威胁时对于一个民族和国家存在的全部价值和意义，唤起了人们关于祖国的存亡和文化存亡关系的全部生命体验。因为普鲁士占领者所要做的就是首先从语言上消灭法兰西的文化基础。在种种情况下，还有什么比维护民族赖以存在和连接的纽带——语言更为重要的国家文化利益呢？语言在这里体现了作为国家文化主权存在的一种象征。而国家主权利益是高于一切的利益，当国家主权利益以文化的方式表征时，文化利益也就成为一个国家最根本的利益。因为文化在这里象征着一种身份——一种国家和民族尊严的身份。1989年10月31日，邓小平在会见美国前总统尼克松时说："因为强的是美国，弱的是中国，受害的是中国。要中国来乞求，办不到。哪怕拖一百年，中国人也不会乞求取消制裁。如果中国不尊重自己，中国就站不住，国格没有了，关系太大了。"[①]美国第26任总统西奥多·罗斯福曾说："一个伟大的自豪的和高尚精神的人民宁可面对战争带来的所有灾难，也不以国家荣誉为代价换取那种基本的繁荣。"[②]两个意识形态完全不同的国家的领袖在涉及国家和民族尊严问题上表达了近乎相同的见解。这就是对国家身份权利益的维护。

---

① 邓小平文选（第三卷）[M]. 北京：人民出版社，1993：332.

② 阎学通. 中国国家利益分析[M]. 天津：天津人民出版社，1996：11.

二、国家文化安全利益是国家文化安全的战略基础

安全利益是一个国家的首要利益，因为只有国家的存在和发展不受威胁，国家其他利益的实现才有主权意义上的保障。因此，确立以国家利益为最高利益的国家文化安全观，就必须把对国家文化安全利益的维护作为全部国家文化安全的战略基础。

1. 国家文化安全利益是国家的根本战略利益

国家文化安全利益是国家文化利益的基础，是影响和决定其他所有国家文化利益实现的前提，只有当国家文化安全利益得到应有的满足和保障，其他的国家文化利益才能得到实现。在这里，所谓国家文化安全利益，是指国家文化生存与发展的需求。这种需求直接关系国家全部存在的合法性，因此，国家文化安全利益所反映的是一种最根本的战略利益。

一个国家的文化利益在国家主权的层面上意味着在社会文化制度和意识形态选择上的独立性和自主性不受侵犯，一个国家根据自身的需要选择社会文化制度和意识形态应当得到国际社会的尊重。因为就一般的意义而言，一个国家选择何种社会文化制度和意识形态，往往和一个国家的历史文化传统有着直接的血脉相连的关系，是一个国家及其人民全部生存方式的历史选择结果。在不同空间生活的人群的文明进化程度存在着非同步性，因此，不同国家的文化制度建设和社会信仰体系选择过程必然被打上这种文明进化的先后的差异性程度的印记。这种差异性程度从普遍人权的角度出发，理应得到尊重和理解，而不能成为一个国家（或一个民族）干涉另一个国家（另一个民族）的理由。这种差异性程度现实地反映出一个国家和民族在现有的生存条件下的一种需求、对需求的理解和人与世界的关系的处理，因此，一个国家或民族试图通过一种强制性措施改变这种需求，也就现实地构成了对一个国家和民族文化利益的侵犯。冷战时期美国在越南南方实施的"战略村计划"就是一个试图通过所谓的对欠发达国家的"现代化"试验，改变一个国家的发展道路和发展模式以实现现代化而最终失败的案例。虽然美国的战略是通过军事行动实施的，但是"战略村计划"是美国根据其现代化理论制订的。也就是说，文化上的战略意图是它的一个动因，而这恰恰是冷战时期美国在与苏联争霸进行全球冷战中，试图获得全球战略胜利的一个重要的战略举措。由于美国的"战略村计划"是以美国的利益为基础的，并不是由越南南方人民自身生存与发展需求而产生的一种内在的自我需要和存在性追求，这样，美国的利益主张和这种主张不可能实现之间的矛盾就构成了越南南方人民以及整个越南民族和美国侵略之间的冲突。对于国家和民族文化利益的根本性维护，即对国家和民族生存方式、社会制度和意识形态选择自由的维护，最终以军事冲突的形态获得了解决。在这里，国家文化安全利益的维护和实现成为一个国家和民族的根本战略利益。这种根本战略利益的丧失标志着国家文化安全利益的丧失。南联盟（全称为南斯拉夫联盟共和国）和苏联的解体就属于这样一种具有世界性意义的国家文化安全利益案例。亨廷顿"文明冲突论"的深刻性也就在这里表现出它的全部价值和对民族国家的警示作用。国家文化安全不仅表现在它对外部的文化关系上，而且表现和体现在它的内部文化关系上，因此，国家文化安全利益也同样表现在两个不同的向度上。国内的文化利益纷争同样会构成严重的国家文化安全问题。

2. 国家文化安全利益的构成与分类

国家文化安全利益与国家文化利益存在力的同构关系。因此，要对国家文化安全利益的构成有一个清楚的认识，首先必须分析国家文化利益的构成。国家文化利益由许多内容不同的层次构成。不同的国家对国家利益和国家文化利益有不同的分类。

根据联合国教科文组织关于世界文化遗产的划分标准，国家文化利益的第一个层次可以分为物质的与非物质的。所谓物质的，主要包括典型地体现了一个国家和地区的人居环境的建筑群落，这是完整体现一定族群生存的凝固的历史性文化存在，所有人的文化存在的全部和目的性都记录于其中。丢失了这样的文化存在，人的发展也就失去了生命链接。正如1982年世界文化政策会议《墨西哥城文化政策宣言》所说的那样："文化是体现出一个社会或一个群体特点的那些精神的、物质的、理智的和感情的特征的完整的复合体。文化不仅包括艺术和文学，而且包括生活方式、基本人权、价值体系、传统和信仰……"[①]所谓非物质的，是指还存活在今天人们生活中的、完整地记录那些生活方式和传统记忆的口传文化。由于在人类物质和非物质文化遗产中包含着人类所有的关于人的历史终极关怀的全部信息，人类的发展作为一种更高层次的生存往往取决于它以更高的形态还原人的生存。

正是由于以往的人类物质与非物质文化遗产是当今人类发展的文化命脉之所在，有着不可替代的作用，物质与非物质文化遗产肯定就现实地成为人类社会整体性的生存与发展的需要，成为人类社会的共同利益而得到保护。任何对这些物质与非物质文化遗产的侵犯与破坏都构成了对人的根本利益的侵犯与破坏，尤其是当世界文化遗产已经成为整个人类的共同利益的表现的时候，任何对这种利益的侵犯和破坏都会遭到国际社会的反对和抵制。这就是对中国的世界遗产——张家界风景区的破坏会遭到联合国教科文组织世界遗产委员会"黄牌警告"的原因。这一事件体现了一个国家最根本的文化利益之所在，这也是中国在文化安全法律体系还相当不完备的情况之下却第一个颁布《中华人民共和国文物保护法》的原因。

政治是经济的集中体现，属于基础的上层建筑，但是一定的政治存在，无论是国家形态的存在，还是社会制度的架构与选择，都是一定的关于一种理想的生存方式的追求结果，是一种价值信仰和价值实现的产物，因此，它又是文化的，是文化的权利运动的表现形态。政治集中地代表和反映了一定的民族共同体的最高的存在性利益以及这种存在的全部合法性，因此，当人们赋予它一种至高无上的权力时，它就必须承担起这种责任和使命，并且行使这种权力而不受侵犯。这就是国家的独立和主权。一旦这种权力被剥夺和被侵犯，那么，国家的上述根本利益也就无从保护。这也就是历史上一个国家占领另一个国家之后，要消灭被占领国的文化的原因。因此，正是从这个意义上来说，维护国家的主权独立是维护国家利益的最后一道屏障。国家的文化政治利益也正是在这个意义上成为国家文化利益的第二个层次。

国家文化经济安全是构成国家文化安全利益的第三个层次。从文化人类学的角度来说，经济总是最具体的文化存在。人类一切文明成果只有当最充分地以经济形态和经济方式被

---

① 拉兹洛. 多种文化的星球：联合国教科文组织国际专家小组的报告[M]. 戴侃，辛未，译. 北京：社会科学文献出版社，2001：153.

利用于经济的时候，才最终成为推动人类社会进步的力量。在今天，离开文化经济安全利益，不仅无助于国家文化安全利益的维护和实现，而且是有害的。文化产业是现代社会最具体的文化经济存在。它不仅是现代产业分工的重要内容，是国民经济结构的重要组成部分，参与国民财富的创造和社会资源的分配，而且是现代社会文化运动最重要的形态之一。以现代工业生产的方式生产文化产品和缔造与传播现代文化精神，在创造经济财富的同时，获取对消费者精神世界和文化生活的最大占有，是文化产业区别于其他经济形态和文化形态最主要和最突出的特征。正是由于文化产业作为现代文化经济形态，以其独有的生命形态和创造力深刻地影响和改变着人类社会的文化面貌、生态结构和存在方式，对于文化产业这一具体的文化经济利益的竞争才日益成为当今国际社会的战略主题。发展文化产业和对文化市场的争夺已经演变为对一种新的战略资源的掌控、对一种战略市场的争夺，是一种在新的历史条件下对新的文化存在主导权的争夺。由于这种争夺的结果将直接决定一个国家的文化经济在全球化背景下的前途与命运，因此，国家文化经济安全利益也就自然地成为全球化背景下国家文化安全利益的核心构成之一。在今天，文化产业已经成为一个国家特殊的文化主权形态和文化安全利益之所在，当不发展文化产业便不能有效地实现本国国家文化安全利益的时候，当国家的文化产业面临来自生存与发展的威胁时，对国家文化经济安全利益的维护也就成为一个国家维护国家文化安全利益必不可少的战略需求和战略选择。

　　国家意识形态安全利益处于国家文化安全利益的核心层，事关国家文化安全利益的全部合法性。国家意识形态是指一个国家用以安身立命的全部理论主张和思想体系。国家意识形态包含深刻的国家利益，是一个国家的灵魂。它不仅是一个国家全部行为的出发点，而且是一个国家全部行为的归宿，是一个国家所有利益行为的合法性依据，因而集中体现了一个国家的核心安全利益。美国之所以在世界上推行美国式民主，就是因为其把自由、平等、竞争的意识形态看作美国国家利益的重要组成部分。对此，美国驻太平洋总司令查尔斯·拉森海军上将于1993年在题为《美国在太平洋面临的挑战》的讲话中相当直白地表述道："有人认为，亚洲的价值观是独特的，所以与我们无关。情况并非如此。任何地方的民主国家都符合美国的切身利益……我们之所以关心太平洋是因为实行自由市场经济的民主国家社会扩大，是符合美国切身利益的。"[①]因此，美国国家安全战略就是以"反映了我们价值观和我们国家利益的一致"这样一种"美国独特的国际主义为基础"[②]的。任何以与美国不同的意识形态发展自己的国家，都会被美国认为是挑战和威胁美国国家利益的。正是依据这样的逻辑，美国才不断地干涉他国的内政。而美国以自己的意识形态对他国内政进行干涉恰恰侵犯了他国的国家意识形态安全利益，因而也构成了他国国家意识形态及其利益的不安全，进而导致他国国家不安全。在这里，国家意识形态安全直接关系到国家安全和社会稳定这一最大的国家利益，关系到一个民族国家的兴衰成败。因此，能否确保和维护国家意识形态安全，也就成为国家文化安全利益能否全面实现的关键之所在。

　　国家文化安全利益还有其他的构成方面与类型，但是，以上几个方面，毫无疑问，是最主要的构成与类型，决定和影响着其他国家文化安全利益构成与类型的运动。

---

① 阎学通. 中国国家利益分析[M]. 天津：天津人民出版社，1996：224.

② 胡鞍钢，门洪华. 解读美国大战略. 杭州：浙江人民出版社，2003：335.

3. 中国国家文化安全利益分析

国家文化利益构成的多元性决定了国家文化安全利益的多元性。全球化趋势的一个最大特征，就是近乎消除了民族和地区的局限性。全球化不仅对国家利益的完整性造成了威胁，也给国家利益的多元性提供了合法性依据。一个国家的文化利益，由于国家整体利益的全球性，不再仅仅局限在国界线之内。虽然一个国家的文化利益主要还是在以领土为表现形式的空间之内，但是，国家利益的全球性决定了国家文化利益的全球性，进而决定了国家文化安全利益的全球性。也就是说，凡是存在着中国国家文化利益的地方，对这种利益的任何形式的威胁和侵犯都构成了中国国家文化安全利益问题。因此，在确立以国家利益为最高利益的国家文化安全观的时候，必然要把中国文化发展与安全所需要的战略环境和战略利益纳入宏观战略视野。综合文化国力的全球竞争使得中国文化发展和安全所需要的战略利益增多，战略环境不断扩大，尤其是在中国加入世界贸易组织之后，在实现中国的文化市场对外开放的同时，能够以同等的国民待遇进入世界文化主流市场，实现国家文化利益的战略平衡，对于中国的文化发展和国家文化安全来说，就是一个巨大的国家文化安全利益。正如前面已经分析过的，正是由于存在着巨大的文化贸易逆差这样的文化战略利益的绝对不平衡，才现实地构成了中国的文化安全问题，也正是由于这样巨大的文化贸易逆差，才使得中国迅速扩大在全球的文化贸易具有特别重要的维护国家文化安全利益的战略意义。而只有提高中国的文化综合竞争力与核心竞争力，才能实现国家文化安全利益。一个开放的大国不存在独立于世界文化发展之外的国家文化利益和安全利益。尤其对于一个以和平方式崛起的大国来说，没有文化上的广泛的世界影响和吸引力，就不可能成为一个真正能影响全球的大国。随着中国进一步融入世界体系，对外开放程度不断加深，范围不断扩大，对外依存度不断提高，中国的国家文化安全就不能只有国内这一个向度，还必须有国际这一个向度，在世界范围内建立中国国家文化安全利益的保障机制。必须站在全球发展的角度看待中国的国家文化利益之所在，在新的全球安全机制的建构过程中，积极创造主动的国家文化安全环境和机制，确保中国国家文化安全利益的实现。

三、国际文化利益与国家文化主权

利益具有排他性和相关性的双重特性。利益的排他性是造成"安全困境"的重要动因之一。为克服或消除国家安全运动中的安全困境，发展利益的相关性成为现代国际社会处理和建立新安全关系的重要战略选择之一。因此，建立合理的国际文化利益关系，并且在这个关系性建构的过程中实现国家文化主权的最大化，应该成为实现中国国家文化安全战略的重要政策。

1. 国际文化利益与国家文化利益的矛盾与一致

如果"国际利益是由国际共享的规范和价值所塑造的，规范和价值构造国际政治生活并赋予其意义"这一理论成立的话，那么关于国家文化安全的威胁与互动也适用此理论。一方面，要参与全球化进程，不能不接受"国际共享规范"，然而，由于迄今为止的大多数"国际共享规范"是以美国为代表的西方发达国家主导的，反映的是这些国家和国家集团的利益和价值观，因此，在接受这些"国际共享规范"的同时，也就接受了潜藏于规范中的价值内容，并且在这个过程中改变了国家原有的规范系统和价值系统。通过控制和制定规范的权力来输出价值观念，进而借助这种形势或途径达到改变和控制他国的目的，这就是以美国为代表的西方国家集团的战略。这种战略是一种以经济形态或制度形态来表现的文化战略。它有一个最大的特点，就是寓文化大战略于平和的经济交往过程。这对一个国家的文化安全的威胁是致命的，也是最难防范的。在融入现代世界体系过程中，如何既能获得国家发展所必不可少的机遇，又不丧失本民族独特的价值系统和规范系统，也就自然地成为维护国家文化安全的根本命题。

2. 国家文化利益与国家文化主权的冲突与整合

维护和增进自己的国家文化利益是当代主权国家维护文化主权和文化独立地位的利益基础，是决定国家文化主权结构的价值基点。邓小平在谈到如何处理开放条件下中国与其他国家之间的关系时说："考虑国与国之间的关系主要应该从国家自身的战略利益出发。着眼于自身长远的战略利益，同时也尊重对方的利益，而不去计较历史的恩怨，不去计较社会制度和意识形态的差别，并且国家不分大小强弱都相互尊重，平等相待。这样，什么问题都可以妥善解决。"[①]但是，这并不等于为了国家利益可以牺牲国家主权利益。在同英国首相讨论关于香港回归中国问题时，邓小平明确表示，"主权问题不是一个可以讨论的问题"，在邓小平看来，在国家利益中，"国家的主权、国家的安全要始终放在第一位"。[②]这不仅是因为国家利益的核心就是国家的主权利益，没有主权，一切所谓的国家利益和对国家利益的维护都无从谈起。不仅在政治上是如此，在文化上也是如此。尤其是在东欧剧变之后，以美国为首的西方国家集团对中国采取制裁等手段，企图迫使中国放弃自己选择的社会制度和国家发展模式，这时能否维护国家包括文化在内的国家主权免受国际强权的干涉和破坏就成为能否维护国家文化利益的最直接的国家文化主权体现。

在国家文化利益与国家文化主权的辩证关系中，中国当前的国家文化利益集中表现在以下几个方面：首先，必须在思想文化领域坚持马克思列宁主义、毛泽东思想、邓小平理论、"三个代表"重要思想、科学发展观、习近平新时代中国特色社会主义思想在意识形态领域的指导地位，坚持中国共产党对思想文化工作的绝对领导。这是确保中国国家文化主体性和主权独立的政治前提，涉及国家社会制度的全部合法性基础，处于国家文化主权的核心部位，任何对这一问题的颠覆都将直接威胁中国的国家文化安全。其次，必须维护中华文化的统一性。统一性是中华民族的根本特性之一。在台湾问题和其他少数民族地区文化与祖国文化整体的关系上，要以维护国家统一和领土完整为最高文化利益、根本价值取向和文化主权原则。地区文化多样性应当建立在国家文化主权统一性的基础之上，任何对这一"底线"的挑战都是对中国国家文化安全主权的挑战。特别要注意"万万不能让外国插手，那样只能意味着中国还未独立，后患无穷"。[③]然而，同时我们必须看到，国家文化主权在全球化的态势下确实存在着某种程度上的弱化趋势。这种情况主要表现在两个方面：

---

① 邓小平文选（第三卷）[M]. 北京：人民出版社，1993：330.

② 同①：348.

③ 同①：31.

一是中国加入世界贸易组织以及其他有关国际文化公约所形成的对国家文化主权的弱化；二是互联网的迅速发展及其与人类社会生活的广泛联系形成一种新的超越国界的文化形态，国家对信息文化的控制和管理能力被弱化。在这里，国家文化利益与国家文化主权之间不可避免地产生了矛盾与冲突。应该看到，中国加入世界贸易组织以及其他国际文化公约的根本动机和出发点是要在发展的世界文化背景下，积极参与由全球化带来的新一轮国际文化分工，参与国际文化资源配置，充分利用国际、国内两个市场和两种资源最大限度地发展中国的文化事业，参与国际文化竞争。从长远的发展角度来看，它在根本上符合中国的国家文化利益。当不参与有关的国际文化组织与公约便不能最大限度地利用国际规则拓展自己的文化利益空间的时候，参与这样的国际文化组织与公约并履行相关的义务，以及让渡一定的国家文化主权以换取更大的利益增长，在全球化条件下，就成为一种完全符合国家利益的选择。这里实际上蕴含着一种双赢的关系。因为当所有的国际文化组织和公约的成员都履行着同样的义务时，一个国家文化主权的让渡就在其他国家的实现形式中重新获得了。开放是双向的。当然，这里确实存在着文化的强势与弱势问题。强势文化构成了对弱势文化的文化霸权主义威胁，这就需要我们认真对待和研究由此而形成的国家文化安全问题，并选择与制定正确的战略予以应对，最大限度地克服由此而给国家文化安全带来的威胁、造成的文化损害，在冲突的过程中实现国家文化利益与国家文化主权的有机整合。

3. 建立合理的国际文化利益关系维护国家文化主权

国家文化利益的有效实现是建立在合理的国际文化利益关系的基础上的，不能确立一个有效的国际文化利益格局，不仅会增加维护国家文化主权的成本，而且可能妨碍国家文化利益的有效获得与和平增长。总之，在现阶段，中国国家文化利益的有效实现应采取不挑战文化霸权和国际文化秩序的方式，在现有国际文化体制内做负责任的大国，承担应当担负的文化责任，通过积极参与新一轮国际文化规则的制定，反映和表达中国关于国际文化利益分配的合理主张，充分利用国际文化舞台扩大自己的文化利益，维护自己的国家文化主权。尤其是在目前中国的文化产业还比较弱小，还需要一个和平崛起的国际文化环境的时候，没有必要为了眼前的利益去挑战帝国主义的文化霸权地位，而是要利用这种环境和机会，以极大的勇气和胸襟全面推行全民族的文化创新战略，不断地以原创性文化产品参与国际文化市场的竞争，通过不断地提高中国文化产品在国际文化市场的占有率实现中国文化的合理扩张，并在这个过程中实现中国的国家文化利益，以全新的国际性和世界性存在，实现和维护中国的国家文化主权，进而实现中国的国家文化安全。因此，对于国家文化主权和国家文化安全的维护，不是消极被动地防御，而是积极主动地参与。只有建立合理的国际文化利益关系，中国才能在和平崛起的过程中实现中华文化的伟大复兴，实现对国家文化主权的最大维护。

随着中国国际交往的进一步深入和扩大，中国在同世界上许多国家建立外交关系的同时，也同这些国家建立和开展了广泛的国际文化合作，开展了国际文化贸易，建立了跨国文化经济组织，形成了广泛的海外文化利益。海外文化利益是中国海外利益的重要组成部分，也是国家文化主权的延伸。切实维护中国海外文化利益，构成了全球化条件下中国国家文化安全的新内容，同时也提出了国家文化安全的新课题、新领域，需要给予深入研究，以丰富中国国家文化安全的内容。

本章小结

国家文化安全是国家文化安全学的核心概念。正是这个概念的全部矛盾运动缔造了国家文化安全这一有机生命体的存在与发展。它是由国家、文化、安全三个名词合成的一个专有概念，用以解释和描述一个国家的国家文化安全的存在状况：是否面临威胁和危害、是否拥有保障不受威胁和危害的能力。

国家文化安全在国家安全中的特殊作用在于：文化是维系一个国家、一个民族团结和稳定的重要基础，是一个国家综合国力的重要组成部分。文化的强盛、安全不仅可以形成巨大的民族凝聚力和文化认同感，而且由这种凝聚力和认同感所形成的安全屏障可以极大地提高国家整体安全度，由此赢得的良好的国际安全环境，将成为国家稳定发展的重要力量。

国家文化主权是国家文化安全的核心，规定和决定国家文化安全的性质，是国家文化安全研究的核心概念。就国家主权意义而言，国家文化安全主要是指一个国家的文化主权神圣不可侵犯，一个国家的文化传统和文化发展选择必须得到尊重，包括国家的文化立法权、文化管理权、文化制度和意识形态选择权、文化传播和文化交流的独立自主权等，这是国家文化安全最核心的内容。

国家利益是国家生存和发展的前提与基础，是国家最高形态的价值实现和追求。国家利益是国家活动的基础，是制定国家安全战略和政策的依据。利益是一切社会政治文化行为的动因，是构成社会组织体系的基础。国家战略利益是主权国家生存与发展的需要，是制定和实施国家战略的根本依据。国家文化安全利益是国家文化利益的基础，是影响和决定其他所有国家文化利益实现的前提，只有当国家文化安全利益得到应有的满足和保障，其他的国家文化利益才能得到实现。这里所谓的国家文化安全利益，是指国家的文化生存与发展的需求。这种需求直接关系到国家全部存在的合法性，因此，国家文化利益安全所反映的是一种最根本的战略利益关系。

思考题

1．国家文化安全的概念系统由哪些内容构成？它们之间的关系是什么样的？

2．简述国家文化安全的意义及国家、文化、安全三者之间的关系。

3．怎样认识国家特性、国家属性、国家文化三者之间的关系及其对于国家文化安全性质的意义？

4．怎样认识国家文化主权在国家文化安全构成中的地位及其在全球化条件下发生的变化？

5．怎样认识国家文化利益及其在国家文化安全构成中的重要性？中国的国家文化安全利益是什么？

 **参考书目**

1．中共中央党史和文献研究院编．习近平关于总体国家安全观论述摘编[M]．北京：中央文献出版社，2018．

2．杨毅．国家安全战略理论[M]．北京：时事出版社，2008．

3．胡惠林．中国国家文化安全论[M]．2版．上海：上海人民出版社，2011．

4．刘跃进．国家安全学[M]．北京：中国政法大学出版社，2004．

5．布赞．人、国家与恐惧：后冷战时代的国际安全研究议程[M]．北京：中央编译出版社，2009．

第二章

国家文化安全的核心问题

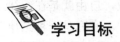 **学习目标**

通过学习本章，应了解和掌握以下内容：

1. 国家与文化关系的系统内容；
2. 生活方式与价值观的内涵及其在国家文化安全中的性质；
3. 文明冲突与文明安全的内涵及其在国家文化安全中的意义；
4. 文化认识论与文化安全观的联系与区别；
5. 总体国家安全观的内容。

 导言

国家文化安全研究的核心问题是由国家文化安全的核心问题决定的。不同国家的国家文化安全的核心问题是不一样的。只有那些对所有国家来说都构成国家文化安全的核心问题，才具有普遍价值和意义。对具有这一性质的问题的寻找是困难的。在所有的问题中，谁（怎样）的文化安全应当被保护和研究？文化是不是安全的基本领域（或对象）？文化安全应当关注外部威胁还是应当关注国内威胁？真正构成国家文化安全的标识是什么？应当以一种什么样的认识论看待国家文化安全问题？我们把这些问题归纳为以下三组关系性问题：国家与文化、生活方式与价值观、文明冲突与文明安全。这也许是一组具有普遍性意义的问题。因为，不管是哪个国家，也不管是怎样的国家，都面临生死存亡的问题，这个问题不是政治问题，而是文化问题。

第一节　国家与文化

国家与文化的关系性问题是影响国家文化安全最核心的问题之一。许多关于国家文化安全问题的争论，在很大程度上是由这一基本命题决定的。对这个问题的不同理解和认识，造成了关于国家文化安全的不同认识：肯定和反对。

一、文化的主体性与国家的主体性

国家文化安全涉及两个对象领域：国家与文化。文化的主体性是关于什么文化的问题，即关于文化的性质的问题，也就是说，什么样的文化问题才构成文化安全问题。国家的主体性是关于谁的文化问题，或者说谁的文化安全应当被保护和研究。事关文化安全的主体性，不同的主体性所涉及的文化问题是不一样的，不同的主体对于文化问题的关注点也是不一样的。从某种程度上说，文化与国家存在天然的矛盾与对抗。文化需要自由，而国家需要纪律。当文化的自由得不到保障的时候，人们需要国家的保障。保障就意味着无论出于什么目的，总是构成对自由的限制。纪律就是对自由的限制，或者说，自由就是在纪律下的自由。法律就是这样一种限制，任何自由都是宪法和法律下的自由。家庭是一种纪律形态，即所谓家规；社区和乡村是一种纪律形态，即所谓社规民约；国家是一种纪律形态，即所谓国法。这也是一种文化的主体性。

文化的主体性包括个人的主体性和集体的主体性两种。文化是人与生俱来的一种权利，保障这种权利的神圣不可侵犯是人的一种普遍需求。随心所欲，是文化的本能需求。但是，当所有的文化都要完美地实现这种需求的时候，文化间的冲突是不可避免的。因为一个人的完美需求并不一定也是他人的完美需求，甚至可能是相反的。这是由文化的主体性建构的普遍规则。竞争是生物生存的法则，适者生存是生物生存的规律。合作是自然选择的结果，当不合作便不能生存的时候，合作便成为一种自然契约，成为人的存在性表征。合作意味着分工，分工便意味着服从，服从则必然意味着对自由的限制和约束，意味着对某种权利的放弃（让渡）。私有制和国家的起源均在于对自由权利的让渡，并由此构成新的权利系统：集体权利→国家权利，私权进而进入和演变为公权。文化的自由性转换了。无论是私有制还是国家，都是文化的创造物。

每个人对国家的理解是不一样的，关于国家的理想也是不一样的。柏拉图早在两千多年前就构想了他的"理想国"。在这个"理想国"中，文化必须按照柏拉图的"理想"来生产，于是，"审查"出现了，诗人不属于"理想国"，因而要被驱逐出去。他要按照他所理解和建构的"理想国"来审视和检查文化生产。凡是不符合他的"理想"的，都可能构成对"理想"的威胁，因而造成"理想"的不安全。一切非"柏拉图理想"的都会构成对"柏拉图理想"的威胁和"柏拉图理想"的安全问题。文化安全与国家安全第一次在西方文化的"轴心时代"以"理想国"的命题被提了出来。因此，文化安全是被国家"理想"或者说"理想的国家"建构出来的。在这里，文化的主体性是由柏拉图定义的，是柏拉图的文化主体性。柏拉图以他的文化主体性定义了国家的主体性，同时界定了"理想国"与"非理想国"之间的"理想冲突"和"理想安全"，界定了"诗人"和"国家"（理想国家）之间的冲突。这种冲突构成了文化的主体性与国家的主体性之间的矛盾与冲突。当文化的主体性与国家的主体性相一致的时候，文化与国家的主体性是相容的；当文化的主体性与国家的主体性不一致的时候，文化与国家的主体性是冲突的。这种时候，可能有两种情况：一种情况是国家的主体性建构严重违背了一个国家和民族的根本"国家"文化的"理想"追求；另一种情况是文化的主体性建构严重脱离了国家和民族根本的"国家"文化的"理想"追求。前者如五四新文化运动爆发之前，北洋政府在国家治理目标上对国家和民族根本国家利益的违背，因而导致了以维护国家和民族主权为目的的新文化运动，直接催生了现代中国国家文化意识的觉醒；后者如法国大革命时期雅各宾派的国家治理理想最终导致法国大革命的失败。①

文化是自由的，又是不自由的。国家是捍卫自由、保障自由的，又是迫害自由、压迫自由的。当国家捍卫和保障自由的时候，文化便繁荣发展；当国家成为迫害、压迫自由的机器的时候，文化便萧条停滞。文化安全也随着国家对文化的态度和需求而变化着、转变着。文化不是抽象的，而是具体的。在今天的世界上，存在中国文化、英国文化、美国文化、亚洲文化、欧洲文化等，构成和决定这些文化的属性和内容是不一样的，这就是文化的主体性。不同的文化不仅构成了不同文化的主体性，而且构成了不同国家的主体性。同时，还有儒家文化、基督教文化、伊斯兰文化等涉及不同文明主体的文化。不同文明主体的文化和不同国家的文化交错重叠在一起，构成了当今世界文化主体性的复杂多元化与多样性。这种复杂多元化是造成和构成国家文化安全问题的重要因素，构成、决定了国家文化安全问题的复杂多样性。

国家的主体性是由国家的政体所规定的，是由一个国家所奉行和遵循的国家文化理念和政治信仰决定的。国家的主体性会因为国家政体的变动而转移。国家政体选择是受执政党的理想信仰影响的。一般来说，国家的主体性与文化的主体性是一致的。用马克思的话来说，掌握着物质生产资料的阶级，同时掌握着精神生产资料。一般来说，文化的主体性是由掌握着精神生产资料的主体来决定的。物质生产资料的掌握与精神生产资料的掌握相脱离，必然导致文化主体性与国家主体性相冲突。如何既保持文化主体性与国家主体性的一致性，又保持文化主体性的自由和国家主体性的纪律之间必要的冲突空间，以利于文化主体的自由发展和国家主体的纪律对自由发展的保障，这始终是国家文化安全研究中的重要问题。

二、文化的主体功能与国家的主体功能

作为一个存在对象，文化在今天的话语世界和政策系统中，是一个相对于政治、经济、社会而存在的人类系统。它与政治、经济和社会最大的区别就是它的精神性和观念性。文化的主体功能就在于它对人类社会精神秩序的建构性。广义的文化包括物质和精神两个方面，正是这两个方面的集合才使文化在学术的层面上具有意义。在一般的日常生活系统中，文化是指精神秩序和精神系统，它是人的生活方式的价值观体系。文化的重要作用和主体功能主要体现在对人的行为的影响与规范，包括真、善、美三大方面。尽管不同的文化存在差异性很大的价值鸿沟，关于真、善、美的理解与界定也是不一样的，但是，对文化的主体功能的认知范畴是一致的，差别只在于对这三者的理解和界定，这就使真、善、美作为范畴本身具有普适性。对这一基本范畴的任何危害都属于文化安全问题。关于互联网自由，在不同国家有不同的定义，但是，对色情网站的打击和治理是国际社会的共识。因为对所有国家而言，儿童、未成年人都是国家的未来和希望，然而，恰恰就是这个群体，由于缺乏自我保护能力，尚未形成最基本、最核心的价值判断，在文化上属于最容易受到侵

① 托克维尔. 旧制度与大革命[M]. 冯棠，译. 北京：商务印书馆，2012.

害的，因而也是最不安全的。保护和保障这一群体免受伤害也就自然地成为文化主体功能的重要组成部分。国家只是运用和通过法律与制度形式履行文化的主体功能。

国家的主体功能就是保障和捍卫人民的利益免受侵害。国家不是政府，政府是执政主体建构的管理国家事务的行政系统和行政组织。虽然没有政府，国家难以运行，但政府是可以更替的，也可以被推翻。同一个国家在不同的时期可以有不同的政府，不同的政府由于执政主体间的信仰差异，会形成关于不同文化的理想与态度，因而所构成的文化安全态势是不一样的。国家的主体功能构成是多方面的，包括政治、经济、社会、文化、军事、外交等。不同方面的功能发挥着保障和捍卫人民与国家利益的不同作用。国家的文化主体功能，对内保障人民的基本文化权益的充分实现和人民文化创造自由与表达自由的充分实现；对外维护国家文化主权和文化利益，开展对外文化交流和文化贸易，通过文化实现国家文化利益的最大化，同时为国家建设与发展提供各种精神文化支持。

三、人、社会与国家的文化关系

文化被看作人的生活方式的表现，这种生活方式不再被纯粹地限定于自然环境内，而是人的一种介入和干预自然环境的方式。冯·皮尔森认为，与其说"文化"这个术语是名词，不如说是动词，是人的活动和各种行为模式。文化的一个方面是传统，即所有物和规则的传统，然而这种传统包含在人的活动变化之中，包含在现存文化形式所体现的无数变化和发展可能性之中。文化是历史遗产。

人不是生活在一个纯粹的自然世界中，而是生活在一个历史的世界中，如果不愿意被传统或自然所强加的固有规则所羁绊，就必须不断地创新。这就保证了一个人在任何特定的时期都能对周围环境的情况做出完全不同的反应。所有的文化，即使是最原始民族的文化也不例外，都可以看作人对周围力量施加影响的方式。任何一种文化形式所奉行的总规则体系都可以被理解为一种政策。它是关于固有性和超越性之间的一种具体战略，而人类文化的任务就是调节这种关系。我们用战略来表示一种为特殊规则和行为提供证明的一般性规则，事实上被给定的东西，包括自然过程在内，都被包含在文化战略之中，而且这种战略是作为人的群体对环境做出反应的方向存在的。人永远靠文化活动来改造自然和评价自然。那些被人作为"自然现象"所看到的东西，必须放在超越的、跨过自然界限的范围，也就是一种负责任的战略的范围内来观察。①

社会是人的集合的组织形态。在不同的发展阶段，社会形态的存在方式和表现方式是不一样的，并且作为一种对立面与国家共同存在。一个社会有一个社会的文化，一个社会又会因社会存在着阶级和阶层产生和形成不同阶级和阶层的文化，同时，一个社会还会因人们生存空间形态的差异性而出现和形成不同的区域文化以及城市和乡村文化。各种不同的文化形态之间互相影响、互相作用，共同推动社会文化的进步、发展、繁荣和衰落。社会文化安全就是它的存在和表现形态之一。

国家是由文化建构的，是在文化的人的、社会的基础上建构的。没有私有制和家庭这样最原始的社会形态的出现和发展，就没有国家。在这里，私有制和家庭不仅仅是社会学

---

① 皮尔森. 文化战略[M]. 刘利圭，蒋国田，李维善，译. 北京：中国社会科学出版社，1992：2，8，18，19.

的概念和范畴，也是文化学的重要概念和范畴。同时，自从有了国家之后，国家便凌驾于一切力量之上，成为建构文化的重要力量，有时甚至是一种起决定性作用的力量。今天我们生活在其中的文化，主要就是由国家建构的文化。在这个过程中，虽然人、社会不再是微不足道的，但是，真正影响人的、社会的文化演化进程的国家的力量具有不可替代的作用。尽管巨大的社会进步和人的自觉的文化力量也是国家演化进程中不可阻挡的力量，但是，这种力量只有在国家成为自己和社会发展的历史障碍时才会爆炸性地发挥和表现出来，也就是说，这种力量只有在国家危机时刻才会出来拯救"国家灵魂"。欧洲的文艺复兴运动和中国的五四运动之所以开启了需要巨人和产生巨人的时代，一个最重要的原因就是"国家灵魂"需要拯救。也就是说，当国家遭遇阻碍自身发展的"国家文化安全问题"，而仅靠现有的国家机器又无法克服和解决"国家危机"的时候，伟大的个人和伟大的社会便成为拯救"国家灵魂"的唯一合法力量。

第二节　生活方式与价值观

构成一个国家文化安全的核心是这个国家赖以存在的生活方式和价值观，以及由这两个方面形成与建构的制度体系和价值观体系。生活方式与核心价值观是国家文化安全构成中最核心的两个方面，是决定和影响国家文化安全其他方面构成的关键，也是衡量国家文化安全的两个关键指标。

一、价值观的本质与结构：核心价值观与基础价值观

"国家安全不是一座孤立的堡垒。安全同样基于我们自由制度的价值体系。"[①]由于价值体系在最核心的层面上关系到国家安全，而价值体系又是文化存在最直接的表现形态，这就在文化安全与国家安全之间建立了内在逻辑的关联性：由于国家安全的制度性实现是建筑在核心价值体系上的，核心价值体系的存在最集中地体现和反映了这种国家安全的制度性存在的全部合法性与合理性，对这样一种核心价值体系的任何威胁和否定，都将威胁"自由制度"存在的安全基础，因此，对于制度所赖以存在的基础——价值体系安全的维护及其实现的程度，将直接关系到国家安全的维护及其实现的程度。正是在这样的逻辑基础上，文化安全与国家安全紧密地联系在了一起。文化安全不是某种嫁接到国家安全上的异己的力量，而是国家安全体系中应有之义，是国家安全的重要内容和组成部分。离开了文化安全，国家安全也就失去了全部的灵魂。

价值观有核心价值观和基础价值观之分。核心—基础，这是价值观体系的一般结构。核心价值观决定一个国家或民族区别于其他民族和国家的本质属性，涉及一个国家或民族之所以存在以及存在的全部合法性与合理性。核心价值观涉及国家文化安全，或者说它是衡量国家文化安全的一个最重要的尺度，并且因不同的国家和地区而不同。基础价值观是关于生活的最一般的理念系统。例如，仁、义、礼、智、信中有不少内容属于基础价值观

---

① 艾布拉姆斯. 第一修正案辩护记[M]. 王婧，王东亮，译. 上海：上海三联书店，2007.

范畴。不同人群、族群、国家在核心价值观上会存在本质差别，但在基础价值观方面会有许多相似之处。这是人类可以共存的基础。如果在基础价值观方面发生安全问题，那么这样的文化安全问题也就构成了共同文化安全问题。国际社会，特别是通过像联合国这样的国际组织来制定和通过的一系列国家文化公约，所涉及的就属于基于人类共同体的全球文化安全或人类文化安全问题。文明冲突和文明安全主要发生在核心价值观领域，而不是基础价值观领域。如何认识、对待和尊重各个不同文明主体的核心价值观，是克服和消除国家文化安全危机的核心问题之一。以自己的价值观为唯一价值观，并用这种价值观要求不同国家、地区和民族都按照和遵守这一价值观来建立国家生活和社会秩序是国家文化安全问题的重要来源。

存在于核心价值观和基础价值观之间的价值观，可以称为"中间价值观"。持这一价值观的主要群体是知识分子。这一群体中既有以核心价值观为坚定信仰的，也有以社会基础价值观作为自身价值取向的，并以此把自己同对方区别开来。然而，更为重要的是他们常常兼有核心与基础两种价值观认同，有时甚至表现为在学术思想上是核心的，而在生存方式形态上是基础的。他们的价值观常常给予核心—基础两头儿以巨大的影响。正因为如此，这一群体常常被称为一个国家和民族精神灵魂的脊梁。从某种程度上说，一个社会的价值观体系就是由他们来建构的。中国价值观发展史上一个最典型的事例，就是春秋战国时期"百家争鸣"中的"百家"。他们的思想构成后来中国价值观体系的滥觞，无论是核心价值观，还是基础价值观，他们的思想都是重要的源头。

价值观还有传统价值观和现代价值观之分。一般来说，传统价值观往往表现为基础价值观，而现代价值观则往往表现为核心价值观。这两个方面的价值观危机都会构成国家文化安全问题。传统价值观更多地涉及人的身份认同，现代价值观更多地涉及价值信仰，二者之间存在矛盾和冲突。认同身份并不一定拥有共同的价值信仰。海峡两岸的中国人都认同自己是中华儿女，同属于中华民族，但是，在价值信仰上又有着不同的主张。这是今天实现中华民族伟大复兴所面临的最大的国家文化安全问题。如何在尊重各自价值信仰的基础上，以共同的价值身份为标准实现两岸的和平统一，成为当今中国人所面临的最大考验。

核心价值观与基础价值观，传统价值观与现代价值观，是其中一种价值观的安全问题构成了国家文化安全问题，还是所有价值观的安全问题构成了国家文化安全问题？这实际上提出了一个命题：国家文化安全在价值观安全问题上的结构性层次问题以及它们之间的安全构成的驱动性问题。

一般来说，核心价值观是由一个时期内在一个国家占主导地位的统治阶级定义的，统治阶级不仅掌握着物质生产资料的主导权，而且掌握着精神生产资料的主导权，一般来说，它影响着被统治阶级的价值观变化与选择。占主导地位的核心价值观的"核心"地位在整个社会价值观生态系统中所处的位置，即社会影响力和社会认同度，将直接影响作为统治阶级的执政的权威性与影响力，直至执政的合法性。因此，从这个意义上说，任何对一个国家核心价值观体系的威胁和挑战，都必然构成对这个国家的文化安全的威胁和挑战。核心价值观正是在这个意义上具有国家文化安全的性质。国家核心文化安全中最重要的就是国家价值观安全。这是影响和决定国家其他方面的文化安全的核心。没有国家价值观安全，其他的国家文化安全都不存在。这种安全需求，是指国家主权、领土完整，国家统一，国家利益拓展以及国家宪法确立的国家政治制度和文化发展的需求。

基础价值观更多地表现为一个国家人民的生活方式。一方面，它受核心价值观的影响和制约（更多地表现在对制度和法律的接受）；另一方面，它反作用于核心价值观。基础价值观具有更为广泛的社会普遍性，是构成一个国家安全稳定最重要的社会基础，因此，基础价值观的任何动摇，即任何对基础价值观的威胁与挑战并使之动摇对核心价值观的接受与认同，不仅会构成基础价值观的安全问题，也会构成核心价值观的安全问题。从这个意义上说，核心价值观与基础价值观之间存在互补互助的关系。基础价值观既是一个变化相对稳定的文化稳态因素，同时是一个处在剧烈变动中的文化变量。一个社会的基础价值观出现整体性剧烈变动的时候往往是一个社会要求核心价值观转变的时候，能否取得二者之间的协调平衡，将直接影响一个国家文化变量的安全系数。国家文化安全系数与核心价值观和基础价值观之间的变量成负相关关系，二者之间变量越小，则国家文化安全系数越大；二者之间变量越大，则国家文化安全系数越小。

二、生活方式、价值观与国家文化安全

以生活方式和价值观定义国家安全，把对生活方式的保护作为国家安全战略的重要内容，是美国国家安全战略的核心支柱，也是历次美国《国家安全战略报告》的"文化关键词"。在美国历届政府公布的《国家安全战略报告》中，真正属于国家安全的那一部分内容总是随着全球安全形势的变化而调整；而属于国家文化安全的那一部分，即维护美国人的生活方式和美国的价值观却始终没有变化，成为美国历届政府公布的《国家安全战略报告》的核心内容。

奥巴马政府公布的首份《国家安全战略报告》提出在美国实现的国家安全的四大国家利益：要实现我们追求的世界目标，美国必须把战略方针应用于其追求的四项长期国家利益。

（1）安全：美国及美国人民和盟友的安全。

（2）繁荣：处于开放的国际经济体系中，并能提供良机，促进繁荣的强大、创新和不断增长的美国经济。

（3）价值观：美国及世界的普遍价值观得到尊重。

（4）国际秩序：在美国的领导下，通过加强合作以应对全球挑战，并促进和平、安全和机会的国际秩序。

针对世界对美国生活方式的批评，奥巴马直言不讳："我们不会为我们的生活方式道歉，并将坚定不移地保卫这种生活方式。"[1]并且把它作为美国长期追求的思想，长期国家利益的首要利益——安全利益。奥巴马明确宣誓："我们坚持我们最珍视的价值观。不仅因为其正确，而且因为这样做能促进国家繁荣，保障国家安全。价值观一直是美国国家安全最宝贵的财产——无论是战争年代，还是和平时期；无论是国运亨通之时，还是社会动荡之际，都是如此。忠诚于我们的价值观是美利坚合众国从听命于大英帝国的一小串殖民地成长为全世界最强大国家的根本原因。"[2]在2015年的美国《国家安全战略报告》中，奥巴马提到："我们必须认识到，一项明智的国家安全战略并不完全依靠军事力量。事实上，从长远来

---

[1] 美国总统奥巴马2009年1月20日的就职演说。

[2] 美国总统奥巴马2009年5月21日在国家档案馆的讲话。

看，我们与其他国家一道努力消除暴力极端主义的意识形态和根源将比能够在战场上消灭除恐怖分子更加重要。""美国必须通过言行展现我们的价值观和宪法的恢复能力。因为如果为了追求安全而损害我们的价值观，我们将使两者都遭到破坏；如果强化我们的价值观，我们将能保持住我们的力量和世界领导地位的重要来源。这是我们与敌人和潜在竞争者的不同之处。"

美国不仅是这么说的，也是这么做的。长达半个世纪的冷战，其实就是一部文化冷战史，或者说就是一部美国国家文化安全战略博弈史。《文化冷战与中央情报局》（国际文化出版公司）、《战后欧洲史》（中信出版社）、《帝国权威的档案：帝国、文化与冷战》（商务印书馆）、《当图书成为武器——"日瓦戈事件"始末》（北京大学出版社）等已经公开出版的基于历史档案文献的研究，集中地揭示了美国在维护和捍卫以美国的生活方式和价值观为核心的美国国家文化安全战略机器所采取的政策。

生活方式与核心价值观是国家文化安全构成最核心的两个方面，是决定和影响国家文化安全其他方面构成的关键，也是衡量国家文化安全的两个关键指标。不同的国家因历史与文化的差异，对于国家安全的理解与认知是不一样的，在国家文化安全问题上的差别也很大。但是，有两点是共通的，就是本国人民的生活方式和价值观。这是决定一个国家之所以是这个国家的两个根本指标。离开了这两个指标，也就无法判断一个国家的根本利益所在。这也是一个国家存在的合法性所在。正是因为"生活方式"和"价值观"占据了一个国家的全部合法性的核心，所以世界各国都把维护国家主权、领土完整和人民福祉，以及他们的价值观作为维护国家安全的核心内容和制定国家安全战略的核心内容。美国历届政府所公布的《国家安全战略报告》没有一次不把维护美国人的生活方式和价值观作为主要内容的。如果说美国的《国家安全战略报告》所涉及的其他内容主要是传统意义上的"国家安全"，那么，所谓"生活方式"和"价值观"则主要属于"国家文化安全"的范畴，而决定了它的"国家文化安全"性质的，主要就是它反复突出和强调的"美国民主"。向世界输出民主和捍卫以民主为核心的美国价值观是美国国家安全战略的重要使命。

社会制度是生活方式的集中体现，既反映了不同国家和民族人民的生活习惯、文化传统，也集中反映了他们的价值观，以及选择怎样的制度形式来保障和保持他们的生活方式。因此，世界各国人民都有权利选择集中体现本民族的生活方式，体现这种生活方式的价值观，以及建构在其上的作为上层建筑的社会制度。

中国特色社会主义制度是中国人民最根本的生活方式。农耕文明及其生活方式是中国人民最传统的生活方式，这一生活方式因鸦片战争而带来的西方文明被打破了。重建中国人的生活方式便成为鸦片战争之后中国人努力奋斗的目标。辛亥革命是一个重要的历史转折点，中国人民选择了共和，抛弃了封建专制。但是，怎样的共和才最符合中国人民的根本利益？经历了38年的艰苦奋斗和艰难选择，最终中国人民选择了以人民民主专政为核心的人民共和。这就是已经成功发展了70余年的中国的社会主义制度。今天中国发展成为世界第二大经济体，这是近百年来中华民族从未有过的伟大辉煌。作为这种辉煌实现和重要体现与保障的，正是基于中国人民所选择的社会主义制度这样一种生活方式。尽管这种制度还在进一步完善之中，人民也有理由更好地生活，但是，在今天的中国，社会主义制度是唯一不能被推翻的生活方式，人们可以不断地完善它，但不能否定它。否定它，就否定了中国人民70余年来为之奋斗的生活史，否定了中国人民为之奋斗的全部价值，也就否定了它在 70 余年来的世界史价值。而这恰恰是今天的俄罗斯、昔日的苏联留给我们的教训，也是今天的俄罗斯人民、昔日的苏联人民为之扼腕的历史悲剧。错误可以纠正，道路（生活方式）不能否定。任何对这种生活方式的危害都是对国家安全的危害，进而是对国家文化安全的危害，而这恰恰是美国历届政府公布的《国家安全战略报告》带给我们的关于维护国家文化安全的经验。

核心价值观是一个国家和民族生活方式最集中的精神体现，是一个国家和民族的集体认识心理和文化认同。价值观是一个精神系统，是确认和界定一个国家和民族之所以是这个国家和民族的精神心理、精神文化体系。生活方式和价值观，相辅相成、缺一不可，是一个完整统一的有机整体。生活方式是价值观的基础，价值观是生活方式的指导。没有价值观，就无所谓生活方式。现在世界上一切生活方式的选择都是一定的价值观选择的结果，同样，现在世界上一切价值观都是这样的生活方式体现和维护这样的生活方式的合法性。因此，作为生活方式的中国特色社会主义制度和作为这一生活方式集中体现的中国特色社会主义核心价值观构成了中国国家文化安全的主体与核心，对这一主体与核心的任何挑战与威胁都是对中国国家文化安全的挑战与威胁，维护这一主体与核心就是维护国家文化安全利益。提高维护国家文化安全的能力是维护国家文化安全的根本任务与目的。核心价值观安全是最重大的国家文化安全、最核心的国家文化安全。否定中国特色社会主义核心价值观是最大的国家文化安全问题。

意识形态与价值观既有联系，也有区别。意识形态可以选择，而价值观则是在生活中形成的。在今天，社会主义既是一种意识形态，也是一种价值观，还是一种生活方式。在中国，这三者是有机统一的。

中国是一个有着五千年历史的文明古国，诞生于农耕文明时期的一整套生活方式和价值观念构成了中国人特有的精神家园形态。这种精神家园形态对于凝聚人心和维护国家安全具有不可替代的作用。这是中国人"家国观念"的重要基础，也是维护国家安全和国家文化安全的重要基础。失去了这个基础，也就失去了维护国家文化安全所必不可少的全民族基础。留住乡愁的核心价值就是留住中国人的精神家园。在这里，农村、村庄、古村落、老槐树是最具体的载体形式，是中国人的图腾。中国人要富起来，中国要现代化，但是不能将其同维系精神家园对立起来。农村需要现代化，精神家园也要不断地实现文明进步，但是，那些对于凝聚乡愁的具有根本性的不可替代的东西，是不能通过现代化来取代的。相反，现代化要为留住乡愁提供保障。"乡愁"是一种资源，是一种可以不断再生、具有不可替代性的文化资源，特别是那些以物质和非物质形式体现和表现出来的文化资源，更是中国人的精神家园所不可替代的。长江、黄河如此，山西洪洞县的大槐树也是如此，许许多多的古村落更是如此。毁掉了它们，也就毁掉了中华民族精神家园的物质存在；毁掉了它们，也就毁掉了中华文化的合法性；毁掉了它们，我们中国人将在精神上无家可归。农耕文明当然要向现代文明转型发展，而这种转型发展不能通过毁弃乡村来实现，更不能通过毁弃古村落来实现。关于乡村文明的现代发展，一些西方发达国家有着很好的治理经验。在现代化条件下，把乡村作为一种文化资源、一种共同文化遗产加以保护和保留，已经成为后现代化的一种重要体现和实现方式。守望家园成为社会安宁和谐最重要的国家安全机制。当乡愁成为所有人共同的精神财富、须臾不可或缺的精神图腾时，"乡愁文化"自觉地生成，成为维护国家文化安全最强大的力量。家是神圣不可侵犯的，精神家园同样是神圣不可侵犯的，这就是以人民安全为宗旨的实质。

第三节　文明冲突与文明安全

文明冲突与文明安全是自文明诞生之后就出现的一种文明现象和文明演化规律。它是由文明的差异性构成的一种矛盾运动的反映，影响着人类的文明运动与文明发展。安全是人类文明的存在形态和运动方式。安全是人类文明存在与发展的一种规律。人类文明安全是不同人类文明互相成就、互相结合的结果。没有人类文明的互相成就，就没有人类文明的安全。没有互相结合，就没有互相成就，就没有互相安全和共同安全。人类思想史上有许多关于文明研究的成果在某种程度上就是关于文明安全的研究。①但是，文明安全真正成为国家安全和国家文化安全的研究对象和基本问题是在人类社会进入 21 世纪之后。

一、"文明的冲突"与文明冲突

"文明冲突"是 20 世纪末提出来的最具影响力的国家安全命题之一，国家文化安全命题的提出和研究在很大程度上是受它影响的一个产物，或者说是直接由这一命题产生的。1993 年夏天，美国哈佛大学政治学教授、吉米·卡特时代的白宫安全顾问塞缪尔·亨廷顿在美国《外交》季刊发表了《文明的冲突》一文，把他对冷战后世界秩序的观点称为"文明的冲突"。他认为，全球政治的主要冲突将在不同文明的国家和集团之间产生，文明间的断裂带将成为未来的战线，这就是著名的"文明冲突论"。"文明冲突论"改写了国际政治关系理论的发展史，第一次把"文明的冲突"提到了学术范式建构的层面上，第一次使"文化冲突"和"文明冲突"作为国家安全、国家文化安全和文明安全研究的重要命题被加入研究议程。亨廷顿是在美国防卫安全的议题下研究并形成这一理论成果的，从这个意义上说，"文明冲突"研究就是关于"文明安全"问题的研究。但是，亨廷顿并没有揭示出这一点，而这恰恰为提出和开展这一命题的研究开辟了广阔的理论空间。虽然亨廷顿在《文明的冲突与世界秩序的重建》一书中特别强调"随着冷战的结束，意识形态不再重要了"，而纵观他的"文明冲突论"，依然是意识形态的，区别只是不再"根据政治意识形态和经济意识形态来界定"②，而是根据"文明的意识形态"来界定。随着全球化的兴起，政治意识形态和民族国家作为归属感的载体遇到了挑战，文明之间摩擦的加剧增强了人们之间的文化差异意识。文化特性被认为是比政治或经济更为久远的人类社会构成要素。问题的关键已经不再是"你站在哪一边"，而是"你是什么人"。"站在哪一边"是意识形态问题，"你是什么人"是身份归属问题。于是，意识形态之间的冲突便演化发展成为文化认同之间的归属性冲突。前者属于政治意识形态冲突，后者属于文明形态冲突。虽然，对于亨廷顿"文明冲突论"的批判已经见诸众多的学术研究，但是，正如彼得·卡赞斯坦在其《世界政治中的文明：多元多维的视角》的前言中所说的："尽管亨廷顿对文明政治的看法有失偏颇，但我们承认，他对文明的模式化研究具有重要意义"，而且"他的观点被译成 38 种文字，

---

① 戴蒙德. 枪炮、病菌与钢铁：人类社会的命运[M]. 谢延光，译. 上海：上海人民出版社，2006.
② 亨廷顿. 文明的冲突与世界秩序的重建[M]. 周琪，译. 北京：新华出版社，1998：中文版序言.

在世界上广为传播"。① "文明冲突论"不仅构成了当今世界国家安全、国家文化安全和文明安全研究的重要命题，也已经成为人类文明安全的重要叙事，深刻影响了全球安全和全球文明安全的发展走向与秩序建构。"文明互鉴论"就是针对这一命题提出来的反命题。

亨廷顿"文明冲突论"最大的贡献就是揭示了现代文明体系下国家文化安全问题的根源。但是，现代文明体系并不是由亨廷顿所划分的那几种文明形态构成的。他所阐释的几种文明形态还只是就社会文明形态而言，更多的还是定义在观念、态度、认知、价值、宗教信仰等系统的层面，还不包括社会生产力建构的文明形态，如农业文明、工业文明、信息文明，更不包括生态文明等新文明形态之间发生的冲突，以及由此而带来的广义的文明安全问题。在这些领域里发生的安全问题也属于"文明安全问题"，尤其是"生态文明安全问题"正在深刻地影响着人类文明进程的发展方向。它们之间形成的"文明冲突"，有的是文明演化进程中不可避免的冲突，有的是文明演化中可以避免的冲突，两种冲突都会构成"文明安全问题"。农业文明—工业文明—信息文明（数字文明）构成了人类文明发展的基本序列，在这个序列中，必然包含着后一种文明形态对前一种文明形态的改造与重构，因而不可避免地不以人的意志为转移地产生和发生了"文明冲突"。这种"文明冲突"是两种不同的社会生产力发展之间的文明冲突。涉及的问题是社会生产力的再分配和社会资源的再分配。因此，问题并不在改造与重构本身，而在于它的历史动因和历史形式。这是区分一种文明发展是否构成另一种文明存在安全问题的原则。完全出于自我需要和自我完善的对社会生产力形式的改造，进而实现文明转型的，是文明自身的一种进化需要。由于原来的文明成果与内容在这个过程中实现了转型与发展，产生和形成了新的生产力形态，是一个生态系统的有机转换，是自我更新，由此而产生和发生的"文明冲突"并不构成"文明安全问题"。"生态安全问题"则违反了这一原则，因而构成了当今世界最严重的"文明安全问题"。全球气候问题是最突出的人类文明安全问题。这个问题是在人类追求文明发展最大化的过程中产生的，尤其是在追求工业文明最大化的过程中产生的，是人类社会集体行为的结果，因此，资源消耗和环境污染所造成的人类文明发展的不可持续性，导致了人类"文明的危机"。这个危机从表面上看是在人类物质生产行为中发生的，实际上它是由人类社会关于社会进步和财富增长的认知理念，以及由此而形成的人与自然之间的精神心理体系的片面性造成的。所谓"生态文明危机"，是由人类文明行为造成的整个自然生态系统危机，由于这种危机直接地威胁着人类社会的生存方式和物种的存在，因而它所构成的"文明安全"就属于全人类的安全。没有了人，当然也就无所谓人的、社会的和国家的文化安全。所以，从这个意义上说，它构成了一种完全区别于亨廷顿的建立在"文明的冲突"基础上的文明安全。克服和解决这一安全问题已经成为全球性安全研究问题，即全球发展问题、全球安全问题和全球文明问题。而问题的核心是：人类究竟需要一种什么样的文明观？

二、身份安全、文化认同与规范

身份是一个人、一个群体存在和全部活动的合法性依据。一个人没有身份，就意味着没有权利，或者说不拥有权利、不享有权利。一个没有身份或者身份不确实的人是没有安全可言的，尤其是在文化上。亨廷顿之所以要在提出"文明冲突论"之后大声询问"我们

---

① 卡赞斯坦. 世界政治中的文明：多元多维的视角[M]. 秦亚青，魏玲，刘伟华，等译. 上海：上海世纪出版集团，2012：前言.

是谁"，就是源于关于身份危机的焦虑、不安和恐惧。国家和地区之间之所以要建立护照和通行证制度，国家内部之所以要设置户籍制度和身份证制度，其中包含着对基本人权和国家安全的双重保护。

文化传统是一个国家和民族存在性身份的载体和确证。文化传统不仅可以证明"他是谁"，而且可以证明"他从哪里来"的身份属性，来历的清晰性、准确性是构成他者安全的重要来源和保证。一个身份不明的人，对于他者来说就是一种潜在的安全威胁，是恐惧的来源，因此，无论他者在主观上是否威胁他人，他在客观上都构成了对他者的威胁，不可避免地会遭遇抵制和反对。一个国家并不一定拥有一种文化传统，因为一种文化传统可以跨越几个国家。身份认同基于文化认同，文化认同建构身份认同。亨廷顿在《文明的冲突与世界秩序的重建》一书的第一章引论中就以"旗帜与文化认同"深刻地阐述过这个问题。他在论证"全球政治开始沿着文化线被重构"这一观点时写道："1994 年 4 月 18 日，2000人聚集在萨拉热窝市挥舞着沙特阿拉伯和土耳其的国旗。这些萨拉热窝人通过挥舞这些旗帜而不是联合国、北约或美国的旗帜，认同他们的穆斯林伙伴，并告诉世界谁是他们真正的朋友，谁不是。"[①]身份与权利的一致性在这里得到了强烈的表达与展现。身份消失与权利危机同一性，构成了文化认同是身份安全的保障。身份构成的威胁——人身安全，是由文化造成的。身份歧视是因为文化歧视。

文化认同是通过对身份规范的建构来实现的。规范是一种文化安全的保障机制。它包括价值观念和行为方式两大系统，同时包括国家与民间两大范畴。价值观涉及身份的根本认同，它由一整套价值理念和伦理信仰构成，基础价值观与核心价值观互为关系，并对人们的精神生活和社会的精神秩序起约束作用，行为方式则是关于它的社会生活关系的表现。所谓两大范畴，国家层面更多是在制度形态上的刚性建构，包括法律制度与政策强制；而民间层面则更多是从自身的传统和约定出发，从家族和宗族的利益出发建立确保自身兴旺发达的各种礼仪习俗。二者互为表里，形成一种共同安全机制。中国的家国一体化结构形态是中华民族在五千余年的文明发展历程中组建形成和建构的一种安全机制。任何对这一机制的破坏都会构成中国的文化安全问题。中国历史上王朝更迭的周期性变动本质上就是这种国家文化安全机制规范性周期变化的一种表现形态。因此，如何有效地确保文化认同的规范性，也就成为中国国家文化安全问题研究长期以来的重要问题。

三、规范安全与文明安全

规范是人类社会为正确处理人与人之间、人与社会之间关系而建立起来的一系列价值观念体系和法律制度体系。任何规范都构成对自由的限制。野蛮是无限制的自由，对野蛮的规范就是对自由的限制。当不限制无限制的自由，人就不能脱离野蛮而进入文明的时候，对野蛮的规范性约束和对无限制自由的限制，就成为人类进化不可或缺的内生需求。文明的发生就是建构在限制野蛮的基础上的，这就是马斯洛生存需求理论所揭示的规律：生存是第一位的，安全是第二位的。当文明成为人类生存的价值标准的时候，安全生存和文明的安全生存就成为人类生存与安全的合而为一的尺度。文明构成对安全的要求。规范的安

---

① 亨廷顿. 文明的冲突与世界秩序的重建[M]. 周琪，译. 北京：新华出版社，1998：3-4.

全和文明的安全互为依存。

中国是一个传统农业文明国家，不是西方式工业文明，也不会成为工业文明国家。五千年中华文明是世界上唯一没有中断的文明，也不会因工业文明进程—现代化而中断。相反，工业文明被以农业文明的方式重构了，是农业的工业文明方式，即后农业文明，亦即后传统文明。它既相对于现代工业文明而言，又包含现代工业文明的成果，是一种以农业文明为本、以工业文明为用的农工业文明。这就是中国式现代化、中国现代文明。西方的工业文明是建立在摧毁农业文明并取而代之的基础上的，而中国的现代文明进程建立在传承农业文明的基础上，因此，无论是核心价值观，还是制度与体制，依然是农业文明性质的，工业文明消融在其中，而不是取而代之。在这里，农业现代化道路在中国就具有特别重要的后传统文明建构的意义。信息文明来了，被称为后工业文明时代，但在中国依然是农业文明式的，是另一种后传统文明内容。它是工业文明的延伸，是还处于成长中的一种文明。因为它不是通过摧毁工业文明而出现的，其本身就是工业文明的一种成果。因此，对于中国这样一个传统文明大国来说，它依然属于工业文明的一个范畴，这就是中国特色。所谓中国特色，就是以五千年传统农业文明为基础，以工业文明为主导，积极消化吸纳信息文明成果，不断推进传统农业文明升级转型的中国传统文明现代化。这将成为中华文明区别于世界其他一切文明形态和文明体系的本质存在。

中华文明是一种具有内在逻辑联系的不断演进中的文明体系，具有特别强大的自我修复功能与自我复制功能。强制性通过改变其文明演进路径而改变中国道路和中国性质的企图，是构成中国文明安全问题的最大因素。近代以来，中国曾经两次遭遇帝国主义列强入侵，全民族之所以产生抵御外侮的强劲力量，一个最根本的动因就是对中华民族和中国文明的捍卫。选择渐进性文明演进路径，而不是突变性转型，始终是中国文明演化的基本规律。因此，在融入现代世界体系进程中，面对"国际规范"和"国家规范"的冲突，如何处理和解决"规范安全"和"文明安全"问题，成为中国在进入后传统文明国家进程中遇到的"文明转移"难题。

任何一种文明形态与文明体系都有文明安全问题。玛雅文明的消失以及古埃及文明、古巴比伦文明、古印度文明等各种古代文明的灭亡，至今仍然是世界文明史研究的重大课题。所有关于这些文明消亡的研究，并不是为了重现已经消亡的文明，而是为了让今天的人类文明不重蹈历史的覆辙，保持人类文明的可持续发展。在这里，如何正确处理国际规范和不同文明体系间的规范性价值观的矛盾和冲突，避免"文明冲突"，是确保文明安全的重要课题。毫无疑问，不同文明间的互相尊重、不同规范间的互相包容是克服与消除规范安全与文明冲突，实现不同文明间的安全的重要全球安全机制。

世界上有两种国家文化安全机制：主动积极的和被动消极的。守成与转型是最典型地反映这一二元结构的国家文化安全机制。所谓守成，是基于对既得利益的维护和既得利益的不可挑战，是最重要的国家安全机制之一。守成包括积极守成与消极守成两个维度：积极守成是指主动地应对挑战，坚决地维护国家与民族的核心文化价值与国家文化主权的神圣不可侵犯，通过生产与生活两个方面保护口头与非物质文化遗产创新是对守成的安全威胁的回应；被动守成是指被动应对挑战，以退让妥协求得的国家和民族核心文化安全利益与国家文化主权的暂时维护，其结果导致最后的国家和民族文化安全的丧失。这实际上是一种投降主义文化安全政策。国际关系中的绥靖政策就属于这种类型。所谓转型，是对安全机制的主动性建构。

人类文明安全是当今世界最主要的安全存在形态和安全问题的来源。认识和处理人类文明多样性所构成的人类文明安全运动的矛盾是处理和建构全球文明安全关系的重要前提和基础。

第四节　国家文化安全认识论与文化安全观

国家文化安全作为一个国家安全和文化战略问题被提出来，正在进入国家安全政策系统和话语系统，但是它作为一个学科还远未形成，尤其是在国际主流话语体系中还是一个有争议的概念。不仅在西方国家是如此，在中国也是如此，有人甚至认为这是一个"伪命题"，把这一问题与"左"画等号。认识论上的误区，必然导致安全观上的偏颇。厘清这个问题对于建构科学的国家文化安全研究乃至学科具有特别重要的意义。

一、主观与客观：国家文化安全认识论

国家文化安全是否存在？如果存在的话，它是主观的，还是客观的？抑或是主客观共存的？国家文化安全是否存在涉及国家文化安全研究的全部合理性基础，关于这一点，前文已经做了比较充分的论证：国家文化安全不仅存在，而且连同国家政治安全、国家经济安全、国家军事安全、国家社会安全、国家生态安全等共同构成了现代国家安全体系和国家安全研究对象。

国家文化安全是主观的还是客观的？在认识论上，这一问题所要回答的实际上是应当如何研究国家文化安全。认识论既涉及人们应当以一种什么样的态度观察、认知和研究国家文化安全，还涉及人们以什么样的方法研究国家文化安全。

巴瑞·布赞和琳娜·汉森在研究"国际安全研究的演化"这一问题时，曾经就国际安全研究中的认识论问题做了比较简洁的归纳："在国际安全研究中，认识论的第一个关键区别是客观安全、主观安全和话语安全之间的差异。"[①]二人对三者之间差异的归纳如表 2-1 所示。

表 2-1　认识论差异[②]

客观安全概念	主观安全概念	话语安全概念
• 是否存在确切的威胁	• 是否具有被威胁的感觉	• 安全不能被客观地定义
• 通常从物质方面来界定安全	• 强调社会情绪、历史、恐惧心理和认知（误解）心理	• 安全是一种言语行为
• 坚持一个指涉对象		• 聚焦于主体间过程，"威胁"在此过程中以政治议程中的安全议题的面貌出现

虽然他们的比较研究是针对国际安全研究领域中的认识论问题而言的，但是对人们思考有关国家文化安全研究中的认识论问题具有启示性。客观安全与主观安全概念最早出现

---

① 布赞，汉森. 国际安全研究的演化[M]. 余潇枫，译. 杭州：浙江大学出版社，2011：35.
② 同①：37.

在阿诺德·沃尔弗斯于 1952 年发表的《作为模糊符号的国家安全》，他认为："对已获得的价值来说，安全是客观上不存在威胁、主观上不存在恐惧。"这是一种主客观统一论。沃尔弗斯阐释道："在国家安全的评估中，我们不可能客观地衡量安全，因为主观评估往往发挥重要作用。"沃尔弗斯的解释充分表现出安全的客观概念（是否存在确切的威胁）和主观概念（是否具有被威胁的感觉）之间的紧张关系。巴瑞·布赞和琳娜·汉森认为，这一紧张关系贯穿于冷战及冷战后的国际安全研究，其中战略研究主要着眼于评估被假定的客观安全威胁。客观安全概念通常是（并非总是）从物质层面来定义的，即一国威胁他国或威慑敌人的可能性基于其物质能力。[①]"认识论的另一个关键区别是安全分析应当采用的原则。"

美国密歇根大学政治文化学者英格尔哈特用于界定一个社会价值观在从物质主义向后物质主义代际转移的一个非常重要的标准就是：是否经历经济安全和国家安全困难时期。经历过这一时期的，其价值观往往表现为物质主义的；没有经历过这一时期的，其价值观往往表现为后物质主义的。物质主义价值观与后物质主义价值观的区别就在于：前者更关注对国家稳定的需求，而后者则更多地表现为对个人言论自由的追求。[②]经济安全与国家安全与否，成为从物质主义向后物质主义转型的重要标志。

从物质主义向后物质主义转型的过程是安全与否变动最剧烈的时期，因此，安全的存在与对安全的感知和需求变得尤其突出和重要。安全度成为度量物质主义与后物质主义的重要标准。从这一理论出发，国家文化安全之所以对今天的中国具有特别重要的战略价值，其中一个最关键的原因，也是影响中国国家文化安全状况最根本的原因，就是近百年来中国一直处于国家安全的威胁之中，并且伴随着国家安全威胁而生的国家经济安全威胁一直并未被从根本上消除。虽然中国在国民经济生产总值上已经成为国际社会的第二大经济体，但是，人均增加值与贡献率依然处在百名之后的排位上。除了经济体量，人均标准是最终用来衡量一个国家战略能力的价值尺度。正是在这一尺度上，中国迄今为止尚未完全实现国家经济安全。这一安全状况反映和表现在文化上就是对自身历史的强调、对社会行为的规范、对核心价值观失落的恐惧心理和认知，以及对恐惧形成过程中的道德失范、失序的焦虑与纠结，缺乏自信等。意识形态的不自信集中和突出地反映在面对西方意识形态和价值观，以及与之相适应的生活方式的冲击而表现出的束手无策与无能为力。

在意识形态不自信的情形下，话语权安全问题也相伴而生。话语权安全是意识形态安全的产物。一个意识形态自信的国家不存在话语权安全问题。这是因为，理论的创新和创造是一个国家意识形态充满生机和活力的标识，而一个充满生机与活力的国家不仅在文化上充满自信，而且在意识形态上充满自信。自信是话语生产和话语创造的前提和源泉。一个缺乏自信的国家不可能有充满解释力和影响力的话语创造能力。在自己缺乏话语创造能力而又希望用新的话语来表现和阐释新的国家意志和意图的时候，使用被人创造的话语来表现自己的思想也就自然地成为一种无可奈何的选择。一个人使用别人创造的话语来表达自己的思想时，往往不可能拥有内在的思想和意识形态自信，当然也就不可能拥有话语权。在这种状况下，话语权安全问题的发生也就不可避免了。话语权安全问题不是由话语本身造成的，而是由思想创造能力不足造成的，是由意识形态的不自信造成的。因此，要获得

① 布赞，汉森. 国际安全研究的演化[M]. 余潇枫，译. 杭州：浙江大学出版社，2011：35.
② 英格尔哈特. 现代化与后现代化：43 个国家文化、经济与政治变迁[M]. 严挺，译. 北京：社会科学文献出版社，2013.

话语权和话语安全，就必须树立和建立国家意识形态自信。唯有自信，才能安全。

二、国家文化利益：国家文化安全利益观

国家安全是用国家利益界定的，国家利益的变化必然导致国家安全观和国家安全战略的变化。国家文化安全观是指一个国家如何观察、判断主客观文化形势，制定国家文化安全战略，求得国家文化安全与发展之间的相互促进的总体价值取向。国家文化利益是国家一切文化活动的基础，是制定国家文化安全战略和政策的依据。离开国家利益这个根本价值取向，一切所谓的国家文化安全和文化战略都是没有意义的。

不同的安全观的实质是不同的价值观，是基于价值观而形成和提出来的国家安全、地区安全、全球安全理论、安全政策。其要害是由谁来掌握全球安全事务的主导权和全球安全资源的再分配权。因而，安全观是由利益构成的一整套价值观体系。

1. 国家文化利益是国家文化安全观的核心

国家文化利益是国家利益的重要内容和组成部分，是国家利益的文化存在形态和运动样式。国家文化利益是一个国家文化安全的核心，是一个国家和民族价值观的集中体现。文化是一个国家和民族的灵魂，国家文化利益事关一个国家和民族前途命运、生死攸关的国家文化安全的重要载体。从这个意义上说，国家文化利益和国家物质利益一样，是具有终极意义的根本利益。正是这种根本利益直接关系人们的生存方式和价值观认同、文化认同，是国家和民族利益的根本体现，任何对国家文化利益的侵犯都被看作对一个国家或民族根本利益的侵犯。维护国家文化利益就像维护国家经济利益一样，都是对国家生命的根本维护。国家生命的完整形态作为一个有机体，是由灵魂和肉体构成的，缺少了其中任何一个方面，国家利益都不能称为生命对象。一个民族，在一定的历史时期可以失去它作为政治存在的国家形态，但是，只要维系它的生命整体的文化灵魂还在，文化根脉还在，那么它就有可能失而复得，重新恢复它在国际社会上的政治性主权存在。如果文化的根脉丧失了，灵魂丢失了，那么绝无复国的可能。鸦片战争之后，中华民族之所以在抗日战争中最终赢得了全民族的胜利，其原因就在于"中华民族到了最危险的时候，每个人被迫发出最后的吼声"，中华民族以不屈不挠绵延五千年的文化精神，赢得了胜利。因此，文化之于国家安全的重要性是直接的，而不是间接的。文化安全是国家安全的重要保障。"一个国家、一个民族的强盛，总是以文化兴盛为支撑的"[①]，"一个没有精神力量的民族难以自立自强，一项没有文化支撑的事业难以持续长久"[②]。"无论哪一个国家、哪一个民族，如果不珍惜自己的思想文化，丢掉了思想文化这个灵魂，这个国家、这个民族是立不起来的。"[③]"文化对现代化的作用是间接的，不产生直接的效益"这一观点是狭隘的，把文化利益和安全利益割裂开来理解，得出的"与安全利益相比，文化利益的重要性也不那么直接，所以重

---

① 习近平在山东考察时的讲话[M]//习近平关于社会主义文化建设论述摘编. 北京：中央文献出版社，2017：3.

② 习近平在同各界优秀青年代表座谈时的讲话[M]//十八大以来重要文献选编（上）. 北京：中央文献出版社，2014：280

③ 习近平在纪念孔子诞辰二千五百六十五周年国际学术研讨暨儒学联合会第五届会员大会开幕式上的讲话[M]//习近平关于社会主义文化建设论述摘编. 北京：中央文献出版社，2017：5.

要性较低"①的观点更是片面的。国家文化利益不仅一般地反作用于国家安全利益的运动，而且由于对于国家安全利益的判断往往体现和反映了利益主体对国家安全利益的认知价值取向，改变国家利益的性质，因此，作为一种精神性存在的文化和国家文化利益具有与物质相对应的独立性。国家文化利益也正是在这个意义上有着与国家的物质利益同等的重要性，都是国家利益的组成部分和重要内容。没有国家文化利益，也就没有国家安全利益，正是在这个意义上，国家文化利益是国家文化安全观的核心。

2. 国家文化利益是全体人民根本文化利益之所在

以人民安全为宗旨是中国国家安全的根本特性，理论上也应该是一切国家安全的出发点。18世纪法国启蒙运动思想家卢梭在《社会契约论》中提出了"人民主权"的理论，认为国家是人民根据社会契约组成的整体，因此，国家主权所有者是人民。从这个意义上说，国家利益就是人民利益，国家文化利益就是全体人民根本文化利益的集中体现。人民是一个国家文化生产和建设的主体，是一个国家和民族文化创造的主体，是他们在历史的发展过程中建构了国家，是他们按照自己的想象和联想建立了把自己组织起来、以更好地发展自己的社会组织形态。国家包含了人类社会对一切美好文明生活的向往。因此，国家本身就包含着文化性和文明性。这种文化性和文明性是由缔造这个国家的人民赋予的，并且深深地打上了这个国家人民的文化和文明烙印。这是形成和造成不同国家文化特性和国家属性的重要来源。而人民最根本的文化利益也就历史地嵌入其中。尽管在国家发展的历史进程中，并不是所有国家都能够代表和保障人民的这种根本文化利益，但是，几乎没有一个国家不说自己是代表人民利益的。正是在这个意义上，国家文化利益的本质内涵是全体人民根本文化利益之所在。

人民文化利益是一个内容极其丰富的利益系统。凡是国家文化利益涉及的范围和领域，都是人民文化利益的所在和实现的形式。与此同时，还有专属于人民范畴的利益系统，如个人信息安全、姓名权、名誉权、著作权等。所有这些都是人民文化利益存在的深刻体现，受法律保护。任何对人民的这种利益的侵犯，都构成了对国家文化利益的侵犯。在民族独立和人民解放战争中英勇牺牲的烈士，是一个国家和人民根本利益形成的重要价值付出。他们构成了这个国家和人民根本政治利益和文化利益之所在。他们是这个国家和人民精神标识构成的重要组成部分，成为国家和人民文化利益的根本象征。对英烈名誉权的维护，就是对国家文化利益—人民根本文化利益的维护。因为它是一种力量，是一个国家、民族和人民根本文化利益最大化之所在。这几乎是世界上所有国家建立烈士纪念碑的重要原因。对英烈的礼敬就是对一个国家和人民根本文化利益的最大尊重。对国家文化利益的维护是由人民自身的切身文化利益所决定的。对于国家文化利益的维护，实际上就是对人民自身文化利益的维护。在今天，中国的国家利益和中国人民的利益存在着本质上的高度一致性，人民的利益以国家利益的形态集中地表现出来，因此，对国家文化利益的维护，实际上也就是对人民全部合法利益的维护。要在最大程度上维护国家文化利益，进而实现国家文化安全战略的预期，就必须确立国家文化利益是人民根本文化利益之所在的观念，树立国家文化利益和公民的个人文化利益相统一的观念，把全体人民的文化利益观念统一为以国家

---

① 阎学通. 中国国家利益分析[M]. 天津：天津人民出版社，1996：108.

利益为最高利益的新型国家利益观。只有在国家利益观的问题上实现上下一致的有机统一，才能在这样一种新的国家文化利益观的基础上得到有效的实现，国家文化安全战略才能做到不仅是国家行为，而且是普遍的公民社会行为。

3. 国家文化利益是国家文化身份的精神标识

国家文化利益是人的、社会的文化利益发展的最高形态。它是精神性与社会性的统一，是共同文化利益与特殊文化利益的统一，是一个国家身份权益的象征和集中体现，具有神圣不可侵犯性。每个国家都拥有在历史中形成的具体的、标识性的精神文化特征，并由这种标识性精神文化特征构成了一个国家区别于另一个国家的形象识别系统。这是一个由内在精神观念系统、宗教信仰系统、民族文化习俗系统、意识形态价值观系统和外在表达系统，包括国旗、国歌、国徽等共同构成的系统体系。人们通过这些标志性形象识别系统，建立起对一个国家及其人民的认知，并与之展开文化交流与文化合作，共同处理国际文化事务。

国家文化利益随着国家身份的产生而产生，随着国家形态的更替而发展。国家文化利益的产生、发展起源于一定的历史条件和一定的文明系统，是共同利益与特殊利益对立统一关系的发展结果。在中国，虽然有56个民族，每个民族独有自己的历史发展和民族特征。但是，它们同属于中华民族，同属于中华人民共和国。中华人民共和国国籍是中华民族56个民族所共同拥有的国家身份，护照是这种身份的身份证明。每一个持有中华人民共和国护照的中国公民，都受中国法律保护。由这种身份所建构起来的身份权利益不仅受国家法律保护，而且得到国际法尊重。电影《红海行动》中关于中国护照和中国国旗在非洲撤侨行动中通过所在国交战区而获得交战双方承认放行的描述，就是对这种国家文化身份权利益的形象诠释。它是政治的，更是文化的，是国家政治和文化权益的有机统一，塑造与建构了国家身份权利益。文化作为一个国家和民族的一种价值观和生存方式。当这种集中体现作为一种生存方式成为自己的一种特征并且与其他人群的存在性方式相区别、获得其他人群承认的时候，这种生存方式就成为他们的一种身份标志和权利象征，具有了它的全部合法性。由于这种合法性集中地体现代表了他们所有共同利益最根本的需求，因此，这种身份权的不可侵犯性就构成为一种神圣的、体现在每一个国民身上的国家身份权利益，对这种利益的维护也就成为文化安全的重要内容之一。当这种身份权在现代世界体系还是以民族国家形态表现出来的时候，这种身份权利益就表现为国家的文化利益，或者说国家文化利益是国家身份权利益的集中体现。

利益具有阶级性，在阶级社会，国家利益的载体是民族和国家。因而，一定的国家利益是一定的阶级利益的反映。人们的社会存在在哲学的意义上集中表现为物质的和精神的存在。当物质的存在表现为人的有意识的存在并且以此与动物世界相区别的时候，人的物质性存在也就是文化性的了。由于人的物质性存在在阶级社会表现为对一定的社会生产资料的占有，占有的程度定义了它的阶级性。社会主义同资本主义社会的本质区别就在于人们占有社会生产资料的公有制和私有制之间的区别。统治物质生产资料的阶级，一般来说也统治着精神生产资料，这是区分国家文化利益性质的马克思主义利益观。因此，国家文化利益是具有阶级性的。是否真正代表人民的根本文化利益，往往也就构成了一个国家身份权利益的差异性和特殊表现形态。如何认识和对待这种国家文化利益的特殊性，是国家文化安全关系中有待解决的一个重要国家文化安全命题。

价值观是国家利益和国家文化利益的重要内容。价值观是现代世界体系中一切国家的国家核心利益之所在，已经成为区别与衡量一个国家所属国家体系的重要标志。以美国为代表的西方国家集团之所以把它们同中国之间的矛盾与冲突定义为价值观冲突，建立价值观同盟，对中国进行价值观围堵，并且以此对中国进行政治、经济、社会、文化等各个领域里的打压、封锁、"脱钩"，其根本原因就在于价值观是一个国家根本的国家利益和国家文化利益之所在。美国在世界上推行美国式民主，就是因为美国把体现美国的自由、平等、竞争的价值观看作美国作为一种独特的身份存在的国家文化利益的核心组成部分。

一个国家的文化利益是多方面的，价值观是构成一个国家文化利益的核心。意识形态在一个国家并不是最终决定其文化利益的，真正决定一个国家根本的国家文化利益的是一个国家的价值观。一个国家区别于另一个国家的最根本的文化利益，是它区别于其他国家的民族特性、文化特性和文明特性，以及由这种特性所生成的共同价值观。最能区别和代表一个国家民族特性的是它们的核心价值观。身份认同是一个国家和民族最核心的价值观。意识形态的选择在某种程度上与一个国家和民族在一定历史时期的信仰有关，而一个国家和民族由文化特性而形成的价值观，则与它们赖以存在的作为人类族群的生存方式相联系，也就是说，与它们之所以存在的全部文化的合法性有关，这是国家文化利益的核心之所在。否定了这种合法性也就否定了一个国家和民族的存在依据和基础。因此，当一个国家和民族面临生死存亡的历史关头，它所要维护的并不是抽象意义上的意识形态，而是一个民族共有的文化价值观和生存方式。这是它们根本的文化利益之所在。邓小平在阐述"一国两制"时指出，我们可以不在社会主义的旗帜下团结起来，但是我们可以在爱国主义的旗帜下团结起来。我们都是炎黄子孙，同属于中华民族。我们都爱我们的祖国。这是建立"一国两制"共同的价值观基础。爱国主义在这里就是价值观形态的。正是爱国主义建构了中华民族的现代文明形态，从而为实现中华民族的伟大复兴奠定了共同的国家和民族文化安全根基。

三、人类文明安全：全球文化安全观

对国家文化安全的关注必然导入对人的安全的关注，进而导入对人类安全、人类文明的关注。超越国家文化安全，建立以人类文明安全为目的的文化安全目标，能否成为一种新的全球文化安全观？这是一个全新命题。人类安全或人的安全（human security）的概念出现于 1994 年，联合国专门发表了《人类安全报告》对这一问题给予全面的关注与研究，用以解决人类共同面临的安全问题。《人的安全：概念及应用》[①]和《人的安全与联合国：一部批判史》[②]分别从不同的思想史对这一问题做了研究，为进一步深入研究奠定了坚实的基础。今天人类安全所面临的问题，不仅有人类社会自己制造出来的生存与发展的一系列价值观安全问题，更重要的是人类还制造了人与自然空前紧张的人类安全问题。后者是人类文明与自然正义之间的文明冲突问题，是一个比人类自身制造的各类文化安全问题更为严

---

① 阿查亚. 人的安全：概念及应用[M]. 李佳，译. 杭州：浙江大学出版社，2010.
② 麦克法兰，云丰空. 人的安全与联合国：一部批判史[M]. 张彦，译. 杭州：浙江大学出版社，2011.

重的安全问题。这是人类文明安全问题，涉及人类文明因自身的原因而导致毁灭的安全问题。人类是一个由不同的文明形态组成的文明体系。它是一个有机体。不同文明形态之间的矛盾与冲突构成了人类文明安全的基本运动，由此推动了人类文明安全的发展与演化。为此，联合国于 1998 年、1999 年和 2000 年连续三年通过决议案，决定将 2001 年定为"联合国不同文明之间对话年"，并于 2005 年 7 月正式宣布成立联合国文明联盟，旨在通过不同文明间的对话，推动和促进不同文明间的和谐发展。在这里，能否树立全球文化安全观，并且以这样的安全观处理和建立人与自然新型的文明关系，将直接关系整个人类文明社会的存亡。2022 年 4 月 21 日，中国国家主席习近平以视频方式出席博鳌亚洲论坛 2022 年年会开幕式并发表主旨演讲，指出："为了促进世界安危与共，中方愿在此提出全球安全倡议：我们要坚持共同、综合、合作、可持续的安全观，共同维护世界和平和安全；坚持尊重各国主权、领土完整，不干涉别国内政，尊重各国人民自主选择的发展道路和社会制度；坚持遵守联合国宪章宗旨和原则，摒弃冷战思维，反对单边主义，不搞集团政治和阵营对抗；坚持重视各国合理安全关切，秉持安全不可分割原则，构建均衡、有效、可持续的安全架构，反对把本国安全建立在他国不安全的基础之上；坚持通过对话协商以和平方式解决国家间的分歧和争端，支持一切有利于和平解决危机的努力，不能搞双重标准，反对滥用单边制裁和'长臂管辖'；坚持统筹维护传统领域和非传统领域安全，共同应对地区争端和恐怖主义、气候变化、网络安全、生物安全等全球性问题。"[①]这是中国为应对人类文明安全问题第一次提出的全球安全倡议。这是一个从维护人类文明安全整体利益出发，为克服全球日益严峻的发展与安全赤字而提出来的全新的关于人类文明安全的价值观，是对构建人类命运共同体理论的发展。这一全球安全倡议包含深刻而丰富的文化内容和文明意义，丰富、充实和发展了人类文明安全思想体系，对人类文明安全做出了新贡献。

四、总体国家安全观

总体国家安全观是在中国社会发展进入到全面实现小康社会的关键时期提出来的中国国家安全观，用于指导国家安全可持续发展，为确保实现中华民族的伟大复兴提供安全保障，是《中华人民共和国国家安全法》的重要指导思想。

总体国家安全观是习近平总书记在 2014 年 4 月 15 日召开的中央国家安全委员会第一次会议上发表重要讲话时提出来的。这一讲话从国家面临的国家安全变化的新特点、新趋势、新的国家安全战略目标和根本宗旨出发，第一次比较全面、系统地阐述了中国国家安全理论，形成了"五大要素"和"五对关系"，即坚持以人民安全为宗旨，以政治安全为根本，以经济安全为基础，以军事、文化、社会安全为保障，以促进国际安全为依托，走出一条中国特色国家安全道路；既重视外部安全，又重视内部安全；既重视国土安全，又重视国民安全；既重视传统安全，又重视非传统安全；既重视发展问题，又重视安全问题；既重视自身安全，又重视共同安全等，构建由 11 个方面和 5 对重要关系为一体组成的国家安全体系。这是在当前我国国家安全内涵和外延比历史上任何时候都要丰富、时空领域比历史上任何时候都要宽广、内外因素比历史上任何时候都要复杂的历史条件下提出来的，

---

① 习近平. 携手迎接挑战，合作开创未来——在博鳌亚洲论坛 2022 年年会开幕式上的主旨演讲[N]. 人民日报，2022-04-21.

具有极为鲜明的时代特征和实践针对性。

总体国家安全观顺应时代之变、切合实践之要、满足理论之需，科学地回答了维护和塑造国家安全所面临的一系列重大问题，是马克思主义国家安全理论中国化的最新成果，是中国共产党和中国人民捍卫国家主权、安全、发展利益的百年奋斗实践经验和集体智慧的结晶。总体国家安全观深刻总结了中外国家安全历史的经验教训，在新时代创立并不断推动完善的中国特色国家安全理论，它以自己全新的、创造性的关于国家安全的价值观体系区别于当今世界其他各种以西方为代表的国家安全理论学说和价值观。

2020年12月11日，习近平在中共中央政治局就切实做好国家安全工作举行第二十六次集体学习时，就贯彻总体国家安全观提出十点要求。

一是坚持党对国家安全工作的绝对领导，坚持党中央对国家安全工作的集中统一领导，加强统筹协调，把党的领导贯穿到国家安全工作各方面全过程，推动各级党委（党组）把国家安全责任制落到实处。二是坚持中国特色国家安全道路，贯彻总体国家安全观，坚持政治安全、人民安全、国家利益至上有机统一，以人民安全为宗旨，以政治安全为根本，以经济安全为基础，捍卫国家主权和领土完整，防范化解重大安全风险，为实现中华民族伟大复兴提供坚强安全保障。三是坚持以人民安全为宗旨，国家安全一切为了人民、一切依靠人民，充分发挥广大人民群众积极性、主动性、创造性，切实维护广大人民群众安全权益，始终把人民作为国家安全的基础性力量，汇聚起维护国家安全的强大力量。四是坚持统筹发展和安全，坚持发展和安全并重，实现高质量发展和高水平安全的良性互动，既通过发展提升国家安全实力，又深入推进国家安全思路、体制、手段创新，营造有利于经济社会发展的安全环境，在发展中更多考虑安全因素，努力实现发展和安全的动态平衡，全面提高国家安全工作能力和水平。五是坚持把政治安全放在首要位置，维护政权安全和制度安全，更加积极主动做好各方面工作。六是坚持统筹推进各领域安全，统筹应对传统安全和非传统安全，发挥国家安全工作协调机制作用，用好国家安全政策工具箱。七是坚持把防范化解国家安全风险摆在突出位置，提高风险预见、预判能力，力争把可能带来重大风险的隐患发现和处置于萌芽状态。八是坚持推进国际共同安全，高举合作、创新、法治、共赢的旗帜，推动树立共同、综合、合作、可持续的全球安全观，加强国际安全合作，完善全球安全治理体系，共同构建普遍安全的人类命运共同体。九是坚持推进国家安全体系和能力现代化，坚持以改革创新为动力，加强法治思维，构建系统完备、科学规范、运行有效的国家安全制度体系，提高运用科学技术维护国家安全的能力，不断增强塑造国家安全态势的能力。十是坚持加强国家安全干部队伍建设，加强国家安全战线党的建设，坚持以政治建设为统领，打造坚不可摧的国家安全干部队伍。[①]

这一讲话丰富、充实、发展了总体国家安全观，形成了一个以总体国家安全观为核心的具有中国特色的国家安全理论体系。这一理论体系，对于思考和建构中国特色国家文化安全理论体系具有重要指导价值，是研究中国国家文化安全的重要指导思想，形成了基于全球化背景下建设创新型国家所需要的国家文化安全战略及其体系。这一战略体系的形成使得关于中国包括文化产业发展、文化事业和意识形态理论创新，以及关于它们的规制创

---

① 新华社北京12月12日电：习近平在中央政治局第二十六次集体学习时强调 坚持系统思维构建大安全格局 为建设社会主义现代化国家提供坚强保障，2020年12月13日，《人民日报》。

新等一系列社会主义文化建设与发展的理论与政策研究进入了一个新的国家安全战略发展时期和发展境界。

 本章小结

国家文化安全研究的核心问题是由国家文化安全的核心问题决定的。不同国家的国家文化安全的核心问题是不一样的。只有那些对所有国家来说都构成国家文化安全的核心问题，才具有普遍价值和意义。在所有的问题中，谁（怎样）的文化安全应当被保护和研究？文化是不是安全的基本领域（或对象）？文化安全应当关注外部威胁还是应当关注国内威胁？真正构成国家文化安全的标识是什么？应当以一种什么样的认识论来看待国家文化安全问题？我们把这些问题归纳为以下三组关系性问题：国家与文化、意识形态和价值观、传承与革新。这也许是一组具有普遍性意义的问题。不管是哪个国家，也不管是怎样的国家，都面临生存还是死亡的问题，在文化上，就是国家文化安全问题。

国家与文化的关系是通过文化的主体性与国家的主体性的矛盾运动表现出来的。不同的文化属性决定了文化的主体性，不同的国家属性决定了国家的主体性。文化需要自由，国家需要纪律。当文化的自由得不到保障，人们需要国家提供保障，这就决定了文化的自由是国家制度形态下的自由。不同的文化建构了不同的国家，不同的国家又塑造了不同的文化，由此造成国家与文化的矛盾运动。

生活方式与价值观构成了国家文化安全的两个基本范畴。它们是一个国家和民族长期选择与历史演化的结果，是一个国家得以存在的全部合法性的体现，具有神圣不可侵犯的特点，也是衡量国家文化安全的两个关键指标。离开了这两个指标，就无法判断一个国家的根本利益之所在。生活方式是价值观的基础，价值观是生活方式的指导。没有价值观，就无所谓生活方式。价值观有基础价值观与核心价值观两种存在形态。核心价值观是一个国家和民族生活方式最集中的精神体现，是一个国家和民族的集体认识心理和文化认同。

文明冲突与文明安全是自文明诞生之后就出现的一种文明现象和文明演化规律，一直影响着人类的文明运动与文明发展。文明冲突是人类社会进步与演化的客观规律。世界上有两种文明冲突：一种是不同文明间的横向冲突，集中表现为价值理性的冲突；另一种是同一文明自身的纵向冲突，集中表现为工具理性的冲突。两种不同的文明冲突构成了不同的文明安全问题，共同构成了国家文化安全问题的演化结构。

总体国家安全观是在中国社会发展进入到全面实现小康社会的关键时期提出来的中国国家安全观，用于指导国家安全可持续发展，为确保实现中华民族的伟大复兴提供安全保障，是《中华人民共和国国家安全法》的重要指导思想。

思考题

1. 怎样认识和理解国家与文化的系统关系？
2. 简述生活方式与价值观在国家文化安全中的性质。
3. 怎样认识与理解文明冲突与文明安全在国家文化安全中的意义？

4．怎样认识和理解国家文化安全认识论与文化安全观的联系与区别？

5．总体国家安全观的主要内容和重要价值是什么？

 **参考书目**

1．中共中央党史和文献研究院编．习近平关于总体国家安全观论述摘编[M]．北京：中央文献出版社，2018．

2．中华人民共和国国家安全法[M]．北京：中国法制出版社，2015．

3．布赞，汉森．国际安全研究的演化[M]．余潇枫，译．杭州：浙江大学出版社，2011．

4．刘跃进．国家安全学[M]．北京：中国政法大学出版社，2004．

5．胡惠林．中国国家文化安全论[M]．2版．上海：上海人民出版社，2011．

第三章

国家文化安全环境、结构与体系

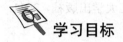 **学习目标**

通过学习本章，应了解和掌握以下内容：
1. 国家文化安全环境、结构与体系的内涵及其相互关系；
2. 中国国家文化安全环境生成的历史性；
3. 国家文化安全结构的构成要素及其相互间的关系；
4. 传统文化安全与非传统文化安全的联系与区别；
5. 中国国家文化安全体系的构成。

 导言

　　国家文化安全是一个体系。环境、结构与体系是国家文化安全三大基本构成要素。国家文化安全各构成要素之间相互依存的常规模式是一种以内外两种安全状态为基础的结合关系。冷战结束后，中国重新调整了自己的安全战略和安全政策，开始重建新的国家安全体系，正经历一种新的安全动力带来的影响。这种影响主要来自三个方面：一是中国处理国际关系的原则发生了变化，意识形态和国家制度不再是处理国家关系的要件；二是中国进一步融入世界体系后，来自外部的文化安全威胁的动力结构，即地缘政治结构与地区经济结构，以及由此而产生的区域文化结构发生了变化，成为国家文化安全的重要内容；三是中国国家安全战略目标和世界安全格局的战略性变化在重塑国家文化安全环境的同时，也深刻地重塑世界文化安全体系。这三个方面的文化安全程度直接决定了国家文化安全指数，而所有这些方面安全系数的任何变化，都会影响国家文化安全结构的整体性变动。这种动力结构的变化形成了全球化背景下中国国家文化安全新的环境，直接决定中国国家文化安全政策与国家文化安全战略的变化。

第一节　国家文化安全环境

　　国家文化安全环境是国家文化安全存在的一种生态系统，是国家文化安全运动变化的条件和依据，具有普遍的客观性特征。它是一个由内外两种客观条件构成的有机生命系统。在这个系统内，任何一种内外刺激都会激起整个系统的反应和变化，恰如蚊蝇撞到一张蜘蛛网一样。不同的物种有不同的生态系统，怎样的生态系统才最适合生物物种生长呢？这既是生物安全问题，也是文化作为一种生态物种的安全问题——文化安全是人作为生物物种的表现形式。不同的国家有不同的文化安全环境，并且在国家间构成了历史的和现时的国家文化安全环境关系。正是这些环境和环境关系影响着国家文化安全的矛盾运动，规定着国家文化安全的内容和形式，决定着国家文化安全战略与政策的走向。全球化是一种重塑世界的力量，它不仅改变了原有的世界力量格局，而且改变了形成这一格局的环境。

一、国家文化安全环境的一般原理

国家文化安全环境是一个由国内文化安全环境和国际文化安全环境，全球文化安全环境和区域文化安全环境，以及周边文化安全环境共同构成的，影响国家文化安全发育、发展、演化和进化的安全生态系统。这里既有全球文化安全环境这样的大气候，也有周边文化安全环境这样的小气候。大小不同的国家文化安全气候构成的国家文化安全环境对一个国家的国家文化安全矛盾运动变化的影响是不一样的。如何根据这些不一样的文化安全环境所营造的国家文化安全气候来制定不同的国家文化安全政策，以及相应的预警机制和风险预案，是国家文化安全战略与决策研究的重要课题。国家文化安全环境的优劣状况如何，不仅将直接影响一个国家文化安全政策的选择与决策，对国际文化安全环境也有巨大的影响，甚至会在某种程度上影响国际文化安全发展的走向、国际文化安全格局的重组与国际文化安全秩序的重构。因此，塑造国家文化安全环境，使国家文化安全环境朝着有利于自己的国家文化安全战略利益的方向发展，是国际文化安全战略博弈的重要内容。对国家文化安全环境一般原理的认识与揭示，也就自然地成为国家文化安全学研究的重要对象范畴。

1. 国家文化安全环境是国家文化安全运动最基本、最重要的力量形态

国家文化安全环境既是国家文化安全运动的常量，也是影响国家文化安全环境变化的最重要的变量，在全部国家文化安全矛盾运动的发展过程中，具有特别重要的意义。如何塑造有利于国家文化安全利益发展的环境，是国家文化安全研究的重要命题。

环境一般是指事物存在的时空生态系统。领土和地理构成系统在国家和国家安全意义上是一个国家环境构成中最重要的基础性条件和要素。人类社会国家区隔和文化安全的时空构造主要是由具有领土性质的地理空间造成的。国家文化安全环境是国家安全环境构成诸要素中具有特殊性的一个要素。它既受一个国家领土和地理空间的限制，又为历史所塑造，因而是一个时空交错的、多要素融合的复合型网络生态系统。政治、经济、社会、历史、民族、宗教乃至国防等国家安全的各个构成方面，都会对国家文化安全环境的构成产生深刻影响，因此它们都是影响国家文化安全环境运动变化的要素。所有这些要素又包括国内和国际两个方面，正是这两个方面的系统性要素，共同构成了一个国家文化安全环境运动、变化、变迁的大系统。而给予这个系统以最大影响的是一个国家与其他国家以及国家体系的文化关系。一个国家在领土主权意义上以地理为物理系统的国家安全环境具有相对的恒定性，即所谓的无法选择邻居。而文化则可以超越地理空间，跨时空塑造非地理性

精神生态系统，在不改变地理空间环境形式的条件下，改变地理空间环境的时间文化内容。这种改变不取决于地理空间距离这一传统的国家安全关系，而取决于是否共享价值观和意识形态这样的超越地理空间的非地理性国家文化安全关系。不同国家文化之间的质的差异性，是构成和造成不同国家文化生态环境系统质的差异性和冲突的决定性条件。若不改变这一文化生态环境系统的质的差异性，便不可能从根本上改变这种国家文化安全环境，因此，改变这种国家文化生态环境系统就成为现代条件下国家文化安全环境运动、变迁与竞争的重要因素，而正是这一因素塑造了一个国家的国家文化安全环境。

日本是一个亚洲国家，在地理空间上远离欧美。但是，日本在明治时期发起"脱亚入欧"运动，最终改造成一个伪装成东方国家的西方国家。正是这一改造和伪装，不但重塑了日本国内文化安全环境，也改变了它同亚洲国家，特别是同中国的国家文化安全关系，改变了影响中日两国文化安全关系的气候运动，最终导致近代以来日本一次又一次发动侵华战争，从一个在中世纪不断派遣唐使到中国学习中华文明的国家，变成了一个侵略成性的法西斯军国主义国家。日本对两种不同性质的文化采取了不同的态度与立场，最终塑造了日本在不同历史时期的文化国性、文化国情和国家文化安全环境。日本至今在国际安全事务中追随美国、欧盟的价值观和国家安全政策，其原因皆在于此。美国从20世纪50年代冷战时期开始实施"和平演变战略"，进入后冷战时代后实施"颜色革命"，也都是通过和借助重塑一个国家的国内外文化安全关系，进而改变这个国家生存与发展的国家文化安全环境，以期实现世界霸权的目的。从经济学的角度讲，这是以较低的国家安全成本付出，获得最大的国家安全利益的做法。从这个意义上说，关系即环境，国际文化安全关系塑造国家文化安全环境。环境塑造人，人也塑造环境。人、社会、国家既是关系，也互为建构环境。国家文化安全环境的塑造与被塑造也是如此。

2. 国家外部文化安全环境变动是影响和塑造国家文化安全环境最重要的外部性

国家文化安全环境由外部环境和内部环境构成。国家文化安全环境的外部性，即通过所谓的地缘政治导致和造成一个国家文化安全环境产生运动和变化。它是最大的变量，包括政治、经济、文化、社会和军事等方面。一般来说，国家的政治关系是影响和决定其他方面国家安全关系的关键变量。没有建立外交关系的国家往往在政治上具有某种程度的敌对性，这种敌对性对国家文化安全环境的影响常常是一种不确定性变量。文化在其中可以通过民间文化交流的形式，增进不同社会制度、意识形态和文化传统下人们的互相了解，消除隔阂、误会和敌意，改善国家文化安全环境、进而改善国家政治安全环境；也可以增加和扩大不同民族和国家的文化冲突和文化敌意。前者如中美两国于20世纪70年代开展"乒乓外交"就是通过民间文化交流形式，用小球推动大球，打开中美两国交往大门，改善两国国家文化安全关系，重塑两国国家文化安全环境，进而推动中美建交；后者如中东地区的一些宗教极端主义势力利用宗教和民族文化矛盾制造国家安全冲突，恶化国家文化安全环境。美国在世界多地、多国推行实施"颜色革命"，就是通过文化的手段恶化其他国家或地区的内部国家文化安全环境，制造国家政治安全危机，进而在其他国家或地区实现政权更迭，以达到在世界范围维护其霸权地位的目的，并在这个过程中塑造有益于维护美国霸权的国家文化安全环境。这是当今世界国家文化安全环境变化中最主要的外部性，也是人类社会进入21世纪后全球安全运动变化最主要的特征。

　　一般来说，地缘政治关系作为最重要的国际关系，是影响和塑造国家文化安全环境的最大变量。地缘政治关系的亲疏远近既是衡量一个国家政治安全环境优劣的标准，也是观察、衡量一个国家文化安全环境优劣的尺度。影响国家文化安全环境优劣变动的既有现时的国家安全利益关系，也有历史的国家安全利益关系。趋利避害，塑造有益于本国国家文化安全发展的环境，是所有国家追求的国家安全目标。

　　地缘政治环境的变化必然导致国家文化安全环境的变化。苏联的解体和独联体（独立国家联合体）的成立在改变了中国地缘政治环境结构的同时，也改变了中国的国家文化安全环境结构。在冷战时期，中国的地缘政治环境集中表现为中国与非社会主义国家之间因社会制度和意识形态不同而关系紧张。冷战后，随着全球化进程的迅速加快和中国国家安全战略的调整，中国的地缘政治环境发生了重大变化。这种变化集中表现在中国周边国家文化安全环境的重大变化。苏联解体后，原来的中国在西部和北部与苏联一个国家的安全关系变成了中国与哈萨克斯坦、吉尔吉斯斯坦、塔吉克斯坦、乌兹别克斯坦、俄罗斯五个国家的安全关系。由于中亚国家的民族宗教与中国西北边疆的少数民族有较多的地缘文化关系，所以中亚各国国内安全形势的任何变化都会增大中国国家文化安全系数的变化风险。在冷战时期的 20 世纪 60 年代，苏联就曾利用地缘民族文化相关性干涉中国边疆少数民族事务，导致新疆"伊塔事件"的发生，严重威胁中国的国家安全。因此，苏联的解体一方面有利于改善中国西北边疆地区的安全结构，但是另一方面，中亚国家与中国西北边疆地区的民族文化关系又为中国西北边疆地区的安全和稳定带来了新的文化安全变数。尤其是随着宗教极端主义势力在中亚国家的疯长，[①]美国不断地利用所谓"新疆人权问题"等对中国进行国家安全战略讹诈，直接威胁中国国家文化安全和西北边疆地区的稳定。恐怖主义是一种极端主义的文化思潮，是一种跨国的反国家势力，它并不因国家之间存在的良好外交关系而放弃对他国国家安全稳定的破坏。恐怖主义的某种超越国家的力量正是借助文化而发展起来的。美国肆意制造"新疆问题"，对中国实行霸凌主义干涉，利用所谓民族宗教等人权问题对中国事务横加干涉，就是一种文化恐怖主义行径。恐怖主义对一个主权国家安全的威胁通常是借助文化的渗透而实施的。20 世纪 90 年代以来在中国新疆发生的多起恐怖主义事件，大多有境外恐怖主义的背景。[②]在冷战后中国国家文化安全环境的变化中，国际恐怖主义可以说是一个最具有危险性的变数。威胁中国国家文化安全的民族分离主义在某种程度上就是国际恐怖主义的产物。"一带一路"倡议的提出和"上海合作组织"的成立，以及由此而形成与建构的多边区域合作机制，在打击"三股势力"这一共同安全目标的基础上，重建了与中亚国家的政治、经济和文化安全关系，建构了有利于所有相关国家维护国家安全与塑造新地缘政治文化的环境。

　　中国与东亚和东南亚国家的安全关系是中国最重要的周边文化安全环境之一。中国与东盟国家文化安全关系，由于共同参与共建"一带一路"而营造了良好的国家文化安全环境。中国国家文化安全环境最不确定的因素就是日本对二战期间发动侵略战争的反思的缺

---

① 据 2004 年 9 月 13 日俄罗斯《独立报》报道：根据美国五级恐怖警戒标准，中亚五国恐怖威胁形势分级为：哈萨克斯坦，二级；土库曼斯坦，二级；吉尔吉斯斯坦和塔吉克斯坦，三级；乌兹别克斯坦，最高级。(警惕！中亚恐怖组织在疯长[N]. 东方早报，2004-09-14.)

② 马大正. 国家利益高于一切：新疆稳定问题的观察与思考[M]. 乌鲁木齐：新疆人民出版社，2002.

乏，以及在教科书和日本政要参拜靖国神社问题上的国家安全战略的调整导致日本至今仍在发展整体性全民右倾倾向。[①]这种整体性全民右倾倾向，在日本政府的国家安全战略的发展中得到了反映。1994年6月，日本在其制定的"文化立国"的战略性文件《新时代国际文化交流》报告中提出："近年来，国际环境与国内形势变化很大，对日本来说，国际文化交流的重要性与紧迫性与日俱增，必须对新时代的国际文化交流的推进方式展开重新讨论。"该报告把"取代意识形态对立的民族与文化的对立日趋明显"作为一个重要的理论背景。2004年1月16日，日本自民党通过的2004年运动方针中，首次以文件的形式明确，日本自民党将继续参拜靖国神社。[②]自民党长期以来一直是日本主要的执政党。执政党的执政理念作为一种政治文化形态，不仅直接影响和反映日本的执政方针和基本国策，而且将给予其国民的政治文化行为以巨大的影响。作为一种占主导地位的价值观，自民党的文化取向和文化走向在进一步影响日本国内政治和舆论导向的同时，也将导致其与周边国家在对待第二次世界大战遗产的态度问题上的文化摩擦进一步加剧，并可能引发激烈的文化冲突，成为周边国家文化安全的重要的不稳定因素。日本政要每年不顾亚洲各国人民的反对参拜靖国神社，由此形成的强烈的文化政策导向和日本民众舆论，都提高了中国国家文化安全的周边环境的不安全系数。近年来日本在政治、经济、安全观和社会文化方面发生了深刻变化，不仅事关亚太地区形势的演变，而且将影响世界格局的走向。当年日本军国主义之所以能够形成，首先就在于文化上导向极端的文化民族主义和文化军国主义。联系到这些年来发生的一系列日本文化企业在华生产美化第二次世界大战时期日军的游戏产品的事件和日本发展文化产业的国家战略，日本的文化走向特别值得中国予以高度警惕，这直接关系到两国的国家文化安全环境和国家文化安全关系的变动。

国家文化安全环境因国家而异。不同的国家由于所处的国际文化安全环境是不一样的，因此对国家文化安全环境的定义及其相关理论和政策也会存在很大差异。一个国家的国家文化安全环境取决于这个国家在整体国际安全环境中所处的地位，以及和其他国家与国家集团的政治文化关系。

3. 国家内部文化安全环境的变化是国家文化安全环境运动的内生机制

从某种意义上讲，在现代国家安全体系中没有国内安全和国际安全之分，所有的国内安全都具有国际安全属性，而所有的国际安全也都深深地嵌入国内安全。国内和国际作为两个具有强大引力作用的场域，同时给予对方以深刻的影响，并影响着彼此的运动形态，诚如地球和月球在引力作用下的运动关系一样。因此，关系即环境是包括国内安全关系的。

国内安全关系构成了国内文化安全环境。政治、军事、经济、科技是影响一个国家内部文化安全环境的重要变量。一个国家内部的文化安全环境随该国在不同历史条件下实行的不同的政治、经济、科技和国防政策而改变。服从并服务于一定历史时期的国家战略需求，必然促使整个国家和社会的文化建设改变自己原先发展的运动路线和价值取向，尤其

[①] 例如，"支持否认历史事实、美化侵略战争的右翼政治团体'新历史教科书编撰会'的企业就多达95个，财团有16个"。"新历史教科书编撰会"每年的活动经费高达4.2亿日元以上，出版了100多万册各种否认历史的图片集，每年在日本各地组织上百次否认日本侵华罪行的集会、报告会、演讲会等。"主要财源来自那些有实力的企业和财团，包括人们十分熟悉的鹿岛建设、三菱、住友集团等"。（张焕利. 日本右翼势力日渐膨胀[N]. 参考消息，2004-04-29.）

[②] 参见2004年1月18日《人民日报》。

是当国家安全成为国家第一需求的时候，为国家安全提供安全保障便历史地成为这个国家的国家文化安全大环境。抗日战争时期，中国在全民族抗战的环境下诞生的"抗战文化""抗战文艺"不仅鼓舞了前方战士的士气，而且形成了一个强大的全民族抗战的舆论生态环境，对于增强全国人民抗日的必胜信心起到了不可估量的作用，为最终取得全民族抗日战争的胜利和争取国际反法西斯力量的支持，构筑了强大的国家文化安全国际环境。

外因是变化的条件，内因是变化的根据，外因通过内因而发生变化，这既是事物发展变化的一般哲学原理，也是国家文化安全环境的一般原理。国际文化安全关系的变化引发国内文化安全关系的环境性改变。国内文化发展的政策安排导致和造成文化资源配置和文化关系的调整，这种调整也会导致和造成国内文化环境结构系统的变化。尤其是国家文化发展战略总体目标框架的变化，在给整个国家文化行为方式和行为结构带来历史性变化的时候，国家的整体文化安全关系也将同时发生重大发展与变化。这种变化就是国家文化安全环境的变化。在这种变化了的环境中，有的适应了，有的不适应，由此造成了相互之间的矛盾运动。由于适应与不适应之间包含着对文化资源的再分配，而再分配的结果必然同时意味着原有文化权力结构的调整，因而不可避免地会引发文化矛盾和冲突。在历史的文化环境变化过程中，这种文化矛盾和冲突，又常常体现和表现为文化理念、文化价值观和文化意识形态的冲突，而这种冲突又常常不可避免地与一定历史时期的国家政治安全关系发生这样或那样的联系，从而导致文化冲突关系的复杂化。这种复杂化往往导致文化矛盾和冲突的安全化，从而构成和造成了国家文化发展环境和条件的安全化。利用一个国家内部在精神文化、价值观和意识形态领域的分歧，主动对其进行意识形态干涉，展开意识形态渗透，从而使一个国家内部文化矛盾和冲突朝着有利于自己的国家安全利益的方向发展，制造文化生态系统的复杂化，是当代国家内部文化安全环境复杂化的重要症候。美国中央情报局策划操作苏联作家帕斯捷尔纳克创作的长篇小说《日瓦戈医生》获得诺贝尔文学奖，把图书当作武器，进而干预、干涉苏联文学界的国内文化政治生态系统，推动与苏联在意识形态领域里的"冷战"，就是一典型案例。[①]在这里，值得研究和关注的是，个人与各类文化组织机构也是影响和塑造国家文化安全环境的重要且不可忽视的内生机制。

4. 现实环境与虚拟环境互为建构，虚拟环境正在以一种前所未有的力量改造和重塑国家文化安全环境

人类世界已进入数字时代。当互联网介入人的精神文化生活，网络舆论成为一个国家为维护自己的核心国家安全利益和核心价值观与生活方式的工具/手段时候，网络便成为人们存在的条件与环境。也正是在这个意义上，网络文化安全具有了国家文化安全的环境性，成为国家文化安全环境的重要存在方式和表现形态，出现和形成了国家文化安全环境竞争现象。诚如世界各国在世界气候问题上的国家环境安全战略竞争一样，国家文化安全环境竞争也因人工智能、元宇宙等数字技术的出现和发展而成为国家文化安全环境构成的重要条件，进而改变传统国家文化安全环境生态变迁的文化气象图和文化生物圈，使国家文化安全环境本身具有国家文化安全性，成为国家文化安全战略塑造与战略博弈的对象。国家文化安全交往的话语权和大国文化安全战略博弈的胜负手，将随着科学技术的发展越来越

---

① 芬恩，库维. 当图书成为武器——"日瓦戈事件"始末[M]. 贾令仪，贾文渊，译. 北京：北京大学出版社，2015.

深地嵌入国家文化安全环境，并不断扩展其深度和广度，从而重组整个人类文化安全气象图和环境史。虽然传统的以现实的地理空间为标志的地缘政治形态依然是影响和塑造国家文化安全环境的重要变量，但是，数字技术影响并营造虚拟的国家文化安全环境，元宇宙正在带来国家主权和国家文化主权的深刻变动的特征和趋势，二者作为动力因素，正日益深入地影响甚至左右着国家文化安全环境的变化和变迁，传统的地缘政治环境将在这个过程中被重新定义，中国国家文化安全环境也将在这个过程中被深刻地重塑。

二、中华民族伟大复兴战略全局与中国国家文化安全环境

一个国家的文化安全环境由内部安全环境和外部安全环境两个方面共同构成。中华民族伟大复兴战略全局，就是一个由中国内部发展的国家安全战略目标塑造的中国国家文化安全环境，与世界百年未有之大变局共同构成了中国国家文化安全发展的总体环境。

近代的中国国家文化安全环境因 1840 年鸦片战争而被塑造。在西方侵略者坚船利炮的轰击下，中国从一个拥有五千年辉煌文明的大国，跌落为一个半殖民地半封建国家。从此以后，实现中华民族的伟大复兴成为中华民族不懈奋斗的目标，为中华民族营造了一种精神力量，一种强大的文化气场，一种为中华崛起、为中华腾飞而献身的世纪环境。正是这一环境，催生了中华民族优秀一代的觉醒，塑造了以中国共产党为核心的中华民族优秀儿女，他们为理想赴汤蹈火，奉献了整整几代人的心血。新中国成立之后，中华民族把这一伟大目标镌刻在人民英雄纪念碑上，写进作为国歌的《义勇军进行曲》中，成为当代中国国家安全的根本战略目标。这一国家安全的根本战略目标在中国历史进入 21 世纪之后，被前所未有地突出了，成为一面引导中华民族精神面貌的奋斗旗帜。

围绕这一战略目标的实现而开展的一系列前所未有的、具有许多新的历史特点的伟大斗争，推动了中国国内各个方面、各个领域的国家安全理论、政策和战略格局的调整与重组，文化战略是最重要的一个方面，也必将在这个过程中随着总体国家安全利益的深刻调整而不可避免地产生和出现具有新的历史特点的、以价值观为核心的国家安全风险与挑战。所有这些风险和挑战都会因国家安全的联动性特征而延伸、发展和蔓延到文化领域，在今后相当长的一个时期内构成国家文化安全面临的风险、挑战与环境。其他领域的国家安全风险将以从未有过的方式和形态，影响甚至改变国家文化安全发展的结构与走向。中国国家文化安全面临的结构性风险和系统性风险将同时构成未来中国国家文化安全的特征。安全的内涵就是有效化解各类风险与挑战，确保不发生系统性风险，确保社会主义现代化建设进程不因任何因素而迟滞中断。因此，维护和实现中国国家文化安全目标，就必须以总体国家安全观为指导，以总体国家安全的视野和战略全局观，以科学统筹的系统思维，重建中国国家文化安全战略目标的实现路径。坚定维护国家政权安全、国家制度安全、意识形态安全，确保国家经济安全，保障人民生命安全和社会稳定，把安全发展贯彻到建设社会主义文化强国的全过程，也就逻辑地成为统筹文化发展与安全的重要内容，成为必须遵循的基本原则与发展路径。

中华民族伟大复兴战略全局是 21 世纪中国最核心的国家安全战略。这一战略是在中国国家安全环境和中国国家文化安全环境发生了历史变化的基础上提出来的，是中华民族百余年来矢志不渝追求的民族目标。在经历了中国共产党领导下的 70 多年的社会主义建设奋

斗，这一战略目标正在进入一个不可逆转的历史时刻。它深刻地改变了中国各民族之间的政治、经济、文化关系，铸牢中华民族共同体意识，随着中华民族伟大复兴战略全局的提出而得到了空前的巩固。对于实现中华民族伟大复兴的全民性文化认同，从根本上重塑了中国国家文化安全环境。在近代以来百余年的历史发展进程中，中华民族从来没有像今天这样充满历史和文化自信，充满民族和国家自信，这种自信使中国国家文化安全环境充盈着一种前所未有的中华民族的浩然之气和勃勃生机。中国国内文化安全环境的根本性改变，也给世界文化安全环境带来前所未有的深刻变化，这种变化将随着中华民族伟大复兴战略全局的不断推进和中国国家文化安全环境的持续优化而不断深入。

三、世界百年未有之大变局与全球文化安全环境重塑

特殊的国际地缘政治，长久而深刻地影响着中国的国家文化安全环境。冷战时期，中国作为一个具有重要影响力的大国逐渐崛起，受到国际政治和文化格局变动的巨大影响。特别是在美、苏两个超级大国全球争霸时期，可以说中国的国家文化安全环境是随着两股力量的对比消长而变化的。冷战结束后，苏联的解体不仅改变了世界政治力量格局，而且使国际文化力量的对比发生了前所未有的巨变。美国一方面为战胜苏联而欢呼，另一方面陷入了失去战略对手的恐惧，因此，随着美国全球战略的调整，中国被视为潜在的、能够挑战美国在世界上的霸权地位的大国，在政治上改变中国现政权，推进在中国的所谓民主化进程，从而实现资本主义对共产主义在全球的彻底胜利，也就成为美国重大的国家战略，成为冷战后中国国家文化安全环境变化最大的动力因素。这种因素将长期地左右中国国家文化安全环境变化的取向，影响中国国家文化安全构成的变动。

中国已经与世界上的大国和大国集团建立了这样或那样的关系，这种关系是构成冷战后中国国家文化安全环境变化的另一种重要因素。在这当中，除了我们将要专门分析的美国和俄罗斯的因素，欧盟对华战略的变动也是必须给予高度重视的中国国家文化安全环境的重要因素。2003 年 10 月 13 日，中国外交部公布了《中国对欧盟政策文件》；当天，欧盟也通过了欧洲委员会于 2003 年 9 月 10 日提交的对华政策文件，即名为"走向成熟的伙伴关系——中欧关系中的共同利益和挑战"的决议。这两个文件为中欧关系的长期稳定发展营造了良好的国际环境。然而，欧盟毕竟不是一个国家，由于意识形态和文化的差异，中欧之间仍然存在分歧。有分歧是正常的。重要的是，欧盟的对华政策中含有移植西方价值观念、以合作改变中国的战略意图，尤其体现在人权和西藏等关乎中国国家文化主权的问题上。在这一点上，欧盟和美国之间恰恰有着高度的一致性。因此，对于冷战后的中国来说，文化上的开放性与文化上的安全性同时并存。合作与安全具有两重性，这就增加了中国国家文化安全环境变化的复杂性。

世界正面临百年未有之大变局。国家安全和世界安全格局的深刻调整、西方国家与非西方国家安全战略利益的深刻博弈，使得整个国际安全环境与国家安全秩序进入一个战后最激烈的重组期。各种关于世界未来安全格局、安全秩序的发展走向的安全主张，成为冷战结束后，最为激烈的国家安全和全球安全的价值观交锋。核心问题是：谁来主导和用什么样的国家安全理论与价值观来主导全球安全的发展走向与人类安全新发展格局、新发展秩序的建构。这是当今中国所处的国际安全环境。正是这一国际安全环境，使当前和今后

一个时期成为中国各类矛盾和风险的易发期、多发期、高发期，各种可以预见和难以预见的风险明显增多。中国国家文化安全将面临更为严峻、复杂的挑战，也将为中国国家文化安全事业发展带来更多的创造性历史机遇。

全球化朝着逆全球化方向发展，这是冷战结束后世界形势发生的最深刻的变化。以美国为代表的西方国家集团重拾冷战思维，对中国实施新的战略围堵和战略遏制政策，挑起贸易战、科技战、信息战和文化战，新冠疫情以及俄乌冲突引发全球安全战略格局的深刻变动，和平赤字、发展赤字、治理赤字、安全赤字成为摆在全人类面前的严峻挑战。世界面临百年未有之大变局，这一大变局不仅深刻地改变了全球安全发展走势，调整了全球安全格局，而且深刻地改变了中国国家安全事业发展的外部环境，并深刻影响着中华民族伟大复兴战略全局发展进程的安全性。影响国家安全的混合因素发生了深刻的变化，文化安全主题和意识形态、价值观主题被空前地突出了，出现了新的文明冲突。这种冲突不是亨廷顿所说的"文明冲突"，而是新工业文明与旧工业文明的冲突、新全球治理文明与旧全球治理文明的冲突，是人类新文明体制、秩序建构与世界旧文明体制、秩序解构之间的冲突。这是一场远比冷战冲突更为深刻的全球安全冲突。它既有冷战思维基于国家制度和意识形态冲突的霸权主义特征，又有冷战所不具有的、超越冷战两极思维和安全冲突、重建全球安全治理新格局的新全球安全冲突的显著特征。正是这一特征，构成了中国国家安全和国家文化安全新的发展与安全环境。在博鳌亚洲论坛2022年年会开幕式上，中国国家主席习近平针对全球安全赤字和全球安全需求，立足于"人类是不可分割的安全共同体"和全人类共同价值理念，郑重提出全球安全倡议："我们要坚持共同、综合、合作、可持续的安全观，共同维护世界和平和安全；坚持尊重各国主权、领土完整，不干涉别国内政，尊重各国人民自主选择的发展道路和社会制度；坚持遵守联合国宪章宗旨和原则，摒弃冷战思维，反对单边主义，不搞集团政治和阵营对抗；坚持重视各国合理安全关切，秉持安全不可分割原则，构建均衡、有效、可持续的安全架构，反对把本国安全建立在他国不安全的基础之上；坚持通过对话协商以和平方式解决国家间的分歧和争端，支持一切有利于和平解决危机的努力，不能搞双重标准，反对滥用单边制裁和'长臂管辖'；坚持统筹维护传统领域和非传统领域安全，共同应对地区争端和恐怖主义、气候变化、网络安全、生物安全等全球性问题。"[①]这一倡议把解决全球安全赤字问题的顶层设计与解决实际问题的微观治理有机地结合起来，既是奔着解决人类安全的现实问题而去，也是谋求世界和平的长久之道，为改善和重塑全球文化安全环境提供了全人类普遍需要的全球文化安全的公共产品。

四、国家文化安全战略环境中的中美文化关系

关系即环境。人的、社会的和国家之间的关系，都是构成和形成人的、社会的和国家的生存与发展环境的条件和依据。没有关系即没有环境。从这个意义上说，国际关系比国际政治更能反映国家间矛盾运动的真实和本质的生存与发展的环境状况。中美文化关系是中美之间最重要的国家安全关系，也是全球安全体系中最重要的双边国家安全关系，是构成中国国家文化安全环境最重要的变量和因素。进入21世纪后，由于中美双方在客观上成

---

① 习近平. 携手迎接挑战，合作开创未来——在博鳌亚洲论坛2022年年会开幕式上的主旨演讲[N]. 人民日报，2022-04-21.

为代表两种不同社会制度和价值观体系的最重大的文化和文明力量形态，因此，中美之间国家文化安全关系的任何变化，都会导致和造成两国和全球文化安全环境的巨大变化，影响全球文化安全发展的走向。

冷战后，中国与美国的关系发生了重大变化，中美关系在曲折中发展。美国的全球地缘政治战略与中国的地缘政治利益存在冲突，这种冲突不仅反映在政治和经济领域内，而且反映在文化领域内：美国不断干涉中国人权问题，实行双重标准，在文化上不断对中国进行全面的意识形态渗透，在中国制造国家文化安全事件等。

中美文化关系是影响中国国家文化安全环境和战略走向最重要的国家文化安全环境关系。"任何同外交事务有关的工作都是为国家利益服务的，因此，对外文化工作必须根据国家的需要，同政府的政治、经济、外交政策保持一致，进行配合。"[①]通过文化问题干涉中国内政，并通过文化影响来改变中国政治制度，长期以来一直是美国政府的对华文化战略。早在 1942 年，美国在一份关于战后美国对外文化工作政策纲要的备忘录中就已经明确指出：要"用民主的观点重新阐述中国的传统文化"，要"为中国培养具有现代文化素质的'运货人'"，即要培养能够把美国的"现代文化"运往中国和改造中国"传统文化"的"知识精英"。[②]

冷战后，美国对外文化战略的一个重要特点，就是把技术和贸易输出与文化输出相结合。在美国政府看来，"世界上还没有哪一个国家发现一种办法，既进口世界的产品和技术，又能够把国外的思想阻止在边界"[③]。1995 年 7 月 25 日，美国负责东亚和太平洋事务的助理国务卿帮办韦德曼，在参议院对外关系委员会上就中美关系作证时说："贸易不只是创造财富的手段，它还是美国思想和理想借以渗透到所有中国人意识中的渠道；从长期来看，它为美国的意识形态产业（如电影、激光唱盘、软件、电视）以及使国际交流更为便利的产品（如传真机和互联网络计算机）开辟市场，这些有可能使中国的人权状况得到改善，从而发挥我们所有直接的和政府之间的努力加起来一样大的促进作用。"[④]通过对华的经贸往来，带动美国文化对中国的大量输出，最终实现对中国政治制度的改变，这就是美国的对华文化战略。在这样的战略思想指导下，无论是人权问题、"新疆问题"、"西藏问题"，还是一般的文化市场准入问题，尤其是知识产权领域的争议和文化贸易摩擦，包括台湾问题，中美之间在文化上的冲突以及由此而形成的美国对于中国文化内政的干涉，都是构成中国国家文化安全的重要因素。由于中美两国之间存在着文化上的巨大差异和巨大利益，因而二者在文化问题上的冲突是不可避免的，问题是中美两国如何把它控制在一个双方都能接受的程度之内。显而易见，在这样的博弈中，中国并不占优势。因此，对于中国国家文化安全来说，来自美国的文化安全威胁始终是一个重要的不利因素。要使这样的不利因素转变为有利因素，就要整体提高中国的综合国力。以能力对能力、以实力对实力，以其人之道，还治其人之身。

① 宁柯维奇. 美国对外文化关系的历史轨迹（续）[J]. 钱存学，编译. 编译参考，1991（8）：56.

② 同①.

③ Public Papers of the President of the United States, George Bush, 1991, BookI II(Washington,D.C:U.S.Government Printing Office,1992), p.567.

④ Testimony by Kent Wiedemann,U.S.Deputy Assistant Secretary of State for East Asian and Pacific Affairs, before Senate Foreign Relation Committee Subcommittee on East Asian and Pacific Affairs, July25, 1995.

20 世纪 90 年代初，苏联的解体和美国对中国战略需求的急剧下降，美国对华文化安全的威胁呈上升趋势。"9·11"事件后，世界政治、经济、安全格局发生了新的变化，出现了全球性、结构性力量调整。客观地判断中国所处的国际环境，特别是中国是否面临着亨廷顿所预言的"文明冲突"的国际文化环境，对正确认识中国的国家文化安全环境相当重要。"9·11"事件改变了美国对战略安全形势的判断，美国全球战略重心转向反恐，对中国的战略需求也有所调整。美国对华政策的两面性都在强化，一方面强调需要中美双方有效合作，另一方面流露出利用其战略遏制中国的图谋。在文化上也是如此。美国最根本的东西仍然没有也不会发生重大变化，未来只要一有时机，美国仍然要挑战中国的文化安全底线。美国家具商合法贸易委员会以"受到威胁的是我们的生活方式、我们的文化和美国在世界上的竞争力"[①]为由起诉中国家具制造商就是一个意味深长的案例。2005 年 1 月，美国海外投资委员会（Committee on Foreign Investment in the United States，CFIUS）对中国联想集团并购美国 IBM 个人电脑业务提出所谓可能违反"美国的安全利益"而要求进行全面调查。由此可见，美国对中国所谓"威胁美国国家安全"的警觉始终是美国对华遏制战略的体现。

"9·11"事件后，美国布什政府对中国的定位由"战略竞争者"转为"建设性合作者"，但是，美国对华遏制战略的实质没有变。从"巴黎统筹委员会"到《瓦森纳协定》，美国始终不肯把中国从受管制国家名单中剔除，并以"敏感国家"为名，将中国作为美国战略遏制的头号对象。对力求经济利益和国家安全的美国决策者来说，中国已经成为发展得最快的贸易和投资市场，如果中国在高新文化产业领域里再获助力，不仅会削弱美国在文化信息技术领域的超强竞争力，也将直接威胁美国国家安全。因此，美国政府一方面加强了与中国的"建设性"交往，另一方面却不断强化对华经济抑制、出口管制等遏制政策。正是在这种形势下，中国国家文化安全危机的变数愈加复杂。中国的崛起既支持了美国的超级大国地位，也暴露了美国与生俱来的一些弱点，这就使得中美之间的冲突更具多样性和多领域性，而两者在任何一个领域里的紧张关系都会被美国决策者看成和美国国家安全相关的关系，从而加剧中美在文化安全领域的冲突。

在新的国际环境下，中国所处的整体国际安全环境较为有利，但是，潜在的长远战略安全压力并未减轻，面临的非传统安全压力日益增大；当今国际现实的经验教训一再说明，一个国家的本土安全在国家安全中是多么关键和敏感，如果一个国家没有起码的本土安全，就谈不上国家的发展壮大。文化安全也是如此，只有从内外环境与政策各个方面进行通盘考虑，才能确保国家文化安全的持久。20 世纪 90 年代以来，虽然中国加大了对外开放、对内改革的力度，但是并没有从根本上改变国际文化安全环境"西强我弱"的态势。尤其是进入 21 世纪后，随着中国发展成为世界第二大经济体及其产生的影响力巨大的全球性文化后果，美国政府制定了"重返亚太"政策，先后对中国实施新的贸易战、科技战、信息战、舆论战，重拾冷战思维，试图对中国实施以意识形态和价值观竞争为核心的"新冷战"，以维护美国既定的文化霸权主义等一系列以国家安全名义实施的对华文化安全战略，这使中国在实施中华民族伟大复兴的历史进程中，遭遇到了 20 世纪 70 年代以来空前严峻的国家文化安全环境。面对冷战后的世界格局以及世界百年未有之大变局的深刻演变，中国必须

① 引自 2004 年《参考消息》：《与中国共存：既是恩惠又是负担》。

克服的一个国家文化安全危机可能就是国际环境的恶化以及由此而产生的中国国内文化安全后果。

五、复杂情势下的中国国家文化安全困境

苏联是中国国家文化安全环境中一个重要的安全环境关系。苏联的解体构成了对中国的巨大的文化冲击力，给中国国家文化安全造成了新的内外压力：内压力是对于"红旗到底打得多久"的信仰的疑问；外压力是中国社会主义的存在成为以美国为代表的西方世界改造中国的主要对象。内外部文化安全关系的深刻变化构成了中国国家文化安全的新环境和新形势。

1991 年，有着 1500 万共产党党员和近 70 年执政历史、曾经产生过列宁主义的苏联，在一个晚上悄然退出历史舞台，给予中国共产党巨大的震撼，使其不得不重新思考中国的国家安全。如何才能保证社会主义和党的领导的先进性？江泽民在中国共产党第十六次全国代表大会的报告中指出："面对很不安宁的世界，面对艰巨繁重的任务，全党同志一定要增强忧患意识，居安思危，清醒地看到日趋激烈的国际竞争带来的严峻挑战，清醒地看到前进道路上的困难和风险，倍加顾全大局，倍加珍视团结，倍加维护稳定。"

黄苇町在《苏共亡党十年祭》一书中，从多个不同角度剖析苏联共产党因失人心而失天下的历史悲剧，并在此基础上得出了"苏东崩溃首先是信念崩溃""国家变色从权力变色开始"等一系列发人深省的结论。由苏联而反观中国，黄苇町的结论是"只有腐败能使我们亡党亡国"。他说："腐败的蔓延直接危及政治稳定。""在我国的社会主义社会中，腐败对人们心态的影响比任何社会都更加强烈和直接。""腐败的蔓延将直接导致人心的涣散、信任的丧失、理想和信念的崩溃。""而当力量和信念崩溃，社会精神道德的堕落，文化的颓废，物欲的横流，将危及整个民族发展的前途。"[①]腐败是信念崩溃的结果，而国家变色又是从权力变色开始的。这里存在着深刻的内在逻辑关系。权力是人民赋予的，而一旦把权力看作谋取私利的工具，看作对人民实行专制的机器，它必然成为信念崩溃的产物和反映。当一个原本和人民群众有着千丝万缕的血肉联系的党和政权，演变成为一个严重脱离人民群众的党、和人民群众的根本利益相违背的党的时候，它在文化上必然走向人民群众的反面。从这个意义上说，国家和公民的关系、党和人民群众的关系不只是一般的政治关系，在这里，尤其具有安全意义的是文化关系。文化关系是精神的纽带关系，是共同的信仰关系，是共同的利益关系。从某种意义上说，共产党和人民群众的政治关系就是在这样一种文化关系上建立起来的。只有当这种文化关系是血肉相连、水乳交融的时候，它才能产生任何一种经济和政治力量都无法比拟的巨大的凝聚力。只有这种凝聚力，才能使一个国家和民族具有永恒的生命力和发展力。"一旦失去了这些，就失去了自己最主要的力量，失去了自己存在的合法性。在这种情况下，再强大的军队，威力再巨大的核武器，也都不能挽救它。"这就为当代和今后相当长的一个历史时期的中国国家文化安全提出了一个全新的主题：如何才能避免重蹈苏联的覆辙，建立全新的国家和公民、党和人民群众的文化利益关系和文化安全关系，并以这种全新的关系来建立中国国家文化安全战略体系。这里不

---

① 黄苇町. 苏共亡党十年祭[M]. 南昌：江西高校出版社，2004：236，243，254，269，264.

仅一般地涉及文化与政党命运的关系、先进文化与马克思主义政党命运的关系、文化的先进性与政党先进性的关系，而且包括坚持什么样的文化方向。推动建设什么样的文化，不仅是一个马克思主义执政党在思想上和精神上的一面旗帜，而且是国家精神和形象的旗帜。中国国家文化安全主题在这样一个过程中发生了重大的变迁：外在的国家文化安全威胁转化为内在的国家文化安全危机——中国共产党的文化安全问题。虽然从进城的第一天起，中国共产党就在七届二中全会上把"两个务必"作为自己的一个安全预警机制建立了起来，但是，变化的文化安全环境使得仅有这样的安全预警机制是不够的。由于作为执政党的中国共产党自身的文化安全状况将在最终的意义上决定中国国家文化安全的命运，因此中国国家文化安全将随着这一安全状况的运动而呈现出力的同构运动。如何消除和克服党的内部的文化不安全因素也正是在这样的意义上，具有中国国家文化安全的全部性质：一个没有先进文化支撑的民族是没有前途的民族，一个不能代表先进文化前进方向的执政党不可能实现国家的长治久安。

苏联解体对中国国家文化安全环境来说具有双重意义：一方面，意识形态领域里马克思主义与修正主义的争论结束了，苏联以自己在政治上的解体和意识形态上的全面放弃马克思列宁主义，使得中苏在意识形态领域里的大论战有了一个结论。这个结论对于在思想意识形态领域里坚持马克思主义不动摇的中国共产党来说，提供了一个文化安全之于国家安全全部重要意义的警示性案例。另一方面，也在关于马克思列宁主义作为真理的信仰价值方面引发了不以人的意志为转移的怀疑，这种怀疑会从根本上威胁和动摇国家文化安全赖以维护的根基，从而在另一种意义上构成了一种新的国家文化安全情势。一种安全困境的解除成为另一种安全困境形成的动因。

不仅如此，由于苏联的解体导致了美苏争霸两极格局的终结，中国成为西方国家在意识形态领域里新的战略斗争对象。如果说在两极格局的世界体系中，中国在意识形态领域里还有苏联这个"庞然大物"遮挡着来自整个西方国家，尤其是美国的意识形态的攻击的话，那么苏联这个"庞然大物"的轰然倒地则把中国这个世界上最大的社会主义国家一下子暴露在资本主义思想意识形态世界面前，"中国威胁论"应运而生。中国在获得新的国家文化安全的同时，遭遇了新的国家文化安全困境。

"历史的终结"与"文明的冲突"构成了自苏联解体后中国最复杂的国家文化安全情势。传统文化安全与非传统文化安全同时并存，各种不同性质的文化安全（人的、社会的、国家的；共同的和局部的；全球性的和地区性的）交织在一起，新的国家文化安全问题不断滋生，正是这一复杂情势建构了中国新的国家文化安全困境，任何克服这一困境的努力都会带来新的国家文化安全困境。如何战略性地破除这一困境，将成为中国国家文化安全战略需要长期研究的课题。

第二节　国家文化安全结构

国家文化安全结构是构成国家文化安全的又一重要因素，也是影响国家文化安全变动的重要原因和条件，它影响和决定了在不同的国家文化安全环境下不同国家文化安全问题的性质，影响并制约国家文化安全战略与政策选择行为。所谓国家文化安全结构，既是国家安全结构的文化表现，又是其自身内在的文化构成的国家安全形态的表现。国家文化安全结构有自身的构成规律和运动规律，这种规律既由一般的国家安全运动规律决定，又由它自身的矛盾运动决定。深入研究国家文化安全结构的运动规律，是国家文化安全研究中的重要命题。

国家文化安全结构有宏观文化安全结构与微观文化安全结构之分。宏观文化安全结构主要是由一般国家安全结构规定的，微观文化安全结构则主要是由文化自身结构的安全状态构成的。本书第六章至第十一章，主要就是关于微观国家文化安全问题的研究。本节则主要讨论宏观国家文化安全结构问题。

一、传统安全、非传统安全与非传统文化安全

传统安全与非传统安全是冷战结束后国家安全的基本构成。传统安全主要是指以国家行为为主体、以军事威胁为核心的国家安全形态。这一形态是国家安全最主要的存在方式，对于其他国家安全形势的演变和发展有着根本性影响；非传统安全主要是指以非国家行为为主体、以非军事威胁为核心的威胁国家和人类社会安全的安全形态。前者如"9·11"事件，它是由以本·拉登为头目的基地组织发动的恐怖主义袭击；后者如气候安全、粮食安全和公共卫生安全等，这些安全形态主要由人的行为导致和造成，但往往并没有一个具体的安全责任主体，而是由国际社会集体承担。

传统国家文化安全是传统国家安全的派生，服从于传统国家安全的需要。传统国家文化安全主要是指以意识形态为核心内容的国家文化安全。它是传统国家安全的延伸，并且服务于传统国家安全。传统安全主要是指军事安全或国防安全，在很长的一段时间里，国家安全是指国防安全或军事安全，是在第二次世界大战结束之后形成的一种国际安全状态，并且与冷战相交融。"9·11"事件后，"非传统安全"作为一个与传统安全相对应的分析概念被提了出来，并得到广泛使用，现在除了传统安全，其他一切安全都被纳入"非传统安全"范畴，出现了被称为"安全概念泛化"的现象和问题，这确实是需要给予高度关注的问题。

传统安全问题是国家安全问题，"非传统安全"这一概念在"9·11"事件之后得到广泛的使用，也是因为"9·11"恐怖袭击针对的目标对象是国家。目的相同，只是手段不一样。不是国家行为，而是非国家行为。制造国家安全的主体和责任主体，正是在这个意义上，一个区别于传统安全意义的"非传统安全"概念被正式提了出来，尽管在此之前这一概念已经出现在有关国际组织的文件中。从这个意义上说，"非传统安全"这一概念有着非常鲜明和直接的对应性，那就是国家安全。而现在被归入"非传统安全"范畴内的许多安全问题并不仅仅是"国家安全"问题，而是"人类安全"问题。例如，气候问题、环境问题、粮食问题、疾病问题等并不特别针对某一个国家、特别地构成某一个国家的国家安全问题，并不像"9·11"事件那样有一个非常确定的安全威胁主体的威胁对象。把这一类"跨国安全"问题，即"人类社会安全"问题不加区分地纳入"非传统安全"范畴，则混淆了两类不同性质安全的矛盾。这也许是在这一类安全问题的合作领域里存在国际协调难的一个重要原因。哥本哈根全球气候大会就是一个例子。因此，我们应该在现有的关于安全问题划分的"传统"和"非传统"二分法的基础上做第三次划分，即把并不直接以威胁国家

安全为目的的、涉及整个人类社会安全的安全问题列入"第三种安全问题"，如气候、环境、粮食、疾病和文化多样性等方面的安全问题，并以此建立新的国际安全机制，更好地协调与处理人类社会面临的共同安全问题。这样，既不因不同安全问题的混淆而模糊了安全政策的界限，也不因安全问题性质的界限不清而导致某些大国和国家集团利用"安全漏洞"牟取"安全私利"，同时明确国际社会在国际安全合作领域的法律界限。

区别不同性质的安全问题，或者说区别不同安全的性质，对于制定国家安全政策与战略来说，具有战略安全和政策安全的意义。恐怖主义威胁和全球气候问题显然不属于同一种性质的国家安全问题。同样，"意识形态安全"和"互联网安全"也不属于同一种性质的安全问题。把"传统安全"以外的安全问题不加区分地笼统地归入"非传统安全"范畴，不仅不利于制定不同性质的国家安全战略与政策，而且不利于不同国家间的安全战略协调。仅就国家文化安全而言，传统国家文化安全主要指以意识形态为战略工具直接或间接地颠覆或改变国家政权的文化安全问题，冷战是最典型的例子。通过和运用文化的手段制造舆论和心理战以实现不战而颠覆"敌国"的目的，这是一种直接来自外部的、威胁国家安全的文化战；非传统国家文化安全不是直接来自外部的文化挑战与威胁，而是由内部的文化危机形成的直接和间接威胁国家安全的文化安全形态。例如，网络文化安全、文化生态安全、国家文物安全、著作权安全，有的甚至不是由人类行为构成的文化安全问题，如由各种重大自然灾害造成的灾害性文化安全等，这些都需要在新的安全类型和性质的划分上做深入研究。

国家整体性权力结构的转移必然同时导致国家安全结构的变化。自威斯特伐利亚国家体系建立以来，安全始终是主权国家在国际环境变化中追求的根本目标。然而，长期以来，人们所理解和关注的安全，主要是以国家的领土安全为内容的国防安全。虽然冷战的内容已经与传统的纯粹以军事对抗实现国家安全有了很大的区别，文化和意识形态对抗已经成为实现国家安全的重要内容，但是，军备竞赛仍然是冷战的主要内容之一，以至于人们已经习惯于这种思维，一提起国家安全，就会想到来自国外的军事入侵或武装威胁。

全球化迅速地改变了全球安全形态和人们对安全的理解。冷战的结束终结了人类社会彼此分裂、互相对抗的历史，也打破了两种经济体制对立和世界市场一分为二的格局。发展经济成为冷战结束后各国的优先发展战略。全球安全运动出现了此消彼长的态势，原来在冷战的格局下被掩盖的经济困难、人口问题、贫困危机、环境恶化、国际贩毒、恐怖主义等逐渐成为国际社会普遍的"安全困境"，有些问题甚至超越了国家的"边界"，引发了其他国家的政治、经济和社会问题。所有这些问题的形态和形成机制，不仅明显地不同于冷战时期非此即彼的安全问题和安全利益，世界各国经济广泛的依存性已经使这种安全利益具有了深度的关联性，而且面对如此复杂的"安全困境"，"即使国家有强大的军事力量并将付诸实用，也不能解决经济问题、环境破坏、文化和宗教冲突、人权、难民问题、人口问题、贫穷、饥饿、能源短缺、政治动荡、民主化等各种问题。每个国家都面对相似的全球性威胁和不安全"。①这就形成了与传统安全问题不同的"非传统安全"问题。

"非传统安全"问题其实早已存在，作为冷战重要内容之一的意识形态冲突，在今天

---

① 星野昭吉. 全球政治学：全球化进程中的变动、冲突、治理与和平[M]. 刘晓林，张胜军，译. 北京：新华出版社，2000：133.

看来，就属于"非传统安全"冲突。但是，由于在自威斯特伐利亚国家体系形成之后，传统的以国家的主权安全为内容的国防安全具有压倒一切的重要性，因此，即便冷战已经清晰地表现出文化作为"非传统安全"在国家安全中的重要地位，但国际社会还是没有对"非传统安全"这一安全形态做出概念的界定。所以说，"非传统安全"无论作为安全形态而出现，还是作为一种新的安全观，都是全球化的一个产物，也是现代世界体系发展的一个必然逻辑。也就是说，人类社会所面对的安全问题，必然要从传统安全向非传统安全发展和演变。而这种发展和演变只有具备了一定的环境和条件后才会产生。从这个意义上说，全球化正是非传统安全问题得以形成和产生的一个重要的必要条件。早在 20 世纪 70 年代初，罗马俱乐部提出"增长的极限"，率先提出发展的不平衡将会产生一系列问题，这可以看作"非传统安全"问题的源起。以国际恐怖主义的突现为特征的世界性"文明冲突"给人类社会造成的人类安全问题，正是以经济全球化和社会信息化为代表的新世纪人类社会急剧变迁所产生的"一系列问题"之一。国际恐怖主义作为一种全新的跨国力量出现后，传统安全与非传统安全在安全目标，维护安全的手段、方式，主要依靠的力量方面出现了质的变化。正是由于非传统安全是传统安全发展和演变的一个逻辑结果，并且成为现代国际社会面临的主要国家安全威胁，具有传统安全所没有的不可预测性，因此，在某种程度上，非传统安全有着比传统安全更大的破坏性，它对国家安全构成的威胁在全球化条件下也越大，从而被纳入国家整体安全战略范畴。

1994 年，克林顿政府在美国《国家安全战略报告》中提出了冷战后美国国家安全的"三大支柱"，即"增强美国军事力量、繁荣美国经济和扩大海外民主"[①]，确定把繁荣经济提升到国家安全战略的层面。2003 年 2 月 14 日，美国总统布什公布了美国历史上第一个《反击恐怖主义国家战略》报告，清楚地表明在"9·11"事件后，美国的国家安全战略发生了重大转型。在 2001 年 7 月 25 日第八届东盟地区论坛外长会议上，中国政府提出了赞成论坛逐步开展"非传统安全"领域的对话与合作。2002 年 5 月，中国在东盟地区论坛高官会上提交了《中国关于加强非传统安全领域合作的立场文件》。2002 年 11 月，第六次中国与东盟领导人会议发表了《中国与东盟关于非传统安全领域合作联合宣言》，启动了中国与东盟在非传统安全领域的全面合作，"非传统安全"问题正式上升到中国国家安全战略的高度。

"非传统安全"的出现反映了全球化机制下国家安全向多领域扩张的趋势，这一趋势不仅导致了国家安全战略的转型，而且导致了"安全范式"的变化。1992 年 1 月，联合国安理会在一份文件中指出："经济、社会、人道主义和生态领域中的一些非军事性的不稳定因素构成了对和平与安全的威胁。"这标志着"非传统安全"这一新的"安全范式"的形成，使"安全"所关注的范围扩大到政治、经济、社会、文化、环境等关于国家生存与发展的所有领域，不管这些问题来自国内还是国外，也不管这些问题是精心策划的结果还是无心造成的结果，只要它们对国家的生存与发展构成威胁或破坏，就都属于"非传统安全"问题，[②]都应当纳入国家安全战略范畴。经历了安全形态的发展和安全观念的变化，"非传统安全"问题与"传统安全"问题共同构成了当今世界的国家安全问题。国家文化安全正是在这样的背景下，成为国家安全的重要形态和内容。

---

① 梅孜. 美国国家安全战略报告汇编[M]. 北京：时事出版社，1996：243-292.

② 陆忠伟. 非传统安全论[M]. 北京：时事出版社，2003：49-50.

全球化作为一种推动人类社会互动行为不断发展的力量，在迅速地涵盖了政治、经济、社会和文化等领域后，对国际关系和人们的日常生活产生了重大影响。全球化是经济全球化的扩张和延伸，而经济全球化又主要是由发达的资本主义国家发动和主导的，全面地体现了发达资本主义国家关于现代世界变动和人类社会发展的价值观和利益取向，因此，全球化本身就不仅是一般意义上的经济利益的政治和社会扩张，并不是一般地追求利益的最大化，而是要通过经济全球化的全面扩张，最终实现全球资本主义化。也就是说，发达资本主义国家要通过经济全球化达到最终控制全球的利益分配和价值分配的目的，这就使得经济全球化向全球化的演变具有深刻的文化动机和文化目的。同时，正是由于在这一切动机的背后深藏着终极的价值关怀，并且当只有这种终极的价值关怀才有可能实现自己的最终目的时，文化的安排就具有特别重要的意义。因此，美国历届政府在制定美国的国家安全战略时，关于民主价值的考虑始终是其重要支柱之一，在推行全球化的同时推行美国的价值观，实际上就是要通过经济和政治手段的扩张实现对世界的最终的文化改造。因为只有使全球化成为"美国化"，美国所追求的"绝对的国家安全"才有可能获得文化认同的保障。这就不可避免地要和现存的一切国际秩序、文明形态和文化体系产生冲突，全球化冲突也就必然地引发国家安全冲突，全球化也就成为当下对国际文化安全和国家文化安全起决定性作用的形成机制。由于发动全球化的动力系统和动力结构在现代世界体系的变动中处于关键部位，而一旦发动之后，只要其动力系统结构不发生逆转，全球化就不会停止，因此全球化趋势也就成为当代世界发展的一种必然趋势。同时，由于全球化的不平衡发展，客观上存在一个全球化运动的引力作用问题，也就是说，存在着一个全球化的力学引力作用问题，因此，强势的方面就必然对弱势的方面构成威胁，成为处在弱势地位上的国家安全问题形成的重要的力的来源和作用方向。由于它是以全球化的方式表现出来的，因此，在这个意义上，全球化也就成为弱势国家安全的重要形成机制。经济上是如此，文化上也是如此。对中国来说，当经济发展日益融入世界的时候，安全问题也就越来越具有国际性。特别是在今天传统安全问题和非传统安全问题交织、非传统安全威胁日益严重的情况下，全球化和信息化同样是柄双刃剑：既能成为今天中国发展和福祉的来源，也能成为今天中国发展的障碍和灾祸的来源；既给中国带来了全新的发展空间，也为各种非传统安全问题的产生和新的国家文化安全问题的形成提供了全新的活动空间。

二、内部文化安全与外部文化安全

内部安全与外部安全是国家安全最基本的安全结构。无论是政治安全、经济安全、社会安全还是文化安全，都被这一基本结构建构着。内部文化安全与外部文化安全是这一基本安全结构在国家文化安全中的反映。内部文化安全不属于国家文化主权安全，外部文化安全则主要属于国家文化主权安全。主权与非主权规定了内部文化安全与外部文化安全的不同安全性质与结构。涉及一个具体的国家，虽然不同的国家对文化安全的定义是不一样的，但是就内部文化安全来说，主要包括两个方面：一方面是对基于国家政权安全的主流文化与核心价值观的威胁；另一方面是对基于社会安全的传统文化与伦理价值观的威胁。这是内部文化安全的主要构成。

内部文化安全首先是指一个国家合法的主流文化与核心价值观免遭威胁和挑战。所谓一个国家合法的主流文化，是指在这个国家占统治地位的阶级中占统治地位的文化和价值观。国家文化安全是一个不断发展的概念，其内涵在不同的国家和不同的历史时期是变化的。但是，变化的只是其内容，本质并没有变化。一个资产阶级占统治地位的国家实行的是资本主义社会制度，其国家主流文化与核心价值观也一定是资产阶级所代表的资本主义的文化与价值观。一个以资产阶级的核心价值观建立起来的代表资产阶级核心利益、以资本主义为社会制度的国家，无论其国家体制和政府架构如何，核心都是维护它所代表的资产阶级的根本利益。政治上是如此，经济上是如此，文化上也是如此。这就是自 20 世纪50 年代之初以"反共产主义"为主要内容的"麦卡锡主义"思潮之后，美国政府至今仍然把"共产主义"看作对美国生活方式和价值观的威胁的原因，从而也成为美国捍卫其以自由主义为特征的国家主流文化安全的理由。资本主义国家的制度和体制是如此，社会主义国家的制度和体制也是如此。社会主义国家要维护国家安全和国家文化安全，也必须在文化领域对一切威胁和危害社会主义国家主流文化与核心价值观的展开"安全防御"。一个国家，无论其社会制度如何，也无论其国家行为主体持有什么样的价值观，占统治地位的国家主流文化没有一个不把对其统治地位文化的威胁和挑战看作对国家安全的威胁和危害的。因而，内部文化管制是每一个国家都实行的国家文化安全制度与政策，只是在具体的内容与形式上有差异。美国在"9·11"事件之后立即颁布了《爱国者法案》，这是一部以"爱国者"的名义对美国内部文化安全实行国家管控的法律，不仅如此，美国还借此对全世界进行监控。内部文化安全是内部政治安全的延伸和表现。进入 21 世纪以来，在中国集中表现为新疆和西藏的分离主义运动。这种分离主义运动在政治上试图把新疆和西藏从中国的版图上分裂出去，在文化上，主要在舆论宣传和意识形态上煽动极端民族宗教情绪，挑拨和制造民族分裂，在制造政治上的恐怖主义的同时，利用现代媒体手段传播文化恐怖主义意识形态，破坏国家的民族文化融合政策，制造民族宗教和文化冲突，进而通过文化来制造社会动乱，危害社会与国家安全，从而给国家文化安全带来和造成严重威胁和危害。

内部文化安全的另一种表现就是对基于社会安全的传统文化与伦理价值观的威胁，集中表现为淫秽色情和非法出版物对社会传统文化和伦理价值观的威胁。走私盗版光盘对于国家和民族的危害极大，祸及深远。一方面，走私盗版光盘干扰国家的政治安定和社会稳定，扰乱社会主义文化市场秩序，传播腐朽文化，败坏社会风气，毒害青少年身心健康；另一方面，走私盗版光盘损害著作权人的利益以及创作者、生产者的积极性，扼杀国家、民族和个人的创新精神和创新能力，使文化生产力萎缩，桎梏民族文化的生存与发展。此外，走私盗版光盘会造成国家税收大量流失，引发对外文化贸易纠纷，损害国家的国际形象和声誉。根据全国查缴淫秽色情出版物和公众对色情网站的举报情况来看，淫秽色情出版物和色情网站已经成为严重危害我国国家文化安全最严重的源头之一。

法国总统道德和伦理问题顾问布朗迪·克丽格尔领导的"电视暴力调查委员会"在向法国文化部提交的一份报告中明确指出，影视节目中的暴力和色情内容给未成年人造成不良影响，是近年来法国青少年犯罪率上升的重要原因之一。因此，特别建议政府除了审查电影，还应有权审查录像带、录像游戏、DVD 以及互联网信息等。[①]文化公害对一个国家构成国家文化安全问题，将在人们的精神灵魂深处滋生颠覆一个国家和民族健康机体的心

---

① 法国有关部门建议，加强影像制品管制[N]. 参考消息，2002-11-29.

理，因此，当前许多国家把打击网络色情纳入严格的国家文化安全治理范畴，从国家安全战略的高度予以文化安全的战略性处理。

外部文化安全主要是指来自一个主权国家之外的，对这个主权国家的文化干涉、文化渗透与文化侵略，其直接威胁这个主权国家的文化安全。它同时包括两个方面：一方面是指一个国家的文化安全环境，另一方面是指一个国家文化主权遭遇的来自外部的威胁。这是一个问题的两面。没有威胁是一种比较好的国家文化安全生态环境，遭遇威胁是一种不好的国家文化安全环境。前者有利于一个主权国家的文化建设和文化发展，以及文化对国家发展战略的支持，后者则不利于一个主权国家的文化建设与发展，以及文化对国家发展战略的支持。冷战时期的意识形态之争，就是把图书、音乐、美术等艺术形式作为工具，直接或间接地干预和干涉他国的文化内政，培养在文化艺术领域的"持不同政见者"，进而直接通过资助和赞助艺术展览、艺术演出和文化艺术机构，对他国的意识形态进行颠覆，从而实现不战而胜的目的。冷战时期以美、苏为代表的两大阵营代表了两种文化力量，二者在文化领域互为对方的外部文化安全威胁，从而构成了具有鲜明外部文化安全特征的"文化冷战"。利用互联网向他国输出"民主和自由"等"普世价值"，推动"颜色革命"，进而实现一个国家的政权更迭，是21世纪以来外部文化安全最典型的特征。中亚地区爆发的"天鹅绒革命"和中东地区发生的"阿拉伯之春"都是典型案例。与"文化冷战"这样的"互为外部文化安全威胁"不同，"颜色革命"具有明显的"泛意识形态"特征，即这一类外部文化安全威胁不再是传统的资本主义和社会主义两大意识形态集团之间的"意识形态之争"，而是超越传统意识形态的"价值观更替"，即通过输入美国式"民主与自由"的"普世价值"，实现对不符合这一要求的国家政权的更替，不论它是不是美国的盟友（如埃及），从而建立一个以"普世价值观"为标准的世界秩序。这是当前中国面临的最大、最严峻的国家外部文化安全威胁。美国不断干涉中国内部的文化安全事务，如以"谷歌事件"为典型的对中国在互联网领域网络空间主权的干涉就是例证。

三、国土文化安全与国民文化安全

国土文化安全是指国家领土范围内一切形态和形式的文化安全。它是全部国家文化安全的物理空间基础，离开了国土文化安全，其他形式和形态的国家文化安全也就不存在了。国土文化安全是国家主权形态的集中体现。主权神圣不可侵犯就包含着国家文化主权神圣不可侵犯。在这里，国家领土具有决定其他形态的国家文化安全的意义。也就是说，国家文化安全只有在国土、国土安全和国土文化安全的范畴里才是有意义的。国家的一切行为都是因拥有一定的领土，并且为国际法所承认，国际社会以此为依据与之建立外交关系而获得合法性的。根据国际法的规定，国家领土是指在一国主权支配下的地球的确定部分，是国家行使最高权力的空间。国家在其领土上行使排他的管辖权。领土同时是国家行使主权的对象，是国际法的客体。

地名命名权是一国国土文化主权的重要体现。侵犯一国主权并在这个国家领土范围内命名地名，以彰显自己拥有的"法权"，是殖民主义文化最典型的表现。"五口通商"后，帝国主义在华，尤其是在大城市开辟租界，使用外国人名或机构名命名租界内的路名，就是近代中国丧失国土安全导致国土文化安全同时遭到侵犯的一个典型案例。这在上海表现得尤其明显。1949 年以前，上海有许多地名是由外国人名命名的。新中国成立之后，人民政府的一项重要工作就是在接管政权的同时，收回包括城市道路命名权在内的国土文化主权，对租界内的、帝国主义在上海期间以外国人命名的地名重新命名。

领土包括一个国家的陆地、河流、湖泊、内海、领海以及它们的底床、底土和上空（领空），是主权国管辖的国家全部疆域，也是国家行使主权的空间。因此，对所属国土的命名不仅是政治问题——彰显一个国家对所辖领土的主权，而且是一个文化问题——是对国家领土主权的文化定义。尤其是对存有争议的领土，地名标志的历史性（时间性）往往可以表明"是谁先发现的"。"谁先发现"，归谁所有，这是国际社会确定领土归属权的通例，也是国际安全文化的重要内容。在殖民主义时期，殖民主义者也往往采用这种方式对已经被命名的他国领土重新命名，以此证明自身的"合法性"。这就是许多海洋、岛屿同时存在多个名称的重要原因，当然其中也有邻近国家人民在历史进程中对同一地方重复交叉命名的现象。也正因为如此，领土主权纠纷往往因地名纠纷而来。由此延伸而来的对一个国家的陆地、河流、湖泊、内海、领海以及它们的底床、底土和上空（领空）的任何命名，都事关国家主权和国土安全，因而都属于国土文化安全范畴，神圣不可侵犯。为捍卫国土文化安全，中国政府专门制定和颁布了相关法律、法规，以确保国家领土文化主权（包括地名命名权）不受侵犯和威胁。

国土文化安全包括政府对国土是否实行了有效的文化主权控制和有效的国土文化安全治理，这与国民文化安全密切相关。如果政府不能对国土实现有效的文化主权控制和有效的国土文化安全治理，就不可能为人民提供有效的文化安全供给和文化安全保障。如果政府无法在文化上对国土实现有效的统治和治理，不能确保国民文化权益和日常文化生活的安全，则国家政治和政治安全无从谈起，也不可能实现。

国民是指生活在一定范围领土之上的所有居民，包括成年人和未成年人两大人口系列。国民不是公民。公民是指依据国家法律拥有选举权和被选举权、依法拥有和行使法定权利的那一部分国民。国民是国家存在的合法性载体。没有国民就没有国家。国家因国民而存在，国民因国家而拥有国籍，即合法性身份。因此，国民安全与国家安全存在着天然的法律联系。人民与国民是两个既互相联系又互相区别的社会学和政治学概念。人民主要是指以劳动群众为主体的社会基本成员，他们是一个国家的主体，决定了一个国家的社会生产力发展水平和发展程度，负有创造国民财富、促进社会发展和维护捍卫国家安全的责任和义务。因此，在国家安全和国家文化安全意义上，"国民"和"人民"是两个不能混淆的安全概念。把国民安全和人民安全画等号的论述是不科学的。

国民文化安全是国民安全的重要构成内容和组成部分。所谓国民安全，是指在一个国家内居住、生活，并拥有居住权的全体和个人的生命、财产及其尊严不受侵害和威胁。人的生命安全是人的一切安全的物质前提和文化前提。没有了生命的物质性存在，人的文化存在也就失去了基础。因此，人的生命安全是包括文化安全在内的一切安全之根本。"以人为本"首先就是以人的生命安全、人的生命存在权利不可侵犯为本。尊重人的生命价值，这是国民文化安全最根本的安全价值。所谓"人人生而平等"就是这样一种安全价值观。

国民文化财产安全是国民文化安全构成的第二个方面，集中表现为国民精神财产安全，主要表现形态为知识产权所有和神圣不可侵犯。国家文化安全的实现程度和实现质量取决于国家文化的创造性程度和质量。一个缺乏甚至没有文化创造性的国家，其国家文化安全是没有保障的。这种国家文化的创造性集中表现为或取决于国民个人的文化创造性程度，而使国民文化创造性程度得以最大限度的实现和最大程度的满足的关键就是保护国民由创造而形成的一切精神成果的财产权利——文化财产权，即以知识产权为核心的一切文化权利，确保其安全而不受侵犯或遭遇威胁。只有这样，国家的文化安全才能因国民文化创造性的充分实现而得以实现。也只有在国民文化安全得到充分保障的基础上，国家文化安全才能得到充分保障。

国民精神健康安全是国民文化安全构成的第三个方面，主要体现和表现在未成年人精神健康安全。未成年人是国民的重要组成部分，是国民构成中的一个特殊群体。未成年人的精神健康程度不仅将长期影响未成年人在成年后的文化习性和价值取向，而且将深刻影响一个国家和民族代际更替进程中的社会文化进化质量。世界上许多法治国家都制定了针对未成年人的文化法律，涉及电影分级制度、网络分级制度等，这就是基于对未成年人精神健康安全的界定和保护。未成年人与成年人最大的一个区别，就是缺乏自我保护意识和自我保护能力且模仿能力很强。因此，如果不设定具体的文化安全警戒，未成年人的合法文化权益就会因其自身缺乏防范能力而受到侵害、危害甚至危及其一生安全性存在。从这个意义上说，未成年人享有与成年人同等的文化安全权利。如果从一个国家和民族发展的长治久安和代际进化的质量来看，未成年人的精神健康安全具有更重要的国民文化安全意义。因而，对未成年人的文化安全维护与保障也就自然地成为全社会、全民和国家的文化安全责任。

国民文化安全的第四个方面是群体文化安全。国民文化安全不仅包括个体文化安全，也包括群体文化安全。国民整体因社会分工、居住空间和所属民族的差异而形成了不同的国民群体，如工人群体、农民群体、士兵群体、知识分子群体等。不同的国民群体在一个国家内既有共同的文化安全利益，也存在文化安全利益的差异性。这种文化安全利益的差异性往往是由它们之间文化权利构成的差异性决定的。这种文化安全利益冲突构成的国民文化安全问题是由历史分工和历史的安全资源配置形成的。化解群体文化安全方面的冲突是重建国家文化安全治理体系的重大命题，是一个与重构社会分工体系同步的文化安全体系建构过程。在中国，虽然工人和农民的根本文化安全利益是一致的，但是二者在具体的文化安全利益上又是存在差别的。缩小城乡差别、工农差别一直是新中国成立之后国家治理体系和治理能力努力的方向，消除不同群体在文化安全利益上的差别也一直是努力实现国家文化安全、巩固以工农联盟为基础的人民民主专政的根本价值取向。作为国民文化安全的实现方式，任何对工人和农民文化安全利益的损害都可能影响乃至危及国家文化安全和国家文化安全的实现。工人和农民作为国民群体的文化安全利益的实现是如此，其他群体文化安全利益的实现也是如此。

族群文化安全主要表现为不同族群的文化习俗和宗教信仰权利不受威胁和不受侵害。2015年12月27日第十二届全国人民代表大会常务委员会第十八次会议通过的《中华人民共和国反恐怖主义法》第六条规定："在反恐怖主义工作中，应当尊重公民的宗教信仰自由和民族风俗习惯，禁止任何基于地域、民族、宗教等理由的歧视性做法。"民族和宗教信众是国民构成中最重要的群体之一。风俗习惯是一个民族区别于另一个民族的最独特的社会身份标志，具有鲜明的国民群体特征，是一个民族法定身份组成的重要依据之一。对这种身份合法性的任何威胁和侵犯都会造成一个民族作为国民群体的安全性问题，从而引发和构成国家安全问题。世界上有许多国家安全问题都是由民族问题引发的。因此，民族风俗习惯构成了一种国民群体文化的特定内容和国民文化安全内容，承认并尊重不同民族的风俗习惯也就成为维护国民文化安全，进而维护国家文化安全的重要内容。

第三节　国家文化安全体系

国家文化安全体系是指国家文化安全构成的结构性系统。这是一种安全生态系统，既包括国家文化安全体系存在状况的构成，即是由哪些国家文化安全问题构成的，也包括为维护和塑造国家文化安全而建构的能力体系与保障系统。内部性、外部性以及由这两个方面交织而成的内外部性三个方面共同构成了国家文化安全体系。

一、国家文化安全体系的性质

国家文化安全体系是国家安全体系的重要组成部分，是国家安全体系的文化表达和体现。它在国家安全体系的基础上形成，是为国家安全体系、实现国家安全目标服务的，集中体现了国家文化安全体系构成的外部性。

国家安全体系包括传统与非传统两个方面。传统的国家安全体系主要体现在维护国家国防安全，即国家领土主权安全，更多地着眼于军事上的反侵略、捍卫国家的领土主权完整。因此，传统的国家安全主要指国防安全或军事安全。由此而构成的国家安全体系也就是国家防卫安全体系，包括陆、海、空、太空，以及基于维护国家安全的各类武装部队系统和非武装部队系统，如情报系统等。

传统国家安全体系下的国家文化安全体系是一个主要服务于国家安全的防卫体系。在战争期间，其主要表现为战争和反侵略战争的文化动员、文化宣传、心理战、舆论战等战争辅助手段。在冷战时期，其主要是服务于冷战的意识形态斗争，集中表现为资本主义与社会主义之间、自由主义与共产主义之间的意识形态斗争，构成了冷战时期最主要的意识形态安全问题。由此构成的国家文化安全体系就是一个以意识形态领域的安全博弈为核心的国家文化安全体系，即所谓的"国家意识形态机器"。

国家安全体系是一个运动中的体系。不同国家所处的国家安全环境是不一样的，因此其国家安全体系构成存在较大的差异性。世界主要大国的安全体系决定和影响着世界安全体系的运动、变化与发展，因此，世界主要大国的国家安全体系决定着全球化时代国家安全体系构成的基本结构运动。美国"9·11"事件发生后，非传统安全成为影响全球安全发展的新的安全形态与因素，因而与传统的国家安全共同构成了新的国家安全体系。也就是说，全球化时代的国家安全体系既包括传统的国家安全，也包括非传统的国家安全，二者共同建构了当今世界的国家安全体系。

国家文化安全因此发生相应的结构性变动，传统的以意识形态为核心的国家文化安全依然存在，网络文化安全、文化恐怖主义等非传统文化安全成为新的国家文化安全问题，与传统的国家文化安全共同构成了新的国家文化安全体系。

二、国家文化安全体系的构成

国家文化安全体系是一个复杂的系统工程。它既与一个国家的文化发展战略密切相关，又是国家整体安全体系的一个重要组成部分。"安全"本身既是一种"目标"和"理想"，是一个国家的战略需求，又是对存在性威胁的一种描述，是一个国家的战略环境建构，主观与客观的统一铸就了"国家文化安全体系"构成的"结构—功能"。国家文化安全体系必须同时满足两个条件：对内是一种国家文化生存状态的理想性目标，对外是一个国家具有维护和保障这一理想性目标实现的能力。"目标"和"能力"是一个国家文化安全体系的两大基石。不仅如此，"安全"还是一个国家包括文化发展在内的一种不可或缺的内生动力机制，一种发展"规律"，即发展的必要条件。没有"文化安全动力机制"，一定不是一个富有生命和生机的国家文化安全有机体。从这个意义上说，一个比较完整的国家文化安全体系是由三个方面构成的：目标、能力和机制。任何国家的国家文化安全目标的实现、能力的建设与机制的运转都只有在一定的制度保障下才可能实现，而且不同的国家由于社会制度和国家性质存在差异，所以由此而形成的关于国家文化安全体系的保障制度也是不一样的。这种国家文化安全体系的保障制度的差异性是现代世界体系下国家间文化安全冲突的重要根源，这就决定了在国家文化安全体系的构成中国家文化安全制度设置的特殊地位和作用。也就是说，是国家文化安全保障制度影响和决定了其他三个构成方面在体系运动中的安全效率。因为在不同的国家文化安全保障制度下，其他三个方面在文化安全体系运动中的安全效率可能完全不一样，这就使得国家文化安全保障制度成为整个国家文化安全体系构成中的第四个方面。

中国国家文化安全体系的构成经历了一个较长的历史过程，贯穿了中华人民共和国整个国家的文化安全体系建构史。它大致经历了三个阶段：国家文化安全体系的初创阶段、国家文化安全体系的探索阶段和国家文化安全体系的全面建构阶段。毛泽东开始了第一阶段的初创，初步奠定了中国国家文化安全体系的制度性框架。邓小平开始了第二阶段的探索，在推进中国改革开放的进程中，探索建立开放条件下的中国国家文化安全新体系。2014年4月15日上午，习近平总书记在主持召开中央国家安全委员会第一次会议时发表了重要讲话，从国家面临的国家安全形势变化的新特点、新趋势、新的国家安全战略目标和根本宗旨出发，明确提出了"构建集政治安全、国土安全、军事安全、经济安全、文化安全、社会安全、科技安全、信息安全、生态安全、资源安全、核安全等于一体的国家安全体系"的要求，明确提出"总体国家安全观"和"中国特色国家安全道路"等新的国家安全理念，全面阐述了中国国家安全的战略主张和系统学说，这在中国是第一次，标志着中国进入全面建构国家安全体系的第三阶段。虽然这一讲话并不是专门关于国家文化安全的体系性论述，但是也揭示了中国国家文化安全体系构成中最重要的方面，正是这些方面构成了现阶段中国国家文化安全体系的主要内容。

1. 国家文化安全目标：中国特色国家文化安全道路

"坚持总体国家安全观，以人民安全为宗旨，以政治安全为根本，以经济安全为基础，以军事、文化、社会安全为保障，以促进国际安全为依托，走出一条中国特色国家安全道路"是中国国家安全目标的主要内容。这一目标是建立在"当前我国国家安全内涵和外延比历史上任何时候都要丰富，时空领域比历史上任何时候都要宽广，内外因素比历史上任何时候都要复杂"①这一客观分析的基础上的。因此，只要这样的国家安全环境没有发生根本性改变，那么这一目标就是中国国家文化安全的长期战略目标。

国家文化安全与人民安全、政治安全的关系，既是国家文化安全法治建设的出发点，也是国家文化安全法治建设的目标。"以人民安全为宗旨，以政治安全为根本""以军事、文化、社会安全为保障"，不仅清晰地界定了文化安全与人民安全、政治安全的关系，而且明确界定了文化安全的性质与责任：维护人民的根本安全利益和维护国家政治安全的根本利益，这既是总体国家安全观的内在规定，也为走出一条中国特色国家文化安全道路指明了方向。为国家政治安全提供保障是国家文化安全建设的根本，没有国家的政治安全，人民安全也就无从谈起。因此，为国家政治安全提供安全保障也就成为国家文化安全建设的前提。必须把人民安全这一根本宗旨内置于国家政治安全之中，把为人民安全提供安全保障和为国家政治安全提供保障有机地统一起来，从而为国家文化安全的建设奠定最根本的理论和实践基础。为人民安全和政治安全提供保障，二者相辅相成，共同构成了维护国家文化安全体系建设的出发点、目标和原则。

2. 国家文化安全能力：正确处理和建立五对基本关系

能力建设的构成是由战略目标决定的，它是建立在正确认识和处理各种国家安全辩证关系，实现总体国家安全需求的基础上的。"既重视外部安全，又重视内部安全，对内求发展、求变革、求稳定、建设平安中国，对外求和平、求合作、求共赢、建设和谐世界；既重视国土安全，又重视国民安全，坚持以民为本、以人为本，坚持国家安全一切为了人民、一切依靠人民，真正夯实国家安全的群众基础；既重视传统安全，又重视非传统安全，构建集政治安全、国土安全、军事安全、经济安全、文化安全、社会安全、科技安全、信息安全、生态安全、资源安全、核安全等于一体的国家安全体系；既重视发展问题，又重视安全问题，发展是安全的基础，安全是发展的条件，富国才能强兵，强兵才能卫国；既重视自身安全，又重视共同安全，打造命运共同体，推动各方朝着互利互惠、共同安全的目标相向而行。"②外部安全和内部安全、国土安全与国民安全、传统安全与非传统安全、发展问题与安全问题、自身安全与共同安全既是国家安全的五对基本关系，也是实现国家安全目标必须拥有的五大能力。关系的处理本身就是一种能力的体现与能力的建设。不具有处理这五对基本关系的能力，也就无法实现国家安全的战略目标。在这里，关系的处理与能力的建构是统一的。这种关系和能力的统一性同时规定了国家文化安全能力建设的内容：正确处理和建立国家文化安全能力建设的五对基本关系。国家文化安全能力的建设是这种关系性能力的文化体现。

3. 国家文化安全机制：发展与安全并重

"既重视发展问题，又重视安全问题，发展是安全的基础，安全是发展的条件，富国

①　坚持走中国特色国家安全道路[N]. 人民日报，2022-09-20.
②　习近平：坚持总体国家安全观 走中国特色国家安全道路[N]. 人民日报，2014-04-16.

才能强兵，强兵才能卫国。"这一关于国家安全与发展的关系性界定对于国家文化安全目标的实现和能力的建设具有至关重要的意义。理想目标的国家文化安全的实现是建立和建筑在一个国家强大的文化实力基础上的。这种文化实力的核心就是文化创新能力、新陈代谢能力、吐故纳新能力，没有这种能力，国家文化安全功能就会退化、弱化，就无法有效地参与国际文化竞争和抵御外来文化入侵。文化发展，尤其是文化的可持续发展是国家文化安全实现的基础，作为发展的条件的安全保障，只有在发展所提供的文化能力的基础上才能实现。否则，脆弱的安全能力无法提供有效的对文化发展的保障。"富国才能强兵，强兵才能卫国"，二者存在互为依存的安全关系。因此，确保国家文化安全目标实现所不可缺少的发展活力，就是要积极地参与国际文化安全战略竞争，通过参与国际文化安全战略竞争不断地激活国内的文化安全创新能力，从而保障国家文化安全建设保持特有的可持续发展所必不可少的张力。因此，国家文化安全并不是一种消极的、保守的、狭隘的、仅仅基于抵御和防御的国家文化政策与战略选择，而是一种积极的、开放的、包容的、着眼于建构的国家文化发展战略与政策。而确保发展与安全并重则是实现二者有机统一的根本机制。

4. 国家文化安全体系结构：多位一体

"构建集政治安全、国土安全、军事安全、经济安全、文化安全、社会安全、科技安全、信息安全、生态安全、资源安全、核安全等于一体的国家安全体系"的表述，清晰地描绘了中国国家安全体系多位一体的结构。在这一结构中，除了"核安全"与"文化安全"构不成直接或间接的结构性关系，其他九大领域的安全都与文化安全存在直接或间接的结构性关系。其中，最重要的安全关系有文化—国土安全、文化—政治安全、文化—经济安全、文化—社会安全、文化—生态安全、文化—信息安全和文化—资源安全等。文化与军事安全的关系、文化与科技安全的关系都是国家文化安全体系构成中的重要关系，在某些情势下，甚至是不可替代的国家文化安全关系。尽管它们常常表现为一种间接的国家安全关系，然而，当战争行为以某种文化的理由发动的时候，它们甚至直接构成国家安全威胁和国家安全行为的重要战略形式。因此，国家文化安全体系结构的模糊性随着国家文化安全更深入地介入各个安全领域的时候，将直接导致国家文化安全体系的结构性变动。

5. 国家文化安全制度：中央国家安全领导机构——国家安全委员会

国家文化安全制度是国家文化安全体系的重要组成部分，是一个通过制度设计和制度安排表现出来的国家文化安全体系。根据《国家安全法》第四条、第五条、第六条规定的精神内容，中国国家文化安全建设必须坚持中国共产党对国家文化安全工作的领导，建立集中统一、高效权威的国家文化安全领导体制。中央国家安全领导机构——国家安全委员会，负责国家文化安全工作的决策和议事协调，研究制定、指导实施国家文化安全战略和有关重大方针政策，统筹协调国家文化安全重大事项和重要工作，推动国家文化安全法治建设。国家制定并不断完善国家文化安全战略，全面评估国际、国内文化安全形势，明确国家文化安全战略的指导方针、中长期目标、重点领域的国家文化安全政策、工作任务和措施。

此外，国家文化安全体系还有一种构成形式，即由人、社会和国家共同构成的一种国家文化安全体系。在这个体系中，国家负责制定国家文化安全战略及其法律保障体系，依法保护公民的文化权利和表达自由，公民个人、社会（企业和其他社会组织）负有维护国家文化安全的责任和义务。国家文化安全体系既可以是一种国家制度设计的政策实践表述，也可以是一种关于国家文化安全学术的学理性概念，二者既有联系，也有区别。如何清晰地界定"国家文化安全体系"是一个需要予以认真研究的议题。

三、国家文化安全体系与国际文化安全体系

各个国家的文化安全体系是不一样的，它们既是国际文化安全体系的重要组成部分，又与国际文化安全体系有所区别。国家文化安全体系是一个主权国家根据本国文化安全需要而建构的关于本国国家文化安全及其与国际文化安全关系的政策主张与战略安排，具有鲜明的本国所处的国际文化安全环境的安全特征。在这里，大国国家文化安全体系的地位尤其重要，其与国际文化安全体系间的关系，将直接影响国际文化安全的稳定与可持续发展。

国际文化安全体系主要是指由以联合国为核心而建立的多边国际组织制定的具有普遍约束力的政策性文件而建立的国际文化安全秩序。联合国教科文组织制定和颁布的《世界文化多样性宣言》《保护世界文化和自然遗产公约》《保护非物质文化遗产公约》等一系列核心文件是现代世界国际文化安全体系构成的基础。与此同时，世界贸易组织章程及其和文化有关的服务贸易协定和与贸易有关的知识产权协定等文件，以及其他相关的国际文化公约，如版权公约等，构成了一个在国际文化贸易中的国家文化安全体系。中国是联合国教科文组织和世界贸易组织的正式成员，也是这两个世界性组织有关国际文化安全关系的公约与文件的签署国，承担着履行国际文化安全的责任和义务。因此，无论是中国还是这些组织的其他成员，都必须使自己的国家文化安全体系与国际文化安全体系相衔接，从而保证国家和国际社会在维护国家和国际文化安全行为上的一致性。对于中国而言，维护国家文化安全应当坚持互信、互利、平等、协作的原则，积极同外国政府和国际组织开展文化安全交流合作，履行国际文化安全义务，促进共同文化安全，维护世界和平。

 **本章小结**

国家文化安全环境、结构与体系是国家文化安全三大基本构成要素，这三个方面的文化安全程度直接决定了国家文化安全指数。而所有这些领域方面安全系数的任何变化，都会影响到国家文化安全结构的整体性变动。这种动力结构的变化，形成了全球化背景下中国国家文化安全新的环境，直接决定中国国家文化安全政策与国家文化安全战略的变化。

国家文化安全环境是国家文化安全存在的一种生态系统。这是一个由内外两种客观条件构成的有机生命系统。在这个系统内，任何一种内外刺激都会激起整个系统的反应和变化。不同的物种有不同的生态系统，什么样的生态系统才最适合生物物种生长？这既是生物安全问题，也是文化作为一种生态物种的安全问题。不同的国家有不同的国家文化安全环境，并且在国家间构成了历史的和现时的国家文化安全环境关系。正是这些环境和环境关系影响着国家文化安全的矛盾运动，规定着国家文化安全的内容和形式，决定着国家文化安全战略与政策的走向。全球化是一种重塑世界的力量。它不仅改变了原有的世界力量

格局，而且改变了形成这一格局的环境。

国家文化安全结构是构成国家文化安全的又一重要因素，同时还是影响国家文化安全变动的重要原因和条件，影响和决定了在不同的国家文化安全环境下不同国家文化安全问题的性质，影响并制约国家文化安全战略与政策选择行为。所谓国家文化安全结构，既是国家安全结构的文化表现，又是其自身内在的文化构成的国家安全形态的表现。国家文化安全结构有自身的构成规律和运动规律，这种规律既由一般的国家安全运动规律决定，又由它自身的矛盾运动决定。国家文化安全结构有宏观文化安全结构与微观文化安全结构之分。宏观文化安全结构主要由一般国家安全结构规定，微观文化安全结构则主要由文化自身结构的安全状态构成。

国家文化安全体系是指由国家文化安全构成的结构性系统。这是一种安全生态系统，既包括国家文化安全体系存在状况的构成，即是由哪些国家文化安全问题构成的，也包括为维护和塑造国家文化安全而建构的能力体系与保障系统。内部性、外部性以及由这两个方面交织而成的内外部性三个方面共同构成了国家文化安全体系。国家文化安全体系是国家安全体系的重要组成部分，是国家安全体系的文化表达和体现。它是在国家安全体系的基础上形成的，为国家安全体系、为实现国家安全目标服务，集中体现了国家文化安全体系构成的外部性。国家文化安全体系随国家文化安全环境与结构的变动而变动。

 **思考题**

1. 简述国家文化安全环境、结构与体系的含义。它们的相互关系是怎样的？
2. 怎样认识与理解中国国家文化安全环境生成的历史性？
3. 简述国家文化安全结构的构成要素及其相互间的关系。
4. 怎样认识与把握传统文化安全与非传统文化安全的联系与区别？
5. 中国国家文化安全体系由哪些方面构成？

 **参考书目**

1. 中共中央党史和文献研究院编. 习近平关于总体国家安全观论述摘编[M]. 北京：中央文献出版社，2018.
2. 杨毅. 国家安全战略理论[M]. 北京：时事出版社，2008.
3. 胡惠林. 中国国家文化安全论[M]. 2版. 上海：上海人民出版社，2011.
4. 陆忠伟. 非传统安全论[M]. 北京：时事出版社，2003.
5. 余潇枫，潘一禾，王江丽. 非传统安全概论[M]. 杭州：浙江人民出版社，2006.
6. 布赞. 人、国家与恐惧：后冷战时代的国际安全研究议程[M]. 闫健，李剑，译. 北京：中央编译出版社，2009.

第四章

国家文化安全的发生、形成与演变

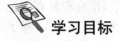 **学习目标**

通过学习本章，应了解和掌握以下内容：
1. 国家文化安全发生、形成与演变的一般规律；
2. 国家文化安全的发生原理；
3. 现代国家文化安全形成的历史过程；
4. 文化冷战在现代国家文化安全问题形成中的作用；
5. 全球化与当代国家文化安全演变的关系。

 导言

国家文化安全是一种历史现象和人类社会的存在方式。它的发生、形成与演变不仅一般地规定了一个国家的历史进程和历史面貌，而且深刻地反映了它和其他国家以及世界文化的关系与安全进程。深入地研究和揭示其运动发展的基本规律，是国家文化安全研究的基础和出发点。不对国家文化安全的发生、发展史加以研究，就无法建构科学的国家文化安全学。

第一节　国家文化安全的发生原理

国家文化安全是怎样发生的？这是国家文化安全研究的首要问题。这个问题既与文化安全命题密切相关，或者说它就是文化安全这一命题的发展；也与国家安全命题密切相关，或者说它就是国家安全命题的发展。文化安全与国家文化安全是两个既互相联系又存在差异的概念，二者的发生原理是不一样的，这是国家文化安全研究中最重要的基础性内容。

一、安全与文化安全的发生

安全是一种生命体存在不受威胁的状况。它是一切有机生命体在自然演化过程中形成的本能。当饥饿威胁到生命体的存活时，捕捉食物充饥以解除死亡对存活的威胁便成为生命体的本能。这种本能在《动物世界》栏目里随处可见。为了能在食物短缺的情况下尽可能久地存活下来，有的动物甚至进化出了储藏食物的能力。由此可见，安全起源于确保生命存活的本能。它是一种需求，在马斯洛需求层次理论体系中被建构为第二层次的需求。在人的进化过程中，这种本能发展出了一种其他动物种群或许没有的需求——心理需求。恐惧是一种不安全感，是人的一种心理状态。人的安全感和安全意识的生成来源于恐惧，从而使得安全从生理走向心理：安全本能进化出安全意识。这是随着人的大脑的进化而形成的，正如人的其他一切行为一样，都是人的大脑进化的产物和结果。这种安全意识的产生，随着人本身由动物界进化到社会界、由野蛮进化到文明而不断成长、丰富和扩大，从个体安全进化为集体安全——种群安全。家庭是种群最早出现的文明安全形式。家庭和私有制是人类社会集体安全意识的重要源头，从而使安全需求由"下意识"进化为"有意识"：捍卫和保护家庭成员和家庭财产不受侵犯，成为人类社会最早的安全防卫行为。

家庭是最早出现的文化形态和文化认知。人的一切文化认知和文化观念都是从家庭开始的。家庭是人类一切社会文化观念的起源地。人正是由于家庭的出现才建立了对于关系的认识系统：父母关系、父子关系、母子关系等，进而延伸到其他各种社会关系等。家庭的出现使安全从个体安全走向了集体安全——家庭安全。这个时候，作为家庭成员的个体的安全就不再仅仅具有个体的意义，还有了集体的意义。因此，捍卫和维护家庭中每个个体的安全也就自然地成为家庭中每个个体的需求与责任。私有制就是建立在家庭的基础之上的。它维系了家庭的安全需求，把各自的财产有效地区别开来，清晰地界定了血缘关系，建立了以血缘关系为基础的人们之间的社会关系，并且通过一种社会制度和符号化体系——身份认知体系，把这种社会关系系统化、标志化，从而通过建立这样的符号化体系而重建了人们之间的相互关系，这种相互关系清晰地界定了他们之间的合理性与合法性，也界定了他们之间的安全性。这种安全性就是由清晰地界定他们之间的符号化体系——身份认知系统而形成的。这就是文化。文化是不同的人群、不同的社会群体用以区分和识别相互关系的符号化系统。不同民族、种族就是由这样一种系统建构起来并相互区分的。

于是，文化便成为集体构成与集体安全的表征，同时成为一个集体及其每个个体是否拥有独立主权——自由的表征和标志。确保这样一种涉及每个人存在的合法性与合理性的集体安全免遭威胁和不受侵犯，也就成为集体新的共同责任和需求。因为，任何符号化系统的丧失都意味着存在性的合法性的丧失。而恰恰在这一个问题上催生了"文化安全"从符号化系统、身份认知系统到消灭对象，从而获得最大的安全利益，便成为人类社会从野蛮走向文明的进化机制和人类文明进化的机制。战争是实现这一安全利益最重要的文明机制，也是最大的文化安全威胁，因为战争摧毁的和剥夺的不仅是物质利益，更重要的是文化利益。在人类文明社会中，没有一次战争是对战争对手的文化不加以毁灭的。因为如果不从文化上摧毁对手，就等于在文化——身份认知系统上为失败者创造了重新崛起的可能。因此，殖民者和侵略者从不会忘记从安全利益的根部——文化上彻底铲除对手的存在基础。文化安全就发生在所有这些对文化的威胁和对文化的维护之中。

二、国家文化安全生成的基本路线

国家文化安全生成于国家和国家文化。没有国家和国家文化，就没有国家文化安全。

但是，这并不等于说有了国家，就有了国家文化和国家文化安全。国家和国家文化是两个既相互联系又相互区别的概念。

国家是一种基于集体安全需要而组成的权力形态。它是一种由人的某种权利的让渡而建构的安全保障体系。在这个体系下，每个人和每个单一的集体为了实现自身的安全利益放弃了某种自由——让渡某种权利，并接受这个体系对自身的约束。当没有这种约束就无法有效地保障和实现自由而获得安全的时候，这种约束对每个人的安全实现来说就是必要的。这种约束既是一种秩序的建构，也是一种对行为的规范。当每个人都接受这种规范，并按照这种规范采取社会行为时，这种对于人的行为具有决定性影响作用的规范就成为价值观，接受规范就是对这种价值观的认同与接受。家庭是一种价值观的初始形态，氏族进一步发展了这种基于血缘的价值观形态。氏族是最原始的国家组织形态，其中族长为权力中心，拥有生杀大权。氏族的形成基于拥有共同血缘关系的生命共同体，最初的人类社会的文化认同就是在这个基础上出现和形成的。氏族安全以及在此基础上形成的"氏族认知"是继家庭安全和"家庭认知"之后进化出来的第二种集体安全和集体文化安全形态。在这里，"姓氏"成为一种重要的建构共同认知的文化符号形态。氏族的演化和不同氏族之间的联姻，导致了基于氏族集合的"部落"的出现。部落是一种比氏族更高级的准国家形态。在这个进化过程中，氏族文化出现了集合与融合，从而形成了新的"部落文化"，氏族安全也由此发展到部落安全。为了保护和保障部落安全，出现了基于安全需要的机构和力量——军队及其他基于安全需要的武装和非武装形态的安全保障。国家就是在部落基础上形成的结合体。中国最早的国家形态就是在炎帝、黄帝和蚩尤三大部落联盟的基础上形成的。欧洲早期的国家形态则形成于城邦。家庭—氏族—部落、城邦—国家，这是人类社会形态演变的基本路线。这条基本路线不仅建构了人类社会安全发生、演变和进化的基本图谱，也建构了国家文化安全发生、演变和进化的基本路线图。这是一个从个体安全发展到集体安全，又从集体安全发展到共同安全的路线图，这一路线图构成了国家文化安全生成的基本路线。

国家文化是经过长期的进化、演变而形成的。它是一个国家的生成史的集中体现，它是生活方式和价值观，以及由这两个方面共同形成的一整套社会生态体系。中国是一个有着五千年历史的文明国家，宗法制是其在历史进化和演化过程中选择和形成的总体社会形态。家国体制一体化是中国最根本的国家特征，这一特征构成了中国国家文化的本质特征：集体主义。国家治理体制和家庭治理体制有着高度的同构性。因而，国家安全和国家文化安全构成了中国人的个人文化安全观和国家文化安全观的同构性：天下兴亡，匹夫有责。这种国家安全文化成为近代以后中国国家文化的核心体现，并且直接影响了中国人民抗日战争的伟大胜利。国家文化的核心就是全体国民对于国家精神象征的认同。两千多年来，虽然中国经历了无数的战乱与"合""分"，但是，发展到了近代，"甚至在军阀混战的动乱岁月里，从来没有什么将某一省份分离出去的行动或建立邦联的建议，能够同中国人民关于国家统一的压倒一切的向往相匹敌。由于国家统一的需要，产生了建立中央集权领导体制的要求，这在中国宪政发展的建制议程上也成为重中之重的需要"[①]。因此，国家的统一也就成为中国国家文化安全的战略核心，由这样的国家统一观形成的国家文化安全也就自

[①] 孔飞力. 中国现代国家的起源[M]. 陈兼，陈之宏，译. 北京：生活·读书·新知三联书店，2013：121.

然地构成了中国国家文化安全的全部内容。

美国是一个移民国家，今天的美国国家文化是在其两百多年的历史中形成的。美国的历史形成过程与中国不同，这种不同并不仅仅在于历史的长短与文化积淀的深厚与否，更重要的是美国是建立在灭绝土著的印第安文化种族的基础上，是通过强制移植欧洲文化，更准确地说，是移植盎格鲁—撒克逊文化而形成的。种族构成的多样性是今天美国国民构成的特点。但是，构成美国国家文化的本质则源于欧洲的盎格鲁—撒克逊文化。这种文化特质构成了美国国家文化的特质，也正是这种文化特质建构了美国对国家安全和国家文化安全的认知与理解。因而，美国国家文化安全的生成路线与其他国家是不一样的。维护和捍卫美国人的生活方式和价值观也就成为美国历任总统颁布的《国家安全战略报告》中美国国家文化安全的核心。

三、国家文化安全生成的复杂性

国家文化安全生成的复杂性源自不同国家和国家文化生成的复杂性。一个国家认为某些问题或对象涉及国家文化安全，另一个国家则不一定也这么认为，这往往与国家间的关系密切相关。美国和英国之间有着深刻的历史渊源。历史上，美国曾经为争取国家的独立、摆脱英国的殖民统治而爆发战争，也就是美国在获得独立主权的过程中发生的英美之间的战争。但在此后的历史进程中，英美之间再也没有发生过这样的"类安全"战争。英国是为了维护自己的海外殖民利益，而美国则要争取独立，这一情势构成的是英国的"国家安全问题"，而不是美国的。美国要争取的是"安全独立"，而不是"安全被保护"。因此，它与英国之间的安全冲突属于"类安全"冲突，即不是完全意义上的侵略与反侵略之间的国家安全冲突。英国和美国之间的关系之所以是现行的健全体系中最牢固的国家安全同盟关系，一个最根本的原因是：美国的国家文化与英国的国家文化有着天然的"血缘"关系，或者说，美国的国家文化就是英格兰文化在北美大陆的另一种存在方式，是英国式生活方式和价值观在美国的一种创造性复制。从这个意义上说，美国文化与英国文化之间很难构成一般意义上的国家文化安全关系。但是，即便如此，为了保证国家"不受有害文化的影响"，美国仍然在19世纪末、20世纪初发动了一场"美国化"运动。当时，大规模的工业化运动导致了劳动力的极度缺乏，由此吸引大批来自东南欧的移民涌入美国，使美国人产生了一种集体性焦虑：大量移民可能造成对美国人的生活方式和价值观的破坏。于是，为了保证国家"不受有害文化的影响"，美国掀起了一场声势浩大的对移民实施"美国化"的运动，其本质就是对外来移民实施对美国文化的"归化"，使其在生活和精神上对真正代表美国的人产生至关重要的认同感。[①]这一场席卷美国全境，由社会力量发起、企业财团支持到政府全面介入制定相关法律的"美国化"运动，是美国历史上第一次因外来文化可能危及美国人的生活方式和价值观而爆发的捍卫美国文化的运动，也是美国第一次因意识到"有害的文化"可能危及美国人的生活方式而采取的自我拯救行为，也是第一次基于美国安全考量而采取的集体防卫措施。"美国化"正是在这个意义上具有了美国国家文化安全性质，而捍卫美国人的生活方式和价值观也因此成为此后美国历届政府颁布的《国家安全战略报

[①] 王晓德. 文化的帝国：20世纪全球"美国化"研究（上）[M]. 北京：中国社会科学出版社，2011：58.

告》的核心。

法国和美国之间在历史上屡次发生的冲突都表现为国家文化安全的冲突。英国和法国同为欧洲大国，为什么二者在与美国之间的国家文化安全问题上会存在如此大的差异呢？一个重要的原因就是英美两国在国家文化安全生成上存在着高度的内在一致性，而法国作为法兰西文化的呈现方式与形态，有着与以英格兰文化为母体的美国文化完全不同的"基因"。即便法国在普法战争中遭遇失败，法兰西文化的自信依然保持其精神，《最后一课》中，韩麦尔先生写在黑板上的"法兰西万岁！"，集中而典型地反映了法国国家文化这一安全特质。

国家文化安全生成的复杂性是国家形态演变复杂性的一个象征。奴隶制—封建制—共和制是现代世界绝大多数国家的形态演变机制。由王朝国家向民族国家转变、由殖民地国家向民族独立国家转变是现代国家生成的两大主要路径。但是，由这两大路径生成的国家文化安全是不一样的。王朝国家向民族国家转变，转变的是国家性质和国家意识形态，不变的是国家文化，即由主体民族为基础而构成的共同文化。中国就属于这样的国家。近代以来，虽然中国国家形态历经了不同政权性质而导致的国家性质的转变，这种转变在根本上表现为政权性质的差异性和由执政主体的意识形态构成的差异性。但是，作为国家文化根本的中华民族文化并没有发生根本性改变。这也就是在涉及两岸人民共同文化安全利益的时候，两岸人民会共同挺身维护和捍卫的原因。文化事关国家主权，国家文化事关国家文化安全，这是由中国国家文化生成的历史逻辑决定的，正是这种历史逻辑决定了中国国家文化安全生成的路径和特性。

由殖民地国家争取国家独立而形成的民族国家则有不同的国家文化安全观。在被殖民时期，殖民地国家的文化主权是被剥夺的，因此这些国家的文化安全是丧失的。相反，殖民国家往往在殖民地实行"文化殖民"制度，其中最典型的就是"语言殖民"和"语言殖民教育"，通过剥夺殖民地人民原有的语言使用权利来剥夺殖民地人民的民族文化主权，达到和实现同时在物质上和文化上统治殖民地人民的目的。殖民国家往往把自己的语言作为殖民地国家的法定语言，这就是许多原殖民地国家现在有两种以上官方语言的原因。例如，迄今为止，许多曾为法属殖民地的非洲国家中，法语依然是其官方语言之一。这就构成了殖民地国家文化安全构成要素的复杂性。两种不同性质的文化因殖民历史而重构了殖民地国家的安全定义与安全结构。从这个意义上说，这些国家的国家文化安全属于一种复杂的非完全国家文化安全。这种复杂的非完全国家文化安全是由这些国家复杂的非国家安全性决定的。因此，一个国家的国家文化安全是由这个国家的演变历史来定义的。

意识形态与文化形态的矛盾与冲突是导致国家文化安全生成复杂性的重要因素。一般来说，意识形态具有鲜明的时代性和阶级性，而文化则具有通约性和普适性；意识形态具有多变性，文化具有稳定性。虽然一种意识形态作为价值观体系经过长久积淀也会转化成文化内容，但是，意识形态往往和统治阶级相联系，而统治阶级则和国家政权性质相一致，这就使得意识形态与国家政权性质相关联。也就是说，有什么样的国家政权性质，就会有什么样的国家意识形态。在这里，国家意识形态与国家政权性质具有同构关系。这种同构关系构成了国家安全与意识形态之间的同构关系，从而使意识形态成为国家文化安全形成的重要动因。在这里，意识形态可能与一个国家的文化传统相一致，也可能与一个国家的文化传统相冲突。这既构成了国家文化安全生成的复杂性，也构成了国家文化安全的双重性：意识形态安全与国家文化安全的交织与互为建构。一方面，意识形态界定了国家文化安全的根本价值属性；另一方面，文化形态定义了国家文化安全——意识形态安全在一个国家不同历史条件下的文化属性。这两股力量构成了现代条件下国家文化安全生成的全部复杂性，也构成了国家文化安全运动的矛盾与冲突。

外来文化与本土文化的矛盾与冲突是导致国家文化安全生成复杂性的另一个重要因素。所有的国家文化都具有保守主义特征，这是由文化对于人的、社会的、国家认同的建构性决定的。任何外来文化，无论其主观意图如何，在客观上都构成了对有限性资源的再分配，因而必然因对稀缺性资源的保护而产生对外来文化的排斥，这就使外来文化与本土文化长期处在矛盾与冲突的过程之中。一切形式和形态的保守主义都是基于安全的考量，即便是对一种可能性威胁的夸大，也是对安全的考量、对生活和生存可能会遭遇挑战的焦虑，以及由这种焦虑而产生的危机感和不安全感。物质上的安全利益必然导致精神上的安全利益。因此，从文化上捍卫自己的生活方式和价值观也就自然地成为本土文化安全生成的社会机制。这种机制的生成具有文化人类学依据。19世纪末、20世纪初发生在美国的"美国化"运动就是因东南欧移民带来的外来文化与美国业已形成的本土文化之间的矛盾与冲突而发生的，构成了美国近代以来规模最大的一次国家文化安全运动，也因此形成了美国特有的国家文化安全形态与内容[①]。

第二节　现代国家文化安全的形成机制

世界文化力量格局是当今世界存在的一种由不同文化的对比作用而形成的影响世界运动、变化与发展走向的动力分布，是在一定的历史时期内，世界上若干主要的、影响较大的文化体系或文化区之间，为各自不同的世界利益，互相联系和作用，并且在发生各种互动关系和冲突的此消彼长过程中，形成和表现出的力量分布与对比的结构状态。历史最终都是由文化来表现的，因此，世界文化力量格局的每一次变动，都是对世界政治、经济，以及军事力量格局变动历史的深刻反映。每一次世界文化力量格局变动的背后，都是一次深刻的国际文化安全进而到国家文化安全的巨大较量。

一、现代世界体系与现代国家文化安全的形成

1. 雅尔塔体系的文化意义与战后世界文化格局建构

雅尔塔体系的建立是现代世界发展史上的一个划时代事件。它的出现不仅从一般意义上改变了世界力量对比的格局，更重要的是它彻底改变了现代国际社会的存在方式和运动走向。

近代以来，世界格局经历了三个历史发展阶段，即维也纳体系、凡尔赛—华盛顿体系和雅尔塔体系。就本质而言，前两个体系是世界从自由资本主义走向垄断资本主义的表现。资本主义国家扮演了世界格局变迁中的主要角色。欧洲是世界格局的中心，欧洲资本主义大国操纵着世界力量格局变动的杠杆。影响世界格局变动的行为主体始终是以英、法、俄、

---

① 王晓德. 文化的帝国：20世纪全球"美国化"研究（上）[M]. 北京：中国社会科学出版社，2011.

德为轴心的资本主义国家。虽然在第一次世界大战后，苏联的崛起使得世界格局中诞生了社会主义国家这一新的行为主体，但是，从全球力量对比来看，由于苏联被排斥在国际联盟之外，社会主义作为一种全新的制度形态、文化范式和文化力量，尚未开始对世界格局变动产生全局性影响。因此，无论是维也纳体系，还是凡尔赛—华盛顿体系，从世界文化史的发展来看，由于构成其变动的主要动因还是资本主义国家发展的不平衡规律，帝国主义国家之间的矛盾是决定其他一切方面的主要矛盾，其间的变动还只是一种以西方文化为中心的文化体系内的自我文化权利分配的格局重组和力量的调整，还构不成由不同的意识形态体系所构成的不同文化形态的对立，因而还不是文化性的，还构不成对于世界文化格局的总体性影响。

相比之下，雅尔塔体系则有所不同。它既是美、英、苏三个大国合作与妥协的产物，也是这三个大国在分裂后从同盟走向冷战的基础。雅尔塔体系不仅结束了欧洲稳居世界格局核心地位和文化中心地位三百余年的历史，而且由于苏联在这一过程中以世界上唯一不同于传统的国际政治力量和制度力量——社会主义力量，改变了世界格局建构的要素组成和力量组成，雅尔塔体系具有了前两种体系所不具备的、一种全新的性质：建立在两种制度对立与国家安全利益冲突基础上的，以美、苏两极体制为特征的世界格局新体系。它既不同于均势结构的维也纳体系，也不同于战胜国妥协的凡尔赛—华盛顿体系，而是确立了以资本主义和社会主义两大阵营的势力范围为特征的世界新格局，使战后世界维持了近半个世纪的不战不和、似战非战、似和非和的冷战国际结构。这种改变是文化性的，因为它建立了一种新的世界标准和价值秩序。资本主义和社会主义在这里不只是一般意义上的两种制度的表述，在本质上是两种完全不同的文化体系的对立，因为支撑这两种完全不同的制度体系的理论基础和价值论基础是完全不一样的。前者主张私有化，后者主张共产主义，终极目标的差异决定了二者在制度选择与理论建构上的差异，它们都是对世界和人类社会前途的价值判断，因而自然地产生了关于塑造世界未来的竞争。而这种现象是自资本主义打开世界市场后的世界历史发展中所未曾有过的。

雅尔塔体系确认了这种世界格局存在的合法性，同时意味着资本主义世界体系对社会主义体系合法性的确认，尽管在这背后包含着非常残酷的文化竞争，但是社会主义力量在反法西斯战争中所显示出来的巨大历史作用和意识形态影响力，已经在整个人类社会中树立起自己作为一种新的世界力量存在的全部价值与合理性，使得资本主义不得不接受这样一个世界文化格局变动的现实。所谓世界文化格局，是指各种世界文化力量的分布和对比的一种结构性状态。制度是文化的象征。雅尔塔体系的建立标志着原来以资本主义一极为基础的世界文化结构已经不复存在，社会主义作为一种全新的文化力量直接参与和负责全球文化秩序和世界文化的重建。国家文化安全从此也被赋予了新的时代内容。

2. 东、西方两大文化阵营的形成

第二次世界大战是迄今为止人类社会规模最大、对旧国际结构破坏得最彻底的一次战争，是继十月革命后世界历史上的又一次重大转折。它结束了西欧资本主义大国对世界其他地区的统治，开始了老殖民帝国的解体过程，标志着欧洲经营了几百年的殖民体系的崩溃。社会主义体系的形成，不仅增加了世界政治的活力，而且改变了世界文化的结构和力量对比。北大西洋公约组织成立之后，确立了美国在西欧的支配地位。为了获得力量对比的均衡，苏联成立了华沙条约组织。20世纪50年代，代表着不同国家制度、意识形态和价值取向的东、西方两大阵营形成，推动了整个世界文化版图的以意识形态为标准的文化力量运动，形成了世界文化发展历史上前所未有的，以意识形态对立为内容，以美、苏两个大国为代表的两大文化阵营。这两大文化阵营的对峙反映了战后世界文化版图变动的一个结果，同时这种对峙所反映的文化力量的对立掩盖了美、苏军事对峙的实质。

1945年2月，美、英、苏就战后的世界安排问题共同达成《克里米亚会议公报》和《雅尔塔协定》，形成了对现代世界体系影响深远的著名的雅尔塔体系。雅尔塔体系的最大特点就是美、苏主导下的按照不同的社会制度和意识形态来划分战后的世界力量格局和势力范围。世界由此按照社会主义和资本主义被划分成东、西方两大阵营。这种划分和安排除了受到政治和军事因素的影响，还有一个起关键性作用的因素，那就是文化上的意识形态主张的分歧和对立。社会主义体系的出现和东、西方两大阵营的形成，不仅打破了19世纪以来形成的以维也纳体系和凡尔赛—华盛顿体系所建构起来的、以欧洲大国为中心的世界均势格局，而且打破了自资产阶级开拓资本的世界市场体系以来形成的世界文化以资本主义文化体系为体系的文化力量格局。这样一种以东、西方两大阵营为主体，以美、苏两极争霸为核心的国际文化关系，影响了近半个世纪的世界文化发展。特别是20世纪50年代初冷战开始以后，这种两极对抗的国际文化关系几乎将全世界所有的国家卷了进去，涉及世界文化的各个形态和各种文化力量关系，进一步恶化了世界文化发展的国际环境。

20世纪50年代末、60年代初，东、西方两大阵营分别出现了分化。中苏论战和法国奉行的戴高乐主义虽然为后来的国际文化关系走向多极奠定了基础，但是，以美苏争霸为核心的两极体制并没有发生根本性质的变化。意识形态方面的冲突作为一种文化力量依然左右着世界文化格局的力量对比和世界文化体系的根本性质。20世纪60年代，世界格局出现大动荡、大分化、大改组，两大阵营的瓦解表明国际文化关系的两极对抗已经成为严重阻碍世界文化发展的巨大障碍和国际文化安全危机的主要来源。破除这一障碍、消除这一国际文化安全危机的主要来源，成为世界文化发展的必然要求。

然而，世界文化版图的变动并没有随着东、西方阵营的瓦解而终止，而是出现了新的变动趋势，那就是原来属于社会主义阵营的国家（包括苏联）出现了迅速地向西转的运动走向。华沙条约组织不复存在了，而与其相对抗的组织——北大西洋公约组织非但没有解散，还进一步扩张，即所谓"东扩"。也就是说，西方集团并没有随着苏联、东欧的解体而像美国学者福山所说的那样——"历史"已经"终结"，只是这种历史的需要转换了历史需要的形式，在这种需要背后的国家利益并没有随着形式的改变而终结。意识形态斗争在这里与文化霸权主义轮番登场。不仅苏联的主体俄罗斯面临着新的文化挑战，中国也遭遇到前所未有的文化威胁。国家文化安全由于国际斗争内容和形式的转换而出现了新的世界文化版图运动。随着中国和东盟建立对话关系和上海合作组织的成立，一种新的文化力量逐渐在世界性结构的重组当中发挥作用。

3. 雅尔塔体系的崩溃与世界文化秩序的重建

雅尔塔体系既是现代世界体系运动的一个结果，也是现代世界体系不安全的一个来源。雅尔塔体系是建立在侵害他国国家主权基础上的，这就决定了从建立的第一天起，这一体系就构成了对国际安全的威胁。尤其是雅尔塔体系具有非常强烈的意识形态对抗性质，直接影响国家文化安全的有效实现，从而使社会主义和资本主义这两种社会制度和文化形态本来应该且完全可以实现的交流合作、竞争共处、共同发展成为不可能，并且以社会主义付出巨大代价而宣告结束。20 世纪 90 年代，苏联解体和东欧剧变标志着冷战的结束和雅尔塔体系的崩溃，影响世界文化格局和国际文化关系长达近半个世纪的两极冲突和对抗也随着雅尔塔体系的崩溃而结束。虽然雅尔塔体系崩溃后的世界并未如亨廷顿所言："以意识形态和超级大国关系确定的结盟让位于以文化和文明确定的结盟，重新划分的政治界限越来越与种族、宗教、文明等文化的界限趋于一致，文化共同体正在取代冷战阵营，文明的断层线正在成为全球政治冲突的中心界线。"①但是，世界文化秩序就此进入了一个重建时代确实是不争的事实。

雅尔塔体系的崩溃标志着现代世界体系模式由帝国体制向现代结构的转化。国际文化关系和世界文化体系进入了一个重要的历史调整期。国际社会面临着第三次创建全球性国际秩序的新机遇②，国际文化关系出现了多极发展的崭新转化。虽然美国在两极争霸中获得了最后的胜利，但是国际文化关系和世界文化体系并没有按照美国设计的蓝图发展。相反，由于战后大国关系的变化，中国地位上升，以欧盟为代表的区域合作趋于兴盛，在摆脱了两大阵营的意识形态束缚后，国际社会普遍主张国际政治多极化和世界文化多样化。"9·11"事件的突然发生，使反恐成为国际社会共同面临的安全问题，美国也不得不调整其国家安全战略，从而使世界文化体系进一步朝着多极发展的方向转化。尽管美国在世界上的优势地位及其图谋世界霸权的战略未必会在近期内发生改变，但世界上各主要政治力量并不排斥在有利且合乎公理的背景下与美国推进深化合作。但是，反对美国的文化霸权主义和文化单边主义政策、推动在多元文明基础上的国际文化关系多极化发展，已经成为国际社会的普遍共识和世界文化体系运动的总体方向。各种文化力量都不会放弃在世界文化秩序重建过程中占据属于自己的位置，新的经济区域合作必然同时带动区域文化力量整合，而这种区域文化力量整合又会因文化本身的差异性和意识形态留下的冷战遗迹而呈现出既合作又竞争的态势。合纵连横，世界文化秩序重建也会因此进入一个新的"战国时代"，由此带来的国家文化安全也将出现全新的运动路线。

雅尔塔体系和长达半个世纪的冷战对中国社会主义文化建设的影响极大。中国在一段时期内在意识形态领域的阶级斗争为纲的文化政策与冷战有着直接的关系，给中国文化建设带来了不小的负面作用，有的消极影响至今还在干扰中国的文化发展。消除文化领域里的冷战思维，建设中国特色社会主义文化仍然是中国文化走向世界必须完成的艰巨任务。因此，在新一轮世界文化秩序的重建过程中，中国不应当是无所作为的。一方面，世界文化秩序重建必然引发新一轮的文化冲突，与以往以意识形态为主要特征的文化冲突集中于政治领域不同，新一轮的文化冲突在最大限度地谋求政治利益的同时，还在最大限度地谋求全球经济利益，因此，新的世界文化秩序的重建与新的国际政治经济新秩序的重建存在着同构性，能够在何种程度和深度上参与和影响世界文化秩序重建的力学运动，将直接决定一个国家在未来世界格局中的地位、影响与发展空间。另一方面，世界文化秩序重建过

---

① 亨廷顿. 文明的冲突与世界秩序的重建[M]. 周琪，刘绯，张立平，等译. 北京：新华出版社，1998：129.
② 新加坡学者许通美认为，人类社会已经历过两次建立世界秩序的尝试，第一次是第一次世界大战后创建国际联盟的努力，结果却未能阻止第二次世界大战的爆发。第二次是第二次世界大战后建立联合国，但是冷战使得联合国未能发挥作用。冷战的结束为第三次创建国际新秩序提供了新的机遇（许通美. 探究世界秩序[M]. 门洪华，译. 北京：中央编译出版社，1999：20.）。

程所必然引发的新一轮文化冲突有着为以往文化冲突所不具备的内容和特征，由此而造成的国家文化安全运动也就具有了为过去所没有的复杂性，那就是在新的世界文化秩序重建过程所必然遭遇的国家文化安全问题与国家政治和国家经济安全存在着同构性。中国能够在何种程度上影响新的世界文化秩序的重建过程，决定了中国国家文化安全在这个过程中的安全系数。

二、冷战建构了现代国际文化安全关系

冷战是 20 世纪国际社会最重要的存在形态和存在方式，也是一种国际体系。它不仅构成了已经过去了的国际安全的所有问题，而且由此形成的"冷战思维"将长久地影响未来国际文化安全关系的发展走向。认真分析和研究冷战与现代国际文化安全的关系，对于人们以历史视角认识全球化背景下国家文化安全问题的形成与发展的运动具有特别重要的价值，对于科学地认识中国国家文化安全问题的形成与动力机制也具有重要意义。

1. 冷战：争夺人心之战

冷战是一部战后世界思想史和文化史，是 20 世纪最重要的人类文化遗产。它不仅一般地改变了世界历史的发展进程，而且造就了人类思想和文化发展的国家与社会制度集团推进的动力机制。自有人类社会以来，虽然关于人类社会发展模式与道路选择的思想论证与文化斗争从来就没有中断过，但还没有哪一次斗争是以国家和政府间集团的形式作为动力机制的，也从来没有一次斗争如此清晰地展示过文化在国家安全的运动中的重要价值。

（1）冷战形成与国际安全战略需求。

第二次世界大战结束后，出现了以两个超级大国为主导的世界集团，它们改变了国家安全的含义、内容和结构。在军事安全威胁仍然存在的同时，以意识形态为主要内容的文化安全威胁成为重要的国家安全问题。这就是冷战的发生。冷战从根本上改变了传统意义上的国家安全意义和内容，文化安全被全面提升到国家安全战略的层面。

冷战是 20 世纪国际安全战略需求所形成的一种全新的战略形态，集中反映了战后以美、苏为主导的世界力量体系对世界形势和发展态势的一种判断，以及在这种判断基础上所形成的一种应对战略。就其要害而言，这一战略实际上是美、苏两个最大的战胜国为了争夺世界势力范围，同时避免由此而引发新的世界大战而选择的战略形态。因此，在这一战略的背后，是美、苏两国各自的国际战略利益和战略需求。

早在 1942 年，美国在考虑战后的国家战略政策选择趋向时就已经提出："任何同外交事务有关的工作都是为国家利益服务的，因此，对外文化工作必须根据国家的需要，同政治、经济、外交政策保持一致，配合行动。"①因此，美国主张在国家整体战略利益的层面上安排国家的对外文化工作。与此同时，认识到苏联在经济实力和核武器不及美国的情况下，利用文化作为政治攻心战的工具，与美国争夺在欧洲的利益后，美国的一位情报官员在给美国战略情报局局长多诺万的一份报告中特别指出："在国际上施加压力，既有'和平方式'，也有'好战的方式'。原子弹的发明使两者之间的平衡状态发生变化，重点将有所

---

① 朱威烈. 国际文化战略研究[M]. 上海：上海外语教育出版社，2002：23.

转移。我们应该预见到'和平方式'的分量显然将会加重。我们的敌人将更加积极地进行攻心战，对我们进行颠覆、破坏和施加……压力"，"所以我们自己也要充分利用'和平方式'。在战争爆发之前瓦解敌人意志的时期、战争已经爆发的时期以及战后控制局势的时期，'和平方式'都变得越来越重要了。"[①]这份报告被认为给冷战下了一个定义："冷战就是心理战，就是利用'和平方式'屈敌，也就是用宣传的武器来瓦解敌方的立场。"这里，"宣传的武器就是文化"[②]。因此，必须"运用文化交流这个工具"、运用美国的力量"向赞同民主的社会集团提供更多、更好的经济手段和知识援助，使有关国家的政府和政策掌握在最同情和最能实行民主的集团手中"。美国在文化上，如同在政治和经济上一样，应当"在全世界担负起领导责任"。"美国的文化思想和文化概念，包括它所有的弱点和缺陷都必须成为战后秩序的基础。"[③]正是在这样的基础上，文化被作为一种战略，成为美国的重要国家战略，实施冷战政策也就成为战后美国最重要的国家安全需求。莫托洛夫说："这一切之所以发生，仅仅是因为我们在取得进展。他们（西方国家——原注）当然对我们强硬起来，而我们则必须坚决保住政府已经到手的东西……到处都需要维持秩序，镇压资本主义方式，这就是'冷战'。"[④]1947年3月，杜鲁门主义宣示了遏制政策的到来，这是整个冷战时期美国行为的实质之所在。美国决心以一切必要的手段捍卫受到共产党颠覆、威胁的国家主权完整。在美国看来，"冷战事实上是一场真正的战争。"[⑤]"只有冷战双方都重新审视和重新界定了安全的含义，才有可能结束它们之间的抗衡。""冷战时期以及冷战的后果带来安全观的变化，使安全问题成为莫斯科困境的核心。"[⑥]鉴于遭受西方敌视的历史经验和面对美国优势力量的现实，苏联领导人采取了一系列旨在强化国家安全的行动。"然而，他们追求安全的每一个步骤均被美国领导人视为对美国安全的损害。最后，美国做出反应，为增强自己的安全而改变了以前的政策，而苏联又视之为安全威胁。每个国家均把自己的政策界定为防御性的，但都把他国行动视为对自己的威胁。"[⑦]这就是所谓的"安全困境"：一国安全的强化将会自动和无意地损害另一国的安全。能否对世界战略形势做出准确的判断，常常是决定国家利益和制定国家安全政策的重要前提和依据。对形势判断的任何失误都会造成国家安全的更大失误，因而导致国家不安全因素的增加。

冷战的形成是国际安全战略选择的需求，对此，美国学者曾从美国的角度相当深刻地指出："冷战时期'国家安全'是美国政治领导人假以获取政策支持的一个口号。国家安全的辞令用以证明，以相当代价巩固'自由世界'的经济、军事和政治结构的战略设计是正确的。""杜鲁门政府以所谓苏联对美国安全的威胁为理由，促使国会批准了给予英国贷款及马歇尔计划的提案。肯尼迪政府也以安全为由，敦促国会通过了1962年的'扩大贸易法案'。""如此象征性地使用'国家安全'，主要源于冷战以及美国人的严重威胁感"，认为"国

① 桑德斯. 文化冷战与中央情报局[M]. 曹大鹏，译. 北京：国际文化出版公司，2002：13.

② 同①：13.

③ 朱威烈. 国际文化战略研究[M]. 上海：上海外语教育出版社，2002：23-24.

④ 马斯特尼. 斯大林时期的冷战与苏联的安全观[M]. 郭懋安，译. 南宁：广西师范大学出版社，2002：22.

⑤ 美国国家安全委员会. 美国国家安全的目标与计划[M]//周建明，王成至. 美国国家安全战略解密文献选编（1945—1972）：第一册. 北京：社会科学文献出版社，2010：102.

⑥ 同④：4.

⑦ 孔华润. 剑桥美国对外关系史（下）[M]. 王琛，译. 北京：新华出版社，2004：247.

家安全是最重要的国家目标，在国际政治中，安全威胁恒久存在"。正是基于这样一种国家安全战略需求，不仅整个冷战时期的国际文化关系受影响于这一战略需求，并且随着这一战略需求的变动而变动，即便在今天，这一影响仍然深刻地左右着国际文化安全格局的变动与走向，"种种相互矛盾的卷入均假借'国家安全'的名义"。①这是美国国家战略的一个特征。在关于如何实现"美国国家安全的目标和计划"的战略部署中，美国的国家安全战略明确指出："增强我们的基本价值观和对国家安全的种种考虑，都要求我们通过冷战战略来实现。"②国家安全战略需求也就自然地扩大到文化安全领域。

（2）冷战以意识形态开展文化较量的本质。

美国第 28 任总统威尔逊曾说："布尔什维克主要是思想上的侵略，你不能靠军队击败思想。"③在这里，威尔逊传达的一个明确的信息就是，美国要获得对苏联的胜利，就必须发动一场瓦解苏联内部统治基础的文化战争。军备竞赛只是这种文化战争的形式，冷战的实质是对意识形态的争夺，通过对对方所信奉的意识形态和价值观的否定来否定对方存在的合法性，进而通过对对方精神空间的控制，颠覆对方存在的合理性世界。而苏联的最后崩溃恰恰在某种意义上印证了这一点，也许正是在这个意义上，福山把它看作"历史的终结"。

美国前国务卿杜勒斯是冷战时期的理论家，他的思想和理论不仅直接反映了美国在冷战时期的一些基本价值取向和对于世界形势的基本判断，而且直接构成了冷战时期美国的重要外交政策。杜勒斯认为，战后形势和美、苏关系的一个基本点就是：美、苏之间对抗的实质是两种不同哲学、思想的对抗，冷战主要不是军事上的较量，而是政治、经济、心理和精神上的较量。他认为，美国之所以不能单靠物质力量赢得冷战，一个重要的原因就是，这是"一场争取人们的灵魂和头脑的斗争"，"如果只用钢铁而不是用精神的宝剑去寻求安全的话，这个民族就必然灭亡"。④在杜勒斯看来，冷战是"一个世界范围的斗争，主要是一场西方（基督教）文明与共产主义之间的思想斗争，前者由美国领导，后者由苏联领导"⑤。制定于 1950 年的美国《国家安全委员会第 68 号文件》（*National Security Council Paper 68*，NSC—68）"将正在出现的冷战描绘成两大截然相反的价值体系之间的殊死对抗"，认为"在国家与国家之间的关系中，自由社会的首要依靠是它的思想的力量和吸引力"。与这一开明理想对立的是苏联制度，"没有任何其他价值观体系同我们的价值观体系如此全然不可调和，如此不可改变地怀抱要毁灭我们的体系的目的。"⑥因此，"存在于美国目标和克里姆林宫企图之间的意识形态和价值观"中的冲突是一种"根本冲突"。⑦这是一种根本的矛盾与对立，因而具有不可调和性。NSC—68 是战后美国最重要的国家安全战略文件之一，一直主导着美国在这场冷战中的文化态度。"在 1950 年以后 1/4 个世纪的大部分时间里，它一直被视作美国国家安全政策的基石。它准确地反映了美国战略所依据的意识形态

---

① 基欧汉，奈. 权力与相互依赖[M]. 3 版. 门洪华，译. 北京：北京大学出版社，2002：6-7.

② 美国国家安全委员会. 美国国家安全的目标与计划[M]//周建明，王成至. 美国国家安全战略解密文献选编（1945—1972）：第一册. 北京：社会科学文献出版社，2010：57.

③ 王晓德. 美国文化与外交[M]. 北京：世界知识出版社，2000：358.

④ Dulles, "The Free Far East and the Free West," draft of Speech for Cleveland, Dec.2, 1952, JFDP.

⑤ Dulles, "Secret Memorandum," March, 1947, from M.G.Toulouse, Transformation, p.189, Note 24.

⑥ 默里，诺克斯，伯恩斯坦. 缔造战略：统治者、国家与战争[M]. 时殷弘，等译. 北京：世界知识出版社，2004：16.

⑦ 同②：54.

前提。"①它是冷战时期美国国家安全战略的纲领，冷战时期美国的全部意识形态战略都是从这里开始的。以意识形态为出发点界定国家利益与威胁，并据此制定美国的国家安全战略，在今天依然是美国国家安全战略的基本特征，从某种程度上看，这也是今天美国对华战略的基本逻辑。1953 年，艾森豪威尔在号召美国全面投入冷战的时候说："今天进行的为自由的斗争完全是一场总体性和普遍性斗争……这是一场政治斗争……这是一场科学斗争……这是一场智力斗争……这是一场精神斗争……因为这场斗争的关键问题在于，在最深的意义上不是土地和食品，也不是权力，而是人的灵魂本身。"②1955 年 1 月，美国出台了标志着"和平演变"战略正式确立的《利用苏联和东欧卫星国之弱点》（NSC 5505/1 号文件）。与此同时，美国还制定了意识形态计划，其中的一份文件草案特别指出："冷战在很大程度上是两种对立的意识形态之间的冲突"，包括两种意识形态在政治、经济、社会、道德等各个领域里的原则性冲突，"美国制定意识形态计划的目的就是要更有效地表明美国和自由世界在这场冲突中的立场，揭露共产主义立场的谬误"。同时明确提出："通过利用不满及其他困境，制造和增强民众和官僚机构对苏联的压力，以促进苏联政策和行为的演变……继续坚持反对苏联制度这一基本立场，继续揭露其邪恶，但强调演变而非革命……对于有待于利用的不满和其他困境，一般不把其根源说成只有通过革命才能消除，而应说成如果现政权愿意采取必要的行动就有可能加以纠正。将这些原则运用于东欧卫星国，适当利用在这些国家里存在的特殊机会来施加巨大的压力，并且削弱卫星国依附于苏联的纽带。"③"美国在海外的所有活动，无论是私人的活动，还是政府的活动，包括所有教派的宗教活动，都应该与美国的意识形态计划相配合"，美国政府的各种计划"应尽可能包括更多的意识形态内容"。④其根本目的就是"诱导苏联或东欧卫星国的演变"。特别是在 1956 年的波兹南事件和匈牙利十月事件之后，以文化和意识形态"演变"为核心内容的美国冷战政策得到了更加明确的实施。1957 年 4 月，杜勒斯在题为《生气勃勃的和平》的讲话中系统地提出了"和平演变"政策理论：美国对俄国"并不煽动暴力叛乱"，而是"鼓励通过演变来实现自由"⑤。在具体方法上，"要通过单纯地陈述事实，包括引用他们的原话来驳斥共产党的谎言，通过对共产党的行为和内部困难的事实报道来反对共产主义，通过在理性的层面上冷静地提出问题来反对共产主义的意识形态"。⑥1982 年 5 月，美国总统里根在一次讲话中表示，美、苏全球冲突的最后决定性力量"将不是炸弹和火箭，而是意志和思想的较量"。苏联的最终解体，历史性地印证了里根的判断。捷克作家伊凡·克里玛在谈到1989 年苏联和东欧剧变时也为这一文化较量的结果提供了佐证："我确信，这种'地下文化'对 1989 年秋天的革命性实践产生了重要影响。"虽然，苏联和东欧的剧变有着更为深刻复杂的原因，但是，从文化上来说，毫无疑问，在这场较量中，苏联是在文化上输掉了这场战争。关于冷战的性质，学术界至今还有着不同的争论，但是，美国中央情报局特工

---

① 默里，诺克斯，伯恩斯坦. 缔造战略：统治者、国家与战争[M]. 时殷弘，等译. 北京：世界知识出版社，2004：16.

② 马特拉. 世界传播与文化霸权：思想与战略的历史[M]. 陈卫星，译. 北京：中央编译出版社，2001：93.

③ 刘同舜，姚椿龄. 战后世界历史长编：1955（第十册）[M]. 上海：上海人民出版社，1997：269.

④ White House Office, NSC Staff Papers, OCB Central File Series,Box 70, "FOA Suggested Draft of Outline Plan of Operations for the U.S.Ideological Program(D-33)", Dec.21, 1954, Eisenhower Library.

⑤ Dulles address, "Dynamic Peace"(April 22, 1957), DSB, XXXVI(May 6, 1957): 719.

⑥ Dulles Memorandum for the President, August 9, 1957; Arthur Larson Memorandum, July 22, 1957, Dulles—Herter Series, Box 9, Ann Whitman File, Eisenhower Library.

人员拉斯基就此曾专门指出："冷战的主体就在文化领域，这一点千万不要搞错。"① 对此，美国新闻署署长谢克·斯皮尔在 1972 年 5 月 1 日答《美国新闻与世界报道》记者问时，特别针对当时已经出现的美、苏政治上的缓和强调，政治上的缓和并不排斥意识形态领域的冷战，"冷战，争夺头脑的斗争依然存在。当前世界上进行的这场冷战，实际上是意识形态交锋"②。因此，"冷战的核心是政治意识形态的对抗③"。

然而，必须看到，两种对立的意识形态的斗争本身不是目的。意识形态是人们关于世界态度的一种体系性反映，这种态度是和人的利益关系紧紧联系在一起的，是关于利益的一种价值体系，因此，在意识形态斗争的背后是关于世界利益的考量。在这里，关于灵魂的决斗直接关系到生存的结局，因此，这场"意识形态交锋"的实质是两种制度力量所代表的人类社会两种截然不同的利益群体关于争夺"生存空间"的空前较量。正如季诺维也夫所说："这是一场西方争取生存和争取其生存的必要条件、在全球的统治地位的斗争"，因此，"'冷战'最重要的教训，是暴露了西方在这场斗争中的最深刻的目的：摧毁苏联，以及无论实行什么制度的俄罗斯；共产主义不过是一个方便的借口和对战争实质的掩盖罢了。此外，共产主义对俄罗斯人来说是如此有益，以至于它已经牢固地构成了俄罗斯人的生活方式和心理，摧毁共产主义就等于摧毁了俄罗斯，摧毁了作为一个历史民族的俄罗斯民族。"④ 在深刻的片面性的背后包含着片面的深刻性，我们必须透过历史的表象更为深刻地认识冷战的本质及其对于我们今天思考国家文化安全的意义。那就是，冷战以前所未有的案例，清晰地揭示了以意识形态为核心内容的文化以及文化斗争是在怎样的一个层面上、以一种什么样的方式与逻辑深刻地影响一个国家的文化安全的，最后又是怎样地危及一个国家的文化安全的，而一个国家文化安全体系的最后崩溃又是怎样导致了一个国家的覆亡的。

（3）冷战发生的历史文化逻辑。

冷战是相对于以激烈的武装对抗为内容的"热战"而言的。因此，意识形态冲突就成为这场持续近 50 年之久的世界范围内两大力量对抗的主要形式。在这里，大国文化战略的制定和运用具有军事战略所无法替代的作用。自第二次世界大战以来，美国人往往"把任何与共产主义有关的事件几乎无一例外地视为一种危机、一种对其基本价值观的可怕的和根本的威胁"。因此，冷战的发生并非历史的偶然，而是有着深刻的历史必然性。

在战后初期，杜鲁门政府就认为苏联的存在构成了对"自由世界"的威胁，作为西方世界最强大国家的美国自然不能袖手旁观，必须尽其所能地遏制共产主义在全球的扩张。因此，即使苏联在战后初期不与美国为敌，美国政府仍然出于自身战略利益的需要挑战苏联的地位，"就是苏联的威胁从不存在，我们也必须杜撰出这种威胁，以造成一种使我们立即采取行动的紧迫感"⑤。对此，克拉布曾经指出，对苏联采取"遏制战略符合美国特性和精神气质的某些特征，与根深蒂固的美国传统中的一系列因素相一致"⑥。美国在战后对共

① 桑德斯. 文化冷战与中央情报局[M]. 曹大鹏，译. 北京：国际文化出版公司，2002：28.
② 《美国新闻与世界报道》1972 年 5 月 1 日，转引自：刘金质. 美国国家战略[M]. 沈阳：辽宁人民出版社，1997：336.
③ 赫尔曼. 认同、规范和国家安全：苏联的外交政策革命与冷战的结束[M]//卡赞斯坦. 国家安全的文化：世界政治中的规范与认同. 北京：北京大学出版社，2009：287.
④ 季诺维也夫. 俄罗斯共产主义的悲剧[M]. 侯艾君，译. 北京：新华出版社，2004：50-51.
⑤ BARTON GELLMAN. Contending with Kennan:Toward A Philosophy of American Power[M]. New York: Praeger Publisher, 1984: 97.
⑥ CRABB. Policy-Makers and Critics: Conflicting Theories of American Foreign Policy[M]. New York: Praeger Publisher, 1986:158.

产主义国家采取的"遏制战略"并不仅仅针对苏联一个国家，也针对中国。对于共产主义在中国的胜利，美国甚至认为中国比苏联更可怕。因此，早在1948年，美国驻华大使司徒雷登就建议胡适在中国发起一场"新思想运动"，以抵制共产主义在中国的胜利。

美国把苏联乃至整个社会主义体系看作其实现全球霸权利益的巨大障碍，同样，苏联也把美国看作其实现在全球扩张的最大障碍，双方又都想避免发生直接的武装冲突，因此以争夺世界势力范围、争霸世界为核心内容的冷战也就不可避免地发生了。在这里，两种社会制度和意识形态主张的对立，以及这种对立在当时历史条件下的不可调和性，乃至这种不可调和性背后所蕴含的"生存还是灭亡"的选择，成为冷战发生的必然的历史文化逻辑。因反对斯大林而被驱逐出境的俄罗斯科学院哲学研究所教授季诺维也夫曾就冷战爆发的历史必然性说过一段相当深刻的话："如果仅仅将西方和共产主义世界的相互关系归结为社会体制之间的对抗，那就错了。在1917年前的很长一段时间里，俄罗斯就已经成为西方国家的殖民区域，而革命意味着西方丧失了这一区域。甚至对于希特勒来说，反对共产主义（布尔什维克主义）的斗争也并不是终极目的，而是为了夺取'生存空间'，并将居住在那里的人们变成新型奴隶的一个借口。苏联对德国的胜利，其在世界上的势力范围的扩大，就极大地减少了西方将全世界殖民化的可能……而这就等于西方的失败，甚至是历史性灭亡。""在这种形势下，对正在到来的共产主义发动特殊战争的想法的产生，就是自然而然的事情了。"[①]诚如英国冷战研究学者理查德·克罗卡特所说的："在战后世界格局中，影响美、苏政策的关键因素不只是它们作为超级大国的崛起，也不只是两极格局的形成，而是两个国家所拥有的力量类型有别和优先目标不同。""两国奉行的都是会导致在全球确立它们之间差异的政策，结果便催生了冷战。"[②]

2. 文化冷战与20世纪国际文化安全格局的形成

"文化冷战"是英国独立制片人弗朗西斯·斯托纳·桑德斯在《谁承担后果——中央情报局与文化冷战》（国际文化出版公司改为《文化冷战与中央情报局》）一书中提出来的概念，用以描述和揭示在冷战时期，美国为了进行与苏联的这场特殊战争是如何利用文化艺术来实现自己的战略目的的。虽然桑德斯在书中没有对这一概念做出恰当的定义，却准确地揭示了改变世界面貌的冷战的特性。正是这场影响深远的文化冷战揭开了20世纪国际文化安全的大幕，成为20世纪国际文化安全形成的最直接的动因。

（1）文化较量在现代国际斗争中的价值和意义。

对于文化究竟能够在多大程度上作为一种战略参与国际事务、解决国际争霸、构成对世界进程的影响、改变世界发展的形态，虽然在以往世界的人文社会科学发展历史上有过许多理论的探索和假设，但是，在文化冷战发生之前的全部人类社会发展历史都不能提供像冷战这样完整的范例所给予的充分的、有说服力的证明。"'冷战'试验摧毁了数百年来支配人们大脑的许多成见，比如认为人民是不可能被长久欺骗的，'冷战'就提供了一个出色的范例：用对人们进行意识形态灌输和操纵大众的现代手段欺骗人民比欺骗单个人要更容易，而且欺骗得更长久。"[③]

---

① 季诺维也夫. 俄罗斯共产主义的悲剧[M]. 侯艾君，译. 北京：新华出版社，2004：47.
② 克罗卡特. 50年战争[M]. 王振西，译. 北京：新华出版社，2003：98.
③ 同①：49.

　　文化较量是国际政治和经济较量的一种反映。在文化的动能尚未得到本体意义上的发挥时，文化更多的作为政治和经济的附庸而被政治家认识、理解、把握和使用。然而，长达近半个世纪的文化冷战，以及冷战的最后终结，使得整个国际社会第一次有了一个完整的范例来重新认识文化的当代作用，尤其是它在现代国际斗争中所表现出来的政治和经济所无法替代的巨大的"水滴石穿"的战略恒久性，文化较量在现代国际斗争中的身份在发现中被重估。1945年美国的一位情报官员在给美国战略情报局局长多诺万的一份报告中写道："在国际上施加压力，既有'和平方式'，也有'好战的方式'……我们应该预见到'和平方式'的分量显然将会加重。我们的敌人将更加积极地进行攻心战，对我们进行颠覆、破坏和施加……压力……我们自己也要充分利用和平方式。在战争爆发之前瓦解敌人意志的时期、战争已经爆发的时期以及战后控制局势的时期，'和平方式'都变得越来越重要了。"[①]这是一份较早地发现了文化在战后国际较量中的分量的报告。这份报告实际上给冷战下了一个文化性的定义："冷战就是心理战，就是利用'和平方式'屈敌，也就是用宣传的武器来瓦解敌方的立场。宣传的武器是文化。"其目标是"借用知识分子、学者、舆论制造者的力量"，在全世界范围内，"瓦解那些为共产主义和其他敌视美国和西方世界的信念提供思想基础的学说和思维模式"。[②]正是由于"文化"这种"非常规的战术"有着常规战争在和平时期所无法替代的作用，因此，把文化作为"宣传的武器"展开一场所谓"争取人心"的战争也就使文化随着"文化冷战"作用的被发现，而在整个冷战时期成为战争的主要武器。也许正是由于文化冷战在两种制度和意识形态的决战中扮演着重要角色，以至于在冷战结束后被标志为"历史的终结"。如果抛开福山所得出的这一结论本身的荒谬性，而从人们对文化在现代国际斗争中的身份的重新认识来说，"历史的终结"本身所具有的巨大的阐释空间和象征意义，远远地超过了它原来被赋予的内容。

　　（2）文化冷战改变了国际政治斗争的形态和形式。

　　在人类社会相当长的一个时期里，军事战争是解决国家间冲突的唯一手段。虽然通过文化手段来实现国家战略利益，不战而屈人之兵，古已有之，但只是被视作一种辅助性策略。把文化作为战争手段并最终达到国家的战略意图和战略目的，这在世界历史上还是第一次，而利用大众传媒开展文化冷战，实现从根本上获得一场战争的胜利，则是冷战的一大发明。战后初期，美国负责文化事务的助理国务卿威廉·本顿就敦促美国政府利用无线电广播、电影和报刊等传媒手段来影响和改变他国公众的政治态度。他说："无论是文化交流，还是新闻宣传，其任务都是推销美国思想。"另一位美国情报官员艾伦·杜勒斯则进一步提出："如果我们教会苏联的年轻人唱我们的歌曲并随之舞蹈，那么我们迟早将教会他们按照我们需要他们采取的方法思考问题。"[③]

　　在冷战高潮时，美国政府投入巨资在西欧执行一次秘密的文化宣传计划，其目的就是"无中生有"。这项计划是美国的情报间谍机构——中央情报局在极端秘密的状态下执行的。执行这项计划的主体是"文化自由代表大会"，其任务就是让西欧的知识分子不再热衷于马克思主义和共产主义，转而从思想倾向上接受有利于"美国方式"的观点。"文化自由

---

① 格雷戈里·贝特森呈多诺万将军的战略情报局研究与分析，1945年8月18日（CIA.HSC/RG263/NARA），转引自：桑德斯. 文化冷战与中央情报局[M]. 曹大鹏，译. 北京：国际文化出版公司，2002：13.

② 桑德斯. 文化冷战与中央情报局[M]. 曹大鹏，译. 北京：国际文化出版公司，2002：13.

③ 王晓德. 美国文化与外交[M]. 北京：世界知识出版社，2000：219-220.

代表大会"于 1950 年在柏林召开，召开这次大会的目的就是针对苏联于 1949 年在知识分子中发起的"和平运动"。伯特兰·罗素、贝奈戴托·克罗齐、约翰·杜威、卡尔·雅斯贝尔斯等参与其中。[①]这支队伍是美国在冷战中的秘密武器，广泛地散布在文化领域之中。如果我们把冷战界定为思想战，那么这场战争就具有一个庞大的文化武器库，所藏的武器是刊物、图书、会议、研讨会、美术展览、音乐会、授奖等。凡是接受中央情报局津贴的个人和机构，都被要求成为这场广泛的宣传运动的一个组成部分，成为宣传运动中的一分子。在这里，"宣传"一词的定义是"任何以影响特定群体的思想和行动为目的的新闻、专题讨论或有组织的努力和运动"，这种"努力"中的一个重要组成部分是"心理战"。所谓"心理战"，是指"一个国家有计划地利用宣传或'非战'的活动来沟通思想、交流情况，以求影响外国群体的观点、感情和行为，其目的是有助于国家达到既定的目标"。而最有效的"宣传"就是"宣传对象按照你所制定的方向走，而他却以为这个方向是他自己选定的"。这就是美国战后文化外交的基本理论。[②]

　　为了赢得这场文化战争，基于"一本书的重要性可能并不亚于一场战役"的认识，美国在战后制订了一个庞大的图书出版计划，通过向欧洲尤其是德国源源不断地输送被认为"不带有宣传色彩"的，包括福克纳、海明威、赛珍珠、沃尔夫等作家的作品在内的所谓"普通图书"，迅速地提升美国文化在欧洲的传播度和影响力。在这场文化冷战中，据《文化冷战与中央情报局》一书的资料，直接参与的文学家、艺术家、社会学家有数百人之多；中央情报局插手的出版物至少有 1000 种。又据《战后欧洲史》提供的资料，"到了 1953 年，在冷战的高潮，美国的海外文化项目（不包括秘密资助和私人基金会）雇用了 13 000 人，耗资 1.29 亿美元，大部分花在对西欧知识分子、精英的'洗脑'大战上"[③]。不仅如此，美国为了支持"对欧洲政策的总体目标"，"形象地向读者阐明美国的理念及其在文化和思想方面取得成就的背景"，把"知识界大部分人从共产主义的影响下争取过来"，不仅利用包括人员、图书、教育、艺术等文化交流的"慢媒介"，着眼于"长期的文化调整"战略，而且充分利用和大力发展无线电广播和电影等"快媒介"，在影响听众和观众方面起到一种立竿见影的"改变人们的见解和政治态度"的效果。因此，美国在冷战一开始就从马歇尔计划的"秘密经费"中拨款，后来又直接从中央情报局的经费中拨款创办各种刊物，[④]而且在整个冷战时期都以发展和加强美国的国际广播和电影，以及其他一切可利用的大众传媒为美国的国家文化战略服务，坚定地将其作为美国的一个国家战略。

　　好莱坞电影被称为"铁盒里的大使"，"这些圆盒子里装有卷得很紧的一卷卷印着美国电影制片者思想、想象和创作才能的走向世界的影片"，成为"对共产主义最有效的摧毁力量"。1961 年，肯尼迪政府在给好莱坞的一份备忘录中明确要求美国电影要进一步配合美国的全球战略，[⑤]全面加强了对以"美国之音"为代表的美国对外广播的发展。为了解释大众传媒在这场文化冷战中所起的作用，苏联专家英克尔斯在《"美国之音"的苏维埃特征》一文中写道："第二次世界大战结束后不久，美国和苏联在很大范围内开始了意识形态之争，

① 朱特. 战后欧洲史（上）[M]. 林骧华，唐敏，等译. 北京：新星出版社，2010：196.

② 桑德斯. 文化冷战与中央情报局[M]. 曹大鹏，译. 北京：国际文化出版公司，2002：5.

③ 同①：197.

④ 同②：29.

⑤ 柳静. 西方对外战略策略资料[M]. 第一辑. 北京：当代中国出版社，1992：6.

其中的武器是宣传，战场就是国际传播渠道，代价就是跨越全世界的男人和女人的诚实和效忠。毫无疑问，这场战斗中最重要的是它对人的精神作用，这种作用牵连着国家稳定与国际和平。"①而美国政府则毫不掩饰地表明其利用大众传媒参与冷战的意图："在通信技术发展的进程中，我们发现说服艺术的一个新领域，人们认识到大众媒介不仅可以用来传播新闻和推销肥皂与电冰箱，而且能教授技能、传达思想、煽动暴力。"②因此，要达到"不战而胜"的目的，"不管是通过人员互访，还是通过交换书刊或互相广播"，都要使"西方的信息穿过每一道集权主义的屏幕"，去"侵蚀苏联制度的基础"。③电影是美国利用大众传媒实现冷战战略的又一个重要工具。

（3）文化冷战建构了当代国家文化安全机制。

整个文化传媒业在整个冷战过程中摧毁一个国家的功能被发现后，利用文化传媒手段，大力发展国际文化传播业，通过大规模地输出文化传媒产品来实现对别国的社会意识的改造，便成为对世界具有霸权目的的一些大国的战略选择。以大众传媒产品的文化输出所显示出来的文化霸权主义，正是在这样的意义上成为当今世界国际文化安全的一个重要威胁。国家文化安全已成为现代非传统安全的一个重要命题。美国之所以在新一轮的国际服务贸易谈判中不顾许多世界贸易组织成员的反对，竭力主张实行文化产品的贸易自由化，不能不说是受到文化冷战中所获得的巨大收益的启发，因此，在文化冷战中形成的一系列对外文化战略与策略不仅没有因为冷战的结束而终止，甚至在冷战后有了进一步发展和扩张的趋势。而正是因为许多国家认为美国通过现代大众传媒手段进行文化渗透与文化侵略的文化战略现实地构成了对其国家文化安全的威胁，所以，即便是美国的传统盟国，如加拿大、法国，也都制定了相关的文化法律和政策，对美国文化产品的进口实行总量控制，推行反霸权措施。文化冷战在这里成为现代国家文化安全问题形成的直接动因。

除了"文化冷战"，冷战的另一个"遗产"就是在整个冷战过程（包括文化冷战）中形成的判断世界形势与发展趋势，并以此来制定国家战略的"冷战思维"。所谓"冷战思维"，是指在冷战时期形成的，美、苏等主要大国在制定外交政策时对国内外环境和形势的估计与判断，并以此为依据制定国家战略、推行国家政策的思维模式和行为准则。它最主要的一个特点就是：视对方为本国生存与发展的主要威胁和最大、最危险的敌人；以主观臆断预设对方的历史归宿，并以此为依据实现意识形态的"妖魔化"斗争和社会制度较量；奉行"零和"对策的游戏规则，制造文化安全困境，开展文化渗透与文化颠覆的现代传媒战争。"冷战思维"是冷战的产物，也是冷战时期国际文化力量格局和国际文化关系体制形成的重要文化意识形态因素。冷战作为一种国际关系形态已经终结，但是冷战，特别是文化冷战所形成的关于文化和意识形态功能的全新理解，以及它给国际关系和人类生存与发展带来的影响并没有随着冷战的结束而消失。由于美国赢得了冷战的胜利，这就使得作为整个冷战的遗产，"冷战思维"和"文化冷战"不仅将在相当长的时间里影响美国的国家思维和国家战略决策，而且胜利使"文化冷战"具有了神话的意义，将被赋予新的内容和形式，从而使文化，尤其是文化产业，更多地被用于新的国际较量。这也许就是美国哈佛大学教

---

① 马特拉. 世界传播与文化霸权[M]. 陈卫星，译. 北京：中央编译出版社，2001：92.

② 美国国会第 88 届会议第一次会议关于现代通信和外交政策的报告（刘金质. 美国国家战略[M]. 沈阳：辽宁人民出版社，1997：335.）。

③ 刘洪潮. 西方和平演变社会主义国家的战略、策略、手法[M]. 武汉：湖北人民出版社，1989：199.

授、美国前国防部长助理约瑟夫·奈"软力量"理论的思想来源。而恰恰在这里，约瑟夫·奈在新的国际形势和世界文化发展背景下揭示了"文化冷战"和"冷战思维"新的国家形态：如果说"文化冷战"和"冷战思维"还仅仅是被用来实现国家战略意图的一种工具的话，那么，"软力量"理论的提出将使整个文化及其载体形态成为国家战略和国家发展道路的形态。"软力量"的较量将在所有文化领域全面展开。因为"冷战思维"是美国在近半个世纪的斗争中收获的最大的成果，也是美国最得心应手的工具。"冷战思维"虽已遭人警惕和贬斥，但其作用不可替代，因此必须赋予其新的理论形象和意义。作为意识形态和生活方式的较量，冷战虽然以苏联的解体和美国的胜利而宣告结束，但并不能说明这就是"历史的终结"。[①]以美国的价值观为价值观来改变世界是美国的国家目标，因此，这种较量还将继续下去。正是在这样的意义上，文化冷战及其遗产也就逻辑地成为现代国际文化安全继续博弈和国家文化安全问题形成的直接动因。"文化冷战"所留下的"国家文化安全困境"将继续影响国际文化安全格局的运动走向。

3. 文化冷战与大国文化战略博弈

冷战有一个从欧洲向亚洲延伸，进而影响到世界文化版图变化的渐进过程。这个过程实际上是对美、苏战略利益在世界争霸的进一步演绎，因此，冷战时期的大国文化战略博弈是冷战得以在长达近半个世纪的时间里影响世界形势的主要动力。它不仅一般地反映了博弈双方根据各自不同的国家战略利益不断深化和调整冷战战略所呈现出来的此消彼长的文化力量运动的战略态势，而且在这个过程中形成了过去大国争霸史上未曾有过的新特点。正是这些特点改变了文化在整个世界力量对比和世界秩序和格局建构中的作用和地位。今天的国际文化安全或者说全球化安全，从历史的发展和演变来看，正是这些特点在后冷战时代的一种发展。国际社会关于"摈弃冷战思维"的呼吁，恰恰反映和说明了在冷战时期形成的一些特点不但没有被放弃和消失，反而在某种程度上得到了深化和创新，被赋予了全球化的特征，这是我们必须认真关注的。

（1）文化被纳入国家安全体制（以美国为例）。

在标志着冷战正式开始的 1947 年 3 月 12 日美国总统杜鲁门的讲话之后，美国国务卿艾奇逊对议员们说："我们面临的局势是史无前例的。自罗马和迦太基时代以来，世界上还从来没有出现过这样的权力两极分化，而且这两个大国存在着不可弥合的意识形态鸿沟。"[②]1947 年 8 月，"马歇尔计划"的设计者、美国国务院政策计划处主任乔治·凯南在美国《外交事务》上发表了一篇署名为 X 的文章：《苏联行为的根源》。在这篇文章中，凯南分析了苏联的本质，提出了在冷战早期中一直占主导地位的主题，那就是针对苏联用意识形态占领世界每一个角落的企图，美国必须建立一股包括"最大限度地提高宣传和政治战的技巧"在内的永久性力量，对苏联坚定地"进行遏制"。这就是著名的美国在冷战时期对苏联实行的"遏制战略"。1947 年 12 月 19 日，美国国家安全委员会颁布了 NSC—4 号指令。这一指令使凯南的遏制政策理论从法律上得到了认可，从而使"遏制战略"作为冷战后美国第一个对苏总体战略被纳入国家安全体制。1948 年 6 月，美国国家安全委员会颁

---

① 美国学者弗朗西斯·福山在《历史的终结及最后的人》一书中以苏联的解体和美国的胜利为例，认为西方国家实行的自由民主制度是"人类意识形态发展的终点"和"人类最后一种统治形式"，并由此构成了"历史的终结"。

② 转引自：桑德斯. 文化冷战与中央情报局[M]. 曹大鹏，译. 北京：国际文化出版公司，2002：24.

布了 NSC—10/2 号指令，这些在极端秘密的情况下拟定的文件"采纳了（美国）'国家安全需要'这样一个泛泛的概念，其中包括要按照美国自己的模式来塑造世界"。[①]1947 年 3 月 12 日，美国总统杜鲁门在国会两院联席会议上宣读了后来被称为"杜鲁门主义"的咨文。在这篇咨文中，杜鲁门特别强调和突出："我们的生活方式，是以大多数人的意志为基础的，它突出地表现为：自由的制度，由代表组成的政府，自由选举，保障个人自由，言论、宗教信仰自由和没有政治迫害。"而"另一种生活方式是以将少数人的意志强加于大多数人为基础的。它所依靠的是：恐吓与迫害、对报纸和广播的控制、指名的选举和对个人自由的压制。"[②]杜鲁门在解释这篇咨文的主题时表示，这篇咨文是向"全世界说明，美国在这个新的集权主义的挑战面前所持的立场"，今后，"无论在什么地方，无论是直接还是间接侵略威胁了和平，都与美国的安全有关"。[③]国家安全体制是美国最重要的国家体制，美国的一切战略都是建筑在国家安全理论和政策的基础上的，或者说美国的一切行为都是围绕美国的国家安全展开的。任何一个方面，只要被美国认为关系到美国的国家利益，威胁到美国的国家安全，就会被纳入国家安全体制。1957 年，苏联成功发射第一颗人造地球卫星，美国举国震惊。次年，美国颁布了《国防教育法》，强调"国家安全要求最充分地发展全国男女青年的智力资源和技术技能"，并责成联邦和各州政府大力支持教育，加强基础教育，提高各级学校科学、数学和外语的教育水平，[④]从而把整个教育纳入国家安全体制。

（2）文化外交成为重要的国家安全战略。

文化外交是美国对外政策和国家安全战略的重要组成部分。早在 20 世纪 30 年代，为抵制纳粹德国在南美洲日益扩大的影响，美国就推动召开了布宜诺斯艾利斯"泛美维护和平大会"，通过了《促进美洲文化关系公约》。这是第一个国际文化关系公约，标志着美国进入文化外交战略历程。1938 年，美国国务院首次设立"文化关系司"，通过政府机构的架构在政府职能上进一步体现了美国的文化外交战略意图。20 世纪 40 年代初，面对整个世界形势和力量格局的巨大变化，美国着手设计战后国家政策与战略。1942 年，负责为战后美国对外政策关系提出规划纲要的美国耶鲁大学历史学家特纳，向美国国务院对外关系司提出了一份关于战后美国对外文化工作的政策纲要的备忘录。他在该备忘录中开宗明义地提出："任何同外交事务有关的工作都是为国家利益服务的，因此，对外文化工作必须根据国家的需要，同政府的政治、经济、外交政策保持一致，配合进行。"特纳认为，美国战后对外文化工作的政策目标必须是引导全球政治规模的斗争朝着"民主"的方向发展，要运用美国的力量"对这个进程中的最重要的因素施加影响"。为了实现这个战略目标，美国"既要运用自己的权势，也要运用文化交流这个工具"。[⑤]对美国来说，国家安全的威胁主要来源于国外或"其他者"。而要保护本国的文化和政治利益不受侵犯，美国就必须在制定和执行对外政策保护美国的认同范围的同时，通过制定和执行某项对外政策影响和颠覆"其他者"的认同，使其无法对美国的政治认同构成威胁，从而确保美国的国家安全。正是在

① DEBORAH LARSON. The Origins of Containment: A Psychological Explanation[M]. New Jersey: Princeton University Press, 1985.
② 杜鲁门. 杜鲁门回忆录（第二卷）：考验和希望的年代（1946—1953）[M]. 李石，译. 北京：生活·读书·新知三联书店，1974：120.
③ 同②：120-121.
④ 转引自：齐世荣. 国家兴盛与创新改革关系的历史考察[N]. 人民日报，2004-02-03.
⑤ 宁科维奇. 美国对外文化关系的历史轨迹（续）[J]. 钱存学，编译. 编译参考，1991（8）：56.

这样的对外政策取向的背景下，特纳的主张得到了美国政府官员的广泛赞同。特纳的备忘录"不仅从美国对外文化关系的历史经验中提出'文化外交'这一崭新的概念，而且为美国战后对外文化关系政策从'自由主义'的传统转向'强权政治的工具'轨道提供了理论基础和指导方针"。①

冷战开始后，文化外交这一战略指导思想迅速成为美国对苏联实行的"遏制战略"的重要组成部分。美国政府认为，"若要在这场冷战中赢得胜利，除了武器和金钱，还需要思想输出"，需要"美国的文化外交"。②1946 年，美国参议员富布赖特推动通过了美国文化外交历史上著名的《79—584 号公共法修正案》（富布赖特法案），首次以立法形式对美国的国际文化活动提供保障。1948 年，美国国会通过了《史密斯·蒙特法案》，进一步明确了美国文化外交活动的宗旨和任务，从此，"文化外交"作为一种国家对外文化关系战略正式成为美国国家战略。正是在这一国家战略的指导下，美国在自 1950 年至 1967 年近 20 年的时间里对整个社会主义实行全面的文化冷战，通过"富布赖特项目"、"国际访问者项目"、"信息中心项目"和"东西方文化交流"，成功地推行了对苏联及其卫星国的"和平演变"，同时，这一战略也成为美国后来实施的文化霸权主义和文化帝国主义战略的直接来源。

"文化外交"战略在今天仍然是美国重要的国家战略形态之一，它对其他国家构成的国家文化安全威胁在很大程度上来自其国家文化外交战略。冷战结束了，但是由冷战而开始的"文化冷战"，作为现代国际文化安全的一个动力机制，并没有随着冷战的结束而结束，而是在全球化的背景下转换成"文化霸权主义"的形态，利用全球化机制继续实施美国的文化扩张战略。因此，从这个意义上来说，作为当今国际文化安全问题形成的一个动力机制，美国的国家文化战略仍然是它的一个重要源头。正如美国外交史学家弗兰克·宁科维奇在其《文化外交》一书中所指出的那样："文化手段和政治、经济、军事手段一样，不但是美国外交政策的组成部分，在大国间军事作用有限的条件下，特别是在现代核战争无法严密保护本国不受报复的情况下，文化手段尤其成为美国穿越障碍的一种更加重要的渗透工具。"③恰恰是在这个问题上，美国的文化外交也就成为美国的国家文化安全战略。一国安全战略的加强必然导致其他国家的不安全，这就是"安全困境"，正是这一困境决定了美国的国家文化安全战略成为国际文化安全问题形成的重要源头。

（3）冷战意识形态冲突建构了东、西方国家文化安全。

东、西方两大阵营的意识形态对立和冲突是文化冷战最主要的内容。意识形态冲突的实质是对国家根本战略利益的维护，因此能否坚持国家意识形态原则，广泛涉及对国家全部战略利益，尤其是国家主权和尊严的捍卫，涉及社会制度和国家道路选择的合法性和合理性，在根本意识形态上的任何让步，都会导致国家利益的重大颠覆和国家道路选择合法性的丧失，这就使意识形态冲突具有普遍的国家文化安全意义。

所谓意识形态，通常是指一种思想体系，以及由这种思想体系所形成的人们的社会存在方式和生活方式，因此，意识形态本身并不仅仅指向一个单一的观念形态领域，而是和

① 朱威烈. 国际文化战略研究[M]. 上海：上海外语教育出版社，2002：26.

② THAVER. America's Cultural Relations Abroad (November 5, 1959)[M]//The Annals America Vol.17. Chicago: Encyclopaedia Britannica, Inc., 1976: 546.

③ NINKOVICH. The Diplomacy of Ideas: U.S. Foreign Policy and Cultural Relations, 1938—1950[M]. New York: Cambridge University Press, 1981.

人们的生存方式（包括精神生活方式）紧密地联系在一起的。由于价值观在整个意识形态系统中具有决定其他所有观念形态和思维方式的作用，因而是人们关于生活方式和存在方式的集中体现。美国学者厄尔·H. 弗赖伊在谈到文化价值观的作用时说："政治领袖必须在符合国家价值观的前提下才能形成政策，国家价值观只是个人价值观的集合。关于美国国家利益的问题，只有研究国家价值观才能找到答案。正是这些价值观才规定了国家的利益和国家的安全。"①

正是由于意识形态本身直接反映了人们的一种生活方式和生活态度，所以，美国总统杜鲁门于 1947 年 3 月 12 日在美国国会两院联席会议上宣读的后来被称为"杜鲁门主义"的咨文中，明确地把美国和苏联关于意识形态的对立和冲突的性质确定为关于"两种生活方式的选择"，"我们的生活方式，是以大多数人的意志为基础的，它突出地表现为：自由的制度，由代表组成的政府，自由选举，保障个人自由，言论、宗教信仰自由和没有政治迫害。"而"另一种生活方式是以将少数人的意志强加于大多数人为基础的。它所依靠的是：恐吓与迫害、对报纸和广播的控制、指名的选举和对个人自由的压制。"虽然杜鲁门的咨文通篇未提苏联，也只字未提"共产党"，但是他在事后明确指出这篇咨文"就是美国对共产主义暴君扩张浪潮的回答"，是向"全世界说明，美国在这个新的集权主义的挑战面前所持的立场"。在这里，杜鲁门以极其"美国式的方法表明了美国对东、西方意识形态对立和冲突的实质的判断和立场。而正是由于把意识形态对立和冲突看作关于两种不同生活方式的选择这样一个涉及一定环境下人们生存的全部合法性与合理性的问题（因为任何一种生活方式都是人的一种生存方式的具体体现，是它的文化性的表征），所以任何对这种生活方式的挑战都涉及对这种文化的否定，即对这种生存方式的否定，而这恰恰是它存在的全部合法性基础。这就使得整个问题的性质发生了变化，那就是意识形态作为文化事关国家文化安全，进而事关国家安全的战略问题。正是由于在关于东、西方意识形态对立和冲突的问题上得出了这样的结论，所以杜鲁门明确指出，今后，"无论在什么地方，无论是直接还是间接侵略威胁了和平，都与美国的安全有关"。②这就是两极对立的产生，美国国家安全委员会发布的 NSC-68 号指令就是建立在这个基础上的，从而使这种关于两极对立的斗争成为影响近半个世纪的国家文化安全的根源。意识形态的分歧、对立和两极化，为对立的国际集团的建立和存在提供了框架和合法性，正是为了追求这种"合法性"，两大对立的政治集团展开了无休止的意识形态战争，不断地扩大活动范围，由此而形成的"国家文化安全困境"成为最终规定东、西方意识形态对立与冲突的力量。

（4）国际意识形态冲突的文化安全意义。

1946 年 3 月 4 日，英国首相丘吉尔在美国富尔顿发表了著名的"铁幕讲话"。在这篇讲话中，丘吉尔宣称："从波罗的海的什切青到亚得里亚海边的的里雅斯特，一幅横贯欧洲大陆的铁幕已经降下来"，苏联在世界各地构成了对基督教文明的"日益严峻的挑战和威胁"。③丘吉尔的讲话不仅为美国后来制定和实施的"遏制战略"做好了舆论准备，而且一

① FRY, TAYLOR, WOOD. America the Vincible: U.S. Foreign Policy for the Twenty First Century[M]. New Jersey: Pearson College Div, 1994: 113.

② 杜鲁门. 杜鲁门回忆录（第二卷）：考验和希望的年代（1946—1953）[M]. 李石，译. 北京：生活·读书·新知三联书店，1974：120-121.

③ 转引自：刘金质. 冷战史（上）[M]. 北京：世界知识出版社，2003：95.

开始就直接揭示了即将到来的国际意识形态冲突的文化安全意义。

国际意识形态冲突是由于具有世界影响的大国和大国集团关于世界的不同战略要求和态度引起的，这种不同的战略要求和态度受影响于不同的价值观以及在这种价值观支配下的关于世界利益的再分配。从某种意义上说，自有人类发展历史以来，人类社会的一切冲突都可以被看成意识形态冲突，是人类文明在进化过程中必须完成的一种发展形态，当不通过意识形态斗争，人类社会就不能获得新的世界观，就不能推动人类社会向前发展的时候，这种意识形态冲突就是人类社会必须完成和实现的自我超越和涅槃。但是，当我们讨论 20 世纪国际社会近半个世纪的意识形态冲突的时候，我们的语境是关于两种政治和经济制度、两种生活方式和价值观的对立与斗争的意识形态冲突，以及由这种冲突而形成的理论、造成这种冲突的政策学依据。而恰恰是这个根本问题决定了这一国际意识形态冲突对于国家安全的全部文化意义。由于这种冲突的终极目标是美、苏两个超级大国都想按照各自信奉与坚持的社会制度与价值体系改造和重新瓜分世界，最大限度地实现自己称霸世界的图谋，这就必然构成对他国主权的肆意践踏和对他国文化的不尊重，直接威胁一个主权国家应当享有的国家主权，这就是国际意识形态冲突具有的国家文化安全的意义，因为他国的国家文化作为主权象征的存在和民族国家身份的合法性不容侵犯。正是由于这样的意识形态冲突危及一个主权国家的自由和独立、一个国家和民族的尊严，所以，不仅东、西方的冲突是不可避免的，即便是同属于社会主义国家的中国、苏联之间的意识形态冲突也是不可避免的。尽管二者之间有着本质的区别，但是，事关国家文化安全是相同的。

冷战随着苏联和东欧社会主义阵营的解体而宣告结束，为此，美国学者发表了《历史的终结》和《文明的冲突》，前者欢呼资本主义对于社会主义的胜利，后者则为美国寻找新的战略对手。冷战结束了，但是"冷战思维"还在，"文化冷战"还在继续。围绕意识形态和核心价值观的战略博弈随着中国的崛起而呈现出新的形态，因而"文化冷战"还将深刻地影响中国国家文化安全环境、形势的发展与走向，并由此影响国际文化安全格局的变动与重建。

第三节　全球化与当代国家文化安全演变

全球化是国家体系演变的新形态，构成了当代世界一切问题的前提和基础。这不仅仅因为全球化作为一种语境正在深刻地影响和改变着人们思考问题的维度，更重要的是，全球化正在现实地影响和改变人类历史和国家的发展进程。世界体系正在这一过程中经历前所未有的巨大变革。一切既定的观念、制度和原则都在这一进程中遭遇了最严峻的挑战。对于中国来说，全球化就是当代中国开放的时代特征。全球化成为国家文化安全发展新的演变机制。因此，要对当代国家文化安全新的形成机制做出符合时代特征的判断，就必须对全球化给予现代世界体系的影响做出扼要的文化分析和文化判断，并从中揭示出全球化与国家文化安全之间的内在关联性。

一、全球化作为一种新的全球安全机制的性质

什么是全球化？或者说，怎样理解、认识和把握全球化的性质和本质特征？这是我们

讨论全球化与当代国家安全形成机制之间相互关系的一个重要前提。我们的结论应当建立在分析这一问题的基础上。

1. 全球化的发生起点与定义

全球化作为人类社会历史发展的一种具体存在，理论界对其发生起点还存在着分歧，但根据不同学者提出的代表性观点（见表 4-1），近代是全球化发生的起点，这可以说是理论界的一种共识。

表 4-1 关于全球化发生起点的代表性观点[①]

提 出 者	全球化发生起点	体 现 形 式
马克思	15 世纪	现代资本主义
沃勒斯坦	15 世纪	资本主义世界体系
罗伯逊	1870—1920 年	多维度的
吉登斯	18 世纪	现代化
波尔穆特	东、西方冲突的结束	全球文明

正是由于角度和学科背景存在差异，所以人们关于全球化的理解与定义是不一样的。对此，我国全球化研究学者杨雪冬在其《全球化：西方理论前沿》一书中为我们提供了一条相当清晰的梳理路线：① 全球化被认为是地球上的人类可以利用先进的通信技术，克服自然地理因素的限制而进行信息的自由传递。马歇尔·麦克卢汉（Marshall McLuhan）在其 1960年出版的《传播探索》一书中提出的"地球村"理论是这一理论的主要代表。② 全球化被认为是经济活动在世界范围的相互依赖，特别是形成了世界性市场，使资本超越了民族国家的界限、资源实现了在全球范围内的自由配置。这种认识把经济全球化的动力归结为市场的发展，从而在理论上把国家推到了全球化障碍的一面。③ 全球化被视为人类在环境恶化、核威胁等共同问题下达成的共同认识。罗马俱乐部是这一理论的拥趸。④ 全球化是资本主义的全球化或资本主义的全球扩张，沃勒斯坦的世界体系理论是其突出代表。⑤ 全球化是现代性的各项制度向全球的扩展，即全球化不过是现代性从社会向世界的扩展，英国学者吉登斯是这方面的突出代表。⑥ 把全球化看作人类各种文化、文明发展要达到的目标，是未来文明存在的形态。全球化不等于或不能被看作随意考虑中的现代性的直接后果。全球文化的相互联系状态的扩展也是全球化进程，它可以被理解为导致了全球共同体——"文化持续互动和交流的地区"的出现。罗伯逊·费瑟斯通是这一理论的代表。⑦ 从社会过程的角度界定全球化，认为全球化是一个社会过程，在这个过程中，地理对社会和文化安排的约束减弱了；在这个过程中，主权受到具有不同力量、前景、去向、认同以及网络的跨国行为体的困扰和削弱。[②]全球化在这里表现出它全部的丰富性和复杂性。[③]

---

① 转引自：杨雪冬. 全球化：西方理论前沿[M]. 北京：社会科学文献出版社，2002：4.

② 同①：9-12.

③ 有研究认为，"全球化"这个词最初于 20 世纪 90 年代风靡全球，在 2000—2001 年达到顶峰。几乎没有人知道这个词的起源，《牛津英语词典》称，1972 年的一项学术研究成果最早见到了它。20 世纪 70 年代，意大利左派激进地下期刊《左翼无产阶级》刊登了一篇文章，题为《资本主义社会的全球化过程》，这是人们已知的"全球化"首次以当代含义出现（参见："全球化"一词使用率锐减[N]. 参考消息，2011-02-10.）。

本书则把全球化看作一种改变世界的力量。这种力量不仅一般地改变了世界的经济结构，而且从某种程度上说，它更为深刻地改变了世界的政治结构和文化结构。由于这种改变所显现出来的张力将对整个人类社会现存一切秩序的合法性发起全面挑战，整个人类社会的生存方式与发展模式都将面临一种根本性转型，所以，它在给整个世界带来人类文明进步所必需的变革动力的同时，也对整个人类社会文明进步所需要的文明（包括政治文明、精神文明和物质文明）遗产构成前所未有的威胁。正是这种威胁使全球化本身构成了当今全球发展的一个安全问题，从而使之具有安全性质。全球化进程绝非一种自然发展的结果，科技的进步和生产力的提高加速并强化了国际交往。但是，全球化现象的形成则主要取决于现存国际力量的关系，即全球化是这种力量关系的矛盾运动给全球社会造成的一个直接后果。这种力量关系的对比性结构的差异，构成了处于不同力量关系影响之下的不同国家安全性的差异。

全球化作为一种推动世界历史发展和改变人类社会存在面貌的力量，形成于资本主义在全球的扩张。早在一百五十多年前，马克思和恩格斯就对全球化及其与资本主义的关系做出了深刻的预言和揭示："资产阶级，由于开拓了世界市场，使一切国家的生产和消费都成为世界性的了……新的工业的建立已经成为一切文明民族生命攸关的问题；这些工业所加工的，已经不是本地的原料，而是来自极其遥远的地区的原料；它们的产品不仅供本国消费，而且同时供世界各地消费。旧的、靠本国产品来满足的需要，被新的、要靠极其遥远的国家和地带的产品来满足的需要所代替了。过去那种地方和民族的自给自足和闭关自守状态，被各民族的各方面的互相往来和各方面的互相依赖所代替了。物质的生产是如此，精神的生产也是如此。各民族的精神产品成了公共的财产。民族的片面性和局限性日益成为不可能，于是由许多种民族的和地方的文学形成了一种世界的文学。"①马克思和恩格斯的这一著名论断被普遍认为是对全球化及其对世界影响的最早解释。在这里，马克思不仅揭示了世界经济的全球化与资本主义全球扩张之间的必然联系，或者说，揭示了世界经济的全球化正是资本主义本质合乎逻辑地展开这样一个资本主义运动的规律，同时对资本主义主导下的全球化所给予世界发展的负面影响深表不安。因为在这个过程中，资本不仅对所有的社会关系和意识形态不断地进行有意识的重构，而且在这个重构过程中，会阻碍整个世界的民主、平等和自由的历史运动。而这种阻碍是通过消除由"民族的片面性和局限性"所构成的"民族的和地方的文学"的多样性来实现的。文化的多样性是民主的一种自然形态，是各民族平等创造的产物。而恰恰在这一点上，资本使它成为一种"世界的文学"，也就是今天所谓的"文化全球化"。这是资本运动的一般特性，同时是全球化给世界带来的影响。对于整个人类社会的发展来说，这种影响是不符合人类社会对于安全的文化诉求的。正如物种的安全性是由物种的多样性所决定的一样，人的安全性也是由人的属、人的文化的多样性决定的。

2. 全球化与国家安全机制变迁

我们今天所融入的是世界经济，而不是国际经济。国际经济是指在国家经济范围内保持其全部特性的国家经济之间的活动，而世界经济则是指具有全球特性的经济。世界经济

---

① 中共中央马克思恩格斯列宁斯大林著作编译局. 马克思恩格斯选集：第 1 卷[M]. 北京：人民出版社，1995：276.

具有一种内在的驱动力，这种内在驱动力是一种能够使自己内在发展的力量。正是这种力量改变了国际经济的存在形态和存在方式，把国家之间的经济活动转变成全球经济活动的一部分，成为全球经济活动的存在形态和存在方式。正是在这个意义上，沃勒斯坦的现代世界体系理论关于核心国家、半边缘国家、边缘国家的划分才具有空间动力学的意义。在这样一个运动空间，由于全球化作用于不同国家的半径长度是不一样的，所以它带给不同国家的利害关系也是不一样的。同时，由于这种利害关系直接反映了一个国家在全球化过程中国家利益的获取程度，因而这种利害关系与一个国家在全球化中的国家安全系数存在正相关关系：获利程度越大，安全系数越高；获利程度越小，安全系数越低。其函数关系是：离中心位置越近，获利越多，则安全系数越高，不安全系数越低；离中心位置越远，获利越少，则安全系数越低，不安全系数越高。安全系数随获利水平与能力的上升而上升、随获利水平与能力的下降而下降。当今世界不同国家间的安全关系正是在这样的一个力的运动关系中被规定的。那么，根据沃勒斯坦的划分，核心国家就是世界上经济最发达的国家，半边缘国家是发展中国家，边缘国家是最不发达国家。

迄今为止，几乎所有关于全球化的研究成果都告诉我们，全球化是由发达的资本主义国家发动和主导的，而这些国家恰恰都处在现代世界体系中核心国家的位置上，边缘国家和半边缘国家则被动地被卷入这一力量所形成的涡流。根据上述安全函数关系，全球化带给发展中国家和最不发达国家的不安全因素远远超过带给它们的利益。1996年的《联合国人类发展报告》指出，将近90个国家的经济状况比10年前更糟。在穷国与富国之间，全球化导致了"全球性两极分化"。[①]全球化成为构成这些国家安全危机的重要动因。因此，如何在全球化过程中建立新的国家安全机制和安全体制，也就自然地成为这些国家在维护国家安全过程中不容回避的一个重大课题。然而，问题正如日本学者所指出的那样，在全球化过程中，"并非只是发展中国家才承受不安全和经济上的威胁，而发达国家却安然无忧。只要不平等的全球经济体系继续存在下去……第三世界的不安全状况，尤其是贫困，会引发发达国家的不安全。因为经济停滞、贫穷、生态破坏、市场缩小不可能使发达国家继续从发展中国家获得廉价劳动力和自然资源，累计赤字会随之上升。这些因素会对发达国家的经济活动产生重要影响，引发经济不安全状况的出现。"[②]因此，对于发达国家而言，如何把不平等的、不对称的经济体系转变为平等、对称的体系，消除国家经济的不安全因素，也就成为无法回避的国家安全政策的重大课题。全球化也正是在这个意义上成为现代国家关系中新的国家安全机制。

1998年"诺贝尔经济学奖"获得者阿马蒂亚·森（Amartya Sen）曾指出，全球化的真正挑战并非来自全球化本身，而是常常与全球化联系起来讨论的一些敏感话题。主要问题或多或少与不平等有关，尤其与在财富、政治、经济与社会权利方面的不平等有关。今天全球化的影响已经涉及政治、经济、文化等广泛的领域，但令当今国际社会最为关注的，还是全球化所带来的不平等和非均衡的社会后果。这种不平等和非均衡并不是指某个方面或者某个领域，而是指整体性。一方面，全球化促进了世界社会经济的发展；另一方面，

① 杨佰溆. 全球化：起源、发展和影响[M]. 北京：人民出版社，2002：6.

② 星野昭吉. 全球政治学：全球化进程中的变动、冲突、治理与和平[M]. 刘小林，张胜军，译. 北京：新华出版社，2000：146.

全世界至少有 2/3 的人被排除在全球化之外，受到全球化伤害或被全球化所忽视。全球化是广泛而深入地构建国家、公民社会、政治经济、文化以及它们之间关系的过程的基础，是经济全球化的一个结果。全球经济把世界变成了一个经济单位。全球化也是一种意识形态。全球经济正在整合，向单极化方向发展。这种影响和能力如此之大，以至于人们的生活质量、行为方式、国家和人民的民族倾向都难以抗拒它的支配，任何人、任何事情都不能回避或削弱全球经济。世界的全球化是经济全球化的结果，深受经济全球化的影响。经济全球化的一个主要特点就是对世界体系的本质、内容、结构及其发展的影响。

一定的国家安全机制是一定历史时期各种世界力量关系运动的一个结果。当这种力量关系集中地反映了世界政治、经济和文化关系的时候，那么占主导地位的世界政治经济力量也是决定和影响全球安全机制的主导力量。世界各国安全问题和安全机制的形成，进而国家安全观念和国家安全制度的建立，就是以这样的力量关系为基础的。无论是威斯特伐利亚条约的签订，还是雅尔塔体系的形成，最终都成为一个时期国家安全体制和机制形成的依据。只要这种力量关系不被破坏，那么由此而形成和建立的国家安全机制就会保持自身的稳定性。因此，这一主导力量的任何变动都会引起全球安全机制的更大变动。全球化作为一种新的全球安全机制形成力量，与以往人类社会自有国家以来所形成的国家安全机制构成力量的最大差异，就是它第一次通过建立全球经济体系及现代世界体系的方式，使全球经济安全成为一个整体。国家之间在经济上的相互依赖性使任何国家都不可能独立地解决自身发展中所面临的经济安全问题，任何国家的安全问题都可能引发成为全球安全问题，并对国家关系和世界进程产生重大影响。文化安全机制的变迁就是这一影响下的结果。

3. 全球化与国际关系变动

现代国家体系是在威斯特伐利亚条约的基础上形成的，它最根本的一个原则就是对主权国家的肯定和确认。其本身是建构在以欧洲文化对国家概念和意义的理解这一基础之上的，因此，从这个意义上来说，现代国家体系的形成本身就是一种关于世界体系的文化建构。虽然这一体系建构是以欧洲中心主义的文化理念为主导的，但它确实在很大程度上为整个人类社会的发展提供了一种模式，因而成为现代国家体系的一个基础。然而，全球化正在消解这一基础。由于这个基础是建立在国家关系不对称的基础之上的，带有先天的不平等，而这种不平等最为显著的一个特征，就是发达国家与发展中国家之间的不对称关系结构仍然导致支配与依赖的力的运动关系，发达国家集团可以就不对称关系结构中支配与依赖结构的转化起很大的作用，而发展中国家实际上没有能力改变这种力的结构的不平衡。因此，由西方主要大国事实上造就的国际分工本身已经成为处在不平等地位上的那些国家不安全的各种因素；全球化的一个结果，不仅没有缩小这种不平等的差距，相反，使这种差距在全球化的进程中被进一步拉大了。在这一过程中，发展中国家不仅在整体上处于一种经济不安全的情势中，在文化上同样处于一种不安全的情势之中。从 1960—1994 年全球财富分配的结构变动中可以看出这种趋势，如表 4-2 所示。[①]

---

① 转引自：杨雪冬. 全球化：西方理论前沿[M]. 北京：社会科学文献出版社，2002：247.

表4-2　全球财富分配（1960—1994年）

单位：%

年　　度	工业化国家	发展中国家	苏联和东欧国家
1960	67.3	19.8	12.9
1970	72.2	17.1	10.7
1980	70.2	20.6	8.7
1989	76.3	20.6	3.1
1994	78.7	18.0	3.3

对发展中国家来说，全球化的一个结果是进一步提高了不安全系数。苏联和东欧国家的解体可以看作对这一结果的最好注解。

全球化带动了国家关系的变动，这种变动不仅一般地改变了国家之间财富分配结构的力量比，而且极大地改变了整个国际社会普遍的存在方式，使国家之间的相互依赖增强了。这种改变使地方传统和行为模式面临被全球化的挑战，万里之外发生的事件不仅对当事国家和地区产生影响，也对个人日常生活产生了广泛和深刻的影响。这种影响在相当大的程度上是通过现代传播手段和方式实现的，是通过文化的现代传播实现的，因此，全球化对人们社会生活产生的影响首先是借助文化形态的变化和传播手段来实现的，是借助一系列新的视觉和听觉系统所构成的文化符号系统实现的。这种系统所产生的影响力、吸引力催生了人的新的动机和欲望，这些动机和欲望改变了人们的行为方式和生存方式。这种改变进入物质和器物的层面，就是一个国家整体性生产力和制度运动的动力结构的改变。当这种改变成为国家之间的一种无政府主义行为的时候，国际关系原有的权力结构体系也就在全球化过程中发生了变化。这种变化广泛地涉及政治、经济、社会和文化等各个领域的资源再分配，以及由这种再分配而产生的对于权力调整的要求，因此，原有的国家安全功能也就在这个过程中面临着新的挑战。在这个过程中，率先发动全球化的国家毫无疑问地主导了这一世界体系的深刻变动，因此，从这个意义上说，发达国家不仅是推动这一变动的主要力量，也是全球化规则的制定者，同时是全球化的获利者。

全球化进程迅速地推动了全球政治、经济、社会和文化空间的变化，这种变化又反作用于全球化，成为世界进一步全球化的助推力量，因此，全球化在这一过程中呈现出某种加速运动的倾向。其结果将进一步导致原来世界体系结构中的国家存在的位置的移动，国家之间的权力格局和权力关系发生了显著的变化。传统的以主权国家为主体的单一的世界权力结构已不复存在，大量的非政府组织，包括国际组织和跨国公司，甚至像维亚康姆、苏富比这样的掌握着传媒产品和艺术品买卖的组织已经成为全球重要的权力主体形态。这些非政府组织从不同的角度和层面分享着过去由国家控制的权力，创造着新的权力空间，并且影响着世界权力格局的运动。当然，这种权力的转移不仅仅是一般意义上的国家政治、经济控制权力的弱化，而是包括政治、经济、社会和文化在内的全面的权力转移，在此过程中，国家之间的权力对比关系发生了变化，这种变化给国家安全带来了全新的挑战。一方面，人们追求解决全球安全问题的全球合作机制；另一方面，由于全球安全问题在各个不同国家的严重程度和侧重点不同，加之各种国际权力主体希望通过建立全球合作机制的动机与目的的差异，因此，关于文化安全的全球合作机制就是重视一个被排斥在全球安全机制之外的问题。最典型的就是美国在重返联合国教科文组织后采取的第一个行动就是不赞成法国关于制定国际文化公约的主张，不仅如此，在关于人权和民族、宗教等全球文化问题上的双重标准和多重标准，使得在文化方面的安全合作机制的建立存在尖锐的对立和安全冲突。而这恰恰是全球化进程中国家安全面临的新挑战。

二、经济全球化趋势下的文化全球化危机

全球化不仅仅是经济领域中产品与资本的跨国流动，更是以信息为载体的文化思潮在全球范围内的传播。全球化进程中强势文化形成的超时空、跨地域的浪潮，正在有力地冲击着以民族国家为基础的世界文化存在的全部合法性与合理性，这就是经济全球化趋势下的文化全球化危机。

1. 经济全球化进程下的文化全球化

英国全球化研究学者戴维·赫尔德等在分析文化全球化的历史形态时，曾专门比较过不同帝国在全球化进程中的表现，提出"在所有正式帝国中，大英帝国在最高峰时是最全球性的一个"，他们专门论证了这一观点："在许多领土和殖民地范围内，大英帝国在实行统治并维系中央与周边地区以及都市和各省之间的复杂联系时，具有强大的文化或意识形态维度。这种文化或意识形态维度有许多形式，其中最重要的两种形式就是帝国教育政策的执行以及帝国通信基础设施的建立，这两种形式提供了文化和交往全球化的最明显的例证。"看似毫不相关的两种形式其实恰恰包含了文化全球化的两个最主要的功能与特征，那就是借助现代通信技术最大限度地对殖民地国家和民族实行文化殖民主义教育。通过这种教育，最大限度地消除本土文化对于帝国主义殖民文化的反抗和抵制。在早期殖民时代，这种目的是直接通过在全世界范围内实施"英国公立学校模式和基础学校模式，培养地方精英的子女"实现的，而"最重要的是，教育和培养的主要语言是英语"。[1]正是通过实施这种被汤姆林森称为"非领土化扩张"的措施，[2]英国迅速在早期的全球化过程中实现了对殖民地国家的文化殖民统治，而在宗主国文化逐渐占统治地位的同时，殖民地国家的语言和文化传统逐渐消亡。虽然当下的全球化形态已经与资本殖民的早期拓展阶段有了很大的区别，但是，利用现代技术手段最大限度地把自己的文化产品输送到全球每一个角落，在占领世界文化市场的同时，占领一切思想和文化空间，用西方的文化推进文化全球化，却是共同的特点。因此，从这个意义上说，由西方发达国家主导的经济全球化趋势下的文化全球化在本质上并没有改变其文化殖民性质，它和一般意义上的世界各民族之间的文化交流有着本质的区别，是性质完全不同的两个概念。正如已经有人所指出的那样，由于文化全球化"在许多非欧洲国家中""并没有与当地的文化传统协调一致"，"从不稳定的方面来看，全球化表现为不仅尝试将当代重新殖民地化，而且要使未来继续成为殖民地"。[3]因为世界各民族之间的文化交流建立在充分尊重彼此的文化存在的合法性的基础上，交流的目的不是消灭对方，而是在取长补短的过程中获得共同的繁荣和发展，不断地推进人类文明的

---

① 赫尔德，麦克格鲁，戈尔德布莱特，等. 全球大变革：全球化时代的政治、经济与文化[M]. 杨雪冬，周红云，陈家刚，等译. 北京：社会科学文献出版社，2001：468.

② 汤姆林森. 全球化与文化[M]. 郭英剑，译. 南京：南京大学出版社，2002.

③ 特茨拉夫. 全球化压力下的世界文化[M]. 吴志成，韦苏，陈宗显，等译. 南昌：江西人民出版社，2001：19.

进步。

2. 文化全球化的价值性

16—20世纪，西方国家的思想、价值观和文化制度以及文化实践在全世界范围得到广泛传播，其中强迫殖民地国家"接受的关键内容都是在西方自己的中心地带产生的：它们包括现代民族文化、民族主义和跨越国界的世俗意识形态和话语"①。正是由于在西方发达国家主导的经济全球化趋势下的文化全球化在本质上仍然具有文化殖民的性质，所以，它给世界文化带来的影响在很大程度上是危机大于生机。对此，墨西哥剧作家、电影导演萨比纳·贝尔曼在谈到全球化带给墨西哥的影响时说："全球化似乎给我们带来了四个方面的变化：过去的10年里，我的朋友们所赖以生活、工作于其中的文化遭受了来自发达国家艺术品的前所未有的侵犯，这些艺术品改造着他们的观众，并迫使他们改变原有的工作方式；他们的作品被越来越多地邀请到国外，但仅限于艺术节、会议等高级场合；一些新的投资源出现了，它们大多来自法国和日本等发达国家的政府基金，但这些资金还远远不够；最后一点，个人以创作者的身份到发达国家工作似乎变得容易了，但是这一般意味着这个人要放弃自己的特质，放弃自己的文化特征。"他说："无论如何，全世界的电影、戏剧都要经过美国这张滤网。你必须成为'北美人'，才能走向全球。""拉美的电影制造商和剧作家认为，从我们国家和第一世界国家经济上的巨大不平等的状况来看，全球化只是无情的帝国主义的一个好听的代名词。现在，根本看不到将来会出现的那种被大肆宣扬的各个文化中心之间思想的自由流动。给人的总体印象是，单个的中心文化正在强烈地向外辐射。"②对此，韩国学者白乐冲指出："这种文化是对世界文学的压制与分解，而非促进，更非世界文学的崛起。""如果这一全球化的特定版本对世界文学和文学本身构成威胁，民族文化也将成为一种虚设。在思想和风格都趋于雷同的潮流中，不仅歌德所说的'偏袒、狭隘的民族心理'，而且世界文学活动中任何具有鲜明色彩的传统都将遭到诋毁。""世界文学和民族文学都将因资本主义全球化而零落殆尽。"因此，"在全球化时代，遭到威胁的不仅是民族文学，也是世界文学；今天我们所面临的主要威胁是全球资本和它的世界主义的文化市场，而非'民族的片面性和狭隘性'"。③

正如日本学者星野昭吉所指出的："今天文化全球化的每一种潮流从根本上都处于西方思维方式的影响之下。""事实上文化全球化是指西方价值体系在不同的、古老的价值体系中的扩展，是全球范围内的西化。文化全球化就是非西方文化被西方文化同质化与一体化的过程。"④它对人类文化的全部威胁就在于使马克思所讲的"各个民族的精神活动的成果"的创造与"共享"成为不可能，而"各民族的各方面的互相往来和各方面的互相依赖"也就成为世界文化对单一文化，也就是对西方文化的依赖。由于现在所知的西方文化又往往

---

① 赫尔德，麦克格鲁，戈尔德布莱特，等. 全球大变革：全球化时代的政治、经济与文化[M]. 杨雪冬，周红云，陈家刚，等译. 北京：社会科学文献出版社，2001：470.

② 贝尔曼. 全球化的委婉语[M]//联合国教科文组织. 2000：世界文化报告：文化的多样性、冲突与多元共存. 北京：北京大学出版社，2002：93-94.

③ 白乐冲. 全球化时代的民族与文学[M]//杰姆逊，三好将夫. 全球化的文化. 马丁，译. 南京：南京大学出版社，2002：167-168，172.

④ 星野昭吉. 全球政治学：全球化进程中的变动、冲突、治理与和平[M]. 刘小林，张胜军，译. 北京：新华出版社，2000：196.

是美国文化的代名词，正如弗朗西斯·福山所说，全球化在很大程度上就是美国化在全球规模的普及——从麦当劳到米老鼠，再到好莱坞，莫不如是。①现在，西方文化，尤其是美国文化，正侵蚀着许多发展中国家的传统文化，如美国的影视节目大约占据世界市场的 3/4。布热津斯基在《大棋局》中指出，不管你对美国大众文化的美学价值有什么看法，美国大众文化有一种吸引力，尤其是对全世界的青年。形成这种局面主要有两个方面的原因：一是信息的自由流动。互联网使信息前所未有地在世界各个角落无限制、不限量地自由流动，从非洲大陆腹地的偏僻村庄到亚马孙河流域的原始部落，再到喜马拉雅山脚下的高原小城，简直无孔不入。这种信息的自由流动打破了许多人业已习惯并视为当然的生活方式，破坏了已有的文化结构，造成了文化危机。信息的自由流动使人们对文化的选择具有了多样性。二是西方为了推行自己的强势文化，正利用自己的科技优势和对信息技术的垄断，致力于将非西方文化视为异端并进行无情的打压。重要的是，西方国家正把强势文化作为一种可以操作的政治资源加以运用，有意识、有目的地为实现其国家利益服务。在这种新型殖民文化的入侵下，一些国家作为民族标志的文化符号正失去活力，民族身份的认同正处于失语状态。发展中国家，尤其是弱小民族的本土文化受到压抑，甚至处于被西方文化吞噬的危险境地。文化具有特定的历史背景和地域特色，一种文化就是一个成熟民族身份认同的特定符号，是民族亲和力和凝聚力的重要源泉。因此，任何民族文化的全球化如果不能同时实现民族文化的有机互动，而只是单向度的融合，把民族文化的存在性个性消融到全球化的原则中去，那就必然引发民族文化的安全危机。正如阿根廷文化部副部长玛德莱娜·费拉斯在第三届西班牙语国际大会上的发言："全球化的单极世界""已经引起了思想、生活方式和习俗的同质化，对包括语言在内的世界不同文化的生存构成了威胁。"②

3. 文化全球化下的国家文化安全

全球化使国家之间在利益上的相互依存度加深，一个国家与他国乃至一些非政府组织的相互依存也为国家文化安全带来了更大的隐患。世界性经济危机可能导致一国的经济崩溃，由宣传媒体策划的对一个国家的"妖魔化"可能导致一个政府的垮台，互联网上一个别有用心的谣言可能在社会上引发大规模动乱，在全球化可能会给人们带来利益的同时，各种非传统安全威胁相互交织且安全威胁趋于多样化，国家文化安全问题也更加复杂多样。

经济全球化进而文化全球化带来了生产、交换、分配和消费的国际化，国家之间关于主权与利益的冲突已经不仅限于一般意义上的文化冲突，冲突的形式也不仅限于传统意义上的意识形态冲突。金融、贸易、市场、通信、网络、舆论，每一个领域，既是国家获取利益的商场，也是赢得国家安全的战场。单个国家的文化安全与国际文化安全，即所谓的"文明冲突"紧密相连，文化原教旨主义和文化恐怖主义、民族分离主义交织在一起，更增加了国家文化安全的复杂性，有些国家文化安全问题，如以民族分离主义形式出现的文化恐怖主义、跨国文化犯罪，只有通过国际社会的合作、多边而不是单边的手段才能解决。国家文化安全是随着国家在当代世界发展中所遭遇的道德文化问题而产生的。国际文化威胁与国内文化危机同时存在，呈现出此消彼长、互相推动的趋势。如果我们把在冷战时期

① 转引自：郭英剑. 全球化与文化译序[M]//汤姆林森. 全球化与文化. 郭英剑，译. 南京：南京大学出版社，2002：11.
② 保卫西班牙语：第三届西语国际大会关注"语言同一与全球化"所体现的文化危机[N]. 东方早报，2004-11-23.

就已经存在的意识形态安全称为文化领域里的传统安全的话，那么，在全球化背景下，中国的国家文化安全呈现出传统文化安全威胁与非传统文化安全威胁互相交错的新特征。随着全球化运动不断深入地影响人类社会生活的各个层面，在国家仍然是当前国家文化安全主体的情况下，出现了文化安全主体多元化的趋势，文化安全正在扩大到公民、社会等领域，成为新的安全主体，并且影响国家文化安全的结构运动与发展走向。

在信息化、全球化时代，每一个人都将面对全世界，每一个人都肩负着在世界上争取国家利益和安全的责任。仅以盗版问题为例，知识产权保护一直是中国兑现加入世界贸易组织承诺的焦点，然而恰恰在这个问题上进一步构成了中国国家文化安全问题的复杂性。尤其是关于盗版问题，中国政府深刻意识到盗版猖獗对于国家文化安全的严重危害，从 20世纪 90 年代初开始先后制定了《中华人民共和国著作权法》《计算机软件保护条例》等相关法律，并且加入《世界版权公约》等国际公约和组织，近年来更是不断地从源头加大打击盗版的力度。但是，从 1997 年开始，一些不法分子把生产地转到海外，再通过走私的方式把盗版光碟运进中国境内。据统计，从那时到 2003 年 10 月，各地海关以及公安边防部门共截获走私盗版光盘 3 亿余张。截至 2004 年年底，在中国境内被查缴的 200 条非法光盘生产线，全部是国外生产、由境外盗版集团非法走私入境的。中国已经成为国际性走私盗版活动的最大受害国，[①]直接损害中国的国际文化形象和国家文化安全。对此，中国公安部经济犯罪侦查局指出："国内盗版光碟生产线多是从欧洲走私进来的，不法分子在海外的大批量生产也没有得到有效的打击，因此，中国政府正呼吁加强国际合作，以共同打击盗版侵权方面的跨国犯罪。"[②]跨国文化走私与盗版成为直接构成中国国家文化安全问题的新因素。当恐怖主义和反恐战争可能从文化、宗教、种族的方向分化世界，导致世界秩序崩溃的时候，文化恐怖主义正在威胁着中国的国家文化安全。

文化的存在和发展与政治、经济的联系比以往任何时候都更加紧密和复杂多样，政治和经济安全问题在许多领域又常常是文化安全问题，如人权、金融投资、突发性公共文化事件和公共卫生事件、贫富不均等，因此形成了国家文化安全动力结构运动的复杂性。也就是说，与文化密切相关的其他领域里的安全问题都会成为构成文化安全问题的重要因素，都会诱发国家文化安全问题。2019 年年底突如其来的新冠疫情给各国旅游产业和娱乐产业带来的巨大冲击就是一个突出的典型案例。不确定因素的增加使得国家文化安全的复杂性呈现出扩大的趋势，因而增加了当前和今后一个时期国家文化安全管理的难度。对此，我们必须有充分的准备。

三、文化霸权、文化帝国主义与文化多样性安全

文化霸权、文化帝国主义和文化多样性安全是全球化时代的国家文化安全问题，因为关于文化霸权、文化帝国主义和文化多样性的一系列命题都包含当今世界所普遍关注的国家文化安全问题，即便是一些发达国家，也面临着文化霸权主义的严重威胁。正是由于文化霸权主义政策和文化多样性的主张需求之间存在着尖锐的矛盾和冲突，文化霸权现实地威胁着民族国家文化的生存与发展，乃至民族国家存在的合法性，这才有了法国以及整个

---

① 我国成为国际性走私盗版最大受害国[N]. 人民日报，2005-01-04.

② 盗版侵权：一轮轮严打为何"打"不下去？[N]. 新华每日电讯，2003-11-22.

欧盟关于电影进口配额制度的产生。中国在历史上曾经深受帝国主义和殖民主义的文化之害，正如萨义德所揭示的那样，所谓 19 世纪和 20 世纪的东方传教士在中国的活动，从一开始就"深深打上了帝国主义的烙印"，即使是那些"东方传教士也认为他们的使命并非由一个普遍的上帝而是由他们的上帝、他们的文化和他们的命运所设定的"。①在今天，这一文化威胁并没有随着中国文化主权地位的获得而稍稍减弱，从某种意义上说，中国今天的文化建设在全球化背景下所面临的文化霸权主义和文化帝国主义的文化威胁更加严重。原因在于，相较于历史而言，中国面临着在和平崛起过程中建设中国特色社会主义文化，以一个负责任的大国的身份参与创建国际文化新秩序的重大历史使命。因此，在这一历史进程中，必然导致国际文化关系和国际文化权力格局的重大变化、国际文化利益格局的重大调整，必然导致对原有的文化霸权主义体系以及对文化帝国主义的事实上的挑战。因此，围绕国际文化战略格局的历史性转变过程的调整与反调整必将空前激烈，利用中国改革开放发展经济所需要的国际空间这一战略需求，强行要求文化市场的市场准入就成为在文化上的反霸权的重要领域，而正是在这样的问题上，文化霸权主义、文化帝国主义在全球化背景下对中国的文化威胁才现实地构成了当前中国的国家文化安全。

1. 文化霸权与文化帝国主义

"文化霸权"最早是由意大利马克思主义理论家安东尼奥·葛兰西在 20 世纪 30 年代提出来的一个命题，用于解释社会或国家的一种统治形式。葛兰西认为，统治阶级要统治市民社会，就必须借助文化人和文化机构，使自己的伦理、政治、文化价值观成为被普遍接受的行为准则，使广大群众自由地同意统治阶级所提供的生活方式，因此就其本义而言，是指某个单一群体影响、形成了一种广为民众接受的主宰世界观。由于这一概念所包含的意义具有世界的广泛性与丰富性，尤其是它在对一种国家文化行为在国际文化关系中所表现出来的强权政治特征描述具有不可替代性的时候，这一概念就被引入关于世界文化关系研究的范畴。因此，当"文化霸权"被普遍用来表达对一种国际文化关系行为或国际文化现象的态度的时候，它是指一国把自己的文化强加于他国的强权文化行为。我们也正是在这一意义上使用这一概念来揭示对国家文化安全的威胁性关系。

"文化帝国主义"是一个在内容上与"文化霸权"有着相似性的概念，但是学术界从不同的学科角度对"文化帝国主义"进行阐释所揭示的意义并不完全相同。英国学者汤姆林森所著《文化帝国主义》是一本有着广泛影响的著作。在这本书中，汤姆林森借用法国哲学家福柯的"话语分析"理论对"文化帝国主义"做了许多相当精辟的分析，并提出了文化帝国主义作为"媒介帝国主义"的话语、作为"民族国家"的话语、作为批判全球资本主义的话语和作为现代性的批判共四种形式。然而他并不同意葛兰西的文化霸权理论并始终如一地坚持西方文化中心主义，所以虽然汤姆林森运用了福柯的"话语分析"理论，但是他并没有通过对文化帝国主义四种形式的分析揭示蕴含于其中的"话语与权力的关系"，否定了文化帝国主义对第三世界的"文化支配""文化殖民""文化霸权"，从而在强调"全球化"带来的"统一性"过程中丢失了对文化的"民族性"问题的应有考量，这就使其"文化帝国主义"理论从解释学出发把它等同于"文化的全球化"，从而消解了"文化帝国主义"对于第三世界国家民族文化生存与发展所构成的安全威胁。也正因为如此，有

---

① 萨义德. 东方学[M]. 王宇根，译. 北京：生活·读书·新知三联书店，1999：377.

学者才尖锐地指出汤姆林森的理论其实是掩盖了全球化背景下存在的不均衡的文化权力关系，"具有为以美国为代表的大国资本主义'脱罪'的嫌疑。"[①]

较为深入地对帝国主义与文化的关系做出学理上的分析与批判的是巴勒斯坦学者萨义德。在《东方学》中，萨义德以中东地区为对象，探讨了帝国主义是如何通过话语想象构想出所谓的东方形象的。在他看来，在西方人的文化和地理认知中，东方向来是一个异化的空间：许多西方作家笔下的东方往往是一个充满神秘色彩、拥有丰富资源的疆域，西方人既可以在那里驰骋其浪漫的情怀，又可以实行经济剥削和资源掠夺。总之，在西方人的文化中，东方已被定型为浪漫化和掠夺的客体。后来，萨义德在《东方学》的姊妹篇，即《文化与帝国主义》一书中把批判的视野扩大到非洲、印度和澳大利亚等中东以外的其他殖民地，通过对简·奥斯汀、加谬和康德拉等英法作家文学作品的解读，揭示了西方文学与帝国主义的关系：一方面，欧洲人是如何通过这些文学叙事来建立作为"他者"的殖民地文化经验的；另一方面，殖民地国家的人民是如何借助来自欧洲的有关解放和启蒙的大叙事来反抗帝国主义的。后者与其说是一种民族自决，不如说是对帝国主义话语的一种变相强化。尽管在第二次世界大战以后，帝国主义随着世界范围的民族解放运动的高涨已经日薄西山，尽管直接的殖民主义在今天已经基本完结，但是"帝国主义像过去一样，在具体的政治、意识形态、经济和社会活动中，也在一般的文化领域里继续存在"，[②]尤其是在"全球化时代"。在萨义德看来，帝国主义的"西方—非西方"这一典型的二元对立仍是今日西方世界用来建构其话语的主导修辞，只不过控制这一修辞的帝国已从19世纪的英、法两国转向了美国。1999年，法国外交部部长于贝尔·韦德里纳说："美国今天的霸权地位已经延伸到了经济、货币、军事、生活方式、语言和铺天盖地地涌向全球的大众文化产品等领域。这些文化产品左右着人们的思想，甚至使美国的敌人也为之着迷。"[③]有两位美国学者指出："今天的国际机制不是以实力均衡为基础，而是以美国的霸权地位为基础建立的。"[④]

在这个问题上，美国国际政治学者汉斯·摩根索表达得最明白，他认为"文化帝国主义"是一种帝国主义政策，而且是"最成功的帝国主义政策"。这一政策的目的"不是征服领土，也不是控制经济生活，而是征服和控制人心，以此为手段改变两国之间的强权关系"。他说："如果我们能假设，A国的文化，尤其是其政治观念，以及其具体的帝国主义目标，征服了B国所有决策者的心灵，那么A国就将赢得比任何军事征服或经济控制更彻底的胜利，并在更稳定的基础上建立其至高无上的威权。为了达到自己的目的，A国将不需要以武力相威胁或动用武力，也不需要施加经济压力；因为这个目的，即B国服从其意志，已经由一种更高的文化和更吸引人的政治观念的说服力而实现了。"汉斯·摩根索把文化帝国主义政策看作一种"辅助其他方法"的手段，也就是说，文化帝国主义政策一方面要"为军事征服做准备"，另一方面要"统治"被征服者的"心灵"。他还极为深刻地分析到：自第二次世界大战以来，为了避免自我毁灭的核战争的风险，大规模的军事帝国主义不再是对外政策的合理工具，"决意进行帝国主义强权扩张的国家经常会用经济和文化方法代替军事方法"。而一些"殖民帝国已分解为很多弱国，其中许多必须依赖外援为生，这就为帝国

① 赵修艺. 解读汤姆林森的《文化帝国主义》[M]//文化帝国主义. 上海：上海人民出版社，1999：4.

② 萨义德. 文化与帝国主义[M]. 李琨，译. 北京：生活·读书·新知三联书店，2003：10.

③ 转引自：胡鞍钢，门洪华. 解读美国大战略[M]. 杭州：浙江人民出版社，2003：39.

④ 奈. 处于十字路口的美国巨人[M]//胡鞍钢，门洪华. 解读美国大战略. 杭州：浙江人民出版社，2003：39.

主义国家通过经济和文化手段扩张势力提供了新的机会"。在这里，汉斯·摩根索非常明确地把文化帝国主义看作"帝国主义三种方法"中的一种，是从国际关系中的强权运动的三种形态的角度来分析"文化帝国主义谋求以另一种文化取代一种文化"的目的性。[①]可以这样说，他毫不掩饰地揭示了"文化帝国主义"作为大国强权政治支配下的文化的本质特性。

文化霸权和文化帝国主义有着天然的联系，都表现为采取强权政治的手段，强行向他国推行西方的宗教信仰、文化习俗和价值观念。尤其是在全球化背景下，西方作为全球化进程的主要推动者和主导力量，所追求的已经不仅仅是一个开放的全球市场，还包括西方政治和文化价值的推广，使西方式制度模式和文化观念成为压倒一切的意识形态，这就在很大程度上把全球化导向了一场霸权色彩浓厚的文化帝国主义的扩张运动。因此，我们是在全球化的语境下考量文化帝国主义和文化霸权主义对于国家文化安全的威胁和影响的，也就是说，我们更侧重于从文化政策的层面，即我们主要把它看作一种帝国主义的文化战略，一种大国试图在全球扩张和实现其战略意图的文化战略选择，而且这种选择是这样地进入到国家的政策议程，并且在国家实施它的全球战略中生动地体现出来。在这一方面，美国前总统卡特的国家安全顾问布热津斯基做出了极为坦率的表白：

"当前，美国前所未有的全球霸权没有对手。由于美国主宰全球通信、大众娱乐和大众文化的巨大但又无形的影响，也由于美国技术优势和军事作用的潜在的有形影响，以上这一切都得到了加强。

"文化统治是美国全球性力量的一个没有受到足够重视的方面。不管你对美国大众文化的美学价值有什么看法，美国大众文化具有一种磁铁般的吸引力，尤其是对全世界的青年。它的吸引力可能来自它宣扬的生活方式的享乐主义特征，但是在全球的吸引力是不可否认的。美国的电视节目和电影大约占世界市场的3/4，美国的通俗音乐居于同样的统治地位……互联网用的语言是英语，全球计算机的绝大部分点击内容出自美国，影响着全球会话内容。最后，美国已经成为那种寻求高等教育的人的圣地，有近50万的外国留学生涌向美国，其中很多最有能力的学生永不再回故国。

"民主理想同美国的政治传统结合起来，进一步加强了一些人眼中的美国的'文化帝国主义。'从这个体系是以美国为中心这个意义上说，这个体系是霸权主义的"[②]。

因此，文化帝国主义在本质上与文化霸权主义有着内在的一致性，即它以否定和排斥"他者"为前提，把自己的文化强加给"他者"，而正是在这样的意义上，文化帝国主义和文化霸权主义共同构成了对他国国家文化安全的现实威胁。同样，出于对本国国家文化安全的捍卫而制定关于保护文化多样性的政策，也就自然地成为反对文化霸权主义和文化帝国主义的普遍要求。

2. 文化多样性与文化多样性安全

文化帝国主义和文化霸权主义必然构成对人类文化多样性的破坏。坚持和维护全球文化多样性，从本质上说，是在经济全球化所造成的文化生产、消费趋同化趋势进一步增强，威胁整个人类文化生态安全的情况下所提出来的全球文化安全机制，这也是最终推进经济

---

① 摩根索. 国际纵横论：争强权，求和平[M]. 卢明华，时殷弘，林勇军，译. 上海：上海译文出版社，1995：90，92-93，87.

② 布热津斯基. 大棋局：美国的首要地位及其地缘战略[M]. 中国国际问题研究所，译. 上海：上海人民出版社，1998：35-40.

全球化成功的重要保证。全球化最终是人类社会发展的一种选择，但是它不应以牺牲人类安全为代价。人类社会存在的全部合法性基础就在于它的文化多样性存在。人类社会是一个变动中的网状结构。文化的多样性是构成这一网状结构的重要动力与来源。正是因为这种多样性，这一网状结构得以成立。如果构成这一网状结构的每一条边都是一样的，那么它就无法形成这一结构的运动所需要的张力，也就是说，无法形成矛盾运动，而这种矛盾运动才是推动人类社会不断创新发展、进步的力量。多样性才能使它有创造性，而创造性才是人类社会不断进步的文明机制。经济发展的最终力量取决于人类整体创造力的可持续能力。而有无这种能力，关键在于是否拥有一种生存与发展所必需的竞争力机制。这种竞争力取决于多样性。没有多样性就没有竞争力，因为只有多样性才能显示出差异性，有差异才会有比较，有比较才会有竞争，有竞争，人类社会的发展才会有动力。

本章小结

国家文化安全是一种历史现象和人类社会的存在方式。它的发生、形成与演变不仅一般地规定了一个国家的历史进程和历史面貌，而且深刻地反映了它和其他国家以及世界文化的关系与安全进程。

安全起源于确保生命存活的本能。它是一种需求，一种在马斯洛需求层次理论体系中被建构为第二层次的需求。在人的进化过程中，这种本能发展出了一种其他动物种群或许没有的需求——心理需求。恐惧是一种不安全感，是人的一种心理状态。人的安全感和安全意识的生成来源于恐惧，从而使安全从生理走向心理：安全本能进化出安全意识。

文化是不同的人群、不同的社会群体用以区分和识别相互关系的符号化系统，是集体构成与集体安全的表征。文化安全就发生在所有这些对文化的威胁和对文化的维护之中。

国家文化安全生成于国家和国家文化。国家是一种基于集体安全需要而组成的权力形态。国家文化是经过长期的进化、演变而形成的。它是一个国家的生成史的集中体现，它是生活方式和价值观，以及由这两个方面共同形成的一整套社会生态体系。

国家起源于家庭和私有制。家庭—氏族—部落、城邦—国家，这是人类社会形态演变的基本路线。这条基本路线不仅建构了人类社会安全发生、演变和进化的基本图谱，也建构了国家文化安全发生、演变和进化的基本路线图。这是一个从个体安全发展到集体安全，又从集体安全发展到共同安全的路线图。这一路线图构成了国家文化安全生成的基本路线。

国家文化安全生成的复杂性源自不同国家和国家文化生成的复杂性。国家文化安全生成的复杂性是国家形态演变复杂性的一个象征。不同国家和国家文化的生成史决定了不同国家文化安全的属性与特质，因而不同国家的国家文化安全是不一样的。每个国家的国家文化安全是由这个国家来定义的。

意识形态与文化形态的矛盾与冲突是导致国家文化安全生成复杂性的重要因素。意识形态具有鲜明的时代性和阶级性，而文化则具有通约性和普适性；意识形态具有多变性，文化具有稳定性。意识形态往往和统治阶级相联系，而统治阶级则和国家政权性质相一致，这就使得意识形态与国家政权性质相关联。也就是说，有什么样的国家政权性质，就会有什么样的国家意识形态。国家意识形态与国家政权性质具有同构关系。这种同构关系构成了国家安全与意识形态之间的同构关系，从而使意识形态成为国家文化安全形成的重要动因。意识形态可能与一个国家的文化传统相一致，也可能与一个国家的文化传统相冲突。这既构成了国家文化安全生成的复杂性，也构成了国家文化安全的双重性：意识形态安全与国家文化安全的交织与互为建构。一方面，意识形态界定了国家文化安全的根本价值属性；另一方面，文化形态也定义了国家文化安全——意识形态安全在一个国家不同历史条件下的文化属性。这两股力量造成了现代条件下国家文化安全生成的全部复杂性，构成了国家文化安全运动的矛盾与冲突。

现代国家文化安全体系是在第二次世界大战结束后国际安全体系的基础上建立起来的，雅尔塔体系是它形成的重要基础。文化冷战建构了现代国家文化安全体系以意识形态安全冲突为核心的特征。冷战的结束标志着现代国家文化安全体系的全球化转型，但是，"冷战思维"并没有随着冷战的结束而结束，而是随着全球化的到来呈现出更加复杂多样的国家文化安全形态。全球化成为一种新的国家文化安全生成机制，文化帝国主义和文化霸权主义成为全球化条件下国家文化安全面临的新威胁。文化多样性安全成为人类文化安全的新安全目标。

 **思考题**

1．简述国家文化安全发生、形成与演变的一般规律。
2．简述国家文化安全的发生原理。
3．怎样认识和理解现代国家文化安全形成的历史机制？
4．简述文化冷战在现代国家文化安全问题形成中的作用。
5．怎样认识和理解全球化与当代国家文化安全演变的关系？

 **参考书目**

1．中共中央党史和文献研究院编．习近平关于总体国家安全观论述摘编[M]．北京：中央文献出版社，2018．
2．朱特．战后欧洲史[M]．林骧华，唐敏，等译．北京：新星出版社，2010．
3．亨廷顿．文明的冲突与世界秩序的重建[M]．周琪，译．北京：新华出版社，1998．
4．桑德斯．文化冷战与中央情报局[M]．曹大鹏，译．北京：国际文化出版公司，2002．
5．芬恩，库维．当图书成为武器——"日瓦戈事件"始末[M]．贾令仪，贾文渊，译．北京：北京大学出版社，2015．
6．鲁宾．帝国权威的档案：帝国、文化与冷战[M]．言予馨，译．北京：商务印书馆，2014．
7．王晓德．文化的帝国：20世纪全球"美国化"研究[M]．北京：中国社会科学出版社，2011．

第五章

中国国家文化安全的形成与演变

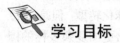 **学习目标**

通过学习本章，应了解和掌握以下内容：
1. 鸦片战争与中国国家文化安全问题形成的关系；
2. 现代中国国家文化安全意识的觉醒与形成；
3. 五四运动与 20 世纪中国国家文化安全主题；
4. 社会主义时期中国国家文化安全的主题及其变迁；
5. 战后国际文化关系与中国国家文化安全的关系。

 导言

不同国家的国家文化安全问题的形成和构成是不一样的。不同的国家文化安全有其发生和发展的不同规律。今天的中国国家文化安全问题是中国历史文化安全问题发展的一个结果。中国近代以来的全部危机史、屈辱史，就是中国国家文化安全的发生史和形成史。在救亡图存和反帝反封建的斗争中不断追求中华民族的伟大复兴，构成了近代以来的中国主题。一部 20 世纪中国史，就是一部中华民族救亡图存的发展史、思想史、灵魂史。生存安全与发展安全，共同构成了 20 世纪的中国主题和文化安全主题。

第一节　鸦片战争与中国国家文化安全问题的形成

一个国家的文化安全问题的形成是其内忧外患共振效应的结果，反映了这个国家内部的紧张关系以及它与所处的外部世界的安全关系。鸦片战争就属于这样一种性质的历史存在，今天中国所有的内部紧张关系以及与外部世界的安全关系都是由它界定的。政治经济上是如此，文化上也是如此。

一、鸦片战争与近代以来中国文化安全的生成机制

鸦片战争是中国文化的一个悲剧。虽然从表面上看，鸦片战争是一次由鸦片贸易问题

而引发的帝国主义的侵华战争，对于这次战争给中国历史发展所带来的民族性格扭曲的影响，怎么评价都不过分。但是，它更是一次文化战争，一次以殖民方式、资本主义的扩张方式强行打开中国门户的文化侵略。之所以说它是一次文化战争，是因为在鸦片战争这一历史表象的背后存在着两种完全对立和冲突的世界态度和方式，以及两种缺乏了解与沟通的文化价值体系。西方的强势文化第一次搭乘着资本的力量强行侵入中国的文化版图。文化安全作为生存与发展安全的国家安全形态，第一次在世界近代史的意义上成为中国的国家文化安全。如果说在漫长的中国封建社会的发展过程中，文化安全之于国家安全的意义还主要表现为王朝的盛衰和更迭的周期性运动这一中国历史特有的表现形态的话，那么，鸦片战争彻底打破了这种中国历史发展的规律性，使这种周而复始的兴废更替的周期率在中国完成终结，从而使中国国家安全运动在现代世界力量的作用下改变了其自我循环的形态特征。外部的文化威胁和文化侵略成为构成中国国家文化安全问题的关键力量。这是中国国家安全发展的重要转折。

　　文明的冲突拉开了中国近代史的序幕。中国以倍受屈辱的方式被纳入世界体系。虽然从文化的先进性来说，接受以现代工业文明为特征的、反映了先进生产力的发展规律的文化，这是中国历史发展的必由之路，但是，这一开启现代历史的必由之路并不像历史上的任何一次重大进步一样，是从中国文化的内部生发出来的一种内源性表达和需求，而是在外来文化强迫下展开的，这就使得中国文化的现代转型是从危及国家和民族安全开始的。中国现代化从国家文化安全中艰难起步，建构了中国 20 世纪国家文化安全的动力结构。

　　19 世纪中叶以来，资产阶级承接 16 世纪开始的资本主义生产方式对世界市场的开拓，兴起了第一次全球化浪潮。[①]这一浪潮以其前所未有的力量迅速地推动了世界战略格局的变动，"在缺乏充分心理准备和制约机制的情况下，人类历史进入了文明对立和传统冲突频发的时期"，[②]欧洲资本主义国家在这一时期的迅速崛起以及对世界市场的占领与中国封建王朝对此变局的毫无准备与闭关锁国形成了巨大的反差。这种反差集中表现了两种不同力量的性质和结构的转型，曾经在一段相当长的时间里处于世界核心国家地位的中国，被崛起的欧洲挤压出了核心圈。[③]现代世界体系的形成从某种程度上说，是以中国的衰落和欧洲的崛起为转型标志的。在这里，我们并不排除先进的生产力发展同落后的生产关系之间的尖锐冲突，但是必须看到，包含着深刻的文化和意识形态内涵的国家利益差异是构成当时不同国家之间冲突的根本原因。鸦片战争所表现的正是急于打开中国市场的外国列强与维护自给自足状态下的封建自然经济的清政府在利益取向上的强烈冲突。这一冲突的结果是"外国列强迫使清政府认可其制定的一系列游戏规则，签订不平等条约，放弃原有的国家利益需要等级，同时运用政治、经济和文化手段，改造中国社会体现着自身国家利益及传统意识形态的宗教、文化，甚至政治制度等上层建筑，使之适应外国利益进一步在华扩张

---

① 布罗代尔、沃勒斯坦以及基欧汉、约瑟夫·奈在论及现代世界体系的形成和全球化形成时，都把 1500 年作为分析历史时代的坐标。

② 陆忠伟. 非传统安全论[M]. 北京：时事出版社，2003：330.

③ 德国学者贡德·弗兰克在其所著《白银资本：重视经济全球化中的东方》中指出，1500—1800 年"经济全球化中的东方"是世界经济的中心，也就是说，当时世界经济的中心不在欧洲，而是在亚洲，特别是中国。我国复旦大学明史专家樊树志在《文明的彷徨——晚明历史大变局》（2004 年 6 月 28 日《解放日报》）中通过比较当时中国与欧洲强国的外贸交易额指出："这些新型的欧洲强国，在与中国的贸易中，无一例外地独处于贸易逆差之中，而中国始终处于贸易顺差之中。"中国正是在这一历史转折中错失了历史机遇。

的需要。近代中国在无奈中，被动地顺应了第一次全球化浪潮的冲击，付出了牺牲国家主权、领土完整等国家利益的沉重代价"。①鸦片战争对于中国文化安全的现代性的意义是多方面的。

鸦片战争是现代与传统关系裂变的战争，是两种文明体系在现代世界体系形成过程中的第一次冲突和第一次正面交锋，它彻底地改变了中国历史发展的道路，改变了中国文化生存与发展的环境和机制。它和历史上任何一次中西文化的交往都不一样，西方文化对中国文化的入侵带有明显的殖民主义特点，恰恰是其殖民主义性质构成了中国的文化安全危机。如果我们把资产阶级对于全球市场的开拓看作全球化发生的标志，那么鸦片战争就是中国与全球化的第一次正面对撞，这次对撞以中国的失败而告终。全球化以其不可阻挡的力量获得了在中国的全面胜利。以当时中国的国力而言，还没有衰败到经不起打一场人数并不多的反侵略战争，但是，中国失败了，而且一败涂地，其原因就是中国的文化发展到了近代，比较它在生产力上的落后先行暴露了出来，而此时的欧洲已经开始了全面的工业革命。中国是败在文化上的。全球化与中国的正面对撞，一开始就揭示了作为一种力量对于中国国家安全构成的威胁。同时，正是在这样的意义上，全球化与中国国家文化安全之间存在着因果对应关系。马克思在谈到这一段历史时喟然道："一个人口几乎占人类三分之一的大帝国，不顾时势，安于现状，人为地隔绝于世界并因此竭力以天朝尽善尽美的幻想自欺。这样一个帝国注定最后要在一场殊死的决斗中被打垮。在这场决斗中，陈腐世界的代表是激于道义，而最现代社会的代表却是为了获得贱买贵卖的特权——这真是一种任何诗人想也不敢想的一种奇异的对联式悲歌。"②

二、近代以来中国国家文化安全问题的根源

鸦片战争失败后，中国被迫步入现代世界体系的发展进程，即现代化的历程。经过将近20年的努力，中国的综合国力获得了很大程度的恢复与发展。但是，由于当时的中国只注意到了经济的发展，而忽视了与经济发展密切相关的制度改革和文化创新，没有建立起与经济发展相对应的政治、法律制度和文化观念，于是辛辛苦苦建立起来的洋务事业因经不起甲午战争的考验而一败涂地。中国在《马关条约》的压力下不得不走向维新变革的道路，并最终形成1898年由康有为、梁启超等发动的戊戌变法运动。可是，维新变法只维持了103天就因国家内部的斗争而失败，"戊戌六君子"血洒菜市口，中国再一次步入文化和政治的黑暗期。戊戌变法反映了中国国家发展的一种文化觉醒。《马关条约》是对中国的文化解构，它第一次以国际条约的形式摧毁了中国数千年的文化体制，导致在没有任何预警的状态下的中国门户洞开。外国势力的大肆入侵加剧了中国下层社会与西方社会文化，尤其是来华传教士之间的冲突，并最终爆发规模盛大的反对帝国主义入侵的义和团运动。义和团运动的崛起为国家政权提供了反抗外国势力的民意文化基础，但是，清政府没有很好地将这种民意文化基础转化为外交谈判的民意压力，而是利用义和团的愚昧煽动非理性的文化排外运动，结果在外国势力的联合干预下，不仅使义和团运动惨遭失败，国家利益没

---

① 陆忠伟. 非传统安全论[M]. 北京：时事出版社，2003：330.
② 中共中央马克思恩格斯列宁斯大林著作编译局. 马克思恩格斯选集：第1卷[M]. 北京：人民出版社，1995：716.

有得到应有的维护，反而在国际上付出了沉重的代价——树立了文化排外主义的负面形象，进一步加剧了国家危机。面对巨大的国家危机，清政府不得不再次开始以君主立宪为主要政治诉求的"新政"。然而整体文化上的被动，最终导致了无法挽回的历史败局。

纵观中国数千年内忧与外患的运动，真正构成中国国家文化安全的常常是内忧，内忧大于外患，内忧引发外患。外患的出现和形成在很大程度上是由一个国家内部的落后和虚弱造成的。所谓"落后就要挨打"。一个先进、强大、健康的国家主体，必然是一个安全系数较高的主体。在中国历史上，外患最少、最小的时候，也是中国自身最强大、最先进的时候。我们从中国的历史发展来看，构成国家文化安全的一个基本运动规律是：一个国家的文化安全系数与一个国家自身的文化创造能力，即核心竞争力成正比，与外来文化入侵成反比。也就是说，一个国家的文化不安全系数随着国家核心文化竞争力的上升而下降、随着国家核心文化竞争力的下降而上升；外来文化入侵构成一国文化不安全系数随着国家核心文化竞争力的上升而下降、随着国家核心文化竞争力的下降而上升。当这两个方面的运动呈反方向，越接近临界点时，其所产生的共振越强，这个时候一个国家的不安全系数也就越高。国家文化安全危机的全面爆发乃至引发国家之间的安全冲突也就成为它最后的力的转换形式。鸦片战争就是最典型的一个案例，而在这之后将近一个世纪的中国国家文化安全问题，就是这一规律在近代中国的全面演绎，直至中华人民共和国成立才开始进入一个历史发展的新的转折时期。

在新的世界文化关系格局中，影响中国国家文化安全的因素和力量是多方面的，但最基本、最突出的是国家文化内源与外源共振风险，以及由此而产生的文化危机和国家文化安全问题。所谓文化内源风险，是指一个国家出现的群体性原创能力依赖，即国家和民族缺乏整体性创新要求、冲动和欲望，把国家的前途与命运寄托在某个人的身上，丧失了一个国家和民族最基本的生存合理性；所谓文化外源风险，是指由于内源文化抵抗力的不足，缺乏一种群体性识别和抗病毒的免疫能力而导致外来文化的恶意侵犯和扩张给本国文化造成殖民主义危机。一旦这两种风险形成共振，将造成中国全面的国家文化危机和国家文化安全问题的产生。鸦片战争就是一个典型的历史教训。因此，要避免文化内源、外源风险共振的发生，就必须建立以全面提高群体性原创能力为目标的国家文化创新体系，全面提升全民族文化健康的整体水平，只有这样，才能在积极发展中保障中国的国家文化安全。

三、现代中国国家文化安全基石的奠定

现代意义上的国家文化安全是建立在国家和民族整体性利益及其认识的基础之上的。对于民族整体性利益的文化认同和国家文化主权的维护，是它最根本的特征。鸦片战争把"保种、保国"这样的民族和国家安全问题一下子推到了全体中华民族的面前，经受了"数千年未有之大变局"。甲午战争的惨败、八国联军的残暴行径，迫使中国人不得不思考这样一个问题：究竟以怎样的路径选择实现"保种、保国"，维护国家安全和实现民族解放的目的？"尊王攘夷""夷夏之防"作为中国传统的文化民族主义的基本理论和形态，是中华民族一种根深蒂固的文化观念，一直把文化的命运和国家的命运紧紧地联系在一起，把文化的存在看作国家存在的最基本、最核心的保证。对此，中国学者蒋庆在分析《春秋》夷夏之辩的文化内涵时曾专门分析道："《春秋》夷夏之辩中具有民族主义的性质……但是这种

民族主义不同于西方近代民族国家产生后出现的民族主义，西方近代的民族主义是以民族国家为基础，强调民族与国家的独立与解放，摆脱其他国家的政治和压迫。《春秋》的民族主义则是以文化为基础，强调中国文化的本位性与不可取代性……在《春秋》的民族主义中，文化高于民族，高于国家。"①在这种文化与国家关系的传统的文化民族主义影响下，在中国人的观念中，文化的分量有的时候甚至比国家的分量还要重。顾炎武关于"保国"与"保天下"之间关系的谈论最能说明这个问题："有亡国，有亡天下，亡国与亡天下奚辩？曰：易姓改号谓之亡国。仁义充塞，而至于率兽食人，人将相食，谓之亡天下。魏晋人之清谈，何以亡天下？是孟子所谓杨、墨之言，至于使天下无父无君，而入于禽兽者也……是故知保天下，然后知保其国。"②在封建士大夫看来，亡国固然可怕，但也只不过是政权易姓，而亡天下（民族文化）才是真正恐怖的。此论虽然过当，但是突出文化安全之于国家安全的重要意义是中国传统文化精神的一个重要特征。

鸦片战争后的中国形势，特别是甲午战争的惨败，使这种传统的文化民族主义发生了向近代转移的深刻变化，那就是对中华民族现状与未来命运的关注与反思，现代意义上的国家意识和国家概念随着"保种、保国"问题陡然成为社会各阶层人群议论的中心而凸显出来，严复翻译的《天演论》的传播、达尔文的进化论，不仅为中国人提供了认识国家危机的全新的理论参照，而且"间接促成了合群的观念，由个人集结由社会国家，以求生存"，"加强了国家权力至上与民族主义观念"。③尤其是关于波兰和土耳其等国亡国历史的介绍，更使中国人看到台湾被割让是列强瓜分中国的一个信号，亡国危机已经迫在眉睫，正如1903年6月《江苏》杂志刊登的一篇文章所称："亡国破家之祸日悬于四万万人心目之间。"因此，"以一种全新的观念和角度来思考中国危亡的现实，以一种新型的民族政治认同替代过去封建专制'大一统'式的政治认同"，寻求拯救中国的出路也就成为共识。④正如美国学者史华兹所说："只要赞成把社会实体作为民族来保卫，并极力把这个目标摆在其他价值观念和信念之前加以考虑……明确的民族主义意识就登上舞台了。"⑤这就使得关于国家安全与文化安全的关系超越了传统的文化民族主义局限，而使之具有了现代民族国家关于国家主权神圣不可侵犯与文化主权独立之安全关系应有的逻辑联系，那就是近代中国的国家概念的形成和爱国主义的兴起。1903年6月，《江苏》杂志发表文章《政体进化论》，提出了建立"完全无缺之民族的共和国"的政治文化诉求；1905年，《二十世纪之支那》在其发刊词中明确提出了"吾人之主义，可以大书而特书曰：'爱国主义'！"⑥这可以说标志着现代意义上的以民族国家为核心内容的国家概念的形成和以此为内容的爱国主义在中国的兴起。

"爱国主义是由于千百年来各自的祖国彼此隔离而形成的一种极其深厚的感情。"⑦它是一个民族和国家强盛的基石，一切关于国家安全进而关于国家文化安全的关注与考量，只有建立在以民族国家为内容的现代爱国主义的基础上，才产生广泛的社会与民族认同感，

---

① 蒋庆. 公羊学引论[M]. 沈阳：辽宁教育出版社，1995：228-229.

② 顾炎武：《日知录》卷十三，《正始》。

③ 郭正昭. 达尔文主义与中国[M]//姜义华，吴根梁，马学新. 港台及海外学者论近代中国文化. 重庆：重庆出版社，1987：129.

④ 书廎. 教育会为民团之基础[J]. 江苏，1903（3）. 转引自：杨思信. 文化民族主义与近代中国[M]. 北京：人民出版社，2003：99.

⑤ 史华兹. 寻求富强：严复与西方[M]. 叶凤美，译. 南京：江苏人民出版社，1989：18.

⑥ 转引自：杨思信. 文化民族主义与近代中国[M]. 北京：人民出版社，2003：101-102.

⑦ 中央编译局列宁斯大林著作编译室. 对列宁关于"爱国主义"的一处论述的译文的订正[N]. 光明日报，1985-10-13.

形成巨大的民族整合力量。由于帝国主义列强在瓜分中国的同时还在实施大规模的文化侵略，日本在中国台湾强制推行日语日文、沙皇俄国在中国东北地区推行俄文俄语的现实使人们更加清醒地认识到"无形之瓜分"比"有形之瓜分"更具危害性："侵略之亡我，我之躯壳虽亡，精神若在，或可一不终于亡。如精神已亡，虽有躯壳，其焉用岂为哉？"正是在这样的意义上，人们充分地体认了文化安全之于国家安全的全部意义：所谓"学存则国存，学亡则国亡"，如果文化湮灭，那么其民族必陷入"种族灭绝，神灵消失"的万劫不复之地，[①]从而启动了现代民族国家意义上的全面的文化的民族救亡运动在中国的发展。

辛亥革命结束了数千年的中国王朝专制体制，是现代中国国家体制之开端，由此标志着中国文化安全从传统向现代转型，王朝体系向国家体系转变，辛亥革命关于统一的多民族国家的缔造，缔造了现代中国的国家文化安全体制，使得任何关于国家分裂的企图和主张都是威胁国家安全的，也是国家文化安全所不能接受的，由此奠定了中国国家文化安全的核心价值和制度安全基础。

第二节　五四运动与 20 世纪中国国家文化安全主题

五四运动在本质上是鸦片战争的一种延伸，反映和表现的依然是中国内部的安全关系及其与外部世界的安全关系。然而，内、外部关系的结构性变化使中国得以用不同于鸦片战争的方式向世界表达自己的新态度，虽然这种表达来自民间形式，但是它改变了中国对待国家安全问题的路径选择和战略取向。20 世纪中国国家文化安全主题开始清晰起来。

一、五四运动之于现代中国国家文化安全的意义

鸦片战争揭开了近代中国国家文化安全的使命。如果说，鸦片战争在一定程度上是由中国的自我封闭、拒绝融入世界历史发展潮流而导致的严重的国家文化安全危机的话，那么，第一次世界大战结束后，中国作为战胜国却不能享有战胜国应有的地位，北洋政府的代表甚至要在巴黎和会上签订割让山东半岛主权的《凡尔赛和约》，其所造成的对民族感情的巨大伤害，对于已经经历过一次丧权辱国痛苦的中国人来说，尤其是对于已经睁开眼睛看世界的先进的中国人来说，第一次现实地体验到了国家主权安全对于民族存亡的意义。五四运动正是在这个意义上成为第一次彻底地反帝反封建的民族救亡运动。而拯救国家危亡于万一在鲁迅看来，与其拯救国人的肉体，不如拯救国人的灵魂。对于国民性问题的探讨，实际上是要从内部寻找中国落后的原因，寻找构成国家文化不安全的原因。这也是中国国家文化安全第一次在现代的意义上，由先进的中国知识分子提到了国家安全的层面上。正是由于文化之于一个国家和民族的生存与发展具有不可替代的作用，所以，革新民众必先革新文化，即梁启超所谓："欲新一国之民，不可不先新一国之小说。"[②]这也就成为近代以来中华民族精英的集体无意识。五四运动由爱国运动发展成为新文化运动，也就成为中国现代发展史上第一次全面实现国家文化安全的自我拯救运动。反帝反封建第一次成为实

① 邓实. 鸡鸣风雨楼独立书·人种独立第一[M]//杨思信. 文化民族主义与近代中国. 北京：人民出版社，2003：104.
② 梁启超. 论小说与群治之关系[M]//中国近代文论选. 北京：人民文学出版社，1981：157.

现国家文化安全的主题。当儒家文化已经不能适应时代发展的要求，或者说，在面对西方文化全面地在世界范围扩张的时候，儒家文化已经不能承担起维护国家文化安全应有的凝聚民族精神的责任，因此寻找和创造新的文化自然地成为五四新文化运动的一个历史责任，一种新的足以承担维护国家文化安全需要的文化精神凝聚力量，这就是国家文化的核心竞争力。

文化核心竞争力构成一个对国家文化安全起决定性作用的文化免疫系统。这个免疫系统抵抗"病毒"侵害能力的强弱完全取决于机体本身免疫功能的强弱，取决于集体的健康程度和"新陈代谢"能力。中国之所以自晚清以来出现了最为严重的国家文化安全危机，并最终导致了全面的国家安全危机，一个最重要的原因是当欧洲已经开始全面的工业革命，新型资产阶级登上历史舞台，资本主义开拓世界市场，用全新的思想文化重建世界秩序和人类文明的时候，中国却落伍了。文化上的僵化、保守，缺乏生机活力和核心竞争力，使中国完全丧失了战略上的主动权和战略机遇。虽然就国民经济的总量来说，中国仍然居于世界前列，但是，由于数千年创造和积累的中华民族优秀传统文化没有与时俱进地实现主动的现代转型和更新，经济上的强势没能获得文化上的有力支撑并转化为文化上的优势，一个强大的帝国也就只剩下一个没有灵魂的躯壳。因此，当资本主义已经发展到了帝国主义时代，在面对帝国主义文化大举入侵的时候，中国文化败下阵来也就成为一种历史的必然。中国文化以屈辱的方式，而不是以自我创造的行为，不是像中国历史上每一次重大社会进步那样重新回归世界体系。而正是这样一次回归，中国在世界体系中的角色发生了前所未有的重大位移：中国从一个核心国家衰落为一个半边缘国家，从一个强国衰落为一个弱国；核心国家的地位被欧洲崛起的帝国所取代；一个原来在世界上居于主导地位的国家成为依附性国家。这种角色的转移，历史性地标志着中国国家文化安全性的转移。国家文化安全问题成为自19世纪中叶至今中国国家安全的主要问题和主要形态之一。中国提出要在21世纪实现中华民族的伟大复兴，实际上就是要重新确立中国在现代世界体系中的核心国家地位，彻底地改变和扭转中国的国家安全形势和面临诸多不安全因素的国家安全格局。在这样一个目标中，毫无疑问，国家文化安全的实现，也就是说，新的中华文化核心竞争力和民族精神的再造，将具有影响全面国家安全的意义。没有国家文化安全，其他任何领域的安全都将缺乏足够的民族创造力和凝聚力的基础。苏联之所以亡党亡国，并不是因为它的军事不强大，也不是外来入侵者的武力消灭造成的，而是由于它的文化已经完全丧失了应有的凝聚力量，缺乏一个强国应有的文化核心竞争力。一个缺乏文化核心竞争力而仅有军事实力的国家，是不可能获得全面的国家安全和保障的。在今天看来，只有传统领域的安全而没有非传统领域的安全，就不可能有真正意义上的国家安全。

五四运动由爱国运动向新文化运动全面转换，其对于重建新的国家安全的保障机制，即重建国家安全所必需的国家文化整体性创新能力，具有深远的意义。中国共产党的诞生，作为五四运动的一个历史性成果，完成了历史本身所赋予五四运动的文化责任和历史使命，那就是为了民族和国家的安全，文化必须承担起从启蒙走向救亡的责任。然而，五四运动在"打倒孔家店"和"重估一切价值"的同时，割断了与中华民族传统文化的天然联系，在为中国国家文化安全寻求新的文化保障的同时，使我们丧失了中国文化安全的天然屏障。正是由于割断了与中华民族传统文化的天然联系，尤其是在普世伦理方面否定了以儒家学说为核心的意识形态，才使我们在寻求文化创新以支持我们事业的全部合理性与合法性的时候缺乏足够的原生文化资源的养料。而在整个西方文化演进的过程中，并没有出现像中国这样的推倒重来的情况，而是始终遵循着从古希腊、古罗马发展而来的文化精神。从某种意义上说，五四运动并没有像欧洲的文艺复兴运动那样，实现中国文化的"凤凰涅槃"。难以从中国传统文化的精髓中建构当代中国发展所需要的文化价值体系的认同，这也许正是中国国家文化安全运动和发展中一个有待解决的难题。

二、启蒙与救亡：国家文化安全主题的双重建构

然而，对于究竟选择什么样的文化，或者说建设什么样的文化才能承担起拯救国家危亡、拯救国人灵魂的历史责任，中国学术文化界的意见并不是一致的。在关于五四运动的文化反思中，人们对是"救亡压倒启蒙"还是"救亡与启蒙并行"争论不休。其实，这是两个互为因果关系的对象运动。没有关于鸦片战争以来国家与民族危亡的考量，中华民族的现代觉醒很有可能要晚得多，救亡的民族诉求直接推动了民意的启蒙。因此，不能脱离鸦片战争后中国的发展形势，孤立地讨论是"救亡压倒启蒙"还是"救亡与启蒙并行"。这两个主题在近代中国是同步发展的，但是，必须看到，随着国家安全危机形势的发展和转变，救亡和启蒙之间的关系同步发生转变，这是中国历史发展的一种必然选择，不以个人的意志为转移。由于国家安全的形成机制和运动规律决定了安全运动的历史惯性，即当这种安全还没有充分地展开其全部的对于一个国家的安全威胁的时候，不到全面爆发，这种安全冲突就不会停止。日本发动全面侵华战争和中国人民全民族的抗日战争的爆发，突出地反映了这一规律。

日本侵华战争的全面爆发使五四运动以来的文化启蒙运动迅速地向民族救亡转移，一切服从于抗战自然地成为中国文化的战略需求。文化统一战线的广泛形成，使中国文化的现代建设又一次与国家和民族的生死存亡紧密地联系在一起。"不当亡国奴"不仅是民族生存的标志，也是民族文化生存的标志。国家和文化安全的需求以前所未有的力量把全国各种力量迅速地团结到一起。最终，自鸦片战争以来，中国人民第一次依靠自己的力量获得了反侵略战争的全面胜利。而正是在这个过程中，在各种文化力量的竞争过程中，中国共产党所代表的全新的、民族的、大众的、科学的文化力量获得了历史的认可，并最终成为指导建设新中国的国家文化形态。文化的先进性取决于它能够在何种程度上为一个国家和民族的生存与发展赢得安全性。在这里，五四运动首先是救亡运动，是国家和民族危难激发了中国人民全部的精神上的解放。思想不解放，便不能清醒和准确地把握救亡的性质和实现道路的选择，因此启蒙具有决定性意义。正是在这一点上，五四运动具有和戊戌变法、辛亥革命完全不同的性质，那就是历史性地把救亡和启蒙有机地统一起来，或者说，视二者互为因果关系。反帝是为了救亡，反封建是为了启蒙；在民族危难之际，救亡必须启蒙；没有启蒙，就不能完成救亡的历史使命。把救亡和启蒙对立起来，把五四精神局限于启蒙，人为地割裂救亡与启蒙在中国存在的具体的生态环境的看法是片面的。[①]救亡本身就是启蒙实现所达到的高度的一个表现。同样是反对帝国主义，义和团的失败与抗日战争的胜利的

[①] 李泽厚认为五四运动提出的启蒙口号和任务没有具体实现，民族救亡局势改变了"救亡与启蒙平行"的局面，政治的主题全面压倒了启蒙的主题，所以，五四运动的启蒙工作基本上没有做（参见：李泽厚. 中国现代思想史论启蒙与救亡的双重变奏[M]. 北京：东方出版社，1987.）。杨春时认为，历史进程中发生的社会革命和文化革命的错位造成了五四精神的衰退、五四传统的中断（参见：杨春时. 五四精神的命运[J]. 学习与探索，1989（3）.）。

一个重要区别就是文化启蒙所体现的传统与现代的价值取向的差异。因此，如果脱离当时中国所面临的最大的国家安全这个大历史，就会使我们关于五四精神的谈论失去一个国际关系的视角。从这个意义上说，国家和民族危亡高于一切这一现代意识的觉醒，正是关于国家文化安全之于国家安全全部重要性这一认知的集中体现。

三、20世纪中国国家文化安全的母题：反帝反封建

帝国主义和封建主义是构成20世纪上半叶中国国家文化安全问题的两大主要机制。前者从对中国的武装侵略发展到对中国的全面殖民地化，后者发展到近代成为阻碍中国社会向现代转型的制度。由于中国发展到近代并没有发生像欧洲那样的资产阶级革命，在第一次全球化浪潮中完全被动地沦为半殖民地半封建社会，这就使得中国革命不得不同时面对和解决反帝和反封建这两大主题，政治领域是如此，文化领域也是如此，因为帝国主义在实施对华侵略扩张的同时，也在实施大规模的文化侵略。1897年英国陆军大臣公开说道："军事之兴与文化实有相维之益者……无论何处，但悬有我国之旗者，我必设法教化，导之以规范，示之以公道，此即文化之本也……一言以蔽之曰：因战而扩充边界，得新属地，实皆传教及我法律、文化之力有以维持而罗致也。"[①]因此，反帝反封建是由近代以来的民族安全危机和文化安全危机这一"双重安全危机"构成的，正是由于这一"双重安全危机"集中地表现了当时中国的整体国家安全形势，并且只有从根本上解决这一"双重安全危机"，中华民族才能真正获得现代意义上的民族解放和国家独立，而其他一切安全问题也只有在这两个根本性问题得到解决之后才能获得解决的基础。这就决定了20世纪上半叶中国革命和中国社会发展的全部内容和使命，甚至从某种意义上说，整个20世纪的中国国家文化安全都是在这一母题下展开的。即使在今天，从内在性国家文化安全的维护来说，反对封建主义和反对文化帝国主义、反对文化霸权主义一样，都是一项必须认真对待的任务，因为封建主义仍然是构成我国国家文化安全问题的一个不容忽视的重要因素。

第三节 社会主义时期中国国家文化安全主题与变迁

在20世纪中国历史的发展进程中，中国共产党领导的社会主义建设与发展整整占据了半个世纪。站在21世纪回望20世纪，对于中国历史文化安全遗产的历史经验的思考不能没有社会主义文化安全主题这个向度：一方面，它标志着近代以来中国国家文化安全主题的转移；另一方面，它包含着与近代中国国家文化安全主题内在的、本质的一致性，这种一致性是由近代以来中国国家安全问题的一致性决定的。因此，尽管社会主义还在发展进程中，但是，20世纪下半个世纪留下的关于社会主义文化安全问题的遗产对我们思考和研究全球化背景下和开放条件下的中国国家文化安全，有着其他所有文化安全遗产所不可替代的作用。

---

① 论军事与文化有相维之益[C]. 时务报，第28册（转引自：杨思信. 文化民族主义与近代中国[M]. 北京：人民出版社，2003：74）。

一、中国共产党的文化安全史观与社会主义文化安全主题

中国共产党是当代中国的执政主体，无论社会主义制度还是意识形态，都是它的理想与信念之所在。社会主义的生死存亡与中国共产党的生死存亡具有内在的一致性，这种一致性构成了当代中国国家文化安全内在逻辑构成的一致性：中国共产党的文化安全史观规定和影响了中国社会主义文化安全主题的形成和变迁。

中国共产党的文化安全史观与社会主义文化安全主题的形成经历了一个曲折的历史发展过程。中国共产党关于国家文化安全的主张、政策与战略是 20 世纪整个中国历史发展的一个结果，它的产生、形成与发展是和整个中华民族的解放运动联系在一起的，并且是随着这一历史发展需要的发展而发展的。实现民族振兴的伟大历史使命，对摆脱中国历史上王朝更替周期性规律的深刻认识，以及对社会主义和共产主义理想的崇高追求，构成了中国共产党关于国家文化安全史观的三大基础。任何对这三大基础的反动，都历史性地形成了对中华民族及其文化的生存与发展的威胁，因而必然地成为中国共产党制定国家文化安全相关理论、政策与战略的前提和动力。中国共产党在文化问题上的一系列理论创造，都是建立在这三大基础上的。

中国共产党的文化安全史观的全部历史基础是鸦片战争以后中华民族所面临的生死存亡问题。它诞生于五四新文化运动，形成于抗日战争救亡图存时期对中国历史发展的深刻总结和反思，尤其是结合郭沫若的《甲申三百年祭》，从李自成失败历史中反观自身的整风运动。对于共产党自身建设与发展的理论思考，进而对整个中国的前途与命运的系统理论回答和新民主主义理论的提出，奠定了中国共产党关于党的事业安全问题的全部理论基础，同时形成了长久影响中国国家文化安全政策制定的"甲申安全困境"；毛泽东对夺取政权后在资产阶级糖衣炮弹的进攻面前可能打败仗的高度警惕[①]，既是对努力跳出历史周期率以防止历史悲剧重演的文化安全预警，也是夺取全国政权后中国共产党接二连三发动思想文化领域的阶级斗争的基于国家安全考虑的政策理论来源。特别是在新中国成立之初，国内百废待兴，面对帝国主义的经济封锁、政治颠覆、军事挑衅和文化腐蚀，以及冷战所构成的险恶的国际生存环境，如何巩固新生的人民政权，最大限度地维护社会主义新中国的国家安全，确保国家和民族的生存与发展，自然地成为共产党执政后的头等大事。正是这样一种内忧外患所带来的社会主义国家生存与发展的需求，构成了社会主义中国前五十年（1949—2000 年）的国家文化安全主题。共产党要在整个国家生活中建立自己全部的合法性，当然不能建立在半殖民地半封建的文化土壤上，因为在那样的土壤基础上长不出共产党的政权建设所追求的社会主义和共产主义的参天大树。因此，打扫干净屋子再请客、另起炉灶。就不仅仅是在外交上采取的国家战略，而且是在文化上建设社会主义新文化，为社会主义国家建设提供舆论和智力支持的思维定式和理想主义追求。

内忧外患的复杂性，"甲申安全困境"造成的在一定程度上对于国家文化安全的预警过度，从思想文化领域的社会主义改造和马克思主义的教育运动，到反对思想文化领域的唯心主义和现代修正主义，一直到"文化大革命"的全面爆发，在获得了社会主义文化生存

---

① 这里指毛泽东在中国共产党七届二中全会上的讲话，在这一讲话中，毛泽东提出了"两个务必"的警戒要求（毛泽东著作选读：下册[M]. 北京：人民出版社，1986.）。

与发展所需要的安全保障的同时，社会主义文化建设与管理经验的缺乏、理论和政策上的失误，以及实践上的矫枉过正，也给社会主义文化生存与发展造成了新的不安全。一个主权国家不能没有国家文化安全的考量和战略安排，但是，文化安全政策上的防范过当也会给一个国家的文化发展造成和带来它所不希望的文化安全问题。如何在一个适当的度量范围内建构国家文化安全的战略体系和政策系统，既为国家的文化生存与发展提供必要的文化安全保障，又不牺牲其繁荣发展所必需的良好的文化生态环境，也就成为 20 世纪前半个世纪没有解决好的、今天的中国所面临的、无法回避的国家文化安全主题。

早在夺取全国政权的前夕，中国共产党在河北西柏坡召开了党的七届二中全会。这是中国共产党在历史上第一次就实现中国革命的胜利，把党的中心工作从农村转移到城市，并接管城市、治理城市、建设新中国的会议。在这次会议上，毛泽东面对即将到来的胜利，对那些即将成为"人民的功臣"的党的中高级领导干部发出警示：我们中的一些人没有倒在敌人的枪炮底下，却很有可能倒在敌人的糖衣炮弹底下。因而告诫全党务必保持谦虚谨慎的工作作风。毛泽东深知"堡垒是最容易从内部攻破的"。因此，新中国成立之前和成立之后，毛泽东始终把共产党员的精神信仰作为巩固新生的共和国的安身立命之本，从新中国成立伊始就建立了惩治党内贪污和腐败的制度。正因为共产党执政的安全直接影响整个国家的安全，因而对于"国家的安全、党的安全"[①]的高度关注始终是毛泽东国家安全思想的核心。

1956 年 9 月，在党的第七届七中全会第三次会议上，毛泽东就《关于中共中央设副主席和总书记的问题》发表了重要讲话。在谈到为什么要设党的副主席和总书记时，毛泽东说"对于我们这样的大党，这样的大国，为了国家的安全、党的安全，恐怕还是多几个人好"，"中心的目的就是为了国家的安全"。站在国家的安全和党的安全相结合的高度提出"国家的安全"的战略命题，而且是从"国家的安全"高度来认识党的安全，这在中国国家安全理论与政策发展史上是第一次，开启了把党的安全与国家的安全有机统一，从国家的安全来推进党的建设的新的历史发展阶段。这是毛泽东对中国国家安全理论建设的重大贡献。在以往关于毛泽东思想的研究中，很少有关于毛泽东国家安全思想与党的安全思想的理论研究，人们也往往误以为毛泽东没有直接提出关于"国家安全"的命题和思考。毛泽东这一重要讲话的公开发表，毫无疑问，成为研究当代中国国家安全和国家文化安全思想理论演变的重要文献，对于系统研究毛泽东国家安全理论与思想以及当代中国国家文化安全政策与战略研究具有特别重要的史料价值。

新中国成立之后，面对国内的百废待兴，毛泽东始终把维护国家安全和国家稳定作为巩固新生的人民政权的基础。从维护国家安全的意义上说，中国共产党在新中国成立之后所采取的一切方针、政策都是基于维护国家安全和稳定的需求。政治上是如此，经济社会、文化上也是如此。建立一个新政权不容易，建立新政权之后，要使整个国家的精神面貌和文化气象都与新生的政权性质相一致是一个艰巨而复杂的过程。其中，被推翻了的阶级出于阶级的本能而反对新生的政权，摧毁新生政权的文化，几乎是任何一个新政权都要面临的国家文化安全危机，新中国的成立当然也不例外。尤其在中国建立一个全新的社会主义制度的时候，中国共产党所遭遇到的文化上的威胁甚至比政治上的威胁还要大。因为在政治

---

① 毛泽东. 关于中共中央设副主席和总书记的问题[M]//毛泽东文集：第七卷. 北京：人民出版社，1999：110.

上夺取了全国的权力并不等于真正在文化上同时掌握了全国的权力。特别是在占全国人口总数 85% 的当家做主的工人和农民还是文盲的时候，对执政主体共产党来说，来自内部的文化安全危机是相当大的。于是，工农扫盲和知识分子的马克思主义思想改造便成为新中国成立之后，中国共产党治理国家内部文化安全的主要政策，从而逐步建立以社会主义文化为核心的国家主流文化和以马克思主义为指导思想的社会主义核心价值观。

二、社会主义立国的文化安全责任与国家文化安全战略理论的演变

把社会主义作为中国实现伟大复兴的制度选择，是近代以来中国社会发展与革命自我选择的一个结果，不仅是因为自鸦片战争以来的历次变法和革命的失败证明了中国必须有全新的制度创造才能从根本上改变中国积贫积弱、落后挨打的安全环境，而且是因为当时的历史条件所能提供的国家制度形态案例让中国人看到了"只有社会主义才能救中国"的历史可能。因此，当这种崇高的理想实现以后，对社会主义制度的捍卫和保护自然成为中国的执政主体——中国共产党及其领袖的政治本能和文化本能，继而成为一种至高无上的国家利益。任何对这一根本利益的侵犯、对国家安全的威胁和动摇都是不可接受的。虽然在建设社会主义伟大事业的具体过程和具体实施上，领导集体内部也会有这样或那样的分歧，但是在捍卫用成千上万烈士的生命和鲜血换来的人民政权、维护国家安全这一根本性战略问题上始终保持着高度的一致性。因为对国家安全的任何威胁都会从根本上影响，甚至动摇国家执政主体的执政权威及其执政地位的稳固。

作为一种文化战略意识，毛泽东在进城之前就已经对夺取全国的胜利之后如何捍卫共产党用以安身立命的全部价值追求和信仰系统，保证共产党人永不变色这样一个维系新生政权全部生命根本之所在的文化安全问题产生了高度的历史警觉和文化思考。他和黄炎培先生的历史性谈话及其在党的七届二中全会上的讲话中关于要警惕资产阶级糖衣炮弹的进攻的告诫都围绕一个主题，那就是"如何跳出中国王朝发展史上兴废存亡的周期率"，这是一个关系到共产党领导的社会主义国家长治久安的大问题。新中国成立以后，毛泽东在领导社会主义建设过程中始终以高度的警觉性关注着中国的思想文化建设，他先后提出了一系列事关国家文化安全的重大理论主张和战略决策：从 20 世纪 50 年代之初发动的对《红楼梦》研究中的唯心论的批判，到关于无产阶级和资产阶级在意识形态领域的阶级斗争将长期存在的理论的提出；从在同苏联关于意识形态的论战中提出反对现代修正主义和防止帝国主义"和平演变"战略思想的提出，到"无产阶级专政下继续革命理论"的全面建构。虽然毛泽东并没有明确提出和使用"国家文化安全"这样的概念，但是所有这些理论无不清楚地反映出其文化思想的深处对于国家文化安全之于国家安全全部重要性的深刻的历史理解和高度警觉。尤其是在这一历史过程中出现的以美国"麦卡锡主义"为代表的国际反共思潮，以及苏联和东欧社会主义国家已经暴露出来的问题，更提高了毛泽东对这一问题的关注程度。在这里我们不妨做一个假设，倘若没有冷战及其带来的巨大的意识形态压力，毛泽东的国家安全战略思路以及中国社会主义文化发展的历程也许完全是另外一个样子。

然而，在历史问题上是不能做假设的。虽然在这个过程中过高地估计了以阶级斗争为核心内容的国内外文化形势给国家文化安全带来的威胁的严重程度，也给中国的文化发展造成了巨大损失，但是这并没有妨碍中国共产党的第二代、第三代领导人在这一问题上的

判断和关注的程度。邓小平在新的历史时期不仅提出了"一个党，一个国家，一个民族，如果一切从本本出发，思想僵化，迷信盛行……就要亡党亡国"[①]，"精神污染的危害很大，足以祸国殃民"[②]，"右能葬送社会主义，'左'也能葬送社会主义"[③]等一系列关于国家文化安全问题的重要论断，而且在 1989 年针对西方世界，"特别是美国开动了全部宣传机器"对于中国内政的干涉，明确提出了"国家的主权、国家的安全要始终放在第一位"的国家安全主张，第一次把文化问题和国家安全问题直接联系在一起，并且特别指出："对这一点我们比过去更清楚了。"[④]在 20 世纪末，面对世界范围内各种精神文化力量的相互激荡和竞争日益成为国际政治和文化斗争的主要形式，开放了的中国社会主义文化建设与发展被迅速地推进到了国际文化关系新的力量对比的格局之中这样一个历史未有之大变局，特别是各种西方文化对中国现代化进程的渗透、干扰和影响构成的对中国文化发展选择的深刻挑战，江泽民郑重提出"国家要独立，不仅政治上、经济上要独立，思想文化上也要独立"这样一个事关国家文化主权和国家文化安全的重大命题，指出要"抵制殖民文化侵蚀"，不要在思想文化上"变成人家的附庸"，[⑤]1999 年，江泽民在全国对外宣传工作会议上就今后中国的文化战略发展方向和战略任务，明确地提出了"维护我国的政治、经济、文化安全"[⑥]的战略要求和方针。这是中国国家领导人第一次明确地提出"国家的文化安全"问题，并把这一问题和政治、经济安全问题并列，突显在新的历史条件下国家文化安全的极端重要性。虽然当代中国的三代领导集体关注的国家文化安全的侧重点不一样，但是，把国家文化安全问题同国家安全问题紧密地联系在一起来考虑中国的生存、稳定与发展是他们"血脉相连"的共同特点。

如果说毛泽东的文化安全观还必不可少地带有冷战时期意识形态两极对抗的明显特征和克服周期率的沉重使命、邓小平的文化安全观带有中国在改革开放初期既要反"左"又要防右的重建国家文化安全观的转型期的时代特征的话，那么，江泽民在维护国家文化主权意义上提出的"思想文化上也要独立"和"维护国家的文化安全"的概念，则明显地反映出在全球化的时代背景下中国第三代领导集体完成了在这一问题上的时代转型，而使得在这一问题上的判断和战略思考与文化安全政策决策更符合当今时代和国际环境的文化特点。他不仅明确地提出了我国在新的国际格局下处理国际文化关系所应遵循的一项重大原则和政策取向，而且为 21 世纪中国文化发展战略提出了新的使命和内容要求，完成了对冷战时期形成的以意识形态两极对抗为特征的国家文化安全理论的超越，走向了从阶级斗争理论向更具有普遍的国际认同和对话意义的国家文化安全理论建设的历史转变。

三、世纪之交中国国家文化安全理论的历史转型

20 世纪向 21 世纪实现千年跨越的交替时期，既是国际社会风云际会、世界文化力量

① 邓小平文选（1975—1982）[M]. 北京：人民出版社，1983：133.
② 邓小平文选：第三卷[M]. 北京：人民出版社，1993：44.
③ 同②：375.
④ 同②：348.
⑤ 江泽民在中国文联第六次全国代表大会、中国作协第五次全国代表大会上的讲话[N]. 人民日报，1996-12-17.
⑥ 江泽民在全国对外宣传工作会议上强调　站在更高起点上把外宣工作做得更好[N]. 人民日报，1999-02-27.

格局进行冷战后的战略性重组时期，也是中国国家文化安全战略实现历史性转型的新的战略机遇期。面对发展了的世界政治、经济、文化形势，适时地转变和调整国家安全战略与国家文化安全战略，是这一时期中国国家文化安全战略发展的一个特点。根据变化了的国际、国内形势以及中国发展的战略需要，1997 年 3 月中国代表在东盟地区论坛会议上正式提到了必须树立新安全观的问题，同年 4 月，江泽民在俄罗斯国家杜马发表讲话时首次向国际社会阐述了新安全观的意义，指出这是"完全不同于冷战思维的一种新型的安全观"，目的是"增进国与国之间的友好与信任，维护地区和世界和平"。1999 年 3 月，江泽民在日内瓦裁军谈判会上第一次明确地提出了新安全观的核心内容："我们认为，新安全观的核心，应该是互信、互利、平等、合作。"2001 年 7 月 1 日，在庆祝中国共产党成立八十周年大会的讲话中，江泽民又一次强调了中国的"新安全观"战略主张，并且把"合作"改为"协作"，从而更为准确地表达了中国政府这一主张的精神内涵。所谓"互信"，是指世界各国应当超越意识形态和制度差异，互相信任、互补优势，开展安全对话；"互利"是指本国利益和他国利益兼顾，本国安全和他国安全并重，争取实现双赢；"平等"是指平等相待、互相尊重，互不干涉内政；"协作"就是以和平的方式进行协调，解决争端，开展安全合作。这是一种以综合为特征的新安全观，包括政治、经济、军事、文化等一切传统与非传统安全领域。2002 年 6 月，江泽民针对冷战曾经给国际社会带来全球性安全对抗的问题特别强调："总结历史和现时的经验，最根本的是必须抛弃'冷战思维'，树立新型安全观。"并且在这个前提下强调要"尊重多样文明""尊重世界的多样性，文明背景不同的国家和民族可以而且应该和睦相处"。[①]把"抛弃""冷战思维""尊重多样文明"看作"解决当前世界和平与发展这两个最重大课题的正确途径"，清楚地反映了中国共产党在文化安全问题对于当前国际安全关系上的深刻思考。2002 年 9 月 13 日，中国外交部部长唐家璇在第五十七届联合国大会上发表讲话时指出："当前国际形势正在发生深刻的变化，安全的内涵不断扩大，安全问题不再是单纯的军事问题，已经涉及政治、经济、金融、科技、文化诸多领域。"[②]这是在世界舞台和全球关系的层面上代表中国政府，第一次就中国的新安全观所涉及的文化安全问题，阐明了中国政府的文化安全主张，其中的重要内容之一就是：超越意识形态和社会制度异同，摈弃冷战思维和强权政治心态，加强不同文明之间的交流与对话，防止文明对抗和冲突的发生。[③]这是中国政府在新的世纪提出的一种新的国家战略，旨在在新的全球化背景下最大限度地维护中国的国家安全利益和文化安全，从而使对国家文化安全的考量和整个国家的综合与全面的安全联系在一起，成为国家整体安全战略和安全利益的一个重要组成部分，成为一种国家战略形态和国家利益形态。因此，对于国家文化安全的警觉和维护就不再是一般意义上的意识形态领域的阶级斗争，而是全面涉及国家主权和安全与国家文化独立全部合法性的问题。

　　面对文化赖以发展的物质基础、社会环境、传播条件发生的深刻变化和日趋激烈的国际文化竞争，就如何在更加开放的环境下建设中国特色社会主义文化，不断发展壮大中华民族的优秀文化，增强全体人民，特别是青少年对民族优秀文化的认同和自信，正确处理

---

① 中共中央文献研究室编. 江泽民论有中国特色社会主义（专题摘编）[M]. 北京：中央文献出版社，2002：540，549.

② 新华社电.《中国代表团团长、外交部部长唐家璇在第五十七届联大一般性辩论上的讲话》，2022 年 9 月 16 日.

③ 中国提倡互信协作新安全观[N]. 文汇报，2002-09-14.

开放与安全的关系等一系列国家文化安全问题，2003 年 8 月 12 日，胡锦涛在中共中央政治局第七次集体学习时明确提出："在文化观念上决不照抄照搬，在发展模式上决不简单模仿，坚决防范和抵御各种腐朽落后的文化观念侵蚀干部群众的思想，确保国家的文化安全和社会稳定。"①在激烈的国际竞争中努力发挥自身的文化优势，增强文化竞争力，捍卫国家利益，维护国家文化安全，也就成为中国在未来的生存与发展和在全球化背景下实现中华民族伟大复兴必须解决的重大课题。2004 年 9 月 19 日，党的十六届四中全会通过《中共中央关于加强党的执政能力建设的决定》，提出要"始终把国家主权和安全放在第一位，坚决维护国家安全。针对传统安全威胁和非传统安全威胁的因素相互交织的新情况，增强国家安全意识，完善国家安全战略，抓紧构建维护国家安全的科学、协调、高效的工作机制。坚决防范和打击各种敌对势力的渗透、颠覆和分裂活动，有效防范和应对来自国际经济领域的各种风险，确保国家的政治安全、经济安全、文化安全和信息安全"，第一次把"文化安全"列入我国的四大国家安全；2006 年 10 月 11 日，党的十六届六中全会通过的《中共中央关于构建社会主义和谐社会若干重大问题的决定》立足于国家和民族的长治久安和实现中华民族的伟大复兴，再次明确提出要"完善国家安全战略"，"确保国家政治安全、经济安全、文化安全、信息安全"，把"国家文化安全"列为"国家安全战略"的重要内容和组成部分，从而使"国家文化安全"具有了"国家安全"的战略价值和意义，从而完成了改革开放后中国社会主义文化建设与文化发展战略和政策的一次重大调整。

四、新时代中国国家文化安全理论体系的创造性建构

21 世纪是全球安全快速发展和深刻变动的世纪，同时是一个全球安全治理乏力、安全赤字不断攀升和安全风险不断叠加的世纪。2008 年世界金融危机的爆发是这一转变的标志。美国特朗普政府的上台及其对内、对外国家安全政策的转变，成为全球安全紧张的重要来源。国内、国际发展与安全形势的深刻演变，全球化与反全球化、逆全球化相互影响又相互作用，传统安全与非传统安全相互交织又相互作用，中华民族伟大复兴战略全局与世界百年未有之大变局，使得无论是国内安全还是国际安全都出现了许多前所未有的情况，产生了许多新国家安全问题，所有这些问题都深刻地影响着国家安全和国际安全的世纪走向，形成了空前严峻、复杂的全球安全形势。中国作为世界第二大经济体日益走向世界舞台中央的同时，世界舞台中央所特有的严峻、险恶的国家安全形势也深深地裹挟着中国国家安全，使中国走向世界舞台中央的每一步都面临和接受只有在接近世界舞台中央时才会有的来自世界各个方面的安全挑战。面对"当前我国国家安全内涵和外延比历史上任何时候都要丰富，时空领域比历史上任何时候都要宽广，内外因素比历史上任何时候都要复杂"②这一空前尖锐、复杂的国家安全形势，中国迫切需要做出新的国家安全判断，提出新的国家安全理论，做出新的国家安全决策。

2013 年 11 月，党的十八届三中全会决定成立中央国家安全委员会。习近平就成立中央国家安全委员会的必要性指出："当前，我国面临对外维护国家主权、安全、发展利益，

---

① 胡锦涛在中共中央政治局第七次集体学习时的讲话[N]. 人民日报，2003-08-13.
② 坚持走中国特色国家安全道路[N]. 人民日报，2022-09-20.

对内维护政治安全和社会稳定的双重压力，各种可以预见和难以预见的风险因素明显增多。而我们的安全工作体制机制还不能适应维护国家安全的需要，需要搭建一个强有力的平台统筹国家安全工作。设立国家安全委员会，加强对国家安全工作的集中统一领导，已是当务之急。"①明确"国家安全委员会主要职责是制定和实施国家安全战略，推进国家安全法治建设，制定国家安全工作方针政策，研究解决国家安全工作中的重大问题"。②2014 年 1月，中央政治局召开会议，研究决定中央国家安全委员会设置。2014 年 4 月 15 日，中共中央国家安全委员会召开第一次全体会议，中共中央总书记习近平在会上发表了重要讲话，创造性提出"总体国家安全观"，明确"坚持以人民安全为宗旨，以政治安全为根本，以经济安全为基础，以军事、文化、社会安全为保障，以促进国际安全为依托"，维护各领域国家安全，构建国家安全体系，走中国特色国家安全道路。总体国家安全观系统地回答了中国特色社会主义进入新时代，如何既解决好大国发展进程中面临的共性安全问题，又处理好中华民族伟大复兴关键阶段面临的特殊安全问题这一重大时代课题。

2015 年 7 月 1 日第十二届全国人民代表大会常务委员会第十五次会议通过了《中华人民共和国国家安全法》（以下简称《国家安全法》），该法律第三条明确规定："国家安全工作应当坚持总体国家安全观"，"总体国家安全观"成为法定国家安全指导思想。2017 年 10月召开的中国共产党第十九次全国代表大会将"坚持总体国家安全观"纳入新时代坚持和发展中国特色社会主义的基本方略，并被写入党章，成为中国共产党历史上第一个被确立为国家安全工作指导思想的重大战略思想，与《国家安全法》一道成为中国国家安全工作的根本原则和准绳。它是中国共产党国家安全思想的历史总结与发展，也是中国共产党国家安全思想从传统走向现代、进入新时代的一个标志。总体国家安全观的提出不仅在中国国家安全发展思想史上占有重要地位，而且在世界国家安全学说思想发展史上占有重要地位，与其他具有重要学术影响的国家安全思想、理论、学说一同被载入人类文明安全史册。

总体国家安全观是一个开放的不断发展和完善的体系，具有作为国家文化安全学说的全部理论特征。从 2014 年习近平总书记提出总体国家安全观之后，国家安全就成为中国特色社会主义进入新时代之后不断充实、丰富、发展总体国家安全观的鲜明主题。

2014 年至 2021 年，中共中央政治局就不同领域的国家安全主题先后举行了多次集体学习，就社会安定、反恐斗争、公共安全体系建设、生物安全、数据安全、媒体融合、中华民族共同体意识、国际传播能力建设等一系列国家安全的重大问题进行了深入研讨，做出重大战略决策与部署，先后提出了"维护国家安全，要立足国际秩序大变局来把握，立足防范风险的大前提来统筹，立足我国发展重要战略机遇期大背景来谋划"③等一系列国家安全政策主张、理论命题和学术概念，在不断充实、发展、完善总体国家安全观思想理论体系的同时，为建构具有中国自主知识体系的中国特色国家安全学术研究和学科建设，做出了奠基性、开拓性和方向性贡献。不仅如此，中国还在一系列重要国际场合、具有全球影响力的国际会议上发表了一系列重要讲话和文章，全面系统地阐述了在涉及地区和全球安全问题上的中国主张，提出中国方案，从而构成了一个以总体国家安全观为核心的新时

---

① 习近平关于《中共中央关于全面深化改革若干重大问题的决定》的说明[N]. 人民日报，2013-11-16.

② 同①.

③ 十四、坚决维护国家主权、安全、发展利益〔习近平新时代中国特色社会主义思想学习纲要（15）〕——关于新时代坚持总体国家安全观[N]. 人民日报，2019-08-09.

代中国国家安全理论、政策与战略体系。其中包括：网络空间安全、网络主权安全、"一带一路"倡议、构建人类命运共同体、全球发展倡议和全球安全倡议等；统筹国内国际两个大局、统筹发展与安全两件大事、统筹传统安全与非传统安全、坚持安全不可分割原则等。所有这些关于国内、国际安全思想、理论、政策和战略的主张具有普遍性价值和意义，因而都是关于新时代中国国家文化安全的思想主张、政策与战略，对于中国国家文化安全建设具有特别重大的指导意义。

2016年12月9日，中共中央政治局召开会议，审议通过《关于加强国家安全工作的意见》。2018年4月17日，十九届中央国家安全委员会召开第一次会议。会上，针对当前中国面临的严峻的国家安全形势和各类风险挑战内外联动、累积叠加的特点，习近平强调："全面贯彻落实总体国家安全观，必须坚持统筹发展和安全两件大事，既要善于运用发展成果夯实国家安全的实力基础，又要善于塑造有利于经济社会发展的安全环境；坚持人民安全、政治安全、国家利益至上的有机统一，人民安全是国家安全的宗旨，政治安全是国家安全的根本，国家利益至上是国家安全的准则，实现人民安居乐业、党的长期执政、国家长治久安；坚持立足于防，又有效处置风险；坚持维护和塑造国家安全，塑造是更高层次更具前瞻性的维护，要发挥负责任大国作用，同世界各国一道，推动构建人类命运共同体；坚持科学统筹，始终把国家安全置于中国特色社会主义事业全局中来把握，充分调动各方面积极性，形成维护国家安全合力。"①

2019年1月25日，中共中央政治局就全媒体时代和媒体融合发展举行第十二次集体学习。中共中央总书记习近平特别强调主流媒体要掌握舆论场主动权和主导权，要从维护国家政治安全、文化安全、意识形态安全的高度，加强网络内容建设，使全媒体传播在法治轨道上运行。②

2020年12月11日，中共中央政治局就切实做好国家安全工作举行第二十六次集体学习。中共中央总书记习近平在主持学习时强调："国家安全工作是党治国理政一项十分重要的工作，也是保障国泰民安的一项十分重要的工作。做好新时代国家安全工作，要坚持总体国家安全观，抓住和用好我国发展的重要战略机遇期，把国家安全贯穿到党和国家工作各方面全过程，同经济社会发展一起谋划、一起部署，坚持系统思维，构建大安全格局，促进国际安全和世界和平，为建设社会主义现代化国家提供坚强保障。"③习近平就贯彻总体国家安全观提出十点要求："一是坚持党对国家安全工作的绝对领导，坚持党中央对国家安全工作的集中统一领导，加强统筹协调，把党的领导贯穿到国家安全工作各方面全过程，推动各级党委（党组）把国家安全责任制落到实处。二是坚持中国特色国家安全道路，贯彻总体国家安全观，坚持政治安全、人民安全、国家利益至上有机统一，以人民安全为宗旨，以政治安全为根本，以经济安全为基础，捍卫国家主权和领土完整，防范化解重大安全风险，为实现中华民族伟大复兴提供坚强安全保障。三是坚持以人民安全为宗旨，国家

---

① 习近平主持召开十九届中央国家安全委员会第一次会议并发表重要讲话[EB/OL].（2018-04-17）[2023-08-23]. https://www.gov.cn/xinwen/2018-04/17/content_5283445.htm.

② 习近平在中共中央政治局第十二次集体学习时强调 推动媒体融合向纵深发展 巩固全党全国人民共同思想基础[N]. 人民日报，2019-01-26.

③ 习近平主持中央政治局第二十六次集体学习并讲话[EB/OL].（2020-12-12）[2023-08-23]. https://www.gov.cn/xinwen/2020-12/12/content_5569074.htm.

安全一切为了人民、一切依靠人民，充分发挥广大人民群众积极性、主动性、创造性，切实维护广大人民群众安全权益，始终把人民作为国家安全的基础性力量，汇聚起维护国家安全的强大力量。四是坚持统筹发展和安全，坚持发展和安全并重，实现高质量发展和高水平安全的良性互动，既通过发展提升国家安全实力，又深入推进国家安全思路、体制、手段创新，营造有利于经济社会发展的安全环境，在发展中更多考虑安全因素，努力实现发展和安全的动态平衡，全面提高国家安全工作能力和水平。五是坚持把政治安全放在首要位置，维护政权安全和制度安全，更加积极主动做好各方面工作。六是坚持统筹推进各领域安全，统筹应对传统安全和非传统安全，发挥国家安全工作协调机制作用，用好国家安全政策工具箱。七是坚持把防范化解国家安全风险摆在突出位置，提高风险预见、预判能力，力争把可能带来重大风险的隐患发现和处置于萌芽状态。八是坚持推进国际共同安全，高举合作、创新、法治、共赢的旗帜，推动树立共同、综合、合作、可持续的全球安全观，加强国际安全合作，完善全球安全治理体系，共同构建普遍安全的人类命运共同体。九是坚持推进国家安全体系和能力现代化，坚持以改革创新为动力，加强法治思维，构建系统完备、科学规范、运行有效的国家安全制度体系，提高运用科学技术维护国家安全的能力，不断增强塑造国家安全态势的能力。十是坚持加强国家安全干部队伍建设，加强国家安全战线党的建设，坚持以政治建设为统领，打造坚不可摧的国家安全干部队伍。"①这十个方面的要求是对总体国家安全观的重要发展，丰富、充实和提高了总体国家安全观的系统性和总体性，全面深化了总体国家安全对日益复杂、严峻形势下中国国家安全工作和事业发展的指导作用，从而为中国运用系统思维构建大安全格局，提供了更加完整的理论、政策和战略框架，在总体国家安全观发展史上具有重要的里程碑意义。

2021 年 11 月 18 日，中共中央政治局召开会议，审议《国家安全战略（2021—2025 年）》。中共中央总书记习近平主持会议。会议指出，新形势下维护国家安全，必须牢固树立总体国家安全观，加快构建新安全格局。必须坚持党的绝对领导，完善集中统一、高效权威的国家安全工作领导体制，实现政治安全、人民安全、国家利益至上相统一；坚持捍卫国家主权和领土完整，维护边疆、边境、周边安定有序；坚持安全发展，推动高质量发展和高水平安全动态平衡；坚持总体战，统筹传统安全和非传统安全；坚持走和平发展道路，促进自身安全和共同安全相协调。会议强调，必须坚持把政治安全放在首要位置，统筹做好政治安全、经济安全、社会安全、科技安全、新型领域安全等重点领域、重点地区、重点方向国家安全工作。要坚定维护国家政权安全、制度安全、意识形态安全，严密防范和坚决打击各种渗透颠覆破坏活动。要增强产业韧性和抗冲击能力，筑牢防范系统性金融风险安全底线，确保粮食安全、能源矿产安全、重要基础设施安全，加强海外利益安全保护。要强化科技自立自强作为国家安全和发展的战略支撑作用。要积极维护社会安全稳定，从源头上预防和减少社会矛盾，防范遏制重特大安全生产事故，提高食品药品等关系人民健康产品和服务的安全保障水平。要持续做好新冠疫情防控，加快提升生物安全、网络安全、数据安全、人工智能安全等领域的治理能力。要积极营造良好外部环境，坚持独立自主，在国家核心利益、民族尊严问题上决不退让，坚决维护国家主权、安全、发展利益；树立

---

① 习近平在中央政治局第二十六次集体学习时强调 坚持系统思维构建大安全格局 为建设社会主义现代化国家提供坚强保障[N]．人民日报，2020-12-13．

共同、综合、合作、可持续的全球安全观，加强安全领域合作，维护全球战略稳定，携手应对全球性挑战，推动构建人类命运共同体。要全面提升国家安全能力，更加注重协同高效，更加注重法治思维，更加注重科技赋能，更加注重基层基础。要坚持以政治建设为统领，打造坚强的国家安全干部队伍。要加强国家安全意识教育，自觉推进发展和安全深度融合。[①]

统筹国内国际、统筹发展与安全、统筹维护与塑造、统筹传统与非传统、坚持安全不可分割原则、坚持各国安全关切度应当得到尊重，构建以人类共同价值观为基础、普遍安全的人类命运共同体，在这十年中，中国共产党根据变化发展的国内外安全形势，按照总体国家安全观的要求，初步构建了国家安全体系主体框架，形成了国家安全理论体系，完善了国家安全战略体系，创造性地提出了一系列国家安全理论、政策与战略。这些国家安全理论、政策与战略的广度与深度是前所未有的，所具有的原创性自主知识体系建构的特征也是前所未有的。尤其是对地区安全、国际安全和全球安全涉及的一系列重大命题发表中国意见和中国主张，为解决全球安全治理提供中国方案，从"一带一路"倡议、构建人类命运共同体到全球发展倡议和全球安全倡议，中国都以前所未有的使命责任，为全球安全提供公共产品，为人类安全谋发展，为推动建构全球安全发展新格局、人类文明安全新事业发挥了战略性作用，深刻影响了全球安全和人类安全事业的发展走向。这种影响随着时间的推移将更加深刻地表现出来。这种影响不仅将产生和发挥在中国国家安全实践上，而且将深刻影响中国国家安全学术研究和学科建设，成为建构具有中国自主知识体系的国家安全学的理论与范式基础。所有这些理论、政策和战略都是以观念形态提出来的，都属于价值观和意识形态，包含深刻而独特的中国传统文化精神和思维特征，因而都具有文化特性，都将同时影响国家文化安全的理论、政策和战略建构与实践发展，在影响国家文化安全发展走向的同时，深刻影响和建构中国特色社会主义文化的发展，进而在深度参与人类文化交流、文明互鉴的过程中，给予人类文明发展走向与全球文化安全以深刻影响。这就是新时代中国特色国家文化安全理论体系创造性建构的价值，同时是中国国家安全事业和中国国家文化安全事业进入新时代的里程碑标志。

第四节　战后国际文化关系与中国国家文化安全

当代中国国家文化安全问题的形成不仅是中国历史发展的一个结果，而且是 20 世纪国际文化关系发展的一个结果，是 20 世纪世界文化，尤其是战后世界文化力量格局变动的一个结果。战后世界文化力量格局的变动是当代中国国家文化安全问题形成和构成的一个重要因素，这一因素直接成为全球化时代中国国家文化安全问题的来源。20 世纪世界力量格局对比中的文化较量与文化版图的变动，地缘文化与地缘政治、经济的相互渗透，使文化冲突具有了国际文化安全意义。因此，要对全球化时代中国国家文化安全的形成与构成的动力结构有清楚的认识，就不能不对战后世界文化力量变动及其对中国国家文化安全的影响

---

① 中共中央政治局召开会议　审议《国家安全战略（2021—2025 年）》《军队功勋荣誉表彰条例》和《国家科技咨询委员会 2021 年咨询报告》中共中央总书记习近平主持会议[N]. 人民日报（海外版），2021-11-19.

展开文化史学分析。

一、战后国际文化关系中的中国文化安全政策选择与定位

战后国际文化关系是由国家制度和意识形态来建构的。战后国际文化关系深刻变化的初期，由于中国处于关系国家的前途与命运的激烈内战之中，国共两党在国家文化发展选择上有着完全不同的价值取向和安全判断，因此尚未明显地影响严格意义上的国家文化安全选择与定位。从战后国际文化关系的变动对当代中国国家文化安全问题形成的动因来看，中国国家文化安全政策选择与定位需求的产生是在中国共产党夺取全国胜利、中华人民共和国作为独立的主权国家诞生之后出现的。

国家执政主体的变动必然导致国家执政理念的变动，这种变动的一个结果就是对国家文化安全判断的主体价值体系的转移。近代以来，中国屡遭列强的侵犯，维护国家独立和安全自然地成为新中国成立后整个国家的头等大事，建立与新生的政权建设相适应的全新的思想文化系统，也就自然地成为新中国成立之后不可避免的政策选择。新生的政权需要文化发挥鼓舞人民打击敌人的作用，首先要把文艺界的思想和创作统一到建设新中国上来，国家和民族都需要昂扬向上的精神。第一次文代会确认了毛泽东《在延安文艺座谈会上的讲话》提出的文艺方向和政策原则，在当时没有全国统一的国家文化安全政策的情况下，其提出的文艺方向和政策原则在维护国内思想文化界的团结、打击帝国主义在华势力、缩小帝国主义在思想文化领域里的影响、支持全国解放等方面起到了不可替代的作用。

社会主义国家制度的选择和对马克思主义的信仰，使得中国共产党在夺取全国政权之后，自然地成为已经建立起来的以苏联为首的社会主义阵营的一个重要组成部分。但是，中国和苏联在文化上存在着巨大的差异，对于执政伊始的中国共产党来说，国家的安全和人民的安居乐业是头等大事。尤其是面对以美国为首的西方帝国主义国家实施的经济封锁和政治打压，中国不得不把对社会主义阵营的依赖作为自己生存与发展的重要选择和文化定位。"一边倒"的战略选择和定位是历史的一个结果，虽然在这个过程中中国也付出了一定的代价，但在相当长的时间里为中国的国家安全赢得了不可或缺的制度支撑和重大的国家利益。这对建立整个国家包括文化在内的社会主义制度体系和安全体系与政策发挥了不可替代的作用。

选择什么样的发展道路和理论模式，常常是由客观的情势发展决定的，而不是个人的主观愿望所能左右的。新中国成立之初，毛泽东之所以做出那样的抉择，是因为有两种不由他左右的情势：一种是国际社会冷战局面的形成，另一种是国内建设与巩固政权斗争的同步发展。毛泽东无法超越时代。也许有人要问他为什么不选择资本主义民主制，而要选择社会主义集权制？毛泽东选择社会主义就是选择民主，这在他与黄炎培的历史性谈话中已经表达得准确无误。当时中国的国际生存状况十分严峻，既包括帝国主义的经济封锁，又包括尖锐的意识形态对立。国家的经济地位不容许它，帝国主义集团也不接受它，使得它不得不集中国家力量，尽快建成社会主义。

没有哪一种社会制度建设路径的选择能够脱离具体的历史情境。不只是本国的历史轨迹会为后来人做铺垫，不同国家在相似的背景与结构下，也会有不同的战略选择。

正是基于帝国主义侵略给中国人民带来的屈辱历史和文化伤害，基于资产阶级糖衣炮

弹的进攻可能给执政党带来的威胁，从新中国成立之初关于电影《武训传》的批判到对《红楼梦》研究中的唯心主义的批判，再到对所谓"胡风反革命集团"的批判，无不是出于对国家安全利益的关注和采取的国家文化安全措施。这种警惕不仅没有随着社会主义制度的巩固与发展而有所调整，反而由于国际共产主义运动出现了重大分歧，对于国家主权和尊严的维护又被赋予了新的时代内容，进而导致国内在思想文化领域的阶级斗争进一步扩大化。国际、国内两个方面的安全考虑始终使中国国家文化安全在内外两条战线上作战，目的是获得国家文化的绝对安全，结果导致了国家文化的绝对不安全。但是，内外两种因素构成的战后中国国家文化安全在结构上的运动特点并没有改变，改变的只是它的内容（打扫干净屋子再请客、另起炉灶同样也包括思想文化的意义），这一特点还将长期影响中国国家文化安全的战略走向。

20世纪国际文化战略格局和战略关系主要是围绕大国文化战略关系的变动而变动的。大国间的任何一次联盟和对立，都是国际文化战略格局和文化关系变动的直接推动力量。第一次世界大战后的国际分赃以及后来的国际文化格局的形成是如此，第二次世界大战后形成的国际文化关系及其战略格局的变化也是如此。应该这样说，自鸦片战争以来，在国际文化关系及其战略格局的每一次变动中，中国始终处在一个相当被动的战略地位。面对激烈变动的世界，整体性落后的中国缺乏能够独立应对数千年未有之大变局的文化积累和文化准备，无论是"全盘西化"还是"拿来主义"，"体用"之争的实质反映了在学术层面上的国家主体精神的战略性缺乏，反映在国家制度层面上则是国家文化主体价值观的转移。而一次又一次在国家文化主权和独立问题上的不确定，国家文化安全战略的不确定性，导致了很长一段时期内中国国家文化安全战略定位和站位的模糊性。随着新中国的成立，虽然这种状况发生了根本意义上的改变，但是，美、苏两个大国争霸世界的战略企图及其所引发的巨大的冷战漩涡，还是使中国国家文化安全的战略站位受到了巨大的影响。新中国成立之初实行的"一边倒"战略和20世纪70年代实行的联美抗苏战略，以及在文化上实行的在"帝国主义"和"修正主义"两条战线上作战的战略选择，也表明了中国国家文化安全战略所需要的恰当站位对中国在国家文化安全上克服腹背受敌这一被动局面的重要性。这种局面或者说这一战略机遇一直发展到20世纪70年代才有了战略性改变。

20世纪70年代，在美苏核军备竞赛进一步加剧的形势下，中苏矛盾进一步激化。与此同时，中国国内正在进行的"文化大革命"所带来的安全隐患已经显露出来。中国国家安全在遇到战后比朝鲜战争时期更为困难的局面的同时，也面临国内"文化大革命"危机带来的严峻挑战。如何最大限度地消除对于国家安全的不利形势，克服安全困境，成为摆在中国面前的一道必须解决的难题。中国在充分分析了美苏争霸这一当时最主要的国际文化安全战略关系和中国切身的战略安全利益关系后，主动选择与美国开展积极的文化外交：毛泽东在天安门城楼与美国作家埃德加·斯诺亲切交谈的照片被刊登在《人民日报》头版上，成为战后最重大的文化事件之一；中国乒乓球代表团邀请美国乒乓球代表团访华，推开了中美交往的大门，时称"小球转动了大球"。民间文化的有效破冰，融化了中美两国长期僵硬对立的国家安全战略关系。通过建立与美国的对话机制，以及美国渴望在美苏争霸中利用中国的国际需要，中国运用文化外交有效地化解了苏联对中国所构成的巨大的国家安全压力。"合纵连横"这一中华民族古老的文化战略在当时国家安全中又发挥了不可替代的作用，其中所显示出来的战略智慧为后来中国最终选择超越社会制度和意识形态发展国际文化关系，建立以新的国家安全观为核心的国家文化安全战略站位奠定了基础。

二、冷战后的国际文化矛盾与中国国家文化安全体系重建

国际文化矛盾是国际政治、经济矛盾的表现。虽然这种矛盾一般是由整个世界的运动的矛盾性决定的，但是，由于大国在全球事务体系中具有核心作用，也就是说，大国的存在往往是国家整体性实力较量的结果，所以大国的地位一旦形成也就往往具有影响国际形势与格局变动的力量。国际政治和经济矛盾的运动是如此，国际文化矛盾的运动也是如此。因此，世界主要国家之间文化力量对比的结构发生变化是国际文化安全体系新的转型形成的标志。

冷战时代争夺的是意识形态话语权，后冷战时代争夺的则是文化与意识形态，是软力量的较量。20 世纪 90 年代的后冷战时代是一个"多极化"与"单极化"相互竞争的时代，国际体系从冷战时代的两极结构向具有相对稳定性的所谓"一超多强"全球力量对比的新结构特征过渡。然而，这并不是一个超稳定结构。美国寻求全球单极格局同其他大国主张世界多极化形成了关于未来世界格局设计主张的尖锐的矛盾、冲突。虽然意识形态冲突不再是左右国际文化安全形势的主要矛盾，但是，冷战的经验使得文化成为实现冷战后美国全球战略利益的重要力量。1992 年 9 月 10 日，美国总统布什在《美国复兴日程》计划中提出："我们的政治和经济联系由于美国文化对全世界的吸引力而得到补充。这是一种我们可以利用的'软力量'."①美国《新共和》周刊副主编雅各布·海尔布则更加确切地指出美国文化和美国对外政策的关系："美国的文化实际上就是它的对外政策。即使美国并不总是按照它所唱的高调行事，它也总是根据个人权利和对世界有吸引力的民主来阐释其文化。"②所以，美国《国家安全战略报告》的每一次调整都可以看作它的全球文化战略利益调整的文化体现。冷战结束后，美国所制定的国家战略有三大支柱：一是维持超级经济大国的地位，以求霸权永续；二是在全球拓展美国式民主，强行推行美国的意识形态；三是出于自身的安全考虑，制定了国家导弹防御系统。文化就是这三大支柱之一。

"9·11"事件发生后，反恐成为美国最重要的国家安全战略，这一战略不仅是军事的，也是文化的。2002 年 6 月 1 日，美国总统布什在西点军校发表了被称为"布什主义"的讲话，布什在这次讲话中提出"我们的安全需要所有的美国人……做好必要时采取先发制人的行动捍卫我们的自由和保护我们的生命的准备"这一著名的"先发制人"理论。③这一理论的出台，成为美国正式确定单边主义战略核心地位的标志。这一单边主义战略的核心内容，就是致力于维护美国利益和美国价值观主导下的单极世界，因此，所谓国家主权和国际关系准则所规定的价值取向权和国际关系准则所规定的价值取向意义，在这里完全是由美国定义的，与之不同就会被美国视为一种陈旧的战略思维。这种对于世界的文化态度由于美国的国家实力在全球范围占有唯一性地位而使得国际文化矛盾在冷战后出现了由克林顿政府的"接触战略"向以"单边主义"为特征的文化上的"新遏制战略"转变的态势，即政治上的"多极化"和文化上的"多样性"向政治上的"单边主义"和文化上的"霸权

---

① 转引自：王晓德. 美国文化与外交[M]. 北京：世界知识出版社，2000：13.

② 同①.

③ 转引自：胡鞍钢，门洪华. 解读美国大战略[M]. 杭州：浙江人民出版社，2003：14.

主义"转变的态势，两种新的文化矛盾和多种国家文化利益相互交织，构成了冷战后国际文化矛盾运动的新特点，而美国的国家战略则成为冷战后国际文化矛盾转移的主导因素。2003年美国和英国联合发动的伊拉克战争进一步加剧了这一新的国际文化矛盾。虽然这是一场局部战争，但是围绕战与和的外交战是全球性的，几乎所有的大国都参加了这场外交战。从某种意义上说，它是冷战后世界体系内部不同政治力量之间的一场较量。这场较量虽然是以外交战的形式爆发的，但其实质是一次冷战后关于世界权力再分配的较量。这场较量不仅使"9·11"事件之后美国同俄罗斯建立的战略关系发生了变化，也引发了所谓"老欧洲"与"新欧洲"，实质是美国与法国、德国两个大国之间的战略关系的变化。如果说前者继续了美国对俄罗斯的遏制的话，那么后者则加剧了法国、德国与美国在重新确立国际事务主导权上的竞争。伊拉克战争最终无法避免，是实力差距的结果，是力量对比直接作用于国家政策行为的结果。无论国际关系如何变化，人们都会看到权力是国际关系的"最后语言"。所以，美国政府采取的单边主义政策并不是偶然的，而是以美国所具有的凌驾于其他大国之上的霸权实力为基础的，美国关于全球观念的倾向性正是对这种霸权态度的反映。这种反映是文化性的，它在改变大国力量对比关系中的基本结构的同时，也改变了大国之间的文化关系。这就使得伊拉克战争不仅表现为一种文明的冲突——基督教文明与伊斯兰文明的冲突，而且是冷战后国际文化矛盾的一次集中爆发。东西矛盾、南北矛盾依然存在，而所谓"西西矛盾"开始浮出水面，欧盟同美国之间的矛盾逐渐成为引发全球文化力量重组的动力。

冷战结束后，苏联和东欧社会主义阵营解体，世界文化版图发生巨大变动，使得国际文化矛盾结构发生了根本性变化。社会主义社会和资本主义社会的文化矛盾在这种变化中不再是构成世界文化的主要矛盾，以美国为代表的资本主义作为一种文化体系成为影响全球文化格局和矛盾运动的主要力量，原来的国际文化矛盾在冷战后形成了一种完全不对称的结构比例。"冷战后，在中欧和东欧，在世界其他地区，我们都能看到民族自觉意识的觉醒。标准化的信息和消费模式在世界各地传播，引起人们内心的焦虑和不安。人们开始把注意力转向自己的文化，坚持本土文化价值观，把文化作为确定自我身份的一种手段和力量之源。"[①]因此，如何判断冷战后国际文化矛盾发展变化所引发的新问题及其新趋势对未来中国国家文化安全形势的影响，原先构建在冷战格局基础上的中国国家文化安全体系（包括理论政策和制度架构）在这样的一个大变局中该如何选择：是继续奉行冷战时期的国家意识形态战略，还是建构以国家利益为最高利益的新的整体性国家安全战略，进而建构国家文化安全战略体系，自然地成为中国国家文化安全体系所面临的战略性课题。

中国的国家文化安全体系是在冷战过程中形成的，或者说就是为适应冷战的需要而建立的，因此，意识形态和社会制度一直是中国国家文化安全体系构成的两个重要原则和中国处理国际文化关系的标准，这一标准是判断中国文化安全、制定国家文化安全政策的重要尺度。这一安全体系的形成既是全球冷战的产物，也与中国在整个冷战时期的国家战略利益一致。虽然在今天看来，这一安全体系给中国的文化建设与国家发展带来了许多负面影响，但是，从历史来看，从当时中国所处的国际地位和安全形势来看，这一安全体系的

---

① 联合国教科文组织，世界文化与发展委员会. 文化多样性与人类全面发展：世界文化与发展委员会报告[M]. 张玉国，译. 广州：广东人民出版社，2006.

建立是一个必然的结果。冷战后，国际安全动力结构发生变化，国际文化矛盾转移，中国实施改革开放并进一步融入现代世界体系，深度参与国际事务以及国际政治经济和文化秩序的重建，这就使得中国原有的建立在两极对抗和国内"以阶级斗争为纲"基础上的国家文化安全体系与中国整体国家利益和国家安全战略的调整明显不适应。原有的构成中国文化安全问题的动力因素尚未完全消失，新的文化安全动力又提高了中国文化安全问题的复杂性，这就形成了冷战后中国文化安全问题的特殊动力结构：一方面，来自外部文化安全的动力因素出现了新的变量，全球化和冷战思维共同影响中国文化安全结构的变动；另一方面，全球化诱发了中国内部新的文化安全危机。面对冷战后国际文化矛盾和文化安全格局的深刻变化，当中国不改变自身国家文化安全体系便不能有效地实现在新的国际文化安全形势下的国家文化安全的时候，中国国家文化安全体系的重建也就必然地成为冷战后中国国家文化安全发展的战略需求。

三、全球安全治理冲突与中国全球文化安全治理创新

全球化和全球化进程是当今世界制定与出台一切政策的最大时代背景。当今世界所有国家的政策问题都是全球化问题，都是对全球化问题的"折射"。全球化在改变人类发展状况、促进文明多样性发展的同时，积累了巨大的不安全发展风险。任何安全风险都有一个积累的过程，也都需要一个释放、减压的"出口"。2008 年全球金融危机的爆发就是这样一个风险自我释放的"出口"，它极大地改变了全球化安全发展的进程，促使世界各大主要经济体和经济体集团纷纷制定新的发展与安全政策，以应对全球化失速带来的发展与安全问题，以及由此而带来的各方面的结构性战略调整。

1. 以人类命运共同体理念克服文明冲突

构建人类命运共同体，建设一个持久和平、普遍安全、共同繁荣、开放包容、清洁美丽的世界，是破解时代之问的中国方案。

这一理念在全球获得越来越广泛的认同。中国正与越来越多的友好伙伴构建双边命运共同体，与有关方达成共识，共同打造周边、亚太、中国—东盟、中非、中阿、中拉、上海合作组织等命运共同体……

这一理念带给世界的福祉越来越丰厚。当阿富汗凛冬将至、近百万难民衣食无着时，当 2022 年夏巴基斯坦发生严重洪灾时，来自中国的紧急救援物资源源不断抵达；中国已向120 多个国家和国际组织提供超过 22 亿剂新冠肺炎疫苗；中国支持《生物多样性公约》《联合国气候变化框架公约》及其《巴黎协定》等多边议程，助力发展中国家走绿色低碳道路。

联合国秘书长古特雷斯指出："中国已成为多边主义的重要支柱，而我们践行多边主义的目的，就是要建立人类命运共同体。"[①]英国知名社会学家马丁·阿尔布劳说："人类命运共同体理念融合了古老的中国智慧，跨越文化，和而不同，包容全人类。"[②]

全球政商学界对中国的点赞映衬着一种共识的达成，由此也就不难理解，人类命运共

---

① 东风浩荡万里澄——写在习近平主席在联合国日内瓦总部发表历史性演讲四周年之际[N]. 人民日报，2021-01-18.
② 人类命运共同体：全球化发展的未来方向[N]. 光明日报，2022-04-08.

同体理念自 2017 年 2 月首次被写入联合国决议后，又陆续被写入联合国安理会、联合国人权理事会等多份决议。

2. 以"一带一路"促进全球文化共同发展

"一带一路"倡议是当代中国最为宏大的文化发展与安全政策规划与构想。它是在全球化进程遭遇重大挫折、全球发展与安全面临一系列重大挑战的背景下提出来的，兼具统筹国内和国际、发展与安全两个大局的特征。作为一种独具创新性的重大文化安全政策形态，"一带一路"倡议的提出是中国当代文化安全政策发展史上一次重大的政策议程设置，开启了中国当代国家文化安全政策发展史的一个新时代。

2013 年 9 月 7 日，习近平在哈萨克斯坦纳扎尔巴耶夫大学发表演讲时表示，"为了使我们欧亚各国经济联系更加紧密、相互合作更加深入、发展空间更加广阔，我们可以用创新的合作模式，共同建设'丝绸之路经济带'"，"以点带面，从线到片，逐步形成区域大合作"，[①]携手共同克服全球经济危机带来的发展与安全困境，首次提出共同建设"丝绸之路经济带"的倡议；2013 年 10 月 3 日，习近平在印度尼西亚国会发表演讲时表示："中国愿同东盟国家加强海上合作，使用好中国政府设立的中国—东盟海上合作基金，发展好海洋合作伙伴关系，共同建设 21 世纪'海上丝绸之路'。"在不到一个月的时间里，习近平在访问中亚和南亚国家时提出共同建设"丝绸之路经济带"和"21 世纪海上丝绸之路"。在这两次演讲中，习近平都是从两国两千多年来的文化和文明交往出发，回忆和述说中国和中亚、中国和南亚国家在文化交往中建立和开展起来的经济交往，并且在这个基础上提出了共同建设"一带一路"倡议，塑造和奠定了"一带一路"倡议的文化、文明基础和文化政策属性。这是一个从历史文化和文明交往出发提出的统筹发展与安全的 21 世纪的综合性新发展政策，具有鲜明和显著的文明和文化特性。

人类社会进入工业文明时代之后，经济政策一直是人类社会用来解决一切经济问题的手段与杠杆。虽然人们也认识到了文化，尤其是作为观念形态的精神文化在社会进步与发展中的巨大推动作用，但是鲜有用文化的共同经验来建构经济政策、重塑经济发展格局、开辟经济新发展道路的。"一带一路"倡议是以文化点化经济、以文明烛照政治，是当代中国最为宏大和最富想象力的文化安全政策规划与构想。它是在全球化进程遭遇重大挫折、中国经济文化发展面临一系列重大挑战的背景下提出来的，是用"一带一路"建设克服与摆脱这两个方面的危机，统筹发展与安全、统筹国内和国际，以东方智慧破解全球化危机战略困局。"一带一路"倡议的提出重构了中国国家文化安全国际关系体系，从被动处理与以美国为首的西方国家集团的国家安全和国家文化安全关系转向了主动建构以"一带一路"倡议为纽带、以广大发展中国家为主的国际文化安全关系新格局，推动中国国际文化安全关系的双轮驱动，克服了单轮驱动受制于美西方国家集团的国家文化安全局限，为重建全球文化安全秩序注入了新动力、新理念、新价值、新文明。

"'一带一路'倡议是中国国家主席习近平基于应对后金融危机背景，为探求世界经济增长新动力、实现普惠平衡发展、弥合贫富差距鸿沟而提出的。"[②]人们普遍认为，2008 年

---

① 习近平谈治国理政[M]. 北京：外文出版社，2014.

② 博鳌论坛巴黎会议聚焦"一带一路"对接亚欧发展战略[N]. 人民日报，2017-09-18.

爆发的全球金融危机是全球化进程的一个转折点，它不仅是全球经济发展的一个转折点，也是全球文化发展的一个转折点，由此而造成的"地区热点问题持续动荡，恐怖主义蔓延肆虐。和平赤字、发展赤字、治理赤字，是摆在全人类面前的严峻挑战"。"世界经济增长需要新动力，发展需要更加普惠平衡，贫富差距鸿沟有待弥合"，[①]构成了全球治理危机的显著特征和危机克服的迫切要求。过去的全球化强调人员流动、资源配置、利益分享，而新全球化更加关注道义公正、机制建立以及代表权、话语权的扩大。新、旧两种全球化机制造成了新、旧两种全球化利益和价值观再分配的矛盾与冲突，催生、酿成了全球性"反全球化"和"逆全球化"思潮和运动，给全球化进程造成巨大困难和严峻挑战，全球经济因此遭到重大打击，全球化进程遭遇前所未有的重挫。无论是"反全球化"还是"逆全球化"，都涉及人类社会的公平正义。"反全球化"包含社会底层对贫富不均扩大的抗议，而"逆全球化"则包含既得利益集团对全球自由贸易秩序的背离——以贸易保护主义的政策维护自己的既得利益。这是两种不同性质的"反全球化"思潮，具有深刻而复杂的文化意识形态性，在包含深刻的历史片面性的同时，也包含全球化进程深刻反思的矛盾性。这种深刻的矛盾性是全球化周期的反映，是重塑全球化价值观的反映。逆全球化是全球化演化的一种必然机制，是全球化转型的一种表现。全球治理赤字是全球化进程面临的发展安全问题。只有打破或破除已有的全球化演进机制，才可能为全球化转型与扭转全球治理赤字提供新需求、新动力、新治理模式创造条件。因而，逆全球化在某种程度上是一种全球性价值再分配的需求。逆全球化的出现和"一带一路"倡议的提出正是这两种不同性质的价值再分配的转换机制。在某种程度上这正是全球安全演化进程中一种规律性表现。

为应对全球化危机，世界各国，尤其是西方大国和大国集团纷纷制定和出台危机管理政策，意图克服和摆脱因此而造成的经济衰退，拯救本国、本地区经济在全球化中的既得利益和主导地位。所有这些危机拯救战略与计划都具有一个显著的特征：从本国和本地区的利益考量出发，或者说，都是为了维护资本主义经济体系在全球化中的一己私利。如何既在克服危机中充分体现本国合理的发展利益诉求和安全关切，又兼顾克服与化解全球经济危机，确保全球化进程的可持续发展，同时推进全球治理改革？这就需要一种统筹兼顾本国利益和全球利益的大战略思维与新全球治理价值观。

面对全球金融危机给中国国民经济发展和安全造成的巨大冲击，中国政府及时出台了十项经济振兴规划，这些振兴规划虽然有效地缓解了全球金融危机给中国国民经济和社会发展造成的巨大冲击，破解了经济安全困境，但是，由于国际投资和贸易环境的改变造成了产能过剩，导致中国同时面临国际和国内两个方面的发展与安全危机。安全危机的叠加造成了中国发展的极大困难，这是全球化危机给中国带来和造成的安全危机效应。"如何克服国际、国内两个方面的安全危机"这一重大课题摆在了中国决策者的面前。站在能够同时克服国内、国际两个方面的发展与安全危机的战略高度上寻求解决之道，也就历史性地成为中国决策者必须回答的问题和必须给出的方案。中国政府提出的共同建设"一带一路"倡议正是在这个意义上具有同时克服国内国际两个方面发展与安全危机的重大政策与战略特质。

---

① 携手推进"一带一路"建设——习近平在"一带一路"国际合作高峰论坛开幕式上的演讲[N]. 人民日报，2017-05-15.

全球金融危机的爆发是全球化的一个结果，全球化必然同时要为此付出代价，进而通过"再全球化"而使全球化获得新生，继续推动人类社会的发展。这是全球化运动的一个规律。这个规律是由全球化本身具有的文明性决定的。无论是美国的"亚太再平衡"战略，还是欧盟的"容克计划"，抑或是后来许多国家和国家集团纷纷提出的各种战略构想，其目的都是通过寻求新的全球性解决方案，走出全球金融危机造成的全球化危机，赢得相对的战略优势地位。"一带一路"倡议正是这样一个寻求世界"再全球化"而具有全球性和全球价值的战略构想，它为全球化摆脱和走出发展危机提供了一种东方思路和中国方案。如果将以此为标志的之前的全球化称为"全球化1.0"的话，那么"一带一路"倡议的提出则开启了"全球化2.0"时代。"全球化1.0"是西方资本主义国家主导的，"全球化2.0"时代，东方的社会主义国家将共同参与塑造这一人类文明的新进程。

正如中国国家主席习近平在博鳌亚洲论坛2015年年会主旨演讲中所指出的："'一带一路'建设不是要替代现有地区合作机制和倡议，而是要在已有的基础上，推动沿线国家实现发展战略相互对接、优势互补。""一带一路"超越于一切文明之上，又把自己置于人类一切文明发展之中，以全人类共同的发展与安全利益追求，塑造人类命运共同体。

丝绸之路是一条连接欧亚大陆的商贸文明之路。在公元前140年张骞开通西域这一标志性文明史节点之前，后来被称为"丝绸之路"的欧亚文明交汇已然存在，而且这种不同种族、民族和地域之间的文明对话好似一条永恒的时光之河，历经数千年延续至今仍奔流不息。瑞典考古学家斯文·赫定认为："从文化—历史的观点看，这是连接地球上存在过的各民族和各大陆的最重要的纽带。"[①]然而，这一纽带因近代以来的战乱而被迫中断了。1877年德国人费迪南·冯·李希霍芬在其《中国（第一卷）》中首次把两千多年前这一条横贯欧亚大陆、联系不同文明的地带，以中国的丝绸为主要大宗商品为交易对象的商贸之路命名为"丝绸之路"。这是对早期人类文明行为的概括和提炼，是对"丝绸"这一中华文明载体的礼赞与肯定。此后，这一概念不胫而走，成为被普遍接受的人类对自身行为的美的概括与表达。

丝绸之路被称为"整个世界的神经中枢系统"，"在现代到来之前，世界最高级别的知识中心，如'牛津'和'剑桥'、'哈佛'和'耶鲁'，并非在欧洲和西方，而是在巴格达、巴尔克、布哈拉、撒马尔罕"。丝绸之路上，"人们在从事贸易沟通、思想沟通，在互相学习、互相借鉴；在哲学、科学、语言和宗教方面，人们从交流中得到启发，得到拓展。历史因他们而得到了解释。"[②]丝绸之路因欧洲的崛起而被迫中断了，因此丧失了对世界文明发展与安全的解释权。文明没有忘记丝绸之路，丝绸之路也没有消失在地平线和沙漠之下。英国历史学家彼得·弗兰科潘的著作《丝绸之路：一部全新的世界史》，为世人重新打开了丝绸之路。"一带一路"倡议的提出为人类文明提供了一个再次共同创造历史解释权的机会与空间，它使得被"文明冲突"搅得支离破碎的文明世界，寻找到了再现昔日辉煌的可能。这就是沿线、路国家和人民欢迎和对接"一带一路"的文化和文明密码。虽然它们之间依然存在着因隔阂而造成的矛盾与冲突，但是，共同的历史记忆和共同拥有的对曾经辉煌的

---

① 朱文谦. 丝绸之路文明的历史思考[EB/OL]. （2015-02-03）[2023-08-28]. http://www.scio.gov.cn/ztk/wh/slxy/31210/Document/1394009/1394009.htm.

② 弗兰科潘. 丝绸之路：一部全新的世界史[M]. 邵旭东, 孙芳, 译. 杭州：浙江大学出版社, 2016：4-6.

向往成为它们之间可以合作的共同的精神财富，使它们分享彼此的文明果实。

丝绸之路是对先由大陆文明，再由海洋文明建立起来的人类文明体系的最简约、最精准、最美丽的概括与表达，充满人类文明的哲理与美学智慧。这一概念甫一提出，便得到了广泛的认可，被写进了许多国家的教科书，用以记载人类文明曾经互通有无的辉煌历史。中国国家主席习近平在哈萨克斯坦纳扎尔巴耶夫大学的演讲正是从人类文明史上这一伟大的创举切入，以人类文明史上共同的辉煌记忆重新唤起人们再续辉煌的共同向往而提出"共同建设丝绸之路经济带"的。习近平在演讲中引用哈萨克民族的谚语——"一片土地的历史，就是在她之上的人民的历史"揭示这一段卓越的历史对于今天人类社会进步的伟大意义，同时指出在"20 多年来，随着中国同欧亚国家关系快速发展，古老的丝绸之路日益焕发出新的生机活力，以新的形式把中国同欧亚国家的互利合作不断推向新的历史高度"的基础上，向欧亚各国、向这片土地上的人民发出中国政府和中国人民的倡议："为了使我们欧亚各国经济联系更加紧密、相互合作更加深入、发展空间更加广阔，我们可以用创新的合作模式，共同建设'丝绸之路经济带'。"在人类文明发展陷于 2008 年以来的全球经济危机的背景下，中国国家主席习近平用"丝绸之路"这一概念提出中国关于走出全球化危机的一项新的建设构想，把昨天人类文明共同创造的历史转换成今天重建全球化的新政策构想与战略性倡议，把昨天的人类文明成果转化为今天克服全球化危机的政策方案，以唤醒人类文明共同记忆的方式给世界打开了一条走出全球经济发展危机的崭新思路，提出了开启中国和世界关系发展的新政策、新方案，自然引起和获得了全球性热烈反响。一项走出全球化危机的重大政策创新和创举由此诞生。

"一带一路"倡议的提出引发了全世界的关注，牵动了世界政策格局的变动，联合国把这一新政策概念写入若干决议，使之成为用以治理全球发展与安全困境、走出全球经济危机的政策杠杆。"一带一路"倡议就此从中国走向世界，成为进入 21 世纪后全球最具有影响力的公共产品。文化政策是其中重要的组成部分和构成内容之一，因而，"一带一路"倡议是当代中国文化政策发展史上最重要和最有影响力的文化政策。它改变了中国当代文化政策建构视角与塑造基点，开创了中国当代文化安全政策新的价值取向。

一切经贸交往都是文化的，都是文化交往。"一带一路"倡议不仅是经贸的，更是文化的。经济发展的边界在任何时候都是文化自信的结果。一个在文化上自我封闭的国家和民族是没有发展与安全的边界的。物质产品背后承载和表现的是一种生活方式，而生活方式恰恰是文化得以建构的根本依据和表达方式。

丝绸是中国人的生活方式和中国文化最重要的表达形式和表达载体之一。丝绸及与其有关的丝绸之路和"一带一路"是一种文化的交流、输出与沟通。这种文化的交流、输出与沟通，比起单纯的"文化走出去"，更具有国际通用性，是一种国际交往语言。基于对国际贸易交往的文化理解和文化认识，"一带一路"经贸战略具有了文化战略的发展与安全意义。美国正是由于基于自己的经验看到了"一带一路"背后所蕴含的深刻的文化意义，才以同样的战略构图来遏制中国的战略倡议。跨太平洋伙伴关系协定（Trans-Pacific Partnership Agreement，TPP）把中国排除在外就是这样一种表现。这是"安全困境"的另一种表现形式。为了应对一种新的安全力量的兴起，必须建立比它更强大的安全力量。这就是"安全困境"。在当今世界，在文化和经贸领域出现了全新形式的"军备竞赛"。文化发展与安全正以经贸安全困境的形式深刻地表现出来，这就给中国的文化发展与安全提出了新的难题。如何在实现自身发展与安全战略意图的同时，与其他国家的发展与安全战略保持协调，这是"一带一路"议程中一个事关国家文化发展与安全的难题。

"一带一路"倡议是一项大文化安全与发展政策，其最大的特点就是以人类文明史上最伟大的沟通方式来消弭文明孤立发展带来的安全局限性，共享人类文明成果。"一带一路"是人类文明史上共同的文明记忆和文明创造。它是经济的文化链接，是一种心理认知的链接，是一种精神与心灵的沟通与响应。民心相通是"一带一路"建设的社会根基，而人文交流和民心相通密不可分，只有通过交流促进民心相通，才能为"一带一路"建设夯实民意基础、社会基础。2016年4月29日，习近平总书记在主持中共中央政治局第三十一次集体学习时特意强调了"民心相通"的重要性，指出"必须在沿线国家民众中形成一个相互欣赏、相互理解、相互尊重的人文格局"。同年12月5日，中共中央出台《关于加强"一带一路"软力量建设的指导意见》，指出要为"一带一路"建设提供有力理论支撑、舆论支持、文化条件。"一带一路"的互联互通不仅体现在通路、通气、通水、通油，更体现在"通心"。同年12月26日，文化部出台了《文化部"一带一路"文化发展行动计划（2016—2020年）》，提出了健全"一带一路"文化交流合作机制、完善"一带一路"文化交流合作平台、打造"一带一路"文化交流品牌、推动"一带一路"文化产业繁荣发展、促进"一带一路"文化贸易合作五大重点任务，以及12个专项计划，从而让历史成为文化与文明交流政策落到了实处。

比较是一种认知真理的力量，也是最能实现自我更新的力量。中国用共建"一带一路"的倡议和方式，把自己的经验回馈给人类文明，让整个人类文明世界也能够分享中国改革开放在借鉴西方文明成果的历史进程中取得的创造性经验，这就是文明互鉴。"一带一路"倡议是中国特色社会主义的文明长袖，也是中国当代文化政策的一项重要科学成果，是对如何建设中国与世界文化哲学认识的集中提炼与表达。其本身创造性地建构了一个具有鲜明中国历史文化内涵与个性的文化政策概念：一带一路，这在中国国家文化安全政策史上是前所未有的。

文明冲突与文明互鉴在当今世界同时并存。如何在"一带一路"中实现从文明冲突走向文明互鉴，是全球化条件下国家文化发展与安全运动中的一道难题。人类社会正在进入全球战略时代，几乎每个国家都在制定自己的安全战略和其他各个方面的战略，包括文化战略。每个国家都有自己的文化安全定义，也都有自己关于国家文化安全的想象。各国、各地区依据本国和本地区的国家或区域利益和共同利益制定国家与区域发展战略，这是当今全球安全战略竞争的一个显著特点。"一带一路"倡议的提出不可避免地与各国、各地区的国家战略与区域战略发生战略关系，这种战略关系要么是对冲的，要么是互补的，抑或是相一致的。即便是一致的，也必然包含着主体性与主导性，事关国家主权和文明主权。这是造成文明冲突的重要来源之一。

中国不赞成文明冲突，主张文明互鉴。这是2014年3月27日习近平在联合国教科文组织总部发表演讲的突出主题，也是中国在提出"一带一路"倡议的同时，向世界表明和阐释的中国的立场、态度和文明观。因此，无论是在与俄罗斯的战略对接中还是在与东盟的战略对接中，中国都表明"互利共赢"的理念，从而在这个基础上逐步从提出"亚洲命运共同体"到建构"人类命运共同体"。这是对"一带一路"战略构想具体内容的生动展开，它使得"一带一路"的发展与安全利益无论是经贸的还是文化的，都应当是人类共享的。

　　虽然丝绸之路早已进入了我们的历史叙述范围，但是，始终没有站在人类文明发展史的高度和全球化的视野来赋予其中国定义和中国阐释。由于互联互通是丝绸之路最为简洁明了的价值认知构成，从而使得东方文明和西方文明在互利互赢的共同价值观基础上，超越了文化、文明和价值观的时空局限走到了一起。文明的互通性构成了丝绸之路原初的全球化形态，也使得丝绸之路具有了初始的全球化性质。虽然丝绸之路的具体形态现代化了，但是，"互联互通、互通有无、互利共赢"这一丝绸之路的价值本性没有变。因此，当以工业文明为基础的全球化遭遇到所谓"反全球化"和"逆全球化"危机的时候，从人类历史的传统文明中汲取智慧，重建丝绸之路，重建全球化，在缔造和建构新全球化的进程中，继续实现人类文明的共赢发展，也就自然地成为人类文明社会的普遍需求。

　　"一带一路"倡议在一个人类文明转型和全球化转型的文明交汇的关键时刻被提出，实际上是一个丝路之路母国对西方文明礼赞的现代应答。"一带一路"倡议的提出是站在历史的高点，着眼于人类文明共同福祉的新文明观的主动建构，回答和解决的是当今人类社会共同面临的发展与安全的挑战。它是一个基于历史又高于历史的伟大构想和战略倡议。正因为如此，这一倡议在全世界范围内经历了从疑虑、不解、争论到响应的过程。这是一个关于文明安全的再认识过程，这一过程在全球性安全政策供给历史中是非常罕见的。

　　瑞士洛桑国际管理发展学院教授让-皮埃尔·莱曼在论及"一带一路"倡议对于欧亚大陆国家发展的价值和意义时指出：从历史上看，古丝绸之路促进了沿线国家之间的商品贸易活动，带动了宗教、艺术与科技等方面先进知识的传播，实现了欧亚不同文明间的相互融合与彼此丰富。倘若欧亚大陆各国家之间能够加强交流与融合，那么无论是市场还是文化，整个欧亚大陆都将受益无穷。而"一带一路"倡议恰好提供了这样一个崭新的机会，在基础设施、物流、金融、旅游、数字贸易、艺术、建筑等多领域催生新市场，带来新商机，带动经济增长，增进企业家精神。"一带一路"倡议不仅有关经济和贸易，有望创造出欧亚市场，而且涉及全球文明与文化发展，因而是一项创造性全球发展与安全政策构想，其价值和意义远远超越了单纯的经济范畴，尽管经济发展在其中占据着战略性核心位置。

　　美国和欧洲的政策与战略家则从自己国家的历史经验出发，把"一带一路"倡议看作二战后东方的"马歇尔计划"。这是国际社会关于"一带一路"倡议的一种误解。"一带一路"倡议不是"马歇尔计划"那样的以地缘和全球政治为目的的单向援助。中国此举的创新点在于，不将自身利益的实现建立在损害其他国家和地区利益的基础上。"一带一路"倡议是以"发展"为导向的，而不是以"规则"为导向的。它不是写好规则让别人去遵循，而是强调共商、共建、共享，每一个参与者都是平等的主体，这当中既不会产生霸权，也不需要政治依附。它不是狭隘的冷战背景下的地缘政治战略，而是新全球化时代的共商、共赢政策。因此，"一带一路"倡议与"马歇尔计划"的文明出发点是不一样的。"马歇尔计划"是美国制定好了之后，让他国接受。"一带一路"倡议之所以是"倡议"而不是"计划"，也不是"规划"，就在于它是开放的、包容的，大家共同制定规则，从而使利益共享。改变国际规则的书写方式，这是"一带一路"倡议能够在短时间内获得世界积极响应最重要的文明原因。

　　虽然共建"一带一路"是用来解决经济问题的，但是用来解决全球经济危机的政策视角和政策方法是文化的。习近平每一次对"一带一路"倡议的内涵进行创新性阐释和论述时，都把文化和文明列为最重要的内容和最重要的政策之一予以强调。没有文化的建设和作用，或者说没有文化这一战略支点和战略杠杆，要想撬动欧亚大陆僵硬的战略板块，在地球的心脏地带实现共同发展，在这个文明具有多样性和冲突性的地带追求共同安全，其难度是可想而知的。这就使得"一带一路"倡议充满了关于发展经济如何克服文化壁垒的文明精神，具有文明性。从这个意义上说，"一带一路"倡议是一个以经济建设为目标的文化政策，也是一个以文化与文明建设为目标的经济政策，二者互为表里、融为一体，因此"一带一路"倡议是一项前所未有的、具有鲜明文化政策特征的文化经济政策和具有鲜明的经济政策特征的文化发展与安全政策。

"一带一路"倡议是一项在全球危局中开辟新路的、综合的、积极的战略性文化发展与安全政策。它不只是利己的，而且是利他的，因而是一项共享、共赢的发展与安全政策，具有公共产品和公共政策所必需的公共安全性质，超越了地缘政治、意识形态差异、民族和宗教差异。第71届联合国大会在"联合国系统在全球治理中的核心作用"议题下通过关于"联合国与全球经济治理"决议，要求"各方本着'共商、共建、共享'原则改善全球经济治理，加强联合国作用"，同时重申"联合国应本着合作共赢精神，继续发挥核心作用，寻求应对全球性挑战的共同之策，构建人类命运共同体"。[①]联合国是最具代表性和权威性的政府间国际组织，是加强全球治理的核心平台。联合国大会是最具普遍性的联合国宪章机构。随着全球性挑战增多，加强全球安全与发展治理已是大势所趋，在全球普遍安全与发展治理需求的背景下，中国政府提出"一带一路"倡议和"共商、共建、共享"原则，适应和满足了全球安全与发展治理变革的需求，故其获得联合国普遍响应也就在合理的逻辑之中了。

2021年11月19日，习近平在第三次"一带一路"建设座谈会上的讲话中指出："世界百年未有之大变局正加速演变，新一轮科技革命和产业变革带来的激烈竞争前所未有，气候变化、疫情防控等全球性问题对人类社会带来的影响前所未有，共建'一带一路'国际环境日趋复杂。我们要保持战略定力，抓住战略机遇，统筹发展和安全、统筹国内和国际、统筹合作和斗争、统筹存量和增量、统筹整体和重点，积极应对挑战，趋利避害，奋勇前进。"[②]这是在新的时代背景下、面对新挑战对"一带一路"倡议提出的新要求，与新发展理念相呼应，必将更加深刻地影响"一带一路"倡议的全球安全与发展的生命力。

3. 以全球安全倡议重塑全球文化安全治理体系

以理念引导行动。中国在坚决维护以联合国宪章宗旨和原则为核心的国际秩序的基础上，倡导和平、发展、公平、正义、民主、自由的全人类共同价值，提出正确义利观以及新的发展观、安全观、合作观、文明观、全球治理观等理念，提出全球发展倡议、全球安全倡议和全球文明倡议，在"和平还是战争、发展还是衰退、开放还是封闭、合作还是对抗"等关键问题上，引导人类社会做出正确抉择。

[①] 联大决议首次纳入"共商、共建、共享"的全球经济治理理念[N]. 新华每日电讯，2017-09-14.

[②] 习近平在第三次"一带一路"建设座谈会上强调 以高标准可持续惠民生为目标 继续推动共建"一带一路"高质量发展[N]. 人民日报，2021-11-20.

文明互鉴就是文明共享，而文明冲突则不是共享。这是在文化发展与安全问题上的新的集体安全观：从人的安全走向和实现人类安全、从全球发展安全走向全球文明安全。人类命运共同体是一种共同安全的实现。"一带一路"+"人类命运共同体"，这就是"一带一路"倡议提出来的新人类文明安全观。它源于历史又超越历史。"一带一路"倡议为世界发展和人类和平提供和打开了一个"窗口期"——一个新的文明可能的"窗口期"，使人类可以通过这个新的"窗口期"眺望未来人类社会蔚蓝色的文明天空。

本章小结

一个国家的文化安全问题的形成是其内忧外患共振效应的结果，反映了这个国家内部的紧张关系以及它与所处的外部世界的安全关系。鸦片战争就属于这种性质的历史存在，今天中国所有的内部紧张关系以及与外部世界的安全关系都是由它界定的。政治经济上是如此，文化上也是如此。

鸦片战争彻底终结了中国历史发展周而复始的兴废更替的周期率，从而使中国国家安全运动在现代世界力量的作用下改变了其自我循环的形态特征。文化安全作为生存与发展安全的国家安全形态，第一次在世界近代史的意义上成为中国的国家文化安全。外部的文化威胁和文化侵略成为构成中国国家文化安全问题的关键力量。这是中国国家安全发展的重要转折。

辛亥革命结束了数千年的中国王朝专制体制，是现代中国国家体制之开端，由此标志着中国文化安全从传统向现代转型，王朝体系向国家体系转变，辛亥革命关于统一的多民族国家的缔造，缔造了现代中国的国家文化安全体制，使得任何关于国家分裂的企图和主张都是威胁国家安全的，也是国家文化安全所不能接受的，由此奠定了中国国家文化安全的核心价值和制度安全基础。

五四运动在本质上是鸦片战争的一个延伸，反映和表现的依然是中国内部的安全关系及其与外部世界的安全关系。然而，内、外部关系的结构性变化使中国得以用不同于鸦片战争的方式向世界表达自己的新态度，改变了中国对待国家安全问题的路径选择和战略取向。

帝国主义和封建主义是构成 20 世纪上半叶中国国家文化安全问题的两大主要形成机制。反帝反封建是由近代以来的民族安全危机和文化安全危机这一"双重安全危机"构成的，正是由于这一"双重安全危机"集中地表现了当时中国的整体国家安全形势，并且只有从根本上解决了这一"双重安全危机"，中华民族才能真正获得现代意义上的民族解放和国家独立，而其他一切安全问题的解决也只有在这两个根本性的问题得到解决之后才能获得解决的基础。这就决定了 20 世纪上半叶中国革命和中国社会发展的全部内容和使命，整个 20 世纪的中国国家文化安全都是在"反帝反封建"这一母题下展开的。

中国共产党是当代中国的执政主体，无论社会主义制度还是意识形态，都是它的理想与信念之所在。社会主义的生死存亡与中国共产党的生死存亡具有内在的一致性，这种一致性构成了当代中国国家文化安全内在逻辑构成的一致性：中国共产党的文化安全史观规定和影响了中国社会主义文化安全主题的形成和变迁。

中国的国家文化安全体系是在冷战过程中形成的，或者说就是为适应冷战的需要而建立的，因此，意识形态和社会制度一直是中国国家文化安全体系构成的两个重要原则和中国处理国际文化关系的标准，这一标准是判断中国文化安全、制定国家文化安全政策的重要尺度。这一安全体系的形成既是全球冷战的产物，也与中国在整个冷战时期的国家战略利益相一致。

一方面，来自外部文化安全的动力因素出现了新的变量，全球化和冷战思维共同影响着中国文化安全结构的变动；另一方面，全球化诱发了中国内部新的文化安全危机，从而构成了冷战结束后中国国家文化安全新的安全动力结构，并影响中国国家文化安全发展的历史形态与变革走向。

"一带一路"倡议是当代中国最为宏大的文化发展与安全政策规划与构想。它是在全球化进程遭遇重大挫折、全球发展与安全面临一系列重大挑战的背景下提出来的，兼具统筹国内国际、发展与安全两个大局的特征，是我国一项重大的国家安全和国家文化安全战略创新，旨在克服"文明冲突论"给世界带来的消极影响，为构建人类命运共同体建立安全实践平台和机制。

思考题

1．中国国家文化安全问题是怎样形成的？
2．简述现代中国国家文化安全意识的觉醒与形成的机制。
3．五四运动与20世纪中国国家文化安全主题形成的关系是什么？
4．社会主义时期中国国家文化安全主题变迁经历了哪几个阶段？
5．战后国际文化关系是怎样影响中国国家文化安全演变的？

参考书目

1．中共中央党史和文献研究院编．习近平关于总体国家安全观论述摘编[M]．北京：中央文献出版社，2018．

2．总体国家安全观研究中心．总体国家安全观透视[M]．北京：时事出版社，2023．

3．费正清．伟大的中国革命[M]．刘尊棋，译．北京：世界知识出版社，2000．

4．胡惠林．中国国家文化安全论[M]．2版．上海：上海人民出版社，2011．

5．孔飞力．中国现代国家的起源[M]．陈兼，陈之宏，译．北京：生活·读书·新知三联书店，2013．

6．李侃如．治理中国：从革命到改革[M]．胡国成，赵梅，译．北京：中国社会科学出版社，2010．

第六章

文化政治安全

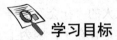

学习目标

通过学习本章，应了解和掌握以下内容：
1. 文化政治安全的性质与构成；
2. 文化制度安全的构成及其重要性；
3. 文化政治安全与意识形态安全的关系。

导言

文化政治安全在整个国家文化安全系统中居于核心地位，决定了国家文化安全其他各个方面的运动与发展。文化政治安全涉及国家政治安全、政权安全和根本文化制度安全，是国家文化主权的制度化体现，二者互为表里，共同决定文化政治安全的存在方式与表现形态，影响和制约国家文化安全运动。

第一节　文化政治与文化政治安全

文化政治安全是国家文化安全的核心内容。它既是国家政治安全实现的保障，也是国家文化安全的制度保证。没有国家文化政治安全就没有国家文化安全，没有国家文化安全就没有国家文化政治安全。

一、文化政治的构成

文化政治是一种文化权力形态，在现代历史条件下，它是以国家为核心而建构的一整套文化权力体系，包括文化政权组织、社会文化制度和国家意识形态。

就其一般构成而言，文化政治包括个人的文化政治、社会的文化政治和国家的文化政治。个人的文化政治主要是指人的文化权利以及这种文化权利的实现，如言论自由、表达自由、出版自由等；社会的文化政治是指不同社会条件下的文化权力构成及其方式，如阶级的和区域的文化自治；国家的文化政治是指国家为有效实现国家文化治理而建立的国家文化政权机构及其意识形态体系。

文化政治构成在层级上的差异性构成了文化政治安全的层级体系。个人的，即每个人的文化政治是全部文化政治的根本基础，从最根本的目的来说，社会的、国家的文化政治建构都是为了个人的文化政治，即每个人的文化权利的实现。然而，正如每个人的安全只有在集体安全和集体安全实现的条件下才有可能实现一样，个人的文化政治，即个人的文化权利也只有在集体文化政治实现的条件下才能实现。社会的文化政治就是这样一种集体文化政治形态，如工人阶级和工人阶级文化政治最终是以工会，进而是以工人阶级的政党作为其代表和组织形式来实现的。工人作为单一的个体，虽然在理论上或法理上拥有文化权利，即文化政治，但这并不等于这种文化政治是可实现的。只有当工人的"社会"这样一个工人的集体——工人阶级出现后，每个工人的个人文化政治才现实地存在了，因为工人阶级作为工人全体的社会形态的出现为每个工人的文化政治实现提供和创造了可能，这种可能因工会和工人阶级政党的诞生而成为现实。例如，受教育和识字的权利作为一项最基本的人权，最先就是由工会组织来实现的。只有识字才能表达自己的各种权利（包括文化权利），这在工业社会早期阶段表现得尤其鲜明。

国家是社会发展的最高组织形态。当单一的社会组织无法有效地提高自身的安全防卫能力的时候，无论面对自然还是面对社会，联合起来组成一个更加强大的社会集体——国家，便成为人们的社会选择。无论这种集体是通过"和平"还是"战争"实现的，其目的都是在面对各种威胁时拥有更强的安全防卫能力。社会的构成是极其复杂的，社会的文化政治构成也是如此。为了实现和获得所有社会集体的文化政治，只有将这些文化政治集中地表现为"国家的文化政治"，即通过建立国家文化政权机器——国家文化行政机构，建立国家文化政治制度——分为集权的和分权的，建立国家文化意识形态制度——文化审查等，才能最终实现每个社会集体的文化政治。国家及其政权形态，即政府便成为它们的文化政治的实现方式与最高代表。

尽管国家一旦形成便独立于社会而成为社会的对立面，构成所谓国家—社会的二元结构，并互为政治对象和安全对象。国家是作为安全的防卫机制而被建立的，因此，国家一旦建立，无论对个人还是对社会来说，它都构成了安全的两面性：一方面，它是安全实现的保障；另一方面，它是安全威胁的来源。它在维护人的、社会的文化政治的同时，也会剥夺人的、社会的某种文化政治权利，从而构成了国家与人、社会之间的安全冲突与文化政治冲突。这就是文化政治构成的文化安全困境和文化安全悖论。

二、文化政治安全及其构成

文化具有政治后果，文化赋予人类操纵社会行为的新手段，进而影响政治进程。文化固有的特质使人类得以发展至今，并且体现人的价值与尊贵，同时客观地塑造了人类的政治制度。由于文化本身同时是权力的一种存在方式，或者说文化是衡量权力拥有程度的一种尺度，无论是关于文化的话语权，还是关于文化的解释权，是否享有文化以及享有文化的程度和享有的主体的权力拥有程度是联系在一起的，而这一意义上的权力是政治性的。因为这是人权的基本内容。因此，文化的任何变动、文化存在结构的任何变动都意味着一种权力关系的变动、一种政治关系的变动。然而，问题是文化不仅客观地塑造了人类社会的政治制度，也客观地塑造了文化制度，一种在政治制度基础上形成且与政治制度相适应的文化制度，一种文化政治的权力关系和权力结构。这种文化权力关系和文化权力结构以一定的政治制度为依托，反映文化的政治利益，因此这种关系的任何变动都会引起国家文化政治的较大变动，造成国家文化政治危机，形成国家文化政治安全问题。在现代历史条件下，国家是影响和建构个人与社会的文化政治的主要力量，个人和社会的文化政治安全主要是通过国家和国家的文化政治安全实现的，因此在讨论"文化政治安全"这一概念和命题的内容和价值意义时，主要是指国家的文化政治安全，即以国家为指涉对象的文化政治安全。

国家文化政治安全是国家主权的行使与存在方式。对外，就国家主权意义而言，它是指一个国家的文化主权神圣不可侵犯，一个国家的文化传统和文化发展选择必须得到尊重，包括国家的文化立法权、文化管理权、文化制度和意识形态选择权、文化传播和文化交流的独立自主权等，这是国家文化政治安全最核心的内容。对内，就国家政权和国家统一而言，国家的统一和国家主权神圣不可侵犯，这既是国家安全的政治内容，也是国家文化安全的政治内容。《中华人民共和国电影产业促进法》第十六条就明确规定：电影不得含有下列内容：① 违反宪法确定的基本原则，煽动抗拒或者破坏宪法、法律、行政法规实施；② 危害国家统一、主权和领土完整，泄露国家秘密，危害国家安全，损害国家尊严、荣誉和利益，宣扬恐怖主义、极端主义；③ 诋毁民族优秀文化传统，煽动民族仇恨、民族歧视，侵害民族风俗习惯，歪曲民族历史或者民族历史人物，伤害民族感情，破坏民族团结……①在中国，必须坚决维护和捍卫中国共产党的执政地位、坚持中国特色社会主义道路，坚持马克思主义在意识形态领域的指导地位，坚持社会主义先进文化前进方向，坚持党对文化工作的领导，铸牢中华民族共同体意识，维护国家文化安全，就是保障国家文化主权，捍卫国家文化主权的独立性、自主性和统一性。

三、文化制度安全：国家文化政治安全的实现形态

文化制度是一个国家文化政治内容的主要建构方式和实现形态，集中体现和代表了一个国家的文化与政治存在方式、价值理念和精神架构，因此，文化制度安全也就自然地成为国家文化政治安全的实现形态。

制度是道路选择的结果，也是一种保障形态与保障机制。安全的实现需要一种保障机制，文化安全的实现同样需要一种保障机制。不同国家的生成机制是不一样的，道路选择也是不一样的。每个国家的人民都有选择自己国家发展道路的自由和权利，因此，制度选择实际上是每个国家的人民对本国发展道路的选择结果，其中既包括生活方式，也包括价值观。制度就是用来实现和捍卫这种生活方式和价值观的安全防卫体系。作为一个国家的根本性政治架构，制度是一个国家的国家主权的体现，神圣不可侵犯。文化制度是整个制度体系和制度构成中的重要组成部分，它同样是道路选择的结果，是国家文化主权——国家文化政治安全的体现和实现方式，因而也具有神圣不可侵犯性。文化制度安全正是在这个

---

① 《中华人民共和国电影产业促进法》（2016 年 11 月 7 日第十二届全国人民代表大会常务委员会第二十四次会议通过）。

意义上具有重大的国家文化安全价值。

制度是一个社会为确保稳定性资源配置需求而建构的政治秩序形态。它与一个国家的文化相关，遵循的是这个国家内在的心理结构，并且通过这种结构发挥作用。因而，在一种文化中形成和发展起来的制度反过来能够使作为制度基础的这种心理结构——文化延续下去。离开一定的文化，人们就无法理解制度，而理解文化则意味着对制度的把握。国家文化安全制度既是国家文化安全选择的结果，也是国家文化安全战略得以实施的保障。

制度安全是最根本的文化政治安全。制度保障在某种程度上是最根本的保障。要全面提高国家文化安全系数，实施中国国家文化安全战略，首先要建设国家文化制度。一个国家的制度是其历史传统和文化特征的积淀与延伸，国家在发展道路中形成了制度，而制度在某种程度上决定了一个国家的崛起方式。由于现代国家普遍选择政党制度，故国家制度的选择与执政党的执政理念和理想追求之间存在着同构关系，这就决定了一个国家崛起的方式是其历史传统、文化积淀和政党信仰这一"三维动力结构"运动发展的一个结果。世界近现代的发展历史表明，英、美等国崛起的关键在于不仅追求军事、经济等"硬实力"的强大，而且特别注重制度、文化等"软力量"的建设和创新；而导致德国和日本失败走上发动战争的战败后果的一个重要原因就是制度滞后。

一定的国家文化制度总是对一定执政主体的国家建设理念的反映，既包括执政主体的理想追求和价值体现，也包括它对一定时期世界现实的判断，是这些综合因素的产物。因此，当所有这些因素都已经发生了很大的变化，国家文化安全已经有了新的发展和需求的情况下，建立在原有基础上的国家文化制度就不能适应变化了的情况了，开展国家文化制度重建必然地成为维护国家文化安全的战略需求。在大国文化关系的博弈中，文化和文明的力量和作用往往远远大于巨额订货单。有时候，制度不安全是最大的不安全。针对我国科学道德和学风建设中存在的"剽窃、抄袭、侵占他人学术成果"[1]等 7 种学术不端表现，新华社在分析造成这种"学术不端行为"的原因时曾特别指出："一些科技政策及管理规则的缺失和不完善，也是导致学术不端行为产生的因素"[2]，从制度的层面上揭示了我国学术领域存在的非安全问题的形成原因。虽然新华社的分析仅着眼于自然科学领域存在的制度问题，但这同样适用于对我国文化和社会科学领域存在问题的制度性分析。对于一些文化安全问题的发生，以及一些国家文化安全问题长期得不到解决的情况，制度是一个重要的因素。早在 1980 年的中央政治局扩大会议上，邓小平在谈到关于党和国家领导制度的改革时就曾深刻地指出："我们过去发生的各种错误，固然与某些领导人的思想、作风有关，但是组织制度、工作制度方面的问题更重要。""领导制度、组织制度问题更带有根本性、全局性、稳定性和长期性。这种制度问题，关系到党和国家是否改变颜色，必须引起全党的高度重视。"[3]邓小平看到了制度安全对于整个党和国家生存的全部价值和重要性，看到了制度革命对于当时中国发展的全部价值和重要性。堡垒是最容易从内部被攻破的。除非战争因素，一般来说，外部的力量对于国家制度安全的威胁要小于来自内部的安全威胁。而制度本身恰恰是构成软力量的重要因素之一。好的制度不仅能给一国人民带来切实的利益，更重要的是它会成为一种具有吸引力的价值目标和理想追求的典范，成为被其他国家及其

---

① 教育部于 2016 年 6 月 16 日公布的《高等学校预防与处理学术不端行为办法》。

② 学术不端原因何在[N]. 文汇报，2004-02-16.

③ 邓小平文选：第 2 卷[M]. 人民出版社，1994.

人民追随和仿效的榜样，从而提高这个国家的综合安全系数。因此，从这个意义上说，制度的优越性是文化和文明的先进性的政治文明架构体现。也正是在这个意义上，制度安全是最根本的国家文化政治安全。我们要实现中国的和平崛起，就必须要在内部的文明环境中培育一套能够参与全球竞争的文明系统，特别是以国家制度建设为主要内容的制度文明，建立积极的以鲜明的制度文明为特色的、包括国家文化制度在内的国家制度安全。"没有国家制度建设作为基础，草率的民主化可能加剧社会失序，甚至导致社会动乱。"同样，"没有广大人民大众参与的国家制度建设可能加剧政府的正当性和合法性危机。"①在这里，制度设计就具有特别重要的意义。制度设计的科学性与完美性与国家文化安全的可实现性成正比。

我国正处在中国式现代化高质量发展的战略性调整，政治文明、制度文明建设创造性转型，建设人类文明新形态的重大转折期。进一步深化和加强同世界贸易组织的关系，优化国家文化制度建设，提高驾驭高水平对外开放能力，是维护和塑造我国文化政治安全的重大国家安全战略需求。世界贸易组织是多边主义的重要支柱，是全球经济治理的重要舞台，也是全球安全的重要安全机制。世界贸易组织有关文化市场准入、文化服务贸易、文化遗产和知识产权保护等的制度性安排，广泛涉及世界各国的国家文化安全。加入世界贸易组织是我国对外开放的里程碑，是我国重建与世界安全关系的重要战略。以开放促改革、促发展是我国推进国家安全现代化建设，不断取得新成就的重要战略杠杆。加入世界贸易组织后，不仅我国进一步融入世界体系，参与经济全球化进程和享有由此而带来的巨大的发展机遇，各种世界力量也随之进一步深入到我国现代化进程中的各个方面，并且对其产生影响和巨大的作用。其中的一个重要方面，就是对于我国的文化体制改革产生整体性影响，那就是国家文化权力的再分配与重建国家文化安全安全体制。我国面临的国家文化政治安全集中表现为国家新旧文化制度转型的冲突。任何制度都存在缺陷，问题是怎样的制度缺陷会构成制度安全问题、怎样的制度缺陷不构成制度安全问题。文化制度也是一样。正是在这样的意义上，党的二十大提出推进国家安全体系和安全能力现代化才具有特别重要的国家文化安全制度建设的重大战略意义。这就需要对制度缺陷构成本身的动因进行分析，因为并不是任何制度缺陷都会构成安全问题。从某种程度上说，一定的制度缺陷，有时甚至还是弱化或者消解不安全因素的安全阀。没有缺陷的完美制度是不存在的。当前，文化技术尤其是数字技术的发展将彻底改变文化存在的固有本性，随之而来的是对文化政治、制度与秩序的否定与重构。人类将被自己创造出来的文化技术推向后文化时代。这是国家文化政治安全不断面临的挑战。在挑战中，不断完善和优化国家文化安全是国家文化安全演化发展的永恒命题。

第二节　国家文化制度建设与国家文化政治安全实现

"制度优势是一个国家的最大优势，制度竞争是国家间最根本的竞争"②，这是当今世界最具安全性的战略竞争，也是认识和定位文化制度安全和国家文化安全制度建设的战略

---

① 王绍光，胡鞍钢，周建明. 第二代改革战略：积极推进国家制度建设[J]. 战略与管理，2003（2）：95.
② 制度稳则国家稳[N]. 解放军报，2020-09-02.

基点。

一、坚持党的领导与当代中国根本文化安全制度

不同社会性质的国家，其文化制度形态是不一样的。一个国家的文化制度形态与性质与这个国家的执政主体及其政权性质相一致。社会主义国家的文化制度与资本主义国家的文化制度在性质上的根本区别就在于其执政的政党性质以及由此而构成的国家政权性质不同。毛泽东在第一届全国人民代表大会上庄严宣布："领导我们事业的核心力量是中国共产党，指导我们思想的理论基础是马克思列宁主义。"党的领导既决定了中国的根本文化制度，也规定了中国国家文化制度建设的方向。由于意识形态在国家文化建设中居于核心地位，因此，党管意识形态既是中国共产党作为执政党的主要执政方式，也是中国国家文化制度建设的主要性质，集中体现了中国国家文化主权的特色。它既是中国根本的文化制度，也是维护和实现中国国家文化政治安全的重要制度性保障。

执政方式是指党对国家政权机关实施领导和控制的形式、途径、手段和方法。中国共产党是通过对国家政权的领导来执政的。党的执政方式实际上就是党领导政权的方式，核心问题是政党权力与国家权力的关系。党管意识形态执政方式的转变是由党的历史方位的历史性变化提出来的要求。党的十六大报告对中国共产党历史方位的变化有非常明确的概括："已经从领导人民为夺取全国政权而奋斗的党，成为领导人民掌握全国政权并长期执政的党；已经从受到外部封锁和实行计划经济条件下领导国家建设的党，成为对外开放和发展社会主义市场经济条件下领导国家建设的党。"如果说前一句表明了中国共产党的历史角色转变的话，那么后一句则集中表明了在不同的历史条件下它所肩负的不同的历史任务所发生的执政内容的转变。而正是这种执政内容的变化，深刻地揭示了中国共产党的历史方位变化的具体性。这种具体性是由新的、发展了的时代提出来的要求所决定的，包含着深刻的历史必然性，因此也就必然地提出执政党必须按照执政的规律转变执政理念和执政方式的历史要求。转变党管意识形态的执政方式只是党的这种历史方位变化所提出来的整体性历史要求在意识形态领域的合乎规律的一种反映，是中国共产党内在的执政规律的要求，并不是某种强加于它的外在于党的力量。在中国，共产党是执政党，政府是其合法的执政机构系统和制度体现。党的意志直接通过政府行为来实现对文化的绝对统治。无论是国家的文化制度还是政府的文化体制，无不反映了中国共产党对文化的理解、要求和理想，因此，无论政府是办文化还是管文化，都是党的执政方式的体现，或者说，是党的文化执政方式的具体化。因此，坚持党对国家文化的领导历史性地成为当代中国的根本文化安全制度。

二、文化体制改革与国家文化治理能力现代化

文化体制是国家政治的文化制度形态。文化体制改革要转变政府职能，本质上是中国共产党要根据发展、变化了的国内外形势转变党管意识形态的执政方式、党管文化的体制和机制，是要在新的社会主义先进文化的基础上，完善党管意识形态的制度形态和国家文化安全制度系统。因此，通过文化体制改革，实现党政分开、政企分开、管办分离，政府

要从对文化的微观管理向宏观管理转变，并不是要把原来由政府办文化的职能转变到由党委直接办文化，也不是要把分开和分离后的那一部分办文化的职能归到党委，而是要实现在社会主义市场经济条件下的社会文化资源的崭新的配置方式，进而在这样一个全新的基础上，实现和体现党的文化执政意志和文化宗旨，提高党管意识形态的执政能力和执政效率，要实现从党管意识形态向党重在抓主流意识形态建设的战略性转变，通过对主流意识形态理论的创造性建设来影响舆论导向、塑造文化形象，实现国家文化治理能力现代化。

文化体制改革的一个重要问题就是理顺党、政在文化领域的工作关系，建立中国共产党在社会主义市场经济条件下的新的国家文化治理体系，实现国家文化治理能力现代化。在思想文化领域里，党的中心工作应该是抓主流意识形态的理论建设和理论创新，通过理论创新带动文化创新，通过理论创新主导制度创新，通过理论创新提高执政能力和执政艺术，提高国家文化安全实现能力。具体的文化事务由政府去管。通过政府依法行政建立国家的公共文化管理制度。党管方针政策。党的文化意志应当通过法律程序贯彻到政府行为之中。在这个过程中，党应该有足够的文化理论能力，为国家关于文化发展和安全及其管理的方针政策提供全部的合理性依据和合法性基础。只有这样，党管意识形态的文化原则才能在中国的文化制度中有效的贯彻落实，同时使政府有足够的空间依法行政，确保国家文化制度安全。

文化体制是社会文化生产关系在国家制度形态上的反映。文化体制的现代化与科学化是国家文化治理现代化程度的一种表现。任何一种文化体制都是一定历史条件下人们关于文化权力和国家文化治理能力的理解与认知的结果，既有其先进性，也带有不可避免的历史局限性。在文化领域里实行国家计划经济模式和制度是新中国成立之初探索社会主义文化建设与发展道路的制度性产物，对于维护新中国国家文化安全发挥了不可替代的重要历史作用，奠定了中国特色社会主义文化发展根本政治文化制度。中国特色社会主义事业的发展，使得原有的一部分文化权力分配和文化体制不能适应已经变化了的社会文化生产关系。当不改革现存的文化生产关系（文化体制）便不能促进社会文化生产力的发展时，文化体制改革必然成为国家文化政治安全建设主要矛盾的主要方面。因此，文化体制改革就是要改革与先进的社会文化生产力不适应的落后的文化生产关系，而落后的文化生产关系则可能成为国家文化政治安全问题的根源。文化生产关系在现代中国主要体现在文化制度、文化体制和对文化资源再分配的权力结构上，因此，文化体制改革也就是要改革与社会主义市场经济不适应的文化制度、文化体制和对文化资源再分配的权力结构及其所构成的政府职能。实现从传统国家文化治理向现代国家文化治理的转变也就自然地成为中国国家文化安全治理能力现代化建设的历史新要求。一个重要的标准就是以人民安全为宗旨，以切实维护国家文化安全为核心，重建中国文化制度，全面推进国家文化制度建设，推进国家文化治理体系和治理能力现代化。在这里，所谓转变政府职能，即从"办文化"向"管文化"转变。问题的关键不在于政府还要不要"办文化"，政府当然还要"办文化"，否则公益性文化谁来办？甚至一些事关国家文化安全的经营性文化产业也要由政府来办。但是，政府不能像过去那样包办文化。尤其是对于市场经营性那一部分，要发挥文化市场在文化资源配置中的重要作用，发挥文化市场在国家文化安全资源配置中的积极作用。除了事关国家文化安全的那一部分文化必须由政府牢牢控制在自己手里（这也是国际惯例），其他部分都应该由社会去办、由人民去办。制度就是能力，制度就是安全。制度的现代化就是国家文化治理能力的现代化。正是在这个意义上，深化文化体制改革就具有特别重要的国家文化治理能力现代化，塑造国家文化政治安全的重大价值。

三、以人民安全为宗旨，推进国家文化制度安全现代化

谁的安全和为了谁的安全是国家安全的核心命题，是国家安全的出发点和目的地，决定了国家安全的全部属性和目的。2018年4月17日，习近平在十九届中央国家安全委员会第一次会议上发表的重要讲话中指出，"坚持人民安全、政治安全、国家利益至上的有机统一，人民安全是国家安全的宗旨，政治安全是国家安全的根本，国家利益至上是国家安全的准则，实现人民安居乐业、党的长期执政、国家长治久安"。[①]"国家安全工作归根结底是保障人民利益，要坚持国家安全一切为了人民、一切依靠人民，为群众安居乐业提供坚强保障。"[②]从理论上指明了我国国家安全工作和制度建设的目标，建构了一个比较完整的以人民安全为宗旨的国家安全理论。

"民为邦本，本固邦宁"。人民是一切政权安全和政治制度建设的根本基础。没有人民安全就没有国家安全，就没有一个国家的政治安全。这是人民和国家关系的最一般的理论原则，是国家安全和国家文化安全的根本原则。国家文化安全制度是随着国家安全和国家文化安全利益的发展而不断发展的。人民文化安全利益是人民整体安全利益和国家安全利益的重要组成部分。没有人民文化安全利益，一切所谓的国家文化安全利益都是非人民的，由此而建立起来的国家文化制度也都是不能从根本上维护人民的根本文化安全利益的。因此，从理论上说，一切真正为人民的政权，在文化上也应该是为了人民文化安全和文化利益的政权。它的文化制度本质上也应该是为了人民文化安全的制度。人民安全为人民，这是中国国家文化制度建设的根本安全原则。

人民是历史的创造者，是决定党和国家前途命运的根本力量。人民性是马克思主义的本质属性。一切以人民安全为宗旨，一切安全的力量和能力来自于人民。"水能载舟，亦能覆舟。"这是中华优秀传统国家安全智慧的经验总结，千古以来颠扑不破的真理。政治安全是如此，文化安全也是如此。要把这二者有机地结合在一起，建构人民是国家安全能力之源。以人民的安全力量塑造国家安全，以人民的安全力量维护人民的安全利益，以人民的安全诉求为国家的安全诉求。这就是一切以人民安全为宗旨。只有这样才能最大限度地维护、塑造和实现国家安全。在这里，人民安全与国家安全、社会稳定是高度融合的。

中国共产党和中国人民之间是一种互相依靠、紧密结合的共生关系，是一种命运与共的安全共同体。中国坚持把满足人民对美好生活的向往作为政策的出发点和落脚点，致力于以高质量发展带动全体人民迈向共同富裕。这是一项包括文化在内的宏大战略。文化、安全和现代化是一个不断发展的历史过程。人民要求文化安全，也要求现代化和文化安全的现代化。中国式现代化是中国共产党领导的社会主义现代化，既有各国现代化的共同特征，更有中国特色，那就是中国特色社会主义文化。不能脱离中国文化国情片面地追求所谓的文化现代化。只有与中国文化国情相适应、与中国式现代化相匹配的现代化，才是中

---

① 坚持党对国家安全工作的绝对领导[M]//习近平谈治国理政（第三卷）. 北京：外文出版社，2020：218.
② 把维护国家安全的战略主动权牢牢掌握在自己手中[M]//习近平谈治国理政（第二卷）. 北京：外文出版社，2017：382.

国国家文化安全的现代化。中国式现代化是人口规模巨大的现代化，是全体人民共同富裕的现代化，更是人民享有充分文化安全感的现代化。只有以人民安全为宗旨，人民才会以维护国家文化安全为己任。构建国家和人民文化政治安全共同体——即国、民文化政治安全共同体，推进国家文化制度安全现代化，也就历史地成为中国文化政治安全建设的必由之路。

在中国，国家文化政治安全的实现是与国家文化制度建设紧密联系在一起的。国家文化制度建设是国家文化政治安全实现的重要载体和方式。国家文化政治安全是一个变动中的理想状态和现实要求，国家文化制度建设既要满足它的需求，又是这种理想状态的现实体现。因此，伴随着国家文化政治安全发展的历史趋势，国家文化制度创新也就自然地成为国家文化制度建设发展的常态。中国将进入一个更加广阔的国家安全一切以人民安全为宗旨，国家安全一切为了人民、一切依靠人民，国家安全和国家文化安全为人民所有的历史新时代。"从现在起，中国共产党的中心任务就是团结带领全国各族人民全面建成社会主义现代化强国、实现第二个百年奋斗目标，以中国式现代化全面推进中华民族伟大复兴。"①这就是国家文化制度安全的现代化。

第三节　文化政治安全与意识形态安全关系

一定的政治制度是基于一定的政治理想而建立的，一定的政治理想就是一定的意识形态所主张和信仰的价值观体系。一定的意识形态就是用来解释和规定一定的政治制度的全部合法性的。不同的政治制度建立在不同的意识形态体系之上，而一定的政治制度又是一定的意识形态实现的保障体系。文化政治安全与意识形态安全的相互关系就是建立在这个基础之上的。

一、意识形态安全是国家政治安全的重要保障

一般来说，一个主权国家是由观念、物质基础和制度组成的②。除去作为国家领土主权的物质基础，对于一个主权国家的国家安全来说，观念和制度构成了它的另外两个主要方面，这三个方面构成了国家安全的基础。在观念和制度的关系问题上，制度是由观念，或者说是根据观念建立的。因而，"人们通过质疑这些观念就能够进而威胁到政治秩序的稳定性"③，这就使得维护这些观念的安全——意识形态安全具有特别重要的国家政治安全性质。在冷战时期，西方国家并没有对苏联作为主权国家提出过质疑，却通过和借助"文化冷战"否定和削弱苏联在意识形态领域的合法性，进而通过削弱和消解苏联的国家意识形态的合法性实现颠覆苏联国家政权的企图。这是意识形态安全之于国家文化政治安全全部

① 高举中国特色社会主义伟大旗帜　为全面建设社会主义现代化国家而团结奋斗——在中国共产党第二十次全国代表大会上的报告[N]. 人民日报，2022-10-26.
② 布赞，维夫，怀尔德. 新安全论[M]. 朱宁，译. 杭州：浙江人民出版社，2003：203.
③ 同②.

重要性的最典型的案例。

意识形态安全是文化安全的核心，集中体现在文化政治安全方面。意识形态作为文化的核心部分，是文化政治体系最深层的内涵，对于一个民族的价值观形成具有关键作用。如果维系国家、民族生存发展的价值观或主流意识形态因受到冲击而发生扭曲或丧失，那么文化政治安全乃至整个国家的安全都将受到威胁，甚至不复存在。可以说，意识形态安全是国家安全的战略必需品。

意识形态安全是政治安全的关键。它不仅是理论问题、思想问题，更是政治问题。意识形态选择是国家主权问题。关于"人权"问题的争论，其要害不只是一般意义上的"人权"问题，而是涉及一个主权国家是否拥有根据本国的意识形态实现有效的国家治理的国家主权问题。西方国家提出的"人权高于主权"的理论实际上揭示了意识形态的国家主权属性，而试图用一种意识形态否定另一种意识形态恰恰构成了现代世界体系中国家意识形态安全危机的特征。美国政治学家萨缪尔·亨廷顿认为，对一个传统社会来说，对政治稳定构成主要威胁的并非外国军队的侵略，而是外国观念的侵入，印刷品比军队和坦克推进得更快、更深入。不仅传统社会是这样，现代社会也是这样。毛泽东说："凡是要推翻一个政权，总要先造成舆论，总要先做意识形态方面的工作。革命的阶级是这样，反革命的阶级也是这样。"①苏联解体、苏共垮台的一个重要原因就是西方意识形态对苏联的侵蚀导致苏共意识形态的瓦解。在当代中国，如果国家安全出问题，最可能出问题的既不是军事安全，也不是经济安全，而是意识形态安全。

每个国家基于本身的利益和价值观形成的意识形态和意识形态安全是不一样的。对于资本主义和资产阶级来说，共产主义—社会主义和无产阶级永远是一种意识形态威胁，因而永远都是其国家意识形态安全和国家安全问题。

意识形态安全的不同性质反映和决定了不同国家及其政府的不同性质，以及意识形态所代表的不同的价值观取向。

二、文化政治安全是意识形态安全的制度前提

文化政治安全与意识形态安全是相互依存的。文化政治安全作为国家安全合法性的文化政治体现，需要意识形态提供合法性理论和价值观支持。一种意识形态要获得长久的占统治地位的支配性地位和力量，同样需要文化政治提供稳定的国家安全制度保障。一种国家安全制度可以是意识形态选择的结果，进而成为国家安全需求的重要战略资源，同样，当一种意识形态不能继续为国家安全提供合法性理论和价值观支持，需要重新选择新的意识形态以满足国家安全战略的需求，文化政治安全随着国家安全战略的调整而相应地做出调整的时候，对意识形态的再选择就成为意识形态安全实现的新路径。制度是基于价值观和信仰选择的结果与体现。在国家文化安全领域里，不仅意识形态安全是国家文化安全的重要保障，作为制度的文化政治安全也是确保意识形态安全的重要前提和机制。

政治价值具有耗散性特点。任何一种政治价值作为一种可使用的执政资源都是有限的，而且任何一种执政资源所选择的政治价值都受到一定历史条件的约束。在一定的历史条件

① 中共中央文献研究室编. 建国以来毛泽东文稿[M]. 北京：中央文献出版社，1996：194.

下行之有效的执政方式，在另一种条件下未必仍然有效。正是基于这一原理，不同的执政党或同一个执政党会根据所面临的实际的执政问题而重新制定国家政策，以解决国家发展遭遇和面临的安全危机。在这里，当不调整、不改变国家政策便不能有效解决国家发展安全危机，不能有效维护执政党执政地位的合法性乃至整个国家政治架构的合法性，进而威胁到整个国家意识形态合法性的时候，转变执政党的执政方式就成为实现国家安全必不可少的国家安全政策与战略的必由之路。在国家治理的制度选择过程中，计划和市场都属于意识形态范畴。资本主义实行的是市场经济，社会主义实行的是计划经济。这是经济学理论领域的两大意识形态流派。在新中国成立之初，计划经济作为一种国家制度是中国社会主义经济制度的根本选择。这一选择有一定的历史必然性，在迅速恢复新中国经济国力中发挥了不可替代的意识形态作用。全体人民都认同这一基本的经济制度和国民经济运行模式，以及由此而产生的关于社会主义的价值观和意识形态。但是，当国民经济和社会发展需要更大的发展空间，人民需要更广泛地参与国家的经济生活的时候，计划经济束缚生产力发展的局限性也就暴露出来了。要解放生产力，就必须从计划经济中解放出来。其中最重要的就是要从关于"姓资"还是"姓社"的意识形态困境中逃脱出来。"资本主义也不是不讲计划，社会主义也不是不讲市场"，邓小平的"计划与市场兼容理论"破解了这个困境，从而把中国的经济发展从计划经济的意识形态隧道里领了出来，开始了改革开放的国家治理新政，从而使中国共产党获得了新的活力和执政的合法性。与此同时开始的文化体制改革，转变了党管意识形态的执政方式，使中国的意识形态安全获得了新的制度性安全保障。

针对变化了的世界发展环境和国家在发展中遭遇到的问题，转变与调整国家治理理论与治理模式选择，不仅中国是如此，资本主义国家也是如此。面对第一次世界大战之后世界遭遇的严峻的经济危机，凯恩斯的政府干预市场的经济学理论成为拯救资本主义的良方良药，罗斯福新政所依据的就是凯恩斯理论。同样，20世纪70年代，当西方国家遭遇新一轮发展困境的时候，里根-撒切尔主义所奉行的自由市场理论又成为新的意识形态理论。西方社会的执政者同样知道，当不改变、不调整执政方式便不能有效巩固资本主义制度的时候，国家治理意识形态的转变对于重建民众对于执政者的信任至关重要。而20世纪60年代爆发于法国的文化革命，其实就是西方意识形态遭遇重大安全危机的一种表现。

国家对意识形态选择的最重要的尺度就是：是否符合这个国家发展实际的安全需求，也就是说，是否有助于摆脱和克服国家安全危机，无论是政治的、经济的，还是社会发展的，抑或是其他国家安全发展领域的。一种意识形态只有同本国的国情和发展实际需求相适应，对这个国家来说才是合乎规律的，它的发展无论是对国家的文化政治安全来说，还是对国家的意识形态安全来说，都具有国家安全价值，都属于国家文化安全范畴。苏联崩溃的一个重要原因就是国家的文化政治安全与意识形态安全失衡，不能为彼此提供各自所需要的合法性支持。因此，戈尔巴乔夫对社会主义意识形态的抛弃必然导致苏联整个国家制度最后的瓦解。其中固然有西方国家集团对苏联实施长期文化冷战的原因，但是最根本的原因是苏联的国家文化政治安全制度与体制已经不能为其意识形态安全需求提供有效的制度保障与支持，这就使得原有的意识形态系统在已经缺乏整体自信的状态下，完全失去了为国家政治安全提供合法性支持的能力。在这里，国家文化政治安全能力与意识形态安全能力能否根据发展、变化了的国家安全环境和国家文化安全的需求而不断地改革创新，就成为能否实现和保障国家文化政治安全和意识形态安全的关键。

三、文化政治安全与意识形态安全的创新与统一

社会主义市场经济条件下，中国共产党怎样领导文化建设，怎样管理意识形态？党的十六大报告指出，要以立党为公、执政为民为根本目的。执政为民不仅是对党的建设的要求，而且是对社会主义市场经济条件下党的文化执政宗旨的要求。在很长一段时间里，中国共产党都在计划经济条件下实行文化执政。无论是党的文化执政理论还是党的文化执政能力，都与计划经济的体制相适应。特别是中国的社会主义计划经济体制的建立和形成又与中国所处的世界形势和国际地位有着直接的因果关系，战后冷战格局的形成直接影响和决定了新中国成立之初的文化建设路线的选择与文化制度的选择。因此，对于意识形态领域的阶级斗争的强调和对文化方针政策的选择，有着无法回避的历史的必然要求，由此而造成的党的文化执政能力比较局限于意识形态领域的阶级斗争，也就自然地成为党的文化执政能力结构的主要方面。同时，正是对于意识形态领域的阶级斗争的强调，形成了我国"国家办文化"的单一的文化建设体制。这种单一的文化建设体制，实际上反映了作为执政党的中国共产党在社会主义文化建设领域的文化执政能力的单一性。如果说这种单一性文化执政能力的形成有其历史合理性的话，那么随着社会主义市场经济体制的建立，这种历史合理性也就完成了它的历史作用。社会主义市场经济体制的建立改变了原有的文化体制的经济基础，经济基础与上层建筑之间的基础性关系必然要求文化体制朝着与市场经济体制相适应的方向改革。坚持公有制为主体、多种所有制经济共同发展不仅是中国现在和将来的主要经济制度形态，而且是中国文化建设制度建设的主要特征。适应和满足社会主义市场经济条件下多种力量共同办文化的要求，自然地对党的文化执政能力提出了全新的历史性战略要求。也就是说，党的文化执政能力要从过去单一的文化执政能力向多元的、综合的文化执政能力转变，并通过这种能力的战略性转变全面提高党的文化执政能力，以适应并与先进的政党性质相符合。

曾经在很长的一段时间里，我们比较突出地强调和关注文化的意识形态问题。文化当然有意识形态问题，但是，文化并不全是意识形态问题，还有许多内容并不属于意识形态问题，而且我们所讲的意识形态问题主要强调政治方面的，其实，即便讲意识形态问题，也并不只有政治方面的问题。但是，恰恰在这个问题上，文化的意识形态问题成为束缚我国文化生产力发展的一种巨大的观念力量和思想力量，成为妨碍先进的文化生产力发展的一种意识形态。在讨论文化体制改革、大力发展文化事业和文化产业的时候，为什么人们几乎一致性地提出要转变观念，其实就是要解放文化生产力，因为人们看到了思想观念的落后已经成为在社会主义市场经济条件下发展文化事业和文化产业的一种阻力，一种长期以来在意识深处困扰我国文化事业发展的力量。因此，在这里，关于文化的意识形态问题的观念变革和思想解放就具有文化生产力的意义。这种文化生产力不是哪个单位、哪个人的文化生产力，而是我们这个国家，我们全民族、全体人民的整体的文化生产力。只有文化生产力解放了，蕴藏在人民群众中的积极的文化创造力爆发出来了，我们的一切文化事业发展才有活水源头，我们才有可能产生所谓的创意产业，发展内容产业。文化的内容是

人的文化创造的结晶和产物。文化生产力不解放，每个人的创造力不能得到最大程度的发挥，就没有内容，没有内容的产品的大量提供将使日益增长的人民群众的精神文化需求无法得到满足。

坚持马克思主义在意识形态领域的指导地位，不能搞指导思想上的多元化。这是由中国的政党制度和国家性质决定的。但是，不能把它和文化创新和理论创新对立起来，不能把它和新的马克思主义意识形态理论的创造对立起来。今天中国的文化安全和文化执政，需要有新的马克思主义意识形态理论提供全部合法性基础。合法性是统治有效和政治稳定的基础，也是维护国家文化安全和文化执政的重要前提。合法性的英文为"legitimacy"，意思是某种政治秩序被认可的价值。这种合法性不是指通过颁布法律就必然获得的合法性，也不是指按照一定的法律规范活动就必定具有合法性，而是指社会大众对政权的认同和忠诚、政治体制的价值与其社会成员的价值的一致性。它不是统治者单向作用的结果，而是在统治者的执政意志和执政理念中，充分体现了社会群体的利益和要求，被社会群体成员视为合理的产物。正是这种源于合理性基础上的合法性，才是国家文化安全和社会文化繁荣的保障。中国的国家文化安全在很大程度上取决于我们所确定的价值能否以及在何种程度上为社会大多数成员所接受和认同。尽管意识形态具有天然的群体性和阶级性，但是，意识形态的发展要求我们不断突破这种"意识形态局限"。尤其是我们今天的国家主流意识形态建设不是要将越来越多的群体排斥在自己之外，成为自身意识形态的对立面，而是要将越来越多的群体凝聚在自己的周围。意识形态与国家利益构成国家所关注的问题。"意识形态捍卫价值观，价值观为利益注入感情色彩，激励国民意志。""价值观决定追求利益时的热情程度。"[①]这就需要我们的意识形态建设具有广泛的普遍性和高度的涵盖性。要使我们所坚持和倡导的国家主流意识形态能够在根本上体现人民发展了的价值观，以及这种发展了的价值观背后所包含的人民的根本利益。共同理想和价值观是一个国家民族软实力的基础，是我们在新的历史发展时期获得国家文化安全的极其重要的保证。这就需要我们克服那种表面上看来结构完整、论证全面的具有超稳定性特征的意识形态理论的"意识形态局限"，创造新的马克思主义意识形态理论，积极借鉴西方发达国家在市场经济条件下确立公民共同理想和价值观的经验做法，以满足中国国家文化安全建设对于意识形态理论创新的要求。

美国学者雷迅马在《作为意识形态的现代化——社会科学与美国对第三世界政策》一书中为我们提供了这样一个案例：美国社会科学家在 20 世纪 60 年代建立了一整套现代化理论，一个基本的前提就是服务于美国冷战时期的国家战略需要，其中重要的一项就是参与美国对外政策的制定，并为美国对外政策的制定提供完整的理论依据和理论模型。因而，所谓现代化理论是美国国家战略需求的产物。正是美国冷战时期的国家战略需求，才使得美国的社会科学家"得到其学术专长的空间"。在美国 20 世纪 60 年代对外政策的制定中，社会科学家在国家意识形态建设中的作用得到了最大限度的发挥，政府充分地发挥了社会科学家的政府思想库的作用，而不是由政府自身去产生思想，政府在这里只是出题目，需要社会科学家给予理论的解答，从而最大限度地发挥社会科学家的创造能力，如此既为政

---

① 傅立民. 论实力：治国方略与外交艺术[M]. 刘晓红，译. 北京：清华大学出版社，2004：8.

府提供了对外政策制定所需要的理论支持与合法性依据，又创造了一个让社会科学家充分发挥创造力的环境。美国的这一经验具有深刻的可持续性，那就是：在制定国家政策和战略的过程中，应该充分发挥社会科学家的作用，由社会科学家为国家的战略需求提供多样的理论系统和完整的理论支持，而不是由政府制造理论和概念，即便在形式上由政府提出来（从某种程度上说这是需要的），在内容上也应该由社会科学家通过系统的研究创造出来，而这也是美国社会科学界能够不断提出新理论，在许多社会科学领域获取前沿性原创成果并给予世界发展以影响的重要原因。相比之下，中国的社会科学研究阐释多于原创是造成和导致国家意识形态安全危机的重要内因之一。因此，把社会科学理论原创建设作为国家意识形态和国家理论建设来抓，把社会科学理论原创纳入国家整体性内外战略与政策的制定行动，让社会科学为国家的内外战略和政策提供系统的理论支持，从而使中国的社会科学理论获得一种不懈的国家原创动力，消解国家意识形态建设与社会科学家研究之间的非对称关系和矛盾，从而为国家文化政治安全和意识形态安全的不断创新与发展提供合法性。

 本章小结

文化政治安全是国家文化安全的核心。它既是国家政治安全实现的保障，也是国家文化安全的制度保证。没有国家文化政治安全就没有国家文化安全，没有国家文化安全就没有国家政治安全。

文化政治是一种文化权力形态。就一般构成而言，文化政治包括个人的文化政治、社会的文化政治和国家的文化政治。国家的文化政治是指国家为有效实现国家文化治理而建立的国家文化政权机构及其意识形态体系。在现代历史条件下，文化政治是以国家为核心而建构的一整套文化权力体系，包括文化政权组织、社会文化制度和国家意识形态。

国家文化政治安全是国家主权的行使与存在方式。对外，就国家主权意义而言，国家文化政治安全是指一个国家的文化主权神圣不可侵犯，一个国家的文化传统和文化发展选择必须得到尊重，包括国家的文化立法权、文化管理权、文化制度和意识形态选择权、文化传播和文化交流的独立自主权等，这是国家文化安全最核心的内容。

意识形态安全是国家政治安全的重要保障，文化政治安全是意识形态安全的制度前提。意识形态安全是文化安全的核心，集中体现在文化政治安全方面。意识形态作为文化的核心部分，是文化政治体系最深层的内涵，对一个民族的价值观的形成起着关键作用。意识形态安全是国家安全的战略必需品。

文化政治安全与意识形态安全是相互依存的。文化政治安全作为国家安全合法性的文化政治体现，需要意识形态提供合法性理论和价值观支持。一种意识形态要获得长久的占统治地位的支配性地位和力量，同样需要获得文化政治提供稳定的国家安全制度保障。一种国家安全制度可以是意识形态选择的结果，进而成为国家安全需求的重要战略资源，同样，当一种意识形态不能再继续为国家安全提供合法性理论和价值观支持，需要重新选择新的意识形态以满足国家安全战略的需求，文化政治安全随着国家安全战略的调整而相应地做出调整的时候，对意识形态的再选择就成为意识形态安全实现的新路径。

思考题

1. 什么是文化政治安全？它由哪些内容构成？
2. 简述文化政治安全与国家文化安全的关系。
3. 怎样认识文化制度安全在国家文化政治安全中的重要性？
4. 在中国国家文化安全工作中为什么要坚持共产党的领导？
5. 怎样认识和理解文化政治安全与意识形态安全的关系？

参考书目

1. 中共中央党史和文献研究院编. 习近平关于总体国家安全观论述摘编[M]. 北京：中央文献出版社，2018.
2. 总体国家安全观研究中心. 总体国家安全观透视[M]. 北京：时事出版社，2023.
3. 胡惠林. 中国国家文化安全论[M]. 2版. 上海：上海人民出版社，2011.
4. 布赞，维夫，怀尔德. 新安全论[M]. 朱宁，译. 杭州：浙江人民出版社，2003.
5. 巴拉达特. 意识形态起源和影响[M]. 10版. 张慧芝，张露璐，译. 北京：世界图书出版公司，2010.
6. 童世骏. 意识形态新论[M]. 上海：上海人民出版社，2006.

第七章

意识形态安全

 **学习目标**

通过学习本章，应了解和掌握以下内容：
1. 意识形态的本质与理论；
2. 意识形态安全的威胁的主要来源与构成；
3. 国家意识形态安全与国家核心价值观的关系；
4. 意识形态安全在当代中国国家安全中的重要价值。

 导言

意识形态安全是国家文化安全的重要内容，是文化政治安全的重要组成部分，涉及国家存在的价值合法性，是国家文化政治安全在核心价值观体系领域的体现。在当今世界上，没有比"意识形态"更敏感、更容易引起冲突的了。意识形态是当今世界冲突的根源之一，也是国家文化安全的重要根源之一。意识形态可以用来定义当今世界一切国家文化安全。国家意识形态安全具有双重属性：它既是国家政治安全的集中体现，也是国家文化安全的关键体现。国家意识形态安全在整个国家安全中具有极端重要性。

第一节　意识形态的本质与理论

意识形态是人类社会演化的价值观系统，它在影响和塑造人类社会与国家行为方面具有极端重要性。意识形态的矛盾与冲突是人类社会一切矛盾与冲突的重要起源，影响和决定了国家安全和国家文化安全的实现方式与实现可能。国家意识形态安全是现代国家一切安全问题发生和构成的重要原因。处理国家意识形态安全与国家价值观安全之间的科学关系、国家意识形态安全关系和国家文化政治之间的科学关系，是国家意识形态治理所面临的深刻挑战，创新国家意识形态安全是应对这一挑战、实现国家意识形态安全治理体系和治理能力现代化的重要命题。

一、意识形态是人类社会演化的价值观系统

意识形态起源于人类种群的形成，是人类关于世界的认知系统和感觉系统。人类因处于不同的空间、对应不同的环境，因而形成了关于世界的感觉和感觉系统。所谓"意识形态"就表明了这种"意识"存在样式的多样性。意识形态是一种价值观系统，起源于人类社会发展对于共同行为规范与约束的需求。人类文明社会进步需要在多样性的基础上凝聚共同的认知目标，并以这种目标作为自身一切行为的出发点和归宿。于是，便产生和形成了价值观和价值观系统。这种价值观系统不只是一般的世界观体现，更重要的是一种关于自身和世界关系的信仰。这种信仰既包括对远大理想的追求，也包括对以这种理想为形态的根本利益的追求。当这种信仰、追求表现为根本价值观形态，并以某种制度形态加以刚性规定和规范的时候，它就集中表现为政治意识形态。在这里，不存在意识形态领域的普世价值。意识形态领域的普世价值是被制造出来的。人与自然力量的不平衡关系造成了人对自然的恐惧和人们不可理解的自然的神秘感。于是，人类的意识系统和意识感觉系统便有了分化，进而呈现出多样性。

人类生存的自然环境的差异性是一切人的意识形态差异性的根源。一方面是出于无知，另一方面是出于人类社会的治理需要，于是占统治地位的统治阶级便借助和利用人与自然普遍存在的差异性制造出了精神权利，即对于人与自然关系的解释，并把这种解释与人的社会关系相联系，从而建立了意识形态解释的合法性和统治的合法性。理论家将这种解释系统化，使其成为意识形态理论。本来生存空间的差异性导致人与自然关系的差异性，进而导致人对自然及其他一切与之有关的事物认知与感知的差异性就是所谓的"意识"的"形态"是再正常不过的一件事，为什么发展到近代会成为划分阶级、划分国家和国家阵营、划分社会形态和制度形态乃至成为一种划分国家文化安全的重要尺度呢？政治家和理论家把这一切复杂化、对立化了，并使之成为一种衡量人类社会和国家事务价值战略尺度和划分不同国家阵营的标准，构成一国对他国国家文化安全的威胁，就在于政治家和理论家对它的"敌意化"。20世纪四五十年代发生在美国进而影响全球意识形态安全格局，或者说导致与造成了当今世界最大的意识形态安全事件的"麦卡锡主义"以意识形态划线制造了现代世界史上最极端的"共产主义"与"资本主义"意识形态安全冲突，直接导致了后来以意识形态冲突为主要内容的冷战的爆发，直接导致了社会主义和资本主义两大阵营的意识形态对立——文化冷战，影响了新中国成立之后当代中国的外交政策走向与文化政策建构。

二、国家意识形态的类型与冲突

意识形态有着无数的类型，如经济意识形态、政治意识形态、文化意识形态、科技意识形态、宗教意识形态、生态意识形态、环境意识形态等，不同的意识形态有着不同的意识形态理论及其研究。从最宽泛的意义上讲，一切关于人文社会科学的理论研究都是意识形态理论研究。这是因为，无论是政治的、经济的理论研究，还是其他各个领域的理论研究，都是用来回答人们所关心的问题、解决社会发展问题的。一旦某种理论成果被采纳，那么它在整个社会的制度建构、政策制定和人们社会行为的规范方面就具有了意识形态对

人的规范和约束作用。但是，真正构成国家文化安全的意识形态问题，或者说人们关于"意识形态"话语的指涉对象，主要是指政治意识形态和宗教意识形态。这两种意识形态又包含多种内容不同的意识形态，而且有不少意识形态之间存在着很大的对立性。《意识形态起源和影 响》①一书从政治学的视角出发，对当代意识形态的存在形态做了描绘，主要有民族主义、自由民主主义、资本主义、无政府主义、社会主义、法西斯主义和女性主义等；在这些意识形态的理论划分中，又有民主理论、无政府主义理论、社会主义的理论等。在这些意识形态理论的划分归类中，有的属于哲学、社会学、历史学，有的则属于政治经济学和神学等。意识形态理论是在解释同一个世界得出的不同结论中形成和建构起来，从而成为一种国家与社会治理工具的。因此，只要一种意识形态对另一种意识形态的"征服"存在，那么，由此而形成的以意识形态渗透、干涉、颠覆为主要内容的对他国的国家文化安全问题就会始终存在，非延续到"意识形态领域的阶级斗争"结束而不会消亡。

迄今为止，人类社会进入现代以来，在整个意识形态领域里占主导地位，并予以整个人类社会发展进程巨大影响的主要有两种意识形态理论：一种是资本主义理论；另一种是社会主义理论。这两种意识形态理论都产生和形成于近代以来的工业革命和资本主义社会的形成，以及资产阶级和无产阶级两大对立阶级的诞生。资本主义理论主要是由以民主理论为核心建构的一整套意识形态理论体系，霍布斯、洛克、卢梭的政府理论和社会契约论，亚当·斯密的资本主义理论等，至今仍是深刻影响整个资本主义社会进程和资产阶级走向的意识形态理论，尤其是民主和人权理论，是整个资产阶级意识形态理论的核心，也是当今西方社会的核心价值之所在；社会主义理论则主要是由马克思和恩格斯在空想社会主义理论基础上创建的科学社会主义理论及其整个意识形态体系，共产主义是这一意识形态理论的核心。列宁领导的十月革命与苏联社会主义建设，以及毛泽东领导的中国革命和社会主义建设，是社会主义理论的巨大社会实践。正是这两大意识形态理论的对立、对抗与冲突，构成了 20 世纪以来最主要的意识形态冲突。冷战是这一意识形态冲突最集中的体现。意识形态安全这一命题主要是由这两大意识形态之间的根本冲突引发的。

宗教意识形态是上述两大意识形态之外的第三种深刻影响人类社会进程的意识形态。资产阶级意识形态的产生在很大程度上源于新教革命。从这个意义上说，资产阶级意识形态理论与宗教意识形态有着深刻的渊源。马克斯·韦伯的《新教伦理与资产阶级革命》对此有极富洞察力的研究，至今仍然是认识和研究资产阶级意识形态起源的重要著作。但是，宗教意识形态还是一个与资本主义理论有着本质区别的意识形态理论。当今世界的三大主要宗教——佛教、基督教、伊斯兰教，不仅各有不同的宗教信仰，而且各有构成和阐释信仰的理论与体系——佛教的《佛经》、基督教的《圣经》和伊斯兰教的《古兰经》。对于人与世界关系的不同解释，构成了三大宗教在信仰上的差异，形成了不同的教派，从而构成了宗教系统中的诸多宗教流派。对同一教义的不同解释和态度，又构成了不同的教派，并形成了不同的干预世俗社会的力量，从而使得宗教意识形态呈现多样化趋势。

三、国家意识形态安全与国家价值观

意识形态是文化的政治观念形态，是文化发展的高级形态。文化以人们的生活方式为

---

① 巴拉达特. 意识形态起源和影响[M]. 10 版. 张慧芝, 张露璐, 译. 北京：世界图书出版公司, 2010.

基础，而意识形态则以价值观，尤其是以统治阶级和统治集团的价值观为基础。在《布莱克维尔政治学百科全书》中，意识形态被定义为"具有符号意义的信仰和观点的表达形式，它以表现、解释和评价现实世界的方法来形成、动员、组织和证明一定的行为模式和方式，并否定其他一些行为模式和方式"。①作为人的社会生活方式的精神认知形态，意识形态是在一个相当长的过程中逐步形成的。意识形态作为一个概念，首先是被视作一种政治概念提出来的，具有批判性特征。因此，意识形态也常常被作为一个贬义词，用来批判某种政治价值观。然而，随着现代国家的发展，人们逐渐认识到，意识形态不仅不是被用来批判和否定的对象，而且已深深地嵌入现代国家社会生活。在当今世界上，没有一个国家没有意识形态，也就是说，没有一个国家没有自身的执政的政治文化价值观，唯一的区别是不同国家的这种价值观不一样——意识形态不同。

国家意识形态是指特定国家的意识形态，即国家的文化政治观念形态。宗教意识形态可以是跨国的，而国家意识形态是一定国家所特有的。一个国家的意识形态是按照时间轴垂直变动的。在不同的历史时期和历史阶段，由于国家执政主体的不同，一个国家的国家意识形态往往有着很大的差异。这种意识形态差异集中表现在对社会制度和执政方式的选择上。正是在这个意义上，国家政治制度就是国家意识形态的政治架构表现。因此，资本主义、社会主义不仅是一种社会制度形态，也是一种社会意识形态，体现在国家形态上就是国家意识形态。

国家意识形态来源于国家执政主体由理想、信念所构成的价值观。它是一个国家政权的合法性基础，用以组织和动员全体民众及一切社会资源为国家的目标而奋斗。国家意识形态是在国家执政主体的政治选择过程中形成的。它是对已经形成和出现的某种社会政治理论、国家治理理论、国家统治理论、主张和信念的采纳。先秦时期，百家争鸣，中国出现了关于国家治理的多种理论主张和学派，秦始皇采纳李斯主张的"以法治国"，法家学说遂成为秦的国家意识形态；汉武帝刘彻采纳董仲舒主张的"罢黜百家，独尊儒术"，儒家学说遂成为当时的国家意识形态。唐则奉行儒道释三教合流，而宋则兴程朱理学，由此儒家学说经由程朱改造而成为新的国家意识形态，并就此长期成为历代王朝治国理政的意识形态。近代以后，孙中山开启了用现代资产阶级国家理论治理国家的先河，而中国共产党作为执政主体则在第一届全国人民代表大会上庄严宣布："领导我们事业的核心力量是中国共产党。指导我们思想的理论基础是马克思列宁主义。"由此确定了当代中国的国家意识形态是"马克思列宁主义"。国家意识形态不仅规定了一个国家核心价值观的取向，而且规定了一个国家的国家制度性质。

就性质而言，意识形态有国家意识形态和非国家意识形态之分。国家意识形态是国家通过一定的法定程序确立的国家的价值信仰，决定了执政的合法性，任何对一个国家意识形态的威胁和挑战都构成了这个国家的意识形态安全问题。美国在其《国家安全战略报告》中将这种安全定义为"国家安全"。非国家意识形态主要是指社会意识形态。人们的社会存在决定了人们的社会意识形态。不同的社会存在构成了不同的社会意识形态。它可以是不同民族的习俗观念，也可以是不同人群的信仰崇拜。社会意识形态在一定的历史时期对于

---

① 米勒，波格丹诺. 布莱克维尔政治学百科全书[M]. 修订版. 邓正来，译. 北京：中国政法大学出版社，2002：368.

国家意识形态建构具有安全价值的意义，如果国家意识形态和这个国家在一定时期的社会意识形态之间产生尖锐的矛盾和冲突，就会产生严重的国家意识形态安全问题，进而影响国家安全。2013 年 7 到 8 月发生在埃及的世俗力量与穆斯林之间的冲突，最终导致国家危机就属于这一类型。因此，如何处理国家意识形态与社会意识形态之间的矛盾和冲突，是全球现代化进程中面临的深刻的国家文化安全问题。

价值观，尤其是核心价值观，是构成大国国家安全战略的基石。无论是美国《国家安全战略报告》、英国《国家安全战略》[①]还是俄罗斯《国家安全战略》[②]，都是以价值观和核心价值观作为基石的。因此，坚持和维护本国的价值观和核心价值观构成了所有国家的国家安全战略的核心内容和战略安全的价值导向。价值观是一种意识形态表现，决定了意识形态的性质。它是文化的，也是意识形态的。从这个意义上说，一切基于价值观和核心价值观的国家安全战略都是国家文化安全战略。美国是如此、英国是如此、俄罗斯是如此，中国当然也是如此。

意识形态是一种重要的象征性国家力量，意识形态渗透是这一力量形态最主要的实现方式与实现手段且自古以来就是"不战而屈人之兵"的重要战略战术。通过意识形态渗透改变、破坏和解构中国的意识形态结构，进而改造中国，是美国基本的国家安全战略，并不因其政府更替而改变。早在 20 世纪 50 年代，美国政府就制定了这样的"和平演变"战略。美国与其他西方国家对中国开展意识形态渗透是一个长期的意识形态历史过程，其中既有传统的宗教意识形态特征，又有现代的冷战意识形态特征，是这两种意识形态的混合体。

早期的西方传教士对中国的传教行为带有西方宗教文明的某种意识形态的纯粹性和神圣性。那种为宗教文明的传播而牺牲自我和入乡随俗的文明态度，并不在国家间政治关系上对中华文明的意识形态构成威胁与挑战。然而，鸦片战争后，中国与西方的关系发生战略性转变，导致了政治学的意识形态转型。宗教意识形态与政治意识形态被结合在一起。政教合一，即政治意识形态与宗教意识形态合一，成为西方列强处理与建构对华国家意识形态关系的主要特征。正是这种合一，使得美国和其他西方大国与中国之间的意识形态冲突不再仅仅是不同执政主体之间的意识形态矛盾与冲突，而是基于两大不同文明系统的意识形态安全关系间的矛盾与冲突。这种矛盾与冲突具有"亨廷顿式文明冲突特征"。这是由两种不同价值观和核心价值观体系的差异性决定的。处在不同的文明体系中的战略主体都有一个在世界范围内维护和捍卫自身利益的本能性意识形态价值需求，因此，为了维护自身利益的正当性，没有一个国家的执政主体不宣扬自身主张和奉行的意识形态价值观的合法性的。一旦这种意识形态价值观被社会主体接受，就会形成强大的民族集体无意识。这是一个国家和民族国家文化安全屏障的核心。这种集体无意识力量几乎是每一个执政主体的意识形态安全政策与战略。这一特征，在二战后和冷战后被进一步增强了。"妖魔化"成为冷战时期最显著的意识形态安全战略博弈的主要手段与表现形式。正是这种"妖魔化"建构了生活在不同文明体系下人们的意识形态认知方式和行为方式，并在很大程度上扭曲了科学而正当的文明认知。于是，中美关系、中西关系演变和发展成为赤裸裸的国家意识

---

① 唐笑虹. 2010 年世界重要安全文件汇编[M]. 北京：时事出版社，2011.

② 薛兴国. 俄罗斯 2020 年前的国家安全战略[M]//俄罗斯国家安全理论与实践. 北京：时事出版社，2011.

形态安全关系。中华人民共和国的成立及其选择社会主义制度与共产主义的意识形态，历史性地建构了中美、中西之间两种不同社会性质、不同意识形态之间的核心价值观矛盾与冲突，建构了当今中国意识形态安全的本质属性。

第二节　意识形态安全威胁的主要来源与构成

国家意识形态是指一个国家用以立国的全部价值体系，包括一个国家用以安身立命的政治思想理论体系和道德信仰体系两个方面，是一个国家全部合法性之所在。[①]国家意识形态安全是从整个国家意识形态的指导思想面临的信仰危机和核心价值观念的整体性挑战来看的，既包括一般意义上的意识形态内容，即传统意义所谓的世界观，也包括反映在经济领域里的意识形态。[②]也就是说，国家意识形态安全问题不仅包括一般的关于文化领域的问题，还包括非文化领域的问题。因为当我们把文化看作人的一种存在方式的时候，那么我们关于文化安全问题的考察就必须考虑生态学的维度，从而与我们所确定的关于国家文化安全的意义范畴相一致，这样我们就可以确立关于国家文化安全两个主要的义项。国家意识形态安全最集中地表现为：政党理论、国家学说和意识形态主张之间的矛盾和冲突；制度目标和意识形态信仰之间的价值冲突导致了主体人格分裂，即一方面在意识形态信仰上主张为共产主义奋斗，另一方面在制度上追求社会主义市场经济制度的实现，讲究产权关系和私有财产的合法性。理论信仰和现实价值取向之间存在着不可调和的矛盾，在缺乏完备法制的环境下，作为执政党的共产党党员干部腐败也就成为这种不可调和的矛盾的集中反映，从而成为当前我国意识形态领域最大的不安全因素。

一、全球层面的意识形态安全威胁

全球层面的意识形态安全威胁主要是由现代世界体系和国际秩序构成结构及其矛盾性决定的。巴瑞·布赞曾对全球体系下的意识形态安全威胁的构成形态做了深入分析，提出了全球体系下基于国际安全的意识形态安全所面临的九种威胁：① 在民族—国家分裂的基础上，弱小国家所受到的"有意性威胁"，民族分离主义是破坏国家意识形态安全的主要来源。② 在政治意识形态背景下，弱小国家所受到的"有意性威胁"，其特征是"政治体制作用的意识形态没有被广泛接受"而遭到的意识形态威胁，集中表现为以冷战为代表的两种构成体系中主要冲突内容的本质。③ 民族—国家中易受攻击的国家所受到的无意的、以单元为基础的威胁，即所谓"无意性威胁"。这种威胁属于主观上没有动机、客观上造成对对方国家意识形态的威胁，这种威胁常常是由"安全困境"在意识形态领域的反映造成的。④ 在政治意识形态基础上，国家所受到的"无意性威胁"，这种意识形态安全威胁往往是

---

① 美国学者西摩·李普塞特认为，意识形态实质上是改造社会的计划，它涉及"理想、伦理标准、一般及全面的社会见解及政策"（西摩·李普塞特. 一致与冲突[M]. 张华青，译. 上海：上海人民出版社，1995.）。

② 美国比较经济体制学者莫里斯·伯恩斯坦认为："任何一种经济体制都有一整套与之相适应的意识形态作为其文化支撑，相应的任何经济体制的变革也必然伴随着意识形态的适应性调整或整体性转换。"（莫里斯·伯恩斯坦. 比较经济体制[M]. 王铁生，译. 北京：中国财政经济出版社，1988.）。

由两个相邻国家所奉行的意识形态传统不同造成的。例如，巴基斯坦奉行的是宗教排他主义，而印度在对待不同民族和宗教意识形态问题上更加具有包容性。"一个群体的自我定义包含着对另一个群体存在的否定"，导致和造成这两个群体互为意识形态安全威胁。⑤ 支持与反对超民族的地区一体化安全。这种安全威胁的来源就是地区一体化给地区成员带来的意识形态安全威胁，如欧盟及其成员国之间的文化与意识形态安全关系。这种安全关系表现为"超民族的、地区一体化形成后可能开始拥有自己特有的安全话语，在这种话语中，当成员国与民族反对一体化时，就会处于威胁当中"，并因此而构成"存在性威胁"。①⑥ 由于民族—国家的分裂而相当脆弱的国家遭到体系方面的准则性威胁和反对，主要表现为民族分离主义运动对于多民族国家统一整体的威胁。⑦ 在意识形态基础上（弱小）国家所受到的结构性（体系的）威胁，这是一种来自"准则"上的、与这个国家不相匹配的国际社会的总体发展的威胁，"现代最重要的采取安全行动反对此种威胁的例子，是在东亚和中东——所保护的'亚洲价值'和民族主权抵制假定的西方普世主义（中国、新加坡和马来西亚），伊斯兰教价值也被类似地认为不仅受到西方文化的威胁，也受到被看作一种西方在'准则'上有组织、有预谋的国家体系的威胁"。②⑧ 成员国由超级忠诚的跨国运动所受到的威胁，巴瑞·布赞认为共产主义运动就属于这样一种类型，但是，自从苏联解体之后，在宗教方面还有这样的跨国运动，"伊斯兰国"的出现证明了这一分析的深刻性与洞见性，因为"伊斯兰国"不仅构成了对阿拉伯国家的威胁，而且构成了对整个国际社会安全的威胁，它就是由恐怖主义这样一种极端意识形态形成的。⑨ 国际社会、秩序和法律所受到的威胁。在这里，一个重要的前提是："美国制造了一些普遍'准则'的基础，指出国际稳定性所受到的威胁"，并靠该做法，试图动员其他国家支持它对反对它的国家的行动。在现代国际安全体系中，"美国大多使用安全化措辞使自己的行动合法化"。在国际"准则"安全化基础上，美国既能够制造出关于制裁的官方威胁，也能够制造出非官方的、更加彻底的关于可能武力攻击的威胁（或谣言）。③巴瑞·布赞对第九种威胁的分析，可谓击中了当今国际社会面临的普遍的国家意识形态安全威胁的主要来源的实质：美国制定了"准则"，然后又由美国来裁判"谁犯规了"——谁违反了"准则"。对所有被美国认为违反了它所制定的国际"准则"的国家，美国都会用这个"准则"制裁和惩罚这个国家，无论是在政治、经济、军事上还是在文化和意识形态问题上。美国动辄用"人权""民主"和"言论自由"等"普世价值"干预和干涉他国文化主权，就是最典型的表现。

虽然全球性层面上的文化政治与意识形态安全威胁并不完全如巴瑞·布赞所分析的那样只有九种类型，但是他的分析为人们提供了一个分析意识形态安全威胁的框架和参照。在这里，"片面全球化"是一个重要的尺度："在一个国家试图保卫自己、抵制某一国际倾向或'准则'的意义上，一些威胁是片面全球化的。"④在这里，所谓"普世价值""民族主义""民主社会""恐怖主义"等，成为全球化体系层次上构成意识形态安全威胁的主要来源，尽管存在着东西方的安全认知差异。

---

① 布赞，维夫，怀尔德. 新安全论[M]. 朱宁，译. 杭州：浙江人民出版社，2003：213.
② 同①：214.
③ 同①：210-215.
④ 同①：213.

二、国家层次上的意识形态安全威胁

不同的国家在意识形态安全问题上面临和遭遇的威胁是不一样的，这主要是由不同国家的意识形态构成与意识形态信仰不同造成的。在当今世界，只要还存在资本主义与社会主义、资产阶级和无产阶级，那么两者在意识形态领域里的相互斗争就构成了互为安全威胁的关系。这是中美两个大国间意识形态冲突的根源，也是中国同西方发达资本主义国家之间意识形态安全冲突的根源。这和这些国家不同的现代起源密切相关。当今中国是按照马克思主义思想体系和政治信仰建立的社会主义国家，实行的是人民民主专政，而西方主要发达国家是根据资本主义思想体系和政治信仰建立的资本主义国家，实行的是民主自由政体，二者在根本政治理念上的区别导致了意识形态领域里的冲突与斗争。这种斗争表现和反映在意识形态安全领域里的战略博弈，就是以美国为代表的西方发达国家和国家集团动辄以"言论自由"和"人权理论"干涉和干预中国内政，用它们制定的"准则"来批评中国的国家意识形态安全管理，这就使得中美之间、中国和西方国家集团之间经常发生意识形态领域里的"阶级斗争"或"安全冲突"。在 2016 年 3 月 10 日联合国人权理事会第31 次会议上，美国等 12 个西方国家发表联合声明，指责中国"镇压活动人士和维权律师"，表示"不能袖手旁观"，引发中国政府严正反驳就是较有影响的一例。人权是一个世界性问题。不同的国家所面临和要解决的人权问题是不一样的，只采用一个标准，并要求世界上所有国家都按照这个"标准"去面对和解决自己国家的人权问题，而不是从这个国家实际的人权需要出发，由此而产生的"人权冲突"就不可避免了。用自己的标准去衡量和干涉他国的人权主权必然导致在意识形态问题上的"安全困境"。

西方国家对中国的快速崛起缺乏预判，陡然之间对于中国复兴战略目标的提出缺乏意识形态准备。意识形态、价值观以及社会制度偏见，再加上全球化进程中的经济利益争夺，使两种不同社会制度和两种不同社会意识形态出现了冷战结束后的失衡。中国实践的成功不再仅仅是中国的，而且具有世界的榜样力量。经济上的号召力转变为意识形态的影响力和颠覆性价值破坏力量，源于两种不同社会制度和两个不同阶级的意识形态冲突，便在新的全球化背景下激烈地发生了。这是来自外部世界的中国国家意识形态安全风险最主要和最重要的来源。只要中国还是由共产党领导，还是坚持走中国特色社会主义道路，坚持马克思主义的意识形态立场不动摇，那么这样的意识形态冲突以及由此而造成的中国国家意识形态安全风险就将长期化、复杂化且不以中国人的善良愿望为转移。中国的社会主义（共产主义追求）制度与美国的资本主义（自由主义追求）制度在意识形态上是完全对立的。对中国的"民主化"的"软颠覆"，始终是以美国为主的西方国家集团的根本价值目标。对此，我们必须要有极为清醒的认识，并做好长期的意识形态安全领域里的博弈准备。

三、非传统领域里的意识形态安全威胁

恐怖主义和极端主义是当今国际社会和许多国家普遍存在的意识形态安全威胁。"伊斯兰国"的出现是一个最极端的意识形态安全威胁事件，它的出现本身就是一场"意识形态灾难"。作为一种恐怖主义意识形态表现，"伊斯兰国"既源于中东地区多年来的宗教教派

分歧，也是美国等西方国家在中东地区推动"阿拉伯之春"以重组中东地区政治格局的后果。中东地区的安全形势本来处于一种"脆弱平衡"状态，虽然在西方看来中东强人的独裁统治并不是一种"民主体制"，但是它在维护中东地区安全方面具有一定的独特性。西方国家集团在中东地区推进"民主体制"的"阿拉伯之春"革命实现了政权更迭，却没有给中东地区的国家和人民带来和平与安宁，恰恰相反，由于西方国家集团打开了中东地区宗教纷争的"潘多拉魔盒"，致使宗教极端势力和暴力恐怖主义在这个过程中得到了出乎西方国家意料之外的迅速发展，并且不是按照西方国家所希望的那样发展，于是一场宗教极端主义的意识形态安全灾难成为威胁地区乃至全球安全的重要集体安全事件，这也是当前中国国家安全和意识形态安全所面临的重大安全威胁。于2015年12月27日通过、2016年1月1日起施行的《中华人民共和国反恐怖主义法》就是为了防范和惩治恐怖活动，加强反恐怖主义工作，维护国家安全、公共安全和人民生命财产安全而制定的。其明确定义："恐怖主义，是指通过暴力、破坏、恐吓等手段，制造社会恐慌、危害公共安全、侵犯人身财产，或者胁迫国家机关、国际组织，以实现其政治、意识形态等目的的主张和行为。""反恐怖的基本方略就是防止恐怖主义思想形成、蔓延。将恐怖主义界定为主张和行为，就是要在法律上明确反对恐怖主义思想。需要强调的是，本定义所称'主张'是指系统的且业已散布的'恐怖主义思想'，不是指某人未予宣扬、未经实施的恐怖行为'念头'或者'企图'。所以，本法并不是要对'思想'定罪、惩治。而是要防止恐怖主义思想的形成和蔓延，依法打击传播恐怖主义思想的行为。"[1]

"极端主义是我国当前恐怖主义的思想根源。禁止极端主义，有利于从源头上遏制恐怖主义的形成和传播，是防止恐怖主义产生的重要措施。《反恐怖主义法》第八十条、第八十一条详细规定了极端主义的具体行为及其处罚，对于实践中认定和打击极端主义行为具有很强的现实指导意义。"[2]

四、意识形态安全的内部威胁

对一个国家来说，意识形态安全不仅会面临来自外部的威胁，也会面临来自内部的威胁。在当代中国，国家意识形态安全所面临的最大的内部威胁首先表现为党政干部腐败而暴露出的道德失范和信仰危机。一批高级领导干部严重违纪违法案件[3]所反映出来的道德失范和信仰危机已经达到了令人恐慌的程度。[4]腐败问题从表面上看是一个经济问题，但实际上在腐败的背后隐藏着深刻的文化危机，是一种价值观危机。用腐败者自己的话来说，就是"产生了思想的大崩溃，犹如脱缰的野马，一发不可收拾，最终动摇了理想，丧失了信念"。[5]党的中高级领导干部，不仅在党内，而且在全国政治社会生活中，都在客观上起着

---

① 多措并举　坚决依法打击和防范恐怖活动：公安部反恐专员刘跃进答记者问[N]. 人民日报，2016-02-28.

② 同①.

③ 反腐倡廉新进展[N]. 学习时报，2002-08-19. 党的十八大以后，又查处了周永康、薄熙来、徐才厚、令计划、苏荣等一批高级领导干部以及相当一批省部级领导干部。

④ 2004年上半年省部级高级干部因受贿被查处的有湖北省原省委书记张国光、贵州省原省委书记刘方仁、安徽省原副省长王怀忠、贵州省原副省长刘长贵、浙江省原副省长王钟麓；重庆市原市委宣传部长张宗海、云南省原省委宣传部长柴王群。腐败成为2004年的一个突出现象。（2004年15日《社会科学报》）.

⑤ 转引自：黄苇町. 苏共亡党十年祭[M]. 南昌：江西高校出版社，2002：240.

一种表率与示范作用。普通公民对执政党的了解和判断，以及心理上的认同，进而到理想上和信仰上的追随，主要是通过与这些干部的接触实现的。这就是当代群众中的意识形态影响力。这种影响力来源于人们对党的信仰及其道德规范的敬重，人们心目中的诚信、道德人格和做人的尊严就是人们的道德信仰。道德是一种实践理性，它要解决的是"我应该怎么做"的问题，而恰恰在这个问题上，我们的党员干部是可以起到一种示范和表率作用的。正如此，负亦如此。党的精神和文化在整个国家生活中的凝聚力集中地体现在党员干部身上，尤其是党的中高级领导干部身上。腐败往往表现在大量侵吞和非法占有国家财产方面，因此它所激起的整个社会的情绪反应和对信仰的挑战，远远超过了任何一种和平演变的分化宣传力量。

腐败严重阻碍民族文化整体水平的提高，构成对民族精神净化所必需的文化生态环境的严重污染，使得民族精神文化的创造和升华成为不可能。腐败的本质不是经济问题，而是道德问题、精神文化问题，是精神境界的一种堕落，是一种人生价值观的灭亡。2003 年，联合国大会通过了《联合国反腐败公约》，联合国秘书长安南把反腐败提高到了"人类安全"的高度，指出："腐败是一种可怕的'瘟疫'，会对社会造成多种毒害。它破坏民主与法治，导致侵犯人权、扭曲市场、降低生活质量，并让有组织犯罪、恐怖主义以及其他对人类安全造成威胁的事情泛滥。"[①]在当代中国，没有比党的干部腐败更严重的意识形态安全威胁了，因为它构成了人们心目中对整个马克思主义体系信仰的颠覆。苏联解体亡党亡国有一个最本质和核心的问题，就是执政主体的整个精神世界的崩塌，才最终导致整个社会主义大厦的倾覆。

当前中国意识形态安全面临的另一个威胁就是能力不足，集中表现为在思想意识形态领域里的创新能力不足，使得中国在国际事务中缺少足够的话语权，缺少对中国社会主义实践所取得的卓越成就的解释力，从而导致在面对国际社会的安全误会和安全误解时缺少有效的中国理论。俄罗斯科学院院士 B.A.利西奇金和物理学家 J.I.A.谢列平在《第三次世界大战——信息心理战》一书中总结苏联崩溃的历史原因时曾特别分析并指出"第五纵队"在"控制和操纵"公众意识，并最终使整个社会意识屈从于西方意识形态中所起的重要作用。同时，他们"告诫人们必须认清信息对民众产生控制力的本质和技巧，认清信息和信息技术的失控不仅会导致若干民族的灭绝，而且会造成整个现代文明的毁灭"。[②]这对当前中国如何有效地消除能力不足的意识形态安全威胁不无警示作用。

第三节　意识形态安全在当代中国国家安全中的重要价值

在中国，意识形态工作是为国家立心、为民族立魂的工作。意识形态安全是政治安全的重要组成部分，是实现国家利益的重要手段和维护国家安全的重要屏障。意识形态工作是党的一项极端重要的工作，做好意识形态工作事关党的前途命运，事关国家的长治久安，事关民族的凝聚力和向心力。对马克思主义的信仰，对社会主义和共产主义的信念，是共产

---

① 转引自：腐败严重阻碍人民生活水平提高[N]. 参考消息，2003-11-16.
② 利西奇金，谢列平. 第三次世界大战——信息心理战[M]. 徐昌翰，赵海燕，殷剑平，等译. 北京：社会科学文献出版社，2003.

党人意识形态的灵魂；坚持马克思主义在意识形态领域指导地位的根本制度是根本保障。

一、意识形态工作事关党的前途命运和国家长治久安

意识形态安全是国家安全的重要组成部分，是中国国家安全和国家文化安全最重要的内容之一。"我国正处在大发展大变革大调整时期，国际国内形势的深刻变化使我国意识形态领域面临着空前复杂的情况，各种思想文化相互激荡，不同文明交流交融交锋更加频繁，进一步凸显了思想文化力量在综合国力竞争中的战略地位。在这样的情况下，如何提高整合社会思想文化和价值观念的能力，扩大主流价值观念的影响力，掌握价值观念领域的主动权、主导权、话语权，是我们必须解决好的重大课题。"[1]这是在相当长的一个时期内我国意识形态工作的一个战略任务。

习近平总书记指出："意识形态工作是党的一项极端重要的工作，是为国家立心、为民族立魂的工作。"[2] "做好意识形态工作，事关党的前途命运，事关国家长治久安，事关民族凝聚力和向心力。"[3]在总结国际历史经验教训的基础上，习近平特别强调了意识形态风险失控的重大危害性。他指出："一个政权的瓦解往往是从思想领域开始的，思想防线被攻破了，其他防线就很难守住。"[4]习近平总书记深刻地指出，"苏联为什么解体？苏共为什么垮台？一个重要原因是意识形态领域的斗争十分激烈，全面否定苏联历史、苏共历史，否定列宁，否定斯大林，搞历史虚无主义，思想搞乱了，各级党组织几乎没任何作用了，军队都不在党的领导之下了。最后，苏联共产党偌大一个党就轰然倒下了，苏联偌大一个社会主义国家就分崩离析了。这是前车之鉴啊！"[5]习近平总书记的这些重要论述不仅深刻地阐明了意识形态对于一个政党和国家安全的极端重要性，而且深刻地揭示了意识形态安全在整个当代中国国家安全中所具有的特别重要的战略安全意义。

意识形态是人类认识世界、解释世界规范行为方式的复杂的价值观系统，包括各种各样、形形色色的价值观及其思想、理论、学说、主张等。意识形态既包括国家意识形态，也包括社会意识形态；既包括政治、经济、文化意识形态，也包括宗教和民族意识形态。在所有的意识形态运动中，国家意识形态是最终对其他意识形态的运动发展起作用的因素，因此，在国家安全学的意义上，意识形态安全主要指国家意识形态安全。

国家意识形态是由国家政治选择和规定的意识形态，核心是由国家执政主体所选择的价值观体系。所谓国家意识形态安全，就是指这种由国家执政主体所选择的价值观体系的安全。在现代世界体系中，这种占主导地位的核心价值观体系主要由社会主义和资本主义两大核心体系构成，马克思主义和自由资本主义分别是二者的代表。社会主义和资本主义

---

① 中共中央文献研究室编. 习近平关于社会主义文化建设论述摘编[M]. 北京：中央文献出版社，2017：107.

② 高举中国特色社会主义伟大旗帜为全面建设社会主义现代化国家而团结奋斗——在中国共产党第二十次全国代表大会上的报告[N]. 人民日报，2022-10-26.

③ 习近平在全国宣传工作会议上的讲话[M]//论党的宣传思想工作. 北京：人民出版社，2019：8.

④ 坚定文化自信，建设社会主义文化强国——学习《习近平关于社会主义文化建设论述摘编》[EB/OL].（2017-10-16）[2024-05-13]. jhsjk.people.cn/article/29588374.

⑤ 《习近平总书记系列重要讲话读本（2016年版）》二、实现中华民族伟大复兴的必由之路——关于坚持和发展中国特色社会主义[EB/OL].（2016-04-21）[2024-05-13]. jhsjk.people.cn/article/28292330.

构成了当今世界的两大意识形态体系，其他的意识形态体系是依附或从属于这两大意识形态体系的。因此，围绕着社会主义和资本主义两种制度、两条道路的竞争与博弈，两大意识形态体系的对立与冲突，是导致和造成国家意识形态风险和安全的主要来源，也是导致和构成当代中国意识形态安全问题的主要来源。这两种制度、两条道路的对立和冲突，其核心主要是关于这两条道路和两种社会制度的根本价值观的对立和冲突，因此，关于这两条道路和两种社会制度的对立和冲突也就构成了围绕这种冲突的国家意识形态斗争的核心和国家意识形态安全的主要内容。这种意识形态安全冲突的要害，既涉及用什么样的价值观来认识世界、解释世界，还涉及用什么样的价值观来改造世界。由于涉及对世界资源的重新分配和对世界秩序的重新建构，因而这种意识形态冲突具有你死我活的生死存亡的安全特征。

当代中国是根据马克思主义的科学社会主义理念建立的社会主义制度。它是由中国共产党领导中国人民革命建立的社会主义制度，历史性地构成了资本主义社会制度和意识形态的对立面。资本本身具有贪婪性及其扩张的霸权性，因此，作为一种意识形态，资本主义不能容忍有一种不是按照它的价值观体系建立的意识形态与之共存，共同治理世界，不能容忍中国作为一个社会主义国家、一种新人类文明形态的崛起和中华民族伟大复兴的实现，于是，对中国共产党和中国特色社会主义制度的攻击便成为当代中国意识形态安全的全部内容特征。尽管中国一再强调超越社会制度和意识形态发展同世界各国（包括同整个西方资本主义国家集团）的包括文化在内的国家关系，然而，囿于冷战思维，中国在意识形态领域里良好的安全发展的愿望并没有得到西方资本主义国家集团应有的意识形态响应。把世界搞成以意识形态划分的两个阵营、两套体系、两个平行世界，推动新冷战，正在成为以美国为首的西方资本主义国家集团的全球安全战略。意识形态安全成为当今世界最主要的国家安全威胁来源。以美国为首的整个西方资本主义国家集团，对中国实行了全面的国家意识形态攻击，因此，在相当长的一段时间里，中国国家意识形态安全所面临的主要是来自美国的各种各样的意识形态威胁，构成了中国国家意识形态安全领域的主要斗争。

政治的核心组成是政权和制度，政治安全的核心主要指政权安全和制度安全。政权学说、国家学说和制度学说都是关于政治的意识形态，它是为政治和国家服务的，为政治提供合法性与合理性支持。因此，意识形态安全是政治安全的保障。在这里，舆论作为一种最重要的工具在国家意识形态安全中具有特别重要的意义。资本主义霸权的本性决定了这种意识形态对中国意识形态安全关系的处理方式，"各种敌对势力一直妄图颠覆中国共产党领导和我国社会主义制度，他们选中意识形态领域作为一个突破口，目的就是要同我们争夺阵地、争夺人心、争夺群众，把人们思想搞乱，然后浑水摸鱼、乱中取胜，最终推翻中国共产党领导和中国社会主义制度。这是我国政权安全面临的现实危险。"通过对他国制造"颜色革命"，以实现和达到颠覆他国国家政权的目的，是当今国际社会面临的最主要的国家安全风险和特征。"历史和现实都警示我们，一个政权的瓦解往往是从思想领域开始的，思想防线被攻破了，其他防线就很难守住。""在意识形态领域斗争上，我们没有任何妥协、退让的余地，一刻也不能放松和削弱意识形态工作，否则就要犯不可挽回的历史性错误。"①

---

① 坚定文化自信，建设社会主义文化强国[N]. 人民日报，2017-10-16.

这是我国面临的最主要，也是长期的意识形态安全威胁与挑战。只要社会主义和资本主义两大意识形态继续存在，那么意识形态安全就将长期地影响中国国家安全的建设与发展。正是在这个意义上，意识形态工作和维护国家意识形态安全才在中国国家安全体系中占有特别重要的战略地位。

二、社会主义和共产主义信念是共产党人意识形态的灵魂

"灵魂"是人类用以确证自身存在价值合法性与合理性的概念。古今中外，"灵魂"是一切民族和所有国家的人民最通用的概念。虽然人们至今还没有给出一个统一的关于"灵魂"的定义，也一直在质疑"究竟有没有灵魂"，但是，无论是宗教还是世俗，"灵魂"一直都是定义人与魔鬼本质区别的概念，这就使得"灵魂"具有人类的唯一性特征。于是，"灵魂"便被视为一个永恒性概念，被人们应用于对自己认为最重要的事物的比喻上，以突出和强调被比喻对象的极端重要性。"一个幽灵，共产主义的幽灵，在欧洲游荡。"《共产党宣言》开宗明义，以"幽灵"这一对欧洲具有整体性影响力和震撼力的传统概念，刻画和传递出共产主义作为人类社会正在横空出世的一种精神信仰，将对整个欧洲乃至整个人类社会发展带来深远的影响。"意识形态工作是党的一项极端重要的工作，是为国家立心、为民族立魂的工作。"正是在这个意义上，"灵魂"被应用于说明意识形态工作在当今中国的全部重要性，用来说明意识形态安全对于国家安全和民族安全的全部重要性，是影响和决定一个国家和民族作为一个有机生命体的全部生命价值之所在。没有了灵魂，或者说魂不附体、失魂落魄，那么无论是这个国家还是存在于这个国家的民族，都如同行尸走肉。因此，灵魂是一个国家和民族最终作为人类存在的最根本、最本质的精神体系。它看不见摸不着，却是支撑着一个人、一个民族和一个国家的最根本的精神支柱。有了它，人就有了精气神，民族就有了民族魂，国家就有了国魂。灵魂有着对于一个人、一个民族和一个国家作为生命有机体的全部价值的重要性，因此，从根本上摧毁这个灵魂，从灵魂深处否定、改造和颠覆这个灵魂，也就成为一切西方敌对势力对华开展全部文化侵略的主要目标和战略对象。正是在这个意义上，对中国文化进行系统性和体系性攻击、威胁、危害也就构成了当代中国意识形态安全所面临的最严峻的威胁、风险和挑战。在这里，意识形态就不再仅仅是一般意义上的意识形态问题，而是事关国家安全和民族生死存亡的政治问题，是国家政治安全问题。"对马克思主义的信仰，对社会主义和共产主义的信念，是共产党人的政治灵魂，是共产党人经受住任何考验的精神支柱。"[①]

中国特色社会主义文化是由中国优秀传统文化、革命文化和社会主义先进文化三个方面共同组成的。它的核心是由中国共产党的马克思主义信仰、社会主义信念和共产主义信念凝结而成的。在这里，信仰和信念就是魂，当代中国正因为有这样一种魂，文化作为国家和民族的灵魂才是具体的、具有实践性的。对马克思主义的信仰和社会主义道路是中国特色社会主义文化活的灵魂。习近平总书记说："我们共产党人的本，就是对马克思主义的信仰，对中国特色社会主义和共产主义的信念，对党和人民的忠诚。我们要固的本，就是坚定这份信仰、坚定这份信念、坚定这份忠诚。世界社会主义实践的曲折历程告诉我们，

---

① 习近平在全国党校工作会议上的讲话[M]//论党的宣传思想工作. 北京：人民出版社，2019：49.

马克思主义政党一旦放弃马克思主义信仰、社会主义和共产主义信念，就会土崩瓦解。共产党人如果没有信仰、没有理想，或信仰、理想不坚定，精神上就会'缺钙'，就会得'软骨病'，就必然导致政治上变质、经济上贪婪、道德上堕落、生活上腐化。"①精神文化和意识形态上的不安全必然导致和造成政治上的不安全，这是当代中国政治安全所面临的最现实的威胁和危机。

早在1956年，毛泽东就在党的七届六中全会上提出了"党的安全"这一重要概念和历史性命题②。党的安全与否取决于党的信仰和信念的坚守。党的信仰和信念坚守是党在精神文化上的一面旗帜，是党的文化最核心的象征。一旦在这个问题上迷失了方向、丧失了灵魂，那么党就变质了，就不再安全了。苏联亡党亡国就是世界社会主义运动史上最深刻的一个教训。针对面临"国内外各种敌对势力，总是企图让我们党改旗易帜、改名换姓，其要害就是企图让我们丢掉对马克思主义的信仰，丢掉对社会主义、共产主义的信念"③的严峻挑战，习近平总书记严肃地指出："我们有些人甚至党内有的同志却没有看清这里面暗藏的玄机，认为西方'普世价值'经过了几百年，为什么不能认同？西方一些政治话语为什么不能借用？接受了我们也不会有什么大的损失，为什么非要拧着来？有的人奉西方理论、西方话语为金科玉律，不知不觉成了西方资本主义意识形态的吹鼓手。"④在这里，习近平总书记不仅指出了我国面临的来自外部的意识形态安全威胁和挑战，而且揭示了我国内部存在的意识形态安全隐患。"堡垒往往是从内部被攻破的。"外因通过内因发生作用，正是由于中国共产党内存在这样一种现象构成的国家文化安全危机，才深深地威胁着中国的政治安全。"如果我们用西方资本主义价值体系来剪裁我们的实践，用西方资本主义评价体系来衡量我国发展，符合西方标准就行，不符合西方标准就是落后的陈旧的，就要批判、攻击，那后果不堪设想！"⑤因此，"必须进行具有许多新的历史特点的伟大斗争"⑥，以确保党的安全和国家政治安全。

意识形态是一种观念形态的文化。作为一种精神体系和精神系统，意识形态既深刻地反映在人的价值观层面上，也反映在人的生活方式层面上，而生活方式又是人们认知经验的行为表现。人的存在决定人的社会意识，这是人的意识形态来源，而一定的社会意识形态又反作用于人的社会生活方式，由此形成了生活方式的意识形态性和意识形态的生活方式性。意识形态集中表现和凝集为价值观，并通过以价值观影响人的行为进而标志自己的存在。于是，当意识形态具体地表现为价值观和价值观念体系的时候，价值观和价值观念体系就具有塑造和改造人的生活方式的功能。在这里，意识形态就具有安全的意义。也就是说，一种意识形态作为价值观念的体系构成，能否为一种生活方式提供长久的安全支持和安全保障，就成为衡量意识形态是否安全的重要标准。意识形态对于人的社会生活具有安全保障的意义，因此，把意识形态作为突破口，分化、瓦解和渗透、颠覆一个国家也就

① 习近平在全国党校工作会议上的讲话[M]//论党的宣传思想工作. 北京：人民出版社，2019：49.
② 关于中共中央设副主席和总书记的问题[M]//毛泽东文集（第七卷）. 北京：人民出版社，1999：110.
③ 习近平在全国党校工作会议上的讲话[M]//论党的宣传思想工作. 北京：人民出版社，2019.
④ 同③.
⑤ 同③.
⑥ 必须进行具有许多新的历史特点的伟大斗争[N]. 人民日报，2021-08-06.

自然地成为国家安全博弈的重要领域和重要手段。争夺意识形态主导权，自然成为维护和捍卫国家安全和国家文化安全的新任务。

三、坚持马克思主义在意识形态领域指导地位的根本制度

党的十九大报告指出："意识形态决定文化前进方向和发展道路。"意识形态关乎旗帜、关乎道路、关乎国家政治安全。这是定义中国意识形态工作的根本原则。不同的国家有不同的文化，每个国家的文化都是以这个国家的文化传统、历史发展和以一定的思想理论为基础的核心价值观为指导的。在中国，坚持以什么思想理论为指导是文化建设的首要问题，关系到政党的性质、国家的方向，关系到民族的命脉、人心的凝聚。对马克思主义的坚定信仰，决定了我们党的性质和宗旨、目标和方向、政策和主张，也成为一代代共产党人的政治灵魂、精神支柱和最鲜明的身份标识。正是这一身份标识，鲜明地塑造了当代中国的国家形象和精神标识，建构与规定了当代中国一切政治、经济、社会、文化行为的马克思主义性。

价值观是意识形态构成的核心要素。"价值观念在一定社会的文化中是起中轴作用的"，影响和决定了整个文化系统的生命运动。没有了价值观，文化也就不存在了。因此，"文化的影响力首先是价值观念的影响力"。文化的影响力取决于价值观的影响力，因此，对价值观的争夺也就成为整个文化争夺的核心。正是在这个意义上，"世界上各种文化之争，本质上就是价值观念之争，也是人心之争、意识形态之争，正所谓'一时之强弱在力，千古之胜负在理'"。[①]价值观作为意识形态最集中、最本质的体现，直接影响和规定了文化的存在与发展。价值观在整个文化系统中具有"中轴作用"，因此，对于价值观的争夺也就成为意识形态争夺中的关键。在这里，价值观安全，即意识形态安全直接影响和规定了文化安全的前途命运与发展走向。苏联的解体就是一个教训。

"'谎言重复一千遍就会变成真理。'各种敌对势力就是利用这个逻辑！他们就是要把我们党、我们国家说得一塌糊涂、一无是处，诱使人们跟着他们的魔笛起舞。各种敌对势力绝不会让我们顺顺利利实现中华民族伟大复兴，这就是为什么我们要郑重提醒全党必须准备进行许多具有新的历史特点的伟大斗争的一个原因。"[②]历史经验表明，国家动荡、政权更迭往往始于思想领域的混乱、指导思想的动摇。苏联解体、东欧剧变，以及一些国家发生的"颜色革命"，就是前车之鉴。马克思主义既是一种意识形态，也是一种社会制度。"我国文化建设长期实践表明，对马克思主义指导地位坚持得好、把握得牢，就能形成文化繁荣兴盛的生动局面，推动党和人民事业发展；坚持得不好，发生动摇和偏差，就必然造成思想文化上的混乱，给党和人民事业带来损害。现在，我国文化领域正在发生广泛而深刻的变革，社会文化生态更加复杂，马克思主义、非马克思主义甚至反马克思主义的思想观点同时存在，先进的和落后的相互交织，积极的和消极的相互影响，民族的和外来的相互碰撞，坚持以马克思主义统领多样化文化发展的重要性日益突出。新的时代条件下，坚持马克思主义在意识形态领域指导地位的根本制度，就是要坚定文化自信、增强文化自觉，

---

① 坚持社会主义核心价值体系[N]. 人民日报（海外版），2017-12-20.
② 中共中央文献研究室编. 习近平关于社会主义文化建设论述摘编[M]. 北京：中央文献出版社，2017：208.

牢牢把握社会主义先进文化前进方向，紧紧围绕举旗帜、聚民心、育新人、兴文化、展形象的使命任务，大力发展面向现代化、面向世界、面向未来的，民族的科学的大众的社会主义文化，更好构筑中国精神、中国价值、中国力量。"①政治上的坚定源于理论上的清醒，只有高度自觉、矢志不渝坚持以马克思主义为指导，才能保证道路不偏向、江山不变色，保证国本永固、事业常青。因此，在中国，坚持马克思主义在意识形态领域指导地位的根本制度，是坚持社会主义文化正确发展方向和发展道路、实现国家长治久安的必然要求。

国家是由人们基于共同的价值观而组成的共同体。这种共同体一旦组成，原来的共同的价值观作为一种文化认同，便上升为国家意志。这就是国家意识形态。在这里，一定的意识形态，尤其是作为国家意志的意识形态，能影响和决定这个国家存在的全部合法性与合理性。"如果从观念上来考察，那么一定的意识形态的解体足以使整个时代覆灭。"②习近平之所以在全国宣传思想工作会议（2018 年 8 月 21 日）上引用马克思的这句话，既是要中国共产党、中国人民吸取国际社会主义、共产主义运动的教训，重视意识形态安全问题，重视意识形态在文化安全和国家安全中的全部重要性，也是为了说明意识形态工作是为国家立心、为民族立魂的工作，具有极端重要性。在任何时候、任何情况下，我们都不能忽视思想的力量、不能忽视意识形态的作用。

世界多极化、经济全球化、社会信息化、文化多样化深入发展，各国相互关联、相互依存程度之深前所未有，充分印证了马克思、恩格斯在《共产党宣言》中所做的科学预见。习近平在中央集体学习《共产党宣言》时强调指出："我们重温《共产党宣言》，就是要深刻感悟和把握马克思主义真理力量，坚定马克思主义信仰，追溯马克思主义政党保持先进性和纯洁性的理论源头，提高全党运用马克思主义基本原理解决当代中国实际问题的能力和水平，把《共产党宣言》蕴含的科学原理和科学精神运用到统揽伟大斗争、伟大工程、伟大事业、伟大梦想的实践中去，不断谱写新时代坚持和发展中国特色社会主义新篇章。"③

新时代我国意识形态工作面临的内外环境更加复杂，境外敌对势力利用互联网加大渗透和西化力度，境内一些组织和个人不断变换手法，制造思想混乱，与我争夺人心。针对这一情况，在 2013 年全国宣传思想工作会议上，习近平指出："互联网已经成为舆论斗争的主战场。有同志讲，互联网是我们面临的'最大变量'，搞不好会成为我们的'心头之患'。""西方政要就声称'有了互联网，对付中国就有了办法'。"在互联网这个战场上，我们能否顶得住、打得赢，直接关系我国意识形态安全和政权安全。"④互联网已经成为意识形态为国家立心、为民族立魂的关键。

在现代国家体系中，文化是一个包括新闻出版、广播、电影电视表演艺术和互联网在内的庞大的精神产品生产体系。所有这些文化产品的生产工具和传播手段可以为任何阶级、任何国家和任何意识形态的生产与传播所用。掌握和利用这些文化生产和传播系统为本国

① 坚持马克思主义在意识形态领域指导地位的根本制度[N]. 人民日报, 2019-11-20.
② 马克思. 政治经济学批判（1857—1858 年草稿）[M]//马克思恩格斯文集：第八卷. 北京：人民出版社, 2009：170.
③ 习近平在中共中央政治局第五次集体学习时强调　深刻感悟和把握马克思主义真理力量　谱写新时代中国特色社会主义新篇章[N]. 人民日报, 2016-04-25.
④ 中共中央党史和文献研究院编. 在全国宣传思想工作座谈会上的讲话（2013 年 8 月 19 日）[M]//习近平关于网络强国论述摘编. 北京：中央文献出版社, 2021：50-51.

的国家意识形态所用，并用于开展对他国的舆论战、信息战、文化冷战等，是 20 世纪以来世界意识形态斗争最显著的特征。作为一种手段和工具，文化是服从与服务于一定历史时期、一定国家的一定国家利益的。要使文化产品的生产和传播有利于本国最根本国家利益的发展，就必须把本国的政治、经济、社会、文化乃至地缘政治主张，全部贯彻到所有的文化产品的生产和传播之中，以实现国家安全利益的最大化。因此，什么样的意识形态便决定了什么样的文化具有什么样的性质，决定了一个国家文化的发展方向和发展道路。这是一条文化发展的普遍规律。这是不以人的意志为转移的意识形态决定文化前进方向和发展道路的客观规律。正是在这个意义上，意识形态工作这一为国家立心、为民族立魂的工作就具有特别重要的国家文化安全和意识形态安全意义，坚持马克思主义在意识形态领域指导地位的根本制度也就成为做好这一工作的根本保障。

本章小结

意识形态是文化的政治观念形态，是文化发展的高级形态。国家意识形态来源于国家执政主体由理想、信念所构成的价值观。它是一个国家政权的合法性基础，用以组织和动员全体民众及一切社会资源为国家的目标而奋斗。

国家意识形态是指一个国家用以立国的全部价值体系，它包括一个国家用以安身立命的政治思想理论体系和道德信仰体系两个方面，是一个国家全部合法性之所在。国家意识形态是在国家执政主体的政治选择过程中形成的。

国家意识形态安全是从整个国家意识形态的指导思想所面临的信仰危机和核心价值观念的整体性挑战来看的，既包括一般意义上的意识形态内容，即传统意义所谓的世界观，也包括反映在经济领域里的意识形态。也就是说，国家意识形态安全问题不仅包括一般的关于文化领域的问题，而且包括非文化领域的问题。

不同的国家在意识形态安全问题上所面临和遭遇的威胁是不一样的，这主要是由不同国家间的意识形态构成与意识形态信仰不同造成的。在当今世界，只要还存在资本主义与社会主义、资产阶级和无产阶级，那么两者在意识形态领域里的相互斗争就构成了互为安全威胁的关系。

意识形态工作是党的一项极端重要的工作，是为国家立心、为民族立魂的工作。意识形态决定文化前进方向和发展道路。意识形态关乎旗帜、关乎道路、关乎国家政治安全。这是我国意识形态工作的根本原则。坚持马克思主义在意识形态领域指导地位的根本制度，是我国意识形态安全的根本保证。

思考题

1. 什么是意识形态安全？怎样认识和理解意识形态安全的重要性？
2. 怎样认识我国所面临的国家意识形态安全风险与挑战？
3. 为什么说在中国意识形态工作是为国家立心、为民族立魂的工作？
4. 为什么要坚持马克思主义在意识形态领域指导地位的根本制度？

 **参考书目**

1．中共中央党史和文献研究院编．习近平关于总体国家安全观论述摘编[M]．北京：中央文献出版社，2018．

2．中共中央党史和文献研究院编．习近平关于社会主义文化建设论述摘编[M]．北京：中央文献出版社，2017．

3．童世骏．意识形态新论[M]．上海：上海人民出版社，2006．

4．胡惠林，胡霁荣．国家文化安全治理[M]．上海：上海人民出版社，2020．

5．巴拉达特．意识形态起源和影响[M]．10版．张慧芝，张露璐，译．北京：世界图书出版公司，2010．

第八章

文化经济安全

 **学习目标**

通过学习本章，应了解和掌握以下内容：

1. 文化经济安全分析的相关概念及其相互关系；
2. 文化经济安全的形成机制；
3. 竞争、发展与文化经济安全的关系；
4. 文化经济安全的主要领域及其相互关系。

 导言

文化经济安全是指一个文化经济实体在内外威胁，以及不可预见和难以预测的因素的作用下，以经济的形态表现和反映文化的生存与发展能力的状态。它是国家文化安全的经济基础。当文化产业作为文化的现代经济存在形态而得以发展的时候，国家文化安全的实现程度与一个国家的文化产业安全成正相关关系。一个国家的文化力量取决于一个国家的文化经济力量，因此，一个国家文化产业的综合竞争力与核心竞争力，作为国家文化经济的集中体现和命脉所在，对一个国家的文化安全至关重要。

第一节　文化经济安全分析的相关概念

文化经济安全是国家文化安全研究的新领域。它既是经济安全在文化安全领域的延伸，也因所指涉安全对象的不可替代性而形成一个单独的研究对象。这就涉及关于文化经济安全与经济安全相关性的一系列关联性概念，对这些概念及其相互关系的研究也就自然地成为文化经济安全分析与研究的基础。

一、经济主权与经济安全

主权是一个国家独立自主、当家做主的权力，这种权力从某种意义上说是国家与生俱来的，具有神圣不可侵犯性。国家主权的一切形态都是建立在这一基础上的，经济主权也是建立在这一基础上的。它既是国家主权的重要内容之一，也是国家主权在经济领域的存在和体现。比起国家主权，经济主权在法律意义上的确认经历了更长的历史过程。1952 年 1 月，联合国大会第六届会议通过了第 523（Ⅵ）号决议，即《关于经济发展与通商协定的决议》，首次承认各国享有对本国经济事务的自决权，经济主权原则初现端倪。1952 年 12 月，联合国大会第七届会议通过了第 626（Ⅶ）号决议，即《关于自由开发自然财富和自然资源的权利的决议》，明文规定："各国人民自由地利用和开发其自然财富和自然资源的权利，乃他们的主权所固有的一项内容。"1974 年 5 月，联合国大会第六届特别会议通过了第 3201（S-Ⅵ）号决议和第 3202（S-Ⅵ）号决议，即《建立国际经济新秩序宣言》和《建立国际经济新秩序行动纲领》。《建立国际经济新秩序宣言》明确指出："每一个国家对本国的自然资源以及一切经济活动拥有完整的、永久的主权。为了保护这些资源，各国有权采取适合本国情况的各种措施，对本国的资源及其开发事宜加以有效的控制管理，包括有权实行国有化或把所有权转移给本国国民。这是国家享有完整的永久主权的一种体现。任何国家都不应遭受经济、政治或其他任何形式的胁迫，阻挠它自由地、充分地行使这一不容剥夺的权力。"同时，进一步郑重宣布："一切遭受外国占领、异族殖民统治或种族隔离的国家、地区和民族，在它们所固有的自然资源以及其他一切资源受到盘剥榨取、严重损耗和毁损破坏时，有权要求物归原主，并向施加上述侵害的外国殖民主义者索取充分的赔偿。"这些文件的历史演进过程在不断地确立经济主权原则，从而通过这些原则的建立和完善，为世界各国和世界经济行为建立一个有法可依的经济秩序。虽然这些文件并没有专门提出"文化经济主权"和"文化经济主权原则"这样的政策性概念，但是这些文件对"一切经济活动"的表述，显而易见是包括"文化经济活动"的，也就是说，所有关于"经济主权原则"同样都是"文化经济主权原则"，而且同样"拥有完整的、永久的主权"。

《建立国际经济新秩序宣言》和《建立国际经济新秩序行动纲领》的通过在很大程度上是基于对那些"遭受外国占领、异族殖民统治或种族隔离的国家、地区和民族"经济主权和经济安全利益的维护和对"外国殖民主义者"侵犯这些国家经济主权安全的否定。因此，这两个文件就其本质而言，其实就是关于维护发展中国家经济主权安全的文件。文化经济主权是经济主权的重要内容，联合国关于经济主权安全原则的阐述当然也包含对文化经济主权安全的界定：每一个国家对本国的一切文化经济活动拥有完整的、永久的主权，这就是文化经济主权。正是由于每一个国家对本国一切文化经济活动拥有完整而永久的主权，才有文化市场准入制度的诞生。文化市场准入制度实际上就是在文化经济主权意义上的国家文化主权的体现。虽然随着世界贸易组织（WTO）等全球性经济体系的形成，出现了成员方经济主权在一定程度上的让渡，但是，国家经济主权对一个国家经济安全的重要性及其对于维护世界经济体系稳定性来说依然是不可动摇的安全基石。

文化经济具有政治属性。文化经济活动与一般意义上的经济活动，如农业经济、工业经济不同。文化经济活动是关于文化的意义和价值生产的活动，是人们的精神活动的经济行为和经济方式。由于人们的精神生产活动普遍涉及对过去和现时世界的评价，无论人的主观意图如何，这种评价都会涉及政治，要么与统治阶级的评价一致，要么与统治阶级的评价不一致，从而可能导致两种后果：前者得到统治阶级的褒奖，后者遭到统治阶级的打压。这种情形可能与社会的倾向性意见相一致，也可能与社会的主流意见相冲突，其结果也正好相反。欧洲新教革命与印刷业——印刷经济的关系就是一个典型案例，印刷经济直接成为资产阶级新教革命助推器的同时却将封建贵族送上了"断头台"。文化经济主权远比一般意义上的经济主权复杂得多。文化经济主权不仅涉及经济安全，而且涉及文化安全，而在政治意义上，文化安全往往又和政治安全密切相关。这就使得文化市场准入不仅包括一般经济主权安全的意义，而且包括文化安全的意义。另外，文化经济主权还包括对文化经济活动内容的审查。文化经济主权正是在这个意义上拥有经济主权所没有的主权原则。而正是在这一主权原则上造成了不同国家之间在文化市场准入问题上的安全冲突，即所谓言论自由如何在文化经济主权中得以实现？文化经济主权是否与言论自由构成主权安全冲突？这是在全球范围内文化经济发展存在的文化经济主权实现的矛盾与冲突：文化经济安全。

二、文化经济与文化经济安全（文化经济主权与文化经济安全）

文化经济是以经济方式和经济关系为载体，以文化，主要是以精神文化为灵魂的、以交换需求为目的的，人类社会发展及其文明形态的生命方式，兼有文化和经济的双重属性与特征。[①]人类社会的精神文化生产行为主要有两种：一种是物质性的；另一种是非物质性的。非物质性精神文化生产主要是以口传的方式，更多的是以口头语言、肢体语言、图像语言来表现，与人们的日常生活结合在一起，是人们日常生活的一部分。物质性精神文化生产行为有广义和狭义之分。就其广义而言，人的一切物质行为都是人的文化行为，包含人与自然的一切社会关系，农业文化遗产就是广义的物质性精神文化生产的代表。但是，物质性精神文化生产主要不是用来满足人们的精神文化表达需求（虽然它的一定的存在形态也有一定的旅游价值），因而并不属于现代意义上的文化经济范畴。现代意义上的文化经济范畴主要是指为了满足人们的精神文化表达需求而产生和生成的文化产品生产、供给和消费系统。因为只有这一部分内容既是国民经济行业构成的重要部分，具有鲜明的经济属性；又是文化内容生产的主要机器，具有文化的意识形态属性。人类社会的精神文化消费需求的满足主要就是由这一部分内容来实现的。因此，由这一部分对象构成的文化经济形态就现实地既联系着国民经济，又联系着国民精神，其安全程度才现实地构成了国家安全和国家文化安全的对象：文化经济安全。

文化经济安全包括个人文化经济安全（如著作权安全）、社会文化经济安全（文化企业）、国家文化经济安全以及国际文化经济安全。虽然个人文化经济安全和文化企业文化经济安全在文化经济安全整体中具有重要作用，应该成为文化经济安全研究的重要对象，特别是在一定程度上文化经济安全是通过文化企业的经济安全来实现的。当作为市场主体的文化企业处在经济不安全的状况时，一般来说，文化经济也是不安全的。但是，从国家文化安全的意义上说，我们所指的文化经济安全在现代世界体系条件下主要是指文化经济体安全，即国家层面的文化经济安全，因为在现代世界体系条件下，只有国家层面的文化经济安全才构成国家安全和国家文化安全的重要组成部分。以著作权安全为核心的知识产权安全虽然更多地涉及个人文化经济安全，但是，由于知识产权安全直接与一个国家和社会的创造性能力相联系，与国家安全能力相联系，因此，以著作权安全为核心的知识产权安全虽然

---

① 胡惠林. 文化经济学[M]. 2版. 北京：清华大学出版社，2014：3.

往往表现在个人文化经济安全方面，却直接与国家文化安全相关，成为国家文化经济安全和国家文化安全的重要内容，因而常常成为国家文化安全和文化经济安全斗争的重要领域。

三、经济安全与文化经济安全的关联性

经济是基础，是人类社会一切发展的条件与前提。基础不稳，地动山摇。经济安全是其他所有安全的物质基础与前提，没有经济安全，其他所有安全都是空中楼阁。因此，维护经济安全也就成为维护国家安全的基本。在某种程度上，人类社会迄今为止的所有安全行为都是围绕经济安全而展开的。因为只有经济才能为人类提供其维持物理性、生物性存在的必需品——物质食粮。经济安全在本质上就是人的物质必需品的安全，粮食安全正是在这个意义上构成了经济安全的核心。所谓"手中有粮，心中不慌"，"慌"即恐惧、感到不安全。"饥不择食"和"易子而食"都深刻地描绘了"食"之于人的生命存在的全部重要性。从这个意义上说，经济安全的本质要求就是人的基本物质生存需求的满足，其他的经济安全都是由此产生的。

"物"的自然供给造就了人的生活习俗和喜好，这种喜好以及由此而形成的偏好在长期的历史过程中会积淀成某种具有排他性的观念，即以此为参照而建立对"他者"行为的衡量标准。所谓"非我族类，其心必异"也许就起源于人们不同的生活习俗——吃什么和怎么吃、穿什么和怎么穿。如果说"吃什么和怎么吃"主要局限于物质层面的基于"物性"的选择的话，那么"穿什么和怎么穿"则鲜明地表现出人们的"精神性"选择。最早的人类关于"衣"的生产也许直接地成为"文化经济"的起源。恩格斯在《自然辩证法》中对于艺术起源于劳动的论证，把物质生产和精神生产直接地联系在了一起。艺术起源于劳动，文化经济起源于经济。在一般意义上的经济之外，人类社会之所以还要诞生文化经济，其原因就在于人是一种精神性存在的动物。艺术起源于劳动，劳动促成了人的大脑的演化和进化。基于朴素的自然辩证法，人类从穿衣御寒发展到穿衣遮体，从自然的生理性需求发展出社会的精神性需求。虽然人类在旧石器时期已经会生产工具，但直到新石器时期，人类才学会创造工具，创造一切自然所无法提供的生产资料和生活资料。文化经济行为就是在人们创造新的生活资料的进程中出现的。在这里，"衣服"作为一种符号，具有特别重要的意义。在一切"衣服"的生产以及一切"类衣服"的生产中，人们所体现和表达出的是一种把握自然的主体意识以及由这种主体意识而生成的主体性。正是这种意识和主体性重建了人的社会性，即"认同"。因此，文化的生产及其行为系统——文化经济，就其本质来说，就是关于人的自身的生产。由于这种生产将决定"我"和"我们"之所以是"我"和"我们"，因此对维系"我"和"我们"的"文化的生产"具有安全性和安全价值："我"和"我们"存在的合法性，并且这种合法性是可以通过"符号"而被确认和辨识的。正所谓"佛靠金装，人靠衣装"，衣服作为一种符号，建构了人们的社会关系和社会秩序，其中不仅有性别、有老幼，而且有层级和等级。于是，构成了"我们"的区别与"我们"存在的合法性之神圣不可侵犯。反之，任何这样的侵犯和威胁都将构成文化经济安全问题——由一种符号体系而建构的秩序与合法性。

经济安全的发生直接来源于人们的物质生存性威胁，而文化经济安全的发生要比经济

安全的发生晚得多，它主要来源于人们的文化性存在威胁。当文化成为人们最基本的生存性需求时，文化经济安全则是这种需求得以满足的保障机制。在现代，文化经济安全在一定程度上是因为"经济安全"的提出而被提出的。尤其是当文化经济更深入地介入一个国家的政治、经济、社会和文化生活，影响一个国家的政治、经济、社会和文化安全的时候，文化经济安全才被人们发现并被提上文化安全研究议程。

文化经济安全就其形态来说，既包括物质文化经济安全，也包括精神文化经济安全；既包括有形的文化经济安全，也包括无形的文化经济安全。不同的文化经济存在形态，其文化经济安全的构成方式和性质是不一样的。正是这种差异性，导致和造成了文化经济安全界定的差异性。文化经济安全威胁可分为直接威胁和间接威胁。所谓直接威胁，是指直接利用国家力量，以国家安全的名义对他国优势文化经济进行直接的市场封锁和技术断供，美国对 TikTok 的打压就是典型案例。所谓间接威胁，是指通过利用制定国际规则的优势，制定有利于自己而不利于他国的文化经济政策或文化经济制度，以此削弱他国文化经济的竞争力，实现对国际文化市场的垄断。一些国家的文化经济尚处在萌芽状态就被扼杀是这种间接威胁的直接后果。因此，世界贸易组织章程在相关条款中专门设有保护幼稚产业的内容，尤其对发展中国家的文化经济发展专门设有过渡期。

文化经济安全的表现方式存在复杂性。物质文化经济安全与有形文化经济安全有着高度的叠合性，其指涉对象主要集中于有形的、能够产生巨大的经济价值，同时是文化合法性重要物理存在的对象，如中国的长城、埃及的金字塔等。这些有形的物质文化经济形态不仅因其不可替代的资源唯一性价值而在当代人们的社会生活中创造了巨大的经济价值，而且作为一种文化符号形象，它们往往建构了一个国家和民族在世界上的精神识别标志，是一个国家和民族历史合法性存在最重要的文明物证。对这种由单一而特殊的标志性文化产品的任何毁灭性破坏，都构成了现实的文化经济安全问题。因为任何这样的破坏都会给它的特定对象的文化经济安全结构，以及由这种结构所构成的国家安全结构造成直接与间接叠加的复合性破坏，从而最终使一个国家丧失由物质文化经济而建构的精神文化安全屏障。

文化经济及其与现代国家文化建设与发展的关系，是影响国家文化安全状况的重要因素。文化经济活动安全是从文化生产能力安全发展而来的概念与范畴，二者有着高度的关联性。一方面，经济安全影响和决定着文化经济安全的运行轨迹，同时，文化经济安全以自己的方式影响经济安全的变动与结构。对于文化经济安全的研究，必须首先从研究它和经济安全的关联性入手。

四、文化经济安全与国家文化安全

文化经济安全是国家文化安全的基础，具有主导文化安全发展的作用。一个国家的文化力量取决于这个国家的文化经济力量。文化经济力量是一种能够为一个国家的文化发展提供文化生产力的力量形态。美国在 1998 年《国家安全战略报告》中就经济安全之于国家安全的重要战略作用专门指出："日益增长的、有弹性的和有技术潜力的经济对我们国家的安全是至关重要的。"[①]国家文化安全是一种不断发展的国家安全形态，由于文化经济在整

---

① 梅孜. 美国国家安全战略报告汇编[M]. 北京：时事出版社，1996：87.

个国家文化安全中具有不可替代的刚性作用，文化经济形态的发展程度以及能否在整个世界文化经济的发展中始终处于战略的前沿部位，直接构成和影响了一个国家文化安全能力在整个国际文化安全战略能力中的战略位置。在这个意义上，文化经济高地的占领与军事高地的占领具有同等的战略安全价值。中国紧紧抓住加入世界贸易组织的战略机遇，大力发展文化产业，以迅速提高和增强在文化经济领域的综合国力，就是为了通过大力发展文化产业这种现代文化经济形态的安全能力来提高中国的整体国家文化安全，弥补中国在国家文化安全能力构成上的文化经济短板。

文化经济实力是国家文化安全的保障。文化经济是关于一个国家综合文化生产与供给能力的综合性安全概念，它与一个国家的文化实力密切相关。衡量一个国家的文化实力可采用许多指标，文化生产能力和文化产品供给能力是两个核心指标。文化生产能力是指文化产品生产的组织与创造能力，标志着能够向社会和市场提供原创性文化产品的能力的大小和强弱。一般来说，具有组织大规模现代文化产品生产和创造的能力的国家，属于文化经济大国或强国，因为具有强大的文化产品的生产和组织能力意味着国家具有强大的精神文化供给力，而正是这种供给力影响着人们的精神文化消费选择，这种精神文化消费选择所表现出来的文化倾向性往往是一个国家文化安全系数的重要表征。一个在文化经济上具有强大的自我安全实现能力和保障能力的国家，其文化经济是安全的，正是这种安全为国家文化安全和国家政治安全提供了保障。相反，一个缺乏这种能力的国家，或者说这种能力比较弱的国家，则不仅难以有效保障自身文化经济的安全，而且无法为国家文化安全和国家政治安全提供保障。正是在这个意义上，国家文化经济安全是一个国家文化安全的基石。没有国家文化经济安全，就没有国家发展所需要的国家文化安全。

文化经济安全直接关系和影响一个国家文化安全的存在状况，因此，克服自身的脆弱性、提高自身文化经济的刚性是有效抵御外来文化经济威胁的根本选择。正是在这样的意义上，文化经济安全是国家文化安全的重要组成部分。作为一个国家的国民经济、文化发展水平和能力的综合体，它既是国家文化安全的重要保障，又是国家文化生产力的重要体现。文化经济安全的存在状况及其实现程度是衡量国家文化安全可实现性的重要指标。一个文化经济安全能力低下的国家，不可能具有强大的国家文化安全保障能力。文化经济安全是国家文化安全的命脉。

第二节 文化经济安全的形成机制

任何一种安全形态都有自身的形成机制，即特殊的形成经历。不同的文化安全形态的形成机制是不一样的。对这种形成机制的分析和研究是研究文化安全规律的重要前提和基础。文化经济安全是如何形成的？它是否存在同其他文化安全形态不一样的形成经历？这是文化经济安全研究需要回答的问题。

一、文化经济安全的双重属性

文化经济属于符号经济和精神经济范畴，是相对于物质经济而言的人类社会经济形态。

文化经济与一般经济的区别在于，一般的经济形态和经济行为体系主要是为了满足人的物质消费需求，而文化经济形态及其行为体系则主要是为了满足人的精神消费需求。虽然一般经济安全和文化经济安全的界定都是基于基本生存需要的满足，但前者侧重于物质，后者侧重于精神。

文化经济安全的双重性主要表现在两个方面：一方面是它对经济安全的影响，新冠疫情给文化产业造成安全重创，同时造成和加重了经济安全危机；另一方面是它对文化安全的影响，片面追求文化的经济效益而以牺牲社会效益为代价，导致和造成国家文化安全风险。这两个方面的影响都是通过文化经济的双重属性体现的。

在现代世界经济体系中，人类社会是由农业经济、工业经济和信息经济（也称后工业经济）这三大经济形态构成的。随着文明的演变和进化，社会财富的增长和自然资源消耗的不可持续性之间的矛盾，使得整个世界的经济结构不断地向后工业文明调整与转化。农业经济和工业经济占比不断下降，后工业经济在整个世界国民经济中的占比不断上升。财富的积累形态也从早期的土地，中期的石油、煤炭、钢铁等，向以互联网为主要形态而转移。以知识经济为核心的文化经济、以文化经济为核心的服务经济、以文化创意为核心的共享经济等正在成为世界经济体系的核心构成形态。社会正在从"互联网+"向"文化+"的态势发展。把大力发展文化产业、文化创意产业和创意产业等文化经济形态列为国家国民经济和社会发展战略，已经成为新的世界体系下的鲜明特征。文化经济的发展规模、发展质量，文化经济对其他经济形态的作用，正在深刻地影响国际经济体系的安全结构与安全走向。主要依赖于自然资源消耗的经济形态和经济体，随着整个人类社会对环境和气候提出的新要求以及新的替代性资源的出现，使得原来的市场结构快速萎缩导致不可持续的时候，经济安全的出现是以经济结构的不合理和缺乏竞争性而产生的。在这里，文化经济的占比以及它对于软化原有经济的刚性结构，增强其弹性结构的程度，对于克服与消解经济安全有着其他经济形态所不可替代的作用。2002年的《政府工作报告》中中国政府号召"大力发展文化产业和旅游业"，就是在谈到如何克服与化解经济结构的战略性调整所遭遇的体制性障碍和结构性矛盾——这一经济安全问题时才提出来的，因此就需要安全的文化经济。文化经济不安全势必给经济安全带来深刻的影响，加剧经济安全的脆弱性，从而威胁国家安全。

在现代世界体系条件下，国内经济安全在任何时候都是国际经济安全的体现。中国之所以在改革开放之初获得了超长的经济增长，正是由于刚好和国际经济结构的战略性调整不期而遇，周边各大经济体迅速地利用中国的改革开放向中国大陆转移并淘汰落后的经济产能，为其调整经济结构创造了空间转移条件。这种转移，在短期内帮助中国经济结构从计划经济向市场经济转型，同时也使得这些经济体摆脱与克服了一定程度上的经济安全问题。然而，当这些经济结构朝着文化经济转移的时候，当不发展文化经济将给中国经济发展带来和造成新的经济安全问题的时候，中国的经济结构的战略性调整也就不可避免了。中国在制定国民经济和社会发展"第十三个五年发展规划"中提出要实施"供给侧改革"，更深入地发展文化经济、创意经济等，在很大的程度上就是为了规避、克服和消解国家遭遇的经济安全问题。2015年出台的一系列发展文化产业、创意设计服务业的政策都是为这一国家安全战略服务的。

二、竞争、发展与文化经济安全困境

一个安全的文化经济体一定是一个充满活力和竞争力的文化经济体。"流水不腐，户枢不蠹"，一个缺乏竞争活力的文化经济体一定不是一个理想的、安全的文化经济体，要发展就必须有竞争。但是，发展是一种针对有限空间的扩张行为，同时这种扩张行为也是一种针对对象的竞争行为。这是实现自我文化经济体安全的重要动因，也是文化经济体安全活力和保障的一个来源。对一个文化经济体而言，无论其主观意图如何，其对自身安全的保障及其发展与扩张在客观上都构成了对"他者"的"安全威胁"。为了确保自身的文化经济安全利益不受侵犯，发展自身的文化经济实力自然地成为维护自己安全利益的战略选择。于是，二者的战略竞争便由此而轮番上演。犹如传统安全领域的"安全困境"一样，这样的竞争也同样构成了文化经济领域里的"安全困境"——文化经济安全困境。这一理论的核心是：当所有国家都在一个缺乏规制的环境里为寻求自己的优势而相互竞争时，采取措施预防这些风险又会导致与其他国家发生冲突的危险。这一结构性法则是实力—安全困境问题的中心。为了寻求自己的发展和安全，一个国家极易威胁到其他国家的发展和安全渴望。[1]这是不以人的意志为转移的，而是由市场竞争的内在动力机制所决定的。国际文化市场竞争就是具体形态之一。尤其是当世界仍旧处在无政府状态时，这一安全困境的客观性就不会改变。所谓"文化经济安全困境"，正是这一困境在文化经济安全领域的反映。

西方主流经济安全理论认为，资本主义是一种竞争体系，其活力依赖于市场上的各种威胁、脆弱性、机遇的相互作用。当竞争意味着失败的危险无处不在时，居于此环境中的任一经济行为体只能拥有相对安全而非绝对安全。资本主义经济体制运转的前提就在于在生产竞争中塑造市场主体。因此，竞争性资本主义的基石就在于其内部的所有行为主体（个人、公司、国家）永远处在相当程度的不安全状态之中，这就使得所谓资本主义体制下的"经济安全"的说法成为一个悖论：没有一定程度的不安全，这个体制无法运转。[2]这一悖论也是造成现代世界文化经济安全问题的重要原因。当今的世界经贸体系还是资本主义主导下的体系构成，因此资本主义经济体系本身固有的矛盾必然导致某些重要的体系性安全后果。[3]文化经济安全困境就是这一体系性安全后果的表现形态。任何属于这一体系的文化经济体都会受到这一安全运动规律的影响和制约。一方的行动导致另一方的不安，遂采取激化紧张局势的行动，而且多方博弈，虽然文化经济安全并不完全像军事安全竞争出现明显的"安全困境"，但是，围绕对价值观的竞争所带来和导致的文化经济安全领域里的安全困境，正在以文化的方式在国际文化经济关系中激烈展开。

因此，在一个无政府主义状态下的国际经济体系中维护正常的文化经济安全秩序一直是国际社会在寻求解决经济安全发展的同时，寻求建立一个既具有充分的竞争能力，又能够确保各国文化经济的安全发展，以促进整个人类社会不同文化的多元发展共同目标。

硬力量和软力量相互作用并相互加强。相较于中国文化崛起的硬力量的提升和受重视程度，软力量可能成为中国文化振兴过程中被忽视的重要内容，而这部分内容才是最容易

---

① 布赞. 人、国家与恐惧：后冷战时代的国际安全研究议程[M]. 北京：中央编译出版社，2009：284.

② 同①：233.

③ 同①：233.

构成国家文化安全问题的。因此，在中国文化振兴的大战略中，应当形成硬力量和软力量平衡协调发展的总体框架。青年一代的价值观具有世界性，在未来中国的整体发展进程中，中国与外部世界的文化摩擦有可能集中表现在这一代人身上，他们也是推动中国内部变革的重要力量。因此，应当把青年一代的精神状态变化看作中国社会整体变化的组成部分，是对中国软力量建设具有战略意义的重要组成部分。我们的决策层和舆论必须高度重视精神产品的质量和文化氛围的培养对于青年一代价值观形成的全部重要性，把软力量建设置于国家整体战略的高度加以重点发展，并形成和制定具有中国文化思维特点的"创意规划"。

"一个国家的国家潜力取决于该国现有的政治、经济和军事能力的总量、相关性、效果、不可抵抗性和持久性，取决于可用于加强和扩大这些能力的人力、自然资源的数量和质量"，[1]更取决于该国的文化能力。以美国为首的西方国家集团控制了当今世界几乎所有的软力量资源，如自由、平等、民主、人权等。不仅如此，它们还以此为手段不断攻击中国的人权状况，用已经拥有的软力量资源打击中国软力量的建设，即"妖魔化"中国的国际形象，并通过这种"妖魔化"打压中国的生存与发展空间，进而消解中国国家潜力的增长，实现其永久称霸世界的目的。中国当然也要发展这些方面的软力量，并在发展中丰富中国对这些内容的理解，在现代国际较量中建设足够大的软力量平台。但在很长的一段时间里，这些尚不能成为中国的主导因素。在今天和今后相当长的一段时间内，中国都应当把国家制度建设、民族文化精神重铸、新的社会伦理培养和国家信仰体系作为中国文化力量养成的主导因素和主导政策，并以此建立中国的软力量。没有软力量，中国就不能成为大国。中国的和平崛起不仅仅是一个概念问题，更是一个实践问题。以美国为首的大国中，围堵中国的声音不断，一旦条件出现，它们就会对中国进行围堵。而文化力量是中国冲破其他大国围堵的最强大、最有效的力量。文化力量是一国激发他国仿效、钦佩其成就和使用其语言的吸引力，它是为国家的政治、经济、军事力量增添分量的力量。[2]思想文化的扩张是任何力量都阻挡不住的，只要中国文化经济、文化产业是世界文化经济体系的一部分，就没有国家能够围堵中国文化和阻挡中国文化力量的增长。

抛弃传统安全理论中的零和思维，倡导共同推进"你中有我、我中有你"的人类命运共同体，正在成为中国试图破解国际安全困境，推动人类社会共赢时代建设的新国家安全观。这一新国家安全观对于克服文化经济安全困境、实现人类文明共享具有重大战略价值。

三、文化经济的安全程度

文化经济的安全程度取决于文化经济发展的平衡程度。一般来说，处在文化经济整体相对落后的地区，文化经济安全系数较低，安全的脆弱性较高，抵御外来文化经济安全威胁的能力较弱；处在文化经济整体较为先进的地区，文化经济安全系数较高，安全的脆弱性较低，具有较强的抵御外来文化经济安全威胁的能力。因此，一般来说，对一个文化经济体而言，其在全球或现代世界体系中的位置决定了它在全球文化经济体系中的安全程度。在这里，沃勒斯坦关于现代世界体系的"中心—边缘"结构图，为我们提供了一个关于文化经济安全程度的分析工具。

---

① 傅立民. 论实力：治国方略与外交艺术[M]. 北京：清华大学出版社，2004：15.

② 同①：13.

根据沃勒斯坦的现代世界体系理论，现代世界是由中心国家、边缘国家和半边缘国家组成的"圈层结构"：中心国家处在圆心中央，边缘国家处在这个圆的最外层，处在二者之间的属于半边缘国家。这是一个以国家综合实力以及发展的现代化水平为依据建立的现代世界体系结构图。[①]

在这个圈层结构中，中心国家由于综合实力和现代化发展水平都领先于其他国家，处在世界经济发展的前列，拥有其他国家所没有的全球经济发展的定价权，因而在世界经济行为中占有垄断地位。这样的国家主要是指西方发达的资本主义国家。由于这些国家同时是现代文化经济的发达国家，在工业革命之后，这些国家以现代文化产业为核心的文化经济发展一直领先于世界其他国家，现代世界文化市场交易体系中的许多制度也是由这些国家和国家集团制定的，因而这些国家文化经济的安全程度较高，这也是文化霸权主义形成的重要原因。边缘国家主要是指最不发达国家。这些国家不仅缺乏比较完善的现代国民经济体系，而且没有基本的文化经济体系。绝大多数边缘国家的文化经济形态尚处在工业革命前的半原始状态。这些国家仅有的现代文化经济绝大多数被控制在外来的大国文化经济集团手中。这些国家的文化经济非常脆弱，通常需要联合国等国际组织通过制定明确的具有约束力的法律文件对其实施文化安全保护。半边缘国家处在二者之间，是现代世界体系构成中空间最广大的，也是影响世界文化经济安全格局演化运动的主要力量。这些国家一般拥有一定程度的现代民族文化经济，但是其自身的文化经济体系还发育得很不完善，处在一个从传统的文化经济形态向现代的文化经济形态转型的过程当中。因此，其文化经济的安全程度与其整体文化经济体系的结构完善程度密切相关，如在文化产业发展方面，有的文化产业可能已经具有参与世界文化市场竞争的能力，那么由这一部分构成的文化经济的安全程度往往就比较高；相反，如果文化产业缺乏参与世界文化市场竞争的能力，或者说在整个世界文化市场中占有的份额可以忽略不计，那么由这一部分文化产业构成的文化经济的安全程度就较低。相比边缘国家而言，半边缘国家由于具有较大的市场优势和竞争潜力，往往成为中心国家在文化经济竞争中的主要对手，构成半边缘国家文化经济安全风险和威胁的主要来源。

但是，这一圈层结构并不是固定不变的，处在半边缘和边缘地带的国家具有朝中心地带流动的发展趋势，这一发展趋势带动了圈层结构的变动，构成了由此而出现的文化经济安全的结构化变动。尼日利亚是一个地处西非东南部的发展中国家，虽然在人口规模上属于非洲第一大国，但其2014年人均GDP只有3185美元。然而，近几年来被称为"诺莱坞"的尼日利亚电影产业却有了长足发展。据美国国际贸易委员会在2014年发布的一份报告显示，尼日利亚电影业有100万从业人员（仅次于农业），每年会为国民经济贡献6亿美元。而2002年时，尼日利亚电影业的产量只有400部，收入也仅有4500万美元。如今，"诺莱坞"一年的电影产量约为2500部，是仅次于印度宝莱坞的第二大电影产地。在非洲人的电视屏幕上，"诺莱坞"的电影已经取代美国、印度和中国的电影。[②]也许"诺莱坞"还未取得全球性影响，但是，正如刚果民主共和国卢本巴希大学语言学专家卡楚瓦·恩戈洛马所说："不管是欧洲人还是美国人——无法像非洲人那样欣赏诺莱坞的电影。但是，非洲人，

① 沃勒斯坦. 现代世界体系[M]. 郭芳，夏继果，顾宁，译. 北京：社会科学文献出版社，2013.
② "诺莱坞"电影风靡非洲大陆[N]. 参考消息，2016-02-23.

无论贫富贵贱，都会从这些电影里以某种方式看到自己的影子。"①这对一个在整体文化经济上尚处于边缘地带的非洲国家而言，就具有重构世界电影版图的巨大战略价值。也就是说，仅仅在这一点上，尼日利亚的"诺莱坞"已不再处在边缘地带，相反正成为中心的有力挑战者而威胁到原有中心的安全结构。把"诺莱坞"电影翻译成刚果民主共和国当地语言尼加拉语的配音演员特勒索巴卡表示，"诺莱坞"电影受欢迎是因为"尼日利亚成功地把现代化和他们古老的历史、文化和传统融为一体"。②这对于中国电影仅仅把保有50%的票房占有率作为安全的底线策略来说，是具有深刻的战略启示性的，即什么才是真正的中国文化经济的安全底线。在分析中国和印度电影为何无缘奥斯卡奖时，美国媒体发表的一篇文章或许提供了一种思考的视角："印度和中国生产的影片难以获得奥斯卡评委会的关注。因为两国度拥有巨大的、相对封闭的市场，所以制片人更倾向于出品针对本土观众的无须迎合国外市场的大众化电影。"③如何把本土化和国际化相结合也许是中国电影在全球文化经济圈层结构中跨越不利地位的关键。

第三节　文化经济安全的主要领域

文化经济安全是现代历史条件下重要的国家文化形态和国家文化安全形态。文化产业作为现代文化生产和传播的载体，不仅一般地改变了人类社会的生产力结构，而且深刻地改变了人们的精神存在方式，改变了整个现代社会精神世界的空间结构，具有物质性创造所不具有的深刻解构和建构人与社会一切文化关系的无形力量。正是这种力量改变了国家间文化和精神空间的原有格局，影响和改变了人、社会与国家发展的走向与秩序建构，从而使得文化市场在整个文化经济安全形态构成中具有屏障性，这就是文化市场准入；而作为文化经济命脉的文化资本安全在现代文化经济安全形势下具有前所未有的战略性。文化产业安全、文化市场安全和文化资本安全乃当代文化经济安全的三大主要领域。

一、文化产业安全

文化产业是一种文化生产力形态，是现代文化经济的核心形态。文化产业是一个国家的文化生产系统和社会的精神表达系统。在中国，文化产业既是社会主义核心价值观建设的重要载体和实现方式，也是优秀传统文化的重要传承工具和机制，是维护中国国家文化安全的重要战略屏障和基础。没有发达、繁荣和安全的文化产业，就没有稳定、可持续发展的国家文化安全。

---

① "诺莱坞"电影风靡非洲大陆[N]. 参考消息，2016-02-23. 据美国《纽约时报》网站报道：在2002年，诺莱坞的电影还只能叫作尼日利亚家庭录像，是靠卖录像带流行起来的。但现在，在卫星和有线电视频道，以及iRokoTV等流媒体服务平台上，均能看到诺莱坞影片。2012年，由于诺莱坞电影在非洲法语区大受欢迎，一个名叫"诺莱坞电视"的卫星频道开始全天播放法语配音的电影。如今，在刚果民主共和国的首都金沙萨，诺莱坞全面影响着当地主流文化。

② "诺莱坞"电影风靡非洲大陆[N]. 参考消息，2016-02-23.

③ 美国《福布斯》双周刊网站2015年2月23日：为什么印度或中国电影得不了奥斯卡奖？转引自：中印电影为何无缘奥斯卡奖[N]. 参考消息，2016-02-25.

作为一种社会生产力的形态和机制，文化产业古已有之。文化产业安全对于国家文化安全的重要性也早已被人们发现。古代人类社会就已经出现对文化产品的审查制度，这实际上就是对文化产业安全的一种间接管制，因违反国家法律生产和传播文化产品而被处以极刑则是对文化产业安全的一种直接管制。在处于所谓"轴心时代"的古代中国与古罗马时期，文化产品审查制度的出现与形成代表了人类文明早期的文化产业安全意识：建立和掌握治理国家的话语解释权，维护国家和城邦的安全利益。这种安全利益是通过对文化产品的生产安全来实现的。

1. 文化产业具有国际意识形态安全属性

文化产业安全是在人类社会发展进入全面变革和转型的大变革时期后被提出来的，是为克服和解决在经济结构的战略性调整和转型过程中遭遇到的结构性矛盾和体制性障碍，重建世界经贸秩序而提出来的，是在冷战结束后国际文化战略安全格局出现"历史的终结"和"文明的冲突"等一系列新的国际文化安全危机这一背景下提出来的。也就是说，发展文化产业这一国家战略决策是为服务一系列国家战略需求而提出来的，是为克服与解决国家危机而提出来的。从这个意义上说，发展文化产业具有治理国家文化安全危机的性质。

20世纪80年代以来，国际社会经历了一个从不提文化产业到肯定文化产业，再到大力发展和加快发展文化产业的政策演变过程。这不仅是国际社会对文化产业态度与认识及其政策的一般性演变，而且是国家文化安全治理从传统文化安全治理向非传统文化安全治理转变的一次深刻变革：文化产业具有国家意识形态安全属性。

不提文化产业是着眼于国家意识形态安全的战略需求，提出发展文化产业还是着眼于国家意识形态安全的战略需求，在这个过程中发生了一些变化：一方面，国家意识形态安全的环境和形势已经发生了深刻的变化，经济全球化造成的全球市场一体化不仅改变了全球物质商品生产与流通的生态格局，而且改变了全球文化商品生产与流通的生态格局。尤其是现代科学技术更加深入地介入了文化生产手段和传播手段的革命化和现代化，使得原有的封闭式文化商品生产、流通与消费趋于消亡。当不能采用新的现代文化生产手段与传播手段便不能有效地维护国家意识形态安全的时候，文化生产与传播手段的变革便成为维护国家意识形态安全所必须完成的革命。文化产业在全球迅速成长为国际文化战略和国家文化安全战略，正是在这个意义上成为正在发生的深刻的文化全球化和全球化的文化安全治理革命。另一方面，经济全球化的迅速发展在给人类社会带来巨大的财富增值的时候，也造成了资源紧张和环境持续恶化，引发全球经济危机。可持续发展战略命题的提出具有普遍的安全价值，凸显了人类社会普遍的关怀。转变经济发展方式和经济增长方式也就自然地成为经济全球化发展的另一重要命题。寻求人类社会发展的新的文明发展方式和生活方式、转变人类财富的增长方式也就成为人类社会共同追求的目标。文化产业被认为是最能体现这一价值追求的实现方式。于是，文化产业在社会发展的层面上和全球化治理的层面上便超越了法兰克福学派作为社会批判理论的"文化工业论"（实际上法兰克福学派对"文化工业"的批判就是基于对"艺术经典"的安全考量），转而成为用以克服和解决经济和社会发展问题的治理工具和治理手段。英国政府提出发展并实施"创意产业战略"，新加坡政府提出"文艺复兴新加坡战略"，日本和韩国提出"文化立国战略"，欧盟发布"欧盟文化战略"等，这些都表明文化产业从社会批判的价值理性发展成为社会建构的工具理性。在以阶级斗争界定意识形态安全依然存在的情况下，新的全球意识及由此而形成的意识形态不仅形成了新意识形态，而且形成了新意识形态安全。文化产业正是在这个意义上成为新意识形态安全最重要的形式。国家文化安全从狭义的意识形态安全走向广义的国家文化治理安全。

2. 文化产业安全来源于文化产品的安全性需求

文化产业及其所生产的文化产品是人类生产的物品中，除粮食之外唯一的生存必需品。文化产业的安全属性是由文化产业所生产和提供的文化产品的功能性属性规定的。文化产业是人类精神文化创造的重要表达方式与载体，然而，文化产业，尤其是主体性文化产业是以文化产品作为其存在方式与表现形态的。没有文化产品就没有文化产业。文化产业及其所生产的文化产品既是人类艺术与精神的把握世界的方式，也是艺术和精神的阐释自我、表达自我和解放自我的方式，是人的存在方式。正因为有了这种方式，人类社会才得以运用这一文明形态（相对于科学技术）在不断地克服自我、超越自我中发展演化。没有文化产品的创造性生产，人类社会就没有艺术和精神的把握世界的方式，在遭遇经济危机时，人类社会就没有能够获得精神慰藉的空间。而没有这种原创产品的规模化生产，就无法使人类成为精神领域里的共同体。正是在这个意义上，文化产品成为人类社会共有的、须臾不可缺少的精神食粮，而文化产业正是生产和提供这一精神食粮的"工作母机"。物质产品消费和精神产品消费构成了人类社会最基本的两大必需消费。在现代社会生活中，文化产品就像粮食、空气与水一样，是人们须臾不可缺少的物品。特别是在处在危机中的人们需要得到某种精神慰藉的时候，文化产品带给人们心灵上的慰藉和满足是其他任何物质产品都无法比拟的。而这也正是我们今天给予文化产业发展以高度评价的重要原因。这就提出了一个产品的安全性问题，由此而衍生出文化产品生产、文化产品生产系统——文化产业安全问题。

某种物品一旦成为人们日常生活的必需品，不管这是一种什么样的物品，都会被赋予一种责任，一种对所有人以及由这样一些人所共同组成的社会的存在与发展的责任，这就是安全责任。一切为了人、属人生产的物品都有它的安全责任。只要这种物品是提供给人们消费的，无论这种消费是物质消费还是精神消费，它都必须有益、有助于人的生存与发展，并且是健康的生存与发展。因此，凡是有害于人类社会这一整体性消费需求的物品都将被置于被禁止之列，无论这一物品是物质性的还是精神性的。卫生检疫和文化检疫在这里没有本质上的区别。无论是作为公民还是作为社会组织，都必须自觉地承担这一安全责任。"安全"是一种"公共产品"，因此，这一安全责任作为一种"公品"也就内嵌于一切文化产品的生产之中。这一安全责任不是针对某个人，而是针对整个国家和社会的，因此这一责任属于"公共责任"。通过制度性设计与强制性行政手段来确保这一原则的实施就是政府提供的"公共产品"——安全。这就是既要对一切危害人类健康、有害于人类社会生存与发展的物质产品的生产和销售进行管制，也要对一切危害人类精神健康、有害于人类社会生存发展的精神产品的生产和销售进行管制的重要原因。这就是人们可以在物质产品消费上要求无论是私人物品生产者和提供商，还是公共物品生产者和提供商，都必须确保产品的消费安全的重要原因（如食品安全）；这也是人们在精神产品消费上同样要求无论是私人物品生产者和提供商，还是公共物品生产者和提供商，都必须确保文化产品消费安全的重要原因。如果说在文化领域里，公共文化物品属于公共文化产品，而公共文化产品主要由政府来提供，属于公益性文化事业的话，那么，作为经营性文化产业所提供的主要是私人文化物品。私人文化物品属于非公共文化产品，而非公共文化产品则主要由文化企业通过市场来提供，这在中国被界定为"经营性文化产业"。无论是公共文化物品还是私人文化物品，都必须在满足人们物质与精神消费的同时确保人们的消费安全，这就自然地生成了两种不同性质的物品所共有的公共责任。这是由文化的公共性决定的。文化的生产可以表现为公共生产和非公共生产，但是，文化的公共性决定了无论是哪一种生产，都应当是这种公共性的自然体现。因此，文化产业的公共责任不是外在于文化产业的某种力量形态或者强加于文化产业的意识形态，而是由文化内生于文化产业本体的规定，生成于文化产品作为人类生存的必需品的质的规定之中。

作为人类社会生存的必需品，文化产品所建构的精神营养体系直接地影响到消费对象的主体精神建构和文化认同与否，因此，必然衍生和导致它的第二属性的自然生成，即安全性——文化的安全性。这是由文化产品所具有的准公共性所决定的。文化产业的"公共性"并不体现在它的行业的一般产业经济学分类上，而是体现在作为一个整体，它所提供给社会的文化消费品的内容成分上，以及消费者对文化消费品所应当提供的公共价值的诉求上。正如消费者对所有食品的消费需求一样，安全性需求是除生存性需求之外所有需求中最核心的。文化生存是人的生存性安全的重要表征，因此，文化产品的安全系数就成为衡量是否构成人的生存性威胁的重要尺度。因为安全问题会直接影响生存需求的实现与实现程度。文化产品的安全性是由生产该产品的文化生产系统决定的，因此，提供和维护每个人的文化安全也就自然地构成了文化产业安全责任的又一项重要内容。

文化产业的内容生产具有从根本上动摇一个国家的价值观生产能力和意识形态传播与控制能力，因此，通过重建国际文化市场交易规则，倒逼一个主权国家的文化产业体系改革，进而通过控制一个国家的文化产业来控制这个国家的整个精神文化生产体系，从而实现通过精神文化的生产体系控制一个国家的政治进程、改变一个国家的政治性质就成为一个国家文化产业安全的重要来源，从而使大力发展文化产业具有维护国家文化安全的重要战略价值。同时，正是在这个意义上，文化产业成为现代国际较量中重要的力量形态之一。

3. 文化内容与渠道安全是文化产业安全的关键

文化产业安全的核心是内容生产与传播安全，这两个方面的安全状况决定了整个文化产业的安全系数。

文化产业形态有两种：一种是主体性文化产业；另一种是辅助性文化产业。所谓主体性文化产业，是指那些直接从事文化产品内容生产与传播的文化产业部门。例如，广播电视、新闻出版、电影、表演与演出等的内容生产与传播。所谓辅助性文化产业，是指为文化产品的内容生产与传播提供装备和技术服务的文化产业部门。例如，电影器材和无线电器材制造业、乐器制造业以及计算机设备制造业等。构成文化产业安全的主要是主体性文化产业，但是辅助性文化产业对前者的安全保障具有不可替代性，这就是传输渠道安全。没有足够的安全手段的技术保障系统，也会造成内容传输无法实现，进而构成另一种意义上的文化产业安全，即文化产业不可实现安全。

大力推动内容产业的发展是文化产业发达国家的核心安全战略。所谓内容产业，即旨在开发、包装和销售信息产品及其服务的产业，网络游戏、手机短信和手机屏幕图像、铃声等都是其中的一部分。世界各国都非常重视推进信息内容产业的发展。内容产业始于文化产业而终于信息产业，横跨多个部门，二者在行业管理、运作方式、商业模式和企业文化上存在巨大差别。目前，文化和信息两大部门对内容产业认识上的分歧，致使已经形成的产业链存在着严重的利益分配不均，造成我国在内容产业资源不少，甚至技术也不是阻挠问题的情况下，无法形成强大的市场竞争力。不能用传统的思路来解决内容产业发展过程中所出现的问题，应由政府出面调整相关政策和协调相关部门。以建立产业链的思路来支持信息产业的发展，研究制定支持产业链纵向贯通或横向整合的政策，合理调整利益分配。我们说大量文化内容产品出口的基本前提是强大的国内文化产品的生产能力，这种能力不是一般地体现在文化的技术装备上，而是体现在内容生产的能力上。由于文化产品的生产和出口水平与相对较低的文化产品的进口水平之间存在着密切的联系，一个国家的文化产业安全与这个国家的文化产品的生产与进出口数量比之间存在着对应性关系，因此，一个国家的文化产品的生产能力和出口水平的高低与一个国家的文化产业安全，进而与一个国家的文化安全度之间成正比例关系。正如英国政治与社会学教授戴维·赫尔德所揭示的那样："国家电影方面统计的详细程度与国家政府对其电影业的全球化、国内电影生产的缩减以及由此带来的可见的经济和文化威胁的担心程度是直接相关的。"[①]美国之所以从不在安全领域特别地提及国家文化安全，这同美国长期以来在电影、电视产品方面保持极低的进口水平和相当高的出口水平有着必然的关系。[②]对于中国这样一个大国来讲，不能设想没有强大的文化产业安全而国家的文化安全是有保障的。今天的中国正在为昔日的中国支付文化的成本，未来的中国是否能不为今天的中国支付文化成本，甚至享有今天的中国留下的可以引以为自豪的、为世人所羡慕和向往的文化遗产，这取决于未来中国的国家文化安全实现程度。因此，要正确判断和认识中国实施"文化走出去"战略的方法和效果。在现在以及今后相当长的一段时间内，实施国家文化产业战略都应该是中国和平崛起战略的一个重要组成部分。没有一个强大的文化产业，中国的和平崛起就缺少所需要的文化力量的支撑。

辅助性文化产业的安全并不是不重要的，尤其是对作为内容传播手段的技术和内容生产的工具的掌握，会影响到文化产业的整体性安全。这是因为任何一种技术被应用于文化产业的时候，都已经在很大程度上嵌入了人的存在这个大前提。互联网进入中国，进入的不仅仅是技术，还进入了与这种技术相关联的秩序、制度、政策和文化，并且会对原有的文化产业的产品生产秩序和传播秩序带来和造成一定的"威胁性"影响。这种"威胁性"影响对于传统文化产业形态而言是一种"生存性威胁"，因此，对于一个国家的文化经济体而言，当不掌握新的文化生产和传播技术便不能有效地维护国家文化产业、文化经济安全和国家文化安全的时候，掌握、拥有和发展互联网文化产业就具有重要的国家文化产业安全价值。任何一个主体在使用技术以达到自身目的的时候，都被胁迫接受、承认和适应其

---

① 赫尔德，麦克格鲁，戈尔德布莱特，等. 全球大变革：全球化时代的政治、经济与文化[M]. 杨雪冬，周红云，陈家刚，等译. 北京：社会科学文献出版社，2001：495.

② 注：1973 年，美国主要电视网的进口量只占总量的1%，而在 10 年后，这个比例上升至 2%；20 世纪 70 年代早期美国每年的电视产品出口量约为 15 万小时。资料来源：赫尔德，麦克格鲁，戈尔德布莱特，等. 全球大变革：全球化时代的政治、经济与文化[M]. 杨雪冬，周红云，陈家刚，等译. 北京：社会科学文献出版社，2001：502.

观念、逻辑和文化，如此技术才能满足主体的要求。在这里，正是技术和人的一体化建构了技术与安全的内置性。美国政府之所以在这一安全领域里特别强调"互联网自由"，就是要充分地利用美国在这一领域里的技术优势而获得在中国的网络文化产业霸权，这就构成了对中国文化产业安全的威胁。"谷歌事件"就是这一安全战略博弈的典型案例。众所周知的所谓"网络后门"和"源代码"博弈，其背后都是关于国家安全和国家文化安全的竞争。在这里，核心技术拥有的技术主权程度直接威胁一个国家文化产业安全的核心。

二、文化市场安全

文化市场是人们精神交往的空间形态与存在方式，是文化经济最主要的存在方式，在文化资源配置中起重要作用。它也是文化传播与流通的重要形态，在文化安全领域里是最具有国家文化主权意义的。要影响一国的主流意识形态，就必须首先进入一国的主流文化市场，而文化市场准入作为一项制度安排和普遍性原则，也正是在这个意义上才具有特别重要的文化安全意义。不同的国家有不同的国家文化利益、意识形态和价值观，为维护和捍卫本国的文化利益、意识形态和价值观，不同的国家都规定了不同的文化市场准入制度。因此，在中美关于中国入世的谈判中，文化市场准入成为焦点，由此也可以看出文化市场问题在双方心目中的地位以及在外交上的权重。从这个意义上说，文化市场不仅是文化商品的流通形态和资源配置方式，还是国家文化制度、国家文化主权的延伸形态。

文化已经成为国际政治、经济和军事斗争之外又一重要的外交领域，关于文化市场准入和国际文化贸易规则与自由化的问题，深刻影响着世界文化产业利益格局的变动和国际文化新秩序的建立；争夺世界文化战略资源的斗争已经并将表现得日益激烈，标准、规则、人才成为最主要的战略资源；经济全球化与世界文化多样性要求之间的矛盾和冲突进一步加剧，弱势文化的极端边缘化和极端贫困化将导致世界文化发展的不安全因素进一步增大，世界文化市场将出现被少数文化产业强国垄断的局面，从而深刻地影响着世界文化市场的安全。

文化市场具有多重属性：一是具有经济性，这是文化产品实现价值的重要机制。没有文化市场，文化产品价值就无从实现。二是具有意识形态性，这是文化价值观念传播与塑造人们的真善美等价值观念的重要机制。没有文化市场，对人们的真善美等价值观念的塑造就无从实现。正是在这个意义上，文化市场准入制度、政策和机制的建立在本质上都是关于文化和意识形态价值观传播与塑造的社会规范的建立。通过这样的建立，可实现对本国文化价值观念和国家意识形态的维护。唯一的区别体现在内容和形式上。所以，文化市场安全既是国家经济和文化经济安全的一部分，也是国家文化安全和意识形态安全的重要组成部分。2020 年 TikTok 在美国市场遭遇打压，特朗普给出的理由就是"TikTok 威胁了美国国家安全"。而 TikTok 只不过是一个以短视频为呈现方式的大众音乐娱乐社区平台，美国之所以认为它"威胁了美国国家安全"，完全是因为 TikTok 的母公司北京字节跳动网络技术有限公司的中国身份和中国属性。在这里，文化市场占有率具有了国家安全属性和国家文化安全特征。

1. 文化市场安全构成的主要形态

文化市场安全是一个国家文化主权安全的重要组成部分。市场准入制度本质上就是一个国家市场主权权力的在制度上的体现。严格意义上说，未经许可，任何一个国家的文化产品都不能进入另一个国家的文化市场。文化市场不仅作为一般的普遍的商品市场具有交换价值，是商品交换的空间，事关国家经济安全；由于文化市场交换的文化产品具有意识形态性，是影响一个国家文化传统、精神信仰和意识形态最主要的渠道，具有战略安全性，因而也是一些国家用以渗透和颠覆他国政权的主要武器。这是构成国家文化市场安全的主要来源。正因为如此，在《服务贸易总协定》条款的谈判中，加拿大和法国政府坚持文化例外的主张，即不把包括电影等视听产品在内的文化贸易纳入《服务贸易总协定》范畴的重要原因。尤其是在一个国家文化产业总体规模还比较弱小、总体竞争能力不强的情况下，实行文化市场准入制度和实行文化产业保护也就自然地成为维护国家文化安全的重要选择。随着现代科学技术的发展，互联网更加深入地进入人们精神生活的各个方面和各个领域，利用互联网生产和传播网络文化产品日益成为继电影、音乐唱片、动画片之后影响和规模最大的文化市场，构成了世界文化市场安全最主要的形态。

全球化背景下的本土文化市场安全是一个普遍性安全议题。在一个开放性的多变文化经贸体制条件下，文化市场安全具有普遍性，即对一个文化经济体的文化市场构成的安全威胁，对其他文化经济体的文化市场安全威胁也同样存在。有所区别的是导致和造成文化市场安全领域也许不一样。对一个国家文化市场安全领域构成的威胁，未必同时构成对另一个国家文化市场同样的安全威胁。例如，法国政府在电影领域建有严格的市场配额和安全审查制度，长期以来一直视美国的好莱坞是对法国电影产业和市场的最大威胁，但美国并不同样视法国电影为对美国文化市场的安全威胁，尽管美国在历史上也曾经对法国电影实施严格的配额制。配额制实际上就是为保护文化市场而设置的一种文化市场安全制度，为世界上绝大多数国家和地区所奉行。

2. 文化公害：非法出版与淫秽色情

影响文化市场安全的一个突出问题就是由"非法出版"和"淫秽色情"而形成的文化公害。非法出版物包括两个方面的内容：一是侵权盗版，危害他人著作权安全，从而导致个人、社会和国家整体文化安全利益受损，其恶劣后果在于会严重削弱一个国家和社会的文化创造性能力，从而使国家在根本上失去防卫国家文化安全的能力；二是煽动颠覆国家和传播恐怖主义等直接危害和威胁国家安全。虽然后者在具体定义上存在不同国家的意义分歧，但是就一般的国家安全意义而言，后者也是世界上绝大多数国家的法律严格禁止的。

2021 年 9 月 16 日，全国"扫黄打非"办公室对外公布"护苗 2021"专项行动进展情况及第二批 9 个典型案例。据统计，2021 年 1 至 8 月，全国累计查缴非法有害少儿出版物 109 万余件、盗版教材教辅 172 万余件；查删处置淫秽色情、低俗恶俗等有害不良信息 3000 余万条。

各地"扫黄打非"部门高度重视"护苗"案件线索收集、研判、核查和处置。北京、天津、福建、上海、河北、宁夏等多地网信、文化执法等部门查办了一大批行政案件；浙江、安徽、四川、江苏、河南、辽宁、湖南、湖北、陕西等地成功查办多起"护苗"刑事案件，有力打击了侵害未成年人权益的违法犯罪行为，有效净化了社会文化环境。①

---

① "护苗 2021"行动第二批典型案例发布——查缴非法有害少儿出版物 109 万余件[N]. 人民日报，2021-09-17.

2021 年 1 月 13 日，全国"扫黄打非"办公室公布 2020 年度"扫黄打非"工作十大数据。2020 年，全国共收缴各类非法出版物 1700 万余件，共处置淫秽色情等各类有害信息 1200 万余条，各地有关部门共查处"扫黄打非"相关案件 1.1 万余起，其中网络案件 5800 余起，全国"扫黄打非"办公室挂牌督办重点案件 331 起，创历年来督办案件数量新高；全国共收缴盗版中小学教材教辅 232 万余件，"护苗 2020"专项行动中打击盗版教材教辅专项整治行动取得实效；全国"扫黄打非"办公室通过"净网直通车"机制，整合各互联网企业有害信息样本资源，督促各企业累计清理有害信息 500 万余条；浙江丽水破获"茄子视频"特大传播淫秽物品牟利案，查明涉案金额 2 亿余元，抓获涉案人员 50 余名，是 2020 年破获的涉案金额最大的一起利用短视频传播淫秽物品牟利案。①

法国总统道德和伦理问题顾问布朗迪·克丽格尔领导的"电视暴力调查委员会"在向法国文化部提交的一份报告中明确指出，影视节目中的暴力和色情内容给未成年人造成不良影响，是近年来法国青少年犯罪率上升的重要原因之一。因此，特别建议政府除审查电影以外，还应有权审查录像带、录像游戏、DVD 以及互联网信息等。②文化公害对一个国家构成国家文化安全问题，它将在人们的精神灵魂深处颠覆一个国家和民族健康的机体和心理，因此，许多国家把严厉打击淫秽色情和非法出版作为维护本国文化市场安全的重要内容予以立法，通过建立严格的文化市场法制体系保障文化市场安全，以共同促进人类文明健康发展。

三、文化资本安全

文化资本是指构成和决定文化经济所有制属性、影响和决定文化企业产权归属、影响和决定文化生产结构与走向的货币形态，而不是布迪厄提出来的社会学意义上的"文化资本"。③根据马克思主义政治经济学的一般理论，社会主义与资本主义的本质区别就在于根本经济制度上的所有制不同。社会主义实行公有制，国有资本是它的本质形态；资本主义实行私有制，私人资本是它的本质形态。因此，自由主义的经济安全理论把国家看作个人经济安全的来源，重商主义则把国家看作经济安全实现的保障。这实际上就提出了一个"资本安全"的问题。资本安全与否，在不同的语境下，即在不同的经济学说建构中是不一样的。对此，巴瑞·布赞在《人、国家与恐惧——后冷战时代的国际安全研究议程》一书中专设一章加以论述。④这两种截然对立的观点同样可以看作关于"资本安全"的两种不同主张。文化资本安全在某种程度上就是建立在这样一个分析基础上的关于文化经济安全的议题。

在现代政治、经济条件下，文化资本安全大致有以下主要表现形态：民族资本与国家资本的安全关系，即本国资本与外国资本的安全关系；公有资本与私人资本的安全关系。虽然这两对文化资本的安全形态在不同的文化经济体中的表现是不一样的，但是各以对方为安全威胁的性质是相似的。

① 2020 年"扫黄打非"十大数据公布[N]. 光明日报，2021-01-14.
② 法国有关部门建议，加强影像制品管制[N]. 参考消息，2002-11-29.
③ 薛晓源，曹荣湘. 全球化与文化资本[M]. 北京：社会科学文献出版社，2005.
④ 布赞. 人、国家与恐惧——后冷战时代的国际安全研究议程[M]. 北京：中央编译出版社，2009.

资本是一种权力形态。文化资本是一种文化经济权力形态。谁掌握和控制文化资本，谁就掌握和控制了文化经济发展，尤其是文化经济核心形态的文化产业发展的主动权，因此，文化资本具有话语权性质。

无论是一个企业，还是一个国家，资本构成都是影响投资行为与方向的起决定性作用的因素。根据现代产权理论，在一个股份制企业内，占有最大投资比例的股权方拥有对企业投资行为的最终决定权。这个决定权实际上决定了是何种力量掌握和控制着最终的利益分配及其财富流向，而这个结果最终决定一个国家的国家安全结构和安全能力。正因为如此，外资投资审查制度的建立成为现代国际安全制度中重要的制度性安排。美国是世界上最早建立外资投资审查制度的国家，建有一整套关于外资投资美国的法律体系，以保障美国的国家安全。2007年时任美国总统布什签署的《外国投资与国家安全法》是迄今为止美国对外资最严格的国家安全审查制度。原有的美国涉及国家安全领域的审查制度主要集中于军事安全领域，《外国投资与国家安全法》对此做了完善和修改。该法案共有12个条款，主要内容包括：对国家安全做了广义的解释；严格审查程序与在某些情况下延长审查期限；清楚地概述了参与审查的政府机构及其职责；增加了海外投资委员会（The Committee On Foreign Investment in the United State，CFIUS）向国会报告的义务；第一次规定了某些违法行为的民事责任。由此，将安全审查的领域从国防安全拓展至经济安全及其他领域。虽然该法并未设置针对文化经济投资领域的安全审查条款，但是对外资收购或并购美国文化企业和美国相关文化资产的外资的资本属性审查是有明确要求的，即是不是国有文化企业或国有文化资产占有控股权的文化企业上市公司。如果国有比例超过了美国有关文化资本投资规定的安全审查要求，则可以"涉及国家安全"为一个充分的理由，从而阻止收购、并购或购买。美国海外投资委员会的审查没有行业区别，也不看项目大小，只要认为"对美国国家安全构成威胁或影响"，就要审查。中资收购美国企业始终是美国外资审查的主要对象。借口"国家安全"阻挠中企并购已经成为美国安全审查的常态，甚至连中国企业投资美国酒店都遭到美国的国家安全审查。[①]然而，诚如英国泰晤士报网站的报道所揭示的那样："一些中企与中国政府关系隐秘，这才是真正的原因。"[②]在美国安全审查部门看来，"随着中国越来越强大、越来越有影响力，出现了更愿意挑战美国利益和价值的倾向。在官方宣传上，对美国的意识形态敌意也在增加"。[③]

这是因为，对文化企业的资本控股在任何意义上都是对文化企业经营权和管理权的控制。尤其是对那些以生产文化内容产品为核心业务的文化企业来说，这些企业的任何文化生产经营活动都与所处国家的意识形态和价值观生产与传播密切相关。控制了文化生产的核心文化，企业也就控制了核心意识形态与价值观的生产。因此，文化经济以文化资本形态的控股，实际上是对文化产品内容和价值生产的控股，这就使得文化资本安全具有双重安全性质。这就是为什么世界上有许多国家对外资收购、并购本国的媒体企业设置严格的"市场准入"规定。不能让外国人把本国的国家文化安全掌握在手里，这是文化资本领域里有关"国家文化安全的共识"。但是，恰恰在这个领域，由于社会制度和国家性质的不同，

① 中国投资美国酒店企业引发国家安全审查[N]. 参考消息，2016-03-21.
② 美国借口"国家安全"阻挠中企并购[N]. 参考消息，2016-02-25.
③ 美国《财富》杂志网站文章《华盛顿冷待中国投资》，转引自2016年2月25日《环球时报》。

有些西方大国往往奉行国家安全的双重标准。限制中国国有文化资本或国有文化资本占有较大比重的文化企业或上市公司收购或并购美国文化企业，就是美国依据本国的意识形态和国家安全审查制度设置的"文化资本安全"准入限制。

同时，由于文化资本对文化企业和文化产业发展具有双重"控股"安全性质，因此，通过资本市场，主要是通过证券市场里的股票购买和股权收购来达到对文化上市公司、上市企业的控制，进而实现对一个国家文化经济核心部门的控制，也就成为一些国家的国家文化资本战略，由此而导致和构成的对国家文化资本安全威胁的监控和阻击也同时成为主权国家维护自身文化安全在资本市场中的主要制度设置。通过证券市场间接控股是可能造成文化资本安全的一种重要的运作模式，往往具有"润物细无声"的特征，其安全威胁性更大。

对外文化资本依存度是影响一个国家文化资本安全的重要指标。一般来说，对外文化资本依存度越高，则文化资本安全度越低、文化资本安全保障越脆弱；对外文化资本依存度越低，则文化资本安全度越高、文化资本安全保障越强大。对外文化资本依存度与文化资本安全成反比例关系。这种文化资本安全对国家文化安全和国家经济安全的影响主要集中在文化内容生产的核心领域，如广播电视业、电影业、新闻出版业等。这些领域也是许多国家在加入世界贸易组织的时候，面对美国政府要求强势进入而遭遇到一些国家文化产业界普遍抵制的部门。法国迄今为止依然对在法国上映的美国电影实施配额制，就是基于对法国电影产业及其文化资本安全风险管控而采取的国家文化安全制度。中国在加入世界贸易组织中对中国文化资本市场的安全机制的制度性设置，也是基于对中国文化资本安全可能出现的风险评估做出的制度性安排。

文化资本作为一种资本形态，是整个资本市场的重要组成部分，与其他资本市场具有关联性。尤其在整个资本市场遭遇金融危机的时候，通过证券资本市场融资的文化上市公司必然受到波及和影响，其带来和造成的文化资本安全程度由融资比例而定：融资数额越大，则遭遇的安全风险越大；融资数额越小，则遭遇的安全风险越小。文化金融资本构成比例与文化资本安全成正比例关系。一般来说，主要通过"资本运作"的文化经济体，其文化资本安全风险系数要比主要通过"内容生产"获得盈利的文化企业大。尤其是对那些在文化市场从事"金融创新"，即文化资本衍生投资的文化资本运作来说，文化资本安全风险的不确定性更大。艺术品投资领域里所谓的"艺术品证券化"就属于这一类文化资本安全对象。因此，防止文化资本市场陷入"危机模式"，防止不同文化资本安全之间相互冲击、交叉感染，是文化资本安全风险评估、研究的重要议题。

世界经济格局正在发生重大变化，再工业化正在成为世界新潮流。在这一新潮流下，中国正在积极推进"互联网+"。"与中国的互联网思维不同，美国已经敏锐地意识到，能够导致世界经济重新走向繁荣的主导产业极有可能是生命产业。农耕社会解决了吃饭问题，纺织工业革命解决了穿衣问题，钢铁工业发展解决了住宅建设问题，石油工业发展解决了能源问题，汽车工业发展解决了交通问题，IT革命解决了信息获取和知识交流问题，人类社会发展至今，最为主要的需求将是延长生命，并需要有尊严和有生活质量地活着。为此，就需要又一次可以延长人类生命、提高生命质量的产业革命，这场产业革命涉及范围之广将超出我们的想象范围。凡是可以延长人的生命的产业都存在巨大的发展空间，随着生命产业的发展，世界极有可能被激起一场伟大的产业革命和社会革命。"①文化经济如何在这样一场正在被预见的伟大的产业革命和社会革命中找到自己的战略位置，将直接决定和影响人类整个生命产业革命对于延长人类生命的价值实现的可能性。这是否会成为一个全新的属于未知领域的文化安全问题，有待人们深入研究。

经济是中国国际地位提升的首要因素，也是中国影响力的基础。研究中国崛起的文明因素日渐成为国际社会研究中国经济迅速发展成为世界第二大经济体的战略切入点。中国经济的持续快速发展改变的不仅是中国形象，更是中国的发展模式。美国著名学者福山因此提出西方与中国两种模式博弈之说，认为全球政治未来的重要问题很简单：那就是谁的模式会奏效。中国在经济领域里经过三十多年的探索发展，已经形成一整套相对独立且具有自身特色的发展模式和体制。与中国在经济领域里取得的第二大经济体地位相比，文化经济发展的世界差距还很大。相比较世界第二大经济体的规模与地位，文化经济体的整体性弱小与此不相适应。中国文化经济整体发展的脆弱性是导致中国文化经济安全风险居高不下的重要原因。如何比较快地建立与世界第二大经济体相匹配的文化经济体，最大程度地降低中国文化经济安全风险，维护国家文化安全，是中国文化经济发展长期面临的战略性挑战。

本章小结

文化经济安全是指一个文化经济实体在内外威胁，以及不可预见和难以预测的因素作用下，以经济的形态表现和反映文化的生存与发展能力的状态。它是国家文化安全的经济基础。作为一个国家的国民经济、文化发展水平和能力的综合体，它既是国家文化安全的重要保障，又是国家文化生产力的重要体现。文化经济安全的存在状况及其实现程度是衡量国家文化安全可实现性的重要指标。一个文化经济安全能力低下的国家，不可能有强大的国家文化安全保障能力。文化经济安全是国家文化安全的命脉。

文化经济安全的双重性主要表现在两个方面：一方面是它对经济安全的影响，新冠疫情给文化产业造成安全重创，同时造成和加重了经济安全危机；另一方面是它对文化安全的影响，片面追求文化的经济效益而以牺牲社会效益为代价，导致和造成国家文化安全风险。这两个方面的影响都是通过文化经济的双重属性体现的。

竞争与发展是国家文化安全运动的两大机制，既是安全保障的重要机制，也是安全威胁的主要来源，二者共同构成了文化经济安全困境。文化经济安全困境内置于文化经济发展的竞争之中，是文化经济安全实现的规律，也由此而造成了国家文化经济安全运动。文化产业、文化市场和文化资本安全构成了国家文化经济安全的三大主要领域。

文化产业安全是现代文化经济安全的核心形态。文化产业既是一个国家核心价值观建设的重要载体和实现方式，也是生活方式的精神表达系统和重要机制，是实现和维护国家文化安全的重要战略基础，是国家文化安全能力的重要体现。没有发达、繁荣和安全的文化产业，就没有稳定、可持续发展的国家文化安全。

---

① 华民. 世界经济格局正在发生重大变化[N]. 社会科学报，2016-02-25.

　　文化市场是国家文化经济主权最主要的存在方式，"文化市场准入"设置是它的集中体现，在国家文化安全领域里，也是最具有国家文化主权意义的。要影响一国的主流意识形态，就必须首先进入一国的主流文化市场，而市场准入作为一个普遍性原则也正是在这样的意义上才具有特别重要的文化安全意义。文化市场准入设置包括对内和对外两个方面，对核心价值观和生活方式的维护是文化市场准入设置的普遍性原则。

　　文化资本是指构成和决定文化经济所有制属性、影响和决定文化企业产权归属、影响和决定文化生产结构与走向的货币资本形态。文化资本是一种文化经济权力形态。谁掌握和控制文化资本，谁就掌握和控制了文化经济发展，尤其是文化经济核心形态的文化产业发展的主动权，即"文化控股"，因此，文化资本具有话语权性质。控制了文化生产的核心文化企业，也就控制了核心意识形态与价值观的生产。文化经济以文化资本形态控股，实际上是对文化产品内容和价值生产控股，从而使文化资本安全具有双重安全性质。

思考题

1．文化经济安全分析的概念系统是什么？
2．怎样认识和理解经济主权与文化经济安全的关系？
3．怎样认识和理解竞争、发展与文化经济安全的关系？
4．文化经济安全三大主要表现形态及其相互关系是什么？
5．文化经济安全在国家文化安全中的地位与作用是什么？

参考书目

　　1．中共中央党史和文献研究院编．习近平关于总体国家安全观论述摘编[M]．北京：中央文献出版社，2018．
　　2．胡惠林．中国国家文化安全论[M]．2版．上海：上海人民出版社，2011．
　　3．布赞，维夫，怀尔德．新安全论[M]．朱宁，译．杭州：浙江人民出版社，2003．
　　4．布赞．人、国家与恐惧——后冷战时代的国际安全研究议程[M]．北京：中央编译出版社，2009．
　　5．先恰戈夫．经济安全——生产、财政、银行[M]．国务院发展研究中心国际技术经济研究所，译．北京：中国税务出版社，2003．
　　6．陆忠伟．非传统安全论[M]．北京：时事出版社，2003．

第九章

文化社会安全

学习目标

通过学习本章，应了解和掌握以下内容：
1. 文化社会安全分析的相关概念及其相互关系；
2. 文化社会安全与国家文化安全的关系；
3. 文化社会安全的形态与结构；
4. 文化社会安全问题的生成机制。

导言

国家既是一个政治共同体，也是一个社会共同体，二者既互相对立，又互相融合。许多国家安全问题同时是社会安全问题，不少国家安全问题也是由社会安全问题发展演变而来的，因而成为国家安全研究的重要议题。国家文化安全与文化社会安全也是如此，文化社会安全不仅是国家文化安全的重要组成部分，也是国家文化安全中一个重要的研究对象。没有对文化社会安全的深刻研究，就不可能有对国家文化安全问题的深刻研究。

第一节　文化社会安全分析的相关概念

社会问题研究构成了全部社会学研究的基石，没有关于社会问题的研究，也就没有社会学和社会学研究。从古典社会学到当代社会学，虽然社会问题随着社会的发展层出不穷，但是关于它的研究一直是社会学的旺盛生命力之所在。人类社会发展的所有问题都可以归为社会学问题，因而也是社会学研究的对象。社会安全问题构成了社会发展最基本的问题，几乎可以说所有关于社会问题的研究都可以归为社会安全研究。然而，真正以"社会安全"为社会学研究议题的专门性著作并不多，取而代之的是关于各类社会问题的研究。正是这一类研究构成了关于社会安全研究的学术谱系，为今天的社会学意义上的社会安全研究提供了丰富的学术史资源。

文化社会安全是本书提出来的一个新概念和新范畴，用以分析和描述文化安全在社会形态和社会运动中的存在形态与表现方式，以及它与国家文化安全的关系。在人、社会与国家的文化安全分析框架中，"文化社会安全"具有架构"人与国家文化安全"关系的桥梁与纽带作用，对于认识文化社会安全和我们每个人的文化安全关系具有重要价值。

一、社会与文化社会

社会是人在自然历史的进化过程中选择和建构的一种秩序。它是一种系统形态，每个人，每一种由人而组建、集合起来的集体形式都存在其中。除了自然，没有什么系统能够独立于其外部。每个人都是社会人。家庭是社会的最小单元，社会就是由无数个家庭而链接、组成的庞大网络。社会结构就是这一网络结构的体现。它的形成是一个长期的历史演化过程，与整个人类形成史同步。人类和自然的关系演化是人类社会演化的重要依据和根本动力机制。人类社会的形成是人与自然关系演化的最高形态及其结果。人类每一次征服自然，都在塑造新的人与自然的关系。这种关系是以生产力的发展为标志的，正是这种社会生产力第一次建构了人类社会的发展阶段，划分了不同社会的历史构成及其构成特征和构成依据。人类社会不仅被划分成农业社会、工业社会和后工业社会，而且被划分成原始社会、奴隶社会、封建社会、资本主义社会和共产主义社会等。

在现代世界体系中，与"社会"这一词语相组合，构成了一个极其丰富庞大的"社会"概念系统，如人类社会、国际社会、公民社会、上流社会、底层社会等。因此，对于"社会"这一概念的使用有着无限的广泛性，甚至在某种程度上，凡是与人有关或者与人类活动有关的各个方面都可以构成"社会"。划分"社会"有许多不同的标准。人类社会不仅可以按照生产力和生产关系来划分，而且可以按照不同的领域来划分，如涂尔干就把社会划分成物质性社会和非物质性社会两种形态。根据社会的不同功能，社会还可以被划分为经济社会、政治社会、文化社会以及宗教社会等。虽然，"社会"与所有这些社会存在的组合都存在着交叉与模糊性，甚至存在定义困难，但是依据不同的要素组成不同的社会仍然是人们研究和认识社会的重要方法。

政治社会是指由权力和权利建构的社会，经济社会是由劳动分工建构的社会，而文化社会则是由规范和价值观建构的社会，宗教社会则是由信仰建构的社会。这些社会形态既彼此分层又互相渗透。每一种社会构成都同时包含其他社会构成的成分。政治是经济的集中表现，而经济又是文明和文化发展的表达方式。无论怎样，在科学的意义上对它们加以区别，从而更好地把握事物发展规律，依然是重要的研究方法。提出"文化社会"就是为了更好地从国家文化安全学科建设的意义上对"文化社会安全"加以认真研究。

文化社会是与政治社会、经济社会相区别的一种社会形态，这种社会形态因文化而建构，同时因文化而解构。在这里，文化不仅是社会的某种特质，还是社会存在的依据和标准。没有这样一种"文化"，社会就无法组合。这种文化就是"认同"，就是人与人之间首先是作为"类"的"认同"：彼此属于同一"种类"，并且与其他"种类"相区别。这种属人的关于"种类"的"认同"来源于对"母体"的血缘"认知"，而后发展成对"家庭"的"认知"，进而发展成对由"家庭"组合而成的各种关系的"认知"与"接受"，从而发展成为"认同"。"认同"就是在个体对"他者""认知"与"接受"的过程中和关系上建立的。其中包含着深刻的秩序与秩序关系，而社会就是建立在其中并因此而建构的。因此，社会就是以一种"认同"为纽带的共同体。[①]在全部社会体系中，不同的个人、群体、集体、组织、民族、种族因文化而自由地随机组合。在一个社会系统中，人们可以因政治意识形态而互相对立，同时因文化而彼此认同同属一个民族，这在几乎所有的国家发展史中都是一个普遍存在的规律。这是就"文化社会"的宏观意义而言，甚至是在一个历史的长时段而言的。它当然也构成了国家文化安全学研究的重要对象和内容。当我们研究一个国家的国家文化安全和国家文化安全问题的起源的时候，运用的往往就是历史长时段的视角。本书所称的"文化社会"是指由以"认同"为核心的文化而建构的社会秩序系统。在这里，"认同"同时包含由"认同"而建构的共同伦理、道德规范、价值观念等。这是一个由庞大的精神网络构成的社会系统，它既同这个社会的政治系统相连接，又和这个社会的经济系统相结合，通过这个系统，我们既可以观察整个社会的运行状态，同时可以发现它们之间的互动状态，从而为国家文化安全研究提供一个全新的文化社会安全视角。

二、社会安全与文化社会安全

在人们传统的习惯性认知系统中，"社会安全"往往和"生产安全""交通安全""安全事故""生命财产安全"等相联系，这些"安全"领域在科学的"国家安全学"中主要属于"公共安全"范畴，而非"社会安全"范畴。在国际关系领域，"人们讨论的'社会安全'更接近'政治安全'"。巴瑞·布赞在区分"国家"与"社会"这两个概念时指出："国家是以固定的领域和正式成员资格为存在基础的"，而"社会"则是由"同一民族构成的"。"社会是关于'认同'、共同体的自我认知观念和个体确定他们自己作为某共同体一员的一个概念。"[②]因此，在社会领域，最基本的概念就是"认同"。社会是以一种"认同"为纽带的共同体。[③]无论何种类型的共同体，在定义一种作为威胁其生存共同体发展或者潜力时，社会不安全都是存在的。因而，"从定义上来说，'社会安全'就是关于巨大的、自我持续'认同'的群体安全，这些群体在时间和空间上都处于变化之中"。"因此，这个概念也可能被理解为'认同安全'。"[④]它是文化存在的形态，不同的社会构成是因为不同的基于认同的共通心理所建构的文化。所以，社会就其本质来说是文化的。从这个意义上说，社会安全与文化安全具有同一性。

有广义的社会安全和狭义的社会安全之分。广义的社会安全可以指"人类社会安全""国际社会安全"，也可以指地区的社会安全，如"欧盟社会安全""中东社会安全"等；狭义的社会安全主要指一国之内的社会安全。所有这些社会安全都是指一种基于共同"认同"而建构的秩序。所谓"国际社会"，就是基于共同认同的国际行为规则而建立的国家间的秩序形态。有许多种"国际社会"形态。以美国为核心建立的国家间联盟就是这样一种"国际社会"，曾经存在过的"社会主义阵营"和"资本主义阵营"也是这样一种"国际社会"。这些"国际社会"往往具有较强的意识形态属性，往往是以共同的价值观为基础而建立的。也有超越传统意识形态而依据人类社会共同安全利益而形成的"国际社会"，如为打

---

① 布赞，维夫，怀尔德. 新安全论[M]. 朱宁，译. 杭州：浙江人民出版社，2003：161.
② 同①：159-160.
③ 同①：160-161.
④ 同①：160.

击恐怖主义而以联合国为核心而形成的"国际社会"。这样的"国际社会"往往具有超越传统的意识形态认同的广泛性特征,而是以人类社会的共同安全利益为认同基础和准则。2015年"伊斯兰国"在法国巴黎制造的骇人听闻的恐怖主义事件造成了大量平民伤亡,引发了不同意识形态国家间的广泛团结,在这个时候,"国际社会广泛谴责"所指称的"国际社会"就是超越社会制度和意识形态的,它包括中国、美国、俄罗斯、英国、法国这联合国五大常任理事国。因此,同样是采用"国际社会"的表述,在针对不同国际安全对象和事件时,"国际社会"构成的"国家"是不一样的,因此时常有两种或多种"国际社会"发出不同的声音、表达不同的意见、阐述不同的主张,这同样是基于不同的"社会认同"。正因为如此,由此而发生和定义的"社会安全"——"国际社会安全"也是不一样的。由于"社会"意义的多样性和复杂性,在讨论一般意义上的"社会安全"的同时,巴瑞·布赞还在他的《新安全论》中分别讨论了非洲、拉美地区、北美地区、欧洲、中东地区、东亚地区、苏联地区等以地区为对象的"社会安全"。

"文化社会安全"有着比一般意义上的"社会安全"更为复杂的非确定性特征。它既与"社会安全"有着较强的重合性,即在很多时候,属于"社会安全"范畴的,也属于"文化社会安全",二者因"认同"而叠加,难以区分。同时,"文化社会安全"又与"社会安全"相区别。尤其是当"文化社会安全"表现出跨领域、跨空间的特征时,这种区别十分明显。例如,由不同种族和民族构成的"社会安全"和"社会安全问题",以及"文化社会安全"和"文化社会安全问题",其复杂性往往取决于其民族或种族背景。发生在中东的社会动乱和军事冲突乃至战争就是最典型的,尤其是同一宗教、不同教派之间的冲突,构成了最典型的"文化社会安全"问题。所谓"教派",就是因信奉不同的教义而形成的不同的社会形态,这种社会形态是由宗教信仰,即宗教"认同"而建构的,它既是一种文化形态,又是一种社会形态,很难把二者区别开,因而是一种完全意义上的"文化社会",在它们之中出现、形成和产生的"安全"应该是最典型的"文化社会安全"。在这里,"认同"完全构成了它们一切行为的依据和价值。它们既被这种认同所建构,也为这种认同所解构。这种"文化社会安全"往往是跨地区的,超越一般意义上的"国家"形态。"民族"和"宗教"是它的主要载体和表现方式。

三、文化社会安全与国家文化安全

观念建构利益。一切对利益的争夺与竞争都是由不同的观念而生发的,因此,观念在建构利益的同时,也建构了社会——建构了社会的差异性和利益分配。分配不公是因为观念在建构利益过程中表现和反映出来的分歧。分配不公同时体现为文化上的分配不公,教育不公平是其集中体现。教育不公平既表现在受教育机会的不公平,也表现在教育资源配置的不公平。这在某种程度上是一个硬币的两面。城乡二元社会的不平等就是由这种不公平造成的。教育资源过多地集中于城市,不仅使城市拥有比农村丰富得多的教育资源,而且使城市的儿童比农村的儿童享有更多的教育机会。这种先天的差异性是造成后天社会建构中文化差异的源头。通过制度完善和政策治理不断地改变这种不平等结构,把可能引发的文化社会安全危机消除在萌芽阶段,几乎是现代国际社会的普遍行为。

社会是分阶段、分层的。社会生产力的发展生成了农业社会和工业社会,工业社会的任何进步在其原初阶段必然构成对农业社会发展的威胁，而带来农业社会的安全状况、安全结构和安全环境的改变，从而导致和造成农业社会的社会安全问题。这是文明演化和进化必然导致的一个结果。这种社会安全问题的发生是以另一个安全理想的实现为代价的。由此而导致的社会二元结构构成了社会安全的永恒矛盾：城乡矛盾、工农矛盾、劳资矛盾，进而因人们所处的社会存在方式的差异性而构成社会的不同层级：大众社会与精英社会、工人阶级与资产阶级、农民与地主等。在这里，一个方面的安全必然导致和构成另一个方面的不安全，从而导致社会安全的矛盾运动，由此推动社会的发展与变迁。斗争成为安全转移的中介，于是国家权力便在这个过程中随着政权的更迭而不断转移，社会安全也在这个过程中不断地变化着它的焦点和重点。

文化社会安全是因文化差异而建构的社会先天带来的安全问题。无论哪个社会，只要客观上存在社会不平等、社会不公平，就会引发安全隐患的发展。但是，并非所有的文化社会差异所造成的文化社会安全都会威胁或危害国家文化安全，也并非所有的文化社会安全都会引发国家文化安全危机。只有社会矛盾被空前激化且在短时间内很难达成妥协的时候，文化社会安全才会威胁国家文化安全，转化成国家文化安全问题。这个时候，文化社会安全才会以国家安全的形态表现出来。

国家是由社会建构的命运共同体形式。不同的命运共同体又是建筑在"认同"的基础之上的，因此，作为"想象的共同体"的实现方式，国家所属的社会制度与社会形态在这个意义上构成了彼此之间的个性特征。人类社会有多少民族就有多少社会共同体。民族被称为"想象的共同体"[①]就是因为它是建立在"认同"的基础上的。美国社会学家本尼迪克特·安德森在《想象的共同体》中对民族的定义被认为迄今为止最具解释力的："它是一种想象的政治共同体——并且，它被想象为本质上有限，同时也享有主权的共同体。"[②]在这里，国家的社会属性建构了国家的制度属性，具有社会主义与资本主义两种不同制度形态的国家正是在这个意义上划分了当今人类社会构成的两种不同形态。认同构成的文化上的差异性规定了这两种不同属性之间在社会认同问题上的矛盾和冲突是不可调和的。这就使得由这两种不同社会形态建构的国家之间的矛盾与冲突是不可调和的，文化社会安全与国家文化安全在这里会合，建构了二者的同构性。社会主义与资本主义两种社会、社会主义与资本主义两种制度的冲突将长期影响和决定文化社会安全与国家文化安全的运动与走向，而正是这种运动和走向构成了国家间文化安全问题的关系性。

第二节　文化社会安全的形态与结构

文化社会安全形态与结构的丰富多样性是文化社会安全的基本特征，其丰富多样性和复杂性几乎使任何关于它的划分都是一个挑战。这是一个专门性研究题目，至少是需要通过一本专著才能完成的任务。这里仅做一些概要性分析和论述。相对于国家而言，文化社会安全是对国家文化安全运动有着深刻影响的社会共同体对象。

---

① 安德森. 想象的共同体：民族主义的起源与散布[M]. 吴叡人，译. 上海：上海世纪出版集团，2005.
② 同①：6.

一、文化社会安全形态与结构的构成

社会既是指人类基于认同而建构的整体性秩序系统，也是指基于某种共同文化背景而建构的共同体。前者基本以国家身份认同为价值维度，后者则是由血统、地缘、语言、宗教、生活习惯等多种客观尺度所界定而形成的人的共同体，二者共同构成了我们所讨论的文化社会安全形态与结构，即文化社会安全形态与结构由基于共同的身份认同而建构的以国家为共同体形态的文化社会安全和基于共同的文化背景而建构的人的共同体的文化社会安全这两种文化社会安全形态所构成。

以国家为共同体形态的文化社会安全是以国家身份认同为核心，"国籍"是每个人的国家身份，也是作为单个的人的存在的合法性、可识别身份。这一形态的文化社会安全由于和国家具有高度的同一性，因而其单一性安全特征比较容易识别并形成共同的安全识别。

以共同的文化背景为共同体形态所建构的文化社会安全是以文化的多样性和多元化为特征的，每个人身份的多样性和复杂性是构成文化社会安全多样性与复杂性的来源。这种文化社会安全构成的形态与结构的复杂性在不同的时间和空间领域是不一样的。由于每个人作为社会身份构成的多元性与复杂性，其安全构成单元也是多样的和复杂的。每个安全单元的多样性与复杂性均可能基于不同的时空条件的变化而转变：在一个时空条件下的安全对象，在另一个时空条件下则可能转变为安全主体而共同成为安全共同体组成要素。例如，当一个国家面临外国强敌入侵，国家安全遭遇生存性危机，民族矛盾成为国家主要矛盾的时候，这个国家原本存在的阶级矛盾就会因此而发生安全转化。抗日战争时期国共两党联合抗日就是这一安全转化的典型案例：当民族矛盾关系全民族生死存亡、上升为国家战略性主要矛盾的时候，国内的阶级矛盾就让位给民族矛盾，原本代表资产阶级的中国国民党和代表无产阶级的中国共产党均以国家利益和民族利益为最高利益，从而使国家安全在民族遭遇最危险的时候，获得了国家和民族安全生机，转危为安，最终实现了中国人民抗日战争的伟大胜利。抗日民族统一战线是它的具体实施与体现。

二、移民的文化社会安全意义

移民社会是由人类社会共同体组成的一种特殊社会形态。所谓移民，是指从出生地移往另一地长期或永久居住的自然人及其后代，主要包括国际移民（也称跨国移民）和国内移民两大类。不同的移民属性构成的文化社会，其安全性质是不一样的。一般来说，国内移民属于同一认同体系下的居住目的地的迁移，一般不构成明显的文化社会安全问题，虽然这种性质的移民也会带来某种程度上的文化社会安全问题，但是这一类文化社会安全问题在一般情况下并不构成和必然导致文化社会安全冲突进而威胁国家文化安全和国家安全。例如，中国历史上的多次大移民，以及新中国成立之后为了服务国家战略建设实施的移民所带来和构成的文化社会安全问题主要是生活方式的不适应或某种风俗习惯的差异，导致所谓的"水土不服"，其中最主要的是语言和饮食。这一类移民因地区差异而形成的移民文化一般并不构成对移入地区国民经济和文化社会的威胁。相反，由于中华文明对"入乡随俗"这一对社会安全预警机制的设定，以及人们对这一设定的认可，数百年来的几次大移民都没有同时造成大的社会安全灾难。"客家人"和"客家文化"融入当地社会并构成当地社会的有机整体就是典型案例。上海是一个在近代西方工业文明输入后形成和发展起来的超大规模的现代化城市，移民是其城市人口的主要构成。"海纳百川"是对该城市的移民文化和移民社会的最好描述和定义，由此形成和造就了现代上海文化社会的整体安全性。

因习俗差异而导致的文化社会冲突乃至爆发社会安全事件，也常常是近代以来中国社会的外来移民造成的。尤其是当某地移民集中聚集于大城市，为了争夺生计而拉帮结伙乃至发展成特殊的以地区文化来命名社群的时候，其所带来的社会安全危机有时甚至是很严重的，中国近代史上不少商帮、商会和帮会之间的暴力冲突所造成的社会安全性后果，对社会的破坏性往往是灾难性的。

移民文化是否会对输入国构成文化安全威胁，与移民文化本身的构成属性具有很大的关联性。"入乡随俗"与"入乡不随俗"所导致的安全性后果是不一样的。

隐性移民与显性移民是不一样的。

规模、速度等变量是否在短时间内对输入国、输入地区构成安全威胁，取决于输入国或输入地区原有人口与经济结构的比例关系。移民文化是否构成威胁与输入国和输入地区本身的安全性抗体质量相关。一般来说，一个人进入一个村子和一群人进入一个村子所构成的对这个村子的安全威胁是不一样的。在一个村子的社会安全系数是一个常量的情况下，输入的数量越小，其构成的安全威胁系数越小；输入的数量越大，其构成的安全威胁系数越大。社会安全威胁系数随数量规模的增长而递增，反之亦然，二者成正比例关系。但是，也经常会遇到这样的案例，即所谓"一颗老鼠屎坏了一锅汤"。一个破坏力特别强的个人也可能给一个村子带来正负两种完全不同的安全后果：一种情况是他的到来增强和提升了整个村子的社会安全能力结构，从而使这个村子获得了比以前任何时期都要强大的安全防卫能力，在面对传统的安全对手入侵的时候获得了前所未有的安全胜利；另一种情况是他的到来削弱、降低了整个村子的安全防卫能力，从而使整个村子完全丧失了安全防卫能力，在面对传统安全对手入侵的时候遭遇彻底的安全失败，古希腊历史上著名的"木马屠城"即这种情况的典型案例。因此，在某种条件下，"隐性移民"所造成的社会安全隐患要比"显性移民"所造成的社会安全隐患大得多、危险得多，而且往往难以防范。

"种族歧视"是因移民而衍生的文化社会安全问题，这在许多欧美国家一直是一个潜在的国家安全问题和社会安全问题。虽然不少国家专门制定了"反种族歧视"政策，但是作为一种普遍存在的社会问题，"种族歧视"依然广泛地存在着，特别是在某些涉及高科技的领域或者社会敏感时期，对于"族裔"的歧视会深刻地暴露出来。近些年来美国一再发生警察枪杀黑人青年引发社会安全事件就是典型案例。

据2016年1月29日《中国社会科学报》报道："欧洲民粹主义兴起反映欧洲民众不安全感。""近年来，右翼民粹主义政党在欧洲各国蔓延，这些政党通常表现出高度的民族主义和排外倾向，宣传少数族裔或外来移民等是欧洲经济社会危机的根源，甚至公开反对欧洲一体化。""2015年1月11日，比利时布勒哲尔研究所所长贡特拉姆·沃尔夫（Guntram B. Wolff）在该研究所官网发表文章称，民粹主义的兴起反映了相当一部分欧洲民众的不安全感，有可能成为动摇欧洲及全球政局的一股力量。"荷兰莱顿大学（Leiden University）教授安德烈·格里茨（André Gerrits）等表示，尽管民粹主义政党经常利用排斥移民等宣传自己，但是人们为民粹主义政党投票，更多的是为了呼吁传统政党注意他们所遇到的困境，而并非痴迷于反对外来移民。民粹主义的流行反映出很多欧洲人具有危机感，担心自己的生活条件下降或者欧洲在国际上不再具有强大影响力。

沃尔夫认为，造成民粹主义政党迅速崛起的原因之一，是中产阶级人群日益增加的不安全感。许多投票支持民粹主义政党的选民具有中产阶级或者工人阶级背景。他们认为国家和社会主流模式不能保护并帮其提高自己在社会系统中的地位，因而转向为民粹主义政党投票，并希望以此来吸引主流社会的注意。在讨论究竟应该采取何种有效措施遏制民粹主义发展这一问题时，荷兰莱顿大学（Leiden University）教授安德烈·格里茨（André Gerrits）表示："为避免更多的民众倒向民粹主义政党，各国必须采取有效措施，首先要传播平等的价值观，呼吁民众要尊重来自不同种族文化的人。"[①]

然而，并非所有移民问题必然构成一个国家和社会的文化社会安全问题。"海外中国人在当地形成少数民族时，不但充分利用了东道国社会的制度，而且更喜欢设法启动自己的传统法律、秩序和社会安全的制度，以维护自身的'认同'利益。"[②]第二次世界大战时期避难于上海的犹太移民（难民）同样与灾难中的中国人共患难，与上海这个中国社会互相包容，从而使上海成为许多当年避难于此的犹太人的"第二故乡"，这也成为后来中国和以色列两国友好往来的桥梁。

三、民族与宗教文化社会安全

民族和宗教是人类社会发展的两大基本构成与动力。人类社会发展中的一切问题从某种程度上讲都是由这两大问题构成的，二者也是文化社会安全的两大领域和研究的关键性课题。在当今世界，这两大领域与移民问题共同构成了文化社会安全研究的三大命题。只要人类社会还是由这三大领域构成的，关于这三大领域的文化社会安全研究就是一个永恒的命题。

民族与国家在政治文化学意义上是两个完全不同而又紧密相关的概念。"民族是人们在历史上形成的一个有共同语言、共同地域、共同经济生活以及表现在共同文化上的共同心理素质的稳定共同体。"[③]它以统一的文化为基础，属于社会文化范围；而国家是以领土、主权、政府和国民等要素组成，是能够履行基本国际责任的法律和政治实体。因此，民族与国家是两个不同的社会历史范畴，只是发展到了近代，民族与国家的概念才在民族国家的利益下统一为一个整体。国家构成有单一民族国家和多民族国家这两种主要形态，因此，一般来说，在国家安全和国家文化安全意义上讨论作为文化社会安全意义项的民族文化安全的时候，往往聚焦于多民族国家。而宗教作为一个意义项也往往与民族的多样性构成密切相关，甚至在某种程度上具有同一性，即民族因宗教而区分。而威胁当今人类社会整体安全的恐怖主义更是与此有着密不可分的联系。

冷战结束之后，新的国际秩序尚未形成，超越民族、宗教之上的意识形态对峙减弱，许多地区出现权力真空。全球化的迅速扩张使一些第三世界国家对未来发展趋向感到茫然或处在抉择之中，这使得作为区域文化载体的民族、宗教意识增强，民族分裂主义势力趁

① 姚晓丹. 欧盟学者反思应对民粹主义之策[N]. 中国社会科学报，2016-01-29.

② 布赞，维夫，怀尔德. 新安全论[M]. 朱宁，译. 杭州：浙江人民出版社，2003：164.

③ 斯大林. 马克思主义和民族问题[M]//斯大林选集（上卷）. 北京：人民出版社，1979：64.

势抬头，向国家安全发起挑战。由于民族和宗教占有界于社会文化和社会政治属性之间的特殊地位，民族与宗教问题的产生、发展与解决过程也就与当前国际关系的变化和我国文化安全形势的发展联系在一起。分析家们将当今世界上发生的国际恐怖主义行为大致分为四类：第一类是民族主义类型的恐怖主义，它以按民族、部族划分的人群和集团之间的利益纠纷、文化差异等具有历史背景的冲突因素为基础；第二类是宗教类型的恐怖主义，它以人们在精神领域中文化与价值认同程度决定是非取舍，并在此基础上极端化为势不两立、冤冤相报的恶性循环；第三类是极右倾向的恐怖主义，部分崇尚暴力、权威的群体对社会民主化、精神自由化带来的无政府状态、民族意志涣散、精神颓废等社会现象不满，特别是当经济不景气、失业人口增多、普遍的贫困化、两极分化加剧时，表现得尤为突出；第四类是带有极左翼色彩的恐怖主义，多由对社会现实不满、认为现行秩序不公正的青年群体组成，他们往往抱有强烈的理想主义信念，藐视权贵、疾恶如仇，简单地、庸俗化地曲解马克思主义关于无产阶级暴力学说，并具有极大的破坏力。[①]在此四种类型的国家恐怖主义成因构成中，文化因素是一个起关键性作用的因素。

民族与宗教问题具有特殊文化属性，它对各国、各地区和世界历史的发展曾经产生过重要的作用，因此民族与宗教问题始终是国家文化安全不容忽视的重要因素。在当前国际环境中，民族与宗教问题的发展和演变对国家文化安全形势的影响已经成为一个特殊的国家文化安全领域。

中国是一个多民族国家，它是在漫长的中华民族发展演变历史过程中逐渐形成的，是在对统一的中华民族认同的基础上建立的，国家的统一和各民族的团结是各民族最高的国家利益和民族利益。试图"在语言、思想、行动上联合起来"，[②]从统一的中华民族当中分离出去，必然构成对国家利益和整个中华民族利益的最大威胁。由于民族分离主义索要的并不是一般意义上的民族文化特性的自治，而是企图获得政治上的以单一民族为主体的独立，因此，它所构成的对国家和民族安全的威胁从地缘政治学的角度来看，不仅对中国的国家安全构成威胁，而且这种民族分离主义一旦得逞，将会对整个亚洲乃至世界的安全构成严重威胁。因此，从这个意义上来说，中国的国家民族和宗教文化安全不仅仅是中国的国家文化安全问题，而且具有深刻的维护国家文化安全的意义。而也正是在这一点上，亨廷顿关于"最危险的冲突是沿着文明的断层线发生的那些冲突"[③]也才具有特别的深刻性。由于发生在中国的民族分离主义背后还有着深刻与复杂的国际背景，是西方大国集团，特别是美国借口人权问题干涉中国内政的重要组成部分，因此，由此构成的国家文化安全问题的变数也就更加具有危险性和危机性。20世纪80年代以来，中国新疆地区的民族分离主义势力利用文化和宗教煽动和制造的政治动乱呈现上升的趋势。传播狭隘的民族主义情绪，煽动宗教狂热，利用宗教冲击国民教育，从强调"独立的历史文化"转向更多地寻求"人权"和"民族自决权"等国际法依据；利用现代传媒手段加强从国外向境内进行各种形式的宗教文化宣传渗透；加强与境外其他敌对势力和分离组织的联合，利用国际反华势力在美国召开会议；境外敌对势力利用伊斯兰教对新疆进行规模渗透，鼓吹排斥异教徒和

---

① 中国现代国际关系研究院. 2002/2003国际战略与安全形势评估[M]. 北京：时事出版社，2003：212.

② 转引自：陈延琪，潘志平. 泛突厥主义文化透视[M]. 乌鲁木齐：新疆人民出版社，2000：4.

③ 亨廷顿. 文明的冲突与世界秩序的重建[M]. 周琪，译. 北京：新华出版社，1998：7.

与异教徒进行斗争，①已经成为当前我国民族宗教文化安全中最为突出的国家文化安全问题，从而使国家文化安全受到严重挑战："一是新中国成立以来形成的民族和睦、融洽的民族关系受到损害，各民族间隔阂陡增；二是民族意识膨胀，呈现出超国家意识、公民意识的倾向，某些民族中整体分离意识增长；三是作为社会基本细胞家庭中民族混合型家庭的稳定遭遇挑战。"②尤其自美国国务院 1999 年《人权报告》首次专题涉及所谓新疆人权状况之后，"国际特赦组织"于 1999 年 4 月也抛出了《新疆人权》，这就进一步增加了在这一问题上中国国家文化安全的严重性和复杂性。 解决民族问题失策是苏联解体的主要原因之一，南斯拉夫科索沃问题形成今天的局面也印证了苏联模式的症结，民族宗教文化安全对于国家文化安全，进而国家安全的全部重要性也就在于此。

四、语言文字安全

语言和文字是组织和建构社会的重要机制，是人类社会构成的核心要素之一。没有语言和文字，也就没有人类社会。语言和文字既是社会现象，又是文化最具体的存在方式和最微小的构成元素。语言文字安全不仅是国家文化安全的重要组成部分，也是社会文化安全的重要领域。

社会是先于国家出现的，语言是先于社会出现的。语言建构了社会，社会建构了国家。社会又推动了语言的发展，建构了国家。国家统一了文字，把文字规范化，把语言和文字统一起来，于是文字变成了统一和统治国家的工具。而社会不断地推动语言和文字的发展，与国家争夺语言的控制权，而国家则通过规范文字实现与社会的共存互动。语言与文字成为国家与社会互为建构的工具。正是在这一互为动因的演化进程中，安全作为人类社会最底部的生存需求，便随之发生并发展起来。文化社会安全和语言文字安全就是伴随这一演化进程而形成的。

文化社会安全和语言文字安全是国家安全和国家文化安全的社会形态。虽然社会—国家构成了当今人类社会的二元结构，但是，当国家还是社会最高组织形态的时候，社会安全一般来说既是国家安全的对象，也是国家安全的体现。然而，由于社会构成的复杂性，社会并不总是与国家统一的，尤其是当社会主体的多元诉求与国家之间构成矛盾和冲突的时候，社会安全往往成为国家安全威胁的重要来源。其中，文化社会安全的运动状况直接影响国家安全，从而成为国家文化安全的重要表现形态，成为国家文化安全研究的重要内容。语言文字是社会构成的基础性战略要素，它既是人们思维的物质外壳，也是人们之间重要的交流手段。不同的语言文字建构了人们不同的生活方式和社会组织形态，因而语言文字不仅是人们的社会身份的表征，而且建构了人们的社会安全。语言文字安全正是在这个意义上成为社会安全的重要内容，并且与社会安全互相建构，共同构成国家文化安全的重要研究对象。

语言是塑造民族和国家认同的纽带，是一个民族中最稳定的因素，也是最重要的文化生态系统。一个民族的语言一旦消失，整个民族也就消失了。因此，语言是国情的基本内容之一。语言是资源，是软实力，是影响一个国家和社会稳定最重要的因素之一。文字是

---

① 马大正. 国家利益高于一切：新疆稳定问题的观察与思考[M]. 乌鲁木齐：新疆人民出版社，2003.

② 同①：127.

记录语言的符号，是语言的书面表现形式。语言文字是一个有机整体。中国是一个多民族、多语言、多文种的国家，汉语言文字是使用历史最悠久、最广泛的语言文字。数千年来，中华民族多元一体格局的形成、发展在很大程度上正是得益于各民族能够以使用汉语言文字进行不断深化的交往、交流、交融。然而，据有关报道，中国现有语言中有近一半处于衰退状态，有数十种语言处于濒危状态，赫哲语、满语、基诺语等少数民族语言，有的甚至只有几十个人会说了。虽然这些濒临消失的语言大多没有相应的文字，但这些语言代表着一个民族的记忆和源流历史，他们的知识经验、民间文学都保存在口头语言中，靠口耳相传代代相袭，使语言成为一种独特文化和族群特征的重要表现形式。这些语言一旦消失，将是中华文化和人类文明成果无法挽救的重大损失。因此，抢救性保护这些濒危语言文字，就成为中国国家语言文字安全的重要内容。①

语言文字既是文化的载体，又是文化的重要组成部分，反映和体现着一个民族的思维特点和对于世界认识的独特性。口头与非物质遗产是构成我国整体性文化资源的重要组成部分。尤其是当大量口传文化通过语言相传的时候，任何一种语言文字的消失都是一种文化资源的流失。以流传于蒙藏民族的世界最大规模的口传文学《格萨尔王》为例，如果没有语言的传播，也就没有今天的《格萨尔王》。"现在民族语言已经到了一种非挽救不可的地步，一种语言的消失不亚于一个物种的消失。"②从某种程度上说，少数民族语言及蕴含在其中的文化也是一种不可再生的文化生态资源，共同构成了语言文字安全。

"数千年来，语言一直是帝国兴衰的晴雨表。"③语言不仅涉及一个国家的语言纯洁性，更重要的是反映了一个国家兴衰运动的变化。语言霸权和语言殖民往往反映了国家间的文化关系。一个丧失了自己语言的国家，一定是一个国家文化主权被剥夺的国家，也是一个国家和民族语言文字丧失安全的国家。法国著名短篇小说《最后一课》就是一个最为形象的表现。帝国主义对被占领国家和地区实行文化殖民往往从语言殖民开始。一些非洲国家把法语作为自己的官方语言，一些拉丁美洲国家把西班牙语作为自己的官方语言和通用语言文字，就是被帝国主义语言殖民的后果。一些非洲国家至今战乱不断，就是因为在各部落、各民族之间缺乏统一的国家通用语言，继而国家认同缺失，正是语言文字安全和文化安全出了大问题，才造成这种灾难性社会后果。

语言是一个国家和民族灵魂的血液，是确认一个生命共同体的物质基础。如果没有共同的语言，一个共同体内的交流即便不是不可能的，也会是很困难的。有些国家，如法国、德国和日本，人们基本上只讲一种语言；而另一些国家，如瑞士、比利时和加拿大，人们讲两种或更多种语言。这两种国家的情形很不一样。在后一种国家，随时都有分离的可能性。正是有鉴于此，亨廷顿在《文明的冲突》之后又发表了《我们是谁？》，从语言和文化两个方面分析和研究了"美国国家特性面临的挑战"。在亨廷顿看来，持续不断的西班牙裔移民流已威胁到美国，可能将美国分裂成两类群体、两种语言和两种文化的国家。④也许正是由于这样一种事关美国国家特性的安全危机意识，美国政府在小布什总统执政期间通过

---

① 过去 100 年间，全球已经有 500 多种语言资源消失，联合国教科文组织《世界濒危语言地图》显示，世界现存的 6700 多种语言中，有 40%的语言濒临灭绝。我国已有 24 种语言使用人口不到 1000 人，有 11 种语言使用人口不足 100 人，一些方言也濒临失传。保护好汉语、少数民族语言、方言等丰富的语言资源安全刻不容缓。

② 中国数十种语言处于濒危状态[N]. 东方早报，2004-02-23.

③ 卡瓦霍萨. 西方国家争先恐后学汉语[N]. 参考消息，2008-03-29.

④ 亨廷顿. 我们是谁? 美国国家特性面临的挑战[M]. 程克雄，译. 北京：新华出版社，2005：132.

了《美国国家语言安全法案》。虽然这一法案主要不是关于美国语言安全本身的法案，但是它的通过进一步揭示了语言文字作为文化的重要载体对国家文化软实力安全的重要性。

在今天，汉语已经成为中国发挥"软实力"和体现国家"软实力"的重要符号系统和形象载体。正是在这个意义上，语言文字安全才对发展中的中国具有特殊的文化安全意义。

中国是世界上语言资源最丰富的国家之一。中华文明是人类历史上唯一绵延5000多年至今未曾中断的灿烂文明。历史和现实都已证明，拥有统一的语言文字是一个国家、一个民族加强团结、走向强盛的重要基础、强大动力和根本保障。中国自秦朝推行"书同文，车同轨，行同伦"①以来，各朝各代乃至今天都以汉语言文字为主要交流语言文字，它已成为维系中华文明传承五千年而不断流的主要载体，是维系中华民族共同体的文化基因。新中国成立以来，为进一步推动社会进步、国家建设现代化和中华民族共同体意识建设，建立国家语言文字安全法制体系，1956年国务院发布了《关于推广普通话的指示》（以下简称《指示》）和《汉字简化方案》，在全国范围内推行普通话和规范汉字，汉字被确定为国家通用语言文字。关于为什么要在全中国推广普通话，《指示》专门指出："由于历史的原因，汉语的发展现在还没有达到完全统一的地步。许多严重分歧的方言妨碍了不同地区的人们的交谈，造成社会主义建设事业中的许多不便。语言中的某些不统一和不合乎语法的现象不但存在在口头上，也存在在书面上。在书面语言中，甚至在出版物中，词汇上和语法上的混乱还相当严重。为了我国政治、经济、文化和国防的进一步发展的利益，必须有效地消除这些现象。"②这是第一次从维护国家安全和发展利益的高度阐述和明确界定了在全国推广普通话的必要性，从而奠定了新中国国家语言文字安全的法治基础。2000年10月，全国人大常委会根据宪法规定和精神制定了《中华人民共和国国家通用语言文字法》，自2001年1月1日起施行。这部法律的制定和实施确立了普通话和规范汉字作为国家通用语言文字的法律地位，是维护国家语言文字安全的重要法治保障，为铸牢中华民族共同体意识、中华民族认同，推动提升国家文化软实力和国家语言文字安全建设奠定了坚实的法治基础。

语言是交流交际的工具，是思维的物质外壳。不同的语言不仅是人们思维方式的口头表达形式，而且是人与人之间彼此沟通认知、确认身份、建立社会关系和建立信任的重要心理机制，因而也是建立文化认同最重要的社会文化机制。"语言相通是人与人相通的重要环节。语言不通就难以沟通，不沟通就难以达成理解，就难以形成认同。"③正是在这样的意义上，明确国家通用语言或者官方语言也就成为一个国家文化主权建设和文化安全建设的重要内容。④

语言和方言是文化最重要的载体和重要的组成部分，也是国家不可再生的、珍贵的非物质文化遗产。随着中国经济社会的快速发展和语言状况的急剧变化，许多语言和方言正在急剧萎缩甚至消亡，而大量的历史文化信息和宝贵的历史文化遗产正是在这当中遭遇到前所未有的危机，因此，立足于国家文化安全，促进国家信息化发展和构建国家信息安全体系，开展全面、科学的全国语言普查，建立国家语言和方言的信息库和语料库，就具有

---

① 语出《礼记·中庸》。
② 《国务院关于推广普通话的指示》，1956年2月6日。
③ 习近平总书记参加十三届全国人大四次会议内蒙古代表团审议时的讲话[N]. 人民日报，2021-03-06.
④ 王晨. 进一步贯彻实施国家通用语言文字法 铸牢中华民族共同体意识[N]. 人民日报，2020-11-11.

特别重要的国家文化安全价值。

第三节　文化社会安全问题的生成机制

研究文化社会安全问题的生成机制是解决与克服文化社会安全危机的前提与基础。文化社会安全问题生成既是社会发展的动力，也是社会发展的障碍与阻力。怎样的文化社会安全问题才是有利于社会的新陈代谢和可持续发展的？怎样的文化社会安全问题不利于甚至可能使社会发展发生历史倒退，甚至导致社会发生毁灭性安全灾难？这是研究文化社会安全生成机制需要回答的问题。

一、普遍性生成

在所有的文化社会安全生成中，存在着一种普遍性生成机制。所谓普遍性生成机制，就是在所有的生成机制形态中，只有这种机制是一切文化社会安全问题发生中都存在的。认同性差异与冲突就是这种普遍性存在。也就是说，所有文化社会安全问题的发生，最后都可以归因于认同的差异与冲突。

社会因认同而建构，也因认同的差异而被解构。这是造成文化社会安全矛盾运动的动力学基本构造。因此，要解决文化社会安全问题，也只能从这一问题的源头开始。虽然人类社会发展需要一定程度上的不安全，因为不安全也是人类社会进步的动力，但是这种不安全应该以人类社会的根本安全为前提和基础，而不是相反。因此，通过再建"认同"而不断地实现文化社会安全的可持续发展就成为文化社会安全研究的重要取向。

认同是行动者意义的来源，它是由行动者经由个别化的过程而建构的。虽然认同也可以由支配的制度产生，但是，只有在社会行动者将之内化且将他们的意义环绕着这内化的过程建构时，它才会成为认同。[1]集体文化认同是文化规范上升到民族集体无意识的最高形态。人类之间的象征性沟通，以及人类与自然的关系，在生产（以及与其互补的消费）、经验与权利的基础上，会随着历史而结晶于特殊疆域里，从而产生了文化与集体认同。[2]美国哈佛大学教授亨廷顿在讨论文化和民族认同的关系时曾以美国为例：美国是一个多民族、多种族的社会，美国人联合的基础是他们对体现于《独立宣言》、宪法和别的文献中的政治原则的承诺，这些政治原则也就是美国人的信条，即自由平等、个人主义、民主、法治以及私有财产，大多数美国人信奉这些价值观，而这些价值观是美国最初一元文化的产物，即对欧洲文化的传承，英语、基督教、新教价值观，正是这些文化把美国人凝聚在一起。亨廷顿认为离开了具体的文化存在，仅凭一些抽象的政治原则是无法把这个社会凝聚在一起的。[3]文化认同是民族文化发展的纽带和民族文化身份识别的稳定心理结构。文化认同具有文化身份识别的稳定的文化心理结构特征，因此，在不同文化之间的交流过程中，这种稳定的文化心理结构并不因为吸收了其他文化的有益成分而失去本相，这恰恰是文化认同

---

① 卡斯特. 认同的力量[M]. 夏铸九，黄丽玲，等译. 北京：社会科学文献出版社，2003：3.

② 同①.

③ 亨廷顿，李俊青. 再论文明的冲突[J]. 马克思主义与现实，2003（1）：44.

的根本。对此，斯宾格勒在《西方的没落》一书中曾经举过这样一个例子："以印度佛教传入中国为例，只有印度佛教的丰富的表象中的一部分为具有某种宗教倾向的中国人所接受，形成了一种仅对于中国佛教徒有意义的新的宗教表现形式，已不再是印度佛教，虽然在那些日子里双方都觉得自己是佛教徒，可他们在精神上依旧离得很远。相同的经文、相同的教义、相同的信条，但是两种不同的心灵，各自走自己的路。"在这里，"两种不同的心灵"即稳定的文化心理结构，具有特别重要的意义。这"两种不同的心灵"就是两种不同的文化认同。因此，任何这种文化认同的丧失都是一个民族消亡的标志。正是在这样的意义上，文化认同成为确保国家文化安全的国家文化生命底线。

文化规范和文化认同在当今中国表现出的最高形态就是国家认同，就是对中国作为一个国家的认同，即世界上只有一个中国。国家认同是个近代概念，是近代民族国家制度建立的意识形态基础。任何一个近代民族国家的建立都包括两个方面：一方面是民族国家制度，另一方面就是境内居民的国家认同。在这里，国家认同也就是我们通常所说的爱国主义，即对民族国家的一种依恋式情感。虽然民族国家是民族主义运动的产物，但是，并非所有的民族主义运动都会产生民族国家，因此，也并非所有的民族认同感都能转化成民族国家制度。但成功的民族主义必须最终表现为民族国家的建立。没有民族国家的制度基础，民族主义只能表现为一种情感。但是另一方面，如果没有国家认同感，已经建立的民族国家就没有稳固的心理基础。只有民族国家的制度基础和民族国家的心理基础高度统一，[①]才有一个国家的富强。在这里，民族认同只有上升到国家认同的形态，民族认同才能获得它的当代形态和当代意义。戈尔巴乔夫和叶利钦将苏联解体，还原了已经融入苏联国家的民族自决权，结果使原苏联国家中的众多民族在产权、自然资源继承权等法权关系上产生无休止的纠纷和冲突。国家认同的放弃，最终导致了民族和国家的全面衰落，这就是历史。中华民族历来是一个由多民族构成的民族概念，并且有着由多民族共同创造的灿烂的中华民族的优秀文化。"每当人们从中国的历史背景来研究中国问题时，都会对两个突出的特点感到震惊：中华民族惊人的恢复力和中国文化强大的内聚力。在两千多年的历史中，人们一再看到，异族局部或全部占领下的中国或四分五裂的中国仿佛一夜之间就恢复过来，在极短的时间内就又变成具有同一文化的、统一的独立国家……其他的伟大文明均已灭亡、流散或失去政治上的认同，而中国却生存下来不断繁衍，在种族和政治上可以认同。"[②]但是，数千年的封建王朝体制并没有在普通的老百姓身上培养出国家认同感，老百姓认同的只是皇帝，而非国家。梁启超为此提出"新民说"，主张建立现代国家。近代以来，中国沦为半殖民地半封建社会，现代意义上的国家认同并没有完全建立起来，有的甚至在今天还面临着严峻的挑战。例如，对香港、澳门来说，国家认同才刚刚开始，而台湾问题已经不只是国家认同问题，而是国家整合问题。国家文化规范只有上升到国家认同的层面上，文化认同才会最终在民族集体认同意义上获得它的最高形态，而也正是这样的形态，国家文化规范才能获得它的全部价值实现。因此，创建民族集体认同就必须加强国家认同建设。没有强有力的国家认同感，中国很难实现和平崛起。

民族是一个文化共同体，文化是民族这个共同体中最持久、最稳定、最显著的联系。

---

① 郑永年. 中国要建设国家认同[N]. 环球时报，2004-08-16.
② 高罗佩. 中国古代房内考[M]. 李零，译. 上海：上海人民出版社，1990：441-442.

一个民族之所以存在和发展，共同的文化认同是前提和基础，没有共同的文化认同，一个民族的存在与发展就丧失了必需的凝聚力。因此，文化的民族性或民族性的文化是一个民族生存与发展的标志。文化是具体的，任何文化都是各民族在其生存与发展的过程中同其所处的自然条件、社会条件融合与创造的结果，它一经形成和确立，就构成这个民族共同的思想基础、行为规范和活动方式，从而维系着民族的生存与发展。任何一个民族，由于其生存与发展的具体环境和条件的差异，无论是它对自然现象的解释，还是由此而建立的对待自然的态度，这种态度又进一步成为他们共同的风俗习惯、生活方式、价值观念、社会信仰的基础，构成了这个民族的特质和内涵，并以此同其他民族相区别。这是在共同的生态环境和条件下形成的对于人与自然关系的一种整体性系统观念和思维结构，并以这种观念和思维结构来解读一切世界现象，任何与此不同的世界观，以及由此而形成的文化体系都构成了民族上的异己性。在这里，建立在共同文化生态环境基础上的关于世界关系的文化认同，就具有一种把整个民族凝聚在一起的力量，任何一种对该民族的侵犯，不管是哪种形式和内容，都会遭遇到一个民族出于生存本能需求的文化反抗。人类社会发展历史和民族发展历史已经揭示，一个民族的解体首先表现为民族文化认同的分裂。苏联和南联盟的解体就是最深刻的例子。

二、内生性生成

内生性生成文化社会安全危机是一种在自身的发展进程中生成的可持续性安全危机形态。这是一种因内部发展不平衡需要寻求一种新的平衡而引发的文化社会安全动因。一般来说，文化社会安全首先是一种自我生成，是自我为了寻求一种最适合自己的生存发展需求而选择的一种安全生成模式。这种模式也是一种危机模式，即只有这种模式才能保证自己具有一种不断发展以确保生存底线的安全保障机制。这种机制是人类社会自然选择的结果。所谓"适者生存"，反之，"不适者不生存"。要生存，人类就必须根据变化了的生存环境而不断地寻求能够适应这种环境的社会结构与机制，具体包括社会生产力和社会生产机制两个方面。任何一种社会都会因此而内生出两种文化机制：一种是积极的发展机制，另一种是消极的保守机制。这两种机制共同作用，推动人类社会在自我竞争的条件下不断进化发展。在一个国家或民族内，这种内生机制往往表现为权力的更新与制度的变革。人类社会数年来不断上演的宫廷政变和社会起义就是解决内生性文化社会安全危机的外部表现形态。

阶级冲突与城乡差别是两种最突出的内生性文化社会安全问题。

阶级冲突在农业社会主要表现为农民和地主之间的冲突，在工业社会主要表现为工人和资本家之间的冲突。前者是由土地资源的分配不公造成的，后者是由对剩余价值的分配不公造成的。分配不公导致对共同体认同的分裂，在工业社会形成了工人阶级和资产阶级两大对立的阶级形态，整个资本主义社会的矛盾、冲突和文化社会安全问题本质上都是由这二者的矛盾造成的。马克思关于资本主义社会运动规律的研究及其结论，从文化社会安全的意义上来说，就是关于资本主义社会文化社会安全问题的发生及其解决的系统理论。不仅马克思主义研究是如此，所有关于阶级冲突的研究及其对这一冲突问题的解决都可以看成对困扰资本主义社会发展问题的文化社会安全问题的研究和理论，它们之间的差异只是"盲人摸象"构成的理论结果的差异，但是，这种差异并没有改变理论研究的对象存在的客观性。从马克思、韦伯、涂尔干到齐美尔，乃至后来的关于工人阶级和资本主义社会研究的其他现代与后现代理论，无不如此。只要这一问题没有最终获得解决，那么关于"阶级冲突"的命题就是文化社会安全研究的一个永恒命题。工人阶级和资产阶级分属于两大不同的文化体系是一个不证自明的问题，这种冲突是"认同分裂"的结果，因为两个分属于不同文化体系的阶级在一个内生的社会系统中同属于一个"命运共同体"——民族。他们是这个命运共同体中的诸多个别的"集成体"。对利益的不同占有的结果导致了认同的分裂，最终导致了阶级冲突，进而引发社会矛盾和社会冲突，最终爆发无产阶级对资产阶级的革命和资产阶级对无产阶级革命的镇压。这在今天就表现为不同认同之间的国家冲突。当不同的国家代表不同的阶级利益的时候，阶级冲突就表现为国家之间的冲突。毛泽东所说的无产阶级和资产阶级、社会主义和资本主义的矛盾将长期存在，正是在这个意义上具有文化社会安全论的真理性。

城乡差别是在社会分工的基础上发生的，社会生产力的发展不平衡导致和造成了分工的加剧，从而使以交易为主的新的社会空间的出现成为可能。这个新的社会空间不是指市场交易的形成，而是指专门从事市场交易和为市场交易服务的新的社会生产方式和社会群体的生成。这个新的社会群体就成为最初的城市居民——市民和市民阶层的萌芽。当他们成为一种新的社会生产力形态，整个社会在这一全新的社会生产力推动之下获得极大的发展的时候，特别是现代意义上的"贸易"出现以后，城市便作为一种完全独立的社会形态得到了迅猛发展，而不再作为农村经济社会的某种延伸而依附于农村社会。这一全新的社会形态的出现不仅改变了财富的流动方向和集聚形态，而且改变了人们的生活方式和生活观念。原有的建立在农村自给自足基础上的农业经济社会的价值观与新的城市经济社会的价值观之间产生了冲突。这一冲突导致的结果和阶级冲突所导致的结果是一样的——"认同分裂"。于是，"农民"和"市民"成为两种不同社会建构的人群身份。由于城市具有农村所没有的要素集聚功能，这就导致和造成了城市对农村的"洼地效应"——所有的优质资源都朝着最有利于城市利益最大化的空间集中，于是，农村在这个过程中随着城市发展的加快而不断地被边缘化，这种边缘化导致的直接后果就是"认同分裂"——农民和市民成为两种价值的标志，由此而构成的矛盾运动便构成文化社会安全问题发生的重要动因。

农村文化占主导地位的状况逐渐地被城市所取代。随着所有的优质文化资源不断地向城市集中，城乡差别被越拉越大，城乡矛盾和冲突也愈加被深化和激化。在这个过程中，作为文化社会安全形态的城市安全性问题和乡村安全性问题并没有随之减弱，相反地，出现了同步增强的复杂安全形势：随着城市的不断扩张和乡村发展被不断挤压，无论是城市，还是乡村，社会安全的脆弱性都在同步增大。城市扩张乃至膨胀使得城市原有资源日趋紧张，资源需求的无限扩张和城市供给能力的有限性之间构成了严重的矛盾和冲突，集中表现在外部的现象就是两种不同属性的人口对资源分配的冲突。原有的城市资源配置结构被打破之后，城市面临着一系列要求重新配置资源的利益诉求。在一段时间内，制度性、刚性安排直接成为引发安全冲突的诱因，如由户籍制度形成的一系列公共文化资源配置的合理性与户籍享有的不合理之间的冲突。例如，非城市户口的农民工不能享有只有城市居民才能享有的公共文化资源，教育就是其中最为典型的一例。教育资源城乡配置不合理是城乡差别导致的最典型的文化社会安全问题。在中国出现的所谓"学区房"概念以及由此而引发和造成的一系列社会问题都是由城乡差别的严重性而造成的。同样，农村人口的大量流失，尤其是优质人力资源向城市和大城市流动，造成了农村的"空心化"，导致农村原有的社会安全能力在这个过程中被进一步弱化。无论是农村的"空巢老人"还是"留守儿童"，都是文化社会安全能力构成的"弱势群体"。正是这样的"弱势群体"构成了农村文化社会安全的"弱质性"，从而与城市文化社会安全的"弱质性"构成了不同性质的"弱质双性"，这在一定程度上构成了当下中国文化社会安全内生性的主要特征。改革开放以来，特别是党的十八大以来，中国政府密集出台有关改善城乡差别的政策，消除农村绝对贫困，努力从制度上改变文化社会安全配置的不合理、不平衡状况，这可以看作对中国内生性文化社会安全发生机制的重建。

在中国，消除城乡差别的关键并不仅仅在于简单地实现农民市民化，更在于在根本生活方式与价值观上的城乡认同一体化，其中习惯的认同——卫生习惯——一种最重要的生活方式，也是现阶段构成城乡差别和表现为个体间的城乡文化冲突的具体表征。卫生习惯属文明范畴，是构成城乡社会个别性文化冲突的关键指标。城乡差别作为当代中国比较突出的文化社会矛盾和冲突，亟须克服与解决，实现两种文明形态之间的交融与重构，重建中国的乡村社会与城市社会的价值与身份认同，从而使城乡在内在性构成的价值观认同上实现同构，可能是实现中国文化社会安全平衡的关键。

三、输入性生成

输入性生成主要是指外部干预和外部植入而导致和造成原有社会安全构成结构的改变生成的文化社会安全问题。输入性生成主要是在国际安全层面上发生的，是构成文化社会安全问题最主要的来源。

移民和宗教是最典型的输入性生成机制。并非所有的移民和宗教输入都必然构成文化社会安全问题，但是，就输入性文化社会安全问题形成的普遍性而言，这是两种最典型的输入性文化社会安全问题生成机制。当今国际社会的主要安全问题都与这两大机制密切相关。因而，移民和宗教也是当今国际社会普遍的国家安全对象。

输入性生成的另外一种情况就是强制性文化和意识形态输入。通过强制性输入改变一个国家的社会文化结构，进而通过强制性改变一个国家的社会文化结构而重建和各个国家的文化社会安全结构与功能。第二次世界大战结束之后美国对日本和德国的"美国化"改造，就是通过强制性对这两个国家的法西斯文化社会体制和结构进行根本性改造而重建这两个国家的文化社会安全体制，试图通过这种输入性强制改造从文化的根部铲除法西斯主义的生成基础。

输入性生成的第三种情况就是在第二次世界大战之后形成的"文化冷战"机制。这一机制的一个根本特点是美国的"和平演变"战略，即通过向社会主义国家输入美国式大众文化来宣传和传播"美国价值观"，从而通过对美国价值观的植入性输入改变被输入国的文化社会安全构成认同，进而挑战被输入国的国家意识形态。其中最典型的就是干涉被输入国的内政，通过对被输入国的社会安全事件直接发表干涉性舆论来影响和混淆事物的本质，从而实现美国的战略意图与目的。这是美国根据它的"普世价值"理论和"人权意识形态"

对其所想干预的任何一个国家的国家安全采取的政策工具。而恰恰是这一美国式国家安全政策工具给当今世界文化社会安全带来和制造了许多文化社会安全问题。这是文化社会安全问题中的突出的安全研究议题：一个国家的文化社会安全问题在何种程度上才拥有自主处理和自由建构的安全主权。

四、交互性生成

交互性生成是指外部力量利用内部社会安全危机而将其安全化的一种文化社会安全问题生成机制。之所以将其称为"交互性生成"，是因为新媒体，尤其是"互联网"在其中发挥着"超国家"安全机制而出现的新的文化社会安全机制生成形态。交互性生成既可以是输入性的，也可以是内生性的，更多的是二者的"共谋"，即由内生性偶然发动，而由输入性推波助澜，所谓发生在中亚地区和阿拉伯地区的"颜色革命"，就是这种文化社会安全问题发生、形成乃至最终导致国家动乱、政权变更的典型事例。现代媒体，尤其是互联网在其中发挥的作用在某种程度上所构成的对一个国家乃至整个地区的文化社会安全的危害都是致命性的。我们姑且把这一类生成称为外部输入的"柔性生成"或"间接性生成"，因为这类文化社会安全问题的生成都有它的内生性因素，并非完全由外部发动。外部力量通过内部因素而起作用，或者说是外部力量利用了某一种机遇而把自己长期的战略意图突然地付诸实现，而往往是这一类文化社会安全问题的发生在其萌芽状态不被人们所注意。

丹麦哥本哈根和平研究所项目研究中心主任巴瑞·布赞教授在《新安全论》中对"社会安全"这一命题做了深入研究，在最后总结对这一问题的研究时，他特别指出了未来影响社会安全的集中趋势："社会安全中，地区间移民扮演着重要角色，尤其是在欧洲；地区间文化、宗教和文明同样是影响安全动态的不可忽视的因素，特别是中东和东亚。"因此，在巴瑞·布赞看来，全球化和文明冲突"这两种类型的社会安全事务，在未来很有可能呈现出力量不断增大的特征"。在这个过程中，"全球化动力不是结束了，而是与地区化动力加强了联系，它似乎更恰当地表明，社会不安全与其他领域（如政治、经济、军事等）的联系的重要性将日益增大，至少是这种情形：地区化时尚与全球化趋势将同样为世人所关注"。[①]这为我们继续深入研究文化社会安全议题提供了更为广阔的空间。

 本章小结

"文化社会"是指由以"认同"为核心的文化而建构的社会秩序系统。凝聚力是它的价值指标。文化社会安全反映着文化的凝聚力程度，其中最重要的是关于社会认同以及由这种认同的紧张关系所带来的社会安全。文化社会安全就是对这种由文化而建构的社会因文化而导致的安全存在状况。

"文化社会安全"是用以分析和描述文化安全在社会形态和社会运动中的存在形态与表现方式，以及它与国家文化安全的关系的核心概念，在人、社会与国家的文化安全分析

---

① 布赞，维夫，怀尔德. 新安全论[M]. 朱宁，译. 杭州：浙江人民出版社，2003：188.

框架中，具有架构"人与国家文化安全"关系的桥梁与纽带作用。

国家是由社会建构的命运共同体形式。不同的命运共同体又是建筑在"认同"的基础之上的，因此，作为"想象的共同体"的实现方式，国家所属的社会制度与社会形态在这个意义上构成了彼此之间的个性特征。社会主义与资本主义在定义了两种不同国家制度性质的同时，也建构了两种不同社会形态的差异与冲突。文化社会安全与国家文化安全的关系就是建立在这两种不同的社会制度形态上的。

文化社会安全形态与结构是由基于共同的身份认同而建构的以国家为共同体形态的文化社会安全和以基于共同的文化背景而建构的人的共同体的文化社会安全这两种文化社会安全形态所构成。由于社会构成的复杂性，社会并不总是与国家相统一，尤其是当社会主体的多元诉求与国家之间构成矛盾和冲突的时候，社会安全往往成为国家安全威胁的重要来源。其中，文化社会安全的运动状况直接影响国家安全，从而成为国家文化安全的重要表现形态，成为国家文化安全研究的重要内容。

移民、民族、宗教和语言文字是当代文化社会安全构成中的四大主要形态。移民文化及其构成的文化社会安全问题是后三者的集中体现。移民文化在文化社会安全建构中既是文化社会安全实现的积极力量，也是文化社会安全实现中的破坏性因素，具有建构与解构的双重特征，构成了当代人类文明发展的两难和悖论：一方面，移民能够带来本国和本民族社会发展所没有的积极的文化力量，同时移民文化也存在着与本国和本民族间生活方式和价值观的内在冲突，如何处理这种冲突，实现文化社会安全的有效治理，是当今国际安全治理中的文化社会安全难题。

语言文字是社会构成的基础性战略要素，它既是人们思维的物质外壳，也是人们之间重要的交流手段。语言文字建构了人们的社会性，同时也建构了语言文字安全与文化社会安全的关联性与一致性。不同的语言文字建构了人们不同的生活方式和社会组织形态，因而语言文字就不仅是人们的社会身份的表征，而且建构了人们的社会安全。语言文字安全正是在这个意义上成为社会安全的重要内容，并且与社会安全互相建构。

文化社会安全问题生成既是社会发展的动力，也是社会发展的障碍与阻力。普遍性生成、内生性生成、输入性生成和交互性生成是文化社会安全问题生成的四大主要机制。文化社会安全的演化在构成文化社会安全发展的同时，也会深刻改变文化社会安全问题生成机制的演化。这一双重演化进程共同构成了文化社会安全的动力结构，并且深刻影响了它们与国家文化安全的动力关系。

思考题

1. 文化社会安全分析概念系统的构成及其相互关系是什么？
2. 怎样认识和区别社会安全与文化社会安全？
3. 怎样认识和理解文化社会安全的形态与结构？
4. 怎样认识和理解移民文化在文化社会安全构成中的影响？
5. 怎样认识语言文字安全在国家文化安全中的作用？
6. 文化社会安全与国家文化安全的关系是什么？

 **参考书目**

1. 中共中央党史和文献研究院编. 习近平关于总体国家安全观论述摘编[M]. 北京：中共文献出版社，2018.

2. 总体国家安全观研究中心. 总体国家安全透视[M]. 北京：时事出版社，2023.

3. 胡惠林，胡霁荣. 国家文化安全治理[M]. 上海：上海人民出版社，2020.

4. 卡赞斯坦. 国家安全的文化：世界政治中的规范与认同[M]. 宋伟，刘铁娃，译. 北京：北京大学出版社，2009.

5. 安德森. 想象的共同体：民族主义的起源与散布[M]. 吴叡人，译. 上海：上海世纪出版集团，2005.

6. 陆忠伟. 非传统安全论[M]. 北京：时事出版社，2003.

第十章

文化遗产安全、文化资源安全与文化生态安全

 学习目标

通过学习本章，应了解和掌握以下内容：
1. 文化遗产、文化资源和文化生态三者之间的联系与区别；
2. 文化遗产安全等三种安全形态与国家文化安全的关系；
3. 文化遗产安全等三种安全形态所面临的主要威胁；
4. 文化多样性安全与国家文化安全的关系；
5. 文化生态构成的多重二元结构理论。

 导言

文化遗产安全是当今人类社会所面临的最为严峻的文化安全问题。全球化、城市化、气候变化以及地区冲突和恐怖主义活动，正在构成对文化遗产越来越严重的威胁。文化遗产在确认共同的文化归属和提供未来发展的智慧和能力方面，具有人类社会不可或缺的资源价值，如何在确保自身发展需求得到满足的同时，确保后代的可持续发展，不仅仅是今天人类社会共同的文化安全问题，而且是未来社会人类发展的文化安全问题，同时具有过去、现在和未来三个安全维度。从最广泛的意义上说，这三种形态的安全构成了全部的国家文化安全。任何一种形态和领域的国家文化安全都可以表现为文化遗产安全、文化资源安全和文化生态安全，三者是一个有机整体，共同构成了国家文化安全最根本的要素。

第一节 文化遗产安全议程

文化遗产安全是人类文明安全和全球文化安全的重要组成部分，在所有的文化安全系统中，这是一个受关注度和认同度最高的对象领域。迄今为止，人类社会在这一领域里建立了最具体细化的文化安全防卫保障机制，是国家文化安全研究中最重要的议程。

一、文化遗产的定义、范围及其相关概念

什么是文化遗产？文化遗产包括哪些对象和范围？此外，还有哪些概念与文化遗产安全相关联？解决这些问题是研究和讨论文化遗产安全的重要前提。

1. 文化遗产的定义与范围

2000年联合国教科文组织发布的《世界文化报告：文化的多样性、冲突与多元共存》专题讨论了"文化遗产"问题，从多个不同的角度给出了"文化遗产"的定义："世界瞬息万变，文化遗产在让人们了解自己是谁、来自何方以及生活的意义等方面扮演着越来越重要的角色。那些遗留在建筑、古迹、工艺品以及语言、风俗习惯、公共活动、传统技能等，作为清楚表达身份和阐释社区、地区国家和全人类的手段，越来越得到了广泛的认可。""关于遗产的概念，随着时间的推移，这一概念已经延伸到更为广阔的文化现象领域。这些现象代表着连接过去、现在和将来的持续进程。"[①] "这些遗产与特定的文化或人类文明的广泛的价值观有着特定深刻的联系。"[②]在这里，联合国教科文组织提出了一个解释什么是"文化遗产"的关键尺度：那就是所谓"文化遗产"是用来让人们彼此了解自己是谁、来自何方以及生活的意义等，因而是表达自己身份的手段，是个人、社会与国家的价值载体，通过和借助这一载体，把人们的过去、现在和未来相连接。因此，"文化与遗产并不是石头和房子，而是身份与归属。它们承载着历史的价值"。这是对文化遗产本质的一种认识、理解与揭示。这是一种具有哲学意味的关于文化遗产本质的认识。"这对今天的社会来说至关重要。我们必须确保这些遗产不受损失，因为正是它们将我们带到了一起并形成一个集体；是它们将我们捆绑在一起，使我们同呼吸、共命运。"[③]正是在这样的意义上，"文化遗产不但可以为人们提供共有的身份感、作为人类一分子的归属感，以及和解的途径，同时帮助我们构建了独特性和差异性应有的尊重，从而使人们相互之间卸掉固有的成见，摆脱对未知的恐惧，而获得生活的安全。"[④]因此，联合国教科文组织关于文化遗产保护的三项国际公约[⑤]都将文化遗产视作身份和价值，针对战争与武装冲突构成的对文化遗产的破坏，这些公约特别明确地指出，对文化遗产的袭击就是对人们共同身份的袭击。这就是联合国教科文组织号召人们"将文化遗产视作国际安全"的重要原因。[⑥]非物质文化遗产是一个国家和民族文化意识、精神特征和民族文化认同的载体，是一个民族共同体意识活的历史档案。

把文化遗产定义为人们的身份与归属，是人、社会和国家价值形态与生活方式和对生活意义的一种理解的载体，这就超越了联合国教科文组织于1972年颁布的《保护世界文化和自然遗产公约》"从历史、艺术和科学角度看"的视角，建立了文化遗产与社会的联系，

---

① 联合国教科文组织. 世界文化报告：文化的多样性、冲突与多元共存[M]. 北京：北京大学出版社，2002：123.

② 同①：125.

③ 伊琳娜·博科娃在世界遗产公约签署40周年纪念晚会上的讲话，2012年12月2日。转引自：联合国教科文组织2013年5月15日—17日在中国杭州召开的国际会议：《文化：可持续发展的关键》提供的会议文件。

④ 联合国教科文组织2013年5月15日—17日在中国杭州召开的国际会议：《文化：可持续发展的关键》提供的会议文件。

⑤ 1954年《武装冲突情况下保护文化财产公约》(《海牙公约》)、1970年《关于禁止和防止非法进出口文化财产和非法转让其所有权的方法的公约》、1972年《保护世界文化和自然遗产公约》。

⑥ 伊琳娜·博科娃在巴黎国际外交学院的讲话："在战争时期保护文化"，2012年12月31日。

与人、社会和国家的联系，而不再仅仅是"历史、艺术和科学价值"的对象。正如《世界文化报告：文化的多样性、冲突与多元共存》所指出的那样："实际上，艺术和建筑史、考古学、人类学和民族学再也不去研究单个的纪念物，而是去研究那些充分表现全世界范围内过去和现在各种文化的复杂而多方面的社会组织、生活方式、信仰和技能。不应该割裂开来研究物质遗迹，而应该将它置于社会背景之下，理解好它与有形和无形环境的多样相互关系。"①这不仅建立了文化遗产保护的安全指向的深刻性，而且建立了文化遗产安全与人的文化安全、社会的文化安全和国家文化安全的内在性。因此，文化遗产是一个国家和民族在长期的历史发展中形成和积累起来的、以共同生活方式为基础的文化身份认同的表达系统，其核心是社会方式和价值观系统，是一个国家和民族优秀传统文化最重要的载体和传承方式，对于凝聚人们的身份认同和价值观认同具有不可替代的重要作用。

2005 年 12 月，中国国务院发布了《关于加强文化遗产保护的通知》，明确指出："文化遗产包括物质文化遗产和非物质文化遗产。物质文化遗产是具有历史、艺术和科学价值的文物，包括古遗址、古墓葬、古建筑、石窟寺、石刻、壁画、近代现代重要史迹及代表性建筑等不可移动文物，历史上各时代的重要实物、艺术品、文献、手稿、图书资料等可移动文物以及在建筑样式、分布均匀或与环境景色结合方面具有突出普遍价值的历史文化名城（街区、村镇）。非物质文化遗产是指各种以非物质形态存在的与群众生活密切相关、世代相承的传统文化表现形式，包括口头传统、传统表演艺术、民俗活动和礼仪与节庆、有关自然界和宇宙的民间传统知识和实践、传统手工艺技能等以及与上述传统文化表现形式相关的文化空间。"这是中国依据联合国教科文组织关于物质文化遗产与非物质文化遗产的分类，对"文化遗产"这一概念所包括的范围做出的最权威、最明确的解释。在我国现行的文化遗产保护法律中，这两个领域分别由《中华人民共和国文物保护法》和《中华人民共和国非物质文化遗产法》构成，二者是我国文化遗产安全领域的两项基本法。

2. 与文化遗产相关的概念：文化财产与文物

"文化财产"与"文物"是两个与文化遗产密切相关的概念，也是容易被错置和混淆的概念。

"文化财产"在日本和韩国的相关法律中通常以"文化财"一词表示，如日本的《文化财保护法》。我国台湾地区使用的"文化资财"一词也包含有相同的意义，但不完全相同。第二次世界大战以后，日本作为战败国被美国占领与接管，美国开始从政治、社会和文化方面对日本进行全面的"美国化"改造。对战后经济恢复的重视、美国文化的全面占领以及由此而造成的日本国民对美国文化的崇拜，导致了日本国民对日本传统文化的漠视。1949年 1 月 26 日，日本现存世界上最古老的木构建筑——法隆寺金堂发生火灾，创作于 7 世纪末、具有重大文化价值的佛教壁画均被烧毁。此事件引起了日本全国对文化遗产的重视。1950 年 5 月 30 日，日本国会参众两院以议员立法的形式通过了《文化财保护法》。在这里，所谓"文化财"，就是指那些具有重要历史价值的文化表达形态与物质载体，具有恢复和重建日本的国家文化安全能力的意味。此前，日本就有《史迹名胜天然纪念物保存法》（1919年）、《国宝保存法》（1929 年）、《重要美术品保存法》（1933 年）等相关法律，所以从一定

---

① 联合国教科文组织. 世界文化报告：文化的多样性、冲突与多元共存[M]. 北京：北京大学出版社，2000：147.

程度上说，《文化财保护法》是在以往相关法律的基础上发展起来的一部关于文化财产保护的基础性法律。"文化财"被认为是在法律层面上提出来的最接近"文化遗产"的概念。

1954 年联合国教科文组织通过的《武装冲突情况下保护文化财产公约》和 1970 年联合国教科文组织通过的《关于禁止和防止非法出口文化财产和非法转让其所有权的方法的公约》使用的都是"文化财产"这一名词。《关于禁止和防止非法出口文化财产和非法转让其所有权公约》关于"文化财产"的定义是："为了本公约的目的，'文化财产'一词系指每个国家，根据宗教的或世俗的理由，明确指定为具有重要考古、史前史、历史、文学、艺术或科学价值的财产。"一般来说，"财产"往往是指某种"财富"的占有形式，具有直接的可量化、衡量的货币尺度，而且一涉及"财产"，往往意味着是"可交易""可转让"的。然而，文化的价值很难用固定的标准来量化，尤其是当某种文化对象对于特定人群、社区、民族和国家的历史具有无法比拟的特殊性的时候，它是"无价"的。尤其是那些"无形财产"，是无法依据"财产"的标准来界定的。而对于那些在人们的心目中具有普遍崇高性的对象——文化对象来说，人们是不愿意用一种具有"经济价值"色彩的概念来加以表述的。这就使得"文化财产"这一概念不足以完全表达人们对"文化遗产"的心理认知、感受与态度。联合国教科文组织后来通过的一系列有关文件均使用"文化遗产"这一名词指涉原先"文化财产"的涵盖对象。除日本和韩国等国还在使用"文化财产"一词之外，"文化遗产"已作为一个世界通用概念，成为一个具有规范的法律意义的法律用语。

"文物"是中国现行文化法律中涉及文化遗产的核心概念。中国关于文化遗产的保护性法律使用的就是"文物"这一概念。《中华人民共和国文物保护法》中没有关于"文物"的定义，只是划定了文物保护的对象和范围。对于"文物"一词的解释，不同的辞书是不一样的。《中国大百科全书：文物 博物馆卷》给出的定义是："文物是人类在历史发展过程中遗留下来的遗物、遗迹。"[①]《辞海》给出的定义是："遗存在社会上或埋藏在地下的人类文化遗物。"[②]从社会上的一般认知和理解来看，"文物"往往是指"遗物"。所谓"文物走私"中的"文物"，主要就是指能够用于交易的具有珍贵历史、文化和艺术价值的"物品"。年代的久远程度以及物品的稀缺性和艺术价值程度往往构成该"文物"的价格。只有在专业人士范围内才知道"文物"一词在法律意义上的涵盖领域和范围。虽然早在 1982 年制定的《中华人民共和国宪法》中就已经使用"文化遗产"这一概念[③]，2005 年 12 月国务院发布的《关于加强文化遗产保护的通知》使用的也是"文化遗产"的概念，但是现行文化遗产保护法律使用的还是"文物"这一概念。"文物安全"正是在这个意义上具有国家文化遗产安全的性质，属于"文物保护"的重要内容。

"文物"与"文化遗产"既相互联系，又存在一定差别。中国已经加入《保护世界文化和自然遗产公约》，并颁布有《非物质文化遗产法》，如何使关于"文化遗产"的法律在名词使用上实现规范和统一，对于统一社会的认知体系和价值观，完善中国文化遗产保护和安全保障体制、机制具有特别重要的意义。

---

① 中国大百科全书：文物 博物馆卷[M]. 北京：中国大百科全书出版社，1993：1.

② 辞海[M]. 上海：上海辞书出版社，2000：1859.

③ 《中华人民共和国宪法》第二十二条第二款规定："国家保护名胜古迹、珍贵文物和其他重要历史文化遗产。"

二、文化遗产安全与国家文化安全

国家文化安全是一个完整的安全体系，是由过去和现在的一系列文化安全内容构成的。文化遗产安全是国家文化安全的重要载体和实现方式，其与国家文化安全的关系集中体现在以下几个方面。

1. 文化遗产是一个国家和民族的历史档案，是一个国家和民族身份建构合法性的见证

每个人都具有出生证明，记载了"我"来自哪里？"我"来自哪一个母体？这是每个人的合法性之所在。对于一个国家和民族来说，也有一个出生证明：何时出生于何地？怎样证明或有什么可以证明？这对于每一个今天的国家和民族来说，它的过去拥有其今天存在着的全部合法性。没有足以证明它的出生地的物证，它的合法性就会受到威胁。这就是国家安全和国家文化安全的意义。在这里，国家身份的来源直接影响到它的归属，而归属是建立人们对国家的认同的全部依据。这个依据就是文化遗产，是足以证明国家的身份来历的那些历史遗留、遗存物，无论是物质的，还是非物质的。在某种程度上，一个国家和民族的安全就是建立在这个基础上的。因为你的物证提供了你的存在的全部合法性，这种合法性是由人类社会建立的集体无意识所建构的认同契约决定的。以最早设在费城的美国联邦政府楼，即美国独立宫为例，它是当年英国统治下的十三个殖民地宣布脱离英国并通过《独立宣言》的地方。1816年，宾夕法尼亚州政府计划拆除该建筑，然后出售地皮。消息传出后，大批市民聚集起来强烈反对政府的出售计划，迫使费城市政府斥资7万美元购买了这块地皮，终于保留了这幢历史建筑及其周围的土地，才有了今天这处国家独立历史公园和世界文化遗产。这就是在民族解放和国家独立之后，许多原来的殖民地国家通过法律诉讼向原宗主国追索国家文物，尤其是那些可证明自己来历的"镇国之宝"的原因。2005年埃塞俄比亚向意大利成功索回阿克苏姆方尖碑就是一个典型案例。埃塞俄比亚是有3000年历史的文明古国。埃塞俄比亚高原和青尼罗河水系曾哺育了闻名于世的阿克苏姆文明。阿克苏姆方尖碑建于4世纪阿克苏姆王朝时期，它由花岗岩构成，高24米、重200吨，已有1700年历史，是埃塞俄比亚文明的象征和国家主权的象征。它在1937年被意大利独裁者墨索里尼的军队掠走到罗马。第二次世界大战结束后，历届埃塞俄比亚政府不断向意大利政府提出归还阿克苏姆方尖碑的要求，直至2005年才成功使之重新回到埃塞俄比亚。2008年柬埔寨与泰国围绕柏威夏寺而爆发的边境冲突也是为了争夺这一"世界文化遗产"。

2. 文化遗产是人、社会与国家共同认同的基础与纽带，是一个民族和国家文化认同的载体系统

无论是物质文化遗产，还是非物质文化遗产，大都是建筑在信仰和崇拜的基础上的，或者说，是关于这种信仰和崇拜的表达与载体。这种信仰与崇拜对于一个地区、社区的居民来说，是他们彼此之间作为一种命运共同体认同的纽带，无论是一座教堂、庙宇、宗祠，还是一个传说，都是他们"灵魂"的安居之所。因此，对在这个地区和社区里的所有人来说，这些物质对象和非物质对象具有神圣性。所谓神圣不可侵犯，是指对象的神圣性对于每个人的存在高于它们的物理性存在。人们普遍地相信精神是不灭的。因此，任何象征着这些不灭精神的对象，无论是物质的还是非物质的，它们的安全是直接地与每个人的安全相联系的。因此，保护这些文化遗产，确保这些文化遗产的安全也就自然地成为维护和实现自身安全的重要实现方式。文化遗产安全正是在这个意义上通过人的载体而建立了与国家文化安全的关系。

正是由于具有这样一种精神纽带属性，文化遗产才往往在国家间冲突之后成为实现民族和解和调停的重要媒介。无论是国际冲突，还是国内冲突，在解决冲突之后，文化遗产常常成为一个社会重建的有力象征与工具，帮助人们主动冲出暴力循环。重建莫斯塔尔桥和华沙老城，以及将这两项文化遗产列入《世界遗产名录》，都具有象征性意义和创造性，对于抚慰集体创伤、重建国家文化安全是一剂不可多得的良药。文化遗产可以超越意识形态而起到文化认同的纽带作用。对两岸人民来说，中华优秀文化遗产都是老祖宗留下来的，为两岸同胞所共有。两岸一家亲，这是实现中国国家统一的文化基础，是中华民族认同的载体系统，是实现"一国两制"的根本基石。

3. 文化遗产话语是国家话语权安全的重要形态

文化遗产是由物质文化遗产与非物质文化遗产两个方面构成的，这种结构规定了二者具有不同的文化功能，同时规定了二者与国家文化安全有不同的作用关系。如果说物质文化遗产重在证明一个国家和民族的合法性的话，那么非物质文化遗产则重在对于自然、宇宙以及人与社会一切合理关系的阐释，这种阐释不仅揭示了合法性，更重在合理性，在某种程度上比前者更具有安全性特征。正是非物质文化遗产建构了人之于国家文化安全的同构性，即对于"我和我的国家"在内在精神和灵魂上的同一性。这种同一性对于国家文化安全的建构而言，往往比物质文化遗产安全更具有"润物细无声"的力量。所谓"软实力"，正是建构于这种无形之中。

由于以非精神文化为主要内容的非物质文化遗产属于人类的共同文化财富，实行全球资源共享，任何人都可以从自己的视角去消化利用。然而，问题并不在于作为人类共同文化财富的共享，而在于对文化财富内容的解释是否被人为地曲解。美国是一个文化资源稀缺的国家，却率先将内容产业纳入产业化轨道，通过 1997 年"北美行业分类系统"的颁布，实际上提出了一个"全球开放式"文化资源战略，从而为美国文化产业的发展建立了全球的文化资源供应与保障系统。这不仅消除了美国发展文化产业所面临的文化资源缺乏的危机，而且使世界各国的文化遗产资源面临国际文化产业巨头的掠夺与竞争。在这个过程中，经济上的支配性力量必然衍生出文化霸权主义。他们占有和剥夺他人的都是对文化资源内容的解释权。联合国教科文组织在 1998 年《世界文化发展报告》中针对后发国家在文化遗产数字化过程中所面临的这种危险明确指出："由于后发国家缺乏对本国文化资源的有效保护，依赖于国际资本实现其文化遗产数字化，从而在知识经济时代的国际格局中再一次成为文化资源的廉价出口国和文化产品的高价进口国，那么，它们失去的将不仅仅是对自己文化的解释权，而是整个文化遗产的基本含义发生的变异，从而使一个民族迷失最基本的文化认同感，在文化的根部彻底动摇它存在的依据。"这就构成了文化遗产安全中的非物质文化遗产安全问题。美国电影《花木兰》对中国这位巾帼英雄的重新阐释就是一个典型案例。这就是许多舆论所忧虑的：如果我们对"《花木兰》现象"不能引起足够的警惕和高度关注，那么，我们的子孙后代在将来看到的对中国传统文化的读本，也许就都是"美国版"的。

对一种精神文本解释的话语权往往意味着一种力量或权力对一个国家和民族精神文化发展走向的主导权和解释权。因对同一对象的不同解释而引起纷争和导致战争，进而造成和导致一个国家和民族分裂，乃至人类文明社会的分裂，正是当今世界人类社会不安全的重要原因。其中最典型的宗教纷争和分裂就是源于对同一宗教经典的不同理解和解释。因此，对一个国家和民族非物质文化遗产内容的解释绝不仅仅是单纯的"大话"和"戏说"，而是与一个国家和民族争夺未来的精神世界，争夺属于我们的精神归属。

三、文化遗产安全存在的主要威胁

文化遗产安全既具有全球普遍性问题，也有各个不同国家的特殊性问题。文化遗产被分成物质文化遗产和非物质文化遗产两种类型，由此而构成的两种不同类型的文化遗产安全的分析也是不一样的。

1. 物质文化遗产安全的主要威胁

对文化遗产安全造成威胁的来源有许多不同的分析，主要有全球化、城市化、旅游业的扩张、文物走私、大气污染、人口扩张、战争与突发性自然灾害等。这些主要还是基于传统的对物质文化遗产安全威胁的角度。在对物质文化遗产构成安全威胁的众多来源中，战争与突发性自然灾害，城市化和旅游业迅速发展造成的遗产消失的危险，文物走私与盗掘，公共和私人工程的威胁，土地的使用变动或易主造成的破坏，被公认为五大主要来源，其中有三项构成了当今物质文化遗产安全最主要的威胁。

（1）战争与突发性自然灾害是人类文化遗产所面临的最主要安全威胁。

2001年，塔利班以"反对偶像崇拜"为名，炸毁了阿富汗境内的巴米扬大佛，震惊世界。十几年后，"伊斯兰国"继续上演毁坏人类文明遗产的悲剧。2015年3月，"伊斯兰国"先后炸毁了世界文化遗产哈特拉古城遗址、亚述古城尼姆鲁德遗址、杜尔舍鲁金古遗址："伊斯兰国"4天连毁伊拉克3个古城。文物背后的故事是国家和民族的集体记忆。两河流域是世界上文化发展最早的地区，拥有世界最古老的城市遗址，创造了世界上第一种文字——楔形文字、第一部法律……这就是为什么伊拉克旅游和文物部发表声明谴责，"伊斯兰国"不仅挑衅全球良知和人类感受，而且"正在试图消灭伊拉克的历史"。对此，联合国教科文组织发表声明称故意破坏文化遗产的行为构成了战争罪行，联合国秘书长潘基文也以最强烈言辞予以谴责，并称故意毁坏人类共同文化遗产的行为构成战争罪，代表了对全人类的攻击。2015年5月，在极端组织"伊斯兰国"摧毁叙利亚中部历史古城巴尔米拉的标志性建筑凯旋门后，联合国教科文组织通过了成立"文化蓝盔部队"的提案，以竭力避免世界范围内文化古迹因天灾人祸受到损毁。①

---

① 这一提案由意大利提出，建议组建由高度专业化人士组成的特别工作组，以便在世界各地文化遗产遭破坏或有潜在危险时，及时采取保护或救援行动。意大利文化遗产与活动部部长达里奥·弗兰切斯基尼呼吁联合国尽快制定这支"维和部队"的具体任务和行动方式。他提议，"文化蓝盔部队"可以参考意大利文物警察的经验。弗兰切斯基尼所说的"文物警察"的正式名称是"保护文化遗产宪兵部队"，其前身是1969年成立的"教育部宪兵司令部"（20世纪60年代，意大利教育部负责全国的古迹和艺术品等文化遗产的保护工作）。意大利保护文化遗产宪兵部队（简称"文物宪兵"）受宪兵总部和意大利文化遗产与活动部的双重领导。一方面，文物宪兵隶属于宪兵总部，是意大利13万宪兵部队的一部分；另一方面，它又接受文化遗产与活动部长直接领导。文物宪兵都是从宪兵部队中选拔而来，在进入工作岗位之前，需要接受严格的警察业务和文物、艺术品知识的训练。意大利文物宪兵所承担的任务包括监控文物安全状况、保护名胜古迹安全、提供预防性安全咨询与忠告、追索被盗艺术品四大项。其主要工作是监控文物安全，处理文物案件。一旦有案件发生，相关部门必须在第一时间报告文物宪兵部队，由文物宪兵汇总线索，部署监听、监控、查扣被盗文物等。（意大利文物宪兵：文化遗产的守护者[N]. 中国文化报，2015-11-02.）

除了战争，还有自然灾害，主要是突发性、灾难性自然灾害，如地震、火山爆发、飓风、海啸、大洪水以及其他给文化遗产带来和造成的破坏和毁坏。2008年5月12日发生在中国四川的汶川大地震使众多珍贵的文化遗产和博物馆遭到前所未有的破坏。据中国国家文物部不完全统计，四川、甘肃、陕西等省2处世界文化遗产、145处全国重点文物保护单位、285处省级文物保护单位和千余处市县级文物保护单位及大量的文物保护点受到不同程度损毁，152处博物馆、文管所、文物库房等遭到破坏，包括420件珍贵文物在内的约4100件馆藏文物受损。汶川是羌族主要聚集地区，大地震使羌族的代表性文化遗产——羌族碉楼等文物古迹大面积损毁，对羌族文化造成不可复原的巨大伤害。公元79年，意大利维苏威火山大爆发，摧毁了整个庞贝古城，给整个人类文明进程造成了无法挽救的损失，至今都是人类文明的沉痛记忆。

（2）城市化和旅游业迅速发展造成的遗产消失的危险。

工业化和城市化进程加快，生产、生活方式的改变，都市文化的冲击，原有的文化生存土壤正在以惊人的速度消失，发展与保护的矛盾日益突出，尤其是对历史文化资源，特别是对已被国家列为国家历史文化名城和联合国世界遗产的错位开发和超容量开发，已经现实地构成了当下中国最为严峻的文化遗产安全问题。"随着中国争取成为第一旅游目的地，这里可看的东西越来越少。迅速的城市化正将1949年以前数十年战争和入侵以及后来'文革'中幸存下来的一点古迹一扫而空。""传统的社区被破坏。"[①]至今人们都还在为北京古城墙的被拆而痛惜，然而在"改造旧城"和"城市化进程"的名义下，"长沙福源巷37号'左公馆'一夜之间被铲平；襄阳部分宋明城墙一夜之间被推倒；遵义会议会址周围的历史建筑一拆而光；安阳穿城修路严重破坏历史街区；福建的三坊七巷名存实亡；南京老城区已经拆迁改造完毕；济南投入22亿'巨资'拆迁了44万平方米、43个片区，大量的特色街道消失在推土车轮下；开封覆盖着现代化的草坪；郑州以'一路、一区、一城'为标志，古城全部翻新……在'旧城改造'的名义下，历史文化名城遭遇着前所未有的创伤。"[②]历史文化遗产在追求经济发展和现代化中被破坏，曾使许多国家痛心疾首。仅英国在20世纪70年代旧区改造造成的建筑破坏就比整个第二次世界大战炮火摧毁的还要多。"比战争还严重的破坏令全世界痛定思痛，然而令人遗憾的是，我们在重蹈这些国家的覆辙。"正是在这个意义上，错误的观念比战火更具破坏性。[③]

旅游业的发展与开发是当前文化遗产安全所面临的又一威胁。"不区分清楚世界遗产与普通旅游风景区之间的性质，混同于一般国有资产，将政府对遗产资源管理权混同于政府与一般国有企业的关系，机械地把承包转让等市场机制的'经验'往遗产的身上硬套，把保护性、社会公益性质的国家风景区和世界遗产作为旅游经济开发区进行开发"，"这种错位开发是一种方向性的错误和谬误。这种'公司经营风景区'模式是一种既背离世界潮流，又不符合中国国情的怪胎"。[④]历史文化遗产的生存危机必然导致现实的文化生态环境和文化资源危机。我国的城市化进程中出现的"千城一面"的情势，正在使得中国文化生态环境和文化资源在城镇化进程中处于最为严峻的危机阶段。把申报世界文化遗产作为发展地

① 2004年4月2日英国《独立报》：中国人烧毁连接过去的桥梁[N]. 参考消息，2004-04-07.
② 李舫. 假如失去历史，你会不会恐慌？——警惕文物保护背后的地产冲动[N]. 人民日报，2010-10-22.
③ 同②.
④ 黄山如何保持世界遗产的品位[N]. 光明日报，2003-02-18.

方经济的手段，正使得世界文化遗产申报成为严重危害文化生态环境和历史文化资源破坏的危险机制。为了防止导致世界"文化遗产的状况恶化"，"联合国教科文组织的官员正阻止更多的中国文化遗产上榜"。[①]

（3）文物走私与盗掘。

文物安全是严重威胁国家文化安全最主要的领域之一。"伊斯兰国"对伊拉克和叙利亚世界文化遗产的损毁，其中包含一个险恶的目的，就是通过对文物的掠夺和走私倒卖获得战争经费。在中国，根据有关部门不完全统计，从 2000 年到 2002 年 10 月，全国公安机关共破获文物案件 3189 起，抓获犯罪嫌疑人 3780 人，收缴各类文物 707 件。先后破获宝鸡市青铜博物馆负责人许知生等人非法出售、倒卖馆藏文物案，金门市文化局博物馆党支部书记王必胜等人私掘古墓葬、倒卖馆藏文物案等一大批大案要案。[②]2008 年和 2009 年，全国公安机关共立各类文物案件近 2000 起，其中，盗窃文物案件 898 起、盗掘古墓葬文物案件 937 起、倒卖文物案件 113 起、抢劫文物案件 36 起。2008 年 4 月至 2009 年 1 月，长沙市岳麓区、望城县、长沙县、浏阳市等地连续发生 11 起盗掘古墓恶性案件，包括西汉长沙王陵及贵族墓在内的 20 余座古墓葬被破坏，损失巨大，仅后来追缴被盗文物就达 304 件，其中国家一级文物 12 件、二级文物 48 件、三级文物 89 件。2009 年 12 月至 2010 年 6 月，公安部和国家文物局仅在山西、内蒙古、安徽、山东、河南、湖北、陕西、甘肃、青海共 9 省区开展的"全国重点地区打击文物犯罪专项行动"中，就侦破文物案件 541 起，追缴文物 2366 件（套），包括国家一级文物 14 件、二级文物 156 件、三级文物 376 件。[③]近几年来，发生在全国各地的盗掘古墓案达 10 万余起，被毁古墓 20 余万座，流失文物更是不计其数。个别地方甚至出现了集体性盗掘活动，出现了日益暴力化、集团化发展趋势，严重威胁国家文物安全。根据联合国 2003 年发布的《全球防止非法贩运文化财产报告》公布的数字，在全球 47 个国家的 18 个博物馆中，中国文物就有 163 万件，私人收藏家手中的中国文物则在千万件以上。[④]

文物是人类发展的足迹，是一个国家和民族发展史的见证，包含了一个民族和国家全部合法性的文明记载。一件文物，有的时候甚至可以复活一段已经消失了的历史，重新唤起人们的民族、国家和文化认同，这就是像埃及、墨西哥等文明古国不断追索被盗、被掠文物回归本国的重要原因。古墓盗掘、文物倒卖和走私的产业化严重危及国家文化安全。因此，打击文物走私，维护国家文物安全也就成为现代许多国家维护国家文化安全的重要内容。2010 年 11 月 9 日，由国际博物馆协会专家组与中国专家联合制定，旨在帮助博物馆、收藏者、文物艺术品交易商、海关和其他执法人员甄别非法出境的中国文物的《中国濒危文物红色目录》在上海发布，共涉及 13 类文物。这是中国第一份进入国际文物保护事业的"国家文物安全"名录，从而为有效地遏制文物走私提供了制度性保障。

2. 非物质文化遗产安全的主要威胁

非物质文化遗产安全是文化遗产安全所面临的又一种安全形态。一种以非物质形态存

---

① 2004 年 4 月 2 日英国《独立报》：中国人烧毁连接过去的桥梁[N]. 参考消息，2004-04-07.
② 三年破案三千起，收缴文物四千多[N]. 中国文化报，2002-12-28.
③ 刘修兵. 文物犯罪屡禁不止，文物安全亟待加强[N]. 中国文化报，2010-11-29.
④ 程洁. 文物流失危及国家文化安全[N]. 社会科学报，2010-11-04.

在，却与我们的民族智慧和灵魂血脉相承，保留着我们最纯粹、最古老的文化记忆和文化基因的精神财富正迅速离我们远去。随着现代化进程的加速发展和经济一体化的影响以及人们的生存环境和生活方式的改变，世界各国的重要文化遗产正受到越来越严重的破坏，有的濒临消失。而口头非物质遗产因为形态的特殊性，生存环境遇到了前所未有的危机。尤其是对于我国这样文化遗存丰厚但迅速走向现代化、城镇化的国家来说，危机四伏。

口头与非物质遗产是指人类口传心授的，有突出价值并曾经广为流传的各种民族民间文化艺术的代表作，如口头文学、音乐、舞蹈、游戏、宗教意识、服饰、工艺等是一种无形的、不可重复的文化空间。这些无形的文化遗产包含了更多随时代迁移与变革而被人们忽视或忘却的文化记忆，只有唤醒这些记忆，才可能真正懂得人类文化整体的内涵与意义。文化的延续发展需要一个民族的根，文化创新的高度往往取决于对文化遗产发掘的深度。这些积淀了千年民族精神和民族感情的东西一旦消失，人类的损失则无可挽回。例如，广为流传的经典民族乐曲《二泉映月》获抢救的第二年，阿炳即去世；陕北黄土高原的民俗剪纸在 20 世纪 80 年代还是铺天盖地，而现在已经近于完全消失，而恰恰在这里面包含着中国妇女传承千年的文化精神和文化信仰对于生活的文化理解，是一种文化纽带，传递着中华文明的信息。昆曲是中国乃至世界现存最古老的、具有悠久艺术传统的戏剧形态，它集文学、舞蹈、音乐、戏剧为一体，600 多年来，成为中国古典表演艺术的经典，全国几乎所有的剧种都不同程度地得到过它的滋养，有"百戏之祖"的美誉。昆曲之于中国文化发展的资源学意义，诚如马克思所论希腊神话对于欧洲文化的意义一样，如果没有昆曲，中国的现代文化资源结构很可能完全是另外一个样子。2001 年 5 月 18 日，正是由于在整个中国文化乃至世界文化发展进程中占有不可替代的文化地位，昆曲以全票入选联合国教科文组织首批人类口述和非物质遗产代表作名单。然而，市场萎缩、剧目锐减、人才流失使得这一世界文化瑰宝、中华民族的优秀文化遗产面临严重的生存危机。昆曲尚且如此，全国多少地方戏曲作为中国文化一笔不可再生的资源安全状况也就可想而知了。[1]"每两年消失 3 个剧种，有的'非遗'没演出小戏种身陷'边缘化困境'，如何拯救承载千年乡愁的民间戏曲"[2]已经成为迫在眉睫戏曲的安全问题。戏曲的盛衰演变有其自然规律，但有些则是人为干预的结果。21 世纪初开始的文化体制改革对艺术表演团体不加区分地转企改制和转制转身份，把不具有市场竞争力却有着深厚历史文化资源积累的文艺院团也推向市场，直接导致了传统戏曲生存困境，即便是被列入国家非物质文化遗产的"国宝非遗"也面临发展困境，这样的文化资源和文化遗产安全问题的发生对中国的国家文化安全的伤害是很大的，有些已经导致了难以挽回的国家文化安全资源的消失，从而失去了对历史的传承与解释。

2011 年 2 月 10 日的《光明日报》在头版报道了这样一条消息：前不久，《纽约时报》上刊登了一篇文章——《皮影艺师或携珍贵皮影移民美国》，文中谈及的将要移民美国的皮影艺师，就是北京皮影博物馆的创办者兼馆主、同为国家一级演员的崔永平和他的夫人王淑琴。崔永平皮影艺术博物馆是目前中国唯一一家集展示、收藏和表演的博物馆，其中光

---

① 据报道，温州的瓯剧不久前因后继无人而消亡。在江西，平均每年就有超过 20 种地方戏灭绝。（详见：面对重重困境，他们如何才能走出怪圈[N]. 新华每日电讯，2004-09-28.）

② 2015 年 9 月 10 日新华每日电讯：来自文化部门的权威数据显示，1959 年我国尚有 368 个剧种，目前只剩下 286 个，相当于平均每两年就有 3 个剧种消失；全国有 74 个剧种只剩一个职业剧团或戏班，处于几近消失的边缘。

展品就有一万多件，既有明清、民国时期的皮影，也有河北、山东、四川、陕西等地的皮影样本，题材广泛，既有历史演义、民间传说，也有童话、寓言故事等。许多藏品在中国乃至全世界都是独一无二的，另有 12 万件藏品堆在库房里。1983 年，崔永平夫妇在欧洲巡回演出。在法国的一家中国皮影博物馆，中国的皮影道具一应俱全。"外国人给我们讲中国的皮影历史！"正是那种刺激和屈辱使崔永平回国办起了中国第一家皮影博物馆。《纽约时报》曾描述崔永平的博物馆"展品之丰富齐全，堪比罗浮宫的绘画藏品"。[1]消息发表时，崔永平夫妇已经走了。皮影在中国已经有 2000 多年的历史了，有故事情节的皮影戏也超过了 1400 年。崔永平夫妇走了，一个问题产生了：敦煌在中国，敦煌学在国外；是否又会发生——皮影在中国，皮影艺术或皮影学在美国？在这里，就不仅是一个中国传统文化艺术形式在现代中国社会中的建构性问题，而是由谁来解释这种建构性问题，以及对此的建构是如何重建世界对中国的认知、对中国的认识。

"一旦失去文化记忆，我们便难以找到回家的路。"中国文联主席孙家正说。尽管事物的兴衰存亡有它的自然规律，随着时光的流逝，人们确实无法拯救所有濒临灭亡的文化意识形态，但是作为流传几千年的民族传统文化的正根，是我们赖以生存的精神家园，是我们赖以存在的文化身份的识别标志，中国当今存在的文化艺术样式和中国人的文化审美结构都是在这样的正根上长出来的，是受它滋润的一个结果。我们不能从根基上动摇中华民族存在中国新文化发展的合法性基础，这是中国国家文化安全的底线。

四、文化遗产安全保障

正是基于文化遗产对于人类社会发展全部重要性的认识，才建立了一整套具有法律约束力的文化遗产保护体系——文化遗产安全保障体系。

无论是自然文化遗产还是人类非物质文化遗产，都是人类发展轨迹的记录，正是这样的记录，才使得人类的发展有案可查，因此对我们现代人来说，它们存在的意义就像"老奶奶的家"，是我们对历史的记忆。同时，正是这样的记录和记忆构成了我们今天存在的完整的文化生态系统。人类种群的差异就在于他们的文化生态构成的差异。因此，文化生态的完整性和安全性，对于一个民族来说，具有兴衰存亡的重大意义。文化遗产具有不可再生性，许多历史文化遗存一旦被毁，传统纽带一旦被割断，民族的人居环境一旦被破坏，文化生态平衡一旦被打破，并造成文化基因谱系的断裂和文化多样性的消失，那么它给一个国家和民族所带来的威胁将是灭顶之灾。从某种意义上说，除了国家文化主权，已经没有什么文化安全能比由文化遗产安全构成的文化生态安全给我们带来更大的文化安全危机了。1964 年通过的《威尼斯宪章》明确指出：要"把历史遗存看作人类共同的遗产，认识到为后代保护它们，并将它们真实地、完整地传下去是我们的共同责任"。1976 年联合国教科文组织通过的《内罗毕宪章》进一步指出，为阻止"整个世界在扩展或现代化的借口之下，拆毁和不合理不适当重建工程正在给历史遗存带来的损害"，必须要有有效的"立法和行政措施"，有"技术、经济和社会的保障"。因此，建立科学的文化遗产安全的法律保障体系和政策系统也就成为人类社会的共同目标，并由此初步建构了一个人类文化遗产安全保障体系。这个保障体系大致可分为以下三大主题。

---

[1] 张景华. 皮影博物馆：好玩意儿，咋就没人关心呢？[N]. 光明日报，2011-02-10.

1. 文物安全保护

1954 年，联合国教科文组织在瑞士海牙通过了《武装冲突情况下保护文化财产公约》（简称《海牙公约》），针对战争和武装冲突地区对地区文化遗产造成的破坏，通过条约形式制定了一整套关于保护冲突地区文化遗产安全的法律约束性制度，这也是国际社会首次通过建立新的国际文化安全秩序形式推进人类和平与安全事业的创举。

1970 年，针对博物馆和考古遗址事件不断发生且愈演愈烈的趋势，联合国教科文组织推动通过了《关于禁止和防止非法进出口文化财产和非法转让其所有权的方法的公约》（以下简称《公约》）。该公约在《海牙公约》的基础上，不仅进一步拓宽了"文化财产"的对象和保护范围，而且确立了文化遗产保护中的"国际合作"原则，如根据《公约》关于缔约国"在其文化遗产由于考古或人种学的材料遭受掠夺而处境危殆时，得向其他相关缔约国发出呼吁"的规定，中国已与包括美国在内的 13 个国家签署了关于限制进口中国文物的双边协定或谅解备忘录。

1995 年国际统一私法协会受联合国教科文组织委托，就文物交易后产生的私法问题制定了《关于被盗或者非法出口文物的公约》，分别从被盗文物的保护制度、非法出口文物的保护制度和善意持有人制度三个方面做出了更加有利于遏制文物非法进出口及其所有权转让的规定，如无论是否已经登记，所有被盗文物都必须归还原主；非法出土或合法出土但非法持有的文物，只要挖掘所在国法律定为盗窃，则该文物应视为被盗文物等，这对于从国际私法层面进一步加强对文物安全国际制度极其重要。然而，出于不同的国家利益考虑，截至 2011 年只有不到 40 个国家加入该公约。这也是造成对被盗文物的国际追索困难的重要原因之一。

但是，无论如何，不断地增强对文物安全的国际保护，并形成全球性文物安全保护体系，日益成为国际文化安全共识。

2. 非物质文化遗产安全保护

非物质文化遗产的保护作为一项人类文化安全议程的提出，在很大程度上是源于全球化对人类文化多样性存在和发展带来的负面影响。把全球化看作对世界文化多样性安全和文化遗产安全的主要威胁，几乎是联合国教科文组织一系列关于文化保护与发展文件的核心主题。面对全球化对现有生活和习惯带来的威胁，"在'传统'文化中寻求安全"[①]逐渐演变发展成一种世界性安全需求。1989 年联合国教科文组织第 25 届大会通过了《关于保护传统文化和民间创作的建议》，这是国际社会试图通过国际合作形式实现对非物质文化遗产安全保护的努力。其中关于"传统和民间文化"的界定与"非物质文化遗产"有着高度的相似性。2001 年 11 月 2 日，联合国教科文组织第 31 届大会通过了《文化多样性宣言》，这一宣言承认文化多样性为人类的共同遗产，这就为全球性的、具有约束力的世界非物质文化遗产保护公约提供了安全理论依据，并奠定了基础。2003 年 10 月，联合国教科文组织在巴黎举行的第 32 届大会上通过了《保护非物质文化遗产公约》。中国政府于 2004 年 2月 12 日加入该公约。该公约的宗旨是：保护非物质文化遗产；尊重有关社区、群体和个人的非物质文化遗产；在地方、国家和国际一级提高对非物质文化遗产及其相互欣赏的重要

---

① 联合国教科文组织. 1998：世界文化报告：文化、创新与市场[M]. 北京：北京大学出版社，2000：1.

性的意识；开展国际合作及提供国际援助。根据该公约规定建立"人类非物质文化遗产代表名录"和"急需保护的非物质文化遗产名录"，已经成为全球性非物质文化遗产安全保障机制，通过建立"世界非遗名录"对有效地促进世界各国保护人类口头及非物质文化遗产安全发挥了极其鲜明的积极作用，世界各国都把"非遗申遗"和进入"世界名录"看作提高本国的国家文化软实力、世界影响和维护国家文化安全的重要工作和重要标准。

2005 年，为进一步落实《文化多样性宣言》精神，联合国教科文组织第 33 次大会审议通过了《保护和促进文化表现形式多样性公约》（简称《文化多样性公约》）。该公约专门规定了缔约国的紧急安全保障权力，即缔约一方可以确定其领土上哪些文化表现形式属于面临消亡危险、受到严重威胁或需要紧急保护的特殊情况，并可以采取一切恰当措施对其进行保护。这对于世界各国依法维护国家非物质文化遗产安全提供了重要的国际法保障。

3. 文化与自然遗产一体化安全保护：世界遗产安全

随着人类世界的快速发展，自然风景与历史遗迹日益显露出对于人类社会文明发展越来越重大的价值和意义，将文化遗址和自然保护合而为一的设想逐渐形成共识。在联合国召开的人类环境会议将该设想形成具体条文的基础上，1972 年 11 月联合国教科文组织全体会议通过了《保护世界文化和自然遗产公约》（简称《世界遗产公约》），从而形成了以《世界遗产公约》为核心的、以人与自然相统一的人类文化遗产安全保护体系。这一安全保护体系第一次实现了文化遗产安全与自然遗产安全的有机统一，克服了原来的将文化和自然分开保护的安全体系的局限性，站在人类发展环境的安全需求的高度，重建了人类关于文化遗产安全的理论和保障体系。建立《世界遗产名录》是世界遗产安全体系的制度性保障措施。能否进入《世界遗产名录》和进入多少也就成为衡量一个国家和民族在保护世界文化遗产和促进人类文明和平和安全发展事业的重要标准，从而也使任何对世界文化遗产的攻击都是对整个人类文明社会的安全威胁成为一种国际社会共识，使保护我们共同的家园——地球，成为新的人类安全的共识。把文化作为可持续发展的关键，也就具有了文化生态安全的意义。中国在 1985 年加入该公约，1991 年在公约缔约国第 8 届大会上当选为"世界遗产委员会"委员国。2001 年联合国教科文组织通过的《保护水下文化遗产公约》，在一定程度上可以看作对上述文化遗产安全保护的补充。

第二节　文化资源安全

资源安全始终是人类社会进化发展中所面临的最大的安全问题。人类一切安全问题都围绕对资源的控制与反控制而发生。这是由资源的稀缺性决定的。资源存在作为一种供给的有限性与人类需求的无限性，构成了人类社会发展永恒的矛盾。文化资源安全是这种永恒的矛盾在文化领域的反映和表现。文化资源安全的可持续发展构成了人类社会文化可持续发展的永恒主题。

一、文化资源的构成及其安全性问题

资源是指一切能够被用于人类社会生存与发展的对象，包括自然资源和社会资源，因而是社会生产力的一种构成形态。这两种资源形态的存在方式和存在数量，构成和决定了在一定历史条件和一定空间条件下人类社会的存在方式和存在长度。这种存在方式和存在长度构成了对人类社会而言的安全性，即随着资源存在方式和存在长度的消耗，人类社会生存所面临的生存危机将不断增多，特别是那些不可再生的资源对于人类社会生存安全构成的安全性来说，人类社会的安全性随着不可再生资源的消耗而降低。因此，寻求替代性资源及可再生资源一直是人类社会寻求不断降低生存安全风险的努力。也正是基于对这一资源安全性对于人类社会发展的重要性的认识，1992 年 6 月，联合国在巴西里约热内卢召开环境与发展大会（也称"里约会议"），通过了以"可持续发展"理念和目标为核心的《里约环境发展宣言》（又称《地球宪章》）和《21 世纪议程》，从而开启了一个全球性"资源安全"新时代。

资源的有限性构成了资源的稀缺性，这是资源最本质的属性。资源安全性是由资源的稀缺性决定的。因此，任何对资源的过度使用都会由于和资源的稀缺性构成不可避免的矛盾和冲突而导致资源的安全性问题。

资源分为不可再生资源和可再生资源。不可再生资源包括石油、煤矿、古建筑、石窟艺术等；可再生资源包括森林、文学艺术、文化形式等。文化资源既具有不可再生性，又具有可再生性。以自然和历史形态存在的文化资源具有不可再生性，因为这一类资源的储量和形态往往具有唯一性，随这一类文化资源的消耗而不断减少，无法再生，从而形成文化资源安全问题。制定明确的法律制度保护这一类文化资源的安全便成为人类社会的共识。以非物质形态存在的文化资源具有可再生性，如一部分非物质文化遗产、文学艺术和思想文化等，人们可以通过继承其内容而使其获得新的生命形态而继续发展。一部人类文学艺术发展史和人类思想文化发展史就是一部非物质文化资源的不断再生史。通过不断地创造性精神生产劳动而再生人类文明成果，使人类社会免于整体性文化安全危机而从事的集体安全防卫，这是一种基于文化资源安全对整个人类文明安全而形成的集体文化安全无意识。

文化资源属于社会资源范畴，但它又与自然资源存在着高度的重叠性，即有相当一部分的文化资源是以自然资源形态表现的，如联合国教科文组织公布的世界自然遗产。根据《保护世界文化与自然遗产公约》，属于下列各类内容之一者可列为自然遗产：① 从审美或科学角度看具有突出的普遍价值的由物质和生物结构或这类结构群组成的自然面貌；② 从科学或保护角度看具有突出的普遍价值的地质和自然地理结构以及明确划为受威胁的动物和植物生境区；③ 从科学、保护或自然美角度看具有突出的普遍价值的天然名胜或明确划分的自然区域。其中"审美"和"自然美"这两项内容就属于社会的文化内容。即便如此，文化资源构成仍然主要属于社会资源范畴，是社会资源构成的重要形态和重要内容，和人与社会的存在方式和发展历史密切相关。

文化资源有广义和狭义之分。就构成内容而言，广义的文化资源主要是指可被用于人类社会文化发展的一切对象，包括人力、物力、财力、信息、技术等各种文化必要条件；狭义的文化资源往往特指人类社会创造的一切精神文化成果的构成形态。因此，文化资源还可以划分为历史文化资源和现时文化资源、物质文化资源与非物质文化资源等。不同的文化资源构成要素往往同时存在多种属性。例如，作为"技术"的文化资源，互联网作为一种"技术"是现代文化资源的重要构成形态，掌握和利用这一资源形态的程度直接影响和决定了网络文化生产以及网络文化的拓展，这就构成和形成了"互联网+"这样一种新型文化资源利用形态，但是，并非所有的"技术"都是现代的。"手工"作为一种特殊的"历史技术"形态，由于不断地被"现代技术"所取代而逐渐走向消亡，从而成为稀缺性文化资源而具有特殊价值。对于这种文化资源的保护成为人类社会的共同目标，对于这种文化资源的控制和垄断往往成为资本的对象。由这两种不同的文化资源形态构成的安全性是不一样的。无论是"互联网技术"的扩张还是"手工技术（技艺）"的萎缩乃至消亡，都会构成文化资源安全问题。区别只在于这一种文化资源安全与另一种文化资源安全在形态和属性上的领域性差异而已。然而，对于一个国家来说，二者不具有安全替代性，因而就都构成了国家文化安全问题的重要领域，二者不可偏废：既要发展"互联网+"，也要保护作为"非物质文化遗产""手工技术（技艺）"。

虽然文化资源具有再生特征，属于可再生资源形态，但是稀缺性是所有资源形态的共同属性，因此，从这个意义上说，文化资源在本质上依然是稀缺的。正是这种稀缺性构成和造成了文化资源的安全性。

古籍是以图书形式流传下来的古代书籍的统称，在我国一般是指辛亥革命之前的古代书籍。这是一种稀缺性文化资源，尤其是文物性古籍，不仅是稀缺的，而且具有不可再生性。在图书版本学中，有所谓"孤本""善本""珍本"等关于古籍版本的概念。这些关于古籍版本的概念就是用来说明和标注这些古籍图书版本的文化资源价值的。它们是中华优秀传统文化的重要载体和传播形式，包含和储存了极为丰富的历史文化信息和内容。它们不仅是历史文献资料，而且是确证中华民族的历史档案。从某种意义上说，中华民族、中华优秀传统文化的人类性、文明性及其世界性，就是由这些古籍来建构和认定的。特别是那些文物性古籍、方志性古籍，对于确证重大文化权力归属具有不可忽视的定义国家历史主权的意义。正是在这样的意义上，2022年4月中共中央办公厅、国务院办公厅联合印发了《关于推进新时代古籍工作的意见》，提出要"确保古籍资源安全"这一重要文化安全政策[①]。这既丰富了中国文化资源安全的内容，又扩大了文化资源安全的范围。

二、文化资源与文化遗产的关联和区别

文化资源与文化遗产在属性上的一个根本区别就在于构成上的历史性不同。文化资源既可以是包括历史性的属于文化遗产形态的历史文化资源，也可以是现时的一切可被用于实现文化目标的对象，包括社会生态环境等。文化遗产是对过往人类社会所创造的一切有价值的遗存物、对象的概括与描述。

文化遗产区别于文化资源的首要特征是"法的认定"。什么属于文化遗产，什么不属于文化遗产？对这一问题的认定主要不是学术问题，而是政策与法律问题。从最宽泛的意义上说，过去所遗留下来的一切文化事物都是文化遗产，这些"文化遗产"都可以作为学术问题和研究对象。而从国家文化安全和文化遗产安全的意义上说，只有那些对一个国家、一个民族和人类社会进程具有重大价值的，尤其是具有重大"物证"价值的以往社会所遗留下来的文化事物，才属于文化遗产。因为只是这些文化事物才属于文化政策与文化法律保护的对象。这些对象对于整个国家、社会和人类文明的价值决定了对这些文化遗产造成

---

① 中办国办印发《关于推进新时代古籍工作的意见》[N]. 人民日报，2022-04-12.

重大破坏所形成的后果的受惩罚程度。国际社会对毁坏文化遗产所建立的一整套法律惩戒体系和量刑标准就是基于不同的文化遗产对于不同层级和体系的文化安全价值。终身监禁和死刑是对犯有文化遗产罪的最严重的处罚，而所有这些处罚都有严格的法律依据。就维护文化遗产的整个法律体系来说，有世界的、国家的、地区的（民族的）。在中国，文化遗产保护有一个以国家为主导，包括省、地、县在内的四级保护体系。文化遗产层级保护体系是根据文化遗产价值的重要程度决定的，这种重要程度从某种程度上说也就是文化遗产安全价值的体现。文化遗产保护会随着社会的发展和人们对文化遗产价值认识的程度而发展变化。中国关于国家重点文物保护对象的确认过程之所以呈现出多阶段特征，就是基于人们对对象安全性的发现。

文化资源是一个内容比文化遗产宽泛得多的文化安全概念。它的一部分内容与文化遗产相重叠，另一部分内容又与知识产权（主要是著作权）相重合，甚至还有些部分与工业、农业、自然环境等交织在一起。例如，《中华人民共和国环境保护法》第二条规定的"影响人类生存和发展的各种天然的和经过人工改造的自然因素的总体，包括大气、水、海洋、土地、矿藏、森林、草原、湿地、野生生物、自然遗迹、人文遗迹、自然保护区、风景名胜区、城市和乡村等"和第二十九条规定的"具有重大科学文化价值的地质构造、著名溶洞和化石分布区、冰川、火山、温泉等自然遗迹，以及人文遗迹、古树名木"等环境保护对象实际上都是文化资源的重要构成形态与存在方式。这就是文化资源的广泛性。上述规定中的环境保护对象主要是作为环境构成要素的不可再生文化资源。稀有性和唯一性是这些文化资源的主要特征且它们是不可复制的。有些文化遗产是可以复制，即复建、再建或重建的。不可再生的那一部分文化资源形态，一旦消失，就会永远失去。

所有文化遗产都属于文化资源，是文化资源存在的重要形态，但是并非所有的文化资源都是文化遗产形态。所有的文学艺术作品都是文化资源的重要来源和重要组成部分，但并不都是文化遗产保护的对象，而是著作权保护的对象，只有那些具有特别重大历史价值的文献手稿以及珍本、善本和孤本图书才具有文化遗产属性和价值。一般来说，在著作权没有成为公共产品之前，属于私有文化财产，其拥有的一切权利及其使用都由《中华人民共和国著作权法》规定。因此，关于一部文学艺术作品的资源开发和利用，属于版权转让范畴，是个人或集体文化财产权交易，一般不涉及公权力。而对文化遗产作为文化资源的开发和利用则不同，必须严格按照和遵守《文化遗产保护法》，任何个人或集体都无权违法从事文化遗产的产权使用。这是文化遗产与文化资源在法律上的根本区别。联合国教科文组织及其他国际组织制定一系列具有约束力的文化遗产保护公约就是对文化遗产的保护措施。

三、文化资源安全与国家文化安全

文化资源安全是一个国家和民族具有可以持续、稳定、及时、足量地获取所需文化资源的状态和能力，关系到国家文化安全保障和国家根本文化传统的维护。文化资源安全问题与国家文化可持续发展战略、国家文化创新体系建设密切相关。

不同的文化资源安全在国家文化安全构成中的价值是不一样的。并非所有的文化资源问题及其所构成的文化资源安全问题都具有国家文化安全价值，只有那些可能导致和造成国家文化安全能力不足、威胁国家文化安全的文化资源安全问题才会构成国家文化安全问题。文化资源安全在国家文化安全构成中的价值最集中地表现在文化资源再生能力安全、文化资源属性安全和文化数据资源安全。

1. 文化资源再生能力安全是实现和维护文化资源安全的核心

文化资源和其他所有资源形态一样，都具有消耗性。消耗性是构成普遍意义上的资源安全问题的最主要原因。不可再生资源因消耗的增加而使得资源存量不断减少，从而导致资源安全风险和危机不断增大，这是资源安全问题生成的一般原理。文化资源同样面临这一安全风险。可持续发展是人类社会用以克服和解决资源和环境安全问题的集体选择。克服不可再生自然资源稀缺性的安全举措是寻求与开发替代性资源（能源）。寻求文化资源安全的可持续发展就必须通过人类社会的创造性精神文化劳动，不断地形成和积累新的文明成果，以使因消耗而不断减少的人类文化资源数量得到增长，从而使得文化资源在满足当代人的精神文化消费需求的同时，提供足以满足下一代人精神文化消费需求的文化资源储备。

文化资源与其他资源形态最大的不同点在于，它除了能够创造经济价值，还能够产生文化价值。正是文化价值才使得文化资源具有超越时代以及民族和国家的特征，才使得人类社会之间互相的文化区别和文明进步成为可能，也才使得今天的人类得以在继承前人的基础上超越前人。文化资源的生成是人的活劳动的结果，是文化生产力发展程度的一个标识。发展到后来，它是人的精神把握世界和创造世界的结果。因此，文化生产力（广义的文化资源）的发展程度和人的精神把握世界和创造世界的程度，就成为文化资源再造的动力机制。随着文化生产力的不断发展和人的精神的把握世界需求的不断发展，当传统的文化资源再造动力机制不足以满足文化资源再生和文化发展的历史新要求、遭遇安全发展困境的时候，必然催生出文化资源再造的新机制和新形态。文字的创造、纸的使用、印刷术的发明和文化产业作为一种文化资源再生的动力机制便诞生了。人类社会就是以这种方式不断地获得自身进化所需要的能源形态以实现自己的发展和进步的。人类在社会发展的智慧树上，不断地以新的文化年轮记录下自己创造的历史。

文化资源安全是一种文化生产力形态和文化生产能力构成状态，它是文化发展和维护国家文化安全不可缺少的文化安全保障能力和文化安全发展能力。在广义的文化资源构成中，文化人力资源构成了文化资源安全的核心。文化人力资源是一切文化创造力的原动力，丧失了这一原动力，也就丧失了对于一个国家文化安全来说最根本的文化战略资源。因此，围绕着文化人力资源的争夺历来是维护和实现国家文化安全的重要领域。美国之所以拥有强大的国家安全资源，在很大程度上与美国不惜一切代价和手段从全世界招揽一流的人才资源密切相关。人才是决定一切战略成败的关键。科学是如此，文化更是如此。近代以来中国国家文化安全形势的起伏变动与其在文化领域里是否占有优秀的文化人才资源密切相关。正因为人才资源对于一个国家的安全具有决定性作用，所以，清代思想家龚自珍才大声疾呼"我劝天公重抖擞，不拘一格降人才"[①]。也正因如此，"人才资源是第一资源"才成为人们的共识。由此可见，文化人才流失，尤其是特殊的、关键性、天才型人才流失自然地构成了文化资源安全的重要内容。同理，引进高水平文化人才也就自然地成为国家间文化安全竞争和实现国家文化安全的重要战略和策略。利用和借助对一个国家具有战略性

---

① 出自龚自珍《己亥杂诗》，全诗为："九州生气恃风雷，万马齐喑究可哀；我劝天公重抖擞，不拘一格降人才！"

影响的文化人才挑战乃至威胁一个国家的文化安全，也就成为国家文化安全博弈中经常被使用的战略和策略。美国中央情报局在"冷战"和"文化冷战"时期对苏联作家帕斯捷尔纳克的小说《日瓦戈医生》获得诺贝尔文学奖前后的策划就是一个典型案例①。

民族文化资源创造性再生事关文化代际传承问题。站在未来的立场上看待和审视今天人类的文化活动和文化行为，我们不禁要问：在民族文化资源的积累和对民族文化传统的延续上，我们这一代人做了些什么？在民族文化的发展上，我们为它创造了什么？也就是说，在未来民族传统文化的构成中，我们增加了什么？哪些属于我们这一代人贡献的东西？如果我们把民族文化传统看作一棵不断生长的参天大树，文化资源就是它的年轮，那么哪一道年轮是我们留下来的呢？联系当下中国大力发展文化产业的主题，我们究竟应当怎样看待文化产业发展与民族文化资源养成的关系？或者说，我们在促进中国文化产业发展过程中究竟应当建立怎样的新的与民族文化资源的关系？没有积累或缺乏积累的文化资源是一种缺乏安全性的文化资源。

2. 文化资源属性安全是国家和民族文化认同与文化身份安全的核心

文化资源是有属性的，其属性构成在意义上具有排他性。文化资源是一种文化价值的构成形态，具有超越时代局限的普遍性特征，其构成属性具有文化认同的解释性和民族与族裔象征性。文化资源，除了能够创造经济价值，还能够创造文化价值，而正是文化价值才使得文化资源具有超越时代的特征。站在保护的角度和立场讨论对于民族文化资源的保护，这是人们对文化资源最基本的态度。这是一个极其重要的角度。因为这是确证"我们是谁"的一个重要的历史维度和文化认同基础。没有保护，也就没有讨论其他问题的前提。我们今天生存和存在的一切方式，从某种意义上说，都是民族文化资源养成的结果。

文化资源构成与一般的文化构成有着同构性，即也是由核心、相关和边缘三个圈层构成的。其对于国家文化安全的价值也是由这三个不同性质的圈层的价值属性决定的。毫无疑问，处在文化资源构成核心圈层的文化资源安全对国家文化安全构成价值是最大的。这就是价值属性。而这一圈层的文化资源主要是指狭义的文化资源，即以精神文化创造性活动所形成的文化成果积累而形成的。它既具有再生性，又具有文化身份价值的可证性，是一种历史合法性存在，具有不可替代的解释力。

民族文化传统是由历史构成的。历史的构成性就是民族文化传统的时代性，正是这种时代性使不同时代的民族文化传统积淀成不同的资源属性。当我们说文艺复兴、启蒙主义、浪漫主义和批判现实主义的时候，我们所要表达的不仅仅是对一个特定的人类文明史的一个时期的认知和表达，而且是对产生于这一时期的文化作品，以及由这些作品的共同特性所形成的一种文化资源属性的一种认同。在中国，所谓红色经典、民族经典，是对一种文化资源属性的表达。不同的文化资源属性，不仅在一般意义上的价值构成是不一样的，审美构成也是不一样的。正因为如此，文化资源属性构成在意义上具有排他性。这就如同大自然中的生物多样性群落构成一样：一种生物在一定的生态环境中可以是这种生态环境下生物链构成中不可或缺的一环，但是在另一个生态环境中就可能是"敌人"，它的侵犯会构成另一个生态环境中生物多样性的"生态安全"问题。文化资源属性的构成也是如此。这

---

① 详见：芬恩，库维. 当图书成为武器——"日瓦戈事件"始末[M]. 贾令仪，贾文澜，译. 北京：北京大学出版社，2015.

也是人类社会在提倡文化多样性的同时，也会抵制可能造成本国、本民族"文化安全"问题的"他者"文化的原因。

　　无论是《哈姆雷特》，还是《雷雨》，作为中外文学史上的经典之作，它们在长久的历史运动过程中所形成和积累的文化资源作为人类社会的共同财富，无论其内涵还是属性，都已经被历史性地规定了。它们已经内在地构成了我们今天文化的人文属性。不同时代和不同国家的人们从它们所提供的文化养分中得到文化生长的力量，使它们作为文化资源的一种重要的构成内容具有一种不可替代性，正是这种不可替代的历史合理性与合法性，使得它们与其他文学经典相区别而获得永恒的价值。然而，一些以"娱乐"的名义而"恶搞"和"大话"的文化娱乐产品恰恰在这里构成了一种历史性"反动"：在解构历史文化资源合法性与合理性的过程中，以视觉文化的名义建构现时文化资源和审美再造的贫困，并且强加给受众，从而颠覆社会对原有历史文化资源的理解、接受和审美，以及建筑在其上的历史合法性。这就造成和构成了一种文化资源安全问题，威胁到原有文化资源构成的本质属性。历史上有过许多关于《哈姆雷特》和《雷雨》的改编，但是，人们的每一次改编都试图通过自己的再创造增加它们的资源含量，而不是相反。中国对美国电影《花木兰》的安全警觉和质疑并不在其改编本身，而在于改编"改变"了本原的"花木兰"的中国文化资源属性。这种改编和改变会造成对"花木兰"这一形象在资源形态和价值观认知上的扭曲，这种扭曲是对中国传统文化资源价值属性的解构，而正是这种解构造成了原有文化资源属性价值的合法性问题。合法性问题危及价值存在的合法性，具有否定性，这就威胁到中国"花木兰"的存在，而文化资源安全问题就在这种威胁中产生了。那么，我们有什么理由不对我们自己同样的改编所可能构成的对文化资源的安全威胁保持同样的安全预警呢？这是一种非常危险的颠覆。在这里，我们必须建立新的"不要为了席勒而忘了莎士比亚"的意义尺度——一种关于文化资源安全的价值尺度。

　　资源属性和民族文化传统不仅有时代历史内容和历史形式，它还以一定的地区和民族的形式表现和表达出来。不同的文化生态环境必然造就不同的表现形式。属性与地域的差异性是文化多样性的重要前提。资源是有属性的，也是可以不断被提炼的。由于提炼工具和手段的先进性局限，有许多资源的精华并不是一下子就能被提炼出来的。物质资源是如此，文化资源的属性提炼也是如此。由于文化资源生成的历史条件和环境的差异，我们对许多文化资源属性丰富性的认识至今还处在一个不断提炼和开掘的过程当中。这在我们的电影和电视剧生产中是最明显的，那就是不断地重拍民族经典。所谓重拍，实际上就是对经典的民族文化资源进行再开发，用学术语言来说，就是用影像语言对文学和文化经典进行重新"阐释"，就是重新提炼"经典"，提炼这一文化资源的富矿中尚未被我们认识的价值，激活它的那一部分生命，令其散发出新的现代魅力，使我们在这个过程中不断地进行文化创新。重新阐释文化经典作为民族文化繁殖、生长和变化的一条重要途径，是积极地实现民族文化资源保护的重要机制。我们并不反对对经典的重新阐释，我们赞成在对经典的重新阐释中有对经典的再发现。面对优秀的民族文化和世界文化遗产，我们要尊重而非"恶搞"，在对民族文化经典"高山仰止"的同时，也要有超越经典的实践勇气。

　　不同的民族、不同的国家对"经典"的定义与内涵有着不同的共识，但是有一点是共通的，那就是"经典"构成了民族、国家存在的合法性。"经典"是证明这种合法性的文明成果形态。所有被称为"经典"的文化资源存在，都是一个民族、一个国家的一部精神文明史。而"欲灭其国，必先去其史"恰恰是构成和造成这一类文化资源安全，进而威胁国家文化安全的安全动因，这也是人类文化和文明安全史上的安全发展规律。于是，否定"经典"和摧毁"经典"，肯定"经典"和捍卫"经典"，也就成为维护和捍卫民族与国家文化安全的战略战。20世纪80年代以来在中国出现的"去经典化""污名经典""恶搞经典"的历史虚无主义思潮也正是在这个意义上成为当下中国最为严峻的文化资源安全问题和国家文化安全问题。其中，最突出的就是通过否定"红色经典"[①]，进而否定中国共产党领导中国人民革命斗争史和民族解放史，解构由此而建立的对新中国合法性的认同，解构和否定由此而建立的当代中国的核心价值观。

2021年第10期《求是》发表了习近平的《用好红色资源，传承好红色基因，把红色江山世世代代传下去》署名文章。这篇文章节录了习近平2012年12月至2021年3月在地方考察调研时的讲话，比较系统地回答和阐述了"什么是红色文化资源"，以及"红色资源"对于当代中国国家安全和国家文化安全的重要价值和意义。该文章不仅明确提出了"红色资源"和"红色基因"这两个重要的具有文化安全意义的概念范畴，而且对这两个概念的内涵、外延做了非常清晰、明确的阐述。这是一个包括新民主主义革命和社会主义革命与建设两个时期，中国共产党带领中国人民在从事伟大的革命实践中创造、形成和遗留下来的整个精神资源，既包括革命遗址，也包括英雄人物，是由这两个方面共同组成的一种具有鲜明历史文化属性和标志的文化资源谱系。之所以把它们称为"资源"，不仅是因为它们具有同一般文化资源的资源可利用、可开发、可继承、可再生的共性，而且因为它们具有一般文化资源所没有的特殊属性。而正是这样的特殊文化资源属性把它们同其他的历史文化资源区别开，把这两个概念范畴同"把红色江山世世代代传下去"结合在一起。这就揭示了"红色资源"和"红色基因"这两个概念对于当代中国维护国家安全，确保国家文化安全属性安全的全部重要性。对于澄清在文化资源属性上存在的历史虚无主义，具有理论和学术上的重要价值。

文化资源价值属性定义具有不确定性。一种文化资源属性具有普遍价值性，这种普遍价值性对于整个人类文明具有普遍性，即它构成了人类文明价值的重要组成部分，是人类文明曾经有过的历史以及怎样的历史的证明，具有不可再生性特征，往往与文化遗产相重叠。例如，有关人类早期文明形态的重要文化遗存、遗址是历史文化资源中最重要的组成部分，人类文明社会的许多核心价值观形成于这一时期。对这些历史文化资源的破坏和故意损毁所构成的不仅是文化资源所在国的重要的国家文化安全问题，而且是世界性文化安全问题：人类文化资源——人类文明遗产——人类文明安全。联合国教科文组织对"伊斯兰国"损毁叙利亚境内两河文明时期历史文化资源的行为进行强烈谴责就是立足于整个世界和人类文明安全的考量。一种文化资源属性具有个别价值性并以自己的个别价值性同其他文化资源相区别。同为人类重要文明起源的江河，长江、黄河与尼罗河、幼发拉底河所蕴含的文化资源价值是不一样的。前者是中华文明起源的载体，后者为古埃及和古两河文明起源地，其所蕴含的文明内涵价值的个别性，是构成他们作为不同文化资源属性的根本

[①] "红色经典"主要是指由《红日》、《红岩》、《红色娘子军》、《红旗谱》、《林海雪原》和《铁道游击队》等一批诞生于20世纪五六十年代的文学作品。这些作品以中国共产党领导中国人民开展的民族解放斗争史为题材，具有鲜明的时代特色和主题内容，构成了新中国文学创作的重要历史和文化资源形态，成为许多文化衍生产品的源头。

价值之所在。

3. 文化数据资源安全是一个新兴的文化资源安全领域

文化数据资源安全是文化资源安全的新形态，是大数据时代的产物。数据是未来人类社会发展最重要的资源，属于战略性基础资源范畴。数据能力是国家竞争力，能否拥有、掌握和控制这样一种能力，已经成为未来国家安全和国家文化安全重要的战略安全形态。大数据不仅将创造下一代互联网生态、下一代创新体系、下一代制造业形态，而且将给未来的国家和社会治理结构体系带来深刻的革命性影响。河流文明和海洋文明是人类社会创造的两大文明形态。河流文明影响了人类文明的发展走向，海洋文明缔造了人类文明的空间尺度，而由大数据建构的网络文明将创造人类文明的第三种形态。这种文明形态将因数据的网络流动而"随物赋形"：网络的流向、大小、流量的内容以及流量变化的规律决定了网络文明的兴起和消亡。网络流量的发展方向就是网络文明兴旺发达的地方。因此，掌握和控制网络流量中的数据集中速度，利用与借助网络流量在建构新的国家与社会治理结构体系中的作用，改变流量的内容，从而使新的网络文明的建构朝着有利于本国的国家安全利益发展，也就成为国家安全战略的新趋势。国家文化安全将在这一趋势发展中发生全面的变革。因此，文化数据资源安全也就成为在未来国家文化安全发展中占有重要地位的国家战略性安全领域和安全形态。正是在这个意义上，实施国家大数据战略具有国家安全战略和国家文化安全战略的意义。

文化数据资源的另一种形态是数字遗产。所谓数字遗产，根据2003年联合国教科文组织通过的《保存数字遗产宪章》，是指："由人类的知识和表达方式的独特资源组成。它包括以数字方式生成的或从现有的模拟资源转换成数字形式的有关文化、教育、科学和行政管理的资源及有关技术、法律、医学及其他领域的信息。那些'原生数字'资源，除了数字形式，别无其他形式。数字资源的形式多种多样且日益增多，包括文字、数据库、静止的和活动的图像、声音和图表、软件和网页等。"这类资源大多具有长久的价值和意义，具有经济、社会、知识和文化价值，是建设未来的重要元素，因而是一种应为当代人和后代人而加以保护和保存的遗产。据国际数据公司（IDC）公布的研究报告显示，"2006年全球化数字信息化总量为161EB（1700亿GB），2013年达到4100EB（4.4万亿GB），7年间翻了近25倍。预计到2020年，这一数值将再翻10倍，达到44万亿GB的海量，约为地球所有海滩上沙粒数量的57倍。然而，数字信息资源在快速增长的同时也在迅速消失。例如，网络信息的平均寿命只有44天，博客的平均寿命只有38.2天，而一个新闻网页的寿命则只有短短的36小时。每时每刻都有无数有价值的数字信息资源在无声无息地消失。"[①]联合国教科文组织在《保存数字遗产宪章》中指出："世界上的数字遗产面临着消失和失传的危险，造成这种状况的因素包括：能创制这种遗产的软件和硬件被迅速淘汰，维护和保存这类遗产的资金、责任和方法都不确定，以及缺少相关的立法。然而人们对这种数字遗产正面临着威胁的认识尚不充分。如果不着手解决面临的有关威胁，数字遗产将会迅速丢失，而且不可避免。"该组织呼吁成员国应鼓励采用法律、经济和技术手段保护这种遗产。当务之急是开展宣传工作，推进数字遗产保护事业。

---

① 转引自：马费成. 保存中国的数字记忆[N]. 人民日报，2016-03-04.

2015 年 10 月 9 日，联合国教科文组织网站公布了 2014—2015 年度新入选"世界记忆"遗产名录的项目名单，中国南京大屠杀档案成功入选。据了解，中国于 2014 年 3 月 30 日提名的南京大屠杀档案项目经过教科文组织世界记忆名录分委员会专家组和国际咨询委员会专家组评审，最后由总干事批准并宣布。中国常驻联合国教科文组织代表团大使衔代表张秀琴表示，教科文组织总干事博科娃女士于 9 日宣布中国提名的南京大屠杀档案项目被列入教科文组织《世界记忆名录》，是教科文组织对中国保存的南京大屠杀档案给予的肯定，是对该档案真实性和唯一性的认可，也是对文献遗产保存完整性的最高赞誉，具有世界意义。

四、文化资源安全的保护

文化资源是一个与文化生态相关的领域。如果说文化生态主要是对一种文化存在环境的综合性描绘的话，那么文化资源则主要是对所有这些人类精神文化结晶的表达，其中主要是非物质文化遗产。文化资源是一个国家和民族全部的文化积淀所在，也是解释一个国家和民族的文化身份、显示其文化个性的依据，是一个民族、国家自尊和自信的精神归宿。它是一个民族进步与发展取之不尽、用之不竭的源头活水。每当一个民族和国家面临生死存亡的危难关头，都会从自身文化资源中汲取力量。因此，对本民族文化资源的开发和利用，就不仅一般地涉及对文化资源的保护，更重要的是掌握对其意义世界解读的话语权。由于以文化遗产为主要内容的文化资源属于人类的共同文化财富，实行全球资源共享，任何人都可以从自己的视角去消化、利用。然而，问题并不在于资源共享，而在于对资源内容的解释是否被人为地曲解。

在当今世界，每个人总是希望本真地界定自己的、民族的文化身份、文化认同感和身份确认感。人们不仅需要自由来往，而且需要一些确认自己与别人不同的特征。民族性是这种身份确认的一条关键纽带。而文化资源和由对文化资源的解释所形成的意义世界，是这种身份确认的关键纽带的核心。如果说我们曾经非常强调以一种意识形态的归属来确认自己的文化身份的话，那么，在今天，在全球范围内，以一种文化的归属来确认自己的文化身份已经成为一种普遍的认同理念。

文化资源安全是一个国家和民族可以持续、稳定、及时、足量地获取所需文化资源的状态和能力，关系到国家文化安全保障和国家根本文化传统的维护。我国正处在重要的历史转型期，也处于实现经济增长方式和社会价值取向根本性转变的关键时期，必须牢牢掌握阐释自身文化资源意义的权力，应建立国家文化生态质量评估体系，对构成文化生态系统的物质与非物质文化资源状况有全面、系统的调查与分析，尤其是对那些非物质和口头文化遗产资源展开调查、评估，因为这是构成文化生态的最基本要素。因此，在国民经济发展和增长的评估体系中，国家应逐步改变国民生产总值按 GDP 统计的方法，因为这种统计方法没有扣除文化资源消耗和文化生态环境恶化的损失，应建立一种包括文化生态、文化资源损益统计在内的国民经济统计指标体系。也就是说，应该针对文化资源，尤其是那些不可再生的文化生态资源的损耗所可能给社会的经济与文化发展带来的无法挽回的经济与文化损失建立计量体系，从而在一种直观的数量面前，让人们知道所付出的文化代价，同时也使虚高的国民生产总值因扣除文化生态、文化资源的损耗部分而回落到应有的位置，从指标评估体系上建立国家文化生态与文化资源的安全红线。

第三节　文化生态安全

文化生态安全是一个从文化遗产安全、文化资源安全，结合生态安全发展而来的概念和新文化安全认识系统。文化生态安全不仅具有比文化遗产安全、文化资源安全更为广泛和深刻的普遍意义，而且更为深刻地揭示了文化与生态、文化系统与生态系统、文化安全与生态安全，以及所有这一切对人、人类社会和国家安全、国家文化安全的现代性的全部重要价值。生态文明建设理念的提出不仅对于深刻认识和深入研究文化生态安全的本质、形成机制具有重大价值，而且极大地拓宽了文化生态安全的领域。它既是对文化遗产安全研究的深化，也是对文化遗产安全研究的一种超越：从文化遗产安全走向文化生态安全。

一、文化生态安全分析的相关概念

1. 生态、生态系统与生态安全

生态，顾名思义，是指生物和生命存在的形态、状态和样态。它是一个关系性概念。任何生物与生命存在的形态、状态和样态都是生态的存在的一种关系性选择的结果。太阳和气候是一种非生物性、非生命性存在，但是它们对于地球上所有生物与生命形态的所有发生与构成来说，都是必不可少的。没有它们，也就没有地球上的一切生物和生命体。地球上的一切生物和生命都是太阳与地球相互作用所构成的因果关系的结果。正是这种关系性建构与规定了地球上的一切生物与生命系统，这就是生态系统。正是这种生态系统规定和建构了一切生态的安全关系，或者说是一种安全平衡关系。这种安全平衡关系是以生物与生命之间的相互依存关系为前提的。任何一种这样的相互关系受到威胁或遭到破坏都将构成安全问题，这就是所谓的生态安全。因此，生态安全是生物与生命系统自身建构起来的自然法则——一种构成相互稳定性关系的自然规律。一切生物和生命的进化和演化都是这种规律的表现和反映。生态安全是指生态系统的合规律完整状况。

生态本身是一个不断演化和进化的系统，因此，我们所指称的"生态"是一个关于人类以及和人类有着自然的相互关系的概念，这就使得"生态"这一概念所包含的意义不仅是自然意义的，而且是社会意义的，即由自然与社会共同构成的一个生物与生命共同体系统，包含着深刻的"生态史"意义。自然与社会均以对方为自己的存在方式和存在依据。这就是马克思提出的"自然的人化"和"人的自然化"的命题。人和社会是生态构成的最重要的共同体，因此，"生态"在这个意义上就可以被划分成广义的"生态"和狭义的"生态"这两种生态认知结构，并由此而构成两种不同的生态系统。所谓狭义的"生态"和"生态系统"，一般是指"自然生态"；广义的"生态"是指同时包括社会在内的人、与自然和社会生态关系共同构成的生态对象和生态系统，也就是一般意义上的"环境"或"生态环境"，由此而形成的"生态安全"也就同时包括广义的生态安全和狭义的生态安全这两个意义域。狭义的生态安全概念是指自然的安全，即生态系统完整性、整体性合规律状况；广义的生态安全是环境、生态保护意义上的，是指在人的生活、健康、安乐、基本权利、生活保障来源、必要资源、社会秩序和人类适应环境变化的能力等方面不受威胁的状态，包括自然生态安全和社会生态安全在内的、统一的复合生态安全系统。

生态安全具有整体性、不可逆性、长期性的特点，其内涵十分丰富。

2. 文化生态、文化生态系统与文化生态安全

文化生态安全是一个从环境与发展的角度衍生而来的概念，用以描述和表达文化环境的变化对于文化发展的影响。

文化生态是一个人与自然互为对象的过程的结果。当自然成为人的存在的对象时，属人的生态便出现和形成了。自然成为人的崇拜对象，构成了人的生存的依据。自然的力量以及给人类带来和造成的所有生理和心理感觉建构了自然的神秘性和人对自然的恐惧、畏惧。人对自然的敬畏之心成为恐惧的来源，也是安全感的来源。人要使自己获得安全就必须崇敬自然，就必须对自然顶礼膜拜，敬自然界一切生物，进而在这个过程中重建人与自然的关系：从自在走向自为，那就是从必然走向自由。当人不经过从必然走向自由便不能真正地获得和掌握对于自身安全的主动权的时候，重建人与自然的新型关系也就成为人重建自身安全体系的必然的自然历史选择。作为这种选择的结果就是人与自然、社会和自然生态关系的形成，文化生态和文化生态系统就是建立在这样一种生态关系的基础上的。

人的文化生态系统一旦建立起来，便与原有的以物质性存在为特征的自然生态系统建立新的生态关系。这是一个互为建构的过程。人在一定的自然环境中建构而成，又在自然环境中建构新的自然环境——人的自然环境，即自然的人化或人的对象化，从而建立一个新生态系统——文化生态系统。因此，文化生态系统并不是指一个完全脱离自然生态环境而仅仅以社会生态环境为主要内容的构成，而是这两个方面的共同体。这就是为什么联合国教科文组织在《保护世界文化和自然遗产公约》中专门提出"文化景观"这一概念，从而把自然遗产和文化遗产放在同一个公约之中，建立一个关于"世界遗产"的世界。

文化生态是一个关于人们生活方式存在条件与状态的系统性概念。文化生态的良性化程度直接关系到人们在这种环境和条件下的生活质量。它是人与自然、人与社会、人与人相互关系构成的一个有机整体，既是人的文化行为的依据，也是人的一切文化行为（在这里，一切物质性生产活动也都是人的文化行为）的结果，具有"天人合一"的显著特征。正是这一特征构成了人的一切行为的合理性与不合理性。对于一个国家和民族来说，文化生态是一个国家和民族在长期的历史过程中形成的生存与发展的文化条件的总和，是一个国家和民族在漫长的文明进化过程中，在一定的空间条件下，对不同生存条件下长期适应分化选择结果的一种存在性状况，包括生活方式、历史传统、风俗习惯、聚落形式、建筑风格等物质存在与非物质存在。对于一个国家和民族来说，许多重要的物质与非物质文化遗产，如口传历史、表演艺术、风俗习惯、节庆礼仪等，都是文化认同的重要标志，是维系民族社群存在的生命线。一旦这样的生命线遭到毁灭性破坏，那么失去的不仅是文化生物链的有机性，也使民族的存在失去了全部文化基因的谱系依据。尤其是那些构成人们全部生活和生存依据，以及文化身份全部合法性依据的外部的物质空间形态，具有不可替代的认同价值，由此而构成的符号意义的物质性存在一旦被毁，就会导致认同依据的丧失。摧毁具有民族和国家认同价值的标志性物质系统，进而摧毁一个国家和民族的精神支柱，这恰恰是人类历史上一些民族和文化灭绝的重要原因之一，尤其是在罪恶的殖民时代实行

的种族灭绝主义。

文化生态是人类在长期的进化过程中建立的人与自然和人与人、人与社会相互关系的一种社会生物系统。它既具有社会性，又具有生物性。文化生态安全是指在人与环境、人与人和人与社会这三种关系中，文化生态系统满足人类文化生存与发展的必备条件。

自然与社会是两种既相互联系又相互区别的生态文明安全的系统性。生态文明是一个同时包括人的文明在内的生态伦理系统。没有人的文明的生态性，就没有生态文明的可实现性和可建设性。在人与自然、社会与自然的生态对峙中，人的、社会的行为是自然生态的主要破坏者。因此，要建设和实现生态文明，就必须实现人与自然、自然与社会、人与社会两种生态文明安全的系统性。在现代的生活理念中，"宜居"是一个重要的价值尺度。所谓"宜居"，是指一种居住环境对于人的适宜性。这种适宜性是对环境安全性的一种重要要求，而环境是否适合或适宜居住则是人们对居住环境资源安全性的重要考量和选择标准。其中既包括大气环境资源是否"宜居"，也包括社会环境是否具备"宜居"，二者都是人们对居住环境资源质量的要求。前者如大气中 PM2.5 含量的指标值，严重超标则被称为污染严重地区，显然不是一个"宜居"的地方；后者如中国历史上的"孟母三迁"——孟母为选择一个她认为适合孟子成长的社会环境而搬三次家的故事。这就是一种人的文明的生态性选择，这在今天中国的现实社会中仍然持续着。这就是一种基于生态安全对于人的安全的重要性的集体行为，一种具有鲜明的中国特色的关于人的生态伦理。所谓"近朱者赤，近墨者黑"就是关于社会环境对人的行为和价值观的影响的经验描述，这种经验构成了一种社会文化生态伦理。因此，社会文化生态的安全性一直以来就是人们界定和衡量自身安全性的一个标准。正是在这个意义上，无论是自然生态的文化安全，还是社会生态的文化安全，都是构成文化生态安全的重要内容、形态与来源。

3. 文化资源、文化遗产与文化生态的关联性

人类的发展是与人类生存所需要的有限的自然环境提供的资源相协调的。合理地利用地球资源是人类社会实现可持续发展的基础，在这个基础之中，文化必须处在各种发展策略的核心位置。在建构人类社会与地球间相互关系的时候，文化不仅构建不同社会中的不同的人际关系模式以及人类与地球、宇宙之间的关系模式，也在这个过程中建立和表达了人类对其他生命形式（无论是动物还是植物）的态度和看法，这种看法在很大程度上约束了人类的行为，正是这种行为建构了人与自然、环境和资源的关系。人类社会的许多信仰都把自然看作对人们生活的延伸，从而使得人与自然形成一个有机整体。中国的"天人合一观"就是如此，也就是今天意义上的文化生态构成。这种构成的一个本质特征就是生物多样性与文化多样性是相互依存的。文化多样性与生物多样性互相影响，在人类和环境相互适应的过程中互为建构、逐步发展起来，而不是孤立存在的两个平行的领域，二者在这个过程中以复杂的方式相互作用、相互影响。文化、环境和瞬息变化的社会在不断发展，不断地在发展的过程中推动人们调整自己的价值观和实践方法，不断地克服和超越自己的局限。

人们对文化资源、文化遗产与文化生态这三个概念经常不加区分、交替使用，这是由三者存在的高度重叠性造成的。这种不加区分、交替使用导致和造成了在文化资源安全、

文化遗产安全和文化生态安全管理上的复杂性。正确区分文化资源、文化遗产和文化生态，科学统筹文化资源安全、文化遗产安全和文化生态安全三者之间的关系，构成了国家文化安全管理和治理的重要命题。

二、文化生态构成的多重二元结构：内部性与外部性

1. 文化生态构成的多重性

文化生态是一个极其复杂的构造系统，多重二元结构是它的基本特征。文化生态的生成与构造是自然生态、社会生态共同作用的结果。在社会生态的构成中，除了一般意义上的社会生态，还包括政治生态与经济生态。所谓多重性，首先是指文化生态构成是由政治、经济、社会和自然等多重因素的共同作用形成的结果，其次是指"文化生态"在不同语境下指称对象的多重性——全球性、地区性、国家性、民族性等。也就是说，文化生态既可以指称全球性的一种文化生命系统的存在状况，也可以指地区性的和国家的一种文化生命系统的存在状况。在不同的语境下，"文化生态"一词的含义是不一样的，尤其是在文化安全战略和政策的层面上存在着非常大的差异。这就需要在使用这一概念时对其所指称的对象有清晰的界定，即在一个什么样的语境下、针对什么问题、为了什么目的使用，避免和防止在涉及文化生态安全时混淆不同文化生态问题的性质。

第一种意义是人们在讨论文化生态时的比较普遍的语境，针对的问题主要是一个国家内的文化生态问题，讨论的目的是改善和优化本国的文化生态环境质量。对于一个国家的文化生态构成来说，首先是这个国家自然历史发展的一个结果，是这个生态圈内人与自然相互关系长期作用和进化与演化的一个结果，因此，对于今天的人们来说，对于"文化生态"的使用首先是指人们所处的空间文化环境及其系统构成。自然历史进程在发展阶段上的不一样和生活的地理空间的差异性，构成和造成了文化生态的差异性。中国东部、中部、西部文化生态构成的差异性就是由这两方面内容构成的：以农耕文明为基础的传统文化生态构造系、以工业文明为基础的现代文化生态构造系和以信息文明为基础的后现代文化生态构造系，这三大构造系基本建构了我国东部、中部、西部文化生态的总体面貌和差异性。正是这种差异性造成了中国三大文化生态空间文化种群的差异性和文化分工的空间差异。在这样一种语境下讨论文化生态问题，不仅问题的关注点是不同的，目的也是不一样的。例如，西部地区可能更加关注经济社会发展变化和气候变化带来和造成的自然生态的改变，以及这种改变对当地文化生态及其文化物种种群带来的影响与破坏，如修建青藏铁路时一个重要的生态问题就是：如何不给藏羚羊迁徙的生命通道造成灾难性影响。藏羚羊是青藏高原最重要的生物种群之一，对于青藏高原自然生态环境具有重大影响，是青藏高原整个生态链的重要组成部分，对它的破坏很可能导致和造成青藏高原的生态灾难。这是一个严重的生态安全问题。因此，如何把可能带来的影响降到最低就成为青藏铁路建设论证中最主要的生态安全命题。对地方发展来说，旅游业能够带来经济发展收入、提高牧区居民的财富增长和经济收入水平，但是，大量游客的到来也会带来巨大的生态供给压力，过度开发超过了生态承受的极限，就会导致脆弱的生态失去平衡进而造成生态恶化和环境退化，若严重至当地居民因环境恶化而不得不迁徙的时候，这样的后果就不仅是自然生态的，而

是文化生态的。这样的文化生态构成与文化生态问题的发生是由一个经济性命题导出的。经济生态考量就成为文化生态构成的重要原因。而像上海这样地处东部沿海地区的特大型城市，它所思考和关注的是如何在城市更新和城市转型的过程中重建上海的文化生态系统，目标是建成一个世界级城市，那么，作为一个世界级城市的文化标识和文化生态系统是什么样态的？如何建构一个在这样的目标下的上海与世界的文化生态关系，并以此来实现上海的文化生态平衡？

但是，人们在讨论"文化生态"这个命题时更多的是从政治制度，即从"政治生态"对文化生态的影响和作用出发的，这实际上也就提出了文化生态构成中的政治生态意义项。学术界关于"学术生态问题"的讨论也往往将其归因为制度设计问题，然后才是作为学术生态主体构成的"学者的问题"。这是文化生态构成多重性的第一方向的意义，也是构成文化生态安全问题复杂性的重要原因之一。

第二种意义就是一个全球化语境。国际社会讨论这一问题时较多采用人类学或文化人类学的角度。全球性文化生态问题事关人类社会发展的整体安全与发展利益，联合国教科文组织制定的《保护世界文化和自然遗产公约》（简称《世界遗产公约》）、《保护和促进文化表现形式多样性公约》和《世界文化多样性宣言》，就是立足于全人类的文明安全利益而努力。对于人类文明社会共同面临的文化生态安全问题的挑战和文化生态安全危机，没有整个国际社会的共同努力，则没有一个国家能够独善其身。由此，通过人类合作来克服、消除和解决在文化遗产保护和文化多样性领域面临的日益严峻的安全威胁，也就成为国际社会的理智选择。但是，作为整个人类文化生态构成的系统整体，全球文化生态的构成也是一个自然历史过程，在这个过程中，也同样深受人类历史发展进程中的政治、经济、文化、社会和生态变迁的深刻影响。人类文化多样性作为全球文化生态构成的呈现方式就是这种影响下的产物。其中，政治和经济是影响全球文化生态构成的"地形、地貌"的最主要的作用力量。战争和全球贸易是其最主要的动力机制，而资本主义则是其最主要的制度形态，包括它的整个宗教文化系统在内，由此而建构了全球文化的多样性。

文化多样性构成了文化生态形态的多样性，由此而构成了文化生态圈，以及不同文化生态圈构成的不同质，这就使得不同的文化生态圈之间存在着不可避免的生态竞争。文化生态圈是从生物的生态圈中产生和发展而来的。它是"自然的人化"的结果，即所谓"环境造就人，人也造就环境"。在环境造就人的进程中，环境作为一个生物圈和生态圈的构成，规定和决定了人的行为的初始原则。人的行为必须从环境所提供的既有条件出发，然后才能改造环境，使之更适合人的发展和人的需求。因此，生活空间环境的差异性作为一种生态圈规定建构了人与自然、天地之间的文化生态关系，这就是文化圈和文化生态圈。从某种程度上说，有多少生物和生态圈，就有多少文化生态圈。物种生态圈的差异决定了文化生态圈的差异，由此造成了不同的文化生态圈在解释人与自然、人与天地之间认知关系的差异性。这在某种程度上是形成与构成"文明的冲突"的重要原因。"文明的冲突"的本质就是不同文化生态构成之间的生态冲突。它是由不同文化生态圈所生成的不同文化物种的差异性决定的。文化生态圈如同生物生态圈一样，既有横向的，也有纵向的。这种不同文化物种在构成上的差异性是文化生态生成的重要机制：它既是文化物种生态进化和演化的原因，也是一个结果。这是由文化生态演化的规律决定的。从这个意义上说，文化生态安全不可避免，它是文化发展和文化安全实现的重要机制，没有这个机制，也就无所谓文化发展和文化安全。因此，文化生态是政治、经济、社会、文化、生态共同作用的结果，这就是它的多重性所在。从这个意义上说，文化生态还可以分为政治文化生态、经济文化生态、社会文化生态、自然文化生态等，它是这些文化生态系统的复合共同体。

2. 文化生态构成的内部性与外部性

文化生态是一个包括外部生态和内部生态的二元生态系统，而不仅仅是关于文化生态的外部性关系的概念。所有的文化生态危机都是由文化内部生态危机造成的，然后外化于一种"生态环境"。有两种文化生态的内部性与外部性关系。相对于全球性而言，国家就是一种内部性；而相对于个人、社群而言，国家就是一种外部性。文化生态的内、外部性随不同的主体指涉对象而转移。在这里，内部性之于整个文化生态的系统性构成，具有规定其他方面的作用。原中国文化部部长蔡武在分析中国文化"走出去"所遭遇到的困境时指出："不少国家对我国猜疑和防范的心态并未减弱"[①]，这是造成和导致外部文化生态改善和优化进程始终比较缓慢的一个重要原因。其中的"心态"，对中国来说是一种外部文化生态构成因素，对那些国家而言则是内部文化生态构成因素。因此，"增强理解互信"就成为消除、化解"猜疑和防范"的文化生态工作。其实，所有的文化生态的外部性环境危机都是由内部性精神危机造成的。内部性失衡是导致和造成外部性失衡的动因。所谓寻求平衡，其结果导致更大的不平衡。在寻求一个方面的平衡的时候，常常以牺牲另一个方面的平衡为代价。因此，当另一个方面的不平衡发生以后，又试图通过牺牲（也叫调节或统筹）这个方面的平衡来实现。这就形成了一个文化生态安全的循环机制：牺牲环境以获取一时的经济快速发展使许多国家在工业化进程中造成和导致生态危机、生态安全事件。把文化资源优势转变为文化产业优势，以经济 GDP 为标准发展文化产业，结果对文化资源的乱砍滥伐导致文化生态环境的不可修复性破坏，这是由于结构性失衡而导致系统性失衡造成的文化生态安全后果，文化生态内在系统性失衡导致外在系统性失衡，进而导致和造成整个文化生态发展安全系统的失衡，使得应有的文化生态系统安全自治能力遭遇不应有的损害。人们比较重视文化生态危机的外部形态，也就是说，比较重视文化生态安全的外部性，而不够重视文化生态危机的内部性，也就是比较忽视文化生态安全的内部性，而内部性才是真正造成和构成文化生态安全的原因。

文化生态构成的内部性与外部性在一个国家内往往表现为由政策与制度建构的文化发展的外部环境和由学术研究、艺术创作等建构的文化生产的内部需求。在一定的时间内，外部环境构成的文化生态的外部性是相对稳定的，而内部性是多变的。这种内、外部的文化生态构成的差异性是由主体构成的差异性决定的。一般来说，外部性主体只有一个，那就是政策与制度的供给方——政府；而内部性主体则是多元的——在学术领域有不同的学派和学术主张，在艺术领域里有不同的流派和创作风格及其多样化表达方式。主体的多元性决定了主体价值追求的多元性。多元和单一构成了一个主权国家之内的文化生态结构。在这里，由于单一的主体具有相对的稳定性，而多元的主体则具有非稳定性。这种非稳定性常常是导致和造成文化生态关系和系统非常态变动的重要因素。任一主体价值在诉求于

---

① 蔡武. 向世界讲好中国故事[N]. 人民日报，2016-03-11.

政策与制度的时候都有可能导致和造成外部性关系的变动。尤其是一些试图通过输入国际文化政治力量和干预舆论以达到和实现一己之价值利益诉求的时候，就会引发内部性与外部性关系的生态冲突，进而引发文化生态危机，甚至可能发展成国家文化安全危机。而恰恰是这一点构成了20世纪和21世纪以来国际文化生态危机的一个重要特征。这也是一些国际文化政治力量利用主权国家内部的文化矛盾和文化冲突，借口"言论自由"和"人权"干预别国文化内政，以实现自己全球文化利益最大化的文化战略。这就构成了文化生态二元构成的复杂性：一方面表现为内部性文化生态问题，在另一方面又表现为外部性文化生态问题。文化生态二元结构的动力关系各以不同的力的作用而转化，这其中任何一个条件的变化都会导致和造成文化生态二元结构内生张力的变化，从而导致和造成整个文化生态系统的运动和变化。一个主权国家内的文化矛盾运动与冲突常常就是这样一种矛盾和冲突的表现形态。一个国家的文化生态始终处在这样一个矛盾运动之中：政治制度、经济力量、社会风尚、文化态度、环境变迁等各种力量都在文化生态二元结构的运动中发挥着重要作用。要改变文化生态，必先改变造成文化生态二元结构的力量。文化生态危机以及由此而生成的文化生态安全问题，就是由主体需求的多样性所造成的二元结构失衡造成的。

文化具有竞争性。"软实力"是一个竞争性概念，也是一个"文化安全困境"陷阱。为了赢得在文化上的比较优势，很多国家便把获得这种比较优势作为一项国家战略而施以投资，这就产生了一个问题：一个国家究竟应该在什么层面上参与这种文化软实力的战略竞争，是在技术层面上，还是在内容层面上？由于文化的多样性和不可比拟性，文化内容上的战略竞争在现代世界体系的文化构成上是由西方文明占优势的，因此，一般来说，非西方文明的文化内容在市场竞争中是不占优势的。没有哪一个西方文明体系中的国家会拱手让出自己的精神市场，而听凭他国的"文化软实力"（文化影响力、吸引力和建构力）在它的国家获得广阔的市场空间，进而全面占领它的市场而使之殖民化，这对这个国家而言无异于生物入侵。因此，为了维护本国文化生态系统的安全性，这个国家如同抵御生物入侵一样抵御他国的入侵。这种抵御除了文化保护主义，还有一个最重要的选择就是文化竞争，通过竞争以求得平衡，于是为了维护本国的文化生态安全，文化战争也就不可避免地打响了。冷战及其文化冷战就是这样发生的，这也就是把美苏之间的冷战定义为"人心之争"①的文化生态学原因。为了维护国际社会文化生态的脆弱平衡，于是相关国家和国家集团便进行国家间合作，制定相关规则，并由此而形成所谓的国际文化秩序。由于秩序的制定者充分地把自己国家的国家文化利益通过规则的制定而固化，那些没有参与规则制定的国家和地区就只能按照这些规则来设计自己国家的文化行为。于是，规则改变了后者原有的国家文化生态系统，文化发展环境恶化，这就出现了对这个国家来说的文化生态安全危机。为克服这种危机，这一国家必须挑战这一规则和秩序建构，已经建构的一种平衡就遭遇到来自要求打破平衡、重建新的平衡的威胁性要求，于是就又出现了新的文化生态安全危机。如此循环往复，构成了文化生态安全的循环性生成机制。

文化生态始终处在一个不断被人类社会的文明发展所重构和建构的过程。人的一切行为构成了文化生态重构的因素。政治、经济、社会、文化以及科学技术和战争等，都是

---

① 莱弗勒. 人心之争——美国、苏联与冷战[M]. 孙闵欣，廖蔚莹，朱正，等译. 上海：华东师范大学出版社，2012.

重构文化生态的重要力量形态。新媒体重构文化生态。这就是文化生态危机多元双重复合结构。

三、文化多样性安全与文化生态安全

文化多样性是在人类文化进入全球化时代提出来的世界文化安全命题。2001 年 11 月 2 日，联合国教科文组织第 31 届大会在巴黎通过了《世界文化多样性宣言》。《世界文化多样性宣言》在"前言"专门陈述了它的目的性：依据联合国教科文组织相关文件规定的精神，"涉及文化多样性和行使文化权利的各项条款，重申应把文化视为某个社会或某个社会群体特有的精神与物质、智力与情感方面的不同特点之总和；除了文学和艺术，文化还包括生活方式、共处的方式、价值观体系、传统和信仰；注意到文化是当代就特性、社会凝聚力和以知识为基础的经济发展问题展开的辩论的焦点；确认在相互信任和理解氛围下，尊重文化多样性、宽容、对话及合作是国际和平与安全的最佳保障之一；希望在承认文化多样性、认识到人类是一个统一的整体和发展文化间交流的基础上开展更广泛的团结互助；认为尽管受到新的信息和传播技术的迅速发展积极推动的全球化进程对文化多样性是一种挑战，但也为各种文化和文明之间进行新的对话创造了条件"①。

文化多样性源自生物多样性和文化生态多样性，同时它也是实现文化生态安全的前提。诚如全球气候变暖正在给全球生物多样性带来巨大而深刻的影响一样，全球化作为一种深刻影响人类行为的"大气环流"，正在给生物多样性带来严重威胁的同时，也严重威胁了文化的多样性。"尊重文化多样性、宽容、对话及合作"并把它定义为"国际和平与安全的最佳保障之一"，这就使得保护文化多样性具有保障国际和平与安全的重要性，从而使"文化多样性安全"和"文化生态安全"在这个意义上成为一个全球化时代的国家文化安全议题。

1. 生物物种多样性与文化物种多样性

文化多样性是文化生态的具体表现。人类是一个物种，文化是它区别于其他物种的方式。人作为一个生物物种，是全部生物物种多样性构成的重要组成部分。人不仅作为一个特殊的物种构成了生物物种的多样性，而且作为一个特殊的生物种群，人也是由多样性构成的。人作为物种种群多样性的构成与其他生物物种多样性构成有着高度的相似性，那就是自然界运动变化的一个结果，包括地球表面空间结构的形成，是人作为物种种群在全世界分布的重要依据。宜居性是人类选择生活场地的自然历史的结果。正是这样的一个结果造就了人与自然的关系，并且由这种关系塑造了在不同空间条件下的人的生存方式和生活方式。在这个过程中，人建立了与自然的关系：天人合一。"天"，即自然在这里的差异性造就了"天人合一"的差异性。同样是"天人合一"，不仅生活在不同经纬度的人的生活方式是不一样的，即便处在同一经纬度上的人，由于空间——山水、江河——阻隔，其"靠山吃山，靠水吃水"的生存样式的规定性选择还是把人群塑造成为同种的差异。正是这种差异造就和构成了以此为基础形成的文化物种的多样性。从这个意义上说，是生物多样性建构了人的多样性，人的多样性又造就和塑造了文化物种的多样性。文化物种的多样性与

---

① 范俊军. 联合国教科文组织关于保护语言与文化多样性文件汇编[M]. 北京：民族出版社，2006.

生物物种的多样性存在着同构关系，即生物物种多样性的规律一般来说也规定了文化物种多样性的规律，生物物种安全规律一般来说也规定着文化物种安全规律。作为文化物种全部的系统性体现，文化生态安全正是在这个意义上获得了它的生物学和生态学依据。文化多样性安全与文化生态安全关系的分析就建立在这个基础之上。

生物物种安全是指生物及其与环境形成的生态复合体、相关生态过程达到一种平衡的状态。文化物种安全是指文化及其与环境形成的文化生态复合体、相关生态过程达到一种平衡状态。正如生物具有遗传性一样，文化也具有遗传性。文化是一种后天习得，是一种遗传实现的过程与方式。文化是一种沉没的生态成本和基因构成。

文化物种多样性是文化资源的巨大宝库。中国是世界文化物种最丰富的国家之一，56个民族不仅拥有这些民族整体性的民族文化表现系统，而且在这些民族内部有在不同区域形成的丰富多样的文化表现形态，如中国的藏族分布于藏、青、云、川、甘等不同省份，形成了不同分支文化，这是构成藏族文化丰富性的重要部分。2010年11月9日国际博物馆协会在上海世博中心召开新闻发布会，公布了《中国濒危文物红色目录》，其部分内容如下：① 陶瓷器，新石器时代至中华人民共和国成立（约公元前8000年至1949年），如单色陶、彩陶、铅釉陶、三彩、青瓷、白瓷、彩瓷、青花等，造型含瓶、罐、壶、碗、盘及人俑、动物模型等。② 雕塑，新石器时代至中华人民共和国成立（约公元前8000年至1949年），如石、木、砖、金属雕塑等。③ 金属器（包括青铜器、金银器、铅锡器和铁器等），夏代至中华人民共和国成立（约公元前2070年至1949年），青铜器，如食器、酒器、水器、乐器、兵器、车马器、生活用品及其他饰件等；金银器，如生活器皿、宗教用具和装饰品等。④ 民俗文物，中华人民共和国成立（1949年）以前，中国各民族所制造和使用的生产、生活用品，如年画、神马、剪纸、泥人等各种造型的民间艺术作品，以及灯具、锁具、餐具、茶具、棋牌、玩具等生活和文娱用品。⑤ 玉石器，新石器时代至中华人民共和国成立（约公元前8000年至1949年），如礼器、丧葬用品、生活用品等。⑥ 书画，中华人民共和国成立（1949年）以前，历史上各时代书法、绘画作品，包括壁画，如山水画、人物画、花鸟画、书法家墨迹等。⑦ 铭刻，商代至中华人民共和国成立（约公元前1600年至1949年），如刻画或钤印有符号、文字的兽骨、龟甲、陶、石、泥、竹、木、金属等，以及1949年以前的碑帖拓片、图书文献、建筑构件、漆器、钱币等。这些文物处于濒危或接近濒危状态，对当地的国民经济和社会文化发展带来了不利影响，严重威胁和危害国家文化安全。

文化的多样性，尤其是表现手法与表现形式的多样性有许多来源于对生物多样性形态的创造性复制，历史性地表现和积淀在人们极为丰富多样的生活形态、生活方式和生活用具之中，构成了一个与人们的日常生活和生活态度（审美的和伦理的）相适应的完整的生态系统，正是这种生态系统完整地保留和保存着几千年来的人类文明进化和演化信息，成为今天人类文明生态发展的依据，也催生了新的文明诞生的创造性需求。《中国濒危文物红色目录》不仅警示了中国文物安全面临的严峻威胁和挑战，也呈现出中国文物在文化物种和文化表现形式方法的丰富多样性。这些文化物种的多样性和表现形态表现手法的丰富性，构成了中华文化文明的生态多样性系统，构成了一幅完整的中华文化生态安全的多样性图谱。它是文化生态安全需求多样性的一种呈现。文化生态安全需求是随着这种文明进化的创造性需求而不断发展进步的。

2. 文化多样性是文化生态平衡的重要保障机制

多样性是对于单一性而言的。文化多样性体现在一个国家和地区的时候，就是这个国家和地区的本土性。多样性是由多样的本土性构成的，没有本土性就没有多样性，本土性是多样性的前提，多样性是本土性的结果。本土文化生态安全是文化多样性安全的前提。因此，要实现文化多样性这一人类文化发展的目标，必须充分地尊重每一种以本土文化为表现形态的多样化的文化发展，而不是试图以一种文化价值为标准去规定和要求所有文化的发展形态与存在方式。文化多样性一定是文化表现方法和表达方法的多样性。这里既涉及生活方式，也涉及价值观。那种以一种文化价值为标准衡量和要求所有的文化只能按照这一标准去发展价值观文化的做法，无论在理论上还是在实践上，都构成了对其他所有文化自由发展权的侵犯和威胁，都是文化多样性安全问题，都属于侵犯人权的范畴，因而根据联合国教科文组织通过的《世界文化多样性宣言》的精神，都属于应当抵制的做法。基于世界文化多样性的共同价值观，每个国家和地区都有自由选择本国文化、本土文化发展道路和发展伦理的权力。这既是文化多样性的安全保障，也是抵御侵犯文化多样性发展的安全权力。

文化多样性与文化生态平衡和文化生态安全是对立统一的。毛泽东的"双百"方针是一种关于文化生态平衡与安全的理论。毛泽东主张"艺术问题上百花齐放，学术问题上百家争鸣。"[①]他认为："百花齐放，百家争鸣，这样的方针有利于我们国家的巩固。现在是放的不够，不是放的有余。不要怕放，不要怕批评，不要怕乱，不要怕牛鬼蛇神，也不要怕毒草。"[②]"香花是从和毒草作斗争中出来的。"[③]在这里，"香花"和"毒草"的形象性和象征性隐喻，实际上构成了文化生态平衡与安全有机构成的对立统一。发展文化产业并不是要消灭文化物种的多样性，而是要使文化物种的多样性在进化中获得当代形态，并且以这种当代形态获得新的存在价值和存在意义，同时使文化产业本身成长为文化物种多样性的社会进化的产物，成为积累文化资源，保护、开发和利用文化资源的现代手段。然而，由于工业化和城市化进程加快，生产、生活方式的改变，都市文化的冲击，原有的文化生存土壤正在以惊人的速度消失，发展与保护的矛盾日益突出，对历史文化遗产，特别是对已被列为国家历史文化名城和世界遗产的错位开发和超容量开发，已经现实地构成了当下中国最为严峻的文化生态安全问题。

3. 国家文化安全是文化多样性安全的实现形态与载体

文化多样性安全必然导致国家文化安全。在今天人类社会的文化多样性构成及其存在方式中，国家是最主要也是最核心的形态。国家既是文化多样性的实现形态，也是文化多样性实现的保障机制。没有国家这一机制的保障，文化多样性就是一句空话或者说是一个没有任何意义的命题。《世界文化多样性宣言》在阐述制定和发表这样一个主题的宣言的原因时特别指出：针对人类文明社会正在面临的各种文化冲突，宣言要求"每个国家都应在

---

① 毛泽东在中共中央政治局扩大会议上的讲话[M]//毛泽东文集（第七卷）．北京：人民出版社，1999：54.
② 中共中央文献研究室编．毛泽东传 1949——1976（上）[M]．北京：中央文献出版社，2003：640.
③ 同②：619.

遵守其国际义务的前提下，制定本国的文化政策，并采取其认为最为合适的行动方法，即不管是在行动上给予支持还是制定必要的规章制度，来实施这一政策。"①在这里，国家文化安全既是实现文化多样性的前提，也是文化多样性实现的结果。在文化安全得不到实现、国家文化主权得不到尊重的状态下，一个国家是不可能有文化多样性的健康发展和符合人权利益发展的。在这里，文化多样性安全与国家文化安全是互为表里的有机统一。人权，尤其是人的文化权，只有在每个不同国家的文化多样性国情的基础上才能实现。脱离一个国家的具体文化多样性国情而抽象地谈论文化多样性是实现人权的重要保障是没有意义的。在这里，文化多样性安全、国家文化安全乃至人权安全是一个有机统一的整体，其中任何一个方面的安全都不能缺失，片面地突出和强调某一个方面的安全也有损于另一个方面的安全实现。

四、文化生态安全与国家文化安全

国家文化安全是文化生态安全最重要的存在形态。文化生态关系的任何变化都会导致和造成社会和国家文化关系的更大变化，从而使国家文化安全产生变化。

在整个自然系统中，国家是一种生态性存在，也是一种生态多样性存在。作为生态性存在，国家的生命表现和生命"体征"是多样的。文化是它最本质的"体征"，是影响其他方面"体征"健康状况的决定性因素。正如基因在生命组合中具有可识别性一样，一个国家的"基因组合"的可识别性是它区别于其他国家的重要依据，正是这种依据构造了一个国家的特别的生命构成系统和生态群落。这种生态基因既表现在过去，又活跃在现在，构成了一个国家文化生态系统的稳定性、延续性和可持续发展性。作为一种人的行为和行动方式，国家的出现不仅改变了原有的生态系统，而且参与塑造了新的生态系统。在自然生态的多样性之外，又塑造了一个新的国家多样性系统，而这个多样性系统是由文化来定义的。每个国家的文化生态是不一样的，世界上有多少国家就有多少文化生态系统。正如自然界的生态系统相互之间虽不兼容却可以同处在一个系统中一样，人类社会中的文化生态系统相互之间也是不兼容的，却构成了人类文明的整体性。正是在这个意义上，文化生态安全对于国家文化安全具有特别的重要性。也就是说，对于一个国家来说，在生态学的意义上，文化生态安全状况最终决定国家文化安全状况，而国家文化安全状况最终反映一个国家的文化生态安全状况。从这个意义上说，资本主义与社会主义、市场经济和计划经济都是一种生态性构成和样式。它们的内在"基因组"构成的"基因"差异性，构成和决定了这两种不同生态系统的"生物种群"的差异性。它们之间的矛盾和冲突，恰如生物入侵与生物阻击一样，构成了文化生态安全以及国家文化安全运动与发展的规律。

"一方水土养一方人"描述和揭示了人与自然条件构成的生存环境的相互关系，即人的心地构造是其他生存的物质条件决定的。人的内在的心理与精神构造是其与水土关系自洽建构的一个结果，由此而形成的文化内容（包括生活方式和价值观）深刻地、历史性地凝聚着人与自然关系的体验性经验，正是这样的经验构成了人与自然、社会与自然的有机整体性。这种有机整体性因"水土"，即空间环境的差异性，构成了人地关系和心地关系的

---

① 范俊军. 联合国教科文组织关于保护语言与文化多样性文件汇编[M]. 北京：民族出版社，2006.

差异性，文化多样性就是这种差异性的具体表现，如宗教信仰、风俗习惯等。所谓"水土不服"，就是由这种差异性而表现出来的某种文化冲突。这种文化冲突既可以是显性的，也可以是隐性的。不同国家和地区之间的文化冲突与生物间的冲突具有某种程度上的同构性，即一种生物的入侵会导致和造成原有生物系统的紊乱，进而造成生态危机和生态安全，因此世界各国普遍建立生物物种出入境查验制度，以防止生物入侵，保护本国、本地区的生物安全。正是基于同一原理，国际社会普遍根据本国的文化生态种群安全的文化安全需要建立同样的安全审查制度，本质上是防止另一种文化生物物种的入侵对本国文化生态系统造成安全危机。也正是基于同一原理，通过实施有效的文化入侵而改变原有的文化生态系统，通过改变原有文化生态系统的种群结构而改变整个文化生态系统，使其有利于自己的文化生态利益发展，也就成为捍卫和维护文化多样性战略安全的关键。而恰恰在这一关键问题上，那些以自己的文化为唯一的普世价值所采取的国家安全战略表现出"反文化生态性特征"。

　　一定的文化生态构成有自身的基本形态与结构。中国农村的村落就是在长期的农耕社会中形成、演变发展而来的一种文化生态形式。在这种文化生态构造中，它的每一个结构性构件都是它的存在的全部生态依据不可或缺的重要组成部分，各以对方为存在，各以对方而获得个性并相互区别。正是这样一种相互之间不可或缺的规定性，塑造了它们的生命形态和样态。山西的乔家大院是明清时期中国晋商文化建筑形态的代表，它的内部结构与外部形制集中体现了当时中国晋商文化经济发展到顶峰时期的精神面貌。这种精神面貌与它所处的山西民居村落之间构成了一种对比关系，而正是这种对比关系使它们有机地融为一体，构成了那些民居特有的文化生态景观。《大红灯笼高高挂》照亮了乔家大院，一夜之间使得乔家大院大红大紫，成为一个旅游热点。然而，意想不到的一个文化生态危机也由此产生：为了开发"大院文化"、给发展旅游业腾出空间，当地政府便把与其融为一体的村庄整体拆除了，修建了一个大型停车广场，把"乔家大院"开发成了一个旅游景点，并且在大院前竖立了一个牌坊。这样，不仅原有的整个文化生态系统遭到不可再生的整体性摧毁，而且使乔家大院完全失去了灵魂。这并不是一个孤案，有不少古村落面临同样的厄运。据北京永定河文化研究会会长张广林介绍，在我国现有 2000 多个县级行政区、1.9 万个多镇、3 万多个乡中，有古村落 4000 多个，然而，"现在几乎每个月就有一座古村落消失"。山西原有古村落 500 多个，现在锐减到不到 100 个。[①]古村落是中华民族五千年文化的基础，规模虽小，却包含着历史文化、伦理宗教、风土人情等多种文化，甚至连村头的古树也是古村落生命系统的一个重要组成部分，有时甚至是"认祖归宗"的精神文化标志，是精神寄托的符号。古村落是依托和借助自然环境和条件，依照古人对人和自然相互关系的生存理念在一个较长的时间段中逐步形成的。它是特定地区社会发展的历史积淀，包含中国古代哲学和艺术的深刻意蕴，是建构人们共同心理结构的最重要的生态系统。无论是自然文化遗产还是非物质文化遗产，都是对人类发展轨迹的记录，正是这样的记录才使得人类的发展有案可查，因此，对我们现代人来说，它们存在的意义是唤醒我们对历史的记忆。同时，正是这样的记录和记忆构成了今天完整的文化生态系统。不同人类种群的差异就在于其不同文化生态构成的差异。因此，文化生态的完整性和安全性，对于一个民族来说，具

---

① 隗瑞艳. 古村落：正在成为"摇钱树" [N]. 中国文化报，2011-01-18.

有兴衰存亡的重大意义。文化生态具有不可再生性，历史文化遗存一旦被毁、传统纽带一旦被割断、民族的人居环境一旦被破坏、文化生态平衡一旦被打破，将造成文化基因谱系的断裂和文化多样性的消失，将给一个国家和民族带来灭顶之灾。从某种意义上说，除了国家文化主权，已经没有哪种文化安全能比文化生态安全带给我们更大的文化安全危机了。曾有人问："在一个城市中，当你看不到500年前的影子，看不到100年前的影子，甚至连50年前的影子都找不到时，你会不会感到恐慌？"正如孙家正所说："保护文化遗产就是保护和珍惜我们民族的历史，保护、珍惜人民群众的心理归属和情感需求。作为文化建设的重要组成部分，文化遗产保护的最重要的价值在于精神层面。丢失了文化遗产，我们就会心无所依、怅然若失，难以找到回家的路。"[①]所以，国家文化安全并不仅仅表现为意识形态安全问题，文化生态安全，尤其是我们生活方式的生态安全的系统性，也是国家文化安全的重要问题。

　　构成文化生态系统的另一种形态就是社会的精神生产系统和精神表达系统构成状况。人们在普遍关注人与物的文化生态关系的同时，在某种程度上，甚至在某一特殊的历史时期，人们更关注由精神生产系统和精神表达系统构成的文化生态状况，即文化生态状况是否有益于精神生产和精神表达系统的良好运转、是否有利于精神文化的创作和生产。这在某种程度上构成了远比精神现象物质构成的表达系统的文化生态系统更为严肃的生态命题。如果说前者主要凸显为文化生产与表达的社会关系和社会经济关系，后者则主要凸显为文化生产与表达的文化政治关系和社会政治关系。后一问题上存在的分歧远远大于前一问题上存在的分歧。这样的分歧不仅表现在一个国家之内，更重要的是表现在不同的国家之间。在很大程度上，文化领域的人权议题的分歧主要集中在这个问题上，即所谓的言论自由和表达自由。然而，正如人们在居住聚落的文化生态构造上是一个自然历史的演化和进化的结果一样，人们在精神聚落的文化生态构造上也是一个自然历史的过程。不仅不同国家的精神文化生态系统是不一样的，即便同一个国家，尤其在多民族国家中，生活在不同聚落空间形态下，精神文化生态也是不一样的。在这里，一个国家传统的价值观和当下的价值观取向具有特别重要的意义。因为，作为一种历史选择的结果，有两种可能：一种是正确的选择，另一种是错误的选择。诚如一类物种的引进有助于原有物种种群的优化和进化，而另一种物种的引进可能造成生物入侵，进而导致原生态物种遭遇毁灭性危机。因此，选择哪一种物种才最有利于整个生态系统的健康稳定发展、有助于生物多样性发展，在很大程度上取决于对"是否适合"的把握。世界上之所以有许多国家在文化制度设置上有许多排他性刚性规定，一个重要的原因就是对本土文化生态群落多样性种群的保护，另一个原因就是基于对自身发展需求的了解与把握。精神生产领域里涉及言论自由和表达自由的制度选择与制定，与世界各国建立的物种安全保障机制没有本质区别。有利于、适合原有文化生态的健康发展，不会导致和造成源于文化物种引进的文化生态安全危机，这是精神生产与表达系统文化生态系统建构的重要价值标准。这一标准与生物多样性安全问题中的伦理标准是一样的，构成了我们对文化生态最重要的评价基础，离开这个基础，也就背离了"生态学"的基本原理和精神。而这恰恰是建立和正确处理文化生态安全与国家文化安全的根本基础。

---

① 李舫. 假如失去历史，你会不会恐慌——警惕文物保护背后的地产冲动[N]. 人民日报，2010-10-22.

　　心态的平衡程度是人的精神心理健康的重要指标，也是影响人的整体健康的重要病理因素。心态平衡与心态不平衡在某种程度上是影响文化生态平衡的生理心理学因素。文化生态安全与国家文化安全危机在很大程度上也是由这种失衡造成的。当个人乃至某个群体与国家文化安全发生冲突的时候，往往表现为以个人的利益需求为唯一的价值需求，而置其他方面的利益群体、社会乃至国家的文化利益需求于不顾。在这里，个人乃至某个群体的心态失衡往往是导致和造成其行为失衡的重要动因。其中既有个人利益的失当性，也存在国家制度的失当性。但是，对大多数人而言，当一种国家制度是一种正当的利益设置的时候，它就是正当的、正义的，因而是合法的。在这个意义上，国家的利益高于一切就应当是所有个人利益诉求的处理原则，反之不然。那种利用或借助国际力量要挟国家、干涉国家文化主权和权力的做法是不可取的。无论一个国家的文化生态出现结构性问题还是出现系统性问题，无论是个人还是集体，都有责任出于民族和国家文化安全利益的考虑，积极主动地参与这一国家文化生态系统的修复进程，进而通过共同参与修复国家文化生态系统，在实现国家文化生态系统安全和国家文化安全的同时，实现我们每个人的文化安全，从而建构国家和民族文化生态文明安全的系统整体性。

　　文化生态安全与国家文化安全之间的运动深受文化生态多重二元结构的影响。追求和实现文化多样性和文化多样性安全的目的是实现人类文化的可持续发展。文化生态安全是一个文化可持续发展的命题——什么才是有利于文化创新发展的文化生态环境？怎样的文化生态才是健康的文化生态环境？解决这些问题，对于实现国家文化安全和实现国家文化安全具有特别重要的意义。

　　中国正处在实现中华民族伟大复兴重要战略机遇期，这一时期也是实现中国式现代化发展和中华民族现代文明建设重大转变的关键时期。文化资源承载着中华文明和中华民族历史发展的全部合法性与合理性。对中华文化资源的阐释直接关系着整个中华优秀传统文化安全，任何对中华传统文化资源的历史虚无主义阐释，都将从根本上动摇中华民族的历史自信和文化自信。中国必须牢牢掌握对于自身文化资源意义阐释的权力，在中华文明探源工程的基础上，建立国家文化生态质量文明价值评估体系。通过对构成中华文化生态系统的物质与非物质文化资源状况展开全面系统的调查与分析，尤其是对那些非物质和口传文化遗产资源的调查评估分析，因为这是构成文化生态最基本的要素，建立具有现代知识体系特征的中华文化资源价值谱系，从而为中华民族现代文明建设提供支撑。因此，在国民经济发展和增长的评估体系中，国家应建立一种包括文化生态、文化资源损益统计在内的国民经济统计指标体系，也就是说，应该对文化资源，尤其是那些不可再生的文化生态的损耗所可能给社会的经济与文化发展带来的无法挽回的文明损失给出计量图系，从而在一种直观的数量面前，让人们知道我们所付出的文化生态代价，同时使得很高的国民生产总值，特别是文化产业增加值因扣除文化生态的损耗部分而回落到它应有的价值位置，从指标评估体系上建立国家文化生态安全红线，建立起全民族自觉的文化资源安全保护意识。

　　"从源头上抓起"，文化生态安全的源头在哪里？怎样才能抓住？习近平总书记指出："生态环境没有替代品，用之不觉，失之难存。"在生态环境保护建设上，一定要树立大局观、长远观、整体观，坚持保护优先，坚持节约资源和保护环境的基本国策，像保护眼睛一样保护生态环境，像对待生命一样对待生态环境，推动形成绿色发展方式和生活方式。^①这同样应该成为我们思考和研究文化生态安全的重要指导思想。

 **本章小结**

文化遗产安全是当今人类社会所面临的最为严峻的文化安全问题。全球化、城市化、气候变化以及地区冲突和恐怖主义活动，正在构成对文化遗产越来越严重的威胁。文化遗产在确认共同的文化归属和提供未来发展的智慧和能力方面，具有人类社会不可或缺的资源价值，如何在确保自身发展需求得到满足的同时，确保后代的可持续发展，不仅是今天的人类社会共同的文化安全问题，而且是未来社会人类发展的文化安全问题，同时具有过去、现在和未来三个安全维度。从最广泛的意义上说，这三种形态的安全构成了全部的国家文化安全。任何一种形态和领域的国家文化安全，都可以表现为文化遗产安全、文化资源安全和文化生态安全。三者是一个有机整体，共同构成了国家文化安全最根本的要素。

文化遗产是一个国家和民族在长期的历史发展中形成和积累起来的、以共同生活方式为基础的文化身份认同的表达系统，其核心是社会方式和价值观系统，是一个国家和民族优秀传统文化最重要的载体和传承方式，对于凝聚人们的身份认同和价值观认同具有不可替代的重要作用。文化遗产安全就是使文化遗产免遭威胁、没有危害和确保人类文化可持续发展能力的有机统一。

文化资源是一个国家和民族可以持续、稳定、及时、足量地获取所需文化资源的状态和能力，关系到保障国家文化安全和国家根本文化传统的维护。文化资源安全是国家文化可持续发展战略和国家文化创新体系建设的重要战略基础。文化资源安全在国家文化安全构成中的价值最集中地表现在文化资源再生能力安全和文化资源属性合法性安全。文化资源属性是由文化资源生成的历史性构成的，是揭示和解释文化行为主体正当性与合法性的重要证据，具有鲜明的排他性。对文化资源属性的去正当性与正义性解构，本质是对于文化行为主体合法性的否定，是国家文化安全危机最重要的来源。

对于一个国家来说，在生态学的意义上，文化生态安全状况最终决定国家文化安全状况，而国家文化安全状况最终反映一个国家文化生态安全状况。从这个意义上说，资本主义与社会主义、市场经济和计划经济都是一种生态性构成和样式。它们的内在基因组构成的基因差异性，构成和决定了这两种不同生态系统的生物种群的差异性。它们之间的矛盾和冲突恰如生物入侵与生物阻击一样，构成了文化生态安全与国家文化安全运动与发展的规律。

文化生态安全与国家文化安全相互之间的运动深受文化生态多重二元结构的影响。追求和实现文化多样性和文化多样性安全的目的是实现人类文化的可持续发展。文化生态安全是一个文化可持续发展的命题——什么才是有利于文化创新发展的文化生态环境？怎样的文化生态才是健康的文化生态环境？解决这些问题，对于实现国家文化安全和实现国家文化安全具有特别重要的意义。

---

① 习近平在参加十二届全国人大四次会议青海代表团审议时的讲话[N]. 人民日报，2016-03-10.

　　文化生态安全是一个从文化遗产安全、文化资源安全，结合生态安全发展而来的概念和新文化安全认识系统。文化生态安全不仅具有比文化遗产安全、文化资源安全更为广泛和深刻的普遍意义，而且更深刻地揭示了文化与生态、文化系统与生态系统、文化安全与生态安全，以及所有这一切对人、人类社会和国家安全、国家文化安全的现代性的全部重要价值。生态文明建设理念的提出不仅对于深刻认识和研究文化生态安全的本质、形成机制具有重大价值，而且极大地拓宽了文化生态安全的领域。这既是文化遗产安全研究的深化，也是对文化遗产安全研究的一个超越：从文化遗产安全走向文化生态安全。

思考题

1．文化遗产、文化资源和文化生态三者之间的联系与区别各是什么？
2．怎样认识和理解文化遗产安全等三种安全形态与国家文化安全的关系？
3．文化遗产安全的重要价值是什么？
4．文化资源属性的重要价值是什么？
5．怎样认识和理解文化多样性安全与国家文化安全的关系？
6．怎样认识和理解文化生态构成的多重二元结构理论？

参考书目

1．中共中央党史和文献研究院编．习近平关于国家总体安全观论述摘编[M]．北京：中央文献出版社，2018．
2．联合国教科文组织．世界文化报告——文化的多样性、冲突与多元共存[M]．北京：北京大学出版社，2002．
3．联合国教科文组织．世界文化报告——文化、创新与市场[M]．北京：北京大学出版社，2000．
4．国家文物局．国际文化遗产保护文件选编[M]．北京：文物出版社，2007．
5．胡惠林，胡霁荣．国家文化安全治理[M]．上海：上海人民出版社，2020．

第十一章

网络文化安全

 学习目标

通过学习本章，应了解和掌握以下内容：

1. 网络文化安全分析的相关概念以及不同概念间的联系与区别；
2. 网络文化空间主权在网络文化安全中的重要性；
3. 网络文化安全与国家文化安全的关系；
4. 互联网自由与网络文化安全的关系；
5. 中国网络文化安全的目标与原则。

 导言

网络安全是当今世界最重要的国家安全形态之一，已经成为国家安全战略博弈中最重要的领域。利用网络对他国开展文化渗透、文化入侵和文化颠覆，对国家意识形态的网络攻击、对主流价值观的网络攻击等，已经成为继文化冷战之后全球的新文化冷战：以网络为武器的文化战争[①]，进而构成了一个新文化安全领域——网络文化安全。

网络文化安全是互联网时代最具独特性的国家文化安全形态，在整个国家文化安全生态系统中具有其他国家文化安全形态所没有的极端重要性。网络文化是现实文化在虚拟空间的延伸，是互联网时代人们的重要生存方式。网络文化是网络所在地性主权生成形态，受国家主权的管控与制约，是国家主权空间的新形态。网络文化安全是现实国家文化安全在网络空间的延伸和表现。深入研究网络文化安全是国家文化安全研究中极端重要的新生领域。

第一节　网络文化安全分析的相关概念

随着人们对信息安全的日益重视，以及网络应用普遍化后不断遭遇的各种网络攻击给

---

① 欧洲新冷战走向数字化[N]．参考消息，2016-03-09．

人们的社会生活和国家安全的各个方面带来日益严重的破坏性威胁，网络安全被发现并逐渐提高到国家战略安全和安全战略高度。

一、信息安全、网络安全与网络空间安全

信息安全是一个与网络安全密切相关的领域。在"网络安全"这一概念没有出现之前，信息安全是它的主要表达概念，关于网络安全的研究，最早是从对信息安全的研究开始的。中国在这一领域最先发表的安全研究成果就是《国家信息安全报告》[①]。所谓信息安全，是指国家、机构、个人的信息空间、信息载体和信息资源没有危险、不受威胁和侵害的状态。

"信息安全"是随着现代信息技术在实践中日益普遍，并由此涉及传统意义上的"保密"这一最初的国家安全原则而被提出来的。早在 20 世纪 50 年代，科技文献中开始使用"信息安全"，至 20 世纪 90 年代，"信息安全"逐步进入各国和各地区的政策文献，相关的学术研究也逐步展开。总部设在美国佛罗里达州的国际信息系统安全认证组织（International Information Systems Security Certification Consortium）将"信息安全"划分为十大领域，包括物理安全、商务连续和灾害重建计划、安全结构和模式、应用和系统开发、通信和网络安全、访问控制领域、密码学领域、安全管理实践、操作安全、法律侦察和道德规划。因此，"信息安全"是一个涉及范围很广的概念，在各类物理安全的基础上，包括"通信和网络安全"要素。1990 年成立的"德国联邦信息技术安全局"（也译为"德国联邦资讯安全局"）可能是最早的以"信息安全"为职能的国家安全机构。1992 年 3 月，欧盟理事会通过了《信息安全框架决议》（关于信息系统安全领域的第 92/242/EEC 号决定），这是欧盟最早颁布的信息安全政策，"信息安全"一词由此开始成为安全政策的新标志。1994 年 2 月，中国国务院出台了第一部关于计算机信息安全的法规——《中华人民共和国计算机信息系统安全保护条例》。1996 年 2 月，法国成立了"法国信息系统安全服务中心"。此后，"信息安全"普遍地进入国家安全的政策范畴，成为国家安全政策与战略的新内容。

进入 21 世纪，"信息安全"一词的使用范围不断扩大，关于它的研究也成为自然科学和社会科学研究的新领域。其中，既有理论的研究，也有对国家秘密、商业秘密和个人隐私保护的探讨；既有国家战略的谋划，也有信息安全内容的管理；既有信息安全技术标准的制定，也有国际行为准则的起草，信息安全由此成为最重要的非传统安全领域之一。

信息安全是一个涉及领域极其广泛的概念，在现代社会，凡是存在信息的领域都存在信息安全问题：既有个人的信息安全问题，即隐私安全，也有社会和国家的信息安全问题。信息主权就是一个与国家信息安全密切相关的重要概念。所谓信息主权，是指一个国家对本国的信息传播系统和传播数据内容进行自主管理的权力，是信息时代国家主权的重要组成部分。利用技术、语言、文化以及经济等方面的优势控制、限制乃至压制他国信息内容的多样性、信息传播的自主性及信息管理的安全性，构成了国家安全政策与战略的重要内容。2014 年 7 月，中国国家主席习近平在巴西出席金砖国家领导人第六次会晤并在巴西国会发表演讲，指出："互联网技术再发展也不能侵犯他国的信息主权……更不能牺牲别国安全谋求自身所谓绝对安全。国际社会要本着相互尊重和相互信任的原则，通过积极有效的

---

① 张春江，倪健民. 国家信息安全报告[M]. 北京：人民出版社，2000.

国际合作，共同构建和平、安全、开放、合作的网络空间，建立多边、民主、透明的国际互联网治理体系。"①这里的"信息主权"概念，与建设民主、平等的网络安全和构建全球互联网治理体系的创新思想联系在了一起，揭示了"信息安全"与"网络安全"之间的安全关系。

随着互联网的应用与普及，网络在给人们带来越来越多的便利的同时，也使得信息安全范围不断地扩大和深入到人类生活的各个领域。网络带来的新安全问题成为信息安全发展的新特点，"信息安全"一词很难准确地表述网络安全和网络空间安全的新进展，无法深刻揭示网络安全和网络空间安全带给整个人类社会的新问题。虽然"信息安全"依然是一个重要的概念，但是"网络安全"和"网络空间安全"开始被频繁地使用，以及"国际联网安全""互联网安全""网络安全""网络空间安全"等词语不断地被用来描述和表达网络带给全球化进程的新变化，以及人们对这种新的急剧变化中的网络文化的冲击的快速反应，都使得"信息安全"一词已不足以表现网络带来的深刻变化。20世纪90年代后，"信息安全"开始向"网络安全"聚焦。

进入21世纪后，"信息安全"已逐步与"网络安全"和"网络空间安全"并用，而"网络安全"与"网络空间安全"在发达国家的安全政策与安全战略文献中的使用频率不断提高则标志着一个新的安全转化阶段的到来，"网络安全"和"网络空间安全"正在发展演变成为主流。随着2002年经济合作与发展组织通过关于信息系统和网络安全的指南文件，特别是2003年美国发布了网络空间战略的国家文件，"网络安全"和"网络空间安全"开始成为比"信息安全"更为社会和业界所聚焦和关注的概念，在理论研究和实践中被更加频繁地使用。2016年11月7日第十二届全国人民代表大会常务委员会第二十四次会议通过的《中华人民共和国网络安全法》，不仅明确以"网络安全"为立法主题，而且在这一中国首部网络安全法律中提出了一系列与此相关的法律概念，包括"网络空间主权""网络空间治理"等，而且特别提出了"网络信息安全"和"网络运行安全"的概念，明确"国家坚持网络安全与信息化发展并重"的国家网络安全政策。可见，这些概念既互相联系，又互相区别。"网络"和"网络安全"是指一个由互联网建立起来的"世界"和"世界的安全"；"网络空间"和"网络空间安全"是指这个"世界体系"和"世界体系内的安全"。就如一条高速公路，每一个行为主体都有自由通行权，这种自由通行权不受侵犯，如果有行为体任意攻击他人的自由通行权，则他人就遭遇到通行安全的威胁。因此，需要建立关于互联网和网络空间的"交通规则"且所有行为体都必须遵守这一规则，只有这样才能确保"交通安全"——网络安全和网络运行安全。在这一空间中发生的任何一种性质的网络安全问题都属于不同性质和不同领域的网络空间安全问题，与现实社会中的安全问题属性具有对应性，如军事安全——网络军事安全、经济安全——网络经济安全、文化安全——网络文化安全等。而"网络运行安全"则主要是指支撑网络的基础设施机器设备的安全，是一种技术保障安全。

信息安全、网络安全、网络空间安全，三者往往交替使用或并行使用。2003年12月在日内瓦召开的联合国"信息社会世界峰会"首次就信息社会问题展开了讨论。会议讨论通过的《日内瓦原则宣言》第五条原则"树立使用信息通信技术的信心并提高安全性"中

---

① 弘扬传统友好 共谱合作新篇——2014年7月16日在巴西国会的演讲[N]. 人民日报，2014-07-17.

使用了"网络信息安全"的概念；会议通过的另一份文件《日内瓦行动计划》的十条措施中，多处并行使用了"信息安全"与"网络安全"这两个概念。在中国，2012 年 6 月，国务院发布《关于大力推进信息化发展和切实保障信息安全的若干意见》，文件中多次出现了"网络与信息安全"，如"夯实网络与信息安全基础""提升网络与信息安全监管能力""提升网络与信息安全保障水平"等。以上情况说明信息安全在受到网络安全和网络空间安全的影响的过程中，这三个词有一个混用、兼用的模糊期，使人们对这三个概念的理解和实践应用产生一定程度的或然性，使学术规范受到了影响。这是由互联网技术和内容在生成过程中的特殊性且边界交叉重叠决定的。

网络安全与网络空间安全这两个概念在实际使用中的区分也并不严格。归美国联邦调查局所属的关键性基础设施保护中心发布了一篇题为《关于网络空间安全的国家战略》的报告，第一次提出"网络空间安全"概念，明确地将网络空间安全提升到关系国家安全的战略高度，第一次将网络安全纳入了关于国家安全的总体思路。该报告指出，网络空间对于本土安全与国家安全来说都是至关重要的。安全而又可靠的网络空间是支撑国民经济、关键性基础设施以及国防的支柱。因此，"关于网络空间安全的国家战略"是一项必须实施的战略。2011 年 11 月，英国发布了《国家网络安全战略：在数字世界中保护和促进英国的发展》，其政策主题是网络安全，但在文件的内容阐述中则专门讨论了网络空间如何驱动经济增长和变化中的威胁等问题。2014 年 11 月，首届世界互联网大会在中国浙江乌镇举行，主办方在会议文件中对"网络安全"板块的讨论则用"网络空间安全"的主题来表述。这既反映了网络以及人们对网络认识的复杂性，也说明网络依然是一个处在其"空间边缘"的不断生长期，这三个概念的交叉使用和模糊使用在网络安全研究和政策表述中将继续存在。2013 年 11 月，习近平在《关于〈中共中央关于全面深化改革若干重大问题的决定〉的说明》中就加快完善互联网管理领导体制问题指出："网络和信息安全牵涉到国家安全和社会稳定，是我们面临的新的综合性挑战。"[①]2014 年 2 月，习近平主持召开中央网络安全和信息化领导小组第一次会议，进一步阐明："网络安全和信息化是事关国家安全和国家发展、事关广大人民群众工作生活的重大战略问题"，"网络安全和信息化是一体之两翼、驱动之双轮，必须统一谋划、统一部署、统一推进、统一实施。""没有网络安全就没有国家安全"，"网络安全和信息化对一个国家很多领域都是牵一发而动全身的"。[②]同时明确指出："过不了互联网这一关，就过不了长期执政这一关。"[③]这些论述比较集中地阐明了新形势下在国家安全政策层面上中国政府对网络安全战略重要性的理解，互联网时代信息安全必须关注网络安全的新战略，论述了网络安全与信息化之间的紧密联系，提供了认识信息安全、网络安全、网络空间安全三者概念异同的国家安全政策基础。

二、网络安全与网络文化安全

网络安全与网络文化安全是两个既互相联系又存在很大区别的概念。正确区分这两个

---

① 习近平谈治国理政[M]. 北京：人民出版社，2014：84.

② 同①：197-198.

③ 坚持党的新闻舆论工作的正确政治方向[M]//习近平关于网络强国论述摘编. 北京：中央文献出版社，2021：3.

不同领域的概念是研究网络文化安全的基本前提。

1. 网络与网络安全

网络是由计算机建构的一个新世界形态和人类社会的生存方式。所谓数字化生存或网络化生存，表述的就是由互联网建构的这种新世界形态和新的社会形态——网络社会。计算机的发明最先用于科学研究，后来便应用于战争，是为了提高战争胜利的概率而发明的用于军事战略决策的工具。通过计算机系统建立若干个计算机终端并使之联网，于是便出现了互联网。

互联网的发明极大地改变了人与人之间的交往方式，这种交往方式的改变又极大地提高了社会生产力。互联网强大的信息储存和分析功能被发现后被迅速地应用于经济领域，尤其是国际经贸领域。互联网不仅为全球贸易提供了前所未有的巨大的信息平台，方便了交易，提高了商业效率，加剧了国际贸易竞争，而且在这个过程中直接促进了经济结构和贸易结构的全球性战略调整。互联网的便利性以及巨大的建构能力，使得掌握与控制互联网成为世界各种力量（国家与非国家的、个人的与社会的）的共同行为。于是，随着计算机技术的不断升级，以及互联网功能不断被用于人类社会生活的各个领域，互联网获得了空前发展，人类社会开始进入互联网时代——网络时代。

网络为人类社会普遍使用，其工具性不存在国家和民族身份的差异性，任何民族和国家都可以使用互联网，也都可以根据本民族、本国的创造性能力不断地改造和应用互联网，在创造自己的新的生存空间的同时改变和建构新的世界空间秩序。于是，网络便演化成为一个具有无限增殖能力的有机物，独立于现实世界之外，成为独立于现代国家存在体系之外的人类社会的新空间形态。这种空间形态既是对现实世界的延伸和反映，又独立于现实世界，是一个由网络建立的"超现实世界"，而不是"虚拟世界"，因而是真实的。它既存在于现代世界体系之中，又独立于构成现代世界体系的每一个国家形态之外。因而，网络具有鲜明的"超国家形态"特征，构成了一种"超国家形态"存在。之所以说它是一种"超国家形态"存在，关键就在于它存在于每个国家之中，是国家主权空间形态的延伸和存在方式，同时它又超越了每个国家可见的国家主权空间。掌控国家行为的是这个国家的执政主体，而掌控网络行为，甚至发动网络攻击、挑起网络战争的，除了国家，还有非国家行为体、次国家行为体等，甚至个人（黑客，一种超国家行为体的存在）也可以在一段时间内使网络空间发生重大改变，从而导致现实世界现状的改变。于是，网络便作为一种有机生命体而出现，具有某种改变现状的力量。这种力量形态既可以是正面的，也可以是负面的，甚至可能是具有灾难性的。当网络化生存主体的某一个方面发生危险、遭遇威胁的时候，即利用网络和借助网络手段对另一个网络化生存主体展开网络攻击或威胁的时候，或者利用网络窃取国家秘密、商业秘密、科学技术秘密而导致力量格局改变，直接威胁和影响到国家战略竞争力和安全保障能力的时候，网络安全也就生成了：网络既是攻击的手段，也是被攻击的对象。网络构成中的一个节点遭到攻击，便会引发和导致整个网络系统的安全性问题，因而会激发整个网络的系统性反应——维护网络安全。

由于网络的有机性，凡是在现实世界中可能发生的安全问题，在网络世界中也可能发生，甚至在现实世界中难以或不可能发生的安全问题，在网络世界中也可能发生。例如，在现实世界中打击一个在建中的核设施具有直接爆发局部战争甚至全局战争的安全风险，而实施网络攻击则可以避免直接爆发战争；同理，利用网络对一个国家的能源系统或金融系统实施网络攻击，可能导致这个国家遭遇毁灭性打击，而网络攻击主体则可能安然无恙。网络给现实世界带来的各种风险、危险、威胁使之成为一个非常复杂的"超国家体"、"超国家力量"和"超国家行为体"，从而使"网络安全"具有传统安全所不具有的"非传统安全"特征，从而成为整个国家安全体系的重要组成部分。

网络安全是一个从计算机信息系统安全发展而来的概念，是一个从局部发展到对一个全局性意义领域安全状况描述的概念，也是一个从技术保密领域发展到商业领域以及个人隐私领域和国家主权领域的全方位的概念。诚如"网络"本身构成的复杂性一样，关于"网络安全"的定义也是不一样的，在国家层面上的网络安全政策与战略也是不一样的。正是这种不一样产生了不同国家间基于"网络安全"的不同认知。中美之间在"网络安全"上的国家冲突就是最典型的一例。美国着重于从传统国家安全和非传统国家安全两个方面来界定"网络安全"：一是说中国通过"黑客"窃取美国军事机密和商业机密，危害美国国家安全；二是说中国政府支持"黑客"攻击美国政府网络系统，使其瘫痪。而中国政府在定义"网络安全"时更侧重于美国等西方发达国家利用网络向中国输入其意识形态构成的对中国国家核心价值观和国家安全利益的威胁。这种"网络安全"的意义冲突和对"网络安全"定义的政策重点的差异，实际上不仅反映了中美两国在关于网络功能与作用认知上的差异，最重要的是反映了中美两国在互联网领域所处的安全形势与所面临的安全威胁的差异。这种差异与中美两国在国家安全领域里的整体差异相一致，而且与两国不同的国家安全战略具有同构性：美国更担心中国在传统领域里对美国发起挑战，中国更担心美国在非传统领域里对中国构成威胁。虽然双方同时关注来自另一方面的威胁与挑战，但还是有所侧重。这就是中美两国在"网络安全"领域里发生认知与政策分歧的重要原因。

2. 网络文化与网络文化安全

网络重构了现实世界，创造了另一个人类存在性空间。在整个人类文明发展史上，唯有文字的发明和应用才建构了人类的文明世界，建构了不同文明间的空间关系和交往关系。互联网——网络，这一创造性发明开启了人类社会从文字化生存走向数字化生存，从符号化生存进入网络化生存，文字化生存和数字化生存、符号化生存与网络化生存并存的新纪元，从而使"互联网生存"与"互联网行为"成为一种人类新的生存、生活方式和新价值与新表达形态，建构了一种人类文化新形态——网络文化。

然而，文字具有鲜明的民族性和国家性，它作为语言表达的符号系统是缔造和建构心理认同的根本性载体，直接规定和阐释了"我是谁"这样一个身份认同和价值归属问题。文字作为一种文化的身份认同系统不具有通约性，正因为如此，才会产生和出现"世界上有多少民族就会有多少种语言"这样一种文化多样性。正是由于文字作为语言的载体具有如此的重要性，因此，自从有了文字也就有了"文字安全"，①即"语言安全"。围绕文字而

---

① 德国学者扬·阿斯曼在《文化记忆：早期高级文化中的文字、回忆和政治身份》一书中对"文字"的发明在建构人类社会和人类文明史进程中的作用有着极为深刻的论述，其间可见"文字安全"对于文化安全的重要价值。"文字安全"是本书提出来的一个文化安全概念，也是一个需要专门研究的文化安全领域与议题。

展开的有关维护国家文化主权的斗争也就从来没有停止过。现代法治国家之所以普遍制定国家语言政策，颁布国家语言法案，其原因盖出于此。

　　网络文化则不然。网络文化是人类社会的一种新的生活方式，是基于这种新生活方式而建构的价值观念共同构成的文化生态。一方面，它是人类社会文化的一种延伸，是现实的社会文化在网络空间的表现和表达；由于网络交往空间的虚拟性和匿名性，在现实社会中由于一整套刚性制度和价值观对人们行为的约束在这个空间得到释放，从而使得原本用于增强社会交往的科学技术手段演变成一种价值工具，进而在这个过程中形成了一种在现实社会中不完全一样的交往原则和价值取向——无价值取向，或可称为"虚拟价值取向"。这正如西方社会在一个特殊的公共交往空间里的"假面舞会"。一切在现实社会中必须遵循的价值在这里被颠覆。另一方面，由于网络又是国家主权空间的一种延伸，是国家主权空间存在的重要形态，具有主权性，因此，每个主权国家都会根据本国的价值观对网络落地接入后，基于国家主权和国家安全利益的维护和实施，通过建章立制进行网络主权管理与治理，建立网络行为者的行为规范，其中最核心的内容就是对网络内容的国家安全和国家文化安全、意识形态安全监管，以国家文化安全的需求规范网络行为主体的行为。这两个方面的共同作用，形成了一个国家的网络文化。其中，国家关于网络监管的意志和价值观，以及由这种意志和价值观体现出来的意识形态，决定了这个国家网络文化的性质。

　　网络文化的生成与演变是在互联网与社会的深入联系和不断的介入社会过程中形成的。在互联网还没有进入人们的社会生活之前，计算机只是一个科学研究的工具，所遵循的是与科学研究伦理相一致的原则，或者说这种关于计算机运用的科学研究伦理是网络文化的原始文化。互联网的发明不仅改变了计算机的生存环境和生存空间，而且在瞬间建构了一个前所未有的新社会形态——网络社会。尤其是随着互联网技术的不断进步，网络社会不断地更新着自己的存在形态与存在空间，从"工具理性"到"价值理性"、从"视窗时代"到"微信时代"的不断发展，互联网作为科学技术的手段，演变成大众娱乐，进而成为参与社会政治进程的工具。不仅原有的社会文化形态受到了以"网络文化"形态的挤压和挑战而遭遇发展的危机，而且随着"文化互联网"，即"互联网+"时代的到来，整个人类社会的文化形态逐渐发展演变成两种文化形态同时并存，同时向新的现实与网络相融合的"新网络文化"时代发展。

　　网络文化生成与演变的历史性与空间性是相辅相成的。一定的空间性是在网络文化建构的事件进程中的重要的"切割性"力量，即生成和建构了不同的网络文化形态。不同国家间的文化传统、价值观念、社会制度和政治架构的差异性，反映和表现在网络价值观和网络文化行为标准上也是不一样的。正是这种关于网络文化认知的价值体系的差异性，导致和造成了关于网络文化安全认知与价值标准的差异性，从而导致和造成了在网络文化安全问题上的矛盾和冲突。一个国家所认为的网络文化安全问题，在另一个国家也许就被认为是"互联网自由"问题。发生在中国政府与美国谷歌公司之间有关"网络审查"的冲突与争议，就是由两国不同的网络价值观造成的。所谓"互联网自由"，就是美国国务卿希拉里•克林顿针对中国政府行使国家网络主权、处置谷歌事件，干涉中国内政时提出来的概念。①在这里，不同的国家政治制度和意识形态具有特别的重要性。对一个国家来说，有关互联网管理涉及国家主权，不仅仅是一个"互联网自由"问题。"互联网自由"即"网络自由"问题的提出，实际上是一个把互联网"意识形态化"的安全议程设置问题，即通过把一个问题"安全化"，从而使自己获得在这一领域行使安全维护行为正当性的合法性与话语权。在"网络安全"问题上"嵌入""自由"的内容和议题，恰恰反映了美国在这个问题上关于"网络文化安全"问题的意识形态属性。实际上，美国的所谓"互联网自由"的主张，其实就是美国的网络文化，它是以美国的价值观和意识形态来定义的。以"互联网自由"的名义任意侵犯他国网络主权，肆意威胁、危害他国网络文化安全，以自己的"自由"来限制他国的"互联网自由"，这是一种网络文化霸权主义。这样的案例不胜枚举。其中，2022年美国国家安全局对中国西北工业大学的网络攻击窃密，就是最典型的案例。②

网络文化安全是由网络安全派生出来的，是现实社会的文化安全共同作用产生和形成的。所谓网络文化安全，依据不同的主体可以划分为不同层次的网络文化安全：个人的网络文化安全，主要表现为个人隐私的安全状况；社会网络文化安全，主要表现为公共文化的安全状况，集中表现为社会公共伦理的安全性威胁；国家网络文化安全，主要表现为网络空间文化主权安全状况。网络文化安全与网络安全既有联系，又有区别。作为网络安全的派生，存在共同的网络文化安全问题。例如，淫秽色情网站及其对未成年人精神心理健康安全构成的威胁，网络恐怖主义是全世界法治国家共同打击的对象。但更重要的是，由于不同国家的社会制度、意识形态以及价值信仰之间的差别，各个不同的国家有着不同的网络文化安全定义，主要集中体现在"言论自由"定义的分歧上。不同的国家因其历史和文化传统不一样，对于"言论自由"的使用范围也是不一样的。在一个国家被允许的网络言论，在另一个国家也许是被禁止的。在宗教信仰和政治意识形态领域中，这样的网络文化安全问题尤其突出。2014年发生在法国的《查理周刊》事件虽然并不是一个网络文化安全事件，但是，它反映出了在"言论自由"问题上存在的巨大差异甚至是冲突。现实世界是如此，网络世界也是如此。从这个意义上说，网络文化安全既有传统安全性，又有非传统安全性。因此，不同的国家关于网络文化安全的定义是不一样的。在这里，必须尊重一个国家的网络空间主权。

三、网络文化安全与文化信息安全

网络文化安全和文化信息安全是两个既互相联系又互相区别的概念。网络文化安全主要是指网络作为一种文化生态整体的系统性安全，而文化信息安全则主要是指具体的文化内容构成中需要守密的那一部分的安全，如文化企业的商业秘密、公民个人的隐私就属于这一类。所谓网络窃密，就是指对相关领域文化信息进行盗窃。任何秘密都是安全构成、安全实现的重要保障，因此，任何窃密都可能使被窃密者失去这样的保障，从而导致对被

---

① 2010年1月21日，美国国务卿希拉里在华盛顿新闻博物馆发表"互联网自由与全球言论自由的未来"演讲；2011年2月15日希拉里又在乔治·华盛顿大学发表"互联网的是与非：网络世界的选择与挑战"演讲。这两次演讲具有战略宣示性质，不仅提出"互联网自由"概念，而且标志着美国"互联网自由"战略的形成。
② 美"黑客帝国"劣迹斑斑遭痛批[N]. 参考消息，2022-09-07.

窃密者的安全威胁，乃至使其完全失去安全，处在不安全的状态之中。文化信息安全是网络文化安全的核心。没有文化信息安全，网络文化安全也就丧失了核心价值。因此，维护网络文化安全，首先必须维护文化信息安全。

互联网是全新的信息载体和信息安全实现方式，它在给我们带来许多便利的同时，也带来了新的国家文化安全问题。中国信息安全有三大黑洞：一是用外国制造的芯片；二是用外国的操作系统和数据库管理系统；三是用外国的网管软件。中国不仅有其他国家普遍存在的网络信息安全问题，还严重缺乏网络技术的自主性，在核心技术上一直依赖外国，这才是最危险的。对信息系统安全的威胁主要来自系统的缺陷，其次是泄密和内部人员犯罪，再次是病毒，最后是黑客。

文化网络安全和文化技术安全是两个密切相关的新文化安全问题。信息技术的兴起与发展使人类进入信息社会。信息技术对人类社会最重要的影响是通过信息网络化来实现的。文化借助网络技术克服时空障碍而在全球迅速传播，实现了文化传播手段的革命化，同时网络所创造的虚拟社会也为人们的文化消费提供了一个全球的消费空间。然而，网络内容的无障碍传播也给我国的文化发展带来了严峻的文化网络安全。迄今为止，国际互联网上81%的网页是英文的，近3000个世界性大型数据库中有70%设在美国，尽管全世界大约有20 000种语言，但微软发布的软件只有64种语言，话语霸权使西方学术界与新闻媒体的观点占压倒性优势。我国网上信息内容流入和流传的比例悬殊，网上中文信息内容不到整个网上信息总量的1%。这就意味着，我国大部分网上消费者在大部分的时间里在消费别国的文化产品，只要上网，就只能消费由英语文化意识形态为主导解释的文化产品。因此，网络在给我国文化发展和文化产业带来技术手段和技术装备升级的同时，也给我国文化发展带来了新的文化安全问题。由技术力量推动的经济全球化正面临根本性转折，正在改变世界的政治经济结构。改变可能朝着不同的方向发展，但是必须看到，通过文化和借助文化手段来控制转变的力量以使这种转变朝着有利于自己的方向发展，正成为一种重要的国家战略和霸权手段。国际互联网协会主席唐·希思说："如果美国政府想要拿出一项计划在全球传播美国式资本主义和政治自由主义的话，那么，互联网就是最好的传播方式。"[1]伍德罗·威尔森国家学者中心的高级政策专家、曾经担任过公司华盛顿公共事务主任的大卫·西蒙对美国政府提出网络发展政策建议时明确指出："我们需要的是可用来使权力获得最优化、减少未来威胁的政策框架。这个政策框架将以反映美国的广泛自由原则为基础。它将包括这样几个阶段，例如，结束电信通信法规，取消对高科技的传统出口限制，把外交政策的重点放在国外的网络发展上，以及自动给予获得美国高科技博士学位的外国人以美国公民资格。这些措施不仅会加强美国的权力，而且对其他国家提出了挑战：必须跟我们走，否则的话将会越来越落后！"[2]

西方国家主导下的文化信息正在利用网络技术在全球进行一场"软"征服和全面的文化扩张，深刻地影响和改变着国际政治进程和国家文化关系。由于网络空间只是一个概念，一个构想世界和设计活动时的概念框架，在这个概念框架内语言障碍将消除，因此，谁能

① Steve Lohr. Welcome to the Internet,the First Global Colony[J]. The New York Times,January 9,2000,section 4,1.

② Leslie David Simon, Globalization and National Security, Volume II, Part IV, Chapter 28, The Net: Power and Policy in the 21 Century, The Global Century.

够最大限度地利用语言优势和信息优势，谁就能最大限度地获得和实现自身利益。

随着信息的全球化和信息渠道的多元化、私人化，在传统的主流媒体之外，出现了一个由电子媒体构成的、人人都可以自由发布信息和自由接受信息的公共舆论空间，形成了主流意识形态话语、学术话语、民间话语的传播形态新格局。网络舆论空间的话题虽然纷繁复杂，但是往往聚焦于社会热点、阴暗面和突发性公共事件的负面效应，而且言论往往呈现出一面倒的态势。由于它方便快捷、覆盖面广又不讲话语规则，使得负面信息、负面舆论往往在第一时间造成广泛影响，这就对国家引导舆论的能力形成了新的挑战。特别是当互联网成为一种社会活动的组织工具的时候，它的匿名性、互动性、即时性和突发性特点会在很短的时间内形成巨大的社会冲击力量，甚至引发社会动乱，尤其是由此引发群体突发事件，对于国家安全的破坏极大。因此，应对这种挑战的能力与这种挑战可能构成的对国家文化安全的威胁成正比例关系。信息网络化的文化发展必然孕育一种全新的网络文化，由于这种网络文化代表着人类文明的发展趋势，因此，在未来文化的发展中能否建立全新的文化网络系统，拥有文化制网权，也就自然地成为当下国家文化安全的重要内容。据中国互联网络信息中心（CNNIC）发布的第 51 次《中国互联网络发展状况统计报告》，截至 2022 年 12 月，我国网民规模达 10.67 亿，较 2021 年 12 月增长 3549 万，互联网普及率达 75.6%。网络文化的活跃和主流文化在网络世界缺位的状况虽已得到了很大的改善，但是与中国网络强国目标建设，仍然存在很大差距，网络意识形态安全形势与中国网络意识形态安全需求之间存在很大反差。从某种意义上说，失去网络世界，就失去未来的文化影响力，失去青年一代，失去中国的国际形象。如果我们不能抓住在中国社会经济的信息化过程中重构我们的意识形态的历史机遇，那么我们将失去的就不仅仅是今天的中国国家文化安全，而且是未来中国的国家文化安全。这也许是文化网络安全问题在今天中国的国家文化安全中的全部重要性。

第二节　网络文化安全与国家文化安全

网络文化安全是国际社会所面临的最为严重的国家文化安全问题，它将长期威胁和影响主权国家文化形势与走向。网络攻击、网络入侵、网络煽动和网络颠覆将不再仅仅是一般意义上的国家安全问题，而且是国家文化安全问题。"没有网络安全就没有国家安全"，[①]同理，没有网络文化安全就没有国家文化安全。网络文化安全既是国家文化安全新的存在方式和表现形态，也以自己的独特价值构成了新型国家文化安全关系。

一、网络空间主权与国家文化主权的发展

1. 网络空间主权的定义

传统的国家主权概念是指一个主权国家对其所拥有的领土、领空、领海等领域享有不

---

① 习近平谈治国理政[M]. 北京：人民出版社，2014：198.

可剥夺的权力。网络是人类社会发展到互联网时代所产生的新的边疆形态，即所谓"信息边疆"，这就使得传统的国家领土疆域从有形的空间形态（地理空间）发展和扩大到了无形的空间形态——由互联网建立的空间形态。由于任何一个由互联网建立的无形的空间形态都有赖于有形的空间形态的支撑，而这个有形的空间形态——地理形态是以领土形式存在的，这就使无形的网络空间的有形支撑与国家的领土主权发生了关系，具有国家主权性质，各个国家依据国际法行使对互联网的管理，也就自然地属于一个国家主权范围的事。因此，所谓网络空间主权，是指一个主权国家依据国际法所拥有的对该国互联网的管辖权，该管辖权因属于国家主权的一部分而神圣不可侵犯。依据以《联合国宪章》为核心所确立的国际关系基本准则，国家对其领土内的信息通信基础设施和信息通信活动拥有管辖权；各国政府有权制定符合本国国情的互联网公共政策；任何国家不得利用网络干涉他国内政或损害他国利益。由互联网所建构的网络空间是一个国家主权的空间延伸，因此，针对快速发展的互联网及其给国家安全带来的问题和威胁，为了有效地规范网上行为和维护国家安全利益，世界各国，尤其是西方发达国家，纷纷通过制定和颁布各种法律法规对互联网实施国家管辖，进而在这一领域建立新的话语权，影响和主导全球互联网秩序。仅以美国为例，"9·11"事件改变了美国的国家安全环境，网络恐怖主义成为美国网络安全所面临的极大挑战，保护战略性基础设施，特别是信息系统和计算机网络，成为美国国家安全战略的新课题。2002年，美国"关键基础设施保护委员会"基于维护国家网络安全的战略需求，正式公布了《网络空间国家安全战略》（*National Strategy Secure Cyberspace*），首次使用"网络空间安全"（cyber security），从而第一次使"网络空间"具有了国家主权的意义。2015年7月1日，中华人民共和国第十二届全国人民代表大会常务委员会第十五次会议通过了《中华人民共和国国家安全法》，第一次通过国家立法的形式明确了"网络空间主权"的概念，这既彰显了中国国家网络空间主权，也明确了这一主权神圣不可侵犯的原则。

网络是通过计算机联网这一现代科学技术手段建构的、独立于国家之外的新空间形态。它既存在于现代世界体系的绝大多数国家之中，又独立于具体的国家形态之外。国家形态具有国际法的可界定的具体性，这就是它的领土存在空间尺度。它的领土面积作为自己空间形态存在的合法性，被普遍认为具有神圣不可侵犯性。因此，一个国家或国家集团对另一个国家领土主权的侵犯，在国际法意义上就会被定义为"侵略"。主权神圣不可侵犯是现代世界体系构成的原则和公理。任何形式的一个国家对另一个国家的领土侵略在国际法上都是非法的。在现代战争史上，很少有一个非国家组织对另一个主权国家进行侵略。以本·拉登为首的基地组织是一种非国家组织，它对美国国家主权的侵犯——"9·11"事件，被定义为恐怖主义，因而遭到国际社会的普遍反对。而由互联网构成的网络则不同，甚至连个人——黑客——都可以对一个主权国家的互联网实施网络攻击，直至导致这个国家的网络瘫痪和国家崩溃。

互联网的交互性给人类社会交往带来了前所未有的便利性，因此，通过和借助互联网让现实物理世界中的一切交往和交流"上网"，建立各种网上平台，以至于凡是在现实生活中存在的各种政治、经济、社会、文化等内容全都能够在网上得到具体的空间存在，甚至在现实世界中为社会所禁止的也在网上建立了存在空间，网络空间的虚拟性使它的空间在某种程度上具有无穷大的特性。它既是一个国家的，又不是这个国家的，世界上几乎没有哪一个国家能够随心所欲地操纵互联网而同时不受网络攻击，迄今为止，国际社会尚未为网络行为制定为国际社会所普遍遵循的网络行为法则——"网规"，从而使网络成为一个非常复杂的"超国家体"、"超国家力量"和"超国家形态"——它既可以存在于一个国家之内，又可以超越于一切国家之上。然而，所有的网络行为都是由具体的行为主体实施的，又都是在一定的现实空间中实施的，而现实空间则是由国家定义的，因此，网络空间就必然成为国家主权存在形态的另一种存在方式，成为国家主权在网络空间的延伸。网络空间是新增长的"国家领土"，基于一般国家安全的要求，网络文化安全应当处在与国家安全相适应的安全态势：客观上不存在正在发生的对这些目标的威胁；主观上不认为存在有任何来源可能威胁这些目标的安全。网络空间是国家主权空间的一种延伸，因而一定的网络空间也就成为一定国家网络主权的空间，正因为如此，关于网络安全问题的讨论以及网络安全规则的制定就不可避免地首先在主权国家之间进行。中美关于网络安全的谈判标志着对网络空间主权的承认。国家主权神圣不可侵犯，同理，国家的网络空间主权也是神圣不可侵犯的。只有这样，共同维护网络安全秩序，使网络真正造福于人类社会和人类文明安全而不是相反，才是可能的。网络文化安全正是在这个意义上确立了它和国家文化安全的最基本的关系。

因此，捍卫和维护本国互联网的安全就不只是单纯的科学技术问题，而是国家安全和国家主权安全问题。传统的国家主权形态是以领土为标志的。领土是国家主权存在的空间形式。以互联网构成的网络空间建构了国家的新主权形态。互联网以计算机的联网形式，重构了一个人类世界和人类社会空间——网络空间。随着互联网的不断发展以及互联网的日益智能化，网络空间已经不再是能够脱离国家主权空间而独立存在的某种科学技术存在方式，而是国家主权空间的重要组成部分，是国家主权在网络空间的延伸。网络的"超国家体"存在的性质和力量形态使网络文化安全不仅是国家文化安全的直接延伸，而且构成了国家文化主权的新空间和国家文化主权新的存在形态，因而对于维护和实现国家文化安全具有不可替代的战略价值。网络是现代国家数字化生存的一种状况。网络安全是国家安全的延伸。凡是在国家安全领域里具有的安全形态与安全问题，在网络安全领域里都存在，如网络军事安全——对军事设置的网络攻击（伊朗核设施遭遇"震网"）、网络经济安全——对金融系统的网络攻击、网络政治安全——对政府组织系统的网络攻击等。于是，便出现了对网络安全产品与服务的需求，从而衍生出一种新型网络安全产业。[①]

---

① 潘宏远《英国斥巨资帮扶网络安全初创企业》：英国政府近日宣布实施"网络安全早期加速项目"，旨在为本国的安全初创企业提供建议和支持。该项目将由"伦敦网络"和贝尔法斯特女王大学安全信息科技中心联合管理。截至目前，已获得25万英镑资金，资金将从3月开始对外发放。"伦敦网络"是欧洲历史上首个面向网络安全领域的加速项目。该项目想要尝试前人从未涉足的领域，为新一代英国安全公司创造环境，让英国能够自主生产网络防御技术，而不是仅仅消费其他国家创造的产品。据悉，该项目主要是促进英国安全初创企业的发展，帮助这些初创企业学习优秀安全公司的经验，为这些企业提供帮助与支持。英国文化、媒体和体育部部长艾德·韦泽表示，英国强劲增长的数字经济正改变着人们的生活与工作方式。随着科技的发展，人们对安全产品和服务的需求亦将增加。对安全初创企业的资助将确保该类企业可以汲取优秀企业的经验，维护英国网络空间的安全。贝尔法斯特女王大学安全信息科技中心与"伦敦网络"的负责人均表示，双方之间的合作管理将推动英国网络安全企业的创新和发展，为英国安全初创企业注入新的生机与活力，继而维护英国的数字经济霸主地位。此次资助是英国促进本国安全产业发展的战略之一。近日，英国财政大臣乔治·奥斯本宣布英国拟在5年内投资19亿英镑应对网络恐怖威胁。此外，英国政府通信总部也开设了一系列暑期培训班，以培养未来的网络安全专家。其主要内容是帮助人们学习如何利用技术维护英国网络安全。（2016年2月15日《人民邮电报》）

2. 网络文化主权

当网络空间成为现代国家新的国家主权形态的时候，国家文化主权也随着网络空间主权的生成而延伸到网络空间领域。因此，网络文化主权是国家文化主权在网络空间的体现和延伸，网络文化主权原则是维护国家文化安全和利益、参与网络国际治理与合作所坚持的重要原则。国家在现实空间所拥有和行使的一切文化管辖权，在网络空间同样拥有这样性质的管辖权。这就是1965年联合国大会通过的《关于各国内政不容干涉及其独立与主权之保护宣言》所明确指出的"各国均有不受任何国家任何方式之干涉，自择其政治、经济、社会及文化制度之不可剥夺权力"。因此，所谓网络文化主权，就是主权国家在本国领土主权范围内，依据以《联合国宪章》为核心的国际关系基本准则行使国家对网络空间领域文化行为的管辖权。它是国家文化主权的发展，既丰富了传统国家文化主权的内涵，扩大了国家文化主权的领域，也给国家文化主权安全及其维护带来和提出了新的问题，这就是网络文化安全，也是国家文化安全的新形态。

中国国家主席习近平在接受美国《华尔街日报》采访时明确阐明中国政府的网络政策立场："中国政府不会以任何形式参与、鼓励或支持企业从事窃取商业秘密行为。不论是网络商业窃密，还是对政府网络发起黑客攻击，都是违法犯罪行为，都应该根据法律和相关国际公约予以打击。中美双方在网络安全上有共同关切，我们愿同美方加强合作。"①他指出，互联网作为20世纪最伟大的发明之一，把世界变成了"地球村"，深刻改变着人们的生产生活，有力推动着社会发展，具有高度全球化的特征。但是，这块"新疆域"不是"法外之地"，同样要讲法治，同样要维护国家主权、安全、发展利益。网络空间与现实社会一样，既要提倡自由，也要遵守秩序。自由是秩序的目的，秩序是自由的保障。我们既要充分尊重网民交流思想、表达意愿的权利，也要构建良好的网络秩序，这也是为了更好保障广大网民合法权益。国际社会要本着互相尊重和互相信任的原则，共同构建和平、安全、开放、合作的网络空间。

互联网在任何时候都是人们思考的现实，任何所谓虚拟的东西，也都是实在的另一种表现形态。正是在这个意义上，网络文化安全不仅成为国家文化安全的重要组成部分，而且本身就是国家文化安全领域的表现形态。

二、网络文化安全的生成与构成

网络文化安全是随着网络空间的出现而出现的。网络文化安全也是随着网络的发展深入到人类社会的文化生活，并逐步形成一种以互联网为存在方式的文化生活方式而出现的。众所周知，互联网最先进入人们的日常生活是随着计算机的大众化和社会化普及而开始的。当计算机开始进入千家万户，其型号从286、386到486，对计算机的每一次升级换代，人们都把它作为一种新知识、新科学来学习、接收和掌握，目的是用于学习和研究。对于中国人来说，它是和中国人又一次"睁开眼睛看世界"联系在一起的，目的是提升从个人、

社会到国家的整个自我的现代化能力，而从未想象过它可能会给我们的精神世界和文化生活带来危害、危险和威胁，会成为一种不安全的来源。这就是一种"互联网价值观"，是一种基于对计算机功能的科学认识和工具理性的价值观。这种价值观隐含着"安全的意义"：掌握它会提高个人的竞争能力，而竞争能力的提高会提高个人的安全维护能力；而没有这种能力，个人的安全实现需求和安全维护能力就会下降。这是一种正当的、合乎逻辑的互联网价值观。这种价值观的改变是随着互联网深度融入到现实生活、社会生活的网络化和网络社会的"互联互通"开始的。网络传播功能的生成改变了计算机与大众社会生活的关系，重构了人们的社会生态环境，同时也开始了"互联网价值观"的演化进程。互联网已不单是学习、研究和科学传播的工具和载体，也是人们的社会沟通、信息传递和交流的平台。于是，一切都发生了改变：从工具理性发展到价值理性，在工具理性依然在发挥文明进步作用的同时，一种给人类文明进步带来安全威胁的内容出现了：淫秽色情传播、恐怖主义宣传和意识形态颠覆等。互联网被意识形态化了。网络的意识形态属性是随着互联网的现代化进程和网络功能的不断丰富发展、日渐成为意识形态的重要媒介而生成的。原来的"作为科学技术的意识形态"发展成为"作为思想观念的意识形态"。人们和互联网的社会关系的丰富发展和变化，带来和造成了"互联网价值观"的变化和分化。互联网不再仅仅是人们关于"科学的想象"，而且成为"价值的表达"的载体和工具。原初对于互联网的科学意义逐渐在人们的社会生活中消弭了，原初建立的"互联网价值观"遭到了来自淫秽色情的侵蚀，进而从对个人和社会伦理价值的腐蚀（淫秽色情网站）发展到对传播恐怖主义和对国家主流意识形态的渗透与攻击，[1]原来通过互联网接入而建立的"网络文化"的生存便在这个过程中受到和遭遇到了威胁，人们干净消费网络文化的权利受到危害和侵犯。"恐网症"成为普遍流行于年轻家庭中的、基于网络不良信息对未成年人精神心理伤害的一种恐惧。安全需求源于恐惧威胁。[2]生活的网络化消解了互联网与人们现实世界的空间边界。于是，互联网以及由此而构成的网络空间，成为人们的一种生活中的现实和思考着的现实。"净网"、为网络安全立法便成为国际社会的普遍的基于互联网文明的共识，"网络文化安全"也就随着"网络安全"的生成和提出而生成和提出。

网络文化安全生成的另一个重要方面就是网络发展的不平等与在网络文化立场上的双重和多重标准。互联网诞生于美国，随后逐步向世界扩散。2005 年，世界互联网普及率平均值不到 10%，美国的互联网普及率就达到了 70%，欧洲和中亚地区接近 40%。根据国际电信联盟提供的数据，截至 2015 年，世界上还有 43 个国家没有任何形式的宽带计划以及发展战略与政策。发展中国家的宽带接入价格远远高于发达国家，家庭宽带接入率仅为31.2%，而非洲地区只有 1/10 的家庭接入互联网。网络发展的不平等不仅在政治上，而且在文化上带来了网络文化发展的不平等，集中体现在网上内容传播和网络文化话语权的不平等。在互联网上，英语内容依然占据大约 90% 的空间，法语占 5%，其他语种只占 5%。这一不平等状况至今仍然没有得到根本性改变。无论是传播语言还是网上内容，依然是英美文化占主导地位。即便如法国那样的西方国家都觉得"当今世界正面临着单一文化的威

---

① 美联社 2016 年 3 月 18 日报道——《IS 利用社交媒体扩展势力》："伊斯兰国组织极端分子在网络上采用说唱音乐发布招募视频，从而使得那一部分群体的人受到某种意识形态启发。"

② 布赞. 人、国家与恐惧：后冷战时代的国际安全研究议程[M]. 闫健，李剑，译. 北京：中央编译出版社，2009.

胁"的文化安全危机，认为这是一种"新形式的殖民主义"。尤其是对发展中国家而言，它们因弱小而任由英美国家的"文化入侵"。单一的网络文化输出造成了单向度的网络文化生态危机，"网络文化霸权主义"和"网络文化殖民"成为生成网络文化安全的重要来源。随着互联网更广泛地被应用于人类活动的各个领域，人工智能的快速发展再给整个人类发展带来更多便利的同时，也带来了新的网络文化安全。人工智能生成的新的文化安全问题，已经引起了人类社会的高度关注，成为网络文化安全的新命题。

所谓"网络文化安全"，是指法律意义上的网络价值受到了危害和威胁，妨碍人们正当地使用互联网的行为，破坏了互联网的社会形象，侵犯了人们使用互联网的合法权利，威胁和影响网络文化的可持续发展。网络文化安全是指网络文化存在的相对处于没有危险和不受内外威胁的状态，以及保障网络持续安全状态的能力。没有危险、不受内外威胁与保障能力是网络文化安全的两项关键内容，决定了全部网络文化安全实现的条件与基础。

网络文化安全是一个复杂的生态系统。网络文化安全既包括用于网络文化传播的基础设置安全，也包括网络文化内容安全。前者属于传播渠道安全，后者则属于传播内容安全；前者主要属于网络自身的主体性安全，具有普遍性，即几乎所有国家有关网络安全的立法都有关于网络基础设施安全和传播渠道安全的规定，集中在网络传输系统安全，一旦传输系统遭遇网络攻击导致整个网络传输瘫痪，而使得国家所有的安全指令都无法有效地实施国家安全管理的时候，维护网络传播的基础设施安全就不仅是一般意义上的国家安全和网络安全，而且是网络文化安全。因为，由于网络传输基础设施被破坏，网络文化传播受到无法传播和不可传播的存在性威胁，这种存在性威胁直接地威胁到人们的社会生活方式和人们正当的网络文化权利，因此，这样的存在性威胁就不仅是技术上的，而且是内容上的。因为，在互联网时代，人们以及社会乃至国家会因为信息沟通不畅和信息突然缺失而陷入恐惧和恐慌，而正是这种恐惧和恐慌可能使社会和国家陷入混乱，处于国家安全危机之中。网络与人们的社会生活存在着高度的依存性，因此，网络安全和网络文化安全在任何意义上都同时构成人的、社会的和国家的安全和国家文化安全。越是对互联网依赖深的人、社会与国家，互联网安全与他们的安全联系越紧密；在获得互联网提供的安全便利性的同时，他们所面临的互联网安全的风险也越大。正是互联网有着与人们的生活紧密相联的存在性安全的关联性，因此，通过互联网和利用互联网对社会和国家进行网络攻击，制造网上恐怖事件和发表极端言论等，也就现实地成为当代国际社会所普遍面临的国家网络文化安全危机。因此，通过立法应对各种形式的网络安全和网络文化安全威胁，也就成为世界许多国家建立维护国家文化安全法制体系的重要行为。

2015年8月，联合国信息安全问题政府专家组在一份报告中提出，任何国家都不允许在和平时期利用网络攻击他国的重要基础设施或损害为市民提供服务的关键基础设施。虽然联合国的这份政府专家组的报告还主要涉及诸如电站、医院、金融等领域，但其原则精神同样适用于文化安全领域，即不能在和平时期利用网络攻击他国的重要文化基础设施或损害为市民提供公共文化服务的关键基础设施。例如，广播电视基础设施、用于提供公共文化服务的网络设施等。对他国战略性基础文化设施进行渗透、植入和信息采集，可在瞬间把网络利用转化为网络攻击。网络文化安全面临新的安全威胁。因此，如何在和平时期不对战略性文化基础设施进行网络文化攻击，建立反渗透和反植入防御体系，提高网络文化安全能力，就成为国家网络文化安全新问题。

发明火药不是为了战争而被战争所用，同样，发明互联网也不是为了战争而被战争所用。互联网之于国家安全的作用远远大于火药之于人类文明安全的影响。这是科学技术的文化异化。科学技术具有反文化特质，这是科学技术的两面性。原子能为人类文明进步所用，而原子弹作为一种大规模杀伤性武器，则被加以限制。因此，如何消除和克服科学技术之于人类文明和国家安全的两面性，将是人文与自然科学研究永恒的命题。

三、网络文化安全威胁：国家文化安全的新形态

网络文化安全是当前和今后我国最为严峻的国家文化安全问题，将长期威胁和影响我国国家文化形势与走向。网络攻击、网络入侵、网络煽动和网络颠覆将不再仅仅是一般意义上的国家安全问题，而且是国家文化安全问题。恐怖主义、淫秽色情和意识形态干涉是网络文化安全的三大主要威胁。

网络文化安全是现阶段最为严重的国家文化安全领域，集中表现在意识形态的攻击性和非意识形态的审丑性。在我国，前者主要表现为对中国共产党的领导和社会主义核心价值观的否定与颠覆，后者主要表现为对中华优秀传统文化的解构，共同构成了对我国国家文化安全的现实威胁。网上淫秽色情信息的传播已经成为社会一大"公害"，严重危害未成年人身心健康，严重危害人民安全、社会安全，严重危害国家文化安全。

国家文化安全是一个国家在历史上形成的、以核心价值观认同为基础而建构的文化生存的非危机状态，在真、善、美几个方面有着较为完整的价值构架。一个国家的社会价值观体系主要就是由这些构成的，反映在国家关于文化治理的法治结构中，是关于一系列安全保障的制度性设置。反恐怖主义和反淫秽色情等都是基于这样一种安全设置。

网络文化与国家文化的最大区别是：网络文化具有非主体性，国家文化具有主体性。虽然国际社会被认为是一种无政府主义的存在状态，但是，每个国家作为一个享有独立的国际法主体地位的存在都有自己的生活方式，以及由这种生活方式所形成和建构的价值体系，非到这种生活方式和价值观体系遭到颠覆性而不会改变，国家行为是受这种价值观体系约束的。也就是说，无论是自然人还是法人，也不管你是否愿意，你都必须接受这种约束并规定自己的行为。其最根本的一条就是不以自己的自由实现而妨碍他人的自由权利。这就是一种安全界限。因而，在现实生活中，国家文化安全的实现具有建筑在国家关系文化基础上的可控性制度安排——国家主权神圣不可侵犯；而网络文化的非主体性使得主体间的身份界限和价值体系是无界限的，从而使得在现实生活中受到价值体系约束的行为，则在网络空间中被"解约"了：主体身份的遮蔽性。正是这种遮蔽性，使得网络文化安全威胁来源的无序性和复杂性，成为国家文化安全的核心威胁。

网络文化安全威胁首要的就是网络文化政治安全威胁，它是现实国家文化政治安全在网络领域的延伸，因而是国家文化安全的核心威胁。网络文化安全威胁主要包括：利用网络侵犯国家文化主权、危害国家文化安全，从而给国家核心文化利益带来和造成伤害，进而威胁国家文化安全。集中表现为通过和利用网络否定国家文化核心价值观和这个国家人民的生活方式，利用社会问题煽动社会仇恨，夸大和扩大民族矛盾和宗教冲突，散布极端恐怖主义思想，从而导致和造成社会精神文化秩序混乱和国家文化法治体制崩溃，使国家

陷入混乱和危机。发生在中亚和中东地区的"颜色革命"和"伊斯兰国"是 21 世纪以来人类社会遭遇的最为严重和典型的网络文化安全威胁，甚至造成颠覆国家安全的后果；网络文化安全威胁构成的另一方面是对网络文化安全生态环境的破坏，其中最为典型的就是网络谣言。这种网络谣言的一个集中表现，就是通过制造虚假史料对一个国家的领袖人物及其所代表的执政党，尤其是对它的历史进行全面的诽谤、篡改和颠覆，从而通过"欲灭其国，必先去其史"的手法，在历史道德伦理的层面上否定和摧毁其价值合法性，实现颠覆这个国家和政权的目的。

网络文化攻击是国家文化安全所面临的主要危害。网络文化攻击的首要方面就是直接对他国的文化市场秩序的攻击。2014 年发生的"朝鲜攻击索尼影业"事件是前所未有的利用互联网实施网络文化攻击的事件。虽然这一"网络文化攻击"仅仅是对一部即将放映的电影实施的对一家影片生产公司的网络销售系统的攻击，但其实质是一次对一个主权国家实施"网络文化攻击"的"预演"，具有很强的现实针对性和现实的国家文化安全危险性。云盘已成为部分不法分子"贩黄传黄"新的重要渠道，违法犯罪分子利用云盘将有害信息反复扩散传播，影响极为恶劣。[①]

网络文化安全威胁就其主体而言，主要包括两个方面：国家行为体和非国家行为体。国家文化行为曾经构成了冷战时期国家文化安全威胁最主要的方式，美国通过和利用中央情报局制造文化冷战，属于典型的传统国家文化安全范畴。这在 21 世纪仍然存在，通过和利用网络干涉一个主权国家的内政，为反政府力量提供网络服务平台和信息服务，进而实现这个国家的政权更迭，这就是发生在中亚和中东地区的所谓的"颜色革命"，即属于非传统国家文化安全形态。但是，主体依然是国家行为，区别仅仅是承担人的角色不同而已：前者是中央情报局，后者是网络公司。所谓非国家行为体，除了一般意义上的非政府组织，当今世界上对国家网络文化安全构成最大威胁的就是各种形式的极端恐怖组织。如果说前者还是冷战时期的文化冷战的延续的话，那么，后者对所有民主法治国家则构成了普遍性的文化安全威胁。

国家文化安全是一个系统，是一个由类似大脑神经元构成的复杂的网状系统。每一个神经元与其他神经元互相连接构成了整个大脑的功能。其中任何一个神经元若遭遇打击或损伤，都有可能导致大脑功能的部分、全部瘫痪进而导致脑死亡，即人的生命死亡。文化对于一个国家来说，就是这样的一个由神经系统构成的大脑。大脑是人的精神之所在，文化是一个国家的精神之所在；大脑作为中枢神经系统决定和影响了人的全部行为，在国家行为系统中，文化就是国家的灵魂。网络文化攻击对一个国家文化安全的威胁很可能是一

[①] 《云盘已成为"贩黄传黄"新的重要渠道——全国"扫黄打非"办公室开展云盘涉黄集中整治行动并公布 6 起相关案件》：全国"扫黄打非"办公室 2 日公布了 6 起利用销售云盘（网盘）账号和密码传播淫秽色情信息牟利案件。这 6 起案件分别为浙江余姚"3·11"、山东威海"3·05"、江苏无锡"4·17"及吉林桦甸刘玲等销售 360 云盘账号传播淫秽色情信息牟利案，江苏淮安"7·30"销售"115 网盘"账号传播淫秽色情信息牟利案，以及黑龙江大庆"6·07"销售网盘账号传播淫秽色情信息牟利案。该 6 起案件涉案淫秽视频数量共达百万余部，具体涉及 360 云盘、"115 网盘"和乐视网盘等云存储工具。全国"扫黄打非"办公室负责人表示，从案件查处情况看，云盘已成为部分不法分子"贩黄传黄"新的重要渠道，违法犯罪分子利用云盘将有害信息反复扩散传播，影响极为恶劣。为有效净化网络文化环境，遏制利用云盘传播淫秽色情信息牟利活动蔓延的态势，全国"扫黄打非"办公室、中央网信办、公安部、工业和信息化部、国家新闻出版广电总局 5 部门联合下发通知，于即日起集中时间、集中力量全面开展打击利用云盘传播淫秽色情信息专项整治行动，着力治理利用云盘传播淫秽色情信息违法行为，共同维护网络生态健康发展。（2016 年 3 月 3 日《光明日报》）

种类似生物安全威胁的安全威胁形态。也就是说，它可以通过对他国战略性国家文化关键设施的网络攻击使其瘫痪，从而失去对整个国家的文化秩序适时进行有效管控的能力。网络攻击已经被比作当今世界的核武器，搞不好，其危害性可能比核武器还大。整个人类越来越依赖网络。网络实际上已经形成了类似人的大脑神经元的系统，任何一个神经元的安全问题都有可能引发整个大脑系统的安全问题。网络正在成为人类社会的神经中枢系统，一旦这一中枢系统崩溃，整个人类社会也将崩溃。文化是国家安全系统诸多神经元中的一个，安全风险的系统性使得这一个神经元具有能否支持系统安全性的重要价值。正是在这一点上，文化在整个国家安全系统中具有保障国家政治安全的重要战略功能。

元宇宙不仅是一种颠覆性技术文明形态，而且是一种具有颠覆性的文化形态。凡是文化，都会产生文化安全问题。未来，元宇宙将滋生哪些安全问题？6G 等新通信技术、新一代互联网（Web 3.0）、AR/VR/MR、游戏引擎等技术伴生的原生安全风险，是否会作为一种文化基因被复制到元宇宙之中，从而传播给元宇宙，在生成元宇宙文化的同时也生成元宇宙文化安全风险？网络安全的本质是对抗，在元宇宙中或将表现为人类与 AI 的对抗、数字安全中的区块链安全等，这些也都将是迫切要关注的问题。元宇宙不同于现实社会，元宇宙虚拟环境给现实社会环境带来的安全冲击已经发展成为一个现实性国家文化安全问题。

第三节　互联网自由与网络文化安全

互联网自由是在网络发展进入到 21 世纪提出来的，与网络文化安全密切相关。互联网自由是以不威胁和危害网络文化安全、维护网络文化健康为前提的。互联网具有解放社会生产力的巨大作用，也有对社会安全发展构成巨大破坏的功能。人们在享受互联网自由的同时，必须依法履行使用互联网的责任。

一、作为空间生产革命的互联网

互联网具有传统媒体和新媒体的双重特征。它既是现代社会重要的新文化生产方式，又是文化内容的现代传播渠道，具有将内容生产与传播集于一体的双重性。互联网是自印刷术发明以来人类社会最重大的社会及文化生产力革命。它不仅在一般的意义上丰富和扩大了人们的文化生产手段和社会沟通与联系的便利，而且在根本上改变了整个人类社会生存与发展的空间生态格局，使得人类社会用以动员社会和组织社会的能力得到了空前的增强和提高。从某种意义上说，资产阶级革命的成功以及欧洲中世纪的终结是印刷术革命最直接的产物。没有印刷革命带来的整个社会的思想革命和表达革命，资产阶级所赖以成功的新教革命的发生是不可能的。教会力量对舆论生产和对社会精神心理的控制的被解构，以及最终导致整个欧洲中世纪的终结，就在于在历史需要新的空间生产以使自己获得新的生命空间的时候，封建阶级没有顺应和满足这一历史的需求，没有看到和认识到印刷术革命对于整个人类社会历史进步的价值和意义，甚而至于走向了它的反面，因此，它的终结是不可避免的。相反，资产阶级顺应和满足了历史的这一需求，通过并借助于印刷革命完成了新教的传播和新教的革命。资产阶级的成功和封建阶级的失败基于同一个原因的两种不同的历史态度。资产阶级抓住了历史空间生产的主动权，也就赢得了资产阶级文化在后来世界历史发展的主导权。这是资产阶级革命的伟大之处，也是资产阶级统治世界几百年来的经验之所在——掌握人类社会的空间生产权。互联网正是这样的一种空间生产形态。

互联网不只是一般的信息传播的空间载体形式，而且是文化内容生产的新生产方式，是一种全新的文化生产力形式。互联网是比印刷术更伟大的空间生产革命。印刷的传播与表达受制于空间和世界的约束，而互联网传播与表达的即时性则是印刷体所无法达到的。因而，印刷体的历史局限性便成为互联网的现实优越性。互联网因而成为个人、群体乃至一个社会利益诉求和意见表达最直接、最便捷的载体和通道，成为社会表达和社会动员最为广泛的领域，成为在现实社会中无法表达和无法实现生产的一个全新的表达领域和生产空间。从这个意义上说，互联网已经成为现实社会存在的另一种空间形态和存在方式。互联网对于人类社会的意义也许就像宇宙大爆炸初期对地球生命起源的影响一样，一切都刚刚开始。也就是说，互联网社会还没有形成，但是，毫无疑问，互联网将重构现实社会。网络空间将成为人类社会最主要的空间存在形式，现存人类社会的许多方面——无论是价值观还是生存方式，都将因网络空间的再生产而改写。因此，谁能够最大限度地实现在网络空间的生产和再生产，谁就掌握了人类社会建构未来的主动权。也许，正是在这个意义上，美国开始在全球推行"互联网自由"国家战略。同样，在这个意义上，网络自由与安全成为互联网革命所带来的一个硬币的两面。人类正处在新技术文明大突破的前夜，传统社会、文化和政治都将面临难以估计的巨大变化。技术文明的每一次进步都提出新的安全问题，都对传统的伦理道德、文化和政治安全状态提出挑战。在这里，安全——文化安全是一个永恒的主题，变化的是关于它的内容的讨论。

二、互联网自由的边界

"互联网自由"是美国国务卿希拉里·克林顿提出来的。2010年1月21日，美国国务卿希拉里在华盛顿新闻博物馆发表题为"互联网自由与全球言论自由的未来"的演讲。2011年2月15日，希拉里又在乔治·华盛顿大学发表题为"互联网的是与非：网络世界的选择与挑战"的演讲。这两次演讲都是针对中国政府对"谷歌事件"的处理而发表的，具有战略宣示性质，不仅提出"互联网自由"概念，而且标志着美国"互联网自由"战略的形成。

任何国家的互联网自由都是以本国的利益和价值观来定义的，是以本国的国家安全和网络安全没有威胁为前提的。即便是主张"互联网自由"的美国政府，也不会赞成和允许网络恐怖主义和基地组织享有利用和借助互联网"相互联络"袭击美国再制造一个"9·11"的自由。问题不在有没有"互联网自由"，而是由谁来界定这种自由。"互联网自由"是指"个人自由表达其观点的权利、向领导人请愿的权利、基于信仰进行礼拜的权利"以及"集会与结社自由"等，那么，在希拉里所谓的"自由"之外的行不行呢？这里就有一个问题，"互联网自由"是否只有希拉里所说的这些范围和内容？如果是那样的话，显然希拉里又限制了在她定义的"互联网自由"之外的自由，其结果就是"互联网的不自由"，或者说是"不完整互联网自由"，也就是"有限互联网自由"。这就使得希拉里的"自由"陷入了一个悖论：既是自由的，又是限制自由的。问题是：希拉里限制得了在她规定了的"互联网自由"范围之外的"互联网自由"吗？显然不能。"维基解密"就是"互联网自由"的一种形式。能被允许吗？不能。因为"维基"的行为威胁美国国家安全。为什么呢？希拉里说："如果我们公开政府行为，那么美国既不能为公民提供安全保障，也不能促进全世界的人权和民主。"且不说希拉里在这里奉行了美国政府的一贯准则：双重标准。就事论事而言，希拉里在这里既宣称了她所提出的"公开的形式与不受国家主权约束的信息自由流动"这样一种关于"互联网自由"的价值观，同时，她也对这种自由进行了价值限定：既不能妨碍国家"为公民提供安全保障"，也不能妨碍"促进全世界的人权与民主"。这应该成为一条普遍性原则，不能只对美国政府有效，全世界任何一个国家和国家政府都应当遵循这条原则。这就是负责任的互联网原则："互联网责任"。这应当是网络世界普遍遵循的价值观。

由于政府负有为公民提供安全保障的责任，那么，政府出于保障公民安全的需要就必须对威胁公民安全的"互联网行为"进行审查；当政府不对那些可能威胁到公民安全的"互联网信息"进行宪法责任下的"审查"便不能有效地保障"公民安全"的时候，"为公民提供安全保障"就应当是政府的法律责任；如果政府不能履行这样的责任，那么政府就可能涉嫌违宪，就应当遭到谴责，因此，履行宪法赋予的政府"为公民提供安全保障"的责任，就是政府应当履行的职责。在一个主权国家内，政府对互联网进行审查就应当是一个主权国家在互联网领域行使国家主权、维护公民和国家利益的题中应有之义。把"互联网自由"界定为"不受主权国家约束的信息自由流动"，显然既不符合美国的实际，也不符合美国的利益，既然如此，"互联网自由"又怎能成为一种普世的价值观呢？公民在网络空间中的言论自由权利，是以法律明文界定的基本概念能够使公民明确地行使言论自由的边界为前提的，公民行使言论自由权，一旦突破了法律规定的边界，就会变成具有危害性的行为，国家有权予以限制和惩罚。美国的《颠覆活动控制法》所涉及的关于"颠覆性宣传"与"言论自由"的法律界定提供了一个极好的"美国文本"。①

互联网自由不只是局限于"个人表达言论的自由和集会与结社的自由"，也不仅仅是向领导人请愿的工具，否则就把互联网的作用看得太狭隘了。仅从包括美国在内的国家社会遭遇到的"网络安全"的内容来看，"互联网自由"的内涵就远远不只是"言论自由"所能涵盖和包括得了的。面对色情网站，能不审查、不封锁、不过滤乃至不取缔吗？面对各种危害公民、社会和国家安全的"黑客攻击"，能放任自流吗？面对"网络恐怖主义"和跨国贩毒集团在互联网上的信息自由交流，能不出手打击吗？谷歌一次又一次的"街景"拍照侵犯了公民个人权利并危害国家安全，在遭遇到国际社会，包括西方国家的谴责和法律诉讼时，谷歌的道歉声明不也一再表示要尊重所在国的法律，接受所在国的相关法律吗？"互联网自由"要靠政府、媒体、高科技公司和非政府组织联手推动，同样，"互联网责任"更需要它们去履行。

互联网应当是自由的，这是由互联网的开放性和虚拟性决定的。但是，正如任何自由都不应当以牺牲他人的自由为前提一样，互联网自由也不应当以放弃互联网责任为前提。因为这种自由不应当是威胁安全的自由，而应当是负责任的自由。也就是说，任何主体在行使互联网自由权利的时候，必须同时确保他人行使互联网自由的权利。如果说自由是安全的表现的话，那么这种自由就是不应当受到威胁的自由，因而自由是以安全为前提的。

---

① 小哈里·卡尔文，杰米·卡尔文. 美国的言论自由[M]. 李忠，韩君，译. 北京：生活·读书·新知三联书店，2009.

305 <<

也就是说，互联网自由应当是基于安全的自由，这应当是互联网自由必须坚持的原则，而且是互联网责任应当恪守的价值观。因此，互联网自由应当是建立在互联网责任的基础上的。如果不能建立和确立互联网责任这一价值观，那么，当任何一种非政府组织利用和滥用互联网自由实施网络恐怖主义的时候，这种行为就可以被认为是正当的，而实际情况是几乎所有的国家，不论是哪种性质的国家，都会对它所认为的网络恐怖主义行径进行打击。也就是说，在当今国际社会，任一国家不论其主张何种价值观，对于网络恐怖主义，都将其界定为非正当的、威胁国家安全的，因而是非法的。也就是说，互联网不能被用来从事恐怖主义活动，当然也就不能被用来从事煽动恐怖主义、威胁国家安全的活动，这就是互联网的责任。这种责任是由国际社会普遍追求的共同安全的价值观决定的。因此，互联网责任并不是某种力量强加给互联网的某种外部性属性，而是互联网的内在规定，因而它是一种具有普遍意义的价值观。互联网责任的核心就是为整个人类社会提供安全。

三、互联网自由与责任的统一

承认和尊重"互联网自由"这一价值观，同时承认和恪守"互联网责任"这一价值观——这是一种比互联网自由更重要的价值观，因为它体现了人类社会在维护共同安全、促进繁荣发展的共同使命。我们可以且应当对那些所谓的最不发达国家提供国际人道主义帮助，包括通过和借助互联网对那些国家提供需要帮助的内容，但是，国际社会只能通过帮助而不能代替那个国家的人民管理国家和治理国家。尊重一个国家的根本就是对这个国家人民的尊重，这是最基本的人权。国家制度和意识形态信仰选择是每个国家、人民的自由，国家社会当然不应当把自己对国家制度和意识形态的好恶强加给任何一个国家的人民。在实现互联网自由的同时，当然也应当体现这一原则。互联网虽然在虚拟空间上超越了传统主权的概念，然而，它依然属于国家主权范畴，是国家主权在虚拟空间的延伸和表现形态，否则，全世界包括美国在内都没有必要建立任何形式和任何制度的互联网监管。

把事关国计民生的所有空间再生产问题，通过前置议题设计，主动和超前引领网络舆论和网络社会开展创造性"言说"，充分发挥国家的政治和文化导向、调节和预警作用，依靠和借助网络空间生产的特性与规则，对这些问题展开高度开放的网络空间生产资源的再配置，形成国家领先优势与社会公民积极参与的创造性互动，使这些问题都能在网络空间中得到展现和获得解决的可能，从而把国家危机和国家创新的责任、社会危机和社会创新的责任与使命同每个公民、群体的个人利益紧密地结合起来。同时，以"负责任的互联网"或"互联网责任"为核心理念引领创新的机制，实现网络空间生产的创造性管理，从而使在互联网上从事"生产"的每一个主体，不论它是个体的还是集体的，都应当承担任何产品都必须具有的"公共安全"的责任。一个国家和民族的凝聚力的充分实现，只有在其国家和民族生命空间再生产的共同创造中才能实现。伟大的抗日战争就是一个永恒的案例。只有全体人民共同的和负责任的创造性参与，才能实现网络空间创造性生产的可能。要以"互联网责任"或"负责任的互联网"建构中国关于"互联网自由"的态度和战略。

网络创造性空间生产秩序的建构就是现实社会秩序的延伸和再造，更是对现实社会秩序的创新。谁掌握了网络空间创新的主导权，谁就掌握了通向未来新空间的钥匙。失去了网络空间的创新能力和主导权，也就失去了未来。这就是负责任网络空间创新的国家战略。

互联网既不应该成为网络恐怖主义的天堂，也不应该成为网络干涉主义的工具。一个负责任的互联网和一个负责任的网络世界是一个统一体。没有责任就没有自由。充分的自由来源于人人守法的共同责任。

互联网具有动员社会和组织社会的功能和能力。这是由"互联网自由"派生的一种能力。利用和借助互联网的这种功能和能力动员和组织社会力量以实现不同力量主体的目的，越来越成为当今国际社会各种力量进行政治博弈的重要手段和重要形态之一；同时，借助和利用互联网表达不同社群的利益诉求和权益保障也越来越成为各种不同的社会利益群体的公共工具。因此，互联网以及由互联网形成的网络社会正在成为另一种社会形态和政治空间，是现实社会的延伸。互联网安全不仅直接构成了中国国家安全的一个重要组成部分，而且是社会安全的一种延伸和表现形态。在互联网的环境下，互联网既可以成为社会安全的重要安全阀，也可以是社会不安全的发动机。如何科学有效地利用和掌握互联网对社会安全与威胁的这种双重属性，趋利避害，从维护国家、社会与公民的最高利益和共同利益出发，建构基于互联网安全的中国社会安全体系，是复杂和剧变形势下中国国家安全和互联网战略的重要课题。《中华人民共和国网络安全法》第十二条规定：

"国家保护公民、法人和其他组织依法使用网络的权利，促进网络接入普及，提升网络服务水平，为社会提供安全、便利的网络服务，保障网络信息依法有序自由流动。

任何个人和组织使用网络应当遵守宪法法律，遵守公共秩序，尊重社会公德，不得危害网络安全，不得利用网络从事危害国家安全、荣誉和利益，煽动颠覆国家政权、推翻社会主义制度，煽动分裂国家、破坏国家统一，宣扬恐怖主义、极端主义，宣扬民族仇恨、民族歧视，传播暴力、淫秽色情信息，编造、传播虚假信息扰乱经济秩序和社会秩序，以及侵害他人名誉、隐私、知识产权和其他合法权益等活动。"①

第四节 中国网络文化安全的目标与原则

不同国家遭遇到的网络文化安全问题是不一样的，不同的国家政治、文化传统和价值观，在认定和界定网络文化安全的价值尺度上也是不一样的，即便同属一种国家政治范式中的国家，也会因各自不同的文化传统而实施不同的网络文化安全制度和体制。因此，基于国家安全对互联网的国家安全法制建设和立法规范也是不一样的。这里不仅涉及不同国家的法治文化，而且涉及不同国家主要的网络安全关注。中国国家主席习近平于 2014 年 7 月在巴西国会发表的演讲、于 2015 年 9 月访美期间在西雅图发表的演讲、于 2015 年 12 月召开的第二届世界互联网大会上发表的关于互联网发展与治理的一系列演讲中所阐述的中国政府关于互联网政策，以及《中华人民共和国国家安全法》、《中华人民共和国反恐怖主义法》和《中华人民共和国网络安全法》的颁布，构成了一个比较完备、具有鲜明中国特色的国家文化安全法律和政策体系，是一个系统整体，为研究和思考中国网络文化安全提

---

① 《中华人民共和国网络安全法》于 2016 年 11 月 7 日由中华人民共和国第十二届全国人民代表大会常务委员会第二十四次会议通过。

供了法律和政策文本。

一、中国网络文化安全的目标与任务

1. 目标

《中华人民共和国国家安全法》总则第一条开宗明义："为了维护国家安全，保卫人民民主专政的政权和中国特色社会主义制度，保护人民的根本利益，保障改革开放和社会主义现代化建设的顺利进行，实现中华民族伟大复兴，根据宪法，制定本法。"这是中国国家安全的根本目标，也是中国国家主权范围内其他各个方面国家安全的根本目标，是中国在国家文化安全和网络文化安全领域的根本目标。《中华人民共和国网络安全法》总则第一条开宗明义："为了保障网络安全，维护网络空间主权和国家安全、社会公共利益，保护公民、法人和其他组织的合法权益，促进经济社会信息化健康发展，制定本法。"这是基于网络这一具体领域而确定的法律目标。这两个方面的有机统一共同构成了中国网络文化安全的根本目标。

这一根本目标可以具体体现在以下三个方面的主要内容：① 内嵌了国家意识形态和核心价值观的技术能力建设。② 网络文化安全能力建设，核心是战略性网络基础设施，这是网络文化安全得以实现的工具。③ 网络文化安全政策关系建设。"颜色革命"的发生标志着国家安全和国家文化安全面临威胁的主要形式发生了重大的战略性变化，对国家网络安全政策提出了新要求，网络文化安全政策不再仅仅局限于单纯的防御性目标，建立积极主动的国家网络文化安全政策，成为国家文化安全政策与战略的重要选择。

2. 任务

任务是目标的具体展开和具体内容。

《国家安全法》第十五条明确规定："国家坚持中国共产党的领导，维护中国特色社会主义制度，发展社会主义民主政治，健全社会主义法治，强化权力运行制约和监督机制，保障人民当家作主的各项权利。国家防范、制止和依法惩治任何叛国、分裂国家、煽动叛乱、颠覆或者煽动颠覆人民民主专政政权的行为；防范、制止和依法惩治窃取、泄露国家秘密等危害国家安全的行为；防范、制止和依法惩治境外势力的渗透、破坏、颠覆、分裂活动。"这些内容划定了国家发展网络文化和维护网络文化安全的政治底线，任何网络文化行为和内容都不能逾越这一国家安全底线，因而也是维护国家文化安全的任务。

《国家安全法》第二十三条规定："国家坚持社会主义先进文化前进方向，继承和弘扬中华民族优秀传统文化，培育和践行社会主义核心价值观，防范和抵制不良文化的影响，掌握意识形态领域主导权，增强文化整体实力和竞争力。"这六个方面规定了国家网络文化安全的具体任务与内容。

《国家安全法》第二十五条明确规定："国家建设网络与信息安全保障体系，提升网络与信息安全保护能力，加强网络和信息技术的创新研究和开发应用，实现网络和信息核心技术、关键基础设施和重要领域信息系统及数据的安全可控；加强网络管理，防范、制止和依法惩治网络攻击、网络入侵、网络窃密、散布违法有害信息等网络违法犯罪行为，维护国家网络空间主权、安全和发展利益。"《网络安全法》第十二条规定:"国家保护公民、法人和其他组织依法使用网络的权利,促进网络接入普及,提升网络服务水平,为社会提供安全、便利的网络服务,保障网络信息依法有序自由流动。任何个人和组织使用网络应当遵守宪法法律,遵守公共秩序,尊重社会公德,不得危害网络安全,不得利用网络从事危害国家安全、荣誉和利益,煽动颠覆国家政权、推翻社会主义制度,煽动分裂国家、破坏国家统一,宣扬恐怖主义、极端主义,宣扬民族仇恨、民族歧视,传播暴力、淫秽色情信息,编造、传播虚假信息扰乱经济秩序和社会秩序,以及侵害他人名誉、隐私、知识产权和其他合法权益等活动。"通过确立网络犯罪的法律边界,塑造行为人的法律意识和责任意识,以法律引导行为人的主体责任意识和网络文化安全观的树立,把对互联网的责任塑造成为实现互联网自由的重要内容和有机组成部分。

二、中国网络文化安全的主要原则

1. 恪守国家网络文化主权,履行维护国家文化安全义务

网络是国家主权的延伸。网络文化是现实文化的新表达方式和存在空间形式。网络文化主权是国家文化主权在网络空间的体现和延伸,网络文化主权原则是中国维护国家文化安全和利益、参与网络国际治理与合作所坚持的重要原则。因此,将"维护网络文化空间主权和国家文化安全"作为尊重网络文化主权安全的宗旨,尊重各国自主选择网络发展道路、网络管理模式、互联网公共政策和平等参与国际网络空间治理的权利,不搞网络霸权,不干涉他国内政,不从事、纵容或支持危害他国国家安全的网络活动;国际社会和每个公民与社会组织都有自觉履行维护国家文化安全和维护网上文化安全的责任和义务。

2. 维护和平和人类安全,促进文明交流互鉴

将中国的网络文化安全的实现与全球网络文化发展趋势紧密结合起来,互联网和网络空间不能成为各国战略角力的战场,而应是人类社会缔造新的世界和平的文明工具和载体,将网络文化空间作为一个全新的环境变量,制定一个充分体现世界和平目标的"网络文化安全合作"的法律文件,在网络文化安全的共同领域,如打击恐怖主义传播等,实现信息共享,协同制裁网络文化犯罪,在全新的国际环境中建设一个综合性国家网络文化安全体系。

3. 坚持安全与发展并重,推进互联网开放合作

网络空间使国家间的相互联系与相互依赖达到了前所未有的高度,这决定了网络安全威胁是各国面临的共同挑战,没有哪个国家能够独立应对或独善其身。当最先进的信息技术与最广阔的网络市场深度融合,全球网络安全也就有了最坚实的底座——确立"开放、控制、安全与合作"的网络文化安全理念与体制。开放,即安全条件下的开放、主权在我原则下的开放、互惠互利条件下的开放;在网络文化安全领域开展积极的国际合作,共同打击网络犯罪,尤其是色情网站,共同打击各种形式的网络恐怖主义;在维护和保障国家核心安全利益——维护国家政治安全——的前提下,通过开放谋求更加广泛的国家文化安全利益;将中国对网络文化安全的维护与全球网络文化发展趋势紧密结合起来,将中国的国家网络文化安全的实现建立在互联网的开放合作之中。

4. 依法规范网络文化行为，构建良好网络文化秩序

依法建构国家网络文化安全体系，规范网络文化行为、明确网络文化价值和禁止的内容、明确界定网络文化行为主体在充分享有法律所规定的互联网使用自由的同时承担法律所规定的相应义务，从而为公民与社会提供一个健康、科学、规范有序，又不妨碍社会交往便利和公民享有充分的合法的网络使用自由的网络空间。

三、中国实现网络文化安全的路径

1. 依据国家安全法律，科学界定网络文化安全的性质，确定国家网络文化安全政策

国家网络文化安全的目标（利益）、面临的主要威胁以及保障国家网络文化安全的手段；明确使用互联网必须遵守的法律法规以及公共社会伦理、道德，在充分享有"互联网自由"的同时，必须同时履行"互联网责任"，即每个互联网使用者——自然人、法人，都必须对自己的"网络行为"承担法律责任，在全社会树立一种自觉维护网络文化安全的"网络文化安全观"，从而为互联网建立一套与社会主义核心价值观、与中华传统伦理和优秀文化精神相一致的"网络文化价值观"，规范网络文化行为，发展网络文化事业，切实维护网络文化安全。

明确国家网络文化安全的目标界定和威胁认定。对于所列网络文化安全威胁的来源和对象予以清晰、准确、严谨的法律界定，明确其性质、界定其范围，明确禁止和打击的目标，塑造有利于国家文化建设所需要的网络文化安全环境。通过确立网络犯罪的法律边界，塑造行为人的法律意识和责任意识，以法律引导行为人的主体责任意识和网络文化安全观的树立，把对互联网的责任塑造成为实现互联网自由的重要内容和有机组成部分。没有责任就没有自由。充分的自由来源于人人守法的共同责任。

2. 建立以防御、控制和塑造为核心内容的目标体系和控制与塑造联动互馈机制

防御是最基础的目标，属于初级目标。控制，即对网上信息流动的控制，是维护和实现网络文化安全的二级目标。控制直接涉及对国家意识形态安身立命的价值取向的掌控，需要通过建立严密的法律规定加以实现。塑造，即在防御和控制的法律规定中嵌入国家核心价值观，通过塑造实现主动、自觉和有效的控制，并且在控制中建构国家网络文化安全所需要的网络文化及其空间。国家网络文化安全领域的威胁认定，具有较强的主观性，服从于国家安全战略整体评估和判断。国家网络文化安全是国家安全和国家文化安全的重要组成部分，国家安全和国家文化安全中有关国家安全和国家文化安全状况的整体和战略判定、目标设置、威胁认知，是认定网络文化安全威胁的重要指标。

突出网络文化安全威胁对于家庭、个人和社会的危害性。把立法的立足点建立在对家庭、个人和社会的文化安全维护上，通过家庭、个人和社会网络文化安全的实现，实现国家网络文化安全。国家网络文化安全只有建立在家庭、个人和社会网络文化安全实现的基础上才能实现。

通过政府、企业、个人三方的伙伴关系，从技术、能力、观念三个层面共同实现积极、有效的防御，在观念层面上促进一整套国家网络文化安全观念的形成、完善以及扩散，通过构建国家网络文化安全共识，包括要实现的目标、面临的主要威胁、必须采取的应对手段以及不可回避的必然要承担的代价等。所谓积极有效的防御，是指建立包括政府、企业和社会个人在内的网络空间的行为责任主体，共同反对那些试图破坏网络和系统的行为体，威慑恶意行为者，打击散布威胁国家安全、扰乱社会秩序、亵渎社会公共伦理、传播淫秽色情内容、煽动颠覆国家、挑拨民族关系、进行恐怖主义宣传的网络行为者，享有并保留采取一切必要措施和相应措施防御涉及国家文化核心利益的国家文化资产的权利，建立"开放、互动、安全和负责任的"网络文化的内在价值，从而创造一个以这样的价值观为基础的网络文化安全环境，最大限度地维护国家、社会和每个人的网络文化安全。

3. 建立网络文化安全合作协调机制

最大限度地强化社会对维护网络文化安全的认识，建立社会共识，以全体公民的自觉行为有效化解网络文化安全威胁。建立由政府、企业、非政府组织和个人组成的国家网络文化安全的"梯队系统"，明确规定不同主体的行为责任；建立公—私合作保障国家网络文化安全的法律机制，充分利用和借助民间，尤其是大型、骨干网络文化企业的力量维护国家网络文化安全，是实现国家网络文化安全的重要手段之一；建立内外两种合作机制，强化国际网络文化安全合作，坚持多边参与、多方参与，发挥政府、国际组织、互联网企业、技术社群、民间机构、公民个人等各个主体的作用，就共同安全领域，在网络文化安全观念层面上，推动网络文化安全对话，建设新型网络文化安全关系，推动全球"网络文化安全"建设。

4. 制定网络文化行为规则

正确处理个人隐私和数据保障、使用、数据自由与网络文化安全的关系，国家网络文化安全相关部门之间权利和义务的关系，政府与企业、非政府组织之间的合作协调关系。防止和避免个人隐私保障掣肘国家网络文化安全战略实施，通过协调和解决跨部门之间的协调问题，最大限度地推进网络文化安全信息共享，实现有效的网络文化安全态势感知共享，制定保障国家网络文化安全战略发展、有效能力的制度安排。

5. 建立网络文化生产源头规范制度

网络文化生产具有即时性和快速扩散性特点，其弥散性是造成社会影响的最主要的力量形态。把维护国家网络文化安全的重点落实在对网络文化生产源头的规范上，在互联网技术的层面上建立科学、合法、及时的网络文化内容生产国家主权责任。国家有责任维护网络文化安全，确保互联网向社会提供健康、合法的网络文化产品，任何网络文化生产和传播载体，包括各种移动互联网形式的新媒体，如手机终端、微信群等，都禁止制作和传播《国家安全法》《反恐怖主义法》和《网络安全法》以及国家其他文化法律法规所明令禁止的内容；互联网运营主体必须履行国家法律所规定的各项社会责任和义务，不得在网上生产和提供国家法律所明令禁止的文化内容产品；建立"供应链安全"概念，从网络产品生产、流通、传播过程的完整链条安全出发，界定"供应链安全"，提高国家网络文化安全的整体性效用。通过创新的方式，提高我国应对来自网络文化入侵的能力。建立网络文化安全能力协调机制，与各种部门，包括大型互联网企业、相关政府部门，展开密切的合作，从而使国家具有足够的能力，能够在不同的环境下，迅速采取有针对性的措施，以减少我国目前在网络文化安全领域里的漏洞和防止文化入侵，尤其是"颜色入侵"；从网络文化产品，以及产品生产过程的完整链条，即"供应链"安全入手，规定我国国家文化安全相关的网络基础设置的安全。

6. 建立国家网络文化安全审查制度

采取必要措施保障国家安全利益是国际惯例，也是捍卫国家安全利益的价值工具。国家网络文化安全审查制度是国家安全战略和国家安全审查制度的重要组成部分，目的在于：维护国家安全利益；明确和建立国家文化安全审查的责任主体与严格科学的法律程序。维护国家网络文化安全需要建立包括政府、企业、个人等在内的各相关行为体承担必要的国家网络文化安全责任。企业（包括其他法人主体——各类非政府组织）、个人等互联网行为主体都是网络文化安全维护的责任主体，承担各自相应的维护国家网络文化安全的责任和义务。中国的国家网络文化安全审查制度需要构建包括政府部门、企业、大学、智库、非政府组织在内的具有明确的梯级分工构成的立体的审查体系。

中国是世界上网民人数最多的国家，网络应用服务及信息技术产品服务市场需求量巨大；美国则是信息技术最先进、网络化覆盖程度最高、信息技术产品服务国际竞争力最强的信息化发达国家。中美两国都是具有重要影响的世界性大国，承担各自的责任和义务，加强对话、沟通，推动在共同维护全球网络空间安全问题上发挥重要作用，推动国际互联网治理和维护全球包括文化在内的网络空间安全，是实现国家网络文化安全的重要战略机制。

面对人类历史又一次伟大的革命，寻求中华民族伟大复兴的中国没有理由回避甚或躲避这样的伟大时刻。作为印刷术发明的母国，中国理应在新的网络空间再生产的历史进程中做出自己独特的贡献。从某种意义上说，迄今为止人类社会的一切革命都是空间革命，或者说都是为了空间的革命。不论是精神的还是物质的，包括战争，都是如此。互联网革命是人类社会又一次拓展自己生存空间的伟大革命。互联网还是一片处女地。中国通过和借助印刷术实现了中国人的精神空间革命，以及由此实现了物质生存空间革命。中华文明在世界的实现很大程度上就是通过和借助印刷术发明革命而实现的。这种革命是通过创新实现的。没有空间生产能力的创新，就不可能实现空间生存的创新。印刷术在中国发明，为什么没有带来和导致像欧洲那样的颠覆性社会革命？安全很多时候是顺应自然而获得的。美国发明了互联网技术，美国还创造了"谷歌""推特""脸谱"等一系列网络新空间，并把它作为赢得下一场战争的"战略武器"。中国要赢得下一个发展所需要的战略空间，就不能不拥有网络空间的拓展与创新能力。中国应当从现在起在大力发展互联网事业的过程中，全面、大力实施网络空间创新的国家战略，缔造全新的基于国家文化安全和国家文化创新的互联网文化，通过推行和实施由各种社会力量共同参与的"网络空间创新的国家战略"，最大限度地实现中国网络空间的议程设置能力、话语主导能力、舆论引导能力，从而最大限度地实现中国基于公民、社会和国家的控网能力，以及网络空间的再造能力。因此，中国应当有一次基于网络空间创新的互联网社会创新运动，强化互联网创新要素，催生重大突破；主动引导对重大社会民生问题的关注和研究；主动引导对国家和社会发展重大问题的关注；要告诉社会公众国家正在面临的困难、问题和挑战；要充分认识和高度评估在国家灾难面前公众利用和借助互联网对国家的救助和支持；要鼓励创建和开通各种类型的社会救助公共平台；要满足社会建立各种利益表达机制的诉求；中国的互联网应当以公共的力量赢得网络空间和网络生态的最大安全。

互联网治理和全球网络空间安全已经成为影响国际社会交往行为的一个重要的全球性议题，世界各国政府面对的一个急迫任务。随着人类社会全面迈进数字世界，未来的信任命题将面临更加巨大的挑战。未来数字资产将成为贯穿数字政府、数字社会、数字经济、数字文化的"血液"，更加凸显数据安全的重要性。用户数据频繁跨境、跨系统、跨生态圈交互已经成为常态，现有隐私保护方案不能提供体系化保护，亟须建立完善的隐私保护理论体系。如何通过建立信任产生新的价值观和创建新的网络文化安全治理理论体系，"数字安全+数字信任"构成数字化时代网络文化安全治理的重要命题。中国是网络安全的坚定维护者，也是所面临网络文化安全形势最严峻的国家，是黑客攻击的受害国。面对网络攻击这一"共同威胁"与"全球公害"，中国倡导建设和平、安全、开放、合作的网络空间，主张各国制定符合自身国情的互联网公共政策。

网络文化安全治理是一个永远的命题。随着数字化、网络化、智能化的深入推进，网络安全对国家总体安全、经济社会运行、人民生产生活的影响愈加凸显，网络安全未来发展不断地呈现出前所未有的新形态。未来的网络文化安全也将随之出现全新的命题，并且通过网络文化传导机制，深刻影响国家文化安全的发展走向与发展形态。尤其是元宇宙的快速发展，在颠覆现实与虚拟社会关系，重构人类社会生存与发展模式和文明生态形态的同时，也必将重构国家文化主权空间和网络文化空间形态。随之而来的整个文化内容生产与网络意识形态生态的突变性生成，将极大地影响并重构人们的价值观系统和国家意识形态安全生态系统。国家间的文化安全关系和意识形态安全关系都会在未来网络文化安全发展变化中面临新的挑战，国家安全和国家文化及意识形态安全政策与战略都将在这个过程中被颠覆性重构。网络文化安全在深刻重塑和塑造现实国家文化安全的同时，也将在这个过程中被国家文化安全重组。这是互联网治理和全球文化安全治理发展的新命题。

 **本章小结**

网络文化是人们在发明和使用互联网的进程中逐渐形成与发展的一种新的生活方式，也是基于这种新生活方式而建构的价值观念共同构成的文化生态。它是人类社会文化的一种延伸，是现实的社会文化在网络空间的表现和表达，也是人类社会文化生活的再造，以虚拟现实的方式建构的现实文化社会的对立面；既是现实文化的对象化，也是现实文化的异化。网络文化的出现生成的新的国家文化安全领域，成为国家文化安全最重要的组成部分。

网络文化安全是指网络文化存在的相对处于没有危险和不受内外威胁的状态，以及保障网络持续安全状态的能力。没有危险、不受内外威胁与保障能力是网络文化安全的两项关键构成，决定了全部网络文化安全实现的条件与基础。

网络文化安全和文化信息安全是两个既互相联系又互相区别的概念。网络文化安全主要是指网络作为一种文化生态整体的系统性安全，而文化信息安全则主要是指由具体的文化内容构成中需要守密的那一部分的安全。文化信息安全是网络文化安全的核心。没有文化信息安全，网络文化安全也就丧失了它的核心价值。因此，维护网络文化安全首先必须维护文化信息安全。

互联网以现代计算机的联网形式，重构了一个人类世界和人类社会空间——网络空间。随着互联网的不断发展及互联网的日益智能化，网络空间已经不再是一个能够脱离国家主权空间而独立存在的某种科学技术存在方式，而是国家主权空间的重要组成部分，是国家主权在网络空间的延伸。网络空间主权，是指一个主权国家依据国际法所拥有的对该国互联网的管辖权，该管辖权属于国家主权的一部分而神圣不可侵犯。依据以《联合国宪章》为核心所确立的国际关系基本准则，国家对其领土内的信息通信基础设施和信息通信活动拥有管辖权；各国政府有权制定符合本国国情的互联网公共政策；任何国家不得利用网络干涉他国内政或损害他国利益。根据这一原则，针对快速发展的互联网给国家安全带来的问题和威胁，为了有效地维护国家安全利益，世界各国，尤其是西方发达国家纷纷通过制定和颁布各种法律法规行使对互联网的国家管辖，以捍卫国家网络主权。

网络的"超国家体"存在的性质和力量形态，使得网络文化安全不仅是国家文化安全的直接延伸，而且构成了国家文化主权的新空间和国家文化主权新的存在形态，因而对于维护和实现国家文化安全具有不可替代的战略价值。

网络文化安全是国际社会面临的最为严重的国家文化安全问题，将长期威胁和影响主权国家文化的形势与走向。网络攻击、网络入侵、网络煽动和网络颠覆将不再仅仅是一般意义上的国家安全问题，而且是国家文化安全问题。"没有网络安全就没有国家安全"，同理，没有网络文化安全就没有国家文化安全。网络文化安全既是国家文化安全的新存在方式和表现形态，同时也以自己的独特价值构成了新型国家文化安全关系。

互联网应当是自由的，这是由互联网的开放性和虚拟性决定的。但是，正如任何自由都不应当以牺牲他人的自由为前提一样，互联网自由也不应当以放弃互联网责任为前提。因为，这种自由不应当是威胁安全的自由，而应当是负责任的自由。也就是说，任何主体在行使互联网自由权利的时候，必须同时确保他人行使互联网自由的权利。如果说自由是安全的表现的话，那么这种自由就是不应当受到威胁的自由，因而自由是以安全为前提的。也就是说，互联网自由应当是基于安全的自由，这应当是互联网自由必须坚持的原则，而且是互联网责任应当恪守的价值观。因此，互联网自由应当是建筑在互联网责任的基础上的。这种责任是由国际社会普遍追求的共同安全的价值观决定的。因此，互联网责任并不是某种力量强加给互联网的某种外部属性，而是互联网的内在规定，因而它是一种具有普遍意义的价值观。互联网责任的核心就是为整个人类社会提供安全。

思考题

1. 网络文化和网络文化安全的定义各是什么？
2. 网络文化安全概念系统和不同概念间的联系与区别各是什么？
3. 什么是网络文化空间主权？它在网络文化安全中的重要性是什么？
4. 怎样认识和理解网络文化安全与国家文化安全的关系？

5．互联网自由与网络文化安全的关系是什么？
6．中国网络文化安全的目标与原则各是什么？

参考书目

1．中共中央党史和文献研究院编．习近平关于总体国家安全观论述摘编[M]．北京：中央文献出版社，2018．
2．中共中央党史和文献研究院编．习近平关于网络强国论述摘编[M]．北京：中央文献出版社，2018．
3．卡斯特．信息时代三部曲：经济、社会与文化[M]．夏铸九，王志弘，译．北京：社会科学文献出版社，2001．
4．郑永年．技术赋权：中国的互联网、国家与社会[M]．邱道隆，译．北京：东方出版社，2014．
5．沈逸．美国国家网络安全战略[M]．北京：时事出版社，2013．
6．胡惠林，胡霁荣．国家文化安全治理[M]．上海：上海人民出版社，2020．

第十二章

国家文化安全治理

 学习目标

通过学习本章，学生应了解和掌握以下内容：
1. 国家文化安全管理机制与全球化背景下的战略转型；
2. 政府文化危机管理与国家文化安全预警；
3. 国家文化安全治理体系的提出与建设；
4. 国家文化安全战略与政策的性质、内容及作用。

 导言

国家文化安全是国家安全和社会稳定的重要保障，没有国家文化安全和关于国家的文化安全治理，稳定的国家安全和社会稳定是不可能的。国家文化安全战略的选择，是实现这一安全与稳定的重要途径，是关于国家长期、稳定与可持续发展的整体性文化谋划与政策安排。这种谋划和安排，只有在充分的制度和相应的机制保障下才有实现的可能。因此，要确保开放条件下的中国国家文化安全战略的实现，就必须建立国家文化安全治理新概念，把作为现代国家体制下的社会危机管理的重要内容和组成部分的文化危机管理、国家文化安全危机管理纳入国家与政府整体危机管理系统，推进国家文化安全治理体系和治理能力现代化也就成为实现中国国家文化安全所必不可少的内容和机制。

第一节　国家文化安全管理机制与战略的转型

国家文化安全管理机制和战略是国家文化安全构成的基本保障系统。没有国家文化安全管理机制，国家文化安全的有效实现就是一句空话；没有国家文化安全管理战略，国家文化安全管理就没有方向。然而，无论是国家文化安全管理机制，还是国家文化安全管理战略，都是一个动态的过程系统。深入地研究二者的系统关系，是构筑科学的综合性国家文化安全管理体系必须要解决的重要内容。

一、国家文化安全管理机制分析

国家文化安全管理机制是一种历史性制度。它是国家文化管理的一种本质性机制。这种机制并不是在今天才形成的，而是自从国家形态出现就有了对国家安全的管理和对国家文化安全的管理，区别只在于它的国家意识程度。实际上，从国家安全的意义上来说，任何国家的文化管理都是国家文化安全管理。因为任何管理都是建立在一定的关于管理理念的价值基础上的管理，也就是说，为什么要管理和进行怎样的管理都要服从和服务于一定的国家文化目的和战略目标，都是建筑在一定的价值标准上的。而在所有这些标准中，维护国家文化的利益是最根本的标准。所以，无论是各种文化法律的制定、政府文化机构的设置、各种文化制度的规定、维护统治阶级的统治利益不被颠覆、维护国家的文化利益不受侵犯、维护公众基本的文化权利保障，都是题中应有之义。虽然在不同的国家，国家文化安全管理的具体内容有着巨大的差别，但是，没有一个政府会以牺牲本国的文化利益为己任。因此，基本的国家文化管理制度也就成为国家实现国家文化安全的长效管理的基本体制和机制。区别只是世界各国总是根据本国文化安全环境和形势的实际情况选择与建立符合本国文化国情与需要的国家文化安全管理体制和机制。

国家文化安全管理机制是一个国家按照本国的文化利益和国家战略需求建立的对国家文化安全状态进行预警、应对和恢复的组织体系和制度形态。各国的文化背景及其在世界文化力量格局中所处的位置有差异，不同的执政主体获取国家政权的方式和途径不同，因此，无论是国家文化安全管理机制的形成，还是作为一种国家文化制度的组织机构运作，国家文化安全管理机制作为国家文化安全管理制度形态的运作系统，在不同的社会制度形态下有着很大的区别。

国家文化安全虽然是一个新被提出来的概念，但对于国家文化安全管理的需要是随着国家文化安全需求的出现而出现的。在一个国家不同的历史发展阶段，人们对于国家文化安全的理解各异。为了确保国家文化主权和维护国内政治、经济和社会发展与稳定的需要，不同的国家都会有不同的关于国家文化安全的保障系统，如关于文化贸易的许可证制度、电影审查制度、关于广播电视的国家专营制度、关于出版编辑业务不对外开放制度等都是政府涉及国家文化安全的防范体系和制度构架。因此，从某种程度上说，国家文化制度就是一个国家的文化安全制度。处于不同历史时期的不同的执政主体对国家文化安全形势的判断存在差异，以及由此而对国家文化利益理解与追求不同，因此，国家文化安全制度总会随着国家形态的变化和国家执政主体的变化而不断发生变化。国家文化制度与国家文化安全制度之间存在着同构异形的特性，即一方面，国家文化机构具有公共部门的特性，另一方面，它又有着国家主权的特点，这两个方面同时兼顾内外。然而就中国进一步参与经济全球化进程所面临的机遇和挑战来看，无论在战略高度，还是在决策体系，中国的国家文化安全管理体制都必须加以改善，要修改现有架构，制定出更加系统的国家文化安全体系和国家文化安全危机处理机制。

在建立国家文化安全的长效管理的历史过程中，国家安全危机引发的国家文化安全危机，以及由国际战略格局的巨大变化而引发的国家文化安全危机，使得一些发达国家在建立国家文化管理的长效安全管理机制的同时，还建立了突发性国家文化安全危机管理机制。

突发性国家文化危机严重威胁国家稳定与安全。20 世纪 50 年代匈牙利的裴多菲事件、20 世纪 60 年代法国爆发的知识分子运动等都是重大的国家文化危机事件，这些事件直接威胁国家安全，威胁文化本身的生存与发展，因此成为国家文化安全危机。这样的实践具有突发性的特点，因此，对于这类突发性文化危机事件的管理也就成为国家文化安全管理中有别于长效管理的国家文化安全危机管理。

二、我国国家文化安全管理机制

我国国家文化安全管理体制和机制是随着我国社会主义文化事业发展的需要和国家的政治、经济和社会发展与稳定的需要而逐渐形成与发展起来的，是历史发展的产物。历史文化背景的特殊性和中国共产党作为国家执政主体获取国家政权道路的特殊性，历史地规定了我国国家文化安全管理机制的中国特色。但是，正如任何机制的运动结构都是两种力量运动作用的结果一样，我国的国家文化安全管理机制也是两种力量运动和作用的结果，并且随着这两种力量运动方向的变动而变动，从而在不同的历史发展阶段表现出不同的力的运动形态和特征。

以冷战的结束为标志，我国国家文化安全管理机制可以分为两种：以意识形态安全为主要内容的单一的国家文化安全管理机制；以国家文化主权安全为核心、以包括意识形态在内的其他文化安全为主要内容的综合的国家文化安全管理机制。这两种国家文化安全管理机制的演变有两个方面的原因：一是国际政治格局的巨变使得原有的在冷战格局下形成的以资本主义和社会主义两极冲突与对抗为特征的国际安全的格局发生了变化，意识形态冲突为中国的国家整体利益所取代，国家文化安全在经济全球化背景下上升为国际文化安全的重要形态；二是我国国内战略需求发生了重大战略转移，从以阶级斗争为纲转变为以经济建设为中心，国家的改革开放和进一步融入现代世界体系，使得我国国家安全结构呈现出多元化发展趋势，非传统安全不但改变了传统安全结构，而且使得原来的以单一的意识形态为内容的国家文化安全出现了许多新的非传统文化安全特征。

随着我国加入世界贸易组织和经济全球化发展趋势的不可逆转，原有的国家文化主权和安全客观上发生了重大变化并面临着许多新的危机，因此，对于国家文化安全形势的判断和安全政策的制定也都随之发生了重大的战略调整。国家文化安全管理机制在组织和制度形态上开始从偏重于党的政策管理向建立科学的国家文化安全的法治管理转移，政府依法管理国家文化安全事务的职能和制度体系在这个过程中不断地得到加强，初步形成和建立了以《中华人民共和国国家安全法》为核心、以《中华人民共和国文物保护法》为主要内容、以各部门文化行政规章为框架结构的国家文化安全法治管理体系，以党委领导、政府依法管理的组织制度体系，以及以国家文化主权安全为主要战略安全利益、以意识形态安全为主要内容、以文化产业安全和网络文化安全为主体框架的国家文化安全对象系统的多层次、宽领域和党政综合管理的中国国家文化安全管理机制。然而，从中国在进一步参与经济全球化进程所面临的机遇和挑战来看，无论在战略高度，还是在决策体系，体系内部发展极不均衡。我国的国家文化安全管理体制必须加以改善，改革现有国家文化安全管理架构，制定出更加系统的国家文化安全体系和国家文化安全管理机制。

三、全球化下的国家文化安全形态变迁与管理转型

国家文化安全形态与管理机制是制度运动的一种过程系统，它是和一定历史时期的国家形态和国家管理需要本质相适应的。全球化是以往任何一个历史时期未曾有过的国家形态存在的特定的国家生态环境，不仅一般地改变了国家存在的生态环境，而且由这种环境所产生和形成的巨大力量，使得在这一环境下的任何一种国家形态要想摆脱它的引力作用而完全按照自己的运行轨道发展成为不可能。尤其是对于一个已经加入世界贸易组织、参与经济全球化进程的国家来说，全球化在给中国带来许多便利的同时，也构成了对它的国家安全的威胁与挑战，从而导致国家文化安全形态的变迁与转型。

首先，在表现形态上，国家文化安全呈现出多种变化的趋势，原来主要集中在政治意识形态领域的国家文化安全，现在向文化主权、文化经济、文化市场、文化产业、文化资源、文化信息等几乎所有文化领域扩展，文化原教旨主义和文化多样性问题成为全球关注的人类文化安全问题；外来文化入侵和内部文化安全问题在全球化引力作用下呈犬牙交错状态，共同构成国家文化安全的主体。其次，从诱发动因上看，国家文化安全的产生更加不确定，政治、经济、文化、民族、宗教、网络等各种因素相互作用，互为诱导因素，一些突发公共事件甚至会产生意想不到的文化安全问题，如2019年年末暴发的"新冠肺炎病毒疫情"给我国旅游业和娱乐业等文化经济带来了巨大冲击。

战略目标的实现需要健全的机制和体制的保障，没有健全的机制和体制的保障，任何战略目标的实现都是不可能的。建立科学高效的国家文化安全管理机制对于降低国家文化安全战略实现成本、提高战略效益具有重要意义。国家文化安全战略的实现本身需要各种综合因素的有机配套。任何一个必要条件的缺损，都会使国家文化安全战略目标的实现大打折扣。尤其是在全球化的背景下，在各种不确定的因素进一步加大、国家文化安全面临全球挑战的时候，建立健全科学、高效的国家文化安全管理制度对于实现国家文化安全战略目标也就具有特别重要的意义。根据世界发展进程的规律，在社会发展序列谱上，我国当前恰好对应着"非稳定状态"的频发阶段，即在国家和地区的人均GDP处于500美元至3000美元的发展阶段，往往对应着人口、资源、环境、效率、公平等社会矛盾的瓶颈约束最严重的时期，也往往是"经济容易失调、社会容易失序、心理容易失衡、社会伦理需要调整重建"的关键时期，[①]国家文化安全问题也就成为所有这些方面在文化上的表现形态。2019年年末暴发的新冠疫情给整个文化产业发展造成沉重打击，带来和造成文化产业发展安全问题就是一个典型。因此，"稳定压倒一切"在这里就不仅仅是一句政治口号，而是有着极其丰富的内容的国家文化安全的战略需求，对于中国的和平崛起，尤其是在未来20年的战略机遇期，具有直接关系到能否实现中华民族伟大复兴的特殊意义。

在计划经济条件下和冷战时期，我国的国家文化安全管理体制和机制有一个突出的特点，那就是：对内以阶级斗争为纲，对外防止帝国主义的和平演变。这两种安全管理机制

---

① 牛文元：《社会燃烧理论与中国社会安全预警系统（研究提要）》，清华大学公共管理学院与中国行政管理学会联合举办的"社会变革中突发事件应急管理"专家研讨会讨论稿。（转引自：薛澜，张强，钟开斌. 危机管理[M]. 北京：清华大学出版社，2003：6.）

虽然表现形式不同，但在本质上是一致的，那就是集中在国家的意识形态安全管理上。改革开放和建设中国特色社会主义市场经济体制目标的提出、国家工作重心的转移和国家利益的转移，使得国家安全管理的中心也发生了相应的变动，那就是逐步实现从"国家文化安全管理"向"国家文化安全治理"转移，推进和实现国家文化安全治理体系和治理能力的现代化。在全球化背景下出现的各种以往没有或并不显著的国家文化安全形态，不仅改变了我国国家文化安全的形态结构和内容，而且提出了国家文化安全管理转型的历史要求，以适应变化了的我国国家文化安全管理的需要。建构市场经济条件下国家文化安全管理新体制，实现全球化背景下的中国国家文化安全管理的战略转型，也就自然地成为中国国家文化安全发展的历史必然要求。

第二节　政府文化危机管理与国家文化安全预警

危机是人类社会进步与发展必不可少的一种动力机制。自有组织的人类社会形成以来，危机就伴随着人类社会的发展而不断地发生变化，以适应人类社会发展的要求。危机的发生与存在是不以人的意志为转移的，同时每一次危机的发生总会给人类社会带来巨大的灾难和损失，因此，"安而不忘危"也就成为社会稳定与国家发展的一条重要准则。但是，世界各国对危机的真正关注和深入研究则是 20 世纪 60 年代后的事。经济全球化在给世界发展带来机遇的同时，也给世界各国的发展带来了新的挑战，并由这些挑战诱发了新的危机。"9·11"事件的发生，不仅改变了世界力量对比的格局，更重要的是改变了人们对整个世界发展的看法。非传统安全因此成为经济全球化背景下国家和国际社会面临的主要危机形态，国家危机管理一下子成为国际社会共同关注的主题。关于危机与危机管理的研究也成为国际学术界的重要研究课题。

危机管理是现代国家管理的一种重要形态，是指组织对所有危机发生因素的预测、分析、化解、防范等采取的行动体系。当我们把国家文化安全定义为一种国家文化危机形态的时候，那么，要构建综合性国家文化安全管理体系，就必须建立有效的文化危机管理系统，将其作为国家文化安全管理的工作机制。这里应当涉及危机的概念、文化危机的概念、国家文化危机的概念，从对危机的定性分析中界定国家文化危机与国家安全之间的联系，证明文化危机是一种国家安全危机，对于国家文化危机的防范和处理具有国家文化安全管理意义。

一、文化危机与国家文化安全危机

1. 危机、危机化生存与现代国家的政府危机管理

美国危机研究专家赫尔曼对危机下过一个著名的定义："危机是威胁决策集团根本目标的一种情势，在这种情势下，决策集团做出反应的时间非常有限且情势常常向令决策集团惊奇的方向发展。"[1]1975—1976 年在耶路撒冷举行的危机问题研讨会提出了关于构成"危

---

[1] C.F.Hermann. International Crises:Insights From Behavioral Research[M]. New york, Free Press, 1972: 13.

机”的四个条件，其中“形成了对基本价值的威胁”被列为第二个条件；荷兰雷登大学危机研究专家乌里尔·罗森塔尔（Rosenthal）在研究后认为：“危机就是对一个社会系统的基本价值和行为准则架构产生严重威胁，并且在实践压力和不确定性极高的情况下，必须对其做出关键决策的事件。”①桑德里尔斯（Sundelius）、斯特恩（Stern）和拜南德尔（Bynander）认为：“作为一个国家所面对的危机，就是指中央决策者面对这样一种场景：重要的价值受到威胁，而且可以采取处理行动的时间十分有限，同时环境的变化具有高度的不可确定性。”在现有的被国内危机研究领域所普遍引用的关于“危机”的定义中，罗森塔尔的定义被认为更为准确地反映了危机这个概念的内涵。因此，可以认为：“危机通常是在决策者的核心价值观念受到严重威胁或挑战、有关信息很不充分，事态发展具有高度不确定性和需要迅捷决策等不利情境的汇聚”②。在所有这些定义中，一个共同的要素就是“价值观”，而价值观恰恰是构成国家文化安全最重要、最核心的内容，是一个国家得以存在的前提与基础。没有这个前提与基础，不仅一个国家的发展缺乏必要的精神凝聚力，而且更重要的是它将失去存在的合法性。因此，从这个意义上说，构成危机的核心因素是文化。也就是说，正是由于“基本价值和行为架构”“重要的价值”“决策者的核心价值观”这样的文化存在的合法性依据“受到严重威胁或挑战”，才形成和构成了危机。

危机正日益构成现代人类社会的重要内容。与以往人类的历史发展相比，危机已经由个别的孤立事件变成普遍的现象，大量发生的危机和更多的隐患，使危机成为人类社会生活的一种常态。危机由偶发事件变成频发现象，凸显了缺少合理公正的全球秩序与经济全球化进程飞速发展之间的巨大反差。有些危机“久治不愈”，已经成为影响一个国家国民经济和社会发展的安全公害。如今任何一种危机，无论它是否由单一或多种因素引发，都表现出复合型危机的特征，由简单变复杂，一些局部危机若处理得稍有不慎，往往会迅速蔓延酿成全局性危机。新冠疫情暴发初期，因多种原因导致信息严重失真，几乎让一场突发性公共卫生危机变成严重的政府信任危机。这就使如何管理危机或者如何实行有效的政府危机管理，成为现代国家治理的重要内容和课题。根据世界发展进程的规律，当一个国家或地区的人均 GDP 处于 1000 美元至 3000 美元的发展阶段，往往是经济容易失调、社会容易失序、心理容易失衡、社会伦理需要调整重建的关键时期，也是危机频发的时期。在今天，危机已经不再是小概率事件，它正在深刻地影响人类社会的文明进程，人类生存正日益进入一种危机化生存时代。工作理念从直接救灾转为全面危机管理、政府危机管理职能设置从权力分散转为集中领导、核心使命从应对国家战争转为突发性公共事件、工作重心从灾害修复转为在前防范，正在成为政府危机管理的发展趋势。③在这样一个时代来临之际，建构有效的政府危机管理也就成为现代国家的重要内容与特征，研究和控制危机也就成为现代国家安全战略必须面对的重大国家课题。④

2. 文化危机与国家文化安全危机

文化危机是人们用以描述一个国家在一定的历史时期文化发展所呈现出来的某种威胁

---

① Rosenthal Uriel,Charles Michael T.,ed.Coping with Crises: The Management of Disasters, Riots and Terrorism[M]. Springfield: Charles C.Thomas, 1989.

② 薛澜，张强，钟开斌. 危机管理：转型期中国面临的挑战[M]. 北京：清华大学出版社，2003：25.

③ 张凯兰. 政府危机管理的发展趋势[N]. 学习时报，2004-07-26.

④ 王建，李晓宁，乔良，等. 新战国时代[M]. 北京：新华出版社，2004：306.

作为观念形态的文化生存与发展的危险性程度的概念。它和国家文化安全有着天然的联系，是国家文化安全评估指标的重要因素。在某种程度上，当我们用"文化危机"这样的概念来表达对当下文化形势和状态的一种判断的时候，实际上也就表示了我们对当下国家文化安全状况的忧思。

作为一种危机形态，文化危机是国家文化安全的重要组成部分，就其所涉及的核心价值观来说，它是国家文化安全治理的核心问题。但是，我们今天所讨论的国家文化安全要比学术意义上通常指称的"文化危机"范围更为广阔、意义更为深刻。从国家和政府的角度看问题，国家文化安全所关心和注意的文化危机是关于一个国家以国家文化主权安全核心价值观为核心的生存与发展的整体性文化"危机"，是一个关于文化危机的系统，包括我们在分析国家文化安全所面临的主要问题的各个方面，因为只有这样的危机才能构成对整个国家前途与命运的威胁，这样的危机就是国家文化危机。因此，当我们在这个意义上使用"国家文化危机"的时候，它的意义就是国家文化安全危机。

二、政府文化危机管理的结构与功能

文化危机管理是现代国家体制下政府公共管理的一个至关重要的领域。从危机运动的形态来看，危机之所以成为危机，在很大程度上是因为由危机构成的某种态势已经表现为公众所知晓和感觉到存在性威胁的社会现象，当如果不迅速地对这种现象采取措施加以解决便会危及公共安全的时候，危机管理是否到位就成为能否有效地克服危机的蔓延、控制危机的发展的关键，就成为政府公共管理的核心问题。文化危机在本文中与国家文化安全危机具有意义上的同一性和涵盖领域的广泛叠合性，因此，与其他的非安全领域的安全问题相比，无论从其广度，还是从其深度看，文化危机管理作为国家文化安全管理的形态都有着自己的独特性。正是这种同一性和叠合性，规定了中国文化危机管理作为国家文化安全管理形态与国家文化安全管理在结构与功能上具有同构兼出的复杂特征。

文化危机管理的结构是服务于文化安全管理的目的性需要而形成的。"危机研究和管理的目的就是要最大限度地降低人类社会悲剧的发生"。[①]因此，如何保证国家文化安全管理目标的实现，最大限度地降低悲剧性文化安全问题的发生，也就成为文化危机管理结构构成的逻辑依据。根据这一特性，国家文化安全危机管理结构大致由四个方面构成：国家文化危机预防、国家文化危机准备、国家文化危机处理和国家文化危机善后。

"防患于未然"既是国家文化安全管理的前提，也是国家文化安全管理最大限度地降低国家文化安全危机爆发的可能、最大限度地提高和发挥国家文化安全管理效率的第一步。国家文化危机与其他形态的危机的最大区别在于它涉及国家存在的全部合法性基础和整个国家与民族文化身份存在的合法性与合理性，因此，如何防范国家文化危机的发生和突然爆发，就成为国家文化安全危机管理中极为重要的一环。这一环解决好了，不仅可以最大限度地把可能发生的文化危机消除在萌芽状态，而且可以使国家文化安全管理主体有充分的机会，针对文化危机发生的内容诱因，寻找克服危机所需要的文化创新机制。然而，任何危机的发生都有若干不确定的因素，故完全消除文化危机既不现实，也不可能。因此，

① R.T.Curr,ed. HandBook of Political Conflict: Theories and Research[M]. Collier & Macmillan Publisher Co., 1987: 7. （转摘自：胡宁生. 中国政府形象战略[M]. 北京：中共中央党校出版社，1998：1159.）

在预防文化危机发生的同时，政府必须为国家文化安全危机的出现，尤其是突然的出现，做好各方面的准备，这是有效实施国家文化安全管理最关键的战略步骤，也是国家文化安全危机管理最主要的功能。

国家文化安全危机准备包括战略准备和战术准备两个方面。战略准备是关于国家文化安全危机管理的长期谋划和安排，包括国家文化安全危机管理的目标、应对危机的政策与制度安排、解决和干预危机的规则，以及解决危机的程序和方法等。战术准备是指一种具体的应对策略、措施和方案。战略准备具有稳定性的特征，和国家文化安全管理价值有着内在的高度一致性，因而是国家文化安全危机管理的关键。能否把危机消除于未然阶段，或者说能否最大限度地消解危机生长的环境和条件，关键在于国家的文化安全危机管理战略的价值追求和危机管理理念及其政策与制度安排。从这个意义上说，国家文化安全危机预防和国家文化安全危机准备具有叠合性。

国家文化安全危机处理是指对已经发生的危机，政府根据事先制订的应急预案，果断采取行动，控制和消灭正在发生的危机事件，最大限度地减轻危机可能造成的对国家文化发展、政治和社会稳定的影响，以确保国家文化安全。由于文化危机具有与其他形态的危机不同的渗透性和溢出效应性质，在非传统安全日益影响国家政治、经济和社会生活的当代，一个国家的文化危机往往会引发国际力量的关注与干预，成为国际力量干预主权国家政治的借口。这种危机的任何方面若处理不当，都会留下巨大的后遗症，轻则影响国家的文化生活、政治生活和社会发展，严重的甚至会损害国家的战略利益与国际形象，从而引发新的国家文化安全。因此，在国家文化安全危机发生后，如何最大限度地迅速启动国家文化安全危机管理机制，发挥危机处理的中枢作用，也就成为国家文化安全危机管理结构与功能的核心。

国家文化安全危机善后处理，也称恢复与重建，是国家文化安全危机管理的关键阶段。任何危机都会不同程度地留下后遗症。如果说经济危机和自然引发的灾害性危机属于国家危机的硬伤的话，那么文化安全危机就属于国家危机的软伤。尤其是对国家政治生活和社会生活的影响，国家文化安全危机所造成的国家损害程度，有时是很难用一般意义上的统计学指标来衡量的。因此，如何最大限度地做好善后处理，降低危机带来的各种负面效应，采取有效措施建立公众对政府的信任和支持，摆脱危机阴影，消除文化发展和国家文化生活重建障碍，就显得至关重要。在这里，由于文化本身的特殊性和复杂性，如何注意区分危机相关者、恰当处理危机参与者在国家文化安全危机管理的善后处理中具有特别重要的政策性。从某种程度上说，这是善后处理和重建能否成功的关键。

三、综合性国家文化安全危机管理体系的建构

维护国家文化安全是执政主体的主要职责之一。国家文化安全广泛地涉及国家的政治、经济和社会发展的合法性与稳定性程度，与包括公共安全在内的国家整体安全休戚相关，因此，为国家稳定发展提供文化安全保障只能由中央政府来做。中国的和平崛起需要文化提供它所需要的舆论环境和智力支持，建立反应灵活、决策及时有效、高度综合、科学的国家文化安全危机管理体系也就成为当代中国国家文化安全管理系统必须实现的一项制度创新。

综合性国家文化安全危机管理体系必须建立在对两大问题的考虑的基础之上：一是如何协调各方利益做出决策；二是准确地选择运用国家安全手段。为此，国家文化安全危机体系的建立必须达到以下要求：第一，要有极高的权威性。在我国由于长期以来所形成的文化管理体系上的条块分割和行业壁垒，地方保护主义和部门保护主义常常使得中央政府不能在第一时间准确地获取国家文化安全的真实信息，中央政令不能准时迅速地得到贯彻，致使文化安全危机一旦发生，由于利益障碍不能得到及时有效的控制和解决。只有具有极高的权威性，才能及时有力地协调、平衡、综合各方利益，最后做出符合国家最大利益的决策，并迅速调动国家安全手段使决策得到有效的贯彻执行。2019年12月新冠疫情暴发，为应对这一突发公共卫生安全事件，并且迅速摆脱这一事件带来的国家安全困境，使整个危机管理纳入国家安全战略管理机制。2020年1月25日，习近平总书记主持中央政治局常委会会议，会议决定成立中央应对新型冠状病毒感染肺炎疫情工作领导小组，在中央政治局常委会领导下开展工作，加强对全国疫情防控的统一领导，统一指挥抗击新冠疫情这一机制，这就是一个成功的案例。第二，要有极强的综合能力。这种极强的综合能力是指能在极其复杂的情况下，对国家文化安全状况做出科学的分析和准确的判断，并且果断地做出决策。文化安全问题和经济安全问题之间存在一个最大的区别就是文化安全问题常常具有很强的政治性，过去所谓的"文艺是阶级斗争的晴雨表"指的就是这种关联性。因此，如何做出准确的判断还需要决策者具有极高的政治智慧，正确地处理文化与政治的关系，既不模糊国家文化安全的安全性质，也不混淆国家文化安全与国家政治安全的关系；在分析判断国家文化安全状况时，做到客观、公正、中立，站在国家利益的高度思考、判断和决策。第三，极强的专业水平。文化安全广泛地涉及国家主权、意识形态、文化产业、文化资源等非常专业的领域，需要有非常深厚的学术准备和学科背景。因此，要对国家文化安全问题做出正确的判断，并准确地选择维护国家文化安全的手段，不仅要有极强的综合协调能力和极强的权威性，而且要有判断文化安全问题所需要的特殊的专业水平，要能对文化安全问题所涉及的重要方面进行深入的理论分析，对相关领域的国际、国内文化安全态势有相当充分的了解，并且熟悉维护国家文化安全所需要和能够动用的各种安全手段。

国家文化安全问题所涉及的范围、所需要的信息与我国现行政府文化行政主管部门的日常运作方式存在非对称结构障碍，不仅一般地涉及所谓文化、广播电影电视和新闻出版，而且涉及思想学术、环境与生态，因此现有的政府文化行政主管部门难以承担国家文化安全管理的全部范围和领域，这就需要建立专门的综合性国家文化安全管理机构，统一协调和管理我国的国家文化安全。

四、国家文化安全预警

危机是人类社会发展的重要动力之一，也是人类社会进步最重要的自我修复机制。一方面，危机是人类社会在发展进程中各种问题和矛盾堆积到一定程度激化的一个结果，当不通过和借助危机形态便不能有效地解决人类社会发展的新的动力，危机便爆发了。同时，正是危机的发生，使人类社会有了自检的机会。在这个过程中，当人类社会不通过自我诊治方式医治自己躯体中的疾病便不能获得进一步发展进化的时候，利用和借助危机，并通过解决和解除危机，实行科学的危机管理和制度创新，便成为人类社会的积极选择。没有危机，也就没有人类社会的进步和今天的一切。人类社会为应对自然灾害建立了各种预警系统和预警机制，一个国家也应当为应对国家文化灾害建立同样的预警系统和预警机制。国家文化安全预警系统应是一个对国家文化危机的认知、判断和管理的积极的生态系统。

危机的一个显著特征就是当人们根据危机的现状开始思考如何处置的时候，它已经走向下一个阶段。危机始终处于一个动态过程。危机一旦形成，它就会按照某种态势发展下去。因此，关于危机处理的方案绝不应当仅仅解决当下的情势，还必须同时对危机发展的态势、情势做出充分的估计并给出控制的方案。只有这样，对危机的终极管理才能达到理想的目标。而我国现在对于国家文化危机管理恰恰缺乏统一的规划和研究，缺乏制定统一规划所必需的协调机制和预警制度，以及在规划的基础上对社会资源的充分整合与运用。在这里，作为国家文化安全管理必不可少的制度体系和机制，国家文化安全预警系统和机制的建立就成为我国文化安全管理具有关键性的重要一环。

国家文化安全预警是指一个国家根据本国国家整体利益的需要，而对文化运行状态所可能威胁它自身以及整个国民经济和社会发展的安全态势进行监测，并在此基础上做出预期性警示评价和对策的国家文化安全的政策过程和反应控制系统，国家文化安全预警系统是它的制度系统。国家文化安全科学管理就是建立在对国家文化安全准确、科学的预警基础上的。

1.　建立国家安全预警机制是现代国家体制下实现国家文化安全治理的重要机制

建立国家安全预警机制是在现代国家体制下实现国家安全管理所达到的现代化国家管理程度的一个重要标志。虽然每个国家所处的国际安全环境不同，所面对的国家安全威胁也有着很大的差别，因此，各国对本国文化安全的关注领域和理解也是不一样的。但是，纵观世界上的大多数国家，都大同小异地存在着"国家安全委员会"这一类高层战略制定和决策机构，并成为国家安全管理的重要组成部分。特别是各国根据本国的国家文化利益和安全需要所建立的一系列国家文化制度，在这一制度下形成的一系列文化法律和管制机制，在本质上都着眼于维护国家文化利益安全，通过制度性建构和法律保障系统把国家文化安全预警建筑在一个合法性基础上，也就是说，要把可能对本国的文化生存与发展产生威胁的各种危机因素阻隔在国家文化安全的红线之外。例如，影片审查制度、书报刊检查制度、文化市场准入制度、文化产品进口配额制度等都是为维护本国的国家文化安全利益而建立的国家文化安全保障体系，在这里，这些由一系列文化法律所建构的国家文化制度形态既是国家文化安全管理机制，也是国家文化安全预警机制。因为任何试图进入一个国家文化领域的危机都会构成对一个国家文化安全的刺激，从而引起这个国家的关注性安全反射：启动安全预案，实施安全保障对策。20 世纪 90 年代中美之间关于知识产权保护问题发生的贸易冲突，其实质就是美国试图以此为借口，使它的音像制品生产强行进入中国的主流文化市场。应该说，当时中国政府在这方面还缺乏充足的经验和准备，但是，它使中国政府清楚地认识到在这个问题上所涉及的国家文化主权问题不只在音像制品这一个领域，随着中国进一步对外开放和加入世界贸易组织，在全球化背景下，中国将面临全面的国家文化安全问题，因此，建立健全中国完整的国家文化管理体系，改革与维护国家文化安全不相适应的国家文化制度，也就自然地成为中国文化体制改革的重要内容。从这个意义上说，中国的文化体制改革就是要在全球化背景下为了适应中国更好地融入现代世界体系，而构筑全新的国家文化安全管理体制和机制。这是中国为实现和平崛起的战略目标而必须实现的国家文化战略管理重组。随着国家安全整体机制的建立，国家文化安全预警系统作为实施国家文化安全管理一个必不可少的环节，也就自然地成为构筑我国综合性国家文化安全管理体系一个必须建立的重要机制，没有这样一个机制，国家文化安全管理制度是不可能建立的。因为一切国家文化安全管理目标的实现都必须建立在预警的基础上。没有预警，国家文化安全管理也就成了无源之水、无本之木。

2. 完善国家文化安全预警系统建构是实现国家文化安全治理的重要保障

虽然长期以来我国建有各种形式和性质的"文艺通报"或"舆情通报"，但这些预警工作由于主体自身的局限性，尤其是往往受影响于一时的政治形势的需要而难以对预警对象给予科学的评价，结果造成中枢决策主体对安全形势判断的失误，而导致管理过当。因此，如何防止国家在文化安全管理上的重大失误，使国家文化安全管理科学适度，就成为我国构筑综合性国家文化安全管理体系必须加以解决的重大命题。完善国家文化安全预警系统，就是要最大限度地克服国家文化安全管理中决策的随意性和个人因素，把对国家文化安全的管理纳入科学管理的体系。消除国家文化安全管理中的"铁路警察，各管一段"的安全管理困境，消除国家文化安全管理盲区和体制性障碍和由体制构成的结构性矛盾。把对国家文化安全管理纳入现代政府管理系列，完善和加强政府的国家文化安全管理职能，把由于各种形态和性质的利益保护主义可能造成的对于国家文化安全的危害降到最低程度。

3. 建立国家文化安全监测和预警体系是实现国家文化安全治理必要的科学规范

任何科学的管理都应该建立在对管理对象运动态势和发展规律充分了解和掌握的基础上。没有一个对对象运动状况各种材料和数据的充分占有，作为管理基础的政策决策也就失去了它的合法性与合理性依据，管理的目的性也就不存在。由于文化安全广泛地涉及文化与国民经济和社会发展密切相关的各个领域，各个不同领域的文化发展和运动由于各种不同张力的差异，必然存在文化安全本身的不平衡性与非对称性。简单地用一个领域内的文化安全状况判断文化领域的整体状况，容易导致安全控制过当，这在我国文化发展的历史上不只出现过一次。因此，能否依据科学检测得来的材料做出准确的判断和科学的预警，就成为能否做出科学的决策的关键。建立国家文化安全预警体系，就是要在国家文化安全管理方面实现科学规范，使所有的政策与法律措施、安全手段都建立在实证的基础之上，把可能由于对文化安全警示状况的主观判断与实际误差控制到最低的程度，从而最大限度地提高决策的科学性和管理效益。过去我们之所以在文化领域常常容易犯错误，一个最大的问题就是"谎报军情"，即夸大了文化安全状况的危机程度，从而导致了决策和管理上的扩大化，造成了文化上的伤害，反而导致了国家文化不安全。

第三节　国家文化安全治理体系建设

国家文化安全治理体系是随着国家文化安全发展的需要而逐步形成与发展的国家文化安全制度。政府文化部门的设置就起源于国家文化安全需求。国家需要文化治理，文化安全治理是它的政策与制度形式。

一、现代国家体制下国家文化安全的重要实现形态

国家安全治理是国家用以实现国家安全的产物。它的目的是通过制定规范和建立制度来调控人、社会、国家和国际体系之间的安全关系，并在这种关系中实现国家安全。它反映出在新的时代背景下影响国家安全变化的新行为体的重要性。

1. 全球化背景下国家安全战略管理的重要发展

国家文化安全管理是健全的国家安全战略管理的重要内容和组成部分。任何一种形态和内容的国家管理，无论在制度设计，还是在政策规定方面，文化管理都是实现国家意识和价值追求最主要的领域。在现代国家体制运动中，国家主要是由各个不同的利益集团掌握的，由这样的集团的代表人物来行使国家主权和权力的，因此，无论是实现对内统治还是对外交往，文化都是体现和实现国家意志和利益的重要领域。一个没有国家文化建设和文化管理的国家，不可能是现代意义上的国家。推动国家进步和文化发展，保障公民的基本文化权利和维护国家文化主权，只有在现代国家体制的基础上才能得到有效的实现。整个意识形态的建设在一个国家文化安全中占有特别重要的意义，规定和影响着一个国家和民族发展的全部合法性与合理性，而这种意识形态的建设又主要通过一个国家的哲学社会科学形态来完成和实现，因此，第二次世界大战以来，西方发达国家无不高度重视本国的哲学社会科学研究与发展，把它看作国家经济发展和社会管理的重要基础，并且把关于哲学社会科学的研究纳入整个国家体制的技能范畴，特别重视哲学社会科学为国家提供执政理念、政策咨询和国家安全战略决策服务，而所有这些都是一个国家获得国家安全所必不可少的重要保证。一个缺乏国家理念和思想的国家，不可能是一个安全的国家。国家安全战略管理，无论是在制度建设还是在政策设计上，都是建立在一定的思想理论基础上的，从这样的基础所形成和确立的价值观出发的。而这样的成果无不依赖于整个哲学社会科学的研究。没有哲学社会科学研究的成果作为国家思想的重要来源，也就无所谓国家安全战略管理。也正是在这样的意义上，建设大型哲学社会科学研究机构可看作完善国家职能和对国家职能的一种有力补充，所谓思想库和智囊团在美国有上千个，兰德公司可以说是最典型的案例。第二次世界大战以来美国政府的一系列重大安全战略决策和政策的出台，几乎都和兰德公司分不开。也正是在这样的意义上，兰德公司成为美国现代国家体制中实现国家战略职能的一个不可替代的重要组成部分。不仅如此，作为体现现代国家体制重要职能的另一个方面，是西方国家对哲学社会科学的引导与管理。西方各国的科学管理体制不同，但都非常重视以适合本国的方式把哲学社会科学纳入为国家利益服务的轨道，在这方面，美国是最典型的。美国纽约福海姆大学历史学家雷迅马的《作为意识形态的现代化——社会科学与美国对第三世界政策》[1]一书，不仅为我们阐述了美国的哲学社会科学在冷战时期是如何服务于美国政府的冷战战略，而且为我们指明了美国政府为了实现冷战的战略意图，是如何有效地借助国家管理职能来影响和调控社会科学的研究方向，为这一战略意图服务这

---

① 雷迅马. 作为意识形态的现代化：社会科学与美国对第三世界政策[M]. 牛可，译. 北京：中央编译出版社，2003.

样的历史场景。当然，国家安全管理作为现代国家体制的重要职能，在文化方面的重要内容就是对文化遗产资源和文化生态多样性的保护。随着全球化给文化生态多样性带来越来越多的生存危机，保护文化多样性，已经成为人类社会发展危机的重要内容。

各种形态和类型的危机不断发生，以及这些危机构成对现代人类社会的威胁，危机化生存正日益成为人类社会生活的一种常态。超越对危机一般性和随机性关注，把应对危机和控制危机放到国家安全战略的层面上去思考和把握，加紧对控制危机做出制度性安排，建立国家综合的危机应对体制，已经成为当今国际社会应对国家危机、实施国家危机管理的发展趋势。长期以来，防止敌对国家的入侵一直是各国安全战略的核心内容，国家安全危机管理的中心也主要集中在传统安全危机的管理上。国家安全资源的运用和国家文化秩序的设计、对外政策的制定都是以此为轴心建立的。随着冷战的结束和经济全球化的兴起，国际利益格局的深度调整和力量关系的重新组合，全球化在给人类社会发展带来重大机遇的同时，也给人类社会发展带来了新的危机。在这个过程中，各国政府面临的可能危及国家安全和社会稳定的危机因素也大大增加了。尤其是"9·11"事件、莫斯科歌剧院的人质危机、新冠疫情及国际金融危机后，如何应对和控制各种严重危及国家安全的危机也就自然地成为现代国家安全战略管理的重要内容。更重要的问题是，制造和利用危机正在成为国际上敌对势力之间相互破坏他国稳定的重要手段。一次恶性危机的发生对一个国家的安全与发展的破坏程度完全可能超过一场战争。20世纪末发生的波及国际的东南亚金融危机造成一些国家发展的严重倒退和国家严重动乱就是一个最典型的案例。因此，面对危机四伏的世界，站在国家安全战略的高度去思考危机和危机控制也就历史地成为国家安全管理的必然发展。

2. 国家维护和实现国家安全能力的重要标志

社会政治稳定是现代国家体制运动中政府普遍追求的政治目标，也是一切社会赖以生存和发展的起码条件。因此，任何国家的政府都具有维护社会秩序稳定以确保国家发展的职责，预防、管理和消解社会危机也就成为现代国家体制下政府必备的行政能力之一。然而，已有的历史经验告诉我们，任何一种形态的社会稳定都是建立在社会的文化稳定的基础上的。社会政治的不稳定，首先是文化的不稳定，是文化的价值取向和利益追求诉诸政治谋取的一种行为上的冲突的表现和结果。只有建立一整套现代国家体制下的国家文化安全管理体制与机制，才可以有效地预防、控制、消解文化矛盾的沉积与文化危机的生成，从而有效地处置与管理由国家文化矛盾的发展或重大文化危机事件的发生所导致的国家文化安全危机。尤其是当今世界国家之间的综合国力竞争正出现从硬实力竞争向软实力竞争转变的发展趋势的时候，对于软实力的培育和制度性管理不仅将直接影响一个国家的综合国力，更重要的是一个国家的综合国力国际对比力量的改变在很大程度上是由于软实力的削弱或被颠覆而造成的，苏联的覆亡就是一个深刻的案例。因此，软实力及关于软实力的管理也就现实地具有了国家安全和国家文化安全的重要意义。国家安全是由国家的综合国力来界定的。它包括硬实力和软实力两个方面。而软实力除了包括它应有的凝聚力和影响力，还应该包括预防、管理、消解国家文化危机，维护社会文化安全和国家文化主权的能力，具有国家文化安全管理和国家文化危机管理、维持社会文化秩序的能力。只有同时具备了国家文化安全管理和危机处理能力，一个国家在文化方面才能被认为拥有了"软实力"。

不能有效地管理和处理国家文化安全和社会文化危机，则不能被认为拥有了软实力。因为一个缺乏国家文化安全管理和国家文化危机处理能力的所谓"文化综合国力"的构成，是不可能具备软实力所应有的文化的凝聚力和影响力的。文化的凝聚力和影响力是建立在文化的"强有力"的基础上的。这应该成为现代国家体制下政府首要的文化行政能力。

3. 国家文化安全管理体制建立的核心

国家文化安全目标是国家的根本战略目标，直接关系到国家的生存与发展。尤其是当整个国际社会的发展与大国较量已经进入了一个逐步从"硬实力"向"软实力"转移的历史时代、"软实力"已经成为影响国家安全的一个重要力量的时候，国家文化安全目标的实现程度在很大程度上取决于一个国家文化安全管理体制的完备程度。在现代国家体制下，国家文化安全目标得到有效实现，只有在一个健全与科学的安全管理体制完备得以建立的情况下才有可能。一个缺乏健全与科学的国家文化安全管理体制的国家不可能有一个安全的生存环境和发展空间。核心是把国家文化安全管理体制与机制的建设纳入国家法治与法制轨道，将国家文化安全管理建设法治化。把国家文化安全管理系统建设纳入国家体制的总体建设。将国家文化安全管理体制与机制的建设纳入国家文化法治与法制建设的轨道，将这种体制和机制的建设法治化。要确立这种体制和机制的合法性。这种法治化建设，应在以国家宪法基本原则为框架的现行法律体系中获得确立和完善。国家文化安全管理体制与机制的建立与实施，不仅可以极大地提高国家文化安全管理的能力，而且可以极大地增强国家文化安全管理的有序性和有效性。对于正处于国家与社会转型中的中国来说，它的一个重要意义就是要克服长期以来关于国家文化安全管理在法律体系和制度系统建设上的严重不足和事实上的随意性。建立国家文化安全管理体制，就是要建立对国家最高决策者启动国家文化安全管理，尤其是国家文化安全危机管理机制的严密的法律约束与监督体系，从而通过这样的体系整体性建立国家在文化管理上的政治制度的吸引力和影响力、文化上的感染力和凝聚力，以及在严格有序的法治基础上的政府与社会公众关于国家文化安全的认同力和亲和力。这些正是现代国家体制下建立国家文化安全管理体制的重要核心。

二、政府的国家文化安全职能与治理体系建设

1. 政府的国家文化安全职能：为社会与公众提供文化安全的"公共产品"

维护国家文化利益和公众文化利益；追求公共文化利益，致力于建立集体的共同的公共文化利益观念，在创造共享文化安全利益的同时承担共同的文化安全责任。公共文化利益源自公众对国家和民族共同价值准则的认同，而不是简单的相加。因此，政府在本质上要在为公众提供文化安全这一"公共文化产品"的同时，使这种产品与公共文化利益需求相一致，帮助公众表达和实现他们共同的文化安全利益，创造在国家文化安全问题上的共享利益和共同责任，而不是把国家文化安全利益与公众的文化安全利益对立起来，不是试图在国家文化安全问题上控制或驾驭他们。特别是在市场经济条件下，政府不能仅仅关注市场，从给公众提供公共文化安全来说，政府更应该关注与公众文化安全利益的有效实现和充分保障有关的宪法和法令，关注社会价值观、政治行为准则、职业标准和公众利益。对于符合公共文化安全需要的国家文化安全政策和计划，政府都应当通过集体努力和战略

协同，最有效、最负责任地予以贯彻执行。对一些重大而又具有普遍性，涉及公众切身文化安全利益的国家文化安全问题，应当建立政府与公众之间的对话机制，实现完全交流，在对话和交流的过程中建立关于国家文化安全的广泛共识和安全利益机制。选择服务型政府的职能模式定位，被认为是中国行政改革目标的方向。提供公共文化安全服务应当成为政府的国家文化安全职能的题中应有之义。一切以人民安全为宗旨，向人民提供文化安全的"公共产品"，既是政府的国家文化安全职能，也是国家文化安全治理的根本目标。

2. 中国国家文化安全管理制度建设

为了有效地实现国家文化安全治理，中国在加入世界贸易组织（WTO）之后，根据发展和变化了的国内外文化安全形势，积极探索、建构自己的国家文化安全危机控制和治理体系，加紧对文化安全治理做出制度性安排和顶层政策设计，建立综合性国家文化安全危机应对体制，为更加深入地融入现代世界体系、参与全球文化事务，之后在国家安全战略层面上控制国家危机的基础条件。没有一个稳定的国家文化安全环境，就不可能有稳定的国家安全。因此，面对全球性文化安全危机，中国必须全面推进国家文化安全治理体系建设。2015年7月1日第十二届全国人民代表大会常务委员会第十五次会议通过的《中华人民共和国国家安全法》，为全面建设国家文化安全治理体系奠定了法律基础。

根据《中华人民共和国国家安全法》：中国坚持中国共产党对国家安全工作的领导，建立集中统一、高效权威的国家安全领导体制；中央国家安全领导机构负责国家安全工作的决策和议事协调，研究制定、指导实施国家安全战略和有关重大方针政策，统筹协调国家安全重大事项和重要工作，推动国家安全法治建设；国家制定并不断完善国家安全战略，全面评估国际、国内安全形势，明确国家安全战略的指导方针、中长期目标、重点领域的国家安全政策、工作任务和措施；中央国家机关各部门按照职责分工，贯彻执行国家安全方针政策和法律法规，管理指导本系统、本领域国家安全工作；地方各级人民政府依照法律法规规定管理本行政区域内的国家安全工作。国家文化安全治理体系建设是整个国家安全体制的重要组成部分，国家安全体制的总体设计规定了国家文化安全治理体系和决策机制。

中央国家安全委员会是国家文化安全管理决策制定、协调的核心机构。国家文化安全管理随着非传统安全领域的进一步扩大及其在国家安全中的重要作用的日益突出，已经成为现代民族国家政府管理的一个方面。国家文化安全危机在国家安全类型中具有复杂性特点，因此，无论是在体制上还是在机制上，仅仅把国家文化安全危机管理局限在传统的思想意识形态领域已经远远不能适应国家文化安全危机管理本身所需要的国家安全管理体制的变革。中国必须在总体国家安全观这一战略思维的指导下，重新审视中国的国家文化安全危机管理体制和机制，确立国家文化安全管理是国家大安全管理的新思维，调整目前的国家文化安全管理体制，建立直接隶属于国家最高决策层的国家文化安全危机管理决策制定和突发文化事件处置的核心机制，在设立中央国家安全委员会的同时，设置国家文化安全管理和决策机构，建立相应的国家文化安全危机预警机制和制度系统，统一协调处理国家文化安全管理重大政策的制定和国家文化安全危机处理。

完善和优化国家文化安全管理法制体系和行政组织体系。长期以来，我国比较注重通过直接领导和条线管理、集中的以意识形态为唯一标准来维护国家文化安全，对宏观的制度建设和法律管理体系的建构比较薄弱，缺乏科学的国家文化安全管理的行政组织体系和国家文化安全管理法制体系。在深度融入现代世界体系的过程中，我国所面对的国家文化安全问题不仅有着过去所完全没有的内容，而且有着过去所完全没有的表现形式。国家文化安全形势的复杂性决定了我国必须根据发展了的国家文化安全形势，完善和优化国家文化安全法制体系和行政组织体系。政府应当通过充分利用法律法规资源实现对国家文化安全管理，尤其是对国家文化安全危机的管理，从而使政府介入文化事务于法有据，特别是在涉及国家文化主权问题的国家文化安全危机处理上，国家文化安全法制体系建设的完善程度，将直接影响和决定政府文化行政的合法性。国家应当通过制定科学完善的文化法规和制度规划，重新设计政府对国家文化安全管理行政组织模式，科学配置、合理部署各种文化行政管理力量，明确权责界限及其行使范围，规范资源共享、信息交换制度，改变我国国家文化安全管理体制中存在的多头管理、权责不明或者重复执法、相互推诿等结构性矛盾和体制性障碍。通过法律规定国家文化安全管理工作机制，积极预防国家文化安全隐患，及时干预各种文化危机事件，努力把可能造成的对国家文化安全的危害降到最低的程度。

建立和健全国家文化安全危机决策咨询机构。国家文化安全危机管理涉及许多专业性很强的领域，需要开展许多专业性研究，政府不可能、也没有必要承担所有关于国家文化安全危机的预警和处置工作。政府应当通过建立健全多种形式的国家文化安全危机决策咨询机构，来承担对国家文化安全危机的预警研究，从而在形成多元的立体化的国家文化安全危机管理研究中，实现政府决策所需要的决策咨询成果，为政府处置突发性公共文化事件和国家文化危机提供科学决策的依据。

丰富和发展国家文化安全主体观，建立和扩大政府主导和民间参与的有机统一，提高地方文化安全危机管理决策能力和管理能力。国家文化安全是政府公共文化事务的重要组成部分，维护包括公民文化安全在内的国家文化安全，是政府的一项重要文化职责。政府在国家文化安全方面的主体性地位在任何时候都不应该有丝毫的弱化。但是，当国家文化安全只有建立在公民文化安全的基础上才能充分实现的时候，公民文化安全实现的程度也就决定了国家文化安全实现的程度。因此，在国家文化安全管理系统的建构过程中，公民及其组织就不是可有可无的国家文化安全客体。天下兴亡，匹夫有责。确立公民及其组织的国家文化安全主体地位，不仅是实现公民文化安全的需求，也是公民履行维护国家安全义务的神圣职责。国家文化安全管理系统的建构不能只有政府这一个向度，尤其不能只有中央政府这一个向度，而是必须有公民的主动参与和地方政府的授权管理。只有充分地建立政府主导和民间参与的有机统一体制，建立中央政府集权和地方政府分权的国家文化安全危机管理能力结构机制，提高地方文化安全危机管理的决策能力和管理能力，建立在维护国家文化安全问题上的国民利益共同体、中央利益和地方利益的共同体，才能最大限度地获得国家文化安全危机管理的制度绩效。

提高国家文化安全管理系统的整体创新能力。任何一项制度设计，只有当它获得整体创新能力的提高，才能产生最大限度的制度绩效，从而通过降低管理成本提高管理效益。新文化安全观只有转化为新的国家文化安全管理机制，才能使政策创新和理论创新转化为整体创新能力，而能力创新的实践体现在国家文化安全管理机制的创新上。

（1）要有统筹协调的工作机制，核心是建立一个跨界合作组织，对国家文化安全管理进行统一的规范和协调，克服我国在文化管理上分类管理上造成的国家文化安全管理困境和管理盲区，克服和消除在国家文化安全管理上的利益集团力量对国家文化安全构成的危害。通过建立跨部门的综合管理力量，合理配置公共文化行政管理资源，实行国家文化安全管理的"属地责任原则"和"公民义务原则"。以公共的文化力量构筑我国国家文化安全管理能力系统。

（2）建立国家文化安全信息动态收集、监测和处理机制。国家文化安全信息涉及的领域非常广泛，包括主权与非主权、物质与非物质、产业与非产业、意识形态与非意识形态、环境与制度等，需要建立专门的分类系统和指标体系，对所指涉的国家文化安全领域进行动态监测：随时了解、定时汇总、及时反馈和准确预警。克服当前我国文化安全信息的获取、分享渠道不畅，反映不及时，执行标准不一，文化危机判断不准确，处理和安全管理不到位的安全弊端。建立国家文化安全信息各相关部门汇总处理制度，实行相关信息及时互相通报，部门之间建立文化安全信息交流例会或联席会议，及时、准确地对当前国家文化安全形势做出判断，以便为最高决策提供参考，最大限度地提高整体创新能力。

（3）建立国家文化安全项目管理机制。项目管理机制是一种在市场经济条件下行之有效的先进管理方法。项目管理强调政府主导、社会合作、公民共同参与。除非涉及国家文化安全核心利益（哪些是核心利益，哪些不是核心利益，需要做专门的研究，包括什么是公民文化安全的核心利益），政府不再负担具体的文化安全事务，实现从完全由政府控制的国家文化安全管理逐步向政府主导管理、社会与公民共同参与的制度转变。政府主要通过舆论宣传、制度设计和法律制定等实现国家文化安全管理意志。对于具体的国家文化安全管理事务，政府可以根据不同时期和不同地区、不同文化领域的文化安全问题和需求，提出目标和要求，以多种形式通过文化企业、社团和社会公众共同参与国家文化安全管理的实践创新，使维护国家文化安全成为整个社会的自觉行为和共识，形成公共文化合力，克服和消除在国家文化安全管理上的社会认识误区和一定程度上存在的消极思维定式，实现国家文化安全管理的目标。

（4）建立国家文化安全形势评估与交流机制。对国家文化安全形势的不同评估与判断常常是导致在国家文化安全管理上的政策无能和制度缺失的重要原因，结果不是造成管理上的"一刀切"，就是形成"管理空洞"。因此，必须建立对国家文化安全形势的战略评估机制，尤其是要对可能影响我国国家文化安全形势走向、产生新的国家文化安全问题的国际文化产业发展趋势和产业潮流做出科学和准确的分析、评估和判断，以评估的结果为依据，适时调整和制定国家文化产业政策和国家文化安全预警机制。而要对国家文化安全形势的判断做出科学准确的评估，还必须建立相应的政府主导下的国家文化安全形势分析交流机制，设立国家文化安全论坛，通过定期和不定期的国家文化安全论坛，让各种不同的关于国家文化安全形势的分析判断意见得以充分交流，既高度统一认识，又不搞"一刀切"，该管的坚决管住，该放的坚决放开，该预警的及时预警，从而把国家文化安全管理建立在统一、高效和有序的基础上。在这里，不仅要有国内交流机制，还要有国际交流机制。要积极参与国际文化安全对话，充分地与国际同行交流对国家文化安全的理解和认识，积极参与国际文化安全管理机制，参与国际文化安全规则的制定，掌握国家文化安全管理和危机处置的主动权，克服和避免由于信息不通和交流不到位而产生的对国家文化安全形势判断的决策失误，以防危及国家文化安全。我国应当通过主动的国际文化安全交流机制在国际公共文化事务方面发挥影响力，从而为我国国家文化安全的长期健康发展营造良好的国际环境。

第四节　国家文化安全战略与政策

国家文化安全的实现与维护是国家文化安全的重要内容。没有国家文化安全的实现与维护，就不可能有国家文化安全的可持续性。因此，维护和实现国家文化安全、怎样才能实现与维护国家文化安全就不仅是国家文化安全的重要内容，而且是国家文化安全学研究的重要内容，这就是国家文化安全战略与政策，是国家文化安全学研究最重要的基本概念之一。

一、国家文化安全的主体责任

国家文化安全战略与政策是一个国家为维护和实现国家文化安全目标而制定的一整套制度设计与价值体系。它既是国家安全战略的重要组成部分，又是国家文化安全体系构成的核心。没有国家文化安全战略，国家文化安全发展就没有方向；没有国家文化安全政策，国家文化安全的实现与维护就没有保障。

国家是人类社会自我建立的安全机制。国家本质上就是一种安全形态。国家建立的动机和目的规定了国家的责任与功能。为了捍卫国家领土主权神圣不可侵犯，确保国家国土主权安全，国家需要建立强大的国防力量与制度，需要建立力量与制度运转的战略与政策。这些战略与政策对内保护人民和国家主权安全，对外宣誓、捍卫国家主权，建立公平合理的国家安全关系；为了捍卫国家经济安全，国家需要建立确保国家经济安全的战略、政策与制度，以确保本国经济主权安全。

文化是一个国家的生命基因和精神纽带，影响和决定了一个国家存在与发展的全部合法性价值。这是现代国家体系的基础，没有这个基础或这个基础遭到破坏，现代国家体系也就不复存在，也正是在这个意义上，联合国《文化多样性公约》才具有重要的国家文化安全意义。因此，维护国家文化安全就像维护国家的其他安全一样，是现代国家的重要职能，是国家作为安全责任主体的职责所在。国家是人类社会创造性建构的一种合法性组织，国家的责任连同它的权力都是由这个国家的宪法和法律赋予的。因此，履行宪法和法律赋予的权力与责任就是国家的职责所在。

国家履行宪法和法律规定的权力和责任是通过建立一系列制度体系来实现的，其中不仅要有功能完备的国家机器，如军队、警察和法院，还要有一系列完整的指导和规范国家行为的价值主张与文本系统。这一系列价值主张和文本系统的构成核心就是国家的战略与政策，这一系列价值主张和文本系统在国家文化安全领域就构成了"国家文化安全战略与政策"。

"谁的安全"与"谁来保障安全"是国家安全研究中的两个基本问题，前者规定了指涉对象，后者界定了责任主体。在国家文化安全研究范畴里，国家文化安全规定了"文化安全"对象，回答了是"谁的安全"这一问题——"国家的文化安全"，那么，国家也就自然地成为国家文化安全的"责任主体"。也就是说，是由"国家"来维护国家文化安全，从而回答"谁来保障国家文化安全"问题。这是安全价值关怀命题。"国家"是由宪法和法律赋权的行使国家权力的执政主体，而不是其他行为主体，是国家文化安全的责任主体。"国家文化安全战略与政策"就是"国家"作为一个责任主体为承担"保障"国家文化安全的"责任"所采取的方式，即回答"谁来保障"和"怎样保障"的问题。在现代世界体系中，国家是唯一能够通过国家力量配置国家安全资源的力量主体。只有当一个国家及其执政主体无法履行国家责任、丧失了配置国家安全资源的能力的时候，其他的力量主体才能够通过和借助一定的合法性手段代行国家行为、履行国家责任，以维护国家安全。政治上是如此，文化上也是如此。这并不等于说一个国家社会主体构成的其他方面和其他力量形态就没有维护国家文化安全的责任和义务，只不过它们并不是国家文化安全的责任主体，这是由它们在整个文化权利与义务的安全资源配置中的地位和身份决定的。因此，它们都只是国家文化安全的辅助力量。

二、国家文化安全实现与维护的制度设计与价值体系

国家文化安全的实现与维护是国家文化安全战略与政策制定的实施目的与根本出发点。谁来维护国家文化安全涉及主体资格问题，而怎样维护国家文化安全则涉及价值判断问题。不同的国家赖以建立的社会文化和价值观基础是不一样的。一个国家建立的法统和政体反映了一个国家的国家性质和根本价值取向。这种国家价值取向既反映了这个国家的历史文化传统与生活方式的特性，也规定了它对世界的态度，即以什么样的价值观看待与处理它和世界的关系。国家行为主体的价值观及其行为方式是它对世界的态度和处世方式的集中体现。正是这一具有规律性的国家性质构成影响和决定了不同国家的国家安全观，以及在此基础上形成的对待国家文化安全的世界态度和国家文化安全的处世方式。国家文化安全战略与政策是这种关于国家文化安全的世界态度和处世方式的集中体现。

国家文化安全战略与政策属于价值判断问题，回答的是"怎样维护国家文化安全"的实践性问题，既包括国家作为行为主体对国家文化安全形势的价值评估与判断，也包括对自身维护和保障国家文化安全能力的评估与判断。前者涉及对国家文化安全的价值判断，后者涉及基于这一价值判断而做出的制度性建构的设计，这两个方面的完整而有机的统一，共同构成了"国家文化安全战略与政策"系统。国家文化安全战略与政策是由一个国家的执政主体以国家的名义制定并以一定的法定程序通过而形成的，是关于"这个国家"在一定的历史阶段为维护一定的国家文化安全利益而采取的一系列价值主张和实现这一价值主张而安排的制度系统，即所谓的国家文化安全制度。在这里，所谓"国家文化安全战略与政策"，就是由这个国家的执政主体提出并实施的一整套关于国家文化安全的价值主张和措施。

国家文化安全战略与政策在不同性质的国家是不一样的，即便是在同一个国家，在不同的历史发展阶段也是不一样的。国家文化安全环境是发展的，国家文化安全形势是不断变化的，基于不同的国家文化安全环境与形势适时地调整国家文化安全战略与政策是国家文化安全战略与政策的运动发展规律。由于国家执政主体也是变化的，即使不同的国家执

政主体在国家文化安全的根本价值判断上也许是一样的，但是在具体的历史条件下和具体的政略与政策取向上也会发生和存在差异。尤其是当由于国家执政主体价值观发生根本性差异而采取建立新的国家制度形态，重建国家政权性质的时候，原有的国家文化安全战略与政策就会发生根本性转变。第二次世界大战结束之后，世界之所以出现和形成资本主义与社会主义两大根本对立的阵营，其根本原因就是以苏联为核心的社会主义制度在东欧与亚洲的建立。资本主义与社会主义是两种根本价值观相互对立的社会制度与意识形态。美国和苏联分别代表了这两大根本对立的意识形态，从而形成了以此为价值判断的国家安全价值观和价值体系，并形成了长达半个多世纪的冷战和文化冷战。正是由于出现了集团性质的社会主义国家阵营，世界也从根本上改变了第一次世界大战以后的世界安全性质与世界安全格局。社会制度与意识形态成为判断和评估国家文化安全形势、影响和制定国家文化安全战略与政策的依据。美国的"和平演变"与中国的"反和平演变"的国家文化安全战略与政策就是在这个过程中形成的。

文化安全之于国家安全的意义在于文化安全在本质上是国家大战略的根本价值系统。任何国家战略的制定都是基于对该国目前形势和未来发展目标的分析、判断和定位。对目前形势的分析、判断所采取的技术路线可能完全不一样，这是由不同的主体所采取的不同的评价事物的指标体系决定的。文化最能从根本上体现不同国家和民族的价值差异，因此，不同的文化背景导致不同国家和民族对于同一个问题完全可能得出截然相反的结论。而正是这种结论左右了国家的决策者对于整个世界形势的分析和判断，包括对国家安全形势的判断。任何这样判断的尖锐对立，都可能直接导致国际冲突。不同的文化背景直接决定了不同国家观察问题的方法论和世界观，因此，维护国家文化安全也就成为维护国家安全的重要组成部分。没有国家文化安全的国家安全是不存在的。没有国家文化安全，等于国家安全失去了自身存在的灵魂。因为文化是判断国家安全与否的最终标准。没有文化安全，也就从根本上失去了判断国家安全与否的价值体系。国际社会之所以长期处于不断的冲突之中，甚至不断出现大规模的局部战争，就在于各国都以自己的安全为安全、以自己的安全观为安全观来判断国家的安全形势。美国所关注的国家安全是以美国的价值尺度为标准的安全，是建立在美国文化中的"天赋使命"的价值观念之上的，一切与之不一致的安全，都不是美国所认定的国家安全，都不能被称为美国的国家安全，都可以被认为危害美国的国家安全。正如美国学者约翰·P. 洛弗尔所说："人是在文化氛围中长大的，受到其中基本价值、风俗习惯和信仰的熏陶。那些在每个社会中握有政治权力的人易受社会文化的影响；他们的行为与态度将有许多文化根源。此外，在每个民族国家，统治本身和外交政策的制定都是在一种文化背景下发生的。"[①]美国文化人类学家莱斯利·怀特进一步认为，决定民族国家特征的不是其内部种族的外部结构，而是固存于他们身上的特殊文化心理或意识。[②]美国学者厄尔·H. 弗赖伊则更明确地指出："政治领袖必须在符合国家价值观的前提下才能形成政策，国家价值观只是个人价值观的集合。关于美国国家利益的问题只有研究

① John P.Lovell. The United States as Ally and Adversary in East Asia:Reflections on Culture and Foreign Policy[J]. in Jongsuk Chay,ed., Culture and Internations, New York, 1990: 89.

② 怀特. 文化的科学：人类与文明的研究[M]. 济南：山东人民出版社，1988：145.

国家价值观才能找到回答。正是这些价值观才规定了国家利益和国家的安全。"①因此，只要美国认为危及美国在全球的利益，美国就可以国家安全的理由进行干涉。美国的国家安全理论不仅是一种一般意义上的所谓安全理论，还是一种意识形态，是美国的一种国际战略。如果把这样的一种战略放到文化的层面上来理解的话，这样的战略也是一种国家文化战略和国家文化安全战略。我们就可以找到美国要别人开放市场、奉行文化贸易的自由化的原因。国家大战略是关于国家的根本利益的战略。文化安全作为国家大战略的全部价值，就在于它不仅构成国家安全战略的重要方面，更重要的是它为整个国家大战略提供安全保障所必不可少的价值观念和由此而形成的国家价值体系。

与"国家文化安全战略与政策"相关联的是对"国家文化安全战略与政策"的理论研究与决策研究。它主要是由非国家行为体就"国家文化安全问题"而进行和展开的一种学术思想行为，其结果包括它的理论形态和对策建议形态。"国家文化安全问题"是一个非常复杂的国家文化安全生态系统，不同的社会主体由于所处的安全地位与环境不一样、安全利益和安全风险不一样，对于国家文化安全形势的判断与评估存在着差异。基于对自身安全环境和安全利益的考量，不同的主体在是否要保障和如何保障国家文化安全问题上也会存在着很大的分歧。不同的社会主体基于不同的安全环境、利益和立场，在对待国家文化安全问题时所采取的"战略与政策"也不同。

国家文化安全战略与政策是国家文化行为的产物，是国家文化安全动机的结果。非国家行为体关于国家文化安全战略与政策的研究成果与政策建议只能作为参考，而不能取代国家文化行为主体本身的战略与政策。国家行为主体需要为自身战略与政策承担责任与后果，而非国家行为体则无须承担自身"国家文化安全战略与政策"的责任与后果，除非该"战略与政策"触犯国家安全法，威胁国家文化安全。

国家执政主体以国家行为主体的名义提出的国家文化安全战略与政策因在宪法和法律上具有合法性，所以一经提出就不仅仅是执政主体关于国家文化安全的战略与政策主张，而且是必须依据宪法和法律规定的原则予以贯彻落实的行动纲领。2015年1月23日，中共中央政治局召开会议，审议通过《国家安全战略纲要》。这是中国制定的第一部《国家安全战略纲要》，也是指导和制定中国国家文化安全战略的依据和原则。由于中国共产党是中华人民共和国的执政党，宪法赋予它制定国家安全战略的权力，因此，由它制定和审议通过的《国家安全战略纲要》就不仅是中国共产党的国家安全的战略主张，而且是必须执行的国家行动指南，具有法律上的强制性。

三、国家文化安全战略与政策构成的基本特点

"战略"是对形势分析做出的一种价值判断以及在此基础上形成与建构的长远的目标追求，它的核心是：维持还是改变现状。"政策"则是基于价值判断而采取的具体手段、路径，必须坚持和采取的原则，它的核心是为战略目标服务。"战略"具有长期性和稳定性，"政策"则具有短期性和易变性。国家文化安全战略与政策就是这两个方面的有机统一。

---

① Earl H Fry, Stan A. Taylor, Robert S.Wood. America the Vincible:U.S.Foreign Policy for the Twenty-First Century[M]. New Jersey, 1994: 113.

有的时候在表述上也会把一个国家长期坚持的国家文化安全战略称为"坚定不移的国家文化政策"。战略与政策的基本特点规定了国家文化安全战略与政策构成的基本特点。

1. 阐明国家文化安全的内外部安全关系

一个国家的文化战略是由它的外部性关系和内部性关系建构的。国家战略在任何意义上都是一个具有国家参照系统的战略，也就是说，都是相对于其他国家、以其他国家为战略对象的战略，因此，既有的国际文化战略秩序构成及其运动状况，以及本国在这个国际文化战略系统中所处的位置，对于一个国家文化战略的选择、构成与发展就具有特别重要的规定性。没有这样的国际文化战略系统参照，就无所谓国家文化战略。

国际文化战略秩序是国家和国家集团间文化战略竞争和战略博弈的结果，是指在一定的国际环境下所表现出来的、呈相对稳定状态的国家间在世界文化事务中的发言权、话语权和主导权的国际文化权力关系。国际上一切国家文化战略的制定都是依据本国在这一关系中所处的地位来决定的，直接体现对世界文化秩序建构主导权的争夺与控制。

一个国家文化战略选择的任何变动都会使其他国家、地区乃至世界的文化战略格局产生更大的变动，因此，任何一个国家的文化战略选择，尤其是大国文化战略的发展走向都将深刻地影响到其他国家的文化战略利益，因而必然构成文化战略发展运动中的"安全战略困境"，这在地区文化战略竞争和大国文化战略竞争中表现得尤其明显。所谓外部性，就是一个国家的文化战略与其他国家乃至世界的文化战略关系，如何对待和处理文化战略的外部性关系，是任何一个国家的文化安全战略与政策选择都无法回避的战略问题。

国家战略是一个系统，文化安全战略是这个系统构成中的一部分。国家文化安全战略运动与国家政治、经济、社会发展战略运动之间的关系，以及文化安全战略自身各个部分历史运动的战略构成关系，是规定一个国家的文化安全战略之所以是这个国家的文化安全战略而不是其他国家的文化安全战略的内部性。这种内部性是由一个国家的历史性决定的。没有这样一种内在的质的规定性，也就无所谓这个国家的文化安全战略。国家文化安全战略的内部性规定和决定了国家文化安全战略发展的个性及其与他国家文化安全战略的差异性。国家文化安全战略运动的外部性和内部性构成了整个文化战略发展的正负两极，所有关于文化战略发展的结果都是由这正负两极的对撞产生的。如何处理文化战略发展这一最基本的战略关系，是一切文化战略发展的基本出发点。

1944 年 11 月 17 日，美国总统罗斯福致信时任美国科学研究发展局主任布什，要求他就第二次世界大战结束后美国的科学发展问题提供一份研究报告。这就是一年后（1945 年 7 月）布什提交的《科学：没有止境的前沿——关于战后科学研究计划提交给总统的报告》。这份报告不仅包括生物学和医学在内的自然科学，而且包括同样重要的人文科学和社会科学。这份报告在战后提高美国的国家安全战略能力、推进美国的国家发展中起到了不可替代的重要作用，成为第二次世界大战后美国最重要的包括文化发展在内的国家发展战略，今天美国发展的许多成就就是这一报告所形成战略的结果。这就是在面对第二次世界大战即将结束、新的世界构成即将来临，美国如何选择国家战略，处理内外战略关系的战略答案。半个多世纪过去了，美国的国家安全战略和国家文化安全战略已经有了很大的发展，但是，这一报告所形成的战略仍然是影响美国发展最重要的国家战略之一。从这个意义上说，战略就是关于维持还是改变现状的科学和艺术。

战略是一种长远的根本利益主张。规划作为一种政策体现形态，是战略的实施形态和组织文本。由于任何战略都是基于维持或者改变现状的目的，必然造成原有的文化秩序的变动与重组，从而重建一个社会文化秩序的合理性。一个文化规划应该正式地体现和阐明一个社会合理的文化秩序。国家文化安全战略就是要为这样一种文化秩序的建立提供全部合法性与合理性依据。文化发展规划只有建立在国家文化安全战略的基础上才具有历史合理性。

2. 界定国家文化安全战略的目标体系

全球化是当今中国国家文化安全的外部关系和安全环境，实现中华民族伟大复兴是当今中国国家文化安全的内部要求。要在全球化的条件下解决中国文化发展所面临的严峻挑战，实现中华民族的伟大复兴，就必须加强以维护国家文化安全为核心的国家文化基本制度建设，而实现中华民族的伟大复兴则是中国国家安全战略的根本目标，正是这一目标规定了中国国家文化安全战略的目标体系。

中国和平崛起不能没有中华文化的繁荣发展。或者说，中国和平崛起的一个重要标志，就是中国文化对于世界的影响力和辐射力的全面复兴。中国要承担起与自身角色相适应的责任，发挥全球性作用，就一刻也不能没有创造性文化的建设。中国的和平崛起是建立在中华优秀传统文化基础上的崛起。"己所不欲，勿施于人"的价值取向，"和而不同"的宽大胸襟，是中华民族在处理国际关系问题上贡献的智慧，它是对强权政治、文化霸权主义与"零和博弈"的批判性否定，主张在世界多样化的发展中实现人类的共同繁荣，有利于世界的和平与稳定，它将使世界格局更为平衡，国际社会更为安全。

中国的和平崛起是全球化发展提供的一种机遇和发展可能，既要不断地超越自己，向自己的历史、文化和实践学习，不断地对我国社会主义做出完善和调整，又要不断地汲取人类社会的一切优秀文明成果，并且在和平崛起的过程中创造出新的经验形态、知识形态和文化成果，使人类的文明和文化因此而更为丰富多彩，为人类提供更多的模式和文化借鉴，从而在积极的文化创造中实现中国的国家文化安全。"轴心期"（公元前800年至公元前200年，也称轴心时代）理论是由德国思想家雅斯贝尔斯提出的一个分析人类精神基础与发展动力的理论。在他看来，"直至今日，人类一直靠轴心期产生、思考和创造的一切而生存。每一次飞跃都回顾这一时期，并被它重燃火焰。自那以后，情况就是这样。轴心期潜力的复苏和对轴心期的回忆，或曰复兴，总是提供了精神动力"。[①]春秋战国时代被认为是中国的轴心时代。那是一个需要巨人和产生了巨人的时期，是一个需要思想和产生了思想的时期，正是这样的一个时期，不仅实现了中国历史发展的巨大飞跃，而且提供了后来中华民族发展所需要的全部安全动力。中华民族历经数千年磨难而始终生生不息，历经周而复始的"分分合合"而始终坚如磐石，不能不说得益于轴心时代所建立的一整套包括文化安全在内的治国、治政理论体系。"半部《论语》治天下"是中国对轴心时代的文化创造，它为后来的国家发展提供了安全保障的最好诠释。今天的中国要实现和平崛起的伟大目标，就必须肩负起一个文化使命，就是必须在新的历史发展阶段开创一个新的轴心时代，也就

---

① 雅斯贝尔斯. 历史的起源与目标[M]. 魏楚雄，俞新天，译. 北京：华夏出版社，1989：8-9.

是说，必须为未来中国目标的伟大实现提供和奠定此后中华民族发展的原动力、一种新的文化精神体系。只有这个精神体系才能给中华民族的未来发展奠定文化精神的原动力，只有这种原动力才能提供和奠定中国国家文化安全保障系统，因此，开创一个新的文化轴心时代也就历史地成为和平崛起时代的中国国家文化安全的战略目标。

中国的和平崛起将为国际文化安全战略关系的历史带来新的范例和素材，证明人类可以理智和和平的方式处理好国家冲突这一千古难题。中国的和平崛起将证明，一个曾经落后的国家、一个有着悠久传统文化的国家，可以通过自己的努力和智慧实现有自己特色的现代化，形成和平崛起的精神支柱。因此，确定和平崛起时代的中国国家文化安全战略目标不仅具有中国意义，而且具有世界意义。自人类社会和国家形成以来，中国的国家发展道路和国家文化发展模式就一直是影响人类文明演变走向的重要动力之一。历史已经证明，中国的任何变化都会引起整个人类社会发展更加巨大的变化。中国选择和平崛起的发展道路，并在这个基础上确立新的国家文化安全战略目标，不仅为中国此后的发展奠定文化精神的原动力和国家文化安全的战略构架，而且为改善和弱化当今世界过于刚性的国际文化安全结构创造了历史性可能。和平崛起绝不是软弱的代名词，也不是中国寻求一己苟安"单边主义"文化战略，而是中华民族又一次向世界贡献自身智慧、承担文明责任的文化宣言。因此，和平崛起时代的中国国家文化安全战略目标选择具有它的世界性。汤因比曾经断言：世界"和平统一"的"主轴不在美国、欧洲和苏联，而是在东亚"；在除了政治和文化以外的领域按照"西方的意图"统一之后，"将来统一世界的大概不是西欧国家，也不是西欧化的国家，而是中国"。"可以说正是中国肩负着不只给半个世界而且给整个世界带来整治统一与和平的命运。"因为"世界统一是避免人类集体自杀之路。在这一点上，现在各民族中具有最充分准备的，是两千年来培育了独特思维方式的中华民族。"①汤因比所言也许正是中国和平崛起的文化使命和中国国家文化安全战略的终极目标。

3. 明确国家文化安全战略的核心价值观

国家文化安全战略与政策不是被动的国家文化制度安排，而是国家文化战略建设的主动设计与谋划。任何一种文化制度的设计与安排都是一定历史条件下人们对自己所处文化条件下安全状态评估的产物。它有防御和抵抗的一面，也应该有主动设计、积极进攻的一面。单纯的消极防御不可能产生积极的创造性的文化安全战略管理的产生机制。国家制度博弈重在国家安全利益。不建构一个有效的战略博弈制度，就不可能有效地实现对国家核心安全利益的维护。从这个意义上说，制度就是利益。因此，当我国文化安全的整体性生存环境与条件已经发生巨大变化的情况下，应根据变化了的内外文化条件进行国家文化安全制度创新，使之既能够满足我国文化战略发展的根本国家利益，又能够适应变化了的国际文化安全形势，掌握国家文化安全战略发展的主动权，最大限度地避免在安全制度博弈领域里受制于人。要对可能遭遇的文化安全制度挑战和文化安全制度博弈做出超前预警，从而把可能出现的国家文化安全战略损失降到最低限度。我们不能拿国家文化安全核心利益做交换，而要拿制度做交换，即以制度交换制度。这恰如中国加入世界贸易组织，自然

① 汤因比，池田大作. 展望二十一世纪：汤因比与池田大作对话录[M]. 荀春生，朱继征，陈国梁，译. 北京：国际文化出版公司，1985：288-296.

在美国获得最惠国待遇，而不用再接受美国国会就中国最惠国待遇问题的利益交换。经济上的安全利益是如此，文化安全上的利益也可以如此。

战略是一种制度关系，是一种关于制度的理解和体现，是一种在一定的制度条件下是维持还是改变制度的表达。2010年谷歌公司要求中国政府取消网络审查，美国国会在2010年3月24日召开听证会，就"谷歌事件""检视中国互联网法规"，"以及在这些法规下，外国公司是否有表达意见的自由"。这是美国试图用美国法律干涉中国司法独立的行为。这里反映了美国国家文化安全战略与政策的深刻考量。但是，我们不能不同时看到，在国家文化安全问题上，由法律不完善所导致和造成的文化安全"困境"是严重制约我国文化健康发展、依法建设的制度性障碍。建立健全我国文化安全法律体系，使之在宪法的框架下运行，应该成为中国文化安全战略发展的重要内容。尤其是在中国文化安全战略发展的科学建构和有效实施方面，必须在关于文化的意识形态监管问题上克服传统的思维方式，通过在出版、新闻、电影、电视、互联网等一系列中国文化战略的核心领域制定国家法律，从过去上述领域里已经明显不适应现代中国文化发展和国家文化安全制度建设需求的思想观念中解放出来，突破在文化审查和意识形态监管上的自我束缚，建立国家文化安全法律体系下的文化产业发展制度和法制框架下的国家文化安全审查制度，以充分的文化自信表现国家在文化审查和意识形态监管领域的全球安全视野。

中美关系和中欧关系始终是中国制度建设所面临的最主要的国际关系。中国面临的最主要的国家文化制度博弈的对手也主要来自这两个方面。虽然欧美之间也存在制度博弈，但是，它们之间的制度博弈是在根本价值观基本一致前提下的制度博弈，它们之间的制度博弈不是战略层面上的，而是战术层面上的。欧美之间并不存在根本文化制度之间的价值冲突，而中国与这两者的关系则不一样。虽然我国奉行不以社会制度和国家意识形态处理国家安全关系的原则，但是，这并没有改变不同的社会制度和国家意识形态仍然是当今国际文化安全冲突的根源这一现实。"文明的冲突"就是对这一现实最精确的表述。因此，如何既坚持中国的价值观和生活方式，又能够超越文明冲突的局限，寻求与欧美文明和文化制度设计在价值观上的共同点，在文明互鉴的基础上，实现在文化安全发展上的共享、共荣，应当成为我国文化安全制度创新的一个战略选择。

每个国家都有属于自己的关于国家文化安全的价值观，以及由这种根本价值观建立的国家安全制度体系。相比较其他领域的国家安全战略，国家文化安全战略是最集中体现一个国家核心价值观的安全领域。奥巴马曾说，美国人永远不会为美国人的生活方式道歉，并把维护美国价值观置于国家一切安全利益之上。国家文化安全是安邦定国的重要基石。在中国，必须毫不动摇地坚持中国特色社会主义制度，这是中国人选择的生活方式和价值观，必须毫不动摇地坚持中国共产党对国家文化安全的绝对领导，坚持集中统一、高效权威的国家文化安全工作领导体制。这是中国国家文化安全战略与政策的核心价值观。

四、国家文化安全战略与政策的构成

迄今为止，世界上尚未有哪个国家制定和发布了文本形式的国家文化安全战略与政策，但是，美国和俄罗斯等大国均颁布了本国的国家安全战略，如美国的《国家安全战略报告》，俄罗斯的《俄罗斯联邦2020年前国家安全战略》等。它们虽然还不是严格意义上的"国家文化安全战略"文件，但我们可以以此为文本看到"国家文化安全战略"构成的基本框架结构。

下面仅以《俄罗斯联邦 2020 年前国家安全战略》[①]为例进行说明，该战略主要由以下几个方面构成。

（1）总则。主要阐明制定和发布国家安全战略的意义和目的，界定国家安全战略的性质、在国家行为中的地位与作用、目标和任务，以及所使用的基本概念的内涵与外延、包括的主要对象领域。它是全部安全战略文本的基础和解释的依据。

（2）安全现状与发展趋势分析。这是制定国家安全战略的客观依据。不同的国家所处的安全形势（即安全环境）是不一样的，基于不同的文化安全传统和价值观，它们对发展趋势的分析与判断带有鲜明的本国战略文化特点。但是，对一国总体所处的国家安全环境国际社会还是有一些相似或相近的判断的。对发展趋势的分析与判断是一种战略价值评估与判断，不仅具有客观性，更主要的是具有一定的主观性——反映和体现了国家安全战略主体对涉及本国安全利益的发展趋势的战略观。在这里，美国和俄罗斯就存在着鲜明的差异性。这种差异性是由两国所处的不同的国家安全环境和形势决定的。正是这种差异性建构了美国、俄罗斯两国国家安全战略的差异性。例如，在《俄罗斯联邦 2020 年前国家安全战略》构成中，"国家文化安全"是其国家安全战略的重要组成部分，而美国《国家安全战略报告》则主要通过和借助"美国人的生活方式和核心价值观"来体现。

（3）国家利益和国家战略重点。这是构成国家安全战略的主要内容，界定国家利益是其首要安全内容。国家安全利益诉求与一个国家尊崇的价值观相关，或者说就是它的价值观的表述。"俄罗斯联邦未来的长期的国家利益在于：发展民主与公民社会，提高国民经济的竞争力；确保俄罗斯联邦宪法体制、领土完整及主权的稳固；把俄罗斯联邦变成一个世界大国，其活动宗旨是维护多极世界条件下的战略稳定与互利伙伴关系。"核心是"确保俄罗斯联邦宪法体制、领土完整及主权的稳固"。这是国家核心安全利益之所在，没有这一点，其他各项利益的维护都无法实现。因此，"为保障国家安全，在实现国家安全重中之重的同时，俄罗斯联邦将集中人力物力确保下列持续发展的重点……首先通过发展国家创新体系和人力资本投资实现经济增长；通过加强国家作用及完善国家与私人的伙伴关系发展科学、技术、教育、卫生和文化……"把文化发展作为国家安全战略的重点实现方向和领域加以突出和强调。

（4）保障国家安全。这是就如何维护和实现国家安全战略的具体领域的部署。内容包括：① 国家防御；② 国家安全和公共安全；③ 提高俄罗斯公民的生活质量；④ 经济增长；⑤ 科学、技术和教育；⑥ 医疗保健；⑦ 文化；⑧ 生态体系和自然资源的合理利用。在"文化"方面，《俄罗斯联邦 2020 年前国家安全战略》不仅明确阐述了俄罗斯"保障国家文化安全的目标"，而且明确指出了"对文化领域国家安全的主要威胁"，其中最突出的就是"试图修改俄罗斯的历史、作用和在世界历史上的地位，宣传以恣意妄为、种族主义、民族主义和宗教情绪为基础的生活方式，这些都对国家的文化安全造成不良影响"。因此，"为了抵御文化领域的威胁，保障国家安全的力量，应协同公民社会机构保障国家法律的

---

① 薛兴国. 俄罗斯国家安全理论与实践[M]. 北京：时事出版社，2011.

有效性，支持和发展文化多样性、宽容性和自尊，发展国家间和民族间的文化联系"。明确"促进巩固文化安全的是：保护和发展俄罗斯联邦多民族的文化特性和公民的精神价值观"，"发展国产影片的制作与发行，发展文化观光游，形成国家对音像、印刷、电视和网络产品的订购，利用俄罗斯的文化潜力进行多方面的国际合作"，"通过认同文化在解决上述问题时具有最重要的作用来解决保障国家文化安全的中期和长期任务"。[①]

（5）战略实施的组织、法规和信息基础。这是国家安全战略的保障体系。在这一部分内容中，《俄罗斯联邦2020年前国家安全战略》对如何实施俄罗斯联邦国家安全战略的组织机构、法治保障以及信息系统的软硬件建设等，均做了明确的阐述与安排。其中包括："实施俄罗斯联邦国家安全政策的保障是：在俄罗斯联邦安全会议的协调下，国家安全系统各部门协商一致，在组织、法规和信息方面实施一整套的措施"；"协调国家权力机构、公民社会机构的努力和各种资源，捍卫俄罗斯联邦的国家利益"；并且规定："在国家稳定发展的战略规划机制和在俄罗斯总统领导下的国家安全保障机制得以完善的基础上，完善对国家的管理，发展国家安全体系"，以确保对实施国家安全战略的组织支持。[②]

（6）对国家安全状况的基本描述。《俄罗斯联邦2020年前国家安全战略》中关于保障俄罗斯联邦国家文化安全的国家安全战略的阐述，对我国制定国家文化安全战略具有重要的借鉴价值。

关于美国的国家文化安全战略。迄今为止，尚未见到美国文本形式的《美国国家文化安全战略》。但是，这并不等于美国没有国家文化安全战略。美国在政府设置中没有国家文化部，却设有全球唯一的国家文化安全局。这一机构成立于"9·11"事件之后，是2002年美国总统布什在国家艺术画廊的演讲中提出来并提请美国国会批准成立的。时任美国国土安全部部长的汤姆·瑞奇在谈到倡导在国土安全部设立文化安全局的设想时，特别专门指出："在文化领域，安全问题十分重要。我们必须从另外一个角度思考安全问题。恐怖分子不只是怀揣炸弹的人。思想与文字同样会对我们的安全造成严重影响。"美国国土安全文化局总干事卡罗琳·帕克·梅耶斯在阐述文化以及文化安全的作用时说："国家安全不断变化，令人难以置信地与我们生活中的许多方面纠缠在一起。20世纪，美国文化和价值观一直是我国最大的财富，并向全球扩展。21世纪，战争（包括我们正在进行的反恐战争）的得失成败将主要取决于人们的心灵与头脑——不论在美国国内还是国外，取决于我们能否赢得人们的心灵与头脑。"在论述文化安全隐患时，她进一步分析道："互联网和通信技术的快速发展，给美国文化领域开辟了多条新途径，与世界各地的人们进行交流。这些平台促进了许多积极的、成果丰富的文化交流，但也带来了安全隐患。因此，我们必须在全国范围内检查大量的文化交流项目，杜绝它们之中可能存在的安全隐患——我们不应忘记，好几名'9·11'事件的劫机者都曾以学生身份在美国和其他西方国家学习。""我们必须认识到，由于美国文化工作者在文化领域里享有极大的自由，所以许多文化活动也许会以文化的幌子对国家安全造成威胁，文化局将对这类活动保持高度警惕。它的工作不仅要深入物质领域，更要深入精神领域。我们的任务就是要把那些可能对国家安全造成威胁的文化组织和团体与那些无害的、促进思想与信息自由交流的文化组织区别开来。"

---

① 薛兴国. 俄罗斯国家安全理论与实践[M]. 北京：时事出版社，2011：383-384.
② 同①：386.

在说明文化局的作用时，她说："文化局的建立是美国历史上的一个里程碑。它把联邦政府的权威与非政府组织的作用联系在一起。它将同联邦政府机构一道，为促进美国文化安全政策和措施而努力。"

美国国土安全文化局的设立是美国国家文化安全战略官的集中体现。国土安全文化局的主要目的和手段如下。

目的：使广大民众和领导人理解文化在促进和威胁国家安全中的作用，通过调整引导文化生产的格局，达到保护国家利益、维护国家安全的目的。

手段：通过调查研究，发现和消除国家安全中存在的文化隐患；在国内外开展各种文化活动，培养、提升积极的美国文化形象；支持民间文化活动，为文化机构提供咨询；通过研讨会、出版物等形式，对文化机构领导人和管理者进行培训。

由此构成了美国国土安全部文化安全局的四大战略，具体如下。

（1）促进、培育文化生产，彰显美国的自由和力量。

（2）引导、建议文化领域里的领导人和管理者与美国一道加入这场反恐战争。

（3）利用文化生产的广泛影响和力量，向国内和国外的人们宣传美国是这个地球上最伟大的国家。

（4）监督、限制，在必要时关闭与恐怖组织有联系或可能对美国国家安全产生危害的文化组织和公司。[①]

虽然这并不一定就是美国的国家文化安全战略，却为我们提供了认识和了解美国的国家文化安全战略的一个基本素材。

2009 年以杨毅为首席专家的中国国防大学战略研究所发表了《中国国家安全战略构想》，"从国家定位、国家安全利益与目标、国家安全战略的方针与原则、国家安全战略能力、国家安全战略的体制保障等方面提出了国家安全战略的构想"[②]。这一"构想"虽然还不是中国的国家安全战略，但是反映了中国国家安全战略学者对这一问题思考的角度与特色。2015 年 7 月 1 日第十二届全国人民代表大会常务委员会第十五次会议通过《中华人民共和国国家安全法》。该法共七章，包括总则，维护国家安全的任务，维护国家安全的职责，国家安全制度，国家安全保障，公民、组织的义务和权利，以及附则。虽然它还不是国家安全战略，却是中国制定国家安全战略和国家文化安全战略的法律依据。

中国国家文化安全战略不能建筑在单纯的防御性思维的基础上。中国国家文化安全战略应当是积极的、主动性国家文化建设战略，是要在整体性建设基础上实现维护国家文化安全的战略意图。国家文化安全战略就是要从战略设计总体思路上明确中国国家文化安全战略的战略设计与路径选择，克服长期以来我国没有一个关于国家文化安全与发展总体战略的不足和救火式国家文化危机反应机制的缺陷。虽然我国自编制"十五"规划后，从中央到地方都提出了要把发展文化事业和文化产业纳入国民经济和社会发展总体规划的要求，国家文化安全意识日益增强，但是迄今为止，中国尚未制定《国家文化基本法》和《国家文化安全战略》，缺乏国家文化安全发展的战略定位与中长期发展目标，因此，这就使得不少地方的文化发展规划在战略思维和战略意图上暴露出许多因体制性障碍和结构性矛盾

---

① 转引自：张玉国. 国家利益与文化政策[M]. 广州：广东人民出版社，2005：106-107.

② 杨毅. 中国国家安全战略构想[M]. 北京：时事出版社，2009：3.

而造成的低水平、重复与狭隘的地方主义和部门利益主义，没有真正形成文化发展的宏观战略，也正由于现在关于文化发展战略问题存在一些矛盾和问题，不仅使得我国在国家文化安全方面尚未形成一个有效的预警和管理系统，有些威胁国家文化安全的问题恰恰是由于现行的一些为了局部的利益而牺牲国家整体文化利益的发展模式和战略思路造成的，结果增大了国家文化安全管理的难度和国家文化发展风险。国家文化安全战略的提出，就是要从国家安全和战略发展的全局出发，从全球化背景下中国和平崛起的长远的战略需求出发，建构积极的国家文化安全战略，进而确保文化大国战略的实施和中国和平崛起的文化实现。因此，文化强国战略和国家文化安全战略之间存在对位性战略互动关系。

建设文化强国是在中国和平崛起的过程中确保国家文化安全的根本战略。要实现建设文化强国这一大战略，就必须要有相应的国家文化战略系统，从而通过一个高效率的国家文化战略配套系统，构筑中国国家文化安全战略架构和国家文化安全体系。

 **本章小结**

国家文化安全管理机制是一种历史性制度。它是国家文化职能与功能的一种本质性机制。国家文化安全管理机制是一个国家按照本国的文化利益和国家战略需求建立的对国家文化安全状态进行预警、应对和恢复的组织体系和制度形态。各国的文化背景不同及其在世界文化力量格局中所处的位置存在差异，不同的执政主体获取国家政权的方式和途径不同，因此，无论是国家文化安全管理机制的形成，还是作为一种国家文化制度的组织机构运作，国家文化安全管理机制作为国家文化安全管理制度形态的运作系统，在不同的社会制度形态下有着很大的区别。

文化危机管理是国家文化安全的重要组成部分，是国家文化安全治理的核心问题。从国家和政府的角度看问题，国家文化安全所关心和注意的文化危机是关于一个国家以国家文化主权安全核心价值观为核心的生存与发展的整体性文化"危机"，是一个关于文化危机的系 统，包括我们在分析国家文化安全面临的主要问题的各个方面，因为只有这样的危机才能构成对整个国家前途与命运的威胁，这样的危机就是国家文化危机。因此，当我们在这个意义上使用"国家文化危机"的时候，它的意义就是国家文化安全危机。

建立国家安全预警机制是现代国家体制下实现国家安全管理所达到的现代化国家治理程度的一个重要标志。建立国家文化安全预警体系，就是要在国家文化安全管理方面实现科学的规范，使所有的政策与法律措施、安全手段都建立在实证的基础之上，把可能对文化安全警示状况的主观判断与实际误差控制到最低的程度，从而最大限度地提高决策的科学性和管理效益。

国家文化安全治理体系是随着国家文化安全发展的需要而逐步形成并发展的国家文化安全制度。政府文化部门的设置就起源于国家文化安全需求。国家需要文化治理，文化安全治理是它的政策与制度形式。

国家文化安全战略与政策是一个国家为维护和实现国家文化安全目标而制定的一整套制度设计与价值体系。它既是国家安全战略的重要组成部分，又是国家文化安全体系构成的核心。没有国家文化安全战略，国家文化安全发展就没有方向；没有国家文化安全政策，国家文化安全的实现与治理就没有保障。

思考题

1. 怎样认识和理解国家文化安全管理及其现代转变？
2. 国家文化安全管理与国家文化安全危机的关系是什么？
3. 为什么要建立国家文化安全预警机制？
4. 政府的国家文化安全职能是什么？
5. 怎样认识和理解国家文化安全战略与政策在国家文化安全治理中的作用？

参考书目

1. 中共中央党史和文献研究院编. 习近平关于总体国家安全观论述摘编[M]. 北京：中央文献出版社，2018.
2. 总体国家安全观研究中心. 总体国家安全观透视[M]. 北京：时事出版社，2023.
3. 马特尔. 论美国的文化：在本土与全球之间双向运行的文化体制[M]. 周莽，译. 北京：商务印书馆，2013.
4. 马特尔. 主流：谁将打赢全球文化战争[M]. 周莽，译. 北京：商务印书馆，2012.
5. 胡惠林，胡霁荣. 国家文化安全治理[M]. 上海：上海人民出版社，2020.
6. 薛兴国. 俄罗斯国家安全理论与实践[M]. 北京：时事出版社，2011.